La micro-informatique
au service des gestionnaires

2e édition

Plaisent, Decoste et Bernard

La micro-informatique

au service des gestionnaires

2e édition

gaëtan morin éditeur

Montréal □ Paris □ Casablanca

Données de catalogage avant publication (Canada)

Plaisent, Michel, 1947-

   La micro-informatique au service des gestionnaires

   2e éd.-

   Comprend des réf. bibliogr. et un index.

   ISBN 2-89105-481-4

   1. Gestion – Informatique. 2. Micro-ordinateurs. 3. Bureautique. 4. Gestion – Logiciels. 5. Systèmes d'information – Gestion. I. Decoste, Claude, 1949-   . II. Bernard, Prosper. III. Titre.

HF5548.2.M55 1993   658'.05416   C92-097294-2

Montréal, Gaëtan Morin Éditeur ltée
171, boul. de Mortagne, Boucherville (Québec), Canada, J4B 6G4, Tél. : (514) 449-2369

Paris, Gaëtan Morin Éditeur, Europe
26, av. de l'Europe, 78141 Vélizy Cedex, France, Tél. : 16.1.34.63.33.01

Casablanca, Gaëtan Morin – Éddif, Éditeur S.A.
Rond-point des sports, angle rue Point du jour, Racine, 20 000 Casablanca, Maroc

Révision linguistique : Jocelyne Dorion

Dépôt légal 2e trimestre 1993 – Bibliothèque nationale du Québec – Bibliothèque nationale du Canada

2 3 4 5 6 7 8 9 0 1   G M E 9 3   3 2 1 0 9 8 7 6 5 4

Table des matières

1 La gestion informatisée

1.0 OBJECTIFS

1. Définir le concept de gestion informatisée.

2. Comprendre l'importance des applications informatisées dans les activités industrielles et commerciales, notamment comme atout stratégique.

3. Prendre conscience des multiples usages de l'informatique à tous les niveaux hiérarchiques de l'entreprise, et plus particulièrement pour les gestionnaires.

4. Prendre conscience des multiples usages de l'informatique dans toutes les fonctions de l'entreprise et pour les professionnels.

1.1 L'ORDINATEUR, L'OUTIL DES GESTIONNAIRES

Le but de ce premier chapitre est de sensibiliser les futurs gestionnaires à l'importance de l'ordinateur.

Dans les sociétés industrialisées, l'ordinateur est devenu un objet familier. Toutefois, ce sont les entreprises qui bénéficient le plus des avantages de cet

**FIGURE 1.1
Gestionnaire
au travail**

IBM Canada ltée

outil[1]. De fait, 93 % de l'ensemble des entreprises ont recours à au moins une technique reliée à l'ordinateur[2], soit à l'intérieur du produit (par exemple, l'ordinateur intégré dans un four à micro-ondes), soit pour gérer la production et la distribution (par exemple, une liste des clients, le calendrier de production). L'ordinateur constitue un support incomparable qui facilite la gestion de l'information organisationnelle.

Cette utilisation massive est en partie due au fait que les ordinateurs permettent aux entreprises de prospérer en augmentant leur efficacité (nouveaux produits de meilleure qualité, meilleurs services, nouveaux marchés) et en réduisant les erreurs de fonctionnement. De plus, grâce à l'ordinateur, les entreprises sont en mesure d'augmenter leur productivité : plus grande vitesse de production, meilleure gestion (moins d'erreurs, meilleures analyses de marché et des coûts ainsi que des bénéfices) et meilleure utilisation du personnel.

Selon Stitt[3], les entreprises ne pourraient plus se passer des nouvelles technologies sans augmenter considérablement leurs frais d'exploitation. Même l'acheminement de leurs produits vers le consommateur serait difficile.

L'expression *Management Information System (MIS)* se traduit en français par «système d'information aux fins de gestion (SIG[4])». Le SIG est avant tout un concept de gestion qui exploite la technologie des ordinateurs pour transformer les données disponibles en informations utiles à la gestion et à la prise de décision. Un système d'information de gestion combine les possibilités de l'homme et celles de l'ordinateur afin de fournir aux gestionnaires l'information nécessaire à la planification, au contrôle et à la direction de toutes les activités d'une organisation.

Un système d'information de gestion (SIG) se compose d'un ensemble d'éléments :

- des ressources humaines, organisationnelles, techniques et financières qui en assurent le fonctionnement;

- des procédures, c'est-à-dire les traitements, les procédés d'acquisition, de mémorisation, de recherche, de communication des informations;

- des données fournies par l'entreprise et par son environnement;

- des équipements informatiques et logiciels, sur lesquels se concentre cet ouvrage.

En fait, les ordinateurs modifient la façon de travailler, car ils assistent les gestionnaires dans la préparation des décisions; ces derniers peuvent, au moyen de l'ordinateur, analyser rapidement diverses situations de gestion, synthétiser l'information interne et accéder à des informations externes dans un temps suffisamment court pour que celles-ci demeurent pertinentes. De nos jours, les gestionnaires doivent prendre des décisions de plus en plus complexes, et ce très rapidement. Par exemple, voilà 30 ans, Westinghouse décidait d'implanter une nouvelle usine après 6 ou 7 années d'analyse; il y a 10 ans, on devait prendre une

---

1. R. M. Wentling. «An analysis of the types of computers, software, applications and training used by Illinois business».

2. L. Chaney et J. Otto. «Current status of computer utilization in mid-south area businesses».

3. W. L. Stitt «Management utilization of automated office equipment and microcomputers».

4. Rolland A. Hurtubise. *L'intégration de l'information à l'organisation.*

telle décision en 3 ans; et maintenant, la même décision doit se prendre dans des délais beaucoup plus courts.

Selon une étude réalisée par Igberia, Pavri et Huffs, plus de 50 % des gestionnaires disent utiliser l'ordinateur entre 30 minutes et 2 heures par jour[5], comme l'illustre la figure 1.2.

FIGURE 1.2
Temps d'utilisation
de l'ordinateur

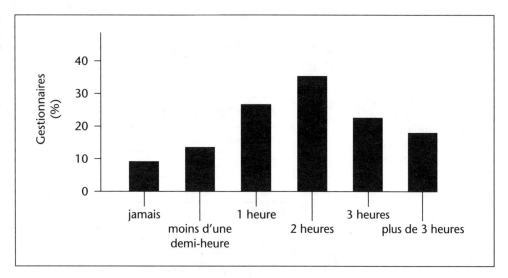

L'étude révèle de plus que 54 % des gestionnaires utilisent l'ordinateur plusieurs fois par jour, alors que seulement 12 % l'utilisent moins d'une fois par semaine[6] (figure 1.3).

FIGURE 1.3
Fréquence d'utilisa-
tion de l'ordinateur

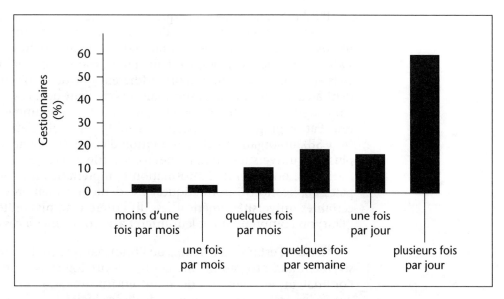

5. M. Igberia *et al.* «Microcomputer applications: An empirical look at usage».
6. *Ibid.*

Ce sont les cadres intermédiaires qui utiliseraient le plus les micro-ordinateurs, sans doute parce qu'ils se situent au centre de la hiérarchie organisationnelle et que c'est à eux qu'il revient de recueillir et d'analyser l'information, puis de la communiquer à leurs supérieurs hiérarchiques.

Les ordinateurs aident les gestionnaires à prendre des décisions de diverses natures : planification et analyse stratégiques, gestion stratégique, ordonnancement, inventaire, modélisation, allocation de ressources humaines, etc.[7]

Le tableau 1.1 donne un aperçu des tâches de gestion les plus fréquemment accomplies à l'aide de l'ordinateur :

TABLEAU 1.1
Tâches accomplies le plus fréquemment à l'aide d'un ordinateur

Tâches effectuées à l'aide de l'ordinateur	% de répondants
Planification	84 %
Aide à la décision	80
Élaboration de budget	79
Prévision	76
Communication avec les autres	70
Analyse des tendances	68
Direction et contrôle d'activités	67
Résolution de problèmes	66

Il est intéressant de noter que 31 % des répondants se servent de l'ordinateur pour ces 8 tâches et que moins de 25 % disent utiliser leur micro-ordinateur pour moins de 4 de ces tâches[8]. La plupart des gestionnaires considèrent que, pour s'acquitter de leurs tâches, il est aussi important de connaître les principaux logiciels et le fonctionnement d'un ordinateur que de savoir lire et écrire. Ils s'attendent à ce que les futurs gestionnaires possèdent déjà ces connaissances dès leur embauche. Leurs attentes se reflètent dans les programmes d'études universitaires. Par exemple, l'American Assembly of Collegiate Schools of Business (AACSB), un organisme d'accréditation d'écoles de sciences administratives dont plusieurs universités canadiennes font partie, exige que ses membres offrent une formation en système d'information comprenant un enseignement des principales applications informatiques. Or, demeurer membres de l'AACSB est, pour certaines universités américaines, un critère d'admissibilité aux subventions de l'État; on comprend donc leur intérêt à se conformer à ces exigences.

Certes, il est révolu le temps où l'informatique était un domaine réservé exclusivement aux programmeurs. Les nouveaux logiciels simplifient l'utilisation de l'ordinateur, et même un débutant en informatique peut désormais accomplir des tâches très compliquées à l'aide de ces logiciels.

---

7. R. Rhodes et J. Kupsh. «Do top level executives use computers to make their decisions?».
8. M. Igberia *et al. Op. cit.*

Bien que l'ordinateur ait considérablement modifié leur façon de travailler, il semble que les cadres intermédiaires de la région de Montréal aient une opinion positive des répercussions de l'informatisation sur leur travail. Ainsi, les gestionnaires trouvent que leur emploi est plus intéressant et plus valorisant. De plus, ils considèrent que l'informatisation a grandement augmenté leur efficacité personnelle, celle de leur service et celle de l'organisation.

Les résultats d'une recherche menée par Laudon[9], montrent que l'informatique n'est plus l'apanage des informaticiens ou des employés de bureau et que logiciels et micro-ordinateurs sont devenus des outils de travail que tout gestionnaire se doit de connaître.

Certes, la simplification des logiciels, liée à l'accroissement de l'utilisation de l'ordinateur, incite les gestionnaires à acquérir les habiletés leur permettant de travailler dans un environnement informatisé[10]. Ainsi, 62 % des gestionnaires n'ont besoin que de 3 mois de formation pour être en mesure d'utiliser un nouveau système d'information[11]. L'étude révèle aussi que 72 % des gestionnaires interrogés affirment devoir posséder des habiletés supplémentaires portant principalement sur le fonctionnement des ordinateurs et l'application des logiciels utilisés.

Bien sûr, parler d'informatisation implique que l'on parle aussi de logiciels. Or, les gestionnaires ont recours à un nombre restreint de logiciels, et 68 % d'entre eux utilisent moins de 4 logiciels. Le tableur, couramment appelé chiffrier électronique, semble être le logiciel le plus populaire avec un taux d'utilisation de 94 %, suivi du traitement de texte utilisé par 63 % des répondants, des logiciels de communication par 52 %, des applications graphiques par 51 % et enfin des bases de données par 41 %.

L'utilisation du traitement de texte par les gestionnaires est un phénomène nouveau, comparativement à l'utilisation de la machine à écrire. En effet, il semble que, de plus en plus, les gestionnaires écrivent directement à l'ordinateur leurs brouillons et les lignes directrices d'un texte que les secrétaires complètent et éditent ensuite. Puis, les gestionnaires effectuent les dernières corrections et le remettent aux secrétaires pour l'impression finale et la distribution[12].

La gestion informatisée propose donc un éventail d'outils, et nous avons voulu, par ce livre, répondre au besoin de maîtriser ces outils. D'une part, nous voulons permettre aux gestionnaires de comprendre le fonctionnement d'un ordinateur et d'appliquer leurs connaissances à l'élaboration d'une grille d'achat, puisqu'il est de plus en plus fréquent que les gestionnaires décident de l'achat d'un micro-ordinateur. D'autre part, nous présentons les logiciels les plus couramment utilisés[13] par les gestionnaires : tableur, traitement de texte, graphisme,

9. K. Laudon. «From PC'C to managerial workstations: Organizational environment and management policy in the financial industry».

10. R. M. Wendling. *Op. cit.*

11. L. A. Lefebvre *et al.* «L'introduction et l'utilisation de l'informatique dans les petites entreprises: étude des perceptions et des attentes de leurs dirigeants».

12. S. Leslie. «Professional and executive workstations: Their impact on managers executives and professionnals' jobs responsibilities and the organizational environment».

13. M. Igberia *et al. Op. cit.*

base de données et télécommunication; nous faisons aussi un survol des logiciels courants en micro-informatique.

Bien que les gestionnaires aient accès à toute la gamme des ordinateurs[14], les micro-ordinateurs sont le principal sujet de cet ouvrage, parce qu'ils représentent la technologie la plus populaire parmi les gestionnaires, et ce parce que la rapidité, la capacité de mémoire vive et de stockage de l'information sur micro-ordinateurs ne cessent de croître, alors que les prix, quant à eux, ne cessent de décroître. En fait, la prochaine génération de micro-ordinateurs sera en mesure de donner le même rendement que les ordinateurs centraux actuels, ce qui fait du micro-ordinateur dans les organisations un outil indispensable.

Bref, les gestionnaires des années 90 ne peuvent plus se passer de l'ordinateur. Mais il peut être rassurant de savoir que les gestionnaires se servent peu de logiciels différents. Avec une compréhension du principe de fonctionnement des ordinateurs et une connaissance des possibilités des bases de données, du tableur, du traitement de texte et d'un logiciel de graphisme, chacun devient un gestionnaire habile en informatique.

Dans la prochaine section, nous explorerons un peu plus en détail l'utilisation de l'informatique sur laquelle repose le SIG :

- à tous les niveaux hiérarchiques;
- dans tous les domaines fonctionnels;
- dans tous les secteurs d'activité économique.

1.2   LA GESTION INFORMATISÉE À TOUS LES NIVEAUX HIÉRARCHIQUES

Tous les niveaux hiérarchiques d'une entreprise font appel à l'informatique. Comme les activités y sont différentes, il est normal que l'utilisation de l'informatique diffère d'autant. Le cadre conceptuel suivant attribue un type d'activité managériale à chaque niveau hiérarchique.

À chaque niveau hiérarchique correspondent des besoins différents[15], donc des caractéristiques différentes de l'information utilisée et, conséquemment, des outils informatiques différents.

Au niveau de la planification stratégique, des données synthétisées servent à établir des politiques d'acquisition, d'utilisation ou de disposition de ressources, et ce en fonction des objectifs que les gestionnaires de ce niveau auront préalablement fixés[16]. L'ordinateur ne peut à ce niveau que faciliter le travail des gestionnaires et accroître leur efficacité. En effet, les avantages stratégiques d'une entreprise sont intimement liés à la possibilité pour les gestionnaires d'obtenir et de traiter l'information rapidement. L'analyse de l'environnement peut être

---

14. R. Rhodes et J. Kupsh. *Op. cit.*

15. *Ibid.*

16. Rolland A. Hurtubise. *Op. cit.*

FIGURE 1.4
Tâches de gestion
informatisée[17]

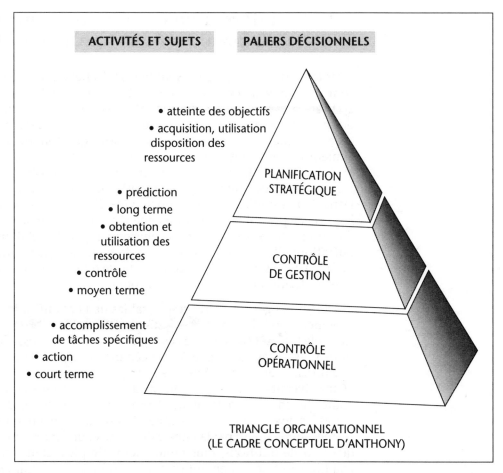

ACTIVITÉS ET SUJETS   PALIERS DÉCISIONNELS

• atteinte des objectifs
• acquisition, utilisation
  disposition des
  ressources

PLANIFICATION
STRATÉGIQUE

• prédiction
• long terme
• obtention et
  utilisation des
  ressources
• contrôle
• moyen terme

CONTRÔLE
DE GESTION

• accomplissement
  de tâches spécifiques
• action
• court terme

CONTRÔLE
OPÉRATIONNEL

TRIANGLE ORGANISATIONNEL
(LE CADRE CONCEPTUEL D'ANTHONY)

simplifiée par l'utilisation de bases de données commerciales grâce auxquelles on peut facilement obtenir des données sur l'environnement socioculturel, technologique, juridique, etc.

Plus on descend dans la hiérarchie, plus les informations à traiter sont routinières, avec un grand volume de données, et plus les applications sont propres à l'entreprise. Au niveau du contrôle de gestion, les données sont plus détaillées et permettent de s'assurer de l'atteinte des objectifs de l'organisation et de l'utilisation efficace des ressources. Au niveau du contrôle opérationnel, on recueille quotidiennement et de façon très complète les données qui concernent les tâches spécifiques permettant d'accomplir efficacement les opérations de base de l'entreprise[18].

Voyons, pour chacun des niveaux décisionnels, quelques exemples d'utilisation de l'informatique, afin de comprendre en quoi elle peut être utile pour ces gestionnaires.

---

17. Adapté de G. et S. Morton. «A framework for management information systems».
18. *Ibid.*

1.2.1   L'informatique et son usage au niveau de la planification stratégique

Pour le gestionnaire près du sommet de l'échelle hiérarchique où les opérations sont peu routinières, les systèmes d'information les plus appropriés sont les systèmes d'aide à la direction (SAD). Ces systèmes permettent d'accéder à des données corporatives et à des banques de données externes. La haute direction est ainsi rapidement informée des occasions qui s'offrent à l'entreprise et du rendement des activités internes. Par exemple, ce président d'une multinationale alimentaire qui, dès son entrée, le matin, met son ordinateur en marche et prend connaissance des fluctuations des prix du blé et autres denrées alimentaires. Dans l'après-midi, il consulte un service d'analyse du Dow Jones afin d'évaluer les diverses possibilités d'investissement pour l'entreprise. Vers la fin de la journée, il examine généralement un ou plusieurs rapports hebdomadaires de ses unités opérationnelles. Bien qu'encore peu de hauts dirigeants utilisent l'informatique de façon aussi systématique, cette pratique tend à se généraliser au fur et à mesure que l'utilisation des logiciels est simplifiée.

Enfin, les gestionnaires responsables de la planification stratégique utilisent largement, pour leur part, des systèmes interactifs d'aide à la décision (SIAD), par exemple les tableurs. Grâce à ces logiciels, il devient possible de prendre des décisions plus justes par l'analyse de scénarios basés sur la relation qui existe entre une décision et ses conséquences. Un gestionnaire se pose souvent la question : «Qu'arriverait-il si...?» Et il doit produire des rapports pour justifier auprès de la haute direction les actions qu'il propose, ou encore il doit comparer avec les autres les diverses options possibles. L'ordinateur n'a rien inventé de nouveau; il permet simplement, par la vitesse de calcul et de modifications de données, d'étudier plus de solutions, plus rapidement. De plus, étant donné leurs possibilités graphiques et de traitement de texte, ces logiciels simplifient la présentation de l'information; les gestionnaires bénéficient donc en peu de temps d'une analyse détaillée présentée de façon claire et souvent sous forme graphique.

Il existe une myriade de logiciels permettant de comparer divers scénarios macro-économiques, par exemple l'effet du taux de change ou encore d'une fluctuation des taux d'intérêt sur les profits de l'organisation. Des simulations simples peuvent être effectuées à l'aide d'un tableur et facilitent l'évaluation des marges de manœuvre de la compagnie.

1.2.2   L'informatique et son usage au niveau du contrôle de gestion

Au niveau du contrôle de gestion, les applications de l'informatique sont nombreuses. En fait, on retrouve des systèmes de contrôle de gestion pour la plupart des activités des entreprises. Par exemple, au moyen de l'informatique, les gestionnaires de ce niveau pourront produire plus rapidement des rapports sommaires qui alimenteront les analyses de rentabilité de divers services, régions et produits, et qui leur permettront de discerner les plus performants et ceux qui le sont moins.

FIGURE 1.5
Gestionnaire
au travail

IBM Canada ltée

Ainsi, une directrice de service, responsable de la gestion du budget de son service, utilisera un tableur. Avec un tel programme, elle pourra, entre autres choses, calculer le budget qui devra être affecté, par exemple, à la formation du personnel. Elle pourra aussi analyser chacun des postes budgétaires en calculant les marges de manœuvre. Pour bien visualiser les résultats, l'utilisatrice peut diviser l'écran de l'ordinateur, horizontalement, en «fenêtres». Chaque fois qu'une nouvelle combinaison est entrée, elle voit immédiatement apparaître dans la fenêtre inférieure l'incidence directe qu'aura l'opération en question sur le budget du service. Il va sans dire qu'ici, l'ordinateur permet de faire des prévisions très précises et de gagner beaucoup de temps. En raison de la capacité des ordinateurs, il est évidemment possible d'échelonner des prévisions sur plusieurs années.

1.2.3 L'informatique et son usage au niveau du contrôle opérationnel

Au niveau opérationnel, on retrouve les systèmes d'entrée de données. Les gestionnaires du niveau opérationnel doivent relever et faire enregistrer par les commis toutes les transactions effectuées par la compagnie. Ces enregistrements doivent être faits chaque jour. C'est d'après ces données que les gestionnaires de ce niveau prendront la plupart de leurs décisions, par exemple répartir l'ouvrage entre les commis, déterminer les clients à visiter à partir des fichiers de commandes, etc.

Les systèmes d'information du niveau opérationnel se caractérisent entre autres par un large volume de données à entrer. L'entrée de données a été révolutionnée par l'invention des lecteurs optiques, magnétiques et de codes à barres qui diminuent le nombre d'erreurs de saisie. Bien sûr, les supermarchés les utilisent largement, car ils assurent un contrôle de l'inventaire à partir de la caisse enregistreuse et réduisent au minimum les erreurs des caissiers. Les codes à barres sont aussi utilisés lors de l'emprunt de livres dans une bibliothèque ou encore pour gérer la gestion des stocks d'une entreprise de distribution ou de fabrication.

FIGURE 1.6
Gestionnaire
au travail

IBM Canada ltée

Entre autres, la Croix-Rouge utilise les codes à barres pour identifier les échantillons de sang. On emploie les lecteurs optiques pour lire les transactions de Bell Canada, d'Hydro-Québec, des cartes de crédit. On se sert des lecteurs magnétiques pour faire la conciliation bancaire des chèques encaissés.

Dans certains hôpitaux, on a voulu instaurer un quart de nuit pour les dactylos. Par contre, on ne voulait pas augmenter les coûts administratifs occasionnés par l'embauche d'un surveillant. Les traitements de texte utilisés par les secrétaires ont donc été munis d'un logiciel de contrôle de gestion. Le superviseur de jour reçoit quotidiennement un rapport sur lequel sont inscrits le nombre de mots par minute tapés par chaque dactylo, le temps de non-utilisation de l'ordinateur ainsi que le nombre de corrections. Aucun bavardage possible. Le superviseur est alors en mesure de définir des standards de productivité et ainsi de mieux connaître les possibilités de traitement de son service et de justifier l'engagement ou le congédiement de personnel. Ce type de surveillance a cours à l'heure actuelle notamment à la Société canadienne des postes pour l'entrée de codes postaux, dans certains supermarchés pour les caissiers et chez Bell Canada pour les téléphonistes. Il va sans dire qu'une telle utilisation à des fins de contrôle soulève des oppositions syndicales et des contestations de la part des employés et des groupes de soutien aux libertés individuelles.

1.3   L'INFORMATIQUE DANS TOUTES LES FONCTIONS DE L'ENTREPRISE

Les gestionnaires, quelles que soient leurs fonctions dans l'entreprise, utilisent l'informatique; seuls les logiciels et les applications diffèrent. Gorry et Scott Morton ont préparé un document[19] qui propose un certain nombre d'activités pouvant être informatisées par niveau hiérarchique, d'une part, et par fonction, d'autre part.

---

19. G. et S. Morton. *Op. cit.*

FIGURE 1.7
Gestionnaires
au travail

IBM Canada ltée

Nous inspirant de ce document, nous présentons des exemples d'utilisation de l'informatique pour chaque niveau hiérarchique de chacune des grandes fonctions de l'entreprise.

1.3.1   Le service de la comptabilité

Le service de la comptabilité est généralement le premier service à être informatisé dans l'entreprise[20]. Au point de vue opérationnel, on y effectue toute la tenue des livres comptables, ce qui suppose un large volume de données à manipuler. Grâce aux logiciels de comptabilité, cette tâche est largement simplifiée; il n'est plus nécessaire de transcrire la même donnée dans tous les livres comptables, le logiciel le fait lui-même. Le préposé entre les données une seule fois et celles-ci s'appliquent à tous les journaux comptables concernés.

Au niveau du contrôle de gestion, les comptables peuvent se servir de l'informatique pour gérer les comptes-clients, les comptes-fournisseurs, pour repérer les exceptions et comprendre les écarts. La politique de crédit est de «net 30 jours»? Un logiciel de facturation peut dresser une liste de tous les clients qui ont dépassé cette limite, et ce à l'intervalle désiré. Mieux, il peut imprimer une lettre type, en modifiant automatiquement le nom du client dans l'en-tête et, dans la lettre, le nombre de jours de retard et la somme due.

Les gestionnaires du niveau de la planification stratégique voient entre autres à la rédaction d'états financiers *pro forma*. Grâce au tableur, cette tâche devient un jeu d'enfant; il suffit de changer une donnée et l'ordinateur modifie automatiquement la feuille de calcul partout où cette donnée avait des incidences.

1.3.2   La gestion des ressources humaines

Le service des ressources humaines figure aussi parmi les premiers à être informatisés dans une entreprise[21]. Au point de vue opérationnel, l'informatique a

---

20. L. A. Lefebvre *et al. Op. cit.*
21. *Ibid.*

considérablement simplifié le traitement des salaires des employés, par exemple. Au niveau du contrôle de gestion, il est possible d'analyser les taux d'absentéisme et ses conséquences sur l'entreprise en vue de définir des politiques pour y remédier; il est aussi possible d'élaborer des plans d'affectation, d'analyser le rendement, etc.

Du point de vue stratégique, les gestionnaires en ressources humaines peuvent utiliser des systèmes d'information capables de les assister dans leurs tâches de gestion des ressources humaines et de planification des carrières. Il est certes important de planifier le mouvement du personnel, de prévoir le nombre de départs afin que l'organisation se trouve toujours en adéquation avec ses besoins en ressources humaines.

1.3.3   Le service du marketing

De plus en plus, les représentants et les vendeurs itinérants disposent, dans leur voiture, d'une micro-mallette qui contient une imprimante, un modem, un ordinateur. Ils peuvent ainsi rédiger les contrats de vente, commander les pièces vendues et établir leur feuille de route depuis leur voiture. Ces nouvelles possibilités ont entraîné une augmentation de la productivité sans précédent.

Les gestionnaires du service du marketing responsables du contrôle des opérations peuvent, à l'aide de l'informatique, schématiser rapidement la progression des ventes par vendeur, par région ou encore par produit, ce qui permet de corriger une situation problématique dans de brefs délais[22].

En ce qui a trait à la planification stratégique, les gestionnaires de marketing utilisent largement les systèmes interactifs d'aide à la décision pour analyser les ventes, la part de marché, les prix, les promotions et les publicités. Ils peuvent aussi rapidement obtenir de l'information sur l'élasticité des prix, l'efficacité promotionnelle et sur l'effet d'une campagne publicitaire sur les ventes[23].

1.3.4   Le service de production

De nouvelles technologies manufacturières ont considérablement modifié les procédés de fabrication. Avec les technologies de type CAO/FAO (conception/ fabrication assistée par ordinateur), les machines à contrôle numérique ou encore les robots, les entreprises sont en mesure de modifier considérablement la flexibilité de leur chaîne de production, d'améliorer le contrôle de qualité et de réduire les coûts de production.

Le contrôle de production peut être un jeu d'enfant avec des logiciels appropriés. À quelle étape du processus de fabrication en sommes-nous? Combien de temps nous reste-t-il pour livrer la commande? Autant de questions auxquelles il est simple de répondre avec un logiciel de gestion de projets. Les gestionnaires du

---

22. J. Little. «Information technology in marketing».
23. *Ibid.*

FIGURE 1.8
Dessin technique

IBM Canada ltée

service de production responsables de la planification des activités peuvent produire des simulations simples ou complexes à l'aide d'un tableur ou d'un logiciel de gestion de projets, ce qui leur permet d'étudier plus de scénarios en moins de temps.

1.3.5 La fonction administration

S'il est un domaine où l'arrivée de l'informatique a considérablement simplifié le travail et amélioré l'efficacité des employés, c'est bien celui du secrétariat. En effet, les programmes de traitement de texte spécialisés permettent maintenant d'accomplir une foule de tâches en un temps record.

D'abord, il est possible de modifier un document à volonté, tant que le travail n'est pas parfait. Une fois le travail terminé, l'impression du texte est commandée. Plusieurs formats et en-têtes sont offerts, il ne reste qu'à choisir ceux qui conviennent le mieux au texte. Pendant que l'impression est en cours, on peut commencer une autre rédaction. L'ordinateur gardera alors en mémoire le nouveau texte à imprimer.

Il est également possible de produire des documents personnalisés sans nécessairement y consacrer une somme importante de temps et d'énergie, grâce aux fonctions de tri et de traitement de fichiers et de listes. Par exemple, la fonction de tri permet de créer, à partir d'une liste de clients déjà existante, une nouvelle liste où apparaîtront les clients qui répondent à des critères spécifiques (adresse, code postal, frais d'utilisation, etc.). Des expressions codées correspondant aux libellés des clients entreront automatiquement dans les espaces où le texte standard doit être modifié.

Les gestionnaires administratifs responsables du contrôle des approvisionnements se tournent de plus en plus vers l'informatique. En effet, pour réduire les

IBM Canada ltée

coûts de manipulation de la paperasse, plusieurs entreprises ont commencé à se doter de terminaux et communiquent directement avec leurs clients et leurs fournisseurs par ordinateur.

Pour un président de compagnie, rien de mieux que d'utiliser les nouvelles technologies de communication pour économiser du temps, si précieux. Maintenant, on retrouve des télécopieurs, des *fax*, partout, même dans l'avion. Un président peut, avant de s'envoler vers l'Europe, donner une lettre à dactylographier à sa secrétaire, des acétates à préparer au service de graphisme en vue d'une présentation qui aura lieu dans l'après-midi. Depuis l'avion, il pourra recevoir une copie de chacun des documents et même demander qu'on apporte des corrections. Il suffit de «faxer».

1.3.6   Le service de système d'information de gestion

Au niveau opérationnel, on a recours à l'informatique entre autres pour effectuer la mise en œuvre de systèmes et pour gérer l'utilisation des ressources du service : personnel, mémoires, temps d'utilisation, etc. Au niveau du contrôle de gestion, les logiciels de gestion de projets permettent de contrôler les étapes de développement et sont très largement utilisés. Avec ces logiciels, il est aussi possible de mieux gérer les frais d'exploitation. On peut faire appel à l'ordinateur pour imputer les coûts d'utilisation aux usagers, ou encore pour analyser l'utilisation des ressources informatiques.

Au niveau stratégique, l'informatique peut servir à élaborer des projets et à analyser les effets d'un système d'information sur les activités de l'entreprise.

1.4   L'INFORMATIQUE
DANS TOUS LES SECTEURS INDUSTRIELS

Jusqu'à ici, nous avons montré que l'informatique était utilisée par tous les gestionnaires, à tous les niveaux hiérarchiques et dans toutes les fonctions d'une entreprise. À l'aide d'exemples concrets, nous tenterons de démontrer que les systèmes d'information de gestion sont utilisés dans tous les secteurs industriels. Comme il était impossible de couvrir toutes les activités d'un secteur donné, nous mettons l'accent sur l'examen de domaines très différents afin d'illustrer l'importance de l'informatique et les usages différents possibles.

1.4.1   Le secteur primaire

En adoptant l'informatique, les entreprises du secteur primaire peuvent rationaliser davantage l'utilisation de leurs ressources et fournir une aide à la décision au niveau de la gestion

1.4.1.1   Agriculture

L'introduction des systèmes d'information dans la gestion de l'exploitation agricole constitue une innovation technologique importante dans le domaine de l'agriculture. L'ordinateur permet une gestion plus efficace des machines et de l'énergie, facilite la comptabilité et améliore les opérations agricoles, tels le mélange des aliments pour les animaux, la bonne répartition des engrais et des autres ressources.

La marge de profit étant souvent minime, dans l'agriculture, il importe donc de maximiser l'utilisation des ressources. Un fermier ne peut plus se fier à sa seule intuition comme auparavant. En effet, l'ère de la rationalisation touche aussi ce secteur. Or, avec certains logiciels, un éleveur de bétail peut surveiller l'alimentation des troupeaux, la varier selon la productivité qu'il peut calculer pour chaque bête, faire reproduire les plus productives, décider des dates d'accouplement, etc.

1.4.1.2   Foresterie

Combien d'arbres couperons-nous cette année? L'année prochaine? Dans 10 ans? Quelle quantité d'insecticides devrons-nous acheter? Quel est le pourcentage d'arbres à demi-maturité? Voilà le genre de questions que se posent fréquemment les gestionnaires d'un plan de coupe. Bien sûr, s'il est possible de répondre à ces questions sans ordinateur, il est impossible de le faire avec la même précision et la même rapidité.

1.4.1.3   Industrie pétrolière

Les ordinateurs sont devenus d'indispensables outils pour les géologues qui effectuent la prospection pour les compagnies pétrolières, par exemple. Une fois saisies les données essentielles sur la composition et les dimensions du terrain, l'ordinateur trace une carte détaillée des strates souterraines et des réserves de pétrole. Les entreprises de prospection pétrolière ont été les premières à utiliser un système expert spécialisé dans la prospection, système quasi essentiel pour elles, car les experts-géologues sont peu nombreux dans ce domaine et demandent des honoraires très élevés. Grâce à l'ordinateur, leur expertise peut être représentée sous forme de modèle. Un logiciel de système expert nommé Prospector prépare le travail des experts-géologues. Un apprenti-géologue n'a plus qu'à fournir les informations pertinentes à l'ordinateur qui lui répondra par un diagnostic sur l'emplacement étudié. Un géologue-expert valide ensuite l'analyse de Prospector.

En outre, l'ordinateur est tout indiqué pour analyser la productivité des oléoducs et des gazoducs. Le procédé de raffinage est, lui aussi, sous supervision et contrôle informatiques. Et chacun aura aussi remarqué que, dans les stations d'essence libre-service, la pompe à essence est directement reliée à la caisse enregistreuse.

1.4.1.4   Industrie minière

Les ordinateurs peuvent être très utiles pour l'exploitation d'une mine. Dès la prospection, ensuite pour l'extraction et enfin pour le raffinage, des logiciels de diagnostic et de géologie sont largement utilisés.

Les robots ne peuvent effectuer l'extraction. Comme l'extraction n'est pas une tâche répétitive, l'ordinateur ne peut, à cette étape, qu'assister l'employé. En effet, il lui permet de visualiser les performances de la machine à extraction et de stocker toutes les données relatives à son fonctionnement et à son état, ce qui contribue à optimiser la production et à réduire l'entretien. On a aussi recours à l'ordinateur à l'étape des opérations de fonderie pour contrôler la consistance du métal, les impuretés et les vapeurs toxiques tout au long du procédé de raffinage et de traitement du métal.

1.4.1.5   Divers

D'autres industries du secteur primaire profitent également de l'informatique, notamment les pêches pour la détermination de quotas.

1.4.2   Le secteur secondaire

On entend parler de plus en plus de machines à contrôle numérique, de robots et de CAO/FAO, mais qu'est-ce plus précisément? Pour expliquer ces trois technologies, nous prendrons pour exemple l'industrie automobile américaine et l'utilisation qu'elle en fait, car elle est, et de loin, celle qui dépense le plus pour des systèmes d'information de gestion. Et pour cause, puisque la concurrence internationale, de plus en plus vive, force cette industrie à rationaliser l'ensemble de ses opérations pour maintenir une rentabilité élevée. Les entreprises essaient donc de réduire l'inventaire, ce qui demande un contrôle serré des opérations, depuis les commandes jusqu'aux livraisons de produits finis.

Nous expliquerons donc, de façon détaillée, chacune de ces technologies qui utilisent l'informatique de diverses façons.

1.4.2.1 Conception/fabrication assistée par ordinateur (CAO/FAO)

Les systèmes informatisés de conception ont permis d'augmenter de façon surprenante la productivité des ingénieurs industriels[24]. Les programmes de conception assistée par ordinateur enregistrent les données et les transformations géométriques si vite que le concepteur n'est plus limité quant à ses essais. On peut enregistrer l'image sur un support de mémorisation quelconque, ou encore la faire tracer à l'aide d'une table à dessiner commandée par ordinateur.

Dans l'industrie automobile, la gamme des modèles s'élargit continuellement. Il est alors avantageux de concevoir ces modèles à l'aide d'un système de conception assistée par ordinateur, lequel est relié à la chaîne de production. En fait, l'utilisation du système de conception par ordinateur permet de créer un modèle en 14 mois au lieu des 24 qu'il en prenait autrefois.

Plusieurs de ces systèmes permettent, d'une part, de construire les prototypes et d'effectuer des tests préliminaires d'endurance et d'aérodynamisme, et, d'autre part, d'établir les devis qui serviront lors de la production.

1.4.2.2 Machine à contrôle numérique

Les machines à contrôle numérique sont des machines qui accomplissent les opérations antérieurement effectuées mécaniquement ou manuellement. Elles sont munies d'un programme qui dicte aux outils la séquence des opérations. Certaines machines sont même en mesure de procéder à un «autodiagnostic»; par exemple, elles peuvent indiquer à l'opérateur qu'il faut changer ou affûter l'outil de coupe.

La machine à contrôle numérique permet de rapidement modifier la chaîne de production; il suffit de modifier les outils et le programme intégré. Toutefois, lorsqu'une pièce est terminée, il faut la déplacer dans la machine suivante.

On se sert largement des machines à contrôle numérique pour usiner le métal. Comme la gamme de produits de l'industrie automobile s'étend, la chaîne de production se doit d'être flexible et, donc, d'être rapidement modifiable.

1.4.2.3 Robots industriels

On a de plus en plus recours aux robots pour des emplois salissants, dangereux, pénibles ou monotones. Par contre, ils sont souvent plus lents que les machines à contrôle numérique et de loin plus dispendieux, mais plus flexibles.

La principale différence entre une machine à contrôle numérique et un robot est le bras de manipulation qui permet de déplacer des objets sans l'intervention humaine. L'industrie américaine compte aujourd'hui entre 5000 et 7000 robots

---

24. T. Gunn. «La mécanisation de la conception et de la production».

pour la réalisation de soudures par points, la pulvérisation de peinture, le chargement et le déchargement des machines et certaines opérations d'assemblage[25]. C'est dans l'industrie automobile que les robots sont le plus utilisés.

1.4.2.4   Utilisation de l'informatique aux fins de gestion

Une étude réalisée par Louis Raymond[26] a permis de dresser une liste des systèmes d'information généralement utilisés par les PME manufacturières. Le tableau suivant donne le pourcentage de PME utilisatrices par système d'information :

TABLEAU 1.2
Fréquence
d'implantation
des applications
informatisées
par les PME
manufacturières

Applications	Fréquence (%)
Comptes-clients	85,5
Comptes-fournisseurs	80,6
Tenue de livres	78,8
Paiement	72.6
Paie	71,3
Analyse des ventes	68,5
Inventaire	56,4
Entrée de commandes	47,3
Comptabilité des coûts	43,0
Budget	35,4
Achat	31,5
Planification	31,3
Contrôle de production	29,6
Gestion de la production	16,8
Traitement de texte	15,8
Personnel	15,1
Autres	5,8

---

25. *Ibid.*
26. L. Raymond. «MIS success in small business».

1.4.3   Le secteur tertiaire

On peut découper le secteur tertiaire en six grands domaines :

- services financiers;
- commerce;
- transport;
- services;
- services publics et parapublics;
- secteur professionnel.

Chacun de ces domaines peut tirer d'immenses avantages des systèmes d'information de gestion. Le bureau, on le sait, est le lieu privilégié de traitement de l'information. Le passage du papier à l'électronique augmente la productivité, améliore le service à la clientèle et rend le travail bien plus gratifiant. Pour chacune des catégories, nous présentons des exemples montrant que l'utilisation de systèmes d'information a permis d'augmenter la productivité.

1.4.3.1   Services financiers

Services bancaires

Les industries bancaires et financières s'appuient en grande partie sur les télécommunications et le traitement par ordinateur. Les banques l'utilisent d'abord pour enregistrer les transactions et consolider les opérations, mais aussi pour diversifier les services offerts tout en rationalisant les coûts : guichet automatique intégré, intercaisses ou interbanques. Les principales conséquences positives sont : accélération du service à la clientèle, réduction des vols (avec le guichet central pour les caissiers), possibilité d'effectuer certaines transactions en tout temps.

Assurance

Une compagnie d'assurances se doit de réagir vite aux diverses conditions du marché. Les hauts dirigeants ont compris rapidement que les simulations par ordinateur pourraient les aider à examiner les divers scénarios et à détecter les points critiques pour les opérations de leur compagnie. À partir de la comptabilité de la compagnie, les cadres peuvent tirer un maximum d'informations agrégées.

Les compagnies d'assurances se servent aussi de l'informatique pour déterminer les primes, gérer la comptabilité des clients et maximiser les placements.

1.4.3.2   Commerce

Grossiste

La gestion de l'inventaire et des commandes constitue le plus grand apport de l'ordinateur chez les fournisseurs. Plusieurs se dotent même d'un système de commandes en direct par le biais de la télécommunication. L'informatisation des entreprises de distribution, en plus de faciliter la gestion de l'inventaire et l'évaluation des lignes de produits, permet d'assurer un meilleur service à la clientèle. Grâce au système informatisé, un distributeur peut suivre l'évolution des achats de chacun de ses clients et vérifier leur marge de crédit. Il peut aussi mieux orienter le client dans ses choix de produits, évaluer et gérer la liste des fournisseurs, analyser le marché des produits, les tendances des acheteurs, etc.

La section 1.5 présente deux exemples de distributeurs qui ont l'informatique pour arme stratégique, soit Provigo et un distributeur de charcuterie.

Commerce de détail

Un concessionnaire d'automobiles a adopté un système intégré composé de cinq programmes de base permettant de produire automatiquement des rapports hebdomadaires de contrôle d'inventaire des véhicules, de commercialisation du service et des pièces et de l'activité de la salle d'exposition. Ainsi il peut facilement apprécier le rendement des vendeurs, évaluer l'efficacité par service des techniciens, des mécaniciens ainsi que de l'atelier. Il peut aussi automatiquement calculer les commissions des vendeurs et passer des commandes après avoir déterminé son niveau de commande minimum.

Pour un centre de vidéocassettes, comprenant plus d'une centaine de points de distribution, l'ordinateur est réellement indispensable. Il suffit de penser à tout le roulement de stocks, à la rotation entre toutes les unités. L'ordinateur réduit les erreurs d'expédition grâce à un générateur de codes à barres. Finis les problèmes de mauvaise saisie de données.

La compilation hebdomadaire de statistiques informatisées indique avec justesse la cote de succès des films en circulation, non seulement quant au sujet dont ils traitent, mais aussi quant à leur format (VHF ou BETA). Nous suivons ainsi le goût fluctuant du public, de région en région; nous arrivons même à le prévoir[27]!

En résumé, l'ordinateur permet d'évaluer les besoins de la clientèle, de gérer les achats et les ventes, d'analyser les ventes et de faire des prévisions.

1.4.3.3   Transport

Pour l'industrie du transport aérien, la principale application des systèmes d'information demeure le système de réservation. Les compagnies de transport ferroviaire ont, pour leur part, décidé de diminuer les frais de personnel et de réduire les risques d'accidents en contrôlant la circulation par ordinateur. L'ordinateur est en mesure de «positionner» tous les trains en circulation, de donner leur vitesse et, du centre de contrôle, de la réduire ou de leur faire exécuter des changements de voies. Comme la plus grande dépense pour les compagnies ferroviaires demeure les frais de carburant, des simulations sur la disposition du chargement, effectuées rapidement par ordinateur, permettent de diminuer considérablement ces frais.

---

27. J. Lepage. «Quand l'informatique vient organiser la vidéo».

Pour l'industrie du camionnage, la principale préoccupation est le trajet que doit emprunter chacun des camions pour maximiser le rendement. Des simulations par ordinateur peuvent être effectuées. Plusieurs logiciels de recherche opérationnelle sont en mesure d'indiquer au gestionnaire le meilleur trajet, en quelques minutes. D'autres logiciels permettent aussi d'analyser les coûts par camion, le calendrier des opérations, etc.

1.4.3.4 Services

Tourisme et loisir

Vous croyiez pouvoir vous en sauver? Eh bien, non. Même les loisirs sont souvent gérés par des ordinateurs. Pensez seulement entre autres aux réservations de billets pour des spectacles, qui passent par des organisations comme Billets Plus ou Ticketron. Ou encore à la multitude de statistiques mentionnées dans les sports et compilées à l'ordinateur, aux calendriers d'activités sportives des centres de loisirs.

Agence de voyages

Pour une agence de voyages, la comptabilité n'est pas une mince affaire. D'une part, la facturation aux clients; d'autre part, les comptes en fidéicommis qu'il faut être en mesure de justifier en tout temps auprès des inspecteurs du gouvernement. L'informatisation de la comptabilité facilite ce travail. En outre, grâce à l'informatique, il devient aisé d'élaborer des statistiques sur les destinations des voyageurs en fonction de la période de l'année et ainsi de mieux orienter les stratégies publicitaires.

De plus, les ordinateurs permettent d'accomplir des tâches très ardues, que les employés devaient effectuer la nuit.

Tous les lundis, avant la fermeture des bureaux de poste, les agences doivent expédier leur rapport PRB. Ce plan de règlement bancaire, véritable cauchemar des détaillants de voyages, est une liste de dernière minute qui fait état

FIGURE 1.10
Agence de voyages

IBM Canada ltée

des billets d'avion émis au cours de la semaine. Un centre de traitement voit à la correspondance entre les sommes inscrites et les copies reçues et à la répartition des paiements dus aux transporteurs[28].

Un logiciel spécialisé effectue désormais ces tâches; il suffit d'appuyer sur une touche.

Hôtellerie

«Je m'excuse... notre service a commis une erreur, nous étions débordés...» Plusieurs ont entendu cette phrase maintes et maintes fois, lorsqu'ils avaient demandé à la réception de les réveiller à une heure bien précise. Ce genre d'oubli mine considérablement la confiance du voyageur pour un hôtel, et avec raison. Avions manqués, retard à une réunion, etc. Un nouveau logiciel a été mis au point pour gérer les réveils «si précieux» des voyageurs. Ainsi, au moment de la demande du client, l'information est entrée dans l'ordinateur, et à moins d'une panne informatique, le téléphone sonnera à la bonne heure, à la bonne chambre et l'ordinateur indiquera l'heure au client.

1.4.3.5   Services publics et parapublics

Gouvernement

Avec Alex, de Bell Canada, le gouvernement permet au public d'accéder à une foule de banques de données. Par exemple, on peut accéder aux conseils pratiques de l'Office de la protection du consommateur. On peut aussi poser des questions dans ce qui est appelé la «boîte aux lettres», et recevoir automatiquement une réponse en 48 heures. Sur le plan des transactions, on peut penser à des abonnements à des revues gouvernementales et, pourquoi pas, au renouvellement du permis de conduire.

Ce qui est intéressant, c'est que les employés peuvent mieux gérer leur temps. De plus, on évite aux gens les longues attentes en ligne. La fonction publique québécoise est l'une des 10 administrations les plus informatisées en Amérique du Nord. Comme l'application première de l'ordinateur est de traiter de gros volumes de données, la fonction publique est le preneur parfait. Il suffit de penser simplement à l'impôt! Les fonctionnaires peuvent désormais effectuer un meilleur contrôle. Il semble aussi qu'il y ait unanimité à dire que l'informatique a permis d'améliorer le service à la clientèle.

Bibliothèque

Certaines bibliothèques ont opté pour l'informatisation. Un système comme le BADADUQ de l'Université du Québec permet de faire des recherches bibliographiques à partir de critères tels le nom d'auteur, le titre du livre, la maison d'édition, ou encore par critères croisés tels la maison d'édition et le nom d'auteur. Cette méthode qui remplace le système manuel de fiches procure aux usagers de nombreux avantages : connaissance immédiate de la disponibilité des livres, service de réserve, recherche rapide et impression de la recherche bibliographique.

---

28. J. Lepage. «Une agence de voyages qui précise son itinéraire informatique».

Université

L'Université du Québec a mis sur pied un service d'inscription par téléphone qui est opérationnel depuis 1989. Une université de 30 000 étudiants offre près de 80 000 choix de cours par année. Beau défi pour un ordinateur! L'étudiant n'a qu'à composer le numéro du cours auquel il veut s'inscrire sur le clavier d'un téléphone, et l'ordinateur enregistre son choix de cours. Une voix générée par ordinateur confirmera le choix de cours en fonction des places libres et du dossier scolaire.

1.4.3.6 Secteur professionnel

Géomatique

La géomatique consiste en l'union de la géographie et de la cartographie avec l'informatique. Les logiciels permettent, d'une part, de créer plus simplement la cartographie à l'aide de la conception assistée par ordinateur, et, d'autre part, d'assigner à certains points de ces cartes des valeurs correspondant à des objets sur le terrain. La géomatique facilite l'accès à de nombreuses informations sur un élément précis.

Il est certain qu'une ville comme Montréal, «qui comprend 175 km², densément peuplés, des milliers de kilomètres de réseaux d'égout et d'aqueduc, des milliers de feux de circulation[29]» se doit de traiter toutes ses données à l'aide d'un ordinateur. Tout le travail de géodésie, de photogrammétrie, de télédétection, de topométrie, d'hydrographie, de cartographie, d'arpentage foncier et de gestion foncière se fait maintenant au moyen d'un micro-ordinateur. Par exemple, l'ensemble des données concernant Montréal sont stockées sur un disque dur de 200 méga-octets (Mo). Cela facilite le travail des géomètres, permet de réagir plus rapidement aux situations d'urgence et de mieux planifier les travaux.

Traduction

Les systèmes de traduction automatisée (TA), loin de remplacer les traducteurs, viennent néanmoins leur prêter main forte dans des domaines où il y a un manque flagrant de spécialistes, là où le vocabulaire spécialisé est trop fastidieux, ou encore là où le volume de mots se compte par dizaines de millions. Par exemple, la NASA ferait appel à un système de traduction automatisée en vue de traduire en anglais les deux millions de mots reçus chaque jour par les satellites russes, tâche quasi impossible pour des êtres humains, à moins de disposer d'une équipe de travail vraiment gigantesque. Plus près, l'Université de Montréal a élaboré un logiciel permettant de traduire des manuels d'entretien d'avions. C'était là une application parfaite pour la traduction informatisée puisque la tâche comportait plus de 90 millions de mots à traduire dans un temps record (1 an) alors qu'on ne trouvait aucun traducteur spécialisé dans le domaine.

Journalisme

Existe-t-il encore aujourd'hui un journaliste qui ne soit pas familier avec les technologies informatiques? D'une part, à l'aide du traitement de texte, les journalistes

---

29. F. Beaulieu. «La géomatique prend son envol».

peuvent corriger et améliorer leurs textes tant qu'ils le désirent. D'autre part, grâce aux ordinateurs portatifs, ils disposent de leurs principaux outils de travail en tout temps et peuvent envoyer leurs articles à la direction par les télécommunications ou encore par télécopieur, procédés rapides et peu coûteux.

Consultation

La Banque fédérale de développement (BFD) offre un service informatisé de consultation pour les PME. Le système AIDE est une banque de données mise à jour de façon continuelle par la BFD. On y a accès par l'intermédiaire de micro-ordinateurs installés à cet effet dans ses 77 succursales. Cette banque d'informations permet de connaître rapidement les divers programmes de subventions auxquels les PME sont admissibles, ainsi que la réglementation, les services offerts par les associations commerciales canadiennes, les représentants commerciaux étrangers au Canada, les possibilités de remplacement d'importations, les inventions financées par le gouvernement et prêtes à être commercialisées, les nouveaux produits américains qui pourraient être vendus sur le marché canadien, les données sur la population, le revenu personnel et l'emploi. Le système AIDE élimine des frais de consultation, qui constituent souvent des dépenses trop élevées pour les PME.

Avocats

Pour un cabinet d'avocat, le micro-ordinateur est essentiel. D'abord pour la facturation, qui est très complexe. Puis il y a les divers frais à facturer, les honoraires à calculer en nombre d'heures. De plus, la possibilité de consulter depuis le bureau différentes banques d'informations concernant les codes de lois et la jurisprudence peut remplacer une bonne partie de la recherche en bibliothèque. Plusieurs avocats se servent aussi maintenant d'un logiciel appelé Hypertext, ou de structuration d'idées, afin de préparer leurs plaidoyers.

Architecture et ingénierie

Un architecte naval s'est muni d'un Macintosh afin de réaliser toutes ses lignes de bateaux. Sa productivité s'est accrue de 10 fois. Il n'a maintenant plus besoin de personnel technique. Les communications avec les clients se font par voie de modems, ce qui lui évite de répéter 1000 fois la même chose. Lorsqu'une réponse a déjà été écrite, il ne fait que la reproduire pour ce client. C'est pour lui une économie de temps énorme et il évite aussi les fréquents dérangements téléphoniques. De plus, comme il doit voyager à travers le monde, il peut facilement transporter tous ses documents (quelques disquettes de copie et un disque dur). L'appareil est tout de même très facile à transporter.

Spécialistes de la santé

Plusieurs cliniques médicales se sont dotées de micro-ordinateurs pour gérer la liste de leurs clients et communiquer avec la Régie de l'assurance-maladie du Québec.

À présent, chacun est à même de constater que l'ordinateur s'est infiltré dans toutes les sphères d'activité ainsi qu'à tous les niveaux hiérarchiques. On comprend mieux pourquoi il est important de connaître le fonctionnement d'un ordi-

FIGURE 1.11
Architecte au travail

IBM Canada ltée

nateur et l'utilisation de quelques logiciels. Évidemment, et c'est bien normal, les premiers logiciels apparaissent toujours plus difficiles à utiliser. Cependant, avec un peu d'expérience, les autres demandent un moins grand effort.

1.5   L'INFORMATIQUE, UNE ARME STRATÉGIQUE

De plus en plus, les entreprises adoptent les nouvelles technologies d'information pour se donner des avantages, pour être compétitives[30]. Les nouvelles technologies ont révolutionné le monde des affaires principalement de trois façons :

- en changeant la structure industrielle et, par le fait même, en modifiant les règles de la concurrence;
- en fournissant de nouveaux moyens d'efficacité et de réduction de coûts;
- en créant de nouvelles façons de se différencier de ses concurrents.

1.5.1   Modification de la structure industrielle

Les nouvelles technologies ont permis d'accroître le pouvoir de l'acheteur en augmentant sa capacité d'analyse et la rapidité d'interaction avec les autres entreprises.

Provigo, par exemple, a profité de cette augmentation de pouvoir. En effet, Provigo a évalué que la paperasse représentait de 3 % à 8 % du coût de chaque transaction. Cette entreprise a donc jugé qu'il serait rentable d'exiger de tous ses

---

30. M. E. Porter et V. E. Millar. «How information gives you competitive advantage».

fournisseurs qu'ils utilisent l'échange électronique des données. Cette méthode permet de vérifier les commandes directement, réduisant ainsi au minimum le taux d'erreurs, car près de 50 % des commandes demandaient des corrections; donc, plus vite c'est corrigé dans le processus, mieux c'est. Pour une entreprise comme Provigo, dont le siège social achète une bonne partie des marchandises qu'il doit redistribuer par la suite dans les succursales, cette façon de faire diminue considérablement les coûts.

Certes, l'investissement énorme que requiert l'introduction de nouvelles technologies a augmenté les barrières à l'entrée. Par exemple, auparavant, les ateliers d'usinage et de transformation du métal n'étaient que peu automatisés. Leurs clients, principalement l'industrie automobile, exigent de plus en plus que leurs chaînes de production soient à contrôle numérique parce qu'elles sont plus rapides, plus flexibles et plus précises. Or il en coûte à présent en moyenne 150 000 $ à une entreprise pour informatiser son atelier, comparativement à 25 000 $ auparavant.

Par contre, parce que la chaîne de production est plus flexible, le même producteur peut différencier davantage sa ligne de produits, ce qui permet de diminuer le risque financier inhérent à l'informatisation.

1.5.2   Réduction des coûts et accroissement de l'efficacité

Il n'est plus à prouver que l'informatique permet de réduire les coûts : coûts de fabrication, de distribution, de commande, etc. Une entreprise se doit de rationaliser de plus en plus ses coûts pour demeurer compétitive. Grâce aux nouvelles technologies, elle a accès à de l'information qu'il aurait été impensable d'obtenir auparavant. Cette facilité d'accès à l'information a augmenté de façon importante les capacités d'analyse et de contrôle des firmes.

En outre, les entreprises de distribution peuvent à la fois réduire les coûts d'erreurs et de facturation en automatisant depuis la livraison leur processus de facturation et de commande. Par exemple, une charcuterie en gros s'est dotée d'un système de livraison-facturation intégré afin de diminuer les erreurs et de réduire le personnel de bureau. Le procédé est simple :

> Lors d'une commande téléphonique, le commis coche sur un feuillet les produits à livrer. On transmet immédiatement à l'ordinateur comptable le numéro du bordereau et le code permanent du client. Ce feuillet de commande circule jusqu'à l'expédition où son numéro de référence, tapé sur le clavier de la balance, appelle l'affichage de la facture «cathodique» à remplir. Elle identifie le client en plus de faire mention de son état de compte actuel[31].

L'ordinateur effectuant la vérification des quantités commandées et livrées par le poids des paquets, il est donc impossible que ceux-ci soient insuffisamment remplis ou l'inverse.

---

31. J. Lepage. «Une charcuterie se met à l'heure de l'informatique».

De même, grâce à la conception assistée par ordinateur, les firmes sont capables de modifier facilement leurs produits et à moindre coût. Par exemple, dans l'industrie du vêtement, le micro-ordinateur permet d'établir les plans de coupes de tissu afin de limiter les pertes. Un logiciel de CAO/FAO permet de disposer les différentes pièces d'un patron sur une pièce de tissu donnée de façon à réduire les pertes. Ensuite, une table traçante reproduit le nouveau modèle sur du papier qui sera ensuite placé sur le tissu à couper. Une directrice de la production estime qu'elle a abaissé ses pertes de 75 % grâce à ce nouveau procédé.

1.5.3   Différenciation

L'informatique permet à des industries homogènes de se différencier. Par exemple, par l'introduction du guichet automatique, les caisses populaires ont pu se distinguer de leurs concurrents. Bien que l'industrie vise maintenant l'intégration du réseau, elles ont pu jouir d'un avantage compétitif pendant quelques annéees grâce à un service unique.

Les nouvelles technologies peuvent aussi modifier les éléments compétitifs. Auparavant, les taux d'intérêt représentaient le principal critère dans le choix d'une banque. Maintenant, les gens prennent davantage en considération le nombre de guichets automatiques, les services intercaisses ou interbanques, les services automatiques de prêts, d'épargne et autres.

Mais il n'y a pas que les services financiers. Qui n'a pas entendu parler de l'ordinateur «Karl» qui conseille aux clients la coupe de cheveux et les divers traitements capillaires qui conviendront à leurs particularités. Pour un salon de coiffure, Karl représente une mine d'or. Après avoir répondu à une série de questions posées par Karl, le client peut visualiser plusieurs coupes avant de choisir celle qui lui conviendra le mieux. Le coiffeur n'a qu'à reproduire cette coupe en y ajoutant, peut-être, sa touche personnelle. La fiche technique du client sera mise en mémoire et pourra être consultée à la prochaine visite. Le taux d'insatisfaction a chuté considérablement puisque 75 % des clients insatisfaits l'étaient à cause d'une mauvaise communication entre eux et le coiffeur. Cet exemple, tiré d'*Information Technology*[32], illustre parfaitement l'utilisation de l'informatique comme arme stratégique pour se différencier des autres entreprises.

Pensons aussi à l'industrie de la câblodistribution qui a été complètement bouleversée lorsque Vidéotron a introduit son nouveau produit, Vidéoway. Et nous pourrions multiplier les exemples...

Bref, une entreprise ne peut maintenant plus élaborer son plan stratégique sans tenir compte des possibilités que lui offrent les nouvelles technologies. Quoique les applications de l'informatique varient d'un secteur industriel à un autre, nous tâcherons de démontrer dans le prochain chapitre que tous les secteurs industriels ont recours aux systèmes d'information de gestion.

---

32. Cité dans J. Lepage. «Un ordinateur coiffeur qui coupe les prix».

1.6   CONCLUSION

Bien que tout le monde ne souhaite pas se spécialiser en SIG, la preuve que l'ordinateur représente un outil indispensable pour chacun n'est plus à faire. Plus important encore, les gestionnaires pourront se démarquer entre autres par l'utilisation originale et créatrice qu'ils feront de l'ordinateur. Ce qui importe par-dessus tout, c'est qu'ils soient en mesure de reconnaître les possibilités des ordinateurs comme outils de travail et de déterminer les types d'applications dont ils ont besoin : base de données, tableur, gestion de projets et autres.

1.7   QUESTIONS

1. Quels facteurs ont incité les dirigeants d'entreprises à opter pour une utilisation massive des ordinateurs?

2. Dans un contexte de gestion informatisée, on parle souvent de *Management Information System* (MIS) ou de système d'information de gestion (SIG). En quoi consiste un SIG?

3. Quel lien existe-t-il entre un SIG, les ressources humaines d'une organisation et les ordinateurs?

4. Quels sont les éléments qui caractérisent un SIG?

5. Plusieurs études ont été réalisées sur l'utilisation des ordinateurs au travail. Quel est le pourcentage des gestionnaires qui utilisent les ordinateurs régulièrement?

6. Pour quelles applications les gestionnaires peuvent-ils utiliser les ordinateurs dans leur travail?

7. Les gestionnaires préfèrent-ils donner des cours sur les ordinateurs et sur les logiciels aux nouveaux employés à l'intérieur de leur entreprise, ou s'attendent-ils à ce que ces derniers possèdent déjà ces connaissances?

8. Quels sont les logiciels les plus utilisés dans le milieu de travail, selon une recherche d'Igberia?

9. À quels niveaux hiérarchiques d'une organisation utilise-t-on la micro-informatique?

10. Les hauts gestionnaires d'une organisation utilisent deux types de systèmes d'aide à la décision. Quels sont-ils et quels rôles jouent-ils?

11. Dans la planification stratégique, les cadres supérieurs utilisent le micro-ordinateur et des logiciels d'aide à la décision, tel Lotus. Qu'apportent de nouveau ces logiciels et le micro-ordinateur par rapport aux méthodes traditionnelles de travail?

12. En quoi l'informatique peut-elle aider les gestionnaires :

    a)   au niveau du contrôle de gestion?

    b)   au niveau du contrôle opérationnel?

13. Quels rôles peut jouer l'informatique :

    a) au niveau de la comptabilité d'une organisation ?

    b) dans la gestion des ressources humaines des entreprises ?

    c) au sein du service du marketing ?

    d) au sein du service de production ?

    e) dans l'administration ?

    f) au niveau du système d'information de gestion ?

14. En quoi l'informatique peut-elle aider le gestionnaire d'une entreprise agricole ?

15. L'informatique peut-elle aider l'industrie pétrolière ? Comment ?

16. L'informatique peut-elle aider l'industrie forestière ? Comment ?

17. En quoi l'industrie minière peut-elle bénéficier de l'apport de l'informatique ?

18. En quoi consiste la technologie CAO/FAO ?

19. Nommez quelques tâches pour lesquelles les robots sont utilisés aujourd'hui.

20. Comment et pour quelles tâches les banques et les caisses populaires utilisent-elles l'informatique ?

21. Comment et pour quelles tâches les compagnies d'assurances utilisent-elles l'informatique ?

22. Nommez des secteurs où l'informatique peut aider les gestionnaires.

23. Quels sont les logiciels les plus employés par les gestionnaires ? Dans quelles proportions ?

24. En quoi l'informatique a-t-elle modifié les stratégies d'entreprises ?

1.8 BIBLIOGRAPHIE

«Banking on the Best is IS», *Datamation*, supplément de novembre 1988, p. 8-9.

BEAULIEU, François. «La géomatique prend son envol», *Informatique et bureautique*, décembre 1988, p. 44-50.

BERNIER, Nicole F. «Premier portrait d'ensemble de l'informatique au Québec», *Direction informatique*, 3 avril 1989, p. 5.

CHANEY L. et J. OTTO. «Current status of computer utilization in mid-south area businesses», *Office Systems Research Journal*, vol. 6, n° 1, p. 15-17.

COTÉ, Louis Pierre. «L'UQAM développe un système d'inscription par téléphone», *Action informatique*, vol. 1, n° 13, 12 décembre 1988, p. 2.

DE LONG, David. «Computers in the corner office» *The New York Times*, dimanche 21 août 1988.

DUSSAULT, Clode. «Seul maître à bord avec son Mac II», *Informatique et bureautique*, mars 1988, p. 17-20.

FLEURY, Jean-Marc. «L'ordinateur bilingue», *Québec Science*, décembre 1980, p. 21-27.

GUNN, T. «La mécanisation de la conception et de la production», *Pour la science*, n° 61, p. 74-94.

HEURGON, Édith. «De l'informatique des années 70 aux systèmes d'information des années 90», AFCET/Interfaces, n° 39, janvier 1986, p. 7-12.

HURTUBISE, Rolland A. *L'intégration de l'information à l'organisation*, Éditions Agence d'Arc, 1990.

IGBERIA M., F. PAVRI et S. HUFFS. «Microcomputer applications : An empirical look at usage», *Information and Management*, n° 16, 1989, p. 187-196.

KIRS *et al.* «An experimental validation of the Gorry and Scott Morton framework», *MIS Quarterly*, juin 1989, p. 182-197.

LAUDON, K. «From PC'C to managerial workstations : Organizational environment and management policy in the financial industry», *Center for Research on Information Systems*, New York University, Working Paper n° 121, avril 1985, p. 27.

LEFEBVRE. L. A. *et al.* «Les entreprises québécoises et l'informatique : situation actuelle et perspectives futures», *Gestion*, novembre 1985, p. 31-34.

LEFEBVRE. L. A. *et al.* «L'introduction et l'utilisation de l'informatique dans les petites entreprises : étude des perceptions et des attentes de leurs dirigeants», *Centre canadien de recherche sur l'informatisation du travail*, 1987, p. 92.

LEPAGE, Johanne. «Un concessionnaire automobile qui roule sur ordinateur», *Informatique et bureautique*, juillet-août 1984, p. 38-40.

LEPAGE, Johanne. «Une agence de voyages qui précise son itinéraire informatique», *Informatique et bureautique*, décembre 1984, p. 38-40.

LEPAGE, Johanne. «Un ordinateur coiffeur qui coupe les prix», *Informatique et bureautique*, mars 1985, p. 52-55.

LEPAGE, Johanne. «Quand l'informatique vient organiser la vidéo», *Informatique et bureautique*, avril 1985, p. 40-42.

LEPAGE, Johanne. «Une charcuterie se met à l'heure de l'informatique», *Informatique et bureautique*, mai 1985, p. 31-33.

LEPAGE, Johanne. «Des fruits toujours frais grâce à une bonne gestion informatique», *Informatique et bureautique*, septembre 1985, p. 11-12.

LESLIE, S. «Professional and executive workstations : Their impact on managers executives, and professionals job responsibilities and the organizational environment», *Office Systems Research Journal*, vol. 6, n° 1, p. 19-22.

LITTLE, John D. C. «Information technology in marketing», Alfred P. Sloan School of Management, Working Paper, n° 1980-87, février 1987.

MAROVELLI R. et J. KARHNAK. «La mécanisation de l'extraction minière», *Pour la science*, n° 61, p. 58-74.

MARTIN, G. «De l'arpentage à la géomatique : un passage dû à l'informatique», *Action informatique*, vol. 2, n° 11, 5 juin 1989, p. 7.

MARTIN, J. *L'informatique sans programmeurs*, Les Éditions d'organisation, 1982.

MILLMAN A. et J. HARTWICK. «The impact of automated office systems on middle managers and their works», *MIS Quarterly*, décembre 1987, p. 479-491.

MINISTÈRE DES COMMUNICATIONS. «Les impacts sociaux de la télématique», *Le bulletin des communications*, vol. 6, mars-avril-mai 1989, p. 28-30.

«Minning the data Lode», *Datamation*, supplément de novembre 1988, p. 27-28.

MIRET, P. «Siad et systèmes experts : outils d'apprentissage des individus et facteurs d'évolution de l'organisation», *Interfaces*, juillet 1987, p. 11.

MORELL, J. A. et M. FLEISCHER. «Use of office automation by managers – How much, and to what purpose», *Information and Management*, 1988, p. 205-210.

MORTON, Gorry et Scott MORTON. «A framework for management information systems», *Sloan Management Review*, vol. 13, n° 1, automne 1971.

PORTER, M. E. et V. E. MILLAR. «How information gives you competitive advantage», *Harvard Business Review*, juillet-août 1985, p. 149-160.

«Planes, trains, and IS», *Datamation*, supplément de novembre 1988, p. 36-38.

«Premium IS Policies Pay off», *Datamation*, supplément de novembre 1988, p. 23-24.

«Prescription for success», *Datamation*, supplément de novembre 1988, p. 19-20.

«Provigo adopte l'échange de données», *Action informatique,* vol. 2, n° 4, 27 février 1989.

RASMUSSEN, W. «La mécanisation de l'agriculture aux États-Unis», *Pour la science*, n° 61, p. 40-58.

RAYMOND, Louis. «MIS success in small business», *MIS Quarterly*, mars 1985, p. 41-49.

RHODES R. et J. KUPSH. «Do top level executives use computers to make their decisions?», *Office Systems Research Journal*, vol. 6, n° 2, p. 7-13.

STITT, W. L. «Management utilization of automated office equipment and microcomputers», Document de travail présenté à la National Delta Pi Epsilon Research Conference, Chicago (Ill.).

VAN KIRK, Doug. «Impact», *PC/Computing*, octobre 1988, p. 245-246.

WENTLING, Rose Mary. «An analysis of the types of computers, software, applications and training used by Illinois business», *Office Systems Research Journal*, vol. 7, n° 1, p. 33-44.

2 Analyse des systèmes

2.0 OBJECTIFS

1. Mettre en évidence les diverses phases de l'analyse, de la conception et de la production des systèmes informatiques.

2. Spécifier les tâches à effectuer à chacune de ces phases, ainsi que les éléments déterminants qui doivent être pris en considération lors de leur réalisation.

3. Faire ressortir les critères d'évaluation en fonction desquels est déterminée l'opportunité d'implanter un système.

4. Donner un aperçu des outils et logiciels d'aide à l'analyse des systèmes.

2.1 INTRODUCTION

L'analyse des systèmes est plus qu'un processus de simple analyse; elle inclut la conception et la production de systèmes d'information pour l'entreprise ou l'organisation. Elle suppose un changement, et à ce titre est semblable, dans sa démarche, aux processus généraux de conception et de changement dans les organisations.

2.2 PROCESSUS D'ÉVOLUTION DES SYSTÈMES D'INFORMATION

Les étapes que nous aborderons tout au long de ce chapitre sont les suivantes :

- Analyse préalable
  - Quels sont les besoins généraux de l'entreprise? Y a-t-il lieu d'implanter un système d'information? Si oui, de quel type?
- Analyse fonctionnelle
  - Quelles seront les fonctions du système? Que doit-il accomplir?
- Production : analyse organique
  - Comment doit-il faire sur le plan informatique?

- Programmation
  - Comment doit-on indiquer à la machine de le faire?
- Essai et rodage
  - Notre façon de procéder est-elle correcte?
- Mise en opération : implantation et exploitation
  - Comment faire pour que le système soit utilisé efficacement? Peut-il être plus efficace?
- Remplacement du système après un certain temps

2.3   ANALYSE PRÉALABLE

2.3.1   La mission et les objectifs de l'entreprise

La mission et les objectifs de l'entreprise doivent être connus de façon qu'il soit possible de concevoir un système cohérent qui les respecte.

2.3.2   Étude de l'organisation

L'étude doit porter principalement sur les facteurs externes qui influencent l'entreprise et l'évolution de sa situation.

2.3.2.1   L'évolution technologique

L'évolution technologique pose un problème quant au choix de la technologie, compte tenu de la diversité et de la rapidité du progrès technologique (base de données, terminaux graphiques, progiciels, télécommunications, etc.). Le choix relève donc des possibilités offertes par l'environnement, et il importe de bien en évaluer la portée, le développement futur et les avantages.

2.3.2.2   Les contraintes politiques, sociales et économiques

Il faut être conscient que l'implantation d'un système peut avoir une incidence sur le chômage, puisqu'il permet l'accomplissement de certaines tâches plus rapidement et avec moins de personnel.

2.3.2.3   La position concurrentielle de l'entreprise

La mise au point d'un système donné peut s'avérer essentielle au maintien de la position de l'entreprise sur le marché et même à sa survie. C'est le cas, par exemple, pour une entreprise de transport de passagers, particulièrement dans le domaine du transport aérien, qui aura besoin d'un système adéquat et efficace de réservation.

D'autre part, le système requis peut être simplement une réponse à une rationalisation face aux exigences de traitement imposé par la croissance de l'entreprise et que rend opportune la technologie offerte. L'informatisation des transactions bancaires en est un exemple. La nature du marché où évolue l'entreprise n'est évidemment pas sans effet sur la concurrence. Dans la mesure où celle-ci est forte, elle crée une situation qui nécessite une optimisation constante de l'efficacité et rend nécessaire l'innovation.

2.3.3 Étude de la structure organisationnelle et des postes de travail

L'organigramme des divers services de l'entreprise et de leurs rapports mutuels doit être établi. Il sera ensuite possible de dresser une liste des tâches et responsabilités,

- pour déceler, au besoin, les surcharges et les sous-charges dans cette répartition;
- pour comprendre les fonctions attachées aux différents postes.

L'étude sera réalisée au moyen d'enquêtes et à l'aide des documents disponibles.

2.3.4 Étude des documents, fichiers et circuits d'information existants

2.3.4.1 Pour tout document

On doit établir, pour tout document :

- le but et l'utilité de chaque copie (champ);
- le volume;
- la périodicité;
- la source et la destination : celles-ci peuvent être internes ou externes.

2.3.4.2 Pour tout service

On doit, pour tout service :

- retracer le parcours des documents;
- repérer les documents perdus, «dormants», inutilisés;
- évaluer les délais.

Il est à noter que les deux dernières évaluations sont conséquentes à l'analyse du cheminement qui permet de repérer facilement les documents qui ne sont pas réellement utilisés.

2.3.4.3   Pour tout fichier

On doit déterminer, pour tout fichier :

- la nature, le mode d'organisation et le contenu;
- la localisation;
- le taux d'utilisation, la croissance, la séquence, le degré d'actualisation (mise à jour);
- les redondances, les failles et les surplus d'information.

Contraintes temporelles

Toute entreprise est susceptible de faire face à des contraintes temporelles comme : les délais de courrier et de livraison, la date et l'heure d'exploitation impérative, le délais de réponse.

Contraintes géographiques

L'entreprise peut aussi rencontrer des contraintes géographiques, entre autres : la dispersion des utilisateurs et l'éclatement des traitements dans différents locaux.

Contraintes de fonctionnement

Il existe aussi des contraintes liées au fonctionnement. Celles-ci peuvent avoir trait, par exemple, au personnel — il faut fixer le nombre d'employés, déterminer l'horaire, les compétences requises et les exigences syndicales —, ou aux locaux — vérifier la disponibilité des espaces, établir des normes de sécurité, etc.

2.3.5   Critique du système existant

2.3.5.1   Inventaire des forces et des faiblesses

En ce qui concerne les procédures du système existant, on doit évaluer :

- la rigidité (ou la souplesse);
- la redondance (ou l'absence de redondance);
- l'inefficacité (ou l'efficacité);
- la lenteur (ou la rapidité).

On doit de plus s'assurer que les traitements et les données sont bien définis. Il faut aussi savoir quels sont les délais et les coûts de traitements définis et vérifier si les résultats sont exploitables ou non.

2.3.5.2   Évaluation du rapport efficacité/prix

Compte tenu des évaluations précédentes, l'efficacité du système constatée est-elle acceptable par rapport aux coûts, ou peut-on améliorer le rapport performances/coûts par un autre système?

2.4   DÉTERMINATION DES OBJECTIFS

Le nouveau système doit corriger les lacunes décelées dans le système déjà en service. Pour guider la conception du nouveau système, on doit déterminer le principe organisationnel (centralisation ou décentralisation). On doit de plus définir des objectifs spécifiques qui sont autant de critères assurant le succès du système. Voici des exemples d'objectifs :

- réduction des délais, dans telle ou telle fonction;
- accessibilité plus grande à certains types d'informations;
- contrôle accru.

2.4.1   Recherche de solutions

2.4.1.1   Dans l'organisation du travail

Il s'agit de repenser l'organisation du travail dans une perspective d'optimisation des procédures et des circuits d'information. Le nouveau modèle peut avoir des répercussions sur l'attribution des responsabilités et sur les postes de travail. Il faudra peut-être concevoir des documents nouveaux qui seront nécessaires pour compenser les lacunes constatées ou pour améliorer la qualité de l'information et, de là, rendre plus efficace l'usage qu'on peut faire de cette information.

2.4.1.2   Dans l'organisation des traitements informatiques

Il s'agit de déterminer quels sont les modes d'organisation des traitements qui correspondent aux objectifs : télétraitement, informatique répartie, modes d'accès directs, traitements interactifs, etc.

2.5   CHOIX D'UNE SOLUTION

On optera pour une solution en tenant compte des objectifs de l'entreprise définis précédemment et de la faisabilité du projet. Voyons comment on peut juger de cette faisabilité.

2.5.1 Étude de faisabilité

Le but de l'étude de faisabilité est de démontrer la faisabilité (ou la non-faisabilité) du projet, compte tenu des besoins et des ressources disponibles :

- besoins et ressources en personnel (entreprise et marché);
- besoins et ressources en capital (entreprise et marché);
- besoins et ressources en équipements (entreprise et marché).

Il s'agit principalement d'inventorier et d'évaluer les risques liés au projet.

L'étude de la faisabilité porte sur trois critères : l'aspect technique, le montant des investissements requis et le rapport coûts/bénéfices.

2.5.1.1 Aspect technique

On inclut dans l'aspect technique les ressources tant humaines que matérielles. On fera d'abord un relevé de toutes celles qui sont disponibles; pour ce qui est des ressources humaines, on verra qui possède les compétences nécessaires et on déterminera le degré de recrutement à effectuer. Sur le plan des ressources matérielles, on évaluera notamment les équipements et les logiciels existants à l'intérieur et à l'extérieur de l'organisation.

2.5.1.2 Investissement requis

Pour calculer les sommes à engager dans le projet, il faut prendre en considération les coûts d'implantation, la formation des utilisateurs, les coûts de gestion liés à l'implantation, les coûts du matériel et des logiciels achetés ou loués et, finalement, les coûts dérivés comme l'aménagement et l'impression des formulaires.

2.5.1.3 Rapport coûts/bénéfices

Les bénéfices sont généralement de deux ordres : tangibles et facilement quantifiables, moins tangibles et plus difficiles à mesurer. Prenons l'exemple du gain engendré ou de la perte évitée par l'utilisation d'une information de qualité supérieure. Le rapport coûts/bénéfices, ou contribution nette du système, est la valeur actualisée de la différence entre les bénéfices et les coûts.

Types de bénéfices

On peut dégager divers types de bénéfices selon qu'ils sont liés à :

- l'économie :
  - réduction ou élimination de certains coûts;

- la valeur ajoutée de l'information :

  – fiabilité accrue,

  – flexibilité accrue,

  – gestion améliorée,

  – vitesse de traitement augmentée.

L'évaluation de la contribution du système revient en définitive à calculer combien il en coûterait de ne pas avoir ce système

Coûts à considérer

Aux coûts en investissements initiaux (coûts d'implantation et de démarrage), il faut ajouter les frais d'exploitation.

2.5.2   La planification de la réalisation

La planification vise sous sa forme finale à redéfinir une stratégie :

- définir une stratégie de développement;
- établir un budget;
- établir un calendrier de mise en place;
- établir un échéancier d'investissement.

2.5.2.1   Facteur technique

Lors de la planification de la réalisation, il faut prendre en considération les éléments suivants :

- les ressources disponibles : humaines, matérielles, financières;
- les besoins en ressources;
- la disponibilité et les délais d'obtention de ces ressources;
- les marges de manœuvre dans la détermination des quantités et des délais;
- les seuils minimaux de rentabilité.

2.5.2.2   Facteur humain

Le facteur humain peut jouer un rôle considérable dans le succès ou l'échec du projet d'implantation d'un nouveau système, la résistance au changement étant un phénomène typique et fréquent. Il faut tenir compte d'aspects tels que :

- les répercussions sur les tâches;

- l'adéquation, en matière de contenu informationnel et de mode de présentation, entre les besoins des gestionnaires et la mise en place du système ;
- l'effet sur la distribution du pouvoir ;
- les craintes des utilisateurs face à la nécessité de la formation ;
- les interactions entre la structure formelle ou informelle et la résistance à l'implantation ;
- la participation des utilisateurs ;
- le besoin de formation et d'information.

2.6 ANALYSE FONCTIONNELLE

2.6.1 Méthodologie et spécification des objectifs

Après avoir opté pour une solution définitive, il faut procéder à une analyse fonctionnelle détaillée. On doit d'abord vérifier avec les gestionnaires la pertinence des objectifs définis, les préciser et les modifier si nécessaire. On doit aussi former les groupes de travail et définir les tâches, choisir les méthodes de travail, s'assurer, s'il y a lieu, que le groupe d'étude dispose de tous les documents et possède les connaissances requises concernant le fonctionnement du système existant.

2.6.2 Étude des sorties

Il importe de déterminer la nature et les caractéristiques des sorties demandées par l'utilisateur. Pour ce faire, il faut :

- établir un schéma (une grille) pour tous les rapports montrant :
  - les champs par comparaison au nombre de rapports,
  - la circulation ;
- fixer les caractéristiques formelles des rapports à produire :
  - détermination de la forme,
  - détermination du destinataire,
  - détermination du type :
    - rapport périodique : il faut connaître la fréquence de production,
    - rapport d'exception,
    - rapport historique,
    - rapport de communication ;
  - détermination du volume : nombre de lignes, nombre de pages, nombre de copies.

2.6.3 Étude des fichiers fonctionnels et des entrées

2.6.3.1 Détermination des champs lus et calculés

À partir de la liste des informations de sortie, on dégage les informations qui, pour être obtenues, nécessitent des calculs (par exemple, la taxe de vente). Les informations qui sont identiques à l'entrée et à la sortie (nom, adresse, par exemple) ainsi que les informations d'entrée (vente, par exemple) qui servent à calculer les informations calculées, constituent l'ensemble des informations d'entrée.

2.6.3.2 Détermination des champs lus et conservés

L'analyse permet de distinguer entre les données que l'on entre à des fins de conservation (ex. : taux horaire) et celles qui font partie d'une transaction (ex. : nombre d'heures travaillées pour une semaine donnée).

2.6.3.3 Fichiers

En s'appuyant sur la grille ainsi établie, qui présente les entrées, les sorties, la nature du fichier, il faut s'assurer que les informations contenues dans les divers fichiers sont clairement identifiables. Pour déterminer le volume du fichier, on doit tenir compte de l'actualisation du fichier, c'est-à-dire le nombre de mises à jour et d'ajouts par période de temps.

2.6.3.4 Détermination du mode d'accès

On peut décider du mode d'accès à cette étape ou plus tard, selon les circonstances. Il s'agit de choisir, en fonction des objectifs et des contraintes, entre un mode à accès direct ou une saisie par lots.

2.6.4 Étude de la saisie des données

Pour examiner le processus de la saisie des données, on doit se demander, par exemple, qui effectuera cette saisie, à quel moment et sur quel type de support (écran, formulaire, etc.). L'établissement des codes de saisie doit respecter les procédures associées aux types de contrôles. Il faut de plus prévoir une procédure et des règles de correction pour tous les types d'erreurs.

2.6.5 Découpage des tâches

L'analyse de chaque fonction de gestion se traduit par le découpage des tâches en modules. On aboutit donc à un module par tâche : un module pour la fonction facturation, un autre pour la fonction paiement, etc. L'ensemble des modules découle de l'organigramme général de l'entreprise, schéma général décrivant l'organisation logique des traitements effectués par le système. On obtient les modules par raffinements successifs du niveau d'analyse.

2.6.6   Évaluation des besoins

2.6.6.1   Besoins en matériel et en personnel

On doit évaluer les ressources humaines nécessaires à l'analyse organique, à la programmation, à la codification, à la saisie et à la conversion.

Quant à l'étude des besoins en ressources matérielles, elle sera centrée sur :

- le matériel : on tiendra compte des exigences d'évaluation centrale, des temps de réponses et de la vitesse de traitement voulus, et des mémoires secondaires nécessaires;
- le logiciel : on déterminera le type de superviseur, on choisira un système de gestion de base de données, on décidera quels sont les programmes de service nécessaires et les langages à utiliser;
- la localisation : on déterminera l'emplacement.

2.6.6.2   Évaluation des ressources financières nécessaires

On procédera à l'estimation des ressources financières nécessaires soit à court terme pour produire l'analyse organique, soit à long terme pour l'utilisation du système.

2.6.6.3   Évaluation des délais

Il faut tenir compte des délais relatifs à l'obtention des ressources et à la réalisation des prochaines étapes.

2.6.7   Outils et logiciels d'aide à l'analyse des systèmes

2.6.7.1   Les techniques d'enquête

Trois techniques d'enquête permettent de recueillir des données, nécessaires à l'analyse fonctionnelle.

Entrevue

La technique de l'entrevue a l'avantage d'être plus complète et souvent plus révélatrice que le questionnaire. L'inconvénient majeur est qu'elle nécessite une bonne préparation et un intervieweur compétent, car la possibilité que les questions et les réponses soient mal interprétées est plus grande que dans les autres techniques.

Revue de la documentation

La documentation peut provenir de différentes sources et être de diverses natures : procédures écrites, organigrammes, statistiques, rapports, formulaires, etc. L'avantage de cette technique est qu'elle est économique et qu'elle dérange peu. Par contre, les résultats obtenus sont toujours incomplets, car tout ne peut être documenté.

Questionnaire

Le grand avantage du questionnaire est qu'il permet d'obtenir un grand nombre de réponses très rapidement. Par contre, il peut sembler peu attrayant aux yeux des répondants et la qualité des résultats dépend largement de la qualité de la conception du questionnaire.

2.6.7.2   Les méthodes d'enquête

Il existe deux types d'enquêtes, présentant des avantages et des inconvénients spécifiques :

- l'enquête par événement, qui consiste à retracer de façon séquentielle et chronologique, événement par événement, le trajet d'un certain document ou d'une information donnée;

- l'enquête par station, qui consiste à relever les entrées/sorties de chaque station d'un système, de même qu'à repérer les origines des entrées et la destination des sorties, de façon à permettre la constitution d'un diagramme résumant les trajets des divers documents ou informations par rapport à l'ensemble des stations.

Enquête par événement

L'avantage de l'enquête par événement est qu'elle est bien adaptée à l'étude d'un petit système ou d'un seul circuit (notamment dans les petites entreprises où un nombre restreint d'individus détiennent toutes les informations nécessaires à l'analyste). Elle est, de plus, facile à comprendre, car son fondement méthodologique est transparent. Par contre, cette méthode oblige parfois à répéter plusieurs fois l'enquête dans le même service. Elle est moins formalisée que l'enquête par station, ce qui a pour conséquence un contrôle plus difficile, et est peu adaptée aux circuits multiples et aux systèmes complexes.

Enquête par station

Un des avantages de l'enquête par station est qu'elle est menée une seule fois par station. Elle permet aussi d'étudier un gros système de façon systématisée. Elle peut faciliter la planification. Moyennant des explications appropriées, le personnel du service (station) peut remplir lui-même les documents d'analyse. La méthode est plus formalisée que l'enquête par événement et plus précise. Elle est spécialement bien adaptée aux études d'opportunité. Par contre, elle est peu pratique pour l'étude d'un seul circuit.

2.6.7.3   Méthodes et logiciels d'analyse et conception

L'évolution des logiciels

L'évolution des logiciels, langages et modes de traitement rend possible la conception et l'utilisation de logiciels de plus en plus complexes, dont la programmation devient difficile à faire et à modifier. D'autre part, l'analyse des systèmes complexes bénéficie d'une standardisation qui facilite le contrôle et la production des diverses analyses constituantes, car les temps de conception sont relativement importants et constituent un facteur à limiter dans la mesure du possible, compte tenu des progrès rapides dans le domaine des solutions et des systèmes informatiques.

Bien que l'on rencontre une grande différence entre chacune des méthodes ou logiciels d'aide à la conception analyse, on peut les classer en trois grandes catégories :

- logiciels s'appliquant à un domaine restreint;
- superlangages de programmation : ce sont souvent des langages paramètres dotés d'instructions puissantes qui imposent une certaine organisation des traitements et une structure hiérarchisée;
- méthodes d'analyse.

Les méthodes d'analyse

La nature et la fonction

La nature et la fonction des méthodes d'analyse sont très variables. Un certain nombre de méthodes sont essentiellement des guides standardisés pour la réalisation de diverses étapes de l'analyse. Elles fournissent des procédures de résolution, des documents servant de base de documentation et souvent d'aide à la démarche analytique ou logique. D'autres méthodes permettent l'automatisation partielle de certaines phases de la production des systèmes : les phases qui sont automatisées varient avec les méthodes. Par exemple, Proté (c'est à la fois un langage et une méthode d'analyse) traite automatiquement la programmation, la maintenance et la documentation, ainsi qu'une partie de l'analyse détaillée et de la mise au point.

Les types de méthodes

On divise généralement les méthodes d'analyse en deux catégories.

1. Les méthodes centrées sur l'étude de l'information

Elles servent à définir les informations de sortie que doit produire le système, à en déduire les informations d'entrée et les opérations à réaliser pour arriver aux résultats. La fonction majeure est la standardisation des procédures et de la documentation. La caractéristique principale de cette méthode est qu'elle a une plus grande influence sur l'analyse générale et détaillée que sur la programmation. Elle n'offre généralement pas de progiciel de génération automatique de programmes.

2. Les méthodes centrées sur l'étude des fonctions de traitement

Elles sont orientées en premier lieu vers les traitements appliqués aux informations. En conséquence, ces méthodes permettent de déterminer et de définir l'enchaînement des fonctions et leurs conditions d'exécution. Ces méthodes ont, par leur nature même, une incidence sur l'organisation des programmes. Elles incluent conséquemment les progiciels qui sont le langage de programmation spécifique, des logiciels d'automatisation de certaines fonctions.

2.7   LA PRODUCTION DU SYSTÈME

2.7.1   L'analyse organique

2.7.1.1   La codification

La codification s'applique aux systèmes, aux procédures, aux programmes, aux modules, aux variables, aux fichiers, aux enregistrements, aux champs et à la fréquence.

Cette codification sert simplement à identifier les caractéristiques des éléments codés, de façon à pouvoir connaître leur nature et leur place dans l'ensemble des éléments de même nature. Un programme, par exemple, sera désigné en fonction du système auquel il appartient, du type de programme (tri, initialisation, validation), du numéro de séquence, etc.

2.7.1.2   Le dessin des sorties

L'analyse fonctionnelle vise à préciser le contenu des sorties, alors que le dessin des sorties permet d'en préciser la forme.

2.7.1.3   Le dessin des entrées

Par le dessin des entrées, on vise à préciser les champs, les valeurs possibles et les critères de contrôle. L'approche adoptée dépendra largement du mode de saisie : une entrée sur cartes demandera la détermination des champs de chaque document ou formulaire de base. Une saisie par terminal exigera la détermination des formats d'entrée pour divers types d'entrées.

2.7.1.4   La définition des fichiers

Les fichiers doivent être définis, et cela en fonction de divers éléments, soit :

- le mode d'organisation des fichiers;
- les supports requis pour une bonne gestion;
- les caractéristiques des enregistrements :
  - caractères numériques ou alphanumériques,
  - date,
  - variables de type logique (par exemple, vrai ou faux);
- le format, les facteurs de groupage, de clés de tri, d'espace et enfin la nature du support (disque, microfilm, bande magnétique, etc).

2.7.1.5   La validation

Le contrôle et la validation des données sont conçus en fonction des conséquences estimées des erreurs, de leur coût, du degré de tolérance acceptable (le coût de contrôle doit être inférieur au coût estimé des erreurs tolérables).

Les types de contrôle sont les suivants :

- structure : vérifier la présence des champs requis;
- validité : vérifier si les données sont codifiées correctement ou si la codification est plausible;
- compatibilité : vérifier si les informations sont complétées par d'autres de manière plausible.

Voici quelques exemples des moyens de contrôle et de validation des données :

- la formation de codes au moyen d'une partie contrôle qui est une fonction calculable de la première partie du code. La non-adéquation de la partie discriminante indiquerait l'erreur dans le code de base;
- l'établissement de bornes, c'est-à-dire de certaines valeurs limites qui infirment la validité de toute donnée qui ne s'y conforme pas;
- la vérification des séquences, c'est-à-dire de l'ordre des données;
- la vérification de consistance, à savoir s'il y a contradiction ou invraisemblance;
- la vérification par totaux unificateurs.

2.7.1.6   Le diagramme de traitement détaillé

L'application est découpée en chaînes de traitement (*job streams*), logiquement enchaînées et de même périodicité. En général, une chaîne de traitement correspond à une unité fonctionnelle et comprend plusieurs programmes. Les procédures d'opérations sont spécifiées.

2.7.1.7   Les jeux d'essai

Il importe de préparer des données en vue des tests à venir sur la validité des modules, des programmes et du système. Les tests doivent permettre une validation valable pour tous les cas, soit les cas normaux ou les cas limites. Généralement, des programmes de génération de fichiers d'essai sont inclus dans le logiciel de base du fabricant. Quand il n'existe pas de programme de génération de données, il peut être nécessaire d'en écrire.

2.7.2   La documentation et les procédures

2.7.2.1   Pour l'exploitation

En tenant compte de l'utilisateur, on doit établir l'ordinogramme général par fonction de gestion. De plus, on doit définir les procédures d'exécution et de correction, et les illustrer par des exemples, et ce pour toutes les applications.

On doit aussi concevoir un échéancier de production, établir les procédures de reprise, procéder à la vérification d'exécution, puis au contrôle de la qualité des documents. Pour les opérations, il faut dresser une liste des cartes de contrôle et préparer les formulaires nécessaires aux traitements mécanographiques.

2.7.2.2   Le dossier d'analyse

Le dossier d'analyse est le résultat d'un processus systématique de documentation tout au long de l'analyse organique. Il contient les spécifications définies lors de cette analyse, à savoir :

- l'organigramme du système et des sous-systèmes;
- les tables de décision;
- la description des caractéristiques de tous les fichiers;
- la description des modules de traitement;
- les chaînes de traitement;
- le registre des modifications.

2.7.3   La programmation et l'essai

2.7.3.1   Le choix du langage

Le choix du langage s'effectue par module, et en fonction des critères suivants :

- les normes de l'organisation ;
- la complexité de l'application ;
- la performance des langages.

2.7.3.2   L'ordinogramme

Avant d'être codifiés, les traitements doivent être précisés et respecter la logique opérationnelle.

2.7.3.3   La codification

La codification est la transcription dans le langage choisi de l'ordinogramme détaillé.

2.7.3.4   Les tests

À l'aide des jeux d'essai, mis au point antérieurement, les programmes et ensembles de programmes sont testés du point de vue de la validité. Les tests visent à vérifier l'exactitude des traitements, de l'utilisation des fichiers, de la manipulation des tables, des calculs exécutés, des contrôles à l'entrée d'accès des procédures de restauration et, finalement, des prévisions du volume d'erreurs.

2.7.4   La formation du personnel

La formation du personnel constitue un élément essentiel. Si les employés comprennent mal le fonctionnement et l'utilité du système informatique, son utilisation et son efficacité peuvent être compromises, quelle que soit la qualité technique du système.

Une bonne méthode de formation et d'information implique la participation des futurs utilisateurs à l'élaboration du système, afin qu'ils développent une attitude positive face à celui-ci. L'information peut s'étendre sur une longue période, mais la formation doit précéder la phase opérationnelle.

2.7.5   Le démarrage et l'implantation du système

Plusieurs modes de démarrage et d'implantation sont possibles.

2.7.5.1   La simulation et l'implantation totale

La mise en place du nouveau système peut se faire par la simulation. L'avantage de ce mode est l'implantation immédiate et totale du système. Par contre les désavantages et les erreurs peuvent être coûteux.

2.7.5.2   Le fonctionnement parallèle

Dans la mise en œuvre parallèle, l'ancien et le nouveau système sont en service simultanément, mais seuls les résultats de l'ancien système sont utilisés de façon opérationnelle. L'avantage est la facilité du rodage du système. De plus, ce mode d'implantation permet la comparaison des performances des deux systèmes. Les inconvénients sont qu'il impose une lourde charge de travail au personnel et qu'il est dispendieux. De plus, l'évaluation comparative est limitée puisqu'on compare les performances d'un système à celles d'un autre (l'ancien) qui présente des failles (ou lacunes) suffisantes pour justifier le remplacement.

2.7.5.3   L'implantation progressive

Un système peut être implanté par sous-systèmes fonctionnels, chacun à des phases successives. L'implantation progressive facilite l'adaptation du personnel et l'évaluation des difficultés à surmonter lors des phases suivantes. Par contre, la lenteur de l'implantation représente un inconvénient majeur.

2.7.5.4   L'implantation progressive conditionnelle

L'implantation progressive conditionnelle, comme son nom l'indique, ajoute une condition au mode précédent : chaque phase doit être parfaitement réussie pour que l'on passe à la phase suivante. Cela peut se faire en opérations réelles ou parallèles. Ce mode d'implantation fournit le maximum de sécurité, réduit les erreurs, permet la mise au point et l'adaptation. Par contre, le temps d'implantation est assez long.

2.8   OPÉRATION, ÉVALUATION ET MAINTENANCE

2.8.1   La mesure des performances

La mesure des performances constitue le premier objectif de cette étape. C'est seulement après le rodage, en effet, que l'on peut avoir une idée juste des performances réelles du système dans les opérations quotidiennes, puisqu'il aura fallu laisser un temps de rodage au système et au personnel.

Notamment, on doit vérifier l'efficacité du système pour ce qui est de la qualité de l'information, des délais de réponse, de la fiabilité, de la facilité d'utilisation. De plus, la facilité de la saisie des données et les coûts d'utilisation sont d'autres facteurs dont il faut tenir compte.

2.8.2   La conformité avec les objectifs

Le bilan des performances doit être comparé aux objectifs en matière d'économies, de qualité de l'information, d'efficacité, et surtout évalué en fonction du rapport coûts/performances.

2.8.3   Les correctifs

En général, les performances réelles du système ne répondent pas parfaitement aux objectifs. Conséquemment, des correctifs et des améliorations doivent être apportés au système une fois les lacunes décelées.

2.9   QUESTIONS

1. Donnez un des effets secondaires négatifs de l'évolution technologique.

2. Dites pourquoi une entreprise devrait élaborer et mettre en place un système informatique.

3. Quelle est l'utilité d'un organigramme des responsabilités?

4. Que doit-on considérer dans l'élaboration d'un document?

5. À quoi sert l'étude des documents pour un service?

6. Dites ce que l'on doit vérifier lors de l'inventaire d'un système déjà existant:

    - la rigidité;
    - la redondance;
    - l'inefficacité;
    - la lenteur;
    - aucune de ces réponses;
    - toutes ces réponses sont bonnes.

7. Quels objectifs espère-t-on réaliser en installant un nouveau système informatique?

8. L'organisation du travail est-elle affectée par l'implantation d'un système informatique dans l'entreprise? Expliquez.

9. Quels sont les critères à évaluer dans une étude de faisabilité?

10. Quels sont les coûts reliés à l'implantation d'un système informatique ?

11. Nommez quelques aspects de la résistance au changement.

12. Avant l'installation d'un système informatisé, faut-il faire une analyse préalable ? Si oui, que doit-on vérifier ?

13. Quelles sont les principales caractéristiques d'un rapport produit à l'aide d'un ordinateur ?

14. Est-il important de déterminer le volume d'un fichier ?

15. À quoi sert la codification du système ?

16. Comment doivent être définis les fichiers ?

17. Que retrouve-t-on dans un dossier d'analyse ?

18. La formation du personnel lors de l'implantation d'un nouveau système est-elle nécessaire ? Dites pourquoi.

19. Quels sont les avantages de l'implantation progressive d'un nouveau système ?

20. Quels sont les avantages et inconvénients de l'enquête par événement ?

21. La méthode d'enquête par station est-elle meilleure que l'enquête par événement ? Expliquez.

2.10 BIBLIOGRAPHIE

BOYNTON et ZMUD. «Information technology planning in the 1990's : Directions for practice and research», *MIS Quarterly*, mars 1987, p. 59-71.

COLTER, M. A. «A comparative examination of systems analysis techniques», *MIS Quarterly*, vol. 8, n° 1, mars 1984, p. 51-56.

DAVIS *et al.* «Three stage model of MIS planning», *Information and Management*, vol. 6, n° 1, février 1983, p. 11-25.

GOTLIEB, C. C. *The Economics of Computers : Costs, Benefits, Policies and Strategies*, Prentice Hall, 1985, 340 p.

Guide de développement de systèmes d'information, Les Éditions CGI, 1986, 125 p.

HACKATHORN et KARIMI. «A framework for comparing information engineering methods», *MIS Quarterly*, juin 1988, p. 203-219.

HENDERSON et COOPRIDER. «Dimensions of I/S planning and design aids : A functional model of CASE technology», *Information Systems Research*, septembre 1990, p. 227-254.

JANSON et SMITH. «Prototyping for systems development : A critical appraisal», *MIS Quarterly*, décembre 1985, p. 305-315.

LEDERER et MENDELOW. «Information resource planning : Overcoming diffi-
culties in identifying top management's objectives», *MIS Quarterly*, septembre 1987, p. 389-399.

MANTEI et TEOREY. «Incorporating behavioral techniques into the systems
development life cycle», *MIS Quarterly*, septembre 1989, p. 257-273.

MARKUS, M. Lynne. «Power, politics, and MIS implementation», Communication de l'ACM, vol. 26 (6), juin 1983, p. 430-444.

MARTIN, James. *Fourth-Generation Languages*, t. I : «Principles», Prentice Hall,
1985, 432 p.

MARTIN, James. *Recommended Diagramming Standards for Analysts and
Programmers : A Basis for Automation*, Prentice Hall, 1987, 327 p.

MARTIN et McCLURE. *Action Diagrams : Clearly Structured Program Design*,
Prentice Hall, 1985, 176 p.

MARTIN et McCLURE. *Structured Techniques for Computing*, Prentice Hall, 1985,
800 p.

MEADOR et ROSENFELD. «Decision support planning and analysis : The problem of getting large-scale DSS started», *MIS Quarterly*, juin 1986, p. 159-176.

NECCO *et al.* «Systems analysis and current practices», *MIS Quarterly*, décembre
1987, p. 461-475.

REICH et BENBASAT. «An empirical investigation of factors influencing the success of customer-oriented strategic systems», *Information Systems Research*,
septembre 1990, p. 325-347.

SEEN, James. *Analyse et conception de systèmes d'information*, McGraw-Hill, 1987,
650 p.

WETHERBE, J. C. *Systems Analysis and Design : Traditional, Structured and Advanced Concepts and Techniques*, West Publishing Company, 1984.

ZACHMAN, J. A. «A framework for information systems architecture», *IBM Systems Journal*, vol. 26, n° 3, 1987, p. 276-292.

Les principes de fonctionnement et l'historique du micro-ordinateur

3.0 OBJECTIFS

1. Comprendre les principes de fonctionnement de l'ordinateur : les notions d'opérations d'entrée, de sortie et de traitement.

2. Connaître les composantes d'un ordinateur : l'unité centrale de traitement (UCT), les périphériques d'entrée et de sortie.

3. Connaître le rôle des éléments internes et externes du boîtier des micro-ordinateurs.

4. Comprendre le rôle des éléments de l'UCT : microprocesseur, horloge, bus internes et externes, co-processeur, etc.

5. Connaître les générations, la puissance et les grandes marques d'ordinateurs.

3.1 INTRODUCTION

Tout le monde a pu voir l'ordinateur à l'œuvre. Celui-ci nous a littéralement envahis. De fait, de nombreux produits de consommation sont programmables et contiennent un microprocesseur : le lecteur de vidéocassettes, le télécopieur, la calculatrice programmable, le téléphone cellulaire, la balance électronique, le four à micro-ondes et bien d'autres. L'informatique nous suit un peu partout et fait maintenant partie de notre vie.

Pour être si populaire, l'ordinateur présente certes des côtés positifs :

- capacité d'effectuer des tâches répétitives et aliénantes : l'ordinateur est en fait un spécialiste de la répétition;

- rapidité : il existe maintenant des ordinateurs pouvant effectuer près de un million de millions de multiplications par seconde, soit beaucoup plus que ce que tout être humain ne peut prétendre accomplir;

- capacité de mémoire : on peut emmagasiner les informations contenues dans des milliers de livres dans des banques de données qui sont accessibles par l'ordinateur;

- capacité d'organiser l'information : à la caractéristique précédente il faut ajouter la capacité d'organiser et de structurer ces informations, ce qui en décuple la portée, car elles sont maintenant accessibles de façon plus logique;

- objectivité : l'ordinateur n'est pas sensible à l'appât du gain et n'a pas de préférences discriminatoires;

- à l'abri de la fatigue : l'ordinateur n'a pas besoin de repos;

- infaillibilité : l'ordinateur ne commet jamais d'erreur. Par contre, ses utilisateurs et surtout ses programmeurs en commettent.

Cependant, il possède aussi ses points faibles :

- idiot : il ne sait rien faire de lui-même; on doit tout lui dire, en décomposant la tâche qu'on désire qu'il effectue en petites bouchées;

- sensoriellement mésadapté à la communication avec l'univers de l'homme : l'ordinateur n'est pas conçu pour communiquer avec l'être humain, mais communique facilement avec d'autres machines. Les interfaces homme-machine sont encore, au mieux, embryonnaires, si on les compare aux sens dont dispose l'espèce humaine. Le clavier n'est qu'un substitut de l'ouïe, les dispositifs d'affichage sont relativement limités et le support de la parole est encore à l'état rudimentaire.

3.2 LE MICRO-ORDINATEUR

3.2.1 Les principes de fonctionnement

Un ordinateur est un ensemble d'unités gérées par un organe de liaison pouvant effectuer des traitements prédéfinis sur des données (entrées) en utilisant celles qui résident dans la mémoire de masse (unité de mémoire) pour produire des résultats accessibles à l'homme par l'intermédiaire d'une unité de sortie.

La figure 3.1 montre les principes de fonctionnement d'un ordinateur : les unités d'entrée, l'unité centrale de traitement ainsi que les unités de sortie. Un organe de liaison (appelé bus) assure les échanges d'une unité à l'autre.

3.2.1.1 L'unité d'entrée

L'unité d'entrée permet de capter l'information externe que l'on désire traiter et de la transformer dans un format qui est compréhensible pour l'unité centrale de traitement (l'ordinateur). Le clavier du guichet automatique est un exemple

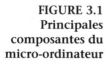

FIGURE 3.1
Principales composantes du micro-ordinateur

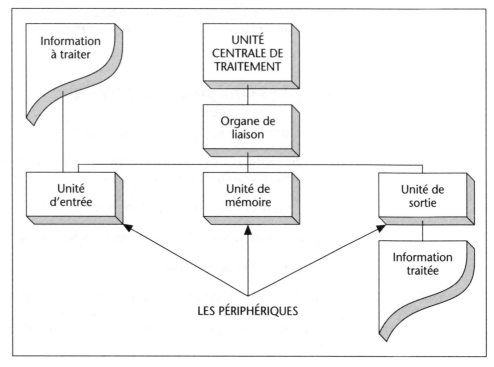

d'unité d'entrée. Ces unités sont de plusieurs types comme nous le verrons en détail aux chapitres 4 et 5.

3.2.1.2 L'unité centrale de traitement

L'unité centrale de traitement (UCT) fait le lien entre les diverses unités d'entrée et de sortie. Elle effectue de nombreuses opérations sur les données provenant des unités d'entrée et détermine les résultats à acheminer vers les unités de sortie. L'UCT interprète les instructions du logiciel qui diront à l'ordinateur comment traiter les informations qui lui auront été fournies par les unités d'entrée.

3.2.1.3 L'unité de sortie

L'unité de sortie permet de transmettre des résultats à un récepteur, dans un format qu'il peut comprendre. L'affichage au guichet automatique (à l'écran), la musique produite par ordinateur, le déplacement d'un robot, l'inscription sur papier (imprimante) en sont des exemples.

3.2.1.4 L'unité de mémoire

L'unité de mémoire constitue le support de l'information nécessaire au traitement des données pour que soit réalisé le procédé de traitement désiré. Elle contient les données (tableaux, fiches, etc.) ainsi que la séquence d'instructions nécessaires à cette fin. Chaque instruction peut s'appliquer soit aux données à l'entrée, soit à celles qui sont conservées en mémoire.

3.2.2   Les composantes physiques

L'ordinateur de base se présente comme suit :

1) un boîtier contenant la mémoire, les microprocesseurs et toutes les composantes électroniques de l'UCT et de la mémoire auxiliaire (MEM);

2) un clavier pour entrer les données;

3) un écran où s'affichent le dialogue et les résultats (sortie);

4) une imprimante (sortie).

Mis à part l'imprimante, ce sont là les composantes de base de l'ordinateur qui, à l'instar des voitures, ne se vend pas équipé de toutes les options. D'autres unités périphériques peuvent être ajoutées, selon les besoins, et complètent le modèle de base.

3.2.2.1   Le clavier

Le clavier est l'unité qui permet à l'utilisateur de communiquer avec l'ordinateur; c'est à partir du clavier qu'il entre les diverses informations et commandes à transmettre au micro-ordinateur. Ressemblant à celui d'une machine à écrire, le clavier d'un ordinateur possède cependant certaines clés qui lui sont propres, notamment les touches de fonctions (*function key*), le clavier numérique (*numeric keypad*), les clés de direction et les clés spéciales (ESC, CTRL, etc.).

FIGURE 3.2
Le clavier

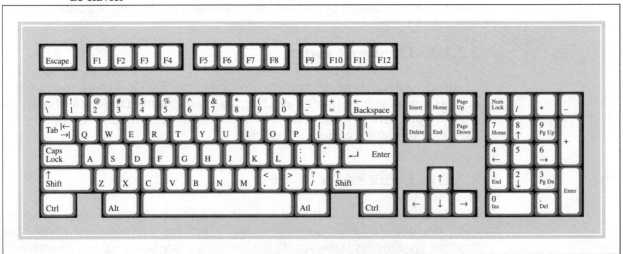

FIGURE 3.3
L'écran

FIGURE 3.3
L'écran

3.2.2.2 L'écran

La deuxième composante de base de l'ordinateur est l'écran sur lequel apparaissent les informations. C'est sur l'écran que l'ordinateur affiche le dialogue qu'il entretient avec l'utilisateur. Il existe des écrans monochromes (une couleur) ainsi que des écrans couleur.

3.2.2.3 Le boîtier

Le boîtier (partie principale de l'ordinateur) contient les divers éléments requis pour le fonctionnement du micro-ordinateur. Les composantes du boîtier se divisent en deux groupes : les composantes externes et les composantes internes.

FIGURE 3.4
Les boîtiers

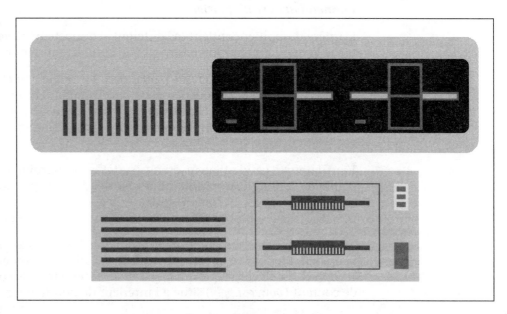

Composantes externes du boîtier

Les composantes externes du boîtier sont regroupées à deux endroits différents : sur le devant et à l'arrière. La façade regroupe les différentes composantes dont l'opérateur peut avoir besoin pour le contrôle de l'ordinateur : fentes des lecteurs de disquettes, interrupteur et voyants lumineux, etc. L'arrière regroupe les différents connecteurs auxquels l'utilisateur a rarement recours : alimentation électrique, connecteur d'imprimante, etc.

Panneau avant du boîtier

Indicateurs et témoins lumineux   Les indicateurs peuvent varier d'un ordinateur à l'autre. Certains modèles comportent un indicateur de tension, qui indique si l'ordinateur est allumé, un indicateur de vitesse, qui indique si l'ordinateur fonctionne à sa vitesse normale ou en vitesse accélérée (turbo) ainsi que tout autre type d'indicateurs ou de témoins utiles à l'utilisateur. Par exemple, lorsque le lecteur de disque dur est en usage, un témoin s'allume pour l'indiquer. Sur la plupart des ordinateurs, on retrouve également à l'avant le connecteur du clavier.

Fentes des lecteurs de disquettes   Les lecteurs de disquettes ou le disque dur sont les éléments qui permettent de mettre dans la mémoire de l'ordinateur des programmes ou des fichiers d'information. Le disque dur ne possède pas de fente comme le lecteur de disquette puisqu'il reste continuellement en place. Le disque dur possède cependant un voyant lumineux qui s'allume lorsque l'ordinateur y accède pour y lire des informations ou pour en écrire. Puisque ce sont des éléments auxquels l'utilisateur a souvent recours, l'entrée du ou des lecteurs est placée sur la façade de l'ordinateur pour être plus accessible. Le lecteur de disquette apparaîtra comme une fente dans laquelle on insère la disquette. Cette fente est munie d'une guillotine qu'on doit refermer après avoir inséré une disquette.

Panneau arrière du boîtier

L'arrière du boîtier contient les différents connecteurs auxquels l'utilisateur rattache le fil d'alimentation électrique, le connecteur d'imprimante, la souris, etc.

Connecteur   Les connecteurs (*ports*) permettent de brancher les divers périphériques (imprimantes, modems, etc.) ou des appareils auxiliaires que l'on veut raccorder à l'ordinateur. On distingue deux sortes de connecteurs : les connecteurs parallèles et les connecteurs série. Nous verrons plus loin les différences entre les deux.

Ventilateur   Le ventilateur est un système de refroidissement qui permet de conserver la température interne du boîtier à un degré moindre. Une température trop élevée à l'intérieur risquerait d'endommager les composantes internes, comme les microprocesseurs qui sont sensibles à la chaleur.

Alimentation   L'alimentation électrique de l'ordinateur est située à l'arrière de l'appareil. Bien que d'apparence ordinaire, l'alimentation est en fait un peu plus complexe. Le fil électrique qui apparaît à l'extérieur se raccorde à un distributeur de courant (*power supply*) situé à l'intérieur de l'ordinateur.

FIGURE 3.5
Vue arrière
du boîtier

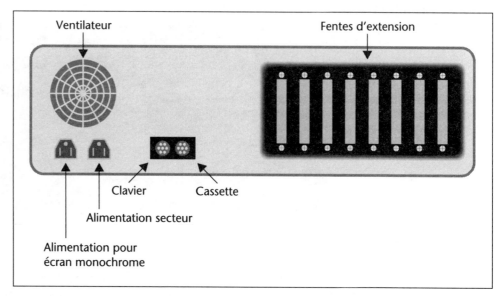

FIGURE 3.6
Différents
connecteurs

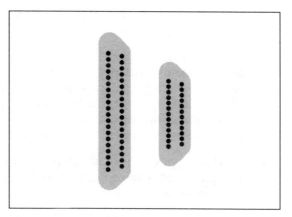

Composantes internes du boîtier

Les composantes internes varient selon la configuration de l'ordinateur, mais certaines composantes se retrouvent dans tous les appareils; c'est le cas de la carte maîtresse, des unités de disque et leur contrôleur, du bloc d'alimentation ainsi que des différentes cartes auxquelles sont rattachés les connecteurs.

Carte maîtresse

La carte maîtresse (*motherboard*) est un grand circuit imprimé d'environ 30 cm sur 30 cm, selon les modèles, qui contient la plupart des puces (*chips*) nécessaires au fonctionnement de l'ordinateur. Une puce est un circuit électronique logique miniaturisé sur un petit carré de silicone. La carte maîtresse est composée de deux types de puces : les puces qui effectuent les opérations (le microprocesseur, le circuit d'horloge, le circuit d'entrée/sortie, etc.), et les puces qui emmagasinent des informations (les microprocesseurs de mémoire). C'est également sur la carte maîtresse que sont rattachées les différentes unités de liaison par fentes d'extension.

FIGURE 3.7
Carte maîtresse

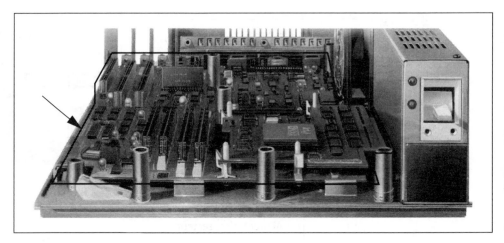

Lecteurs

Les lecteurs sont des dispositifs qui permettent de stocker de l'information sur bande ou sur disque magnétiques, ou encore sur disque optique numérique, puis de la récupérer. Il existe différents types de lecteurs, mais nous nous attarderons ici aux deux principaux : les lecteurs de disquettes et les disques durs.

Lecteur de disquette   Les lecteurs de disquettes sont semblables à des tourne-disques, mais, contrairement à ces derniers, ils possèdent, outre la capacité de lire, celle d'enregistrer sur le même disque certaines informations. Ils se servent de disquettes spéciales sur lesquelles l'écriture se fait de façon magnétique : ils n'ont pas de sillons gravés comme le disque noir, mais ont plutôt des sillons magnétiques sur lesquels ils inscrivent ou relisent les informations.

Deux types de lecteurs se partagent actuellement le marché : le lecteur de 5,25 pouces et celui de 3,5 pouces. Voici les paramètres à considérer avant de se procurer un lecteur :

– compatibilité avec le ROM-BIOS (une puce qui conditionne le fonctionnement de l'ordinateur) : certains ordinateurs n'acceptent pas les lecteurs de 3,5 pouces;

– compatibilité du format : seuls les ordinateurs AT et 386 ou 486 fonctionnent avec les lecteurs de disquettes de 1,2 Mo et 1,44 Mo;

– capacité du contrôleur : la quantité de lecteurs qui peuvent être installés est fonction de la capacité du contrôleur. Cette capacité peut être de 2 ou plus.

Disque dur   L'intérieur du disque dur se compose de plateaux (disques) et de bras de lecture/écriture. Le contrôleur de disque dur gère les divers échanges d'information entre la carte maîtresse et le disque dur. Puisque le disque dur tourne beaucoup plus vite qu'un lecteur de disquette et que la moindre poussière peut en perturber le fonctionnement, toutes les composantes du disque dur sont «soudées» ensemble et scellées, ce qui les protège de tout contact avec l'air ambiant.

Nous reviendrons sur les lecteurs au chapitre 5.

Bloc alimentation

Il existe différents distributeurs de courant de capacité variant entre 100 et 200 watts, mais, de plus en plus, vu la puissance et le nombre de cartes et d'unités périphériques sans cesse grandissant qu'on y rattache, les distributeurs de courant de 200 watts sont plus communs. Le but principal de ce distributeur de courant est de fournir les différentes composantes de l'ordinateur (circuits principaux, mémoires, lecteur de disquette, disque dur) en courant électrique.

Les cartes

Les cartes sont des plaques de circuits imprimés qui sont installées à l'intérieur du boîtier et qui sont en contact avec la carte maîtresse par les fentes d'extension : elles permettent de faire le lien entre la carte maîtresse et les différents périphériques (écran, imprimante, modem) par les connecteurs. Ces cartes varient en fonctions et en format (pleine longueur et demi-longueur).

Carte adapteur écran   La carte adapteur écran est la carte qui permet de convertir le signal électronique produit par la carte maîtresse en un signal vidéo qui sera affiché à l'écran.

Carte entrée/sortie   Les cartes entrée/sortie permettent à l'ordinateur d'échanger des informations avec ses périphériques (imprimante, modem, etc.) par l'entremise de 1 ou 2 connecteurs. Il existe plusieurs types de cartes entrée/sortie et chacune d'elles se prête à des usages différents. Elles ont cependant toutes un même but : faire le lien entre la carte maîtresse et le monde extérieur.

Connecteur parallèle   La carte munie d'un connecteur parallèle permet d'envoyer des informations à un périphérique rapide (par exemple, l'imprimante). On l'appelle parallèle parce qu'elle envoie 8 éléments (bits) d'information en même temps vers l'imprimante au moyen de 8 fils différents. La figure 3.9 montre de façon schématique comment les octets sont transmis par un connecteur parallèle.

Connecteur série   Le connecteur série, contrairement au connecteur parallèle, transmet des informations mais peut également en recevoir d'un périphérique lent (par exemple, souris, modem, etc.). Contrairement au connecteur parallèle qui transmet 8 bits d'information à la fois, le connecteur série transmet les informations 1 bit à la fois. La figure 3.9 montre la façon dont les octets sont transmis par un connecteur série.

FIGURE 3.8
Adapteur écran

FIGURE 3.9
Connecteur parallèle
et connecteur série

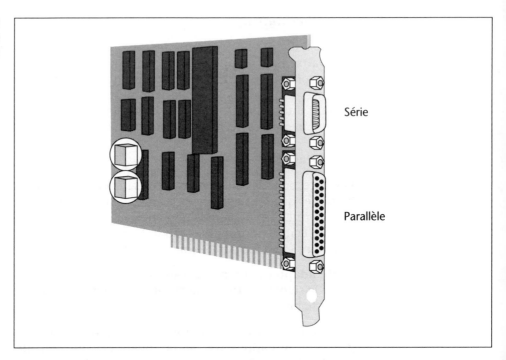

Connecteur Centronics   Le connecteur Centronics (du nom du fabriquant qui l'a conçu) est un connecteur spécialisé qui relie l'ordinateur et l'imprimante. Il est comparable au connecteur parallèle sauf pour quelques différences « électro-techniques ».

Connecteur écran   Le connecteur écran est celui auquel se rattache le fil de liaison avec le moniteur. Il existe 2 types de connecteurs : un connecteur rond qui comporte 8 points de contact et un connecteur plat qui comporte 9 points de contact.

Carte multi-I/O   La carte multi-I/O (*Multi-Input/Output Card* : Carte d'entrée/ sortie multiple) est une carte qui possède une combinaison des types de cartes vues prédécemment. Par exemple, il existe des cartes multi-I/O qui possèdent un adapteur-écran et un connecteur parallèle; d'autres qui possèdent un adapteur écran, des sorties parallèles et sérielles, etc. Ces types de cartes ont un avantage certain : l'économie d'espace à l'intérieur du boîtier de l'ordinateur puisque ces cartes contiennent l'équivalent de deux ou plusieurs cartes.

Carte de sortie jeux   Les cartes de sortie jeux sont des cartes sur lesquelles on peut brancher des périphériques de manipulation, comme des manettes de jeux.

Carte multifonction   Les cartes multifonctions sont des cartes configurées en usine, qui servent à remplir certaines fonctions spécifiques : extension de mémoire, connecteurs parallèles et série, horloge interne et calendrier maintenus à jour grâce à une pile, et connecteur jeux. Les différentes cartes qui existent sur le marché varient quant à leur contenu. Il revient donc à chacun d'en choisir une qui saura répondre à ses besoins.

Accélérateur Les cartes d'accélération sont des cartes qui permettent d'accélérer la vitesse du processeur à l'intérieur de l'ordinateur. Il est ainsi possible de transformer un ordinateur XT (avec son processeur 8088) en un ordinateur AT (avec son processeur 80286) qui est plus rapide. Ce type de carte n'est pas vraiment essentiel puisque la vitesse du processeur n'est pas le seul facteur qui définit la vitesse d'un ordinateur : une foule d'autres facteurs interviennent à l'intérieur d'un ordinateur.

Mémoire additionnelle On peut, si l'on veut, augmenter la mémoire vive d'un micro-ordinateur en ajoutant une carte qui va permettre d'accepter des puces de mémoire pouvant atteindre jusqu'à 16 Mo.

3.2.3 Exemple de système de traitement de l'information

Chacun a vu déjà les dispositifs de caisses enregistreuses à laser. Voyons le rôle de l'ordinateur dans un tel système, en isolant, dans un premier temps, les composantes physiques et logiques minimales de ce système :

- **Composantes physiques**
  - unités d'entrée :
    - lecteur optique de code CUP (code universel de produit),
    - clavier de la caisse-enregistreuse ;
  - unités de sortie :
    - affichage digital,
    - imprimantes,
    - contrôleur d'ouverture du tiroir de la caisse,
    - signal sonore d'erreur.

- **Données contenues en mémoire**
  - total : 5 chiffres, dont 2 à droite de la virgule décimale (de 000,00 à 999,99) ;
  - total taxable : 5 chiffres, dont 2 à droite de la virgule décimale (de 000,00 à 999,99) ;
  - taux de taxation : 4 chiffres après la virgule décimale (de 0,0000 à 0,9999) ;
  - fichier des produits disponibles, classés par ordre croissant de numéro de code CUP ;
  - code CVUP (code visuel universel de produit) : 10 chiffres (0123456789) ;
  - description du produit : 20 caractères (ABCDEFGHIJKLMNOPQRST) ;

- prix unitaire : 4 chiffres, dont 2 à droite de la virgule décimale (de 00,00 à 99,99);

- produit taxable : indicateur oui/non.

- **Composantes logiques**

Les étapes selon lesquelles le système de caisse-enregistreuse électronique doit procéder peuvent se résumer comme suit :

- Imprime l'en-tête de la facture;

- Met le total à 0;

- Met le total des items taxables à 0.

Tant qu'il y a des produits non traités, pour chaque produit :

- Lit le code CUP du produit;

- Trouve dans le fichier des produits la fiche du produit ayant ce code CUP.

Si la fiche de ce code CUP n'a pas été trouvée :

- Déclenche un signal sonore.

Si la fiche de ce code CUP a été trouvée :

- Imprime et affiche la description et le prix du produit;

- Ajoute au total le prix du produit.

Si le produit est taxable :

- Ajoute au total des items taxables le prix du produit;

- Imprime et affiche «TX».

Une fois tous les produits traités :

- Calcule la taxe : taxe = total taxable × taux de taxation;

- Imprime et affiche la taxe;

- Ajoute la taxe au total;

- Imprime et affiche le total;

- Lit du clavier le montant d'argent présenté;

- Calcule la différence entre le montant présenté et le total;

- Affiche et imprime la différence entre le montant présenté et le total;

- Ouvre le tiroir.

3.3   L'UNITÉ CENTRALE DE TRAITEMENT

3.3.1   La mémoire centrale de travail

3.3.1.1   Concept de bit

La fonction de mémorisation d'information d'un ordinateur requiert une représentation de l'information sous une forme qui peut être facilement réalisée avec la technologie électronique numérique moderne. Ce format est représenté par des séquences plus ou moins longues d'unités fondamentales qui ne peuvent avoir que 2 états distincts et exclusifs. Il est donc possible d'associer un symbole à chacun de ces 2 états de l'unité fondamentale, symbole qui sera désigné par un chiffre d'une base numérique. Puisque seulement 2 états sont possibles pour n'importe quelle des unités, on parle ici de système de numération de base 2. Nous sommes habitués à travailler avec un système de numération décimal dont la base est 10. En base 10, il y a 10 états possibles, soit de 0 à 9. Le système de base 2 est aussi appelé système binaire (qui signifie «ne comportant que 2 états»). Un chiffre de la numération binaire est dit chiffre binaire ou **bit**, contraction de *binary digit*. Le bit est donc l'unité fondamentale de l'informatique moderne et il ne peut prendre que 2 valeurs distinctes, notées par les symboles 0 et 1.

3.3.1.2   Représentation binaire : groupes de bits

Nous devons souvent représenter des données prenant plus que 2 valeurs distinctes dans l'unité de mémoire, alors que nous ne disposons que de bits, chacun ne pouvant représenter que 2 états distincts, 0 et 1 étant les seules valeurs possibles. Que faire? Il existe une technique simple. Les chiffres binaires nous permettent de représenter de nombreux états. En fait, un nombre binaire constitué de n bits peut représenter jusqu'à 2^n états distincts. Une analogie est possible avec les n chiffres décimaux pouvant représenter jusqu'à 10^n états distincts.

Le tableau 3.1 donne la liste des groupes de bits les plus courants. De ceux-ci, l'octet est présentement le plus employé. Voici les relations entre les termes en usage.

FIGURE 3.10
Exemple de la valeur
décimale 5 en binaire

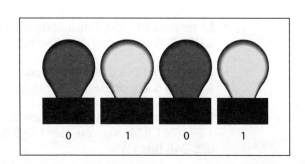

TABLEAU 3.1
Nombre d'états
distincts
représentables en
fonction du nombre
de bits utilisés et
nom associé

n	2^n	Nom
1	2	bit
2	4	
3	8	
4	16	quartet
5	32	
6	64	
7	128	
8	256	octet
9	512	
10	1 024	
11	2 048	
12	4 096	
13	8 192	
14	16 384	
15	32 768	
16	65 536	mot
17	131 072	
18	262 144	
19	524 288	
20	1 048 576	
...		
24	16 777 216	
...		
30	1 073 741 824	
32	4 294 967 296	double-mot
...		
40	1 099 511 627 776	
...		
64	18 446 744 073 709 551 616	quad-mot
...		
n	2^n	

- Le *bit* (abréviation : b) est l'unité fondamentale de la numérotation binaire.

- L'*octet* (abréviation : o; souvent désigné sous sa forme anglaise B [byte]) est un groupe de 8 bits.

- Le *kilo-octet* (Ko, familièrement : K) est un groupe de 1024 octets, ou de 8192 bits.

- Le *méga-octet* (Mo, familièrement : Meg) est un groupe de 1024 Ko, ou de 1 048 576 octets, ou de 8 388 608 bits.

- Le *giga-octet* (Go, familièrement : Gig) est un groupe de 1024 Mo, ou de 1 048 576 Ko, ou de 1 073 741 824 octets, ou de 8 589 934 592 bits.

- Le *téra-octet* (To) est un groupe de 1024 Go, ou de 1 048 576 Mo, ou de 1 073 741 824 Ko, ou de 1 099 511 627 776 octets, ou de 8 796 093 022 248 bits (!).

Soulignons qu'en informatique, on emploie les préfixes de grandeur d'une façon qui déroge à la convention du système international d'unités (SI). Par exemple, kilo, qui vaut habituellement 10^3, vaut, en informatique, 2^{10}, soit 1024. Cet écart est suffisamment petit (2,4 %) pour être négligé.

Pour illustrer un peu la quantité effarante d'informations dont il est question, rappelons-nous qu'un octet peut prendre 256 états distincts. Les ordinateurs de table actuels sont capables de donner accès à des giga-octets de données.

Pour éviter des suites hallucinantes de bits (0 ou 1), on se sert d'une base plus élevée pour représenter des groupes de bits. Le système hexadécimal dont la base est 16 est le plus usité, car il permet de représenter par un seul chiffre hexadécimal un groupe de 4 chiffres binaires. Le système décimal ne comportant que 10 chiffres, les lettres de A à F ont été ajoutées comme symboles pour représenter les 6 chiffres dépassant le 9.

À partir de maintenant, dans cet ouvrage :

- la représentation binaire sera notée par un **b** en dernière position ;
- la représentation hexadécimale sera suivie d'un **h** en dernière position ;
- autrement, la représentation décimale est utilisée.

TABLEAU 3.2
Équivalences des représentations hexadécimale, binaire et décimale

Déci	Binaire	Hexa
0	0000b	0h
1	0001b	1h
2	0010b	2h
3	0011b	3h
4	0100b	4h
5	0101b	5h
6	0110b	6h
7	0111b	7h
8	1000b	8h
9	1001b	9h
10	1010b	Ah
11	1011b	Bh
12	1100b	Ch
13	1101b	Dh
14	1110b	Eh
15	1111b	Fh

3.3.1.3   Bus de données

Selon sa conception, l'unité de traitement peut accéder simultanément à plusieurs bits de l'unité de mémoire. Les bits voyagent sur une route dédiée qu'on appelle **bus de données**. Le nombre de voies de cette route détermine la largeur du bus de données et correspond au nombre maximal de bits pouvant se déplacer en même temps entre les unités. Comme il faut 8 bits pour représenter 1 caractère de l'alphabet, un bus de 16 bits permet le passage simultané de 2 caractères, un bus de 32 bits, celui de 4 caractères. On voit donc que plus le bus est large, plus l'information circule rapidement.

Chaque cellule est accessible individuellement à condition que son adresse soit connue (c'est-à-dire sa position relative à l'intérieur de l'ensemble de la mémoire). Lorsque le processeur veut lire ou écrire une valeur dans une cellule particulière, il émet un ordre à un circuit spécialisé qui gère l'utilisation de la mémoire. Ce circuit repère la position physique d'un octet dont l'adresse lui est fournie sur un bus d'adresses et procède au transfert d'information sur le bus de données.

3.3.1.4   Notions de cellule de mémoire, de bus d'adresses et de bus de mémoire

La mémoire centrale de travail est définie comme l'ensemble des cellules de mémoire connectées aux bus d'adresses et de données.

Il existe une analogie entre l'adresse d'une cellule de mémoire et le numéro de téléphone d'une personne. Ainsi, une fois connu son numéro de téléphone, on peut établir une communication avec un individu donné et échanger de l'information avec lui. Or il arrive que certains numéros de téléphone ne permettent pas d'établir de liaison (ligne hors service, par exemple); de la même façon, il est possible que des adresses n'aient pas de cellule de mémoire associée.

Il existe deux modes de communication entre le processeur et la mémoire : la lecture et l'écriture. La lecture consiste en une opération d'extraction et de transfert du contenu d'une cellule de mémoire vers le microprocesseur; l'écriture est l'opération inverse. La lecture d'une cellule implique qu'une copie de son contenu est acheminée vers le processeur à travers le bus de données. L'écriture dans une cellule entraîne la destruction du contenu initial de celle-ci.

Le bus assure la communication (lecture ou écriture) entre la mémoire et le processeur. Un mécanisme physique subdivise la mémoire en cellules (contenant chacune 8 bits, c'est-à-dire un octet). La sélection d'une cellule se fait par suite de l'attribution d'une adresse unique à chacune des cellules de la mémoire et de leur connexion à un **bus d'adresses** contrôlé par le processeur. La largeur du bus d'adresses (en bits) détermine le nombre maximal de cellules de mémoire que le processeur peut adresser de façon unique.

3.3.1.5   Technologies de mémoires et concepts associés

Les performances d'un micro-ordinateur varient beaucoup selon les caractéristiques des types de mémoires utilisées. Nous décrivons les diverses technologies de mémoires, ce qui permettra de mieux comprendre en quoi elles affectent les performances du système.

FIGURE 3.11
Liens entre mémoire
et unité centrale
de traitement

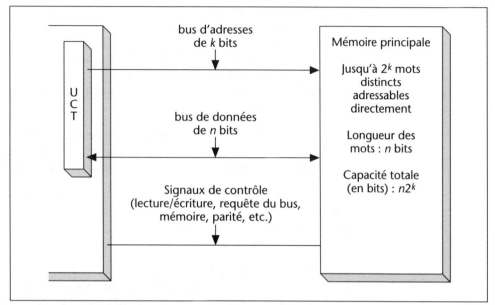

Source : HAMACHER, ZVONKO et SAFWAT. *Computer Organization*, 2e éd., McGraw-Hill inc, 1984, p. 290.

Temps d'accès Le temps d'accès est le délai nécessaire pour qu'un transfert d'information s'effectue entre une cellule de mémoire principale et le microprocesseur.

Mémoires RAM ou ROM Il existe deux grandes divisions de la mémoire principale : la mémoire vive et la mémoire morte.

a) La mémoire vive, aussi appelée RAM (*Random Access Memory*), permet d'emmagasiner des données et des instructions tant que l'ordinateur demeure sous tension. On perd les données quand on éteint l'appareil. Il s'agit de la mémoire de travail de l'ordinateur, qui reçoit les données à traiter et dans laquelle l'utilisateur range ses logiciels.

b) La mémoire morte, ou ROM (*Read Only Memory*), est inaltérable. Elle ne nécessite aucune alimentation électrique pour conserver les informations qu'elle contient et qui ne peuvent être modifiées. Elle est indispensable lors de l'initialisation, c'est-à-dire lorsque l'ordinateur est mis sous tension.

RAM dynamique et RAM statique

a) La RAM dynamique requiert très peu d'espace par bit, mais un rafraîchissement est nécessaire à intervalles réguliers, sans quoi des informations peuvent être perdues. Une puce de mémoire dynamique peut contenir jusqu'à 16 Mbits. En électronique numérique, on associe les 2 états binaires à 2 plages de voltage séparées par une zone d'incertitude, une sorte de *no man's land*. Dans le cas de la mémoire vive dynamique, un des 2 niveaux a une propension à s'affaiblir et à tendre lentement vers l'autre niveau. Le rafraîchissement a pour but de revigorer ce niveau. L'image qui vient à l'esprit est celle d'un seau dont le fond est troué. Si l'on considère que le premier état binaire est que le seau soit plus qu'à moitié plein, et que le second état binaire est qu'il contienne moins qu'un quart d'eau, on se retrouve avec une tendance du premier état binaire vers le second. Pour éviter de «perdre la mémoire», un rafraîchissement périodique de tous les seaux qui doivent représenter le premier état est requis, au cours duquel on remplit à ras bords tout seau contenant plus que la moitié d'eau. Si le seau se vide en 1 minute, le taux de rafraîchissement doit définitivement être de moins de 1 minute. En résumé, le rafraîchissement doit se faire à un rythme qui nous assure d'être à l'abri des pertes d'états.

b) La RAM statique demande beaucoup d'espace par bit, mais ne requiert pas de rafraîchissement et son temps d'accès est plus rapide que la RAM dynamique. Une puce de mémoire statique peut contenir jusqu'à 512 Kbits.

Projection ROM/RAM   Le concept de projection de la ROM en RAM signifie tout simplement qu'on copie les données de la ROM dans une RAM qui est, par définition, d'accès plus rapide, pour augmenter les performances. Le terme *shadowing* est aussi employé.

Subdivision en banques   La mémoire est physiquement subdivisée en 2 (ou 4) groupes plus ou moins autonomes. Il importe que chaque banque soit de même capacité que les autres (par exemple, des banques de 1 Mo).

Mémoire cache   Le cache est un dispositif optionnel qui permet d'éviter tout délai occasionné par la mémoire principale lorsqu'elle ne peut suivre le rythme du processeur. Le cache est constitué d'une mémoire tampon rapide de petite dimension, qui conserve le contenu des plus récentes cellules mémoires utilisées, d'une étiquette pour enregistrer l'adresse de la mémoire principale correspondante et d'un contrôleur pour gérer le tout. Lorsque le microprocesseur demande l'accès à une adresse en mémoire, une section de l'unité de gestion de la mémoire spécialisée dans la gestion du cache interne vérifie si cette adresse est déjà dans le cache. Si c'est le cas, le contenu correspondant est directement transmis sans aucun accès aux bus externes d'adresses et de données. Sinon, un accès aux bus est nécessaire; par la suite, le contenu ainsi récupéré est acheminé vers le microprocesseur, et copié dans le cache simultanément.

On peut comparer le cache à une feuille contenant le résumé des formules à apprendre en vue d'un examen. Si la formule requise n'apparaît pas sur la feuille, on doit se référer au manuel pour la trouver, et fort probablement en profiter pour l'ajouter à la feuille de formules.

FIGURE 3.12
Lien entre mémoire principale, cache et unité centrale de traitement

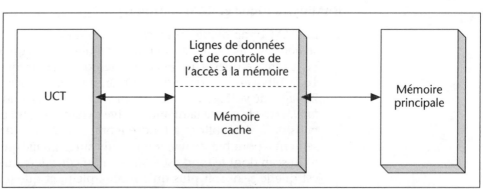

Source : HAMACHER, ZVONKO et SAFWAT. *Computer Organization*, 2e éd., McGraw-Hill inc, 1984, p. 307.

a) Interne et externe :

- Le cache interne se trouve à l'intérieur du microprocesseur. Il est de dimensions limitées et souvent assisté par un cache externe (secondaire). Il est géré par une section spécialisée du gestionnaire de mémoire interne.

- Le cache externe est géré par un gestionnaire de mémoire externe et est de dimensions plus imposantes que le cache interne. Si un cache interne existe, le cache externe doit être synchronisé avec lui; la performance globale (le gain en vitesse) résultant de ces 2 caches est cependant moindre que la somme de leurs performances respectives.

b) Granularité : le cache est subdivisé en blocs qui contiennent chacun une copie d'un groupe adjacent de cellules de la mémoire principale. La granularité est la grosseur (en octets) de chaque bloc du cache. La subdivision en blocs augmente la performance, en ce qu'elle permet d'accéder très rapidement aux voisins d'une cellule de la mémoire principale (comme les entreprises de livraison de courrier optimisent le rendement en répartissant les livraisons par groupes géographiquement rapprochés).

c) Stratégies :

- Double écriture (*writethrough*) : si le microprocesseur veut écrire à une adresse dans le cache, l'écriture est effectuée dans le cache et dans la mémoire principale. Cela permet d'assurer que le contenu de la mémoire principale est toujours à jour.

- Réécriture ou écriture différée (*writeback*) : si le microprocesseur veut écrire à une adresse dans le cache, l'écriture est effectuée dans le cache uniquement, pour être transférée à la mémoire principale seulement lorsque cette adresse est enlevée du cache. Cette méthode est plus efficace, mais la mémoire principale du système, examinée isolément, apparaît dans un état incohérent à tout observateur externe au processeur.

d) Cartographie du cache : il existe diverses méthodes pour déterminer l'emplacement d'un bloc de mémoire principale dans la mémoire cache :

- Associativité directe (*direct mapping*) : la mémoire principale est subdivisée en segments de la dimension totale du cache. La position de l'adresse à transférer dans le cache à l'intérieur d'un de ces segments indique directement à quel bloc du cache cette adresse correspond.

- Associativité multiple (n-*set-associativity*) : le concept d'associativité multiple signifie qu'une adresse de la mémoire principale peut se retrouver en plus d'un emplacement dans le cache. Cette technique peut se comparer à une subdivision du cache en plusieurs mini-caches (*n*) où une associativité directe est utilisée. Pour savoir quel mini-cache devrait contenir l'adresse de la mémoire correspondante, la stratégie de remplacement du bloc de cache le moins récemment utilisé (algorithme d'ancienneté; *LRU, Least Recently Used, algorithm*) est préconisée.

- Associativité totale : l'associativité totale est une associativité multiple dans laquelle le nombre de mini-caches disponibles est égal au nombre de blocs du cache.

FIGURE 3.13
Cache à associativité directe

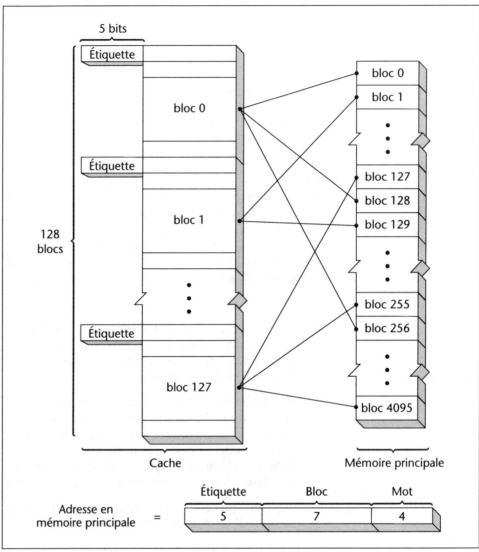

Source : HAMACHER, ZVONKO et SAFWAT. *Computer Organization*, 2e éd., McGraw-Hill inc, 1984, p. 309.

Étiquette (*tag memory*)   L'étiquette est une petite mémoire associée à chaque bloc du cache qui indique l'adresse de la mémoire principale y correspondant. Suivant la technique de cartographie employée, l'étiquette sera plus ou moins grosse. Lorsque le microprocesseur demande l'accès à une adresse de la mémoire principale, un circuit spécialisé vérifie, au moyen de la fonction de cartographie, si le ou les emplacements du cache rattachés à celle-ci contiennent l'étiquette associée à cette adresse. Si oui, on parle du succès du cache (*cache hit*); sinon, il s'agit d'un insuccès du cache (*cache miss*), et à ce moment il faut remplacer le contenu du plus ancien des blocs du cache associé par la fonction de cartographie à l'adresse désirée par le contenu de cette adresse et de ses voisins de la mémoire principale, tout en mettant à jour l'étiquette associée.

Taux de succès (*hit ratio*)   Le taux de succès indique la proportion des requêtes d'accès à la mémoire qui pourront être satisfaites par un accès à la seule mémoire cache. Ce taux atteint plus de 90 % avec un cache primaire de 8 Ko.

Transfert par salves   Cette méthode permet de déplacer de façon rapide le contenu de cellules de mémoire principale situées à des adresses consécutives. Ce mode d'accès à la mémoire principale est généralement associé à un cache permettant de transférer des blocs de mémoire entre la mémoire principale et le cache.

3.3.2   Le microprocesseur

Le processeur, qui effectue tout le traitement requis au moyen de séquences d'instructions rangées dans la mémoire avec les données, constitue le cœur de l'ordinateur. Un microprocesseur consiste en un processeur qui tient sur une puce.

La mémoire principale contient deux types d'informations distinctes mais aussi essentielles les unes que les autres : les données à traiter et la séquence d'opérations à effectuer sur ces données.

Le microprocesseur comprend, au minimum, les modules suivants : l'unité arithmétique et logique, (UAL) les registres, l'unité de contrôle et les bus de données et de bus de contrôle internes.

3.3.2.1   Unité arithmétique et logique

L'unité arithmétique et logique est responsable d'un certain nombre d'opérations arithmétiques plus ou moins évoluées, comme l'addition, la soustraction, la multiplication, la division, les opérations sur les exposants, les opérations trigonométriques et hyperboliques. Elle effectue aussi des comparaisons (par exemple, x < y, «Moi» ≠ «Toi»). Elle permet en outre des manipulations sur des groupes de bits. Elle regroupe les circuits chargés des opérations logiques (les opérations logiques de base sont ET, OU et NON) et des opérations de décalage et rotation.

3.3.2.2   Registres

Un registre est localisé dans le microprocesseur, et ne nécessite pas de connexion aux bus d'adresses et de données de la mémoire principale. Un registre peut être de 8, 16 ou 32 bits.

Les registres servent à stocker temporairement les données que l'unité arithmétique et logique aura à traiter ou à recevoir des résultats de leur traitement par l'UAL.

Un registre spécialisé, le **registre d'état**, permet de déterminer le résultat de la dernière opération de l'UAL. Il indique si cette opération a généré une retenue

(C), un débordement (V) ou un résultat égal à zéro (Z) ou négatif (N). Les opérations conditionnelles, permettant de réaliser des boucles et des opérations conditionnelles dans les algorithmes de traitement, sont toutes reliées à l'état de ce registre.

3.3.2.3 Unité de contrôle

L'unité de contrôle interprète les commandes reçues de l'ordinateur et active les composantes nécessaires à l'exécution de l'opération en cours.

3.3.2.4 Bus de données et de bus de contrôle internes

Les bus de données et de contrôle internes sont des voies de communication qui n'existent qu'à l'intérieur du processeur et qui permettent l'interconnexion des modules précédents. Ces bus sont généralement commandés par l'unité de contrôle du microprocesseur.

3.3.2.5 Architecture et fonctions du microprocesseur

Le **microprocesseur** est un dispositif qui intègre toutes les unités de base d'un processeur dans une même composante électronique qu'on appelle pastille ou puce. Une puce est une petite surface de matériau semi-conducteur renfermée dans un boîtier qui comporte des broches permettant la communication avec d'autres composantes. Ce boîtier est soit en plastique, soit en céramique. On ne peut ouvrir le boîtier d'une puce sans détruire cette dernière.

Le microprocesseur prend en charge un nombre fini et fixe d'opérations, chacune ayant un code unique. Nul ne peut ajouter de nouvelles instructions à un microprocesseur ni modifier les instructions existantes. Celles-ci sont déterminées lors de la conception du microprocesseur et sont gravées dans les circuits de celui-ci.

La plupart des opérations requièrent des paramètres, qu'on nomme opérandes, pour indiquer exactement quels sont les objets visés par l'opération. Par exemple :

Code opération	Opérande
LIRE	NOMBRE 1
LIRE	NOMBRE 2
ADD	NOMBRE 1, NOMBRE 2 ◀——— 2 opérandes
PLACER	RÉSULTAT
ÉCRIRE	RÉSULTAT
ARRÊT	◀——— 0 opérande

Suivant la flexibilité du microprocesseur, on peut spécifier les opérandes de plusieurs façons.

On associe à chaque code opération une abréviation textuelle, dite code mnémonique, expliquant de façon grossière ce que le microprocesseur effectue. Par exemple :

Code opération	Code mnémonique	Opérandes	Description textuelle
A0h	MOV	source, destination	copie le contenu de la source dans la destination
20h	AND	source 1, source 2, dest.	met dans la destination le résultat d'un ET logique entre la source 1 et la source 2
60	invalide		
00h	ADD	source 1, source 2, dest.	dest. = source 1 + source 2

Architecture

Tout processeur a besoin d'une **horloge**, qui est un signal cyclique de fréquence déterminée. À chaque cycle, le processeur passe à l'instruction interne suivante. L'unité de mesure de fréquence est le hertz (symbole : Hz) équivalant à un cycle par seconde. Les microprocesseurs récents comportent des horloges dont les signaux varient de 16 MHz à 66 MHz, ce qui signifie qu'ils exécutent, au minimum, entre 16 et 66 millions d'instructions internes par seconde. Voyons maintenant comment, avec une même fréquence d'horloge, il est possible d'augmenter le nombre d'instructions internes exécutées par seconde.

Certains processeurs sont **à architecture pipeline**, c'est-à-dire qu'ils peuvent commencer l'exécution d'une instruction alors que l'instruction précédente, qui demande plus d'un cycle d'horloge, n'est pas encore terminée. On peut comparer cette organisation à une chaîne de montage d'automobiles, où l'on retrouve plusieurs unités en cours de fabrication, mais à différentes étapes.

Certains processeurs sont **parallèles**; ils peuvent effectuer plusieurs opérations de diverses natures dans un même cycle, et ce en raison de la présence d'unités autonomes à l'intérieur de ceux-ci. Pour faire une comparaison, disons que le parallélisme caractérise toutes les entreprises, puisqu'on y retrouve plusieurs employés accomplissant chacun sa tâche de façon simultanée.

Une caractérisation de la performance d'un processeur est le nombre de **cycles par instruction**. Plus ce nombre est bas, plus le processeur peut exécuter d'instructions à l'intérieur d'un nombre de cycles donné.

Les microprocesseurs à architecture **RISC** (*Reduced Instruction Set Computer*) ne contiennent qu'un nombre limité d'opérations très simples, mais qui sont

FIGURE 3.14
Performances du
processeur de
signaux numériques
TMS320040

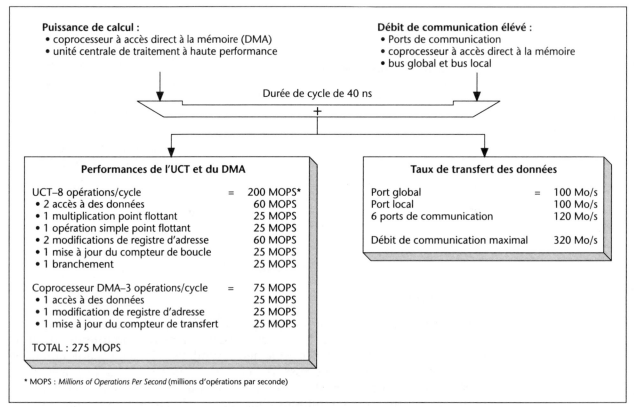

Source : TMS320C4x User's Guide, Texas Instruments inc, 1991, p. 1-6.

toujours atomiques, c'est-à-dire qu'elles ne peuvent être subdivisées en plusieurs instructions internes. Donc, chaque instruction d'un processeur RISC est traitée par une partie de celui-ci en un seul cycle.

Certains ordinateurs sont à **multiprocesseurs**, c'est-à-dire qu'ils possèdent plusieurs processeurs. De fait, certains systèmes informatiques commerciaux possèdent des milliers de processeurs interconnectés. Cette technologie permet d'augmenter la performance globale du système en créant un plus grand parallélisme. Une telle architecture est de plus en plus populaire.

Diverses stratégies assurent la communication entre les processeurs :

a) Mémoire partagée : tous les processeurs, ou quelques-uns seulement, partagent une zone de mémoire en vue de l'échange de données.

b) Passage de messages : un bus ou un ensemble de bus établit la communication entre les processeurs, un peu comme la mémoire principale. Cette stratégie requiert un ou plusieurs bus de données ainsi qu'un ou plusieurs bus d'adresses. L'adresse est toutefois celle d'un processeur, non pas celle d'une cellule de mémoire.

FIGURE 3.15
Interconnexion
de processeur

Topologie à 2 bus :
mémoire globale
partagée, mémoire
locale privée.

Topologie à 2 bus :
mémoire globale
partagée sur les 2 bus.

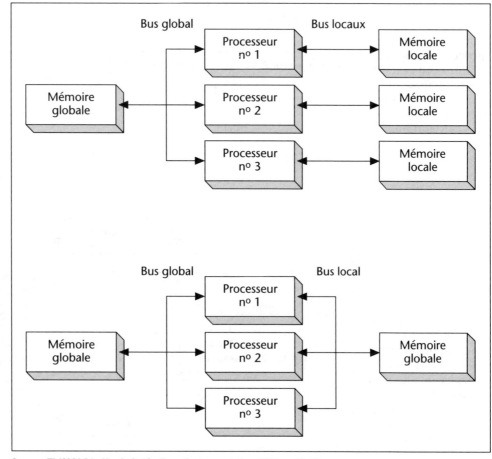

Source : TMS320C4x User's Guide, Texas Instruments inc, 1991, p. 13-42.

FIGURE 3.16
Arrangement linéaire
en pipeline :
pour effectuer des
convolutions, des
corrélations, ainsi que
toute autre opération
en pipeline, à l'inté-
rieur d'applications
telles que le graphisme
et la communication
par modem.

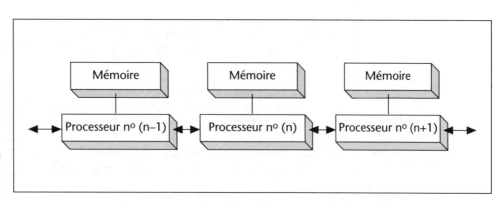

**FIGURE 3.16
(suite)**

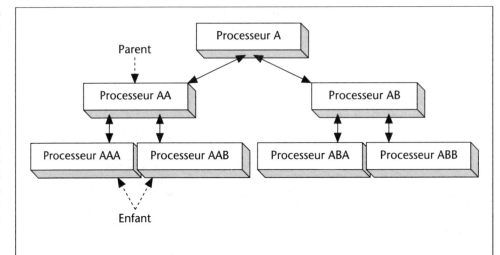

**Structure en arbre :
prendre en charge la
diffusion et les re-
cherches de données
dans des applications
de reconnaissance vo-
cale et d'images.**

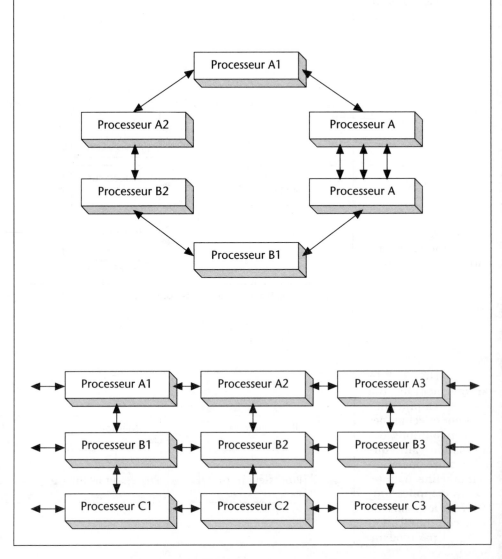

**Anneau
bidirectionnel :
flot de données horai-
re et anti-horaire.
Usage de plusieurs
liens entre 2 proces-
seurs si débit élevé.
Très efficace pour les
réseaux neuronaux.**

**Tableau
bidimensionnel :
excellent pour le
traitement d'images.**

**FIGURE 3.16
(suite)**

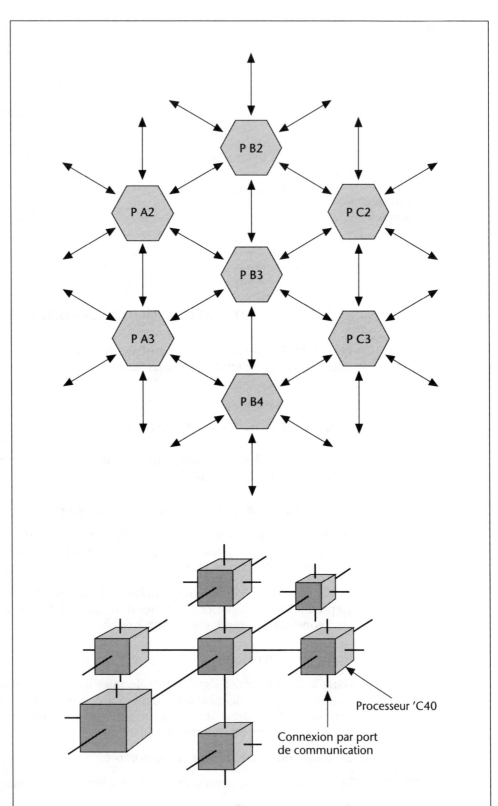

Réseau hexagonal :
connexion avec les
6 voisins immédiats.
Utile pour l'analyse
numérique et le
traitement d'images.

Réseau
tridimensionnel :
pour les processus
hiérarchiques tels que
la compréhension
d'images et l'analyse
d'éléments finis.

**FIGURE 3.16
(suite)**

**Hypercube à
4 dimensions :
structure à usages
multiples.**

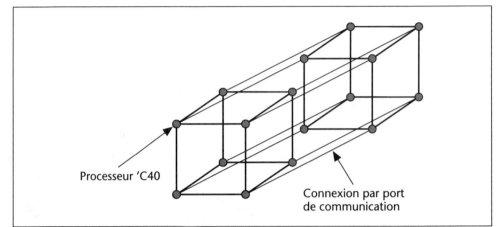

Processeur 'C40

Connexion par port
de communication

Source : TMS320C4x User's Guide, Texas Instruments inc., 1991, p. 13-40 et 13-41.

3.3.3   Les formats de données (opérandes)

Le format des opérandes d'une instruction varie selon la tâche à effectuer. Nous allons brièvement étudier certains formats standardisés.

3.3.3.1   Données numériques

Les formats de données numériques admis par les unités arithmétiques sont différents selon les usages prévus.

Représentation dans le code décimal codé en binaire

Le format décimal codé en binaire (DCB) non comprimé (*unpacked BCD*) associe les valeurs de 0 à 9 pour les 10 premières combinaisons binaires d'un octet de données. Les 246 autres codes sont considérés comme étant inutilisés.

Le format DCB comprimé (*packed BCD*) associe les valeurs de 0 à 9 pour les 10 premières combinaisons binaires d'un quartet de données. Les 6 autres codes sont considérés comme étant inutilisés.

Nombres entiers signés

Dans le format entier signé *n* bits, le microprocesseur effectue directement des opérations sur la valeur binaire en mémoire, sans conversion. Il existe une norme pour la représentation des valeurs négatives : le complément à 2. La valeur négative d'un nombre est déterminée ainsi :

1) on prend la valeur binaire du nombre;

2) on effectue une inversion de tous les bits le représentant;

3) on additionne 1 au résultat obtenu à l'étape précédente.

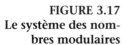

FIGURE 3.17
Le système des nombres modulaires

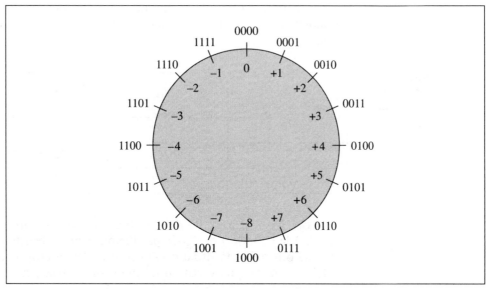

Source : HAMACHER, ZVONKO et SAFWAT, *Computer organization*, 2e éd., McGraw-Hill inc, 1984, p. 246.

Un tel mode de représentation présente l'avantage de ne nécessiter aucun prétraitement avant que soit effectuée une opération arithmétique.

Aussi, le bit le plus à gauche, appelé bit de plus fort poids ou bit le plus significatif, du format utilisé indique directement le signe du nombre représenté. S'il est à 1b, il est négatif, sinon (0b) le nombre est soit positif ou nul.

Exemple Trouvons la représentation de -5 en format entier signé 8 bits.

1) 5 = 0000 0101b (résultat obtenu à la suite de divisions successives par 2)

2) NON(0000 0101b) = 1111 1010b

3)   1111 1010b
     + 0000 0001b
     ─────────────
        1111 1011b

Pour vérifier l'exactitude de ce résultat, on peut toujours lui additionner 5. On sait que -5 + 5 = 0. On s'attend donc à trouver 0. Essayons :

        1111 1011b
     + 0000 0101b
     ─────────────
       10000 0000b

On obtient un 1 au 9e bit. Mais cela n'importe pas puisqu'on a déjà établi que, pour cet exemple, on ne représente les chiffres que sur 8 bits. Le 9e bit est donc une retenue, et sera par conséquent conservé en un emplacement spécial, une mémoire d'un bit nommée l'indicateur de retenue.

On voit bien qu'il existe une limite quant aux grandeurs des nombres représentables. À titre indicatif, voici un tableau donnant diverses limites d'entiers signés.

n	Min	Max	Total (incluant le 0)
8	−128	127	256 (ou 2^8)
16	−32 768	32 767	65 536 (ou 2^{16})
32	$−2^{31}$	$2^{31} − 1$	4G (ou 2^{32})

Si on dépasse la limite d'un format de représentation d'un entier signé, on aboutit à la situation désignée par l'expression **débordement**. Toutefois, les ingénieurs ont prévu la situation et ont doté les microprocesseurs d'un indicateur de débordement qui avertit l'utilisateur lorsqu'il se produit un débordement.

Exemple   En représentation entière signée 4 bits, effectuer 5 + 4 donne :

$$
\begin{array}{rcl}
5 & | & 0101b \\
+\ 4 & | & +\,0100b \\
\hline
-\ 7 & | & 1001b
\end{array}
$$

Or 1001b représente un nombre négatif, puisque le bit le plus significatif est à 1. Déterminons la valeur positive de ce nombre en procédant selon les étapes suivantes (qui sont l'inverse des étapes pour convertir un nombre positif en nombre négatif) :

1) soustraire 1 au nombre binaire;

2) inverser tous les bits;

3) convertir en décimal (par multiplication par facteurs de 2). Donc :

1) $\begin{array}{l} 1001b \\ -\,0001b \\ \hline 1000b \end{array}$

2) NON(1000b) = 0111b

3) $0111b = (0 * 2^3) + (1 * 2^2) + (1 * 2^1) + (1 * 2^0)$

$\qquad = 0 + 4 + 2 + 1$

$\qquad = 7$

Bref 5 + 4 = −7 est un exemple de débordement pour un nombre entier signé 4 bits, puisqu'on obtient un résultat invraisemblable.

Nombre en virgule flottante

La représentation de nombres en virgule flottante est très répandue dans le monde scientifique. Une instruction en virgule flottante est désignée dans le milieu comme un FLOP (*FLoat OPeration*). Elle permet de représenter des nombres, tant de très grande que de très petite magnitude, dans un seul et unique format.

On peut subdiviser un nombre exprimé en virgule flottante en 2 parties :

- la mantisse, qui contient le nombre ainsi que son signe;

- l'exposant, qui contient l'exposant entier affectant une base multipliée à ce nombre ainsi que le signe de l'exposant.

Exemple Soit la représentation en virgule flottante du nombre décimal $2,997\ 925 * 10^8$.

La mantisse est : 2,997 925.

L'exposant est : 8.

La base est : 10.

La précision d'une telle représentation est liée au nombre de chiffres qui composent la mantisse

La plage de magnitude est liée au nombre de chiffres affectés pour représenter l'exposant.

Certains microprocesseurs incluent le dispositif matériel pour les opérations sur des nombres en virgule flottante. Certains autres sont munis d'une puce qui ajoute cette capacité au microprocesseur. Cette puce, ou encore cette unité à virgule flottante, qui complète le microprocesseur est un **coprocesseur**.

3.3.3.2 Caractères

Les caractères sont représentés dans l'ordinateur par des tables d'équivalences standardisées.

Code ASCII

Le code ASCII (*American Standard Code for Information Interchange*) tire ses origines des télex. Il permet d'exprimer les caractères alphabétiques majuscules et minuscules, les nombres, les caractères de contrôle et les signes de ponctuation. Il est composé de 128 éléments, pouvant être représentés par une combinaison de 7 bits.

Code ASCII étendu

Le code ASCII étendu ajoute au code ASCII des caractères graphiques, des caractères internationaux et des caractères scientifiques. Il est composé de 256 éléments, pouvant être représentés par 8 bits. Les 128 premiers caractères sont ceux du code ASCII standard, alors que les 128 autres varient selon l'usage désiré.

FIGURE 3.18
Table ASCII repré-
sentée sur 7 bits

Bits des positions 3210	Bits des positions 654							
	000	001	010	011	100	101	110	111
0000	NUL	DLE	SPACE	0	@	P	`	p
0001	SOH	DCI	!	1	A	Q	a	q
0010	STX	DC2	-	2	B	R	b	r
0011	ETX	DC3	#	3	C	S	c	s
0100	EOT	DC4	S	4	D	T	d	t
0101	ENQ	NAK	%	5	E	U	e	u
0110	ACK	SYN	&	6	F	V	f	v
0111	BEL	ETB	·	7	G	W	g	w
1000	BS	CAN	(	8	H	X	h	x
1001	HT	EM	)	9	I	Y	i	y
1010	LF	SUB	•	:	J	Z	j	z
1011	VT	ESC	-	:	K	[	k	{
1100	FF	FS	.	<	L	\	l	l
1101	CR	GS	-	+	M	]	m	}
1110	SO	RS	.	>	N	·	n	~
1111	SI	US	/	?	O	—	o	DEL

Source : HAMACHER, ZVONKO et SAFWAT, *Computer Organization*, 2e éd., McGraw-Hill inc., 1984, p. 572.

Code EBCDIC

Le code EBCDIC (*Extended Binary Coded Decimal Interchange Code*), mis au point à l'époque par IBM pour sa série d'ordinateurs 360, permet de représenter les lettres majuscules et minuscules, les chiffres de 0 à 9, tous les caractères de contrôle et de nombreux codes non assignés. Il est composé de 256 éléments, pouvant être représentés par 8 bits.

3.4   RÉALISATION DES DISPOSITIFS D'ENTRÉE/SORTIE

Pour être d'une quelconque utilité, le microprocesseur doit pouvoir communiquer avec l'univers qui l'entoure. Certains moyens sont couramment employés pour assurer cette liaison.

FIGURE 3.19
Table EBCDIC
représentée sur 8 bits

Bits des positions 3210	Bits des positions 7654															
	0000	0001	0010	0011	0100	0101	0110	0111	1000	1001	1010	1011	1100	1101	1110	1111
0000	NUl.I.				SP	ε	—									0
0001						/			a	j			A	J		1
0010									b	k	s		B	K	S	2
0011									c	l	t		C	L	T	3
0100	PF	RES	BYP	PN					d	m	u		D	M	U	4
0101	HT	NL	LF	RS					e	n	v		E	N	V	5
0110	LC	BS	EOB	UC					f	o	w		F	O	W	6
0111	DEL	IL	PRE	EOT					g	p	x		G	P	X	7
1000									h	q	y		H	Q	Y	8
1001									i	r	z		I	R	Z	9
1010			SM		¢	!		:								
1011					.	$	,	#								
1100					<	•	%	@								
1101					(	)	—	'								
1101					+	;	>	=								
1111					|	¬	?	"								

Source : HAMACHER, ZVONKO et SAFWAT, *Computer Organization*, 2e éd., McGraw-Hill inc., 1984, p. 573.

3.4.1 Ports d'entrée/sortie

Les ports d'entrée/sortie sont des zones de mémoire spécialisées, consacrées aux échanges avec le monde extérieur. Deux techniques sont utilisées : soit que le processeur inclut un bloc de mémoire dédié aux entrées/sorties, ou que les ports se retrouvent un peu n'importe où dans la mémoire principale (*memory mapped I/O*). Contrairement à la mémoire vive ou morte, le contenu de ces cellules est modifié par des dispositifs externes.

3.4.2 Entrée/sortie par interruption matérielle

Une demande d'interruption signale la présence d'une nouvelle donnée à un port d'entrée ou la fin du traitement d'une donnée à un port de sortie. Les interruptions matérielles sont un moyen d'avertir le microprocesseur que diverses conditions prévalent dans le micro-ordinateur, notamment que des données de l'extérieur sont en attente de traitement. Ces signaux peuvent se produire à tout moment, étant générés par l'extérieur. Dès qu'un signal d'interruption est émis, le microprocesseur termine le traitement de l'instruction en cours, puis procède à l'exécution d'une procédure de traitement de l'interruption.

3.4.3   Entrée/sortie par accès direct à la mémoire

L'accès direct à la mémoire, souvent désigné par le sigle DMA (*Direct Memory Access*), permet d'éviter d'avoir à traiter une interruption par donnée présente à un port. Dans ce mode, des données sont transférées de façon autonome d'un port à la mémoire vive, ou vice versa, sans exiger une intervention du microprocesseur. Le DMA joue donc le rôle d'un assistant pour le microprocesseur, assistant spécialisé dans le transfert des données.

3.4.4   Bus d'extension

Le bus d'extension est un connecteur sur lequel on retrouve toutes les broches nécessaires à la réalisation de dispositifs optionnels de communication avec l'extérieur. Divers standards ont été définis au cours des années.

Le bus XT permet de transférer des données sur un bus de données de 8 bits et adresse jusqu'à 1 Mo de mémoire. La fréquence de communication des fentes XT a d'abord été de 4,77 MHz et peut maintenant atteindre officiellement 8 MHz.

Le bus standard de l'industrie, aussi appelé AT ou ISA, dispose d'un bus de données de 16 bits et permet d'adresser jusqu'à 16 Mo. Sa fréquence maximale officielle est de 8 MHz. Il peut recevoir les cartes d'extension destinées au bus XT.

FIGURE 3.20
Connecteur d'un
câble parallèle
(DB-25 mâle)

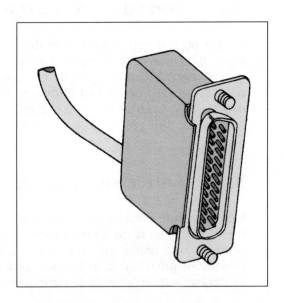

FIGURE 3.21
a) Connecteur
de souris
PS/2
b) Connecteur
de clavier

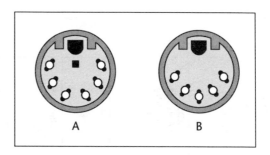

Le bus EISA est une version améliorée du bus ISA. Il peut donc recevoir les cartes destinées aux bus ISA et XT. Il permet aussi d'utiliser des cartes à haute performance. Il est muni d'un bus de données de 32 bits et adresse jusqu'à 4 Go. Sa fréquence maximale d'opération est néanmoins limitée à 8 MHz. Il prend toutefois en charge de façon beaucoup plus simple les systèmes à processeurs multiples et dispose d'outils permettant une configuration plus aisée.

Le bus à micro-canaux permet de faire circuler des nombres (de 16 ou de 32 bits) représentant soit des données, soit des adresses. Ces nombres peuvent indiquer par exemple une adresse réelle parmi les 16 Mo maximaux de la mémoire physique, soit les 4 Go de mémoire virtuelle possible. Il fonctionne à des fréquences pouvant théoriquement atteindre 40 MHz. Il est toutefois incompatible avec les bus XT, ISA ou EISA. Il dispose d'un solide support pour l'autoconfiguration des cartes et pour les systèmes multiprocesseurs.

Le bus d'extension NuBus provient du monde industriel et donne accès à un bus de données de 32 bits, ainsi qu'à un support étendu pour les systèmes multiprocesseurs.

Le VMEbus est un bus industriel de 32 bits à haute performance.

Le FutureBus+ peut recevoir 64 bits de données et adresse jusqu'à 4 Go. Il dessert les systèmes multiprocesseurs et dispose d'un mécanisme de maintien de la cohérence des caches des divers processeurs.

3.5   HISTORIQUE

Le domaine de la technologie, et plus particulièrement de l'informatique, se caractérise par ses progrès fulgurants. C'est ainsi qu'il se passe parfois moins de 3 ans entre les changements importants, les innovations techniques. En informatique, chaque génération, c'est-à-dire l'ensemble des équipements relevant de l'une des phases de développement et utilisant une même technologie, présente une augmentation des performances, un rendement décuplé. De fait, le monde de l'informatique est marqué par une croissance exponentielle.

Chaque génération d'ordinateurs se distingue de la précédente par des progrès qui touchent chacun des éléments suivants :

• les dimensions physiques : elles diminuent;

• les performances : elles augmentent;

• la fiabilité : elle s'accroît;

TABLEAU 3.4
Les bus de 32 bits

	bus VME	Multibus	STD 32	Nu Bus	Futurebus +	EISA	MCA	Sbus
Protocole du bus	asynchrone	synchrone avec horloge 10 MHz	asynchrone	synchrone avec horloge 10 MHz	asynchrone avec commutation de paquets	synchrone avec horloge 8,33 MHz	asynchrone	synchrone
Acheminement des données principales, secondaires, justification	non multiplexé / 16 bits / 8, 16 / 16 bits justifiés	multiplexé / 32 bits / 8, 16, 32 / 16 bits justifiés	multiplexé / 8 bits / 8, 16, 32	multiplexé / 32 bits / 8, 16, 32 / aucune	multiplexé / 64 bits / 21, 128, 256 / aucune	non multiplexé / 8, 16, 32 / traduction de système	non multiplexé / 16 bits / 8, 16, 32 / aucune	non multiplexé / 32 bits / 64/32 bits justifiés
Espace d'adressage principal, secondaire	2^{24} / 2^{32}	2^{32} / aucun	2^{24} / 2^{32}	2^{32} / aucun	2^{24} / 2^{32}	2^{32} / 8 bits de rang supérieur, inversés et extraits	2^{24} / 2^{32}	2^{25} / 2^{32}
Interface du bus	logique transistor-transistor (TTL) mixte de 48 et 64 mA à 3 états et collecteur ouvert	logique transistor-transistor (TTL) mixte de 48 et 64 mA à 3 états et collecteur ouvert	logique transistor-transistor (TTL) 24 mA et 3 états avec collecteur ouvert	logique transistor-transistor (TTL) mixte de 48 et 64 mA à 3 états et collecteur ouvert	logique de l'émetteur-récepteur de la face arrière (BTL), 80 mA	logique transistor-transistor (TTL) mixte de 24 et 5 mA à 3 états et collecteur ouvert	logique transistor-transistor (TTL) 24 mA et 3 états avec collecteur ouvert	CMOS à 4 mA et 3 états avec canal de décharge ouvert
Puces de l'interface	origines diverses	MPC, MPI	jeu de circuits EISA d'Intel incluant le bus principal, autres	TI	variété prévue	jeu de circuits EISA d'Intel incluant le bus principal, autres	Bull Micral d'Amérique	LSI
Parité	absente	requise	absente	optionnelle	requise	absente	absente	optionnelle
Lignes d'interruption	7	aucune	2 spécialisées, 15 particulières au module	aucune	aucune	11 sur le bus, 15 au total	11	7
Interruptions virtuelles	par l'entremise des moniteurs d'emplacement	possibles	impossibles	possibles, précisions additionnelles dans un document séparé	par l'entremise des messages d'arbitrage	non précisé	possibles	impossibles
Acheminement des messages	par l'entremise de dispositifs particuliers aux constructeurs	entièrement possible	impossible	impossible	pleinement défini (optionnel)	non défini (cycles de verrouillage possibles)	impossible	impossible
Arbitrage	chaîne bouclée à 4 niveaux, allocation circulaire et priorité	distribué, horloge centrale synchrone	du dispositif local au maître permanent	distribué, horloge centrale synchrone	allocation circulaire, priorité, premier arrivé premier servi	centralisé, horloge centrale synchrone	central, 15 niveaux	centralisé
Mémoire cache Double écriture	capacité limitée	capacité limitée	capacité limitée	capacité limitée	entièrement possible	entièrement possible mais liée à la mise en application du système	impossible	impossible
Réécriture	impossible	impossible	impossible	impossible	entièrement possible		impossible	impossible

TABLEAU 3.4
Les bus de 32 bits
(suite)

	bus VME	Multibus	STD 32	Nu Bus	Futurebus +	EISA	MCA	Sbus
Surface de la carte primaire	373 cm²	513 cm²	170 cm²	1027 cm²	373 cm²	371 cm²	250 cm²	123 cm² - deux côtés
secondaire	160 cm²	220 cm²			513 cm²			246 cm² - deux côtés
autre					1467 cm²			492 cm² - deux côtés, double largeur
Lignes d'alimentation (V)	-5; +5; pile; -12; +12	-5; +5; pile; -12; +12	+5; -12; +12; pile	-5,2; +5; -12; +12	+5; +3,3; +24; -24	-5; pile; -12	+5; +12; -12	+5; +12, -12
Configuration automatique	impossible	possible seulement lors de la mise sous tension	entièrement possible	entièrement possible	possible en tout temps, incluant par le moyen d'insertions réelles	possible seulement lors du démarrage	entièrement possible	entièrement possible
Insertions réelles	non disponibles	entièrement possibles	non disponibles	non disponibles	entièrement possibles	non disponibles	non disponibles	non disponibles
Diffusion (enregistrement sur dispositifs asservis multiples)	impossible	pour la description des messages seulement, impossible dans l'espace mémoire ou l'espace d'entrée-sortie	impossible	impossible	possible lors de toute transaction d'écriture	impossible	impossible	impossible
Lecture à partir de dispositifs asservis multiples	impossible	impossible	impossible	impossible	possible lors de toute transaction de lecture	impossible	impossible	impossible
Diagnostic du bus Mise au point	capacité limitée	aucune	aucune	aucune	pleine capacité d'utilisation du mode de diffusion par protocole de transfert et d'ajout d'un châssis d'extension	dépendante de la mise en application du système	possibilité de débrancher les adaptateurs par le moyen des programmes de diagnostic	ensemble d'outils logiciels Forth et code F interne permettant la programmation complète du diagnostic
Moniteur/fouineur	aucun	lié à une horloge pour une vérification facile de l'analyseur logique	lié à une horloge pour une vérification facile de l'analyseur logique	lié à une horloge pour une vérification facile de l'analyseur logique	avec phase de connection pleinement synchronisée pour permettre la vérification du transfert d'adresse; possibilité d'intervention sur le plan des esclaves	aucun	aucun	aucun

Source : Computer Design Magazine

- les coûts de fabrication : ils baissent;
- la dissipation thermique : elle diminue, et avec elle les besoins de refroidissement;
- l'intégration des composantes : elle s'accroît.

3.5.1   Les premiers calculateurs

Dès qu'il a commencé à communiquer, l'homme a senti le besoin d'avoir des supports au traitement de l'information. Le premier calculateur connu remonte à 1623. Wilhelm Schickard fabriqua alors une machine effectuant les additions et les soustractions dont le mécanisme était analogue à un système d'horlogerie. Vingt ans plus tard, Blaise Pascal conçut une machine semblable. Pour sa part, Charles Babbage mit au point, en 1830, un système mécanique qui effectuait des calculs logarithmiques et trigonométriques. Tous ces calculateurs mécaniques sont évidemment des exploits, mais ils ne peuvent être vraiment appelés ordinateurs puisqu'ils ne disposaient pas vraiment de mémoire.

Le premier ordinateur, le ABC, du nom de ses créateurs, Atanasoff et Berry, remonte à 1938. Il était articulé sur un système électromécanique à relais.

3.5.2   Les grandes générations d'ordinateurs

3.5.2.1   Les lampes

Le premier moyen électronique disponible pour construire des systèmes de traitement digitaux fut la lampe. Le principal problème lié à cette technologie était le manque de fiabilité. En effet, la durée de vie d'une lampe étant en moyenne de 3000 heures, et le premier ordinateur en comptant 18 000, on se retrouvait donc face à de nombreuses pannes par heure!

L'ENIAC (*Electronic Numerical Integrator and Calculator*) fut créé par Eckert et Mauchly. Construit vers 1942, ce système pesait plus de 30 tonnes, occupait un espace de près de 9 mètres sur 15 mètres (30 pieds sur 50 pieds) et comptait 18 000 tubes à vide. Il était impossible d'emmagasiner des programmes. Pour

FIGURE 3.22
L'ordinateur ENIAC

IBM Canada ltée

chaque utilisation d'un programme, il fallait entrer les instructions à l'aide de câbles. Une petite multiplication nécessitait un délai de 3 millisecondes. Son usage prévu était surtout militaire, dans le cadre de la Deuxième Guerre mondiale, pour générer des tables de balistique. Son existence n'a été révélée qu'en 1946, et le système a été mis hors service en 1955.

L'EDVAC (*Electronic Discrete Variable Automatic Computer*) devint opérationnel en 1951. Emmagasinant, avec les données, le programme à exécuter dans sa mémoire, l'EDVAC, de John von Neumann, est encore la référence architecturale de la plupart des processeurs modernes.

L'EDSAC (*Electronic Delay Storage Automatic Computer*), dont la construction a commencé après celle de l'EDVAC, fonctionna pour la première fois en 1949.

Le BINAC est un successeur de l'ENIAC et a été construit pour Northrop, en 1949.

L'UNIVAC 1, commercialisé par Remington-Rand, a été le premier ordinateur offert sur le marché, en 1951. Il relève du même groupe de développement que l'ENIAC et le BINAC. Chaque unité se vendait 250 000 $ et 48 ont été construites.

IBM, de son côté, jouissait déjà d'une certaine autorité dans le domaine du traitement des données, surtout à cause de ses perforatrices de cartes qui existaient depuis près de 40 ans à ce moment.

Une première machine informatique expérimentale IBM, le Mark 1, entra en service en 1944. Elle lisait ses instructions d'un ruban perforé et utilisait quelques composantes mécaniques.

En 1951, après de nombreuses hésitations et après avoir cru un certain temps qu'une dizaine d'ordinateurs dans le monde pourraient suffire à la demande, IBM se décida à commercialiser des ordinateurs avec le 701. Dix-neuf unités de ce modèle ont été vendues.

En 1953, le 650 venait le rejoindre. IBM prévoyait en fabriquer une cinquantaine, mais a dû répondre peu de temps après à des commandes pour 1000 unités.

On avait, à cette époque, une perception de l'ordinateur quelque peu amusante : l'ordinateur était considéré comme un monstre, tirant son origine directement des romans de science-fiction, qui en viendrait graduellement à dominer l'homme, sinon à le détruire. Une telle réaction était toutefois compréhensible, puisque seule une infime minorité de personnes avait alors accès à un ordinateur. Il est paradoxal de constater que, dans notre société moderne où nous avons tous à nous servir de l'ordinateur à un moment donné, il se trouve encore des personnes qui perçoivent celui-ci avec appréhension et méfiance.

En 1955, on comptait au total 244 ordinateurs en usage aux États-Unis. La puissance réunie de tous ces systèmes ne permettait d'effectuer que 250 000 opérations d'addition dans une seconde. De nos jours, un seul ordinateur personnel peut en effectuer des dizaines de millions dans un même délai.

3.5.2.2 Les transistors

L'invention du transistor, en 1947, bouleversa tout le monde de l'électronique. Une vague de miniaturisation s'ensuivit, menée de front par les radios à transistors japonaises. Dans les ordinateurs, les transistors ont entraîné non seulement une miniaturisation, mais aussi une augmentation de vitesse, une moins grande dissipation thermique, une plus grande fiabilité et un coût de fabrication beaucoup moins élevé. Nul besoin de mentionner que les ordinateurs à lampes ont soudainement perdu de leur popularité.

Le TRADIC a été construit en 1954 par Bell Labs. Il comptait 800 transistors. En 1958, IBM mettait au point le 7090 et le 7070, ses premiers systèmes entièrement transistorisés.

En 1964, on dénombrait 18 200 ordinateurs aux États-Unis.

3.5.2.3 Les circuits intégrés de basse densité

Un autre grand progrès de l'électronique repose sur l'intégration de plusieurs transistors, ainsi que des diodes et résistances, à l'intérieur d'un même circuit.

3.5.2.4 Les microprocesseurs

Les microprocesseurs résultent d'un raffinement des techniques d'intégration. En 1971, Intel présentait le 4004, un microprocesseur 4 bits renfermant 2300 transistors et capable d'effectuer 60 000 opérations par seconde. Il est actuellement possible de concevoir des microprocesseurs 64 bits utilisant 2 millions de transistors. Le terme VLSI (Very Large Scale Integration) désigne la technologie qui permet maintenant de fabriquer, de façon assez réussie, des puces dont la largeur des voies de communication des données n'est que de 0,30 micromètre (millionième de mètre).

L'intégration a aussi touché les cellules de mémoire : en 1970, une puce de mémoire dynamique contenait 1024 bits; de nos jours, on peut produire des puces de mémoire dynamique de 64 Mbits.

3.5.3 Classification des ordinateurs

3.5.3.1 Les super-ordinateurs

Les super-ordinateurs sont des machines qui ont été conçues sans compromis. Une seule chose importe : leur degré de performance. Ce sont les «formules 1»

FIGURE 3.23
Microprocesseur
i486™ d'Intel

Source : Intel Corporation.

FIGURE 3.24
L'ordinateur Cray

Source : *DATAMATION*, 15 février 1991, Cahners Publishing Company.

du monde informatique. Cette catégorie d'ordinateurs ne dispose pas de grands moyens d'échange avec le monde extérieur, à tel point que, plus souvent qu'autrement, un gros ordinateur doit lui être connecté pour gérer les communications avec les périphériques. Cray est sans doute le fabricant de super-ordinateurs le plus connu. Les centres météorologiques, tel celui de Dorval, sont des acheteurs typiques de ces machines.

3.5.3.2   Les gros ordinateurs (*Main Frame*)

Les gros ordinateurs sont plus versatiles que les super-ordinateurs. Ils disposent d'un ensemble de canaux de communication et on peut donc leur rattacher une panoplie de périphériques. Ils nécessitent une climatisation. IBM est un des noms les plus connus dans cette catégorie de machines. Des compagnies comme Bell Canada font un usage intensif de gros ordinateurs.

3.5.3.3   Les mini-ordinateurs

Les mini-ordinateurs sont des systèmes moins onéreux que les gros ordinateurs, mais qui nécessitent encore une certaine climatisation. DEC (Digital Equipment Corporation) est une des compagnies les plus connues pour son rôle de pionnier sur ce marché.

3.5.3.4   Les micro-ordinateurs

Les micro-ordinateurs représentent le bout de la ligne en ce qui a trait à la démocratisation de l'informatique. Il est à noter que le terme micro-ordinateur ne renvoie pas autant à la dimension du système qu'à la présence d'un microprocesseur à l'intérieur de celui-ci.

**FIGURE 3.25
Gros ordinateur
(IBM 4341)**

IBM Canada ltée

Les niveaux de performances des micro-ordinateurs sont très variés. Certains usages ne demandent pas de grandes ressources, comme les systèmes de freinage antiblocage. Les micro-ordinateurs dédiés au contrôle sont souvent désignés comme étant des micro-contrôleurs. D'autres micro-ordinateurs présentent des niveaux de performances époustouflants. Les stations de travail (*workstations*) d'ingénierie, généralement articulées autour du système d'exploitation Unix, en sont un bon exemple. Les systèmes multiprocesseurs, regroupant une dizaine de milliers de microprocesseurs, dépassent en rendement les super-ordinateurs. Plusieurs s'entendent aujourd'hui pour dire que les microprocesseurs domineront le marché et élimineront toutes les autres classes d'ordinateurs.

**FIGURE 3.26
Mini-ordinateur
(IBM System/38)**

IBM Canada ltée

3.5.4 Historique des puces et comparaison de leurs performances

3.5.4.1 Intel

Intel a introduit le premier microprocesseur, le 4004, en 1971. Depuis, de nombreux produits se sont succédé. Nous porterons toutefois notre attention sur les microprocesseurs de la série 80X86, qui sont la pierre angulaire des systèmes dits compatibles à la norme PC d'IBM. Notons ici qu'Intel appartient en partie à IBM.

La série 80X86 est un produit dérivé du 8080, lancé en 1974. Premier microprocesseur tout usage, le 8080 avait à l'époque connu une popularité phénoménale. On peut facilement «traduire» des programmes codés pour le 8080 pour qu'ils puissent fonctionner avec un membre de la famille 80X86.

Le 8086 a été la première puce de cette famille à être présentée, en 1978. Il constituait le premier microprocesseur 16 bits d'Intel. Sur le marché de l'époque, dominé entièrement par les microprocesseurs 8 bits, cette nouvelle puce était toute une révolution. On augmentait la capacité d'adressage d'un facteur de 16, passant de 64 Ko à 1024 Ko, soit 1 Mo de mémoire. La largeur du bus de données passait de 8 à 16 bits. On doublait de plus la fréquence d'oscillation de l'horloge en la choisissant à 4,77 MHz.

Le 8088 est un dérivé du 8086 et présente toutes les caractéristiques internes de celui-ci, sauf qu'il est muni d'un bus de données externe de 8 bits plutôt que de 16 bits. À l'époque, les composantes nécessaires pour prendre en charge un microprocesseur pourvu d'un bus de données externe de 16 bits étaient très coûteuses. Le 8088 représentait alors le moyen par excellence de créer un micro-ordinateur 16 bits à bon marché. Il comportait de plus un circuit optionnel pour les opérations numériques en virgule flottante, car on y avait ajouté un coprocesseur numérique.

En 1982, les microprocesseurs 80186 et 80188 ont été mis au point. Ils n'augmentaient pas à proprement parler la performance du 8086 et du 8088, mais offraient plutôt une puce intégrant de nombreuses fonctions qui requéraient auparavant une pléiade de puces de logique externes.

Aussi introduit en 1982, le 80286 était un nouveau processeur 16 bits présentant une nette amélioration par rapport aux 8086 et 8088, mais possédant toujours un mode «réel» d'opération qui lui permettait de rester compatible avec ceux-ci. De plus, dans un mode «protégé», non compatible avec les 8086 et 8088, il offrait aux utilisateurs de microprocesseurs Intel des capacités primitives de multiprogrammation (multitâche) et de mémoire virtuelle (par segments), ainsi qu'une extension de la capacité d'adressage de la mémoire principale, qui passait de 1 Mo à 16 Mo. Il possédait par contre ses failles : une incapacité de revenir facilement du mode protégé au mode réel, quelques erreurs de conception dans ses débuts et surtout un mode d'opération protégé qui ne permettait pas de se dégager en beauté d'une erreur dans une tâche, entraînant plutôt l'arrêt de toutes les tâches en cours d'exécution. Ces problèmes ont bloqué le développement d'applications tirant profit du mode protégé qui, en plus, était passablement compliqué à programmer. On peut donc dire que, historiquement, le 80286 s'inscrit dans l'évolution surtout en tant que 8086/88 rapide capable de gérer plus que 1 Mo de mémoire principale.

En 1985, alors que certains fabricants s'évertuaient joyeusement à créer des microprocesseurs compatibles avec le 8088, le 80386 (ou 386DX) apparut. Ce microprocesseur marque un tournant décisif dans la lignée des microprocesseurs Intel. D'abord, la largeur du bus de données passe de 16 à 32 bits. Ensuite, sa capacité d'adressage augmente d'un facteur de 256, atteignant 4 Go (giga-octets : milliards d'octets). Enfin, la fréquence d'horloge admise par ce microprocesseur est beaucoup plus élevée que celle du 80286. Malgré tout, il reste compatible avec le 8086 et le 8088, dans un mode réel, et offre une compatibilité avec le 80286 dans un mode protégé appelé «standard» (qui était dans les faits plutôt inefficace). Il dispose aussi d'un nouveau mode protégé «amélioré», qui prend en charge de façon adéquate la mémoire virtuelle (par pagination), ajoute de nouvelles opérations avec des opérandes (mémoire ou registre) de 32 bits et de nouveaux modes d'adressage pour adresser les 64 Go de mémoire virtuelle disponibles, et surtout et avant tout, donne la capacité de créer plusieurs «processeurs virtuels» compatibles avec les 8086 et 8088, chacun de ces processeurs pouvant commander une application, qui se déroulera comme si elle était en mode réel, tout en poursuivant l'exécution de programmes dans les modes protégés standard et amélioré.

En 1988, le 80386SX est mis sur le marché. Le 386SX est tout à fait compatible avec le 386DX, mais dispose d'un bus de données vers la mémoire principale de 16 bits plutôt que de 32 bits comme le 386DX. À l'instar du 386DX, il a la capacité d'adresser 64 Go de mémoire virtuelle, mais ne peut adresser que 16 Mo de mémoire physique. Il se vend cependant bien moins cher que le 386DX. Peu de temps après la commercialisation du 386SX, Intel décide de «démolir» son propre produit et lance une campagne publicitaire destinée à renier le 80286 (que certains de ses compétiteurs commencent à fabriquer), non pas en faisant état d'une augmentation des performances du 386SX par rapport au 286 (ce qui aurait été faux), mais plutôt en vantant la supériorité de son architecture compatible avec le 80386 (ce qui était bien vrai). À partir de ce moment, les ventes de 80286 n'ont pas cessé de chuter. Bref, le lien entre le 8086 et le 8088 se reproduit avec le couple 386DX et 386SX. Le 386SX, qui fait un compromis entre les performances, le prix et la compatibilité, a donc bénéficié d'une très grande part de marché entre 1989 et 1992 et peut aujourd'hui être considéré comme le microprocesseur le moins coûteux et relativement acceptable pour construire un micro-ordinateur compatible avec la famille Intel. Il est à noter que l'introduction de ce produit par Intel a causé bien des remous, puisque nombre d'utilisateurs d'ordinateurs construits autour d'un microprocesseur Intel ont une vision de la micro-informatique qui se limite au slogan «Mon PC roule bien plus vite que le tien!» Qu'à cela ne tienne, les quelques centaines de dollars qui séparaient à l'époque les 286 et les 386SX en valaient bien la peine.

En 1989, l'introduction du 80486 (ou 486DX) renforce encore la gamme des microprocesseurs compatibles avec le 386. En effet, le 486DX n'ajoute que très peu de fonctionnalités, en matière de logiciel, au 386. Un peu comme le 80186 par rapport au 8086, il représente plutôt un exercice d'intégration et d'optimisation de la performance. Le 486DX inclut, sur une seule puce, un cache interne de 8 Ko, l'équivalent du coprocesseur numérique 80387.

En 1990, le 386SL est lancé par Intel pour répondre aux besoins particuliers des fabricants d'ordinateurs portatifs. On désire disposer de microprocesseurs compatibles avec le 386 et utilisant des techniques d'intégration et de gestion d'énergie avancées, en vue d'augmenter encore leur autonomie tout en diminuant leur dimension.

En 1991, le 486SX fait son apparition. Ce microprocesseur, dès son introduction, se vend moins cher que le 486DX ordinaire, mais n'offre aucune possibilité en ce qui a trait aux opérations sur les nombres exprimés en virgule flottante. En fait, son introduction serait attribuable à d'astucieux gestionnaires de la production qui avaient noté, lors du contrôle de qualité précédant la mise en boîtier, qu'un pourcentage élevé des puces ne fonctionnant pas correctement étaient en fait défectueuses sur le plan de l'unité numérique à virgule flottante. On décida alors de commercialiser ce microprocesseur en tant que 486SX, à prix d'aubaine. Il est toutefois à souligner que, contrairement au 386SX, le 486SX conserve toutes les autres capacités du 486DX, mais n'est certifié qu'à des vitesses d'opération plus basses. Encore une fois, les mêmes milieux qui avaient décrié le 386SX font entendre indignation et cris. Pourtant, ce n'est pas tout le monde qui a besoin d'un coprocesseur numérique! Chose amusante à noter, en passant : un coprocesseur numérique pour le 486SX a été mis au point. Il s'agit du 487SX qui est, en réalité, un 486DX dont 2 broches ont été inversées lors de la mise en boîtier. L'insertion du 487SX désactive le 486SX, le rendant complètement inutile. Certains fabricants d'ordinateurs, alléchés par le profit possible, tirent même avantage de cette particularité en recommandant aux utilisateurs d'enlever le 486SX de son socle et de connecter à sa place un 487SX ou un 486DX.

En 1991, le 386SLC est introduit. Cette puce est un 386SX auquel on a ajouté un cache interne de 8 Ko. Ce cache se trouvant à l'intérieur du microprocesseur, les unités internes accèdent à la mémoire par un bus de données interne de 32 bits s'il y a succès du cache. Il en résulte un rendement net qui est de 88 % supérieur à celui d'un 386SX fonctionnant à la même fréquence. Cette puce représente la première collaboration étroite d'IBM avec Intel dans la conception interne d'une puce.

En 1992, une nouvelle gamme de microprocesseurs est mise au point avec les microprocesseurs d'augmentation des performances OverDrive. Ces processeurs se fondent sur un principe de doublage de fréquence : les composantes du microprocesseur principal ne nécessitent que de soutenir le niveau de performance du microprocesseur 486SX ou 486DX initial, alors que le processeur OverDrive, lorsqu'il remplace le microprocesseur principal, effectue toutes ses opérations internes 2 fois plus rapidement tout en respectant le design initial, c'est-à-dire en communiquant à la vitesse initiale prévue pour le microprocesseur principal. Grâce à cette astuce, l'utilisateur bénéficie d'une performance globale presque doublée et d'un coprocesseur numérique. Il existe deux grandes familles d'OverDrive : le 487SX2, qui s'enfiche dans tout socle servant de support au 487SX, et le 486DX2, compatible avec le 486DX. En somme, le microprocesseur principal, qui fonctionne à 25 MHz, se fait relayer par l'OverDrive qui, lui, fonctionne à 50 MHz. Le microprocesseur principal continue d'assurer les échanges avec le reste du micro-ordinateur (notamment avec la mémoire) à la vitesse prévue, soit à 25 MHz.

Le concept à la base de la gamme OverDrive est à surveiller. Il ne serait pas étonnant qu'une pléiade de processeurs de remplacement pour diverses architectures fassent leur apparition.

Le 486SLC devrait être mis en vente au cours de 1992. Il dérive du concept de l'OverDrive, utilisant aussi une horloge interne 2 fois plus élevée que l'horloge externe au microprocesseur. Il serait doté d'un cache interne de 16 Ko, et on présume que son bus de données ne sera que de 16 bits. Comme pour le 386SLC, IBM travaille en collaboration avec Intel à ce projet. Le rendement devrait être environ le double de celui du 386SLC, soit 1,75 fois celui d'un 386SX à la même fréquence. Toute cette famille de processeurs à haute performance compatibles avec le 386, mais disposant d'un bus de 16 bits, permet aux manufacturiers de systèmes modulaires articulés sur le 80386SX de prendre un peu de relâche et aux propriétaires de tels systèmes d'envisager l'avenir avec optimisme.

Le 80586, ou P5, commercialisé en 1992, représente le *nec plus ultra* d'Intel. Il est muni d'un bus de données de 64 bits. On sait qu'un processeur OverDrive pour les 486 conçu d'après l'architecture du P5 sera construit. On sait aussi que, comme à l'époque de la mise en marché du 80486, Intel prétend que le 80586 est réservé à des usages très spécialisés et qu'il ne devrait pas se retrouver dans des produits domestiques... du moins pas pour le moment.

Enfin, il semble bien que l'intégration d'un nombre de plus en plus grand de composantes de support du microprocesseur sur la puce qui le contient est une tendance qui n'ira qu'en s'amplifiant, nous menant vers le concept d'ordinateur complet en une seule puce, ce qui en facilitera l'intégration dans divers produits.

Il existe d'autres microprocesseurs Intel : le 80860, ou i860, est un microprocesseur pipeline à l'intérieur duquel un certain parallélisme est possible. Il possède un bus de données de 64 bits, adresse 4 Go de mémoire principale, contient un cache de données de 8 Ko et un cache d'instructions de 4 Ko. Il est principalement utilisé comme processeur graphique tridimensionnel dans les stations de travail graphiques à haute performance.

Les micro-contrôleurs Intel sont bien connus : les familles MCS-48, MCS-51, MCS-96, 376, i960 et 80186 représentent divers grands groupes de processeurs spécialisés dans le contrôle de processus. Un bon exemple d'usage de micro-contrôleurs est donné par les systèmes antiblocages de freins (freins ABS), qui utilisent généralement un Intel 8096, de la famille MCS-96. D'autres exemples d'applications sont :

- en informatique, les lecteurs de disquettes, les imprimantes, les modems, le traitement d'images;

- en bureautique, les télécopieurs, les photocopieurs, les centrales téléphoniques;

- à la maison, les magnétoscopes, les fours à micro-ondes, les répondeurs téléphoniques;

- dans les transports, les suspensions actives, le contrôle des transmissions d'automobiles, les taximètres, les boîtes noires d'avions, etc.

TABLEAU 3.5
Caractéristiques des microprocesseurs de la famille Intel

Caractéristiques	Microprocesseurs								
	8086/ 80C86	8088/ 80C88	80186	80188/ 80C88	80286	80386DX	80386SX	80486	80386SL
ARCHITECTURE									
Bus d'interface - Bus de données - Bus d'adresses	16 20	8 20	16 20	8 24	16 32	32 32	16 24	32 32	16 24
Bus de données interne	16	16	16	16	16	32	32	32	32
Fréquences d'horloge disponibles	5, 8, 10 MHz	5, 8 MHz	8, 10, 12,5 MHz	8, 10, MHz	8, 10, 12,5 MHz	16, 20, 25 33 MHz	16, 20 MHz	25, 33 MHz	20 MHz
Largeur de bande du bus	5 Mo	2 Mo	6,25 Mo	3,12 Mo	12,5 Mo	50 Mo	16 Mo	106 Mo	16 Mo
Délai d'addition registre-à-registre	0,3 μS	0,38 μS	0,2 μS	0,3 μS	0,125 μS	0,125 μS	0,125 μS	0,03 μS	0,125 μS
Espace-mémoire adressable	1 Mo	1 Mo	1 Mo	1 Mo	16 Mo	4 Go	16 Mo	4 Go	32 Mo
Mémoire virtuelle	Non	Non	Non	Non	Oui 1 Go/tâche	Oui	Oui	Oui	Oui
Unité de gestion et de protection de la mémoire intégrée	Non	Non	Non	Non	Oui	Oui avec pagination sur demande	Oui avec pagination sur demande	Oui avec pagination sur demande	Oui avec pagination sur demande
Capacité d'adressage des entrées/sorties	64 Ko	64 Ko	64 Ko	64 Ko	64 Ko	64 Ko	64 Ko	64 Ko	64 Ko
Modes d'adressage	24	24	24	24	24	28	28	28	28
Interface à un coprocesseur numérique	Oui	Oui	Oui	Oui	Oui	Oui	Oui	Pas requis coprocesseur numérique intégré	Oui

Source : *Intel Product Guide*, 1991, p. 2-5.

3.5.4.2   Motorola

La famille des microprocesseurs 680X0 de Motorola est considérée par plusieurs comme étant nettement supérieure, du point de vue de l'architecture, à la famille des 80X86 d'Intel. Premièrement, l'adressage de la mémoire est direct, n'utilisant pas de segmentation. Deuxièmement, le jeu d'instructions est conçu de telle façon que n'importe quel registre peut être adressé. De plus, dès le départ, on a prévu un adressage potentiel jusqu'à 4 Go, au moyen des registres d'adresses de 32 bits. Les premières versions ne tenaient tout simplement pas compte des bits d'adresses qui n'étaient pas encore pris en charge. Dès leur mise au point, les microprocesseurs de cette famille pouvaient recevoir des instructions requérant la manipulation de données de 32 bits. Donc, on peut dire que, contrairement aux 80X86 d'Intel, les 680X0 ont été construits selon une vision claire du futur et que, dès le départ, ils constituaient des microprocesseurs 32 bits.

Le 68000 est le premier microprocesseur de cette famille. Diverses versions du 68000 ont été produites, avec des bus de données de 8 ou de 16 bits. Sa capacité d'adressage est limitée à 16 Mo. Un coprocesseur numérique, le 68881, est offert et permet d'augmenter l'efficacité des opérations en virgule flottante.

Le 68010 est un microprocesseur légèrement plus performant que le 68000 et qui peut directement remplacer ce dernier, en utilisant le même socle. Il n'autorise par contre qu'une gestion primitive de la mémoire virtuelle, jusqu'à 16 Mo. Enfin, il intègre quelques instructions supplémentaires.

Le 68020 constitue une amélioration substantielle du 68010. Il inclut un cache d'instructions interne de 256 octets et son bus de données est de 32 bits. La capacité des mémoires principale et virtuelle passe à 4 Go. Un nouveau coprocesseur numérique, le 68882, est ajouté pour augmenter les bus de données et d'adresses respectivement de 16 à 32 bits et de 24 à 32 bits. Ce dernier est l'équivalent fonctionnel du 68881 et présente une compatibilité logicielle complète avec celui-ci.

Le 68030 n'offre pas une augmentation des performances significative par rapport au 68020. Il comporte cependant un cache de données de 256 octets, en plus d'intégrer une unité de gestion de mémoire évoluée, ce qui permet une gestion plus efficace de la mémoire virtuelle et le transfert de la mémoire en salves. Il fonctionne avec le coprocesseur numérique 68882.

Le 68040 combine de nombreuses technologies, résultant en une augmentation des performances. Les caches passent à 4 Ko chacun et le coprocesseur numérique est intégré.

3.5.4.3   Autres microprocesseurs

Divers microprocesseurs méritent, en raison de leur grande utilisation, d'être mentionnés.

Le SPARC (*Scalable Processor Architecture*) est une architecture employée à l'intérieur de nombreuses stations de travail à haute performance, à commencer par la série SPARCStation de Sun.

Le MIPS R4000 est le processeur autour duquel la série ACE sera élaborée.

Le DEC Alpha équipe les nouveaux appareils de Digital Equipment. Diverses versions permettent d'obtenir une variété de niveaux de puissance.

La série des transputers T d'Inmos sert à réaliser des systèmes multiprocesseurs.

3.5.5 Historique des grandes familles de micro-ordinateurs

3.5.5.1 IBM

Le PC

La compagnie IBM s'est engagée dans la micro-informatique en 1981, avec son désormais célèbre PC (*Personal Computer*), qui aurait été conçu par une équipe de bureautique d'IBM.

Microprocesseur

Le PC est équipé d'un microprocesseur Intel 8088 fonctionnant à une fréquence de 4,77 MHz. Le 8088 est une variante du microprocesseur 16 bits 8086, c'est-à-dire que son bus de données externe a été réduit de moitié, à 8 bits, pour des raisons économiques. Il offre une capacité d'adressage de 1 Mo, ce qui était, à l'époque, phénoménal.

Organisation de la mémoire

Un standard est alors établi : les derniers 384 Ko sont réservés à des usages internes. Il ne reste donc que 640 Ko à l'utilisateur.

Mémoire morte

Le BIOS du système et un interpréteur basic occupent les derniers 48 Ko des 384 Ko réservés.

**FIGURE 3.27
Ordinateur
personnel IBM-PC**

IBM Canada ltée

Mémoire vive

Les premières unités du PC, qu'on nomme maintenant le PC-1, possèdent 16 Ko de mémoire vive et peuvent emmagasiner jusqu'à 64 Ko si l'on ajoute simplement des puces de mémoire de 16 Ko dans des socles vides.

Mémoire auxiliaire

La seule unité de mémoire auxiliaire fournie avec tous les PC est un magnétophone à cassette. Un dispositif optionnel permet de connecter jusqu'à 2 lecteurs de disquettes de 5,25 pouces de diamètre, pouvant enregistrer jusqu'à 160 Ko par disquette (ce dispositif n'écrit que sur 1 côté de la disquette). Il faudra attendre le modèle PC XT pour des lecteurs à 2 têtes doublant la capacité à 320 Ko.

Systèmes d'exploitation

Par défaut, le basic prend le contrôle du PC et permet les échanges avec le magnétophone à cassette. Par contre, si une disquette contenant un système d'exploitation à disque est placée dans le premier lecteur de disquette, le démarrage sera pris en charge par ce système d'exploitation. L'utilisateur peut se procurer 2 systèmes d'exploitation à disque différents :

- Le CP/M-86, de Digital Research, compatible avec le très populaire CP/M-80, tant sur le plan des applications que sur celui du format des commandes, mais dont la structure désuète est peu adaptée à gérer plus que 64 Ko de RAM.

- Le DOS, version 1.1, de Microsoft. Le DOS permet de gérer convenablement jusqu'à 640 Ko de RAM. Encore de nos jours, le DOS est limité à un maximum de 640 Ko de RAM.

Extension

Le PC dispose de 5 fentes pour extension permettant d'accéder aux bus de données de 8 bits, au bus d'adresses de 20 bits, ainsi qu'à un bus de contrôle des communications avec l'extérieur. Une fente est occupée par la carte d'affichage vidéo monochrome.

Alimentation

Le PC comprend un bloc d'alimentation à voltage unique pouvant fournir jusqu'à 63,5 watts.

Carte graphique

Les utilisateurs de PC peuvent aussi profiter d'un adaptateur vidéo qui permet de faire des graphiques, et qui plus est, en couleurs. La carte d'extension graphique couleur, ou CGA, est mise en vente au même moment que le PC. Le texte peut être affiché en 16 couleurs distinctes, avec un contrôle de la couleur du fond pour chaque caractère, en 2 modes différents : 25 lignes de 80 caractères ou de 40 caractères. Il est possible de créer des graphiques en 4 couleurs simultanées suivant une résolution de 200 lignes de 320 points, ainsi qu'en noir et blanc suivant une résolution de 200 lignes de 640 points. La carte CGA peut même corésider avec l'adapteur monochrome IBM, un même ordinateur pouvant contrôler 2 écrans.

Comme dans le cas de son premier ordinateur à lampes, IBM n'avait pas prévu une telle popularité en mettant sur le marché son PC original. À l'époque, il n'était pas question de critiquer le PC du fait qu'il ne pouvait gérer que 640 Ko de mémoire vive pour ses programmes, car alors 640 Ko représentait une grande capacité de mémoire.

Le PC-2

À partir de mars 1983, le PC passe discrètement à sa première révision : le PC-2, qui peut gérer de 64 Ko à 256 Ko de RAM sans carte d'extension, plutôt que les 16 Ko à 64 Ko du PC-1 original. IBM en profite pour réduire les prix des PC de 15 %.

Le PC XT

Le nouveau système d'IBM, le XT (pour *eXTended*), est lancé en avril 1983 et ajoute à la famille du PC d'IBM la capacité d'accéder à des disques durs.

Microprocesseur

Aucun changement n'est apporté au microprocesseur.

Organisation de la mémoire

L'organisation de la mémoire reste sensiblement la même.

Mémoire morte

La mémoire morte est augmentée de 48 Ko à 64 Ko.

**FIGURE 3.28
Ordinateur personnel XT d'IBM**

IBM Canada ltée

Mémoire vive

Le XT est identique au PC-2 en ce qui a trait à la mémoire vive.

Mémoire auxiliaire

Le XT n'a plus d'interface pour les magnétophones à cassette. Il dispose d'unités de disquettes pouvant accéder simultanément aux 2 faces des disquettes de 5,25 pouces, ce qui porte la capacité à 360 Ko. De plus, il inclut un disque dur de 10 Mo.

Extension

Le XT dispose de 8 fentes pour extension. Six d'entre elles peuvent accueillir des cartes de pleine longueur, les deux autres étant limitées à des cartes de demi-longueur ; une des dernières (la fente 8) ne peut accepter que certaines cartes qui lui sont spécifiquement destinées.

Alimentation

Le XT est muni d'un bloc d'alimentation significativement plus puissant que celui du PC, passant de 63,5 à 130 watts, ce qui lui permet de prendre en charge sans problème la plupart des extensions possibles. Le niveau sonore du ventilateur augmente considérablement.

DOS 2.0

Une nouvelle version du système d'exploitation, le DOS 2.0 de Microsoft, accompagne le XT. Le DOS 2.0 présente de nombreuses améliorations, entre autres pour soutenir les nouvelles caractéristiques du dernier membre de la famille des PC :

- il prend en charge les disques durs (FDISK, BACKUP, RESTORE, ASSIGN) ;
- il prend en charge les sous-répertoires (MD, RD, CD, TREE, PATH) ;
- il gère 9 secteurs par piste (plutôt que 8) de disquettes, augmentant donc la capacité de 160 Ko à 180 Ko par face ;
- il possède une capacité de traitement par lots (fichiers .BAT) plus évoluée (ECHO, FOR, GOTO, IF, SHIFT) ;
- il permet la redirection des entrées et des sorties des commandes DOS (opérateurs <, > et |, commandes SORT, FIND, MORE) ;
- il améliore la gestion de l'écran (support des codes ANSI, CLS, ECHO, PROMPT) ;
- il peut recevoir des pilotes logiciels (*device drivers*).

Les clones

La construction de clones se généralise en 1984. Ces derniers utilisent une copie piratée du ROM-BIOS, et même, dans plusieurs cas, du ROM-basic, de l'ordinateur personnel XT d'IBM. Leur bas prix, combiné à leur compatibilité, à leur puissance et à leur capacité d'extension, fait en sorte qu'ils se taillent une part considérable du marché des utilisateurs de PC désirant un ordinateur IBM à la maison. Après tout, un clone coûte moins de la moitié du prix du PC original et est souvent 50 % plus rapide. Le terme TURBO tire son origine de cette situation. Certains logiciels de jeux élaborés en fonction du rendement du IBM-PC devenant plus difficiles (p. ex. : Frogger, Pacman, etc.) sur une machine plus performante, les astucieux fabricants ajoutèrent un mécanisme de sélection de la vitesse de fonctionnement à leurs appareils, mécanisme qui permettait de choisir entre leur vitesse normale de fonctionnement et la vitesse normale de fonctionnement d'un IBM-PC. De nos jours, l'utilité du bouton TURBO est plus que discutable, puisqu'il n'y a aucun avantage à diminuer le niveau de performance d'un ordinateur de bureau.

Le PC jr

Le PC jr, introduit en octobre 1983, représente la première tentative d'IBM de fabriquer une version grand-public et bon marché du PC. Cet ordinateur compte de nombreux atouts : des modes graphiques de 16 couleurs (alors que le PC ne dispose que de 4 couleurs), un synthétiseur de sons plus évolué et un support pour 2 cartouches d'applications (un peu comme le Nintendo).

Toutefois, les nombreuses contraintes de la conception du PC jr ne lui permettent pas de trouver une niche aussi impressionnante qu'IBM l'escomptait, malgré une vaste campagne de publicité. Le PC jr est plus lent que le IBM-PC et sa mémoire interne est limitée à 256 Ko. Il dispose d'une seule fente d'extension qui n'est même pas compatible avec la norme PC. Mais de l'avis de plusieurs, un des facteurs déterminants de son échec est son clavier : l'idée d'un clavier sans fil est remarquable, mais ce dernier donne une sensation gommeuse, présente une disposition archaïque et surtout un sérieux problème d'interférence avec l'unité de disquette qui, si utilisée simultanément, produit très fréquemment des erreurs de transmission des codes des touches pressées.

FIGURE 3.29
PC jr d'IBM

IBM Canada ltée

Le XT/370 et le 3270/PC

Le XT/370 et le 3270/PC sont introduits au même moment que le PC jr.

Le 3270/PC peut être relié à un ordinateur central IBM comme un terminal IBM 3270. Toutefois, et contrairement à un terminal IBM 3270, il peut établir et commuter jusqu'à 6 connexions logiques distinctes de l'ordinateur central. De plus, 2 éditeurs de textes locaux sont offerts. Le 3270/PC est vendu avec un écran couleur, mais n'admet aucun mode graphique.

Quant au XT/370, il ajoute au XT un processeur et un système d'exploitation compatibles avec les ordinateurs centraux IBM Système/370. On peut dire que cet ordinateur est très ambitieux, car il constitue une version de table des gros ordinateurs IBM, moins rapide toutefois.

Le IBM-PC Portable

Le IBM-PC Portable, sur le marché en mars 1984, ne connaît qu'une popularité marginale. Très lourd, peu puissant, il ne possède à peu près pas de capacités d'extension. Son clavier est détachable de l'unité principale qui comprend un très petit écran cathodique. Le terme «portable» signifie qu'il doit être connecté à une prise de courant secteur pour fonctionner.

Le PC AT

Le AT (*Advanced Technology*) est introduit peu après le Portable, en août 1984. Il représente un pas de géant dans le monde de l'informatique personnelle.

Microprocesseur

Le AT est construit autour du tout nouveau processeur 80286 d'Intel, qui possède un bus de données externe de 16 bits et un bus d'adresses de 24 bits. Il est initia-

**FIGURE 3.30
Ordinateur
personnel
AT d'IBM**

IBM Canada ltée

lement introduit à 6 MHz, à cause d'un problème de fabrication chez Intel. Toutefois, une version du PC AT à 8 MHz est commercialisée en avril 1986.

Organisation de la mémoire

Ce processeur possède une capacité d'adressage de 16 Mo dans un mode multi-tâche à mémoire virtuelle incompatible avec le DOS de Microsoft.

Mémoire morte

Le ROM-BIOS est de 64 Ko. Pour la première fois, un support est fourni pour la conservation de certaines informations de configuration et pour une horloge-calendrier sur une puce constamment alimentée par une pile. Cette puce est familièrement appelée «CMOS RAM».

Mémoire vive

Le PC AT d'IBM ne peut gérer que 512 Ko sur la carte maîtresse, mais peut recevoir jusqu'à 16 Mo de RAM par l'ajout de cartes d'extension de mémoire. La mémoire vive, qui n'est adressable que sur le AT, donc au-dessus de la barrière de 1024 Ko du 8088, est appelée la **mémoire étendue**.

Mémoire auxiliaire

Le AT est muni d'une nouvelle unité de disquette 5,25 pouces à haute densité, 2 fois plus rapide que celle du XT, permettant d'enregistrer 1,2 Mo par disquette et d'accéder aux disquettes de 5,25 pouces du PC et du XT. Il inclut un disque dur de 20 Mo et peut en accepter un second.

Extension

Le PC AT comporte 8 fentes d'extension de pleines dimensions. Elles sont compatibles avec les fentes des PC et XT, mais 6 d'entre elles possèdent un connecteur supplémentaire permettant de passer d'une largeur de bus de 8 à 16 bits et d'adresser jusqu'à 16 Mo. De plus, le bus d'extension prend charge des transferts à une fréquence égale à celle du microprocesseur (6 MHz initialement, puis 8).

Alimentation

Le AT dispose d'un bloc d'alimentation de 190 watts. Cela est nécessaire compte tenu de la présence de 2 disques durs. Le ventilateur est à vitesse variable, selon la température à l'intérieur du boîtier, ce qui permet dans la plupart des cas de maintenir un niveau sonore acceptable. Un commutateur 120/240 V est inclus.

Clavier

Le clavier initial du AT est semblable à celui d'une machine à écrire IBM Selectric et constitue une grande amélioration par rapport aux claviers des PC et XT. On a ajouté 3 indicateurs lumineux donnant l'état des touches de blocage des majuscules, d'activation du bloc numérique et d'arrêt du défilement du texte.

IBM profite du moment de la mise en marché du AT à 8 MHz pour introduire son nouveau clavier étendu. Encore de nos jours, ce clavier sert de modèle. Un îlot entre le bloc numérique et la zone des caractères alphabétiques est ajouté : un bloc de flèches de déplacement disposé en T inversé ainsi qu'un bloc de touches de contrôle du curseur y prennent place. Le bloc de 10 touches de fonctions disposées en 2 colonnes passe de la gauche du clavier au haut du clavier, selon une disposition linéaire, de gauche à droite, tout en gagnant 2 nouvelles touches de fonctions.

DOS 3.0

Certaines particularités du AT, et surtout les demandes des utilisateurs de PC, ont conduit à la création de la version 3.0 du DOS. En voici les principales caractéristiques :

- détecte automatiquement le détail de ses propres composantes physiques ;

- conserve l'heure actuelle dans une horloge permanente logée dans une mémoire spécialisée CMOS ;

- peut recevoir les lecteurs de disquettes 5,25 pouces de 1,2 Mo ;

- ajoute tous les services nécessaires à la connexion en réseau de PC, connexion qui sera complètement prise en charge à partir de DOS 3.1 ;

- est bien mieux adapté aux disques durs de plus de 10 Mo ;

- admet jusqu'à 6 différentes langues, tant dans la disposition des touches alphabétiques du clavier qu'à l'affichage.

EMS

En 1985, attendu par un nombre grandissant d'utilisateurs d'IBM-PC et de PC XT qui jugent ne plus avoir assez d'espace de travail en mémoire principale avec 640 Ko de RAM, le standard LIM/EMS fait son apparition. LIM/EMS veut dire «Lotus-Intel-Microsoft/Expanded Memory Specification». En français, on le désigne généralement soit par le sigle EMS ou par l'expression «mémoire d'expansion».

Contrairement à la mémoire principale, on ne peut accéder directement à toute la mémoire EMS. Chaque cellule de la mémoire EMS n'a pas une adresse assignée au niveau du bus d'adresses du microprocesseur. Il existe toutefois une convention par laquelle certains logiciels pouvant travailler avec la EMS sont en mesure d'indiquer à quel bloc de mémoire EMS ils désirent accéder.

Une analogie s'impose : la mémoire principale est comparable à une feuille de papier de 8,5 po sur 11 po (puisqu'on peut accéder à n'importe quelle zone de celle-ci directement) alors que la mémoire EMS est un peu comme un bloc-notes de 2 po sur 3 po posé par-dessus la feuille de papier, à un endroit précis. La présence de ce bloc-notes peut donner accès à l'équivalent de nombreuses pages 8,5 po sur 11 po d'information, mais ne permet de voir qu'une seule page de 2 po sur 3 po à la fois. Le contenu de cette mémoire qui peut atteindre 16 Mo n'est accessible que par blocs de 64 Ko à la fois.

Un réseau de circuits doit exister pour prendre en charge la EMS dans les ordinateurs construits autour des 8088, 8086 ou 80286.

Gestion de réseau

DOS 3.1 : Le DOS 3.1 est introduit et ouvre la porte à un soutien pour les réseaux locaux intégrés à DOS. Le IBM-PC Network Adapter est le premier type de réseau soutenu, suivi par le IBM Token Ring Network Adapter.

Carte graphique

Le standard EGA constitue une amélioration par rapport au standard CGA. On dispose de modes graphiques atteignant jusqu'à 350 lignes de 640 colonnes, en 16 couleurs. En mode texte, on dispose de 43 lignes de 80 colonnes.

Disquettes de 3,5 pouces

L'ordinateur IBM n'accepte toujours pas les lecteurs de disquettes de 3,5 pouces, qui font fureur sur le Macintosh d'Apple. Ces disquettes ne requièrent pas de pochette, le support étant protégé par une enveloppe rigide et par une glissière métallique. Les premières disquettes de 3,5 pouces à double densité peuvent emmagasiner jusqu'à 720 Ko, alors que les disquettes à haute densité peuvent emmagasiner jusqu'à 1,44 Mo.

DOS 3.3 : Le DOS 3.3 ajoute la prise en charge des lecteurs de disquettes de 3,5 pouces.

Le IBM-PC Convertible

Le PC Convertible, lancé en avril 1986, se caractérise par ses capacités d'extension, meilleures que le Portable, et de fonctionnement autonome. Toutefois, sa puissance et son prix, comparés à ceux des ordinateurs portatifs Toshiba de l'époque, le rendent peu intéressant. Son poids varie entre 5 et 7 kilos (12 à 16 livres), suivant sa configuration.

Le IBM-PC XT/286

Le PC XT/286, introduit en septembre 1986, n'a jamais obtenu de part significative du marché. Il était destiné aux utilisateurs désirant un rendement semblable à celui du PC AT, à prix abordable, en réponse à l'apparition de clones du AT à bon marché.

Le IBM-PC AT/370

Le PC AT/370 est une version améliorée du XT/370, construit autour du PC AT. Son orientation restreinte lui sera fatale.

En 1985, les clones du PC AT font leur apparition. IBM riposte en offrant le IBM-PC 286, une sorte d'hybride entre le XT et le AT. Son exclusion du marché sera rapide et bienvenue.

Puis des ordinateurs compatibles à la norme IBM construits autour d'un microprocesseur Intel 80386 arrivent sur le marché. Le 80386, malgré son prix élevé, trouve plus de preneurs que les vendeurs ne peuvent en fournir.

En 1987, IBM revient en force avec une nouvelle ligne d'ordinateurs : les PS/2. Cela marque le début de nombreux changements pour IBM :

- architecture de bus d'extension à micro-canaux, qui permet, entre autres, d'augmenter la vitesse de communication entre les divers dispositifs de l'ordinateur;

- le standard graphique VGA, qui introduit le concept de palette. On peut utiliser un nombre réduit de couleurs d'une palette. Par exemple, on a un mode graphique à 200 lignes de 320 colonnes disposant de 256 couleurs d'une palette de 262 144 couleurs. Cela requiert une interface analogique avec l'écran;

- la première version du système d'exploitation OS/2 destiné à remplacer DOS par un système d'exploitation multitâche (plusieurs logiciels qui fonctionnent en même temps) grâce à une gestion de la mémoire centrale améliorée;

- l'introduction de DOS 4.0, qui gère mieux les disques durs de plus de 32 Mo et inclut un logiciel de menu (SHELL);

- l'usage des micro-plaquettes de mémoire vive Simm à 36 bits;

- l'adoption du standard de contrôleur de disque dur ESDI par IBM;

- le concept de processeur vidéo 8514/A, qui permet d'ajouter aux capacités VGA des modes vidéo ultrarapides allant jusqu'à 768 lignes de 1024 points, en 256 couleurs.

Le 25

Le modèle 25 intègre l'écran, couleur ou monochrome, à même le boîtier de l'ordinateur. Son interface graphique n'accepte que le mode MCGA, qui ne comporte que certains des modes du standard VGA. Il dispose de 2 fentes d'extension compatibles avec le PC.

Le 30

Le modèle 30 est analogue au modèle 25, mais dans un boîtier à profil bas n'incluant pas l'écran. Il dispose d'une fente d'extension de plus que le modèle 25.

Le 50

Le modèle 50 est construit autour d'un 80286 à 10 MHz. Il est donc légèrement plus rapide que le PC AT. Il dispose de 3 fentes d'extension à micro-canaux. Son

FIGURE 3.31
La famille des PS/2

IBM Canada ltée

boîtier de table est plus haut que celui du modèle 30. Le modèle 50Z dispose de meilleures capacités d'expansion de mémoire et est offert avec des choix de disques durs remis à jour.

Le 60

Le modèle 60 s'inspire du modèle 50, mais est offert dans un boîtier de plancher. Il peut recevoir de nombreuses extensions internes.

Le 70

Le modèle 70 est le premier ordinateur de table IBM articulé sur un microprocesseur Intel 80386. Le boîtier est le même que le 50. La fréquence d'opération est initialement de 16 MHz (modèle 70-E61), puis passe à 20 MHz (modèles 70-0 et 70-1), et finalement à 25 MHz dans un modèle amélioré (le 70-A) adoptant le concept de plate-forme à processeur et permettant l'échange du microprocesseur 386 pour un 486 (le 70-B).

Le 80

Le modèle 80 se rapproche du modèle 70, mais dispose d'un boîtier de plancher équivalent à celui du modèle 60. Il n'adopte toutefois pas la plate-forme à processeur 486.

Le 30-286

Le modèle 30-286 est le seul 80286 disposant de fentes d'extension AT.

Le P70

Le P70 est le premier ordinateur transportable IBM qui comporte des fentes (2) d'extension à micro-canaux. Il admet le mode VGA sur un écran à plasma, possède un microprocesseur 80386DX à 20 MHz, 4 Mo de RAM et un choix de disques durs entre 30, 60 et 120 Mo. Il pèse cependant plus de 9 kilos (20 livres) et requiert une alimentation secteur.

Le 55SX

Le 55SX représente un des modèles PS/2 les plus populaires d'IBM, même encore actuellement. Il est le premier ordinateur IBM à intégrer le microprocesseur Intel 80386SX (dans une conception à 16 MHz). Il peut recevoir de 2 à 8 Mo de RAM sur sa carte maîtresse. Son bas prix et sa compatibilité logicielle avec les modèles 70 et 80 lui permettent de se tailler une place fort enviable sur le marché.

Le 65SX

Le modèle 65SX, introduit au même moment que le modèle 80-A construit autour d'un 80386DX à 25 MHz, est une version de plancher du 55SX. À ce moment, IBM amorce un virage technologique notable en matière d'interface et adopte les dispositifs de mémoire de masse, comme les disques durs, reléguant le standard ESDI aux oubliettes en faveur du standard SCSI, qui prend charge d'une communication avec 7 périphériques, comparativement à seulement 2 pour le ESDI. Le SCSI est aussi utilisé par la compagnie Apple dans sa série Macintosh, ainsi que par la majorité des manufacturiers de stations de travail Unix.

Le P75

Le P75 est une version 486 du P70.

Le PS/2 modèle 35SX

Le PS/2 modèle 35SX est un ordinateur construit autour du microprocesseur i386SX, qui fonctionne à une fréquence de 20 MHz. Il intègre des fentes d'extension AT et un support pour le standard graphique VGA.

Le modèle 40SX

Le modèle 40SX est un dérivé du modèle 35SX, mais avec un boîtier plus imposant.

Le PS/1

Le PS/1 marque une nouvelle tentative d'IBM de capturer le marché domestique de l'ordinateur personnel, qui est envahi par les clones asiatiques bon marché. Le PS/1 est un système intégré, articulé sur un microprocesseur Intel 80286 à 10 MHz, qui peut sembler intéressant, mais qui est trop fermé. Le PS/1 ne prend en charge que quelques périphériques IBM vendus à prix fort. Il connaît une certaine popularité grâce à son bas prix et à la vigoureuse campagne de publicité et de distribution dont il fait l'objet. Pour la première fois, on retrouve des ordinateurs IBM en vente à coté (ou presque) de fours à micro-ondes.

Le PS/1 SX

La famille PS/1 a accueilli 2 nouveaux modèles construits autour de microprocesseurs 386SX, ce qui permet de répondre à la demande passant de plus en plus du 286 au 386SX.

Le PS/2 modèle 90

Le modèle 90 est le premier système IBM à vraiment intégrer, de façon complète, les microprocesseurs 486 d'Intel. De plus, une nouvelle version du bus à microcanaux permet d'adresser plus de 16 Mo de mémoire grâce à des cartes d'extension.

Le PS/2 modèle 95

Le modèle 95 est une version de plancher du modèle 90. Ce boîtier n'est cependant pas semblable à celui du modèle 80, puisque qu'il peut recevoir jusqu'à 7 dispositifs de stockage de 5,25 pouces, tous à plat.

Avec sa nouvelle ligne de systèmes 90 et 95, IBM introduit un nouveau standard graphique, le XGA. Le standard XGA assure une résolution de 1024×768 en 16 couleurs ou une résolution de 640×480 en 65 536 couleurs. De plus, en augmentant la mémoire vidéo, on peut même obtenir des modes XGA étendus, comme le 1024×768 en 256 couleurs, et des résolutions allant jusqu'à 1600×1200.

Le PS/2 modèle 56SX et 56SLC

Pour le PS/2 modèle 56SX et 56SLC, IBM adopte une approche à processeur modulaire, ce qui permet à l'utilisateur d'augmenter la puissance du système en n'ayant qu'à débourser pour un nouveau module muni d'un microprocesseur plus puissant. Actuellement, le 56SX est offert avec soit un 386SX ou un 386SLC, tous deux à 20 MHz. Le standard XGA est intégré dans ce modèle, ainsi que les fentes d'extension à micro-canaux.

Le PS/2 modèle 57SX et 57SLC

Ce modèle est un dérivé des 56SX et 56SLC et est équipé pour des usages spécialisés.

Le modèle 57SLC est le premier produit conçu d'après le concept d'Ultimédia, nom donné par IBM à sa technologie multisupport (multimédia). Le produit comprend un lecteur de disque compact, une interface d'entrée et de sortie audio, ainsi qu'une carte de capture d'images selon le standard DVI (*Digital Video Interactive*) d'Intel.

Le L40SX

Le PS/2 modèle L40SX d'IBM est un ordinateur portatif de 3,5 kilos (8 livres), incluant un écran plat à cristaux liquides à éclairage arrière VGA et un disque dur de 60 Mo. Il est construit autour du 386SX d'Intel, fonctionnant à 20 MHz. Ce système ne se qualifie pas vraiment en tant que *notebook* (appareil portatif plat), étant donné son poids et ses dimensions.

Le N51

Le N51 est le premier *notebook* d'IBM. Il est offert en 2 versions : une est équipée du 386SX à 16 MHz et d'un disque dur de 40 Mo, alors que la seconde est dotée d'un 386SLC à 16 MHz ainsi que d'un disque dur de 80 Mo. Chacune pèse 2,7 kilos (6 livres).

Le CL57SX

Le CL57SX est un ordinateur portatif à écran plat couleur muni d'un 386SX à 20 MHz. Il est offert avec un disque dur de 80 Mo. Il pèse 5 kilos (11 livres).

Tableau synthèse

Le tableau suivant présente une synthèse des caractéristiques de différents modèles.

3.5.5.2   Apple

Le premier produit de la compagnie Apple est le Apple I, lancé en 1976. Cet ordinateur, construit autour d'un microprocesseur 6502 de MOS Technologies, était initialement plus une machine pour bricoleurs, n'incluant ni boîtier ni bloc d'alimentation. Il a été créé par Steve Jobs et Steve Wozniak.

TABLEAU 3.6
Synthèse des
modèles PS/2

Modèle dy système personnel 2	25	30	30 286	50 Z	55 SX	60	65 SX	P70386	70386	70486	80386
Numéro de machine	8525-001, -004, -G04[1], -G01	8530-001, -021	8530-E01, -E21, -E31	8550-031, -061	8560-031, -061	8560-041, -071	8565-061, -121	8573-031, -061, -121	8570-E61, -061, -121, -A61, -A21	8570-B21, -B61	8580-071, -111, -311, -121, -321, -A21, -A31
Processeur Type Vitesse	Mod. bureau 8086 8	Mod. bureau 8086 8	Mod. bureau 80286 10	Mod. bureau 80286 10	Mod. bureau 80386 SX 16	Mod. plancher 80286 10	Mod. plancher 80386 SX 16	Mod. portable 80386 16 (-031) 20 (-061, -121)	Mod. bureau 80386 16 (-E61) 20 (-061, -121) 25 (-A61, -A21) i486[2]	Mod. bureau 80486 25	Mod. plancher 80386 16 (-071) 20 (-111, -311, -121, -321) 25 (-A21, -A31)
Chemin de données	16 bits	16 bits	16 bits	16 bits	16 bits	16 bits	16 bits	32 bits	32 bits	32 bits	32 bits
Mémoire vive[3] En standard-maximum sur carte principale	512- 640 Ko	640 Ko	1-4 Mo	1-2 Mo	2-4 Mo	1 Mo	2-4 Mo	2-8 Mo (-031) 4-8 Mo (-061, -121)	2-6 Mo (-E61, 061, -121) 2-8 Mo (-A61, -A21)	2-8 Mo	2 Mo (-071) 2-4 Mo (-111, -311, -121, -321) 4-8 Mo (-A21, -A31)
Maximum système (adressable)	640 Ko	640 Ko	16 Mo	16 Mo	16 Mo	16 Mo	16 Mo	16 Mo	16 Mo	16 Mo	16 Mo
Fonctions intégrées Ports parallèle/série de dispositif de pointage	Oui	Oui	Oui	Oui	Oui	Oui	Oui	Oui	Oui	Oui	Oui
Port graphique	MCGA	MCGA	VGA	VGA	VGA	VGA	VGA	VGA	VGA	VGA	VGA
Contrôleurs disque/disquette	Oui	Oui	Oui	Oui	Oui	Oui	Oui	Oui	Oui	Oui	Oui
Horloge/calendrier	S.O.	Oui	Oui	Oui	Oui	Oui	Oui	Oui	Oui	Oui	Oui
Mot de passe	Non	Non	Oui	Oui	Oui	Oui	Oui	Oui	Oui	Oui	Oui
Emplacements de carte (disponibles)	2[4]	3	3	3	3	7	7	2[4]	3	3	7
Système d'exploitation DOS 3.3 et DOS 4.0	Oui	Oui	Oui	Oui	Oui	Oui	Oui	Oui	Oui	Oui	Oui
OS/2	Non	Non	Oui[5]	Oui	Oui	Oui	Oui	Oui	Oui	Oui	Oui
AIX PS/2	Non	Non	Non	Non	Oui[6]	Non	Oui	Oui	Oui	Oui	Oui
Unités de disquettes 9 cm Capacité Nombre en standard	720 Ko 1	720 Ko 1	1,44 Mo 1	1,44 Mo 1	1,44 Mo 1	1,44 Mo 1	1,44 Mo 1	1,44 Mo 1	1,44 Mo 1	1,44 Mo 1	1,44 Mo 1
Mémoire sur disque fixe En standard-maximum (Mo)	0-20	0-30 (-001) 20 (-21)	0-30 (-E01) 20 (-E21) 30 (-E31)	30 (-031) 60 (-061)	30 (-031) 60 (-061)	44-88 (-041) 70-185 (-071)	60-1020 (-061) 120-1080 (-121)	30 (-031) 60 (-061) 120 (-121)	60 (-E61, -061, -A61) 120 (-121, -A21)	60 (-B61) 120 (-B21)	70-384 (-71) 115-429 (-111) 120-1080 (-A21, -121) 314-628 (-311) 320-1280 (-321, -A31)
Temps d'accès (ms)	80[7]	80 (-021) 39 (-001)[7]	27-39	39 (-031) 27 (-061)	39 (-031) 27 (-061)	40 (-041) 30 (-071)	23	27 (-061) 23 (-121) 19 (-031)	27 (-E61, -061, -A61) 23 (-121, -A21)	23 (-B21) 27 (-B61)	30 (-071) 27 (-111) 23 (-A21, -121, -311) 12.5 (-A31, -321)

(IBM Canada ltée)

[1] Offert également comme poste de réseau local modèles 25-L01 et 25-L04. [2] Mise à niveau de processeur (-A61, -A21). [3] Sur cette mémoire, une capacité de 128 K est réservée à l'unité centrale pour les modèles S0 Z, 5 5 SX, 65 SX, 70386, 70486, P70386, 80386 (8580-111, -311)). [4] Un emplacement pleine longueur et un emplacement demi-longueur. [5] Pour les applications d'entrée de gamme seulement. [6] Disponible en version 1.2. [7] Avec option. Note : Caractéristiques données sous réserve de modifications.

Voyant le succès de cette machine, ils tentent de vendre leur produit à de grosses compagnies, comme Hewlett-Packard et Atari, mais sans succès. La compagnie Apple, si elle veut prendre de l'expansion, n'a donc pas le choix : elle quitte le garage initial et investit dans le développement d'un nouveau produit, le Apple II, ainsi que dans la mise en place d'une chaîne de montage en vue de répondre à la demande prévue.

Le Apple II est introduit en avril 1977 et connaît une popularité dépassant de loin les attentes les plus farfelues. Il intègre une interface graphique en couleurs pouvant être connectée à un téléviseur, 8 fentes d'extension, un interpréteur de basic en mémoire morte, 16 Ko (extensible facilement à 48 Ko), une interface à magnétocassette et 2 contrôleurs à potentiomètres et interrupteurs.

Cet appareil a été initialement très populaire comme machine de jeux et comme moyen d'explorer l'univers informatique. La communauté des *hackers*, ces mordus de l'ordinateur, véritables pirates du monde informatique, émerge à même certains groupes d'utilisateurs du Apple II. L'arrivée sur le marché de modems, assurant la connexion avec diverses machines, a permis à cette communauté d'étendre considérablement son règne et de communiquer de façon efficace ses plus récentes découvertes. Très vite, de nombreux sites informatiques commerciaux, industriels et même militaires sont envahis. Le concept de sécurité informatique naît. On perce rapidement d'autres technologies, comme les moyens utilisés par les compagnies téléphoniques pour contrôler les appels. N'étant plus contrainte à payer les communications téléphoniques, la piraterie informatique devient internationale.

Diverses versions du Apple II sont produites : le II+, III, IIe et IIgs. Elles connaissent toutes un certain succès, sauf le III, et permettent de financer la mise au point d'une nouvelle famille d'ordinateurs : les Macintosh.

La compagnie Apple a adopté une approche plus structurée en introduisant sa ligne d'ordinateurs Macintosh. En premier lieu, le dialogue avec l'utilisateur a lieu par le biais d'un environnement graphique représentant divers éléments par des icônes. La manipulation de ces éléments se fait principalement à l'aide d'une souris. La convivialité caractérise cette approche qui est de beaucoup supérieure à l'interface à ligne de commande utilisée par IBM pour ses PC. Un Mac n'exige pas de l'utilisateur qu'il ait des connaissances techniques très poussées, et l'interaction avec celui-ci tend à raffermir sa confiance en ses moyens.

Les premiers Mac sont conçus selon une architecture fermée, ce qui signifie qu'on ne peut y ajouter de matériel supplémentaire. Cette caractéristique a été une de leur plus grande lacune. Les Mac, Mac 128 et Mac 512 font tous partie de la première lignée. Le premier Mac a été introduit en janvier 1984. Il est articulé sur le Apple Lisa, un ordinateur introduit en 1982, à un prix prohibitif.

Description de certains modèles Macintosh

Le Mac Plus

Le Mac Plus, lancé en janvier 1986, est le premier Mac à intégrer une interface SCSI. La standardisation par rapport à cette interface externe permet de facilement rattacher une variété de périphériques au Mac, sans qu'il soit nécessaire d'ajouter des cartes. Le standard SCSI est toujours utilisé par Apple.

Le Mac SE

Le Mac SE, introduit en mars 1987, comporte un emplacement pour un disque dur interne. De plus, il peut recevoir des unités de disquettes à haute densité.

Le Mac II

Le Mac II, lancé lui aussi en mars 1989, constitue une grande innovation dans la famille des Mac. Pour la première fois, l'écran et le microprocesseur ne sont pas intégrés à même un seul boîtier. Il se distingue en outre par ses fentes d'extension appartenant au standard NuBus et par un affichage en couleurs.

Le Mac IIx

Le Mac IIx est une version améliorée du Mac II, ajoutant le support de la mémoire virtuelle, en raison du remplacement du 68020 pour un 68030. Il est introduit vers la fin de 1988.

Le Mac SE/30

Le Mac SE/30 constitue une version améliorée du Mac SE, étant près de 4 fois plus puissant que ce dernier. Il est introduit au début de 1988.

Le Mac IIci

Le Mac IIci représente un progrès par rapport au Mac IIx, la fréquence passant de 16 à 25 MHz. Il est construit dans un boîtier plus compact. Une version couleur de cet appareil est offerte. Sa mise en marché remonte à la fin de 1988.

Le Mac Portable

Le premier ordinateur portatif d'Apple est introduit à la fin de 1988. Il pèse 7,3 kilos (16 livres) et coûte plus de 6000 $ US.

Le Mac IIcx

Le IIcx est une version moins puissante que le IIci. Mis en marché en 1989, son bas prix lui permet de remporter un succès remarquable.

FIGURE 3.32
Mac IIcx

Le Mac IIfx

Le IIfx est un ordinateur de table Apple puissant. Il est fondé sur le IIx, mais sa fréquence d'horloge est de 40 MHz plutôt que de 16 MHz.

Le Mac IIsi

Le IIsi est un appareil dont les performances le situent entre le IIcx et le IIci.

Le Mac Classic

Le Classic constitue une nouvelle version de la machine de base de la famille des Mac, offert à très bon marché. Son format est semblable à celui du premier Mac, intégrant l'écran et le processeur dans le même boîtier. Son succès est gigantesque.

Les modèles les plus récents

Le Mac Classic II

Le Classic II est une version améliorée du Classic, articulée sur un processeur 68030 plutôt que sur un 68000. Il en résulte une augmentation des performances de plus de 100 % et surtout une compatibilité avec les nouvelles capacités avancées des derniers systèmes d'exploitation destinés à la famille Mac.

Le Mac LC II

Le LC est un ordinateur à boîtier mince, permettant l'affichage en couleurs.

Le LC II consiste en une mise à jour du LC. Le microprocesseur 68030 vient remplacer le 68020 original. Cela permet de gérer des options avancées de certains systèmes d'exploitation, telles que la mémoire virtuelle. Cependant, aucun gain de performance brute n'en résulte.

Le Mac LC III

Le LC III est équipé d'un microprocesseur 68030 à 25 MHz ce qui le rend presque deux fois plus rapide que le LC II et il est doté d'une interface vidéo.

Le Mac Quadra

La famille Quadra est la première série d'ordinateurs Apple à faire usage d'un boîtier de plancher. Le microprocesseur 68040 qu'on y retrouve entraîne des niveaux de puissance auparavant jamais atteints.

Le Mac Centris

La famille Centris soit le IIvi, le IIvx, le Centris 610 et le 650 sont des ordinateurs de milieu de gamme Macintosh. Ils sont dotés d'une interface intégrée facilitant le branchement à des moniteurs différents. On peut les équiper d'un lecteur CD interne (Apple CD 300I) d'un lecteur SyQuest ou de disque rigide de grande capacité. Le 610 est plus performant et près de 2 fois plus rapide que le IIvx. Quant au 650, sa vitesse est de 30 % supérieure au 610.

Le Mac PowerBook

La série des Powerbook d'Apple offre une gamme de micro-ordinateurs portatifs autonomes. On retrouve le Powerbook 145, le 160 et le 180. Les deux premiers s'articulent sur un microprocesseur 68030 à 25 MHz alors que le 180 travaille à 33 MHz et comprend un coprocesseur mathématique 68882. Les modèles 160 et 180 ont un écran rétroéclairé qui permet d'afficher 16 niveaux de gris rendant ainsi le texte et les graphiques nets et clairs.

Tableau synthèse

L'annexe 3.1 présente une synthèse des caractéristiques de quelques produits Apple.

3.5.5.3   Autres

SUN SPARCStation

La compagnie SUN domine le marché de la station de travail d'ingénierie. Comptant sur la puissance de son processeur SPARC, elle représente la norme que les autres compagnies, comme Hewlett-Packard, Sony et DG, actives dans ce créneau du marché, s'efforcent d'atteindre.

3.6   QUESTIONS

1.   Qu'est-ce qu'un ordinateur?

2.   Décrivez les différences qui existent entre les 4 classes d'ordinateurs (super, gros, mini et micro).

3.   Donnez une brève description des 3 puissances d'ordinateurs centralisés.

4.   Énumérez les avantages et les inconvénients des micro-ordinateurs.

5.   Quel est le principal périphérique d'entrée?

6.   Quel est le rôle de l'unité centrale de traitement?

7.   Faites un bref historique de l'évolution de l'ordinateur personnel d'IBM depuis le PC jusqu'au PS/2.

8.   Expliquez la différence entre un clone et un compatible.

9.   Faites une liste des micro-ordinateurs Macintosh et décrivez chacun d'eux.

3.7 BIBLIOGRAPHIE

ALÉONG, Stanley. *PC-DOS, MS-DOS 3.3. Manuel d'apprentissage, de références et d'exemples*, Éditions G. Vermette inc., 1988, 308 p.

APRUZZESE, G. et C. FRAULY. *IBM PC du laboratoire à l'industrie*, Dunod, 1986, 244 p.

BELL CANADA. *Guide technique du fournisseur de services*, Bell Canada, Planification des marchés, Service Alex, Montréal, 1988.

BRENNER, Robert. *IBM PC Advanced Troubleshooting & Repair*, Howard W. Sams & Company, 1988, 289 p.

Dictionnaire de l'informatique — concept matériel, langage, Larousse, 1988, 256 p.

DIONNE, Michel. *La télématique*, Société de communautique du Québec inc., 1988, 243 p.

JANITZ, Richard. *Ventura Publisher for the IBM PC, Mastering Desktop Publishing*, John Wiley & Sons, 1988, 264 p.

JOLLES, Antonia Stacy. *PageMaker par la pratique sur PC et compatibles*, Sybex, 1988, 287 p.

KAMIN, Jonathan. *Les disques durs des PC & compatibles*, Sybex, 1987, 405 p.

LAMOITIER, Jean-Pierre, Michel TREILLET et Bénédicte CHANTALOU. *Micro-édition sur PC, PS et compatibles*, Référence Cedic/Nathan, Édition P.S.I., 1988, 349 p.

LASELLE, Joan et Carol RANSAY. *The ABC's of the IBM PC and Compatibles*, Sybex, 1988, 182 p.

MICHEL, Benoît. *PC, XT et AT : maintenance et améliorations*, BCM série professionnelle, 1988, 380 p.

NORTON, Peter et Richard WILTON. *Le guide Peter Norton du programmeur PC & PS/2*, Microsoft Press, 1989, 479 p.

PC Magazine, Ziff-Davis Publishing Company.

Soft & Micro, Exapublications, février, avril-mai 1988.

VIRGA. *L'indispensable pour IBM/PC et compatibles*, Collection Marabout service, 1987, 403 p.

WILLIAMS, Gene. *Repair and Maintain your IBM PC*, Chilton Book Company, 1984, 209 p.

ANNEXE 3.1
Fiches techniques de certains
modèles de la famille des Macintosh

	Macintosh LC III	Macintosh IIvx	Macintosh Centris 650	Macintosh Quadra 950	Macintosh PowerBook 180
Microprocesseurs	68030 à 25 MHz; bus de données à 32 bits; coprocesseur mathématique 68882 en option	68030 à 32 MHz; coprocesseur mathématique 68882, antémémoire de 32 Ko	68040 à 25 MHz; comporte une unité de gestion de mémoire paginée et 8 Ko d'antémémoire, coprocesseur mathématique en option	68040 à 33 MHz comprenant un coprocesseur mathématique, une unité de gestion de mémoire paginée (PMMU) et 8 Ko d'antémémoire	68030 à 33 MHz; coprocesseur mathématique 68882
Mémoire vive	4 Mo de mémoire vive, extensible à 36 Mo • 4 Mo sur la carte mère; • un connecteur pour une barette SIMM de 1, 2, 4, 8, 16 ou 32 Mo	4 Mo de mémoire vive, extensible à 68 Mo • 4 Mo sur la carte mère; • un connecteur à 30 broches pour des barettes SIMM de 256 Ko, 1, 2, 4, ou 16 Mo	4 Mo de mémoire vive, extensible à 132 Mo • 4 ou 8 Mo sur la carte mère; • quatre connecteurs à 72 broches pour des barettes SIMM de 4, 8, 16 ou 32 Mo	4 Mo de mémoire vive, extensible à 256 Mo • 8 Mo dans les connecteurs SIMM (1 Mo dans chacun des 8 connecteurs); • 8 connecteurs libres pouvant recevoir des barettes SIMM à 30 broches de 1, 4, 8, 16 Mo	4 Mo de mémoire vive, extensible à 14 Mo • 4 Mo sur la carte mère; • connecteur d'extension pouvant recevoir une carte de 4 Mo (cartes de 6 Mo et plus disponibles chez d'autres fournisseurs)
Capacité de stockage	• Apple SuperDrive interne de 1,4 Mo • Disque rigide interne de 40, 80 ou 160 Mo	• Apple SuperDrive interne de 1,4 Mo • Disque rigide interne de 80, 230 ou 400 Mo • Logement pour une unité de stockage interne de 5,25 pouces	• Apple SuperDrive interne de 1,4 Mo • Disque rigide interne de 80, 230 ou 500 Mo • Logement pour une unité de stockage interne de 5,25 pouces	• Apple SuperDrive interne de 1,4 Mo • Logement pour trois unités de stockage demi-hauteur de 5,25 po, notamment un lecteur AppleCD 300i et un disque rigide interne de 230 Mo ou de 1 Go, en option	• Apple SuperDrive interne de 1,4 Mo • Disque rigide interne de 80 ou de 120 Mo
Fonctions réseau	Connexion LocalTalk intégrée; logiciel de communication AppleTalk	Fonction réseau LocalTalk intégrée. Logiciel de réseau AppleTalk	Fonction réseau LocalTalk intégrée. Logiciel de réseau AppleTalk; fonctions Ethernet intégrées en option	Connexions Ethernet et LocalTalk intégrées; logiciel de communication AppleTalk	Branchement pour LocalTalk incorporé; logiciel de réseau AppleTalk
Capacités d'affichage	• Peut afficher 256 couleurs sur les moniteurs couleur Macintosh de 14 et 16 pouces; 256 niveaux de gris sur le moniteur monochrome Macintosh de 12 pouces; 16 niveaux de gris sur le moniteur couleur Macintosh Portrait • Avec 256 Ko de mémoire vidéo supplémentaires, il est possible d'afficher 32 768 couleurs sur le moniteur couleur Macintosh de 14 pouces et 256 niveaux de gris sur le moniteur Macintosh Portrait	Interface intégrée pour 256 couleurs sur le moniteur couleur Macintosh de 14 pouces et 256 niveaux de gris sur le moniteur monochrome Macintosh de 12 pouces	Interface intégrée pour 16 niveaux de gris sur le moniteur Macintosh Portrait, 16 couleurs sur le moniteur couleur Macintosh de 12 pouces et 256 couleurs sur les moniteurs Macintosh de 14 pouces et de 16 pouces	Interface intégrée pour tous les moniteurs Apple, notamment le moniteur monochrome Macintosh de 12 pouces, le moniteur Macintosh Portrait, le moniteur couleur Macintosh de 14 pouces, le moniteur couleur Macintosh de 16 pouces, le moniteur couleur Macintosh de 21 pouces, ainsi que certains moniteurs de 19 pouces et certains moniteurs VGA et SVGA	• Écran rétroéclairé à cristaux liquides à matrice active de 10 po (en diagonale); 16 niveaux de gris; 640 × 400 pixels • Se branche directement sur des moniteurs externes monochromes ou couleurs Apple par le port de sortie vidéo; avec des produits achetés à des tiers, se branche sur des moniteurs VGA et de grands moniteurs de projection
Possibilités d'extension	Connecteur à accès direct au processeur; un port SCSI qui peut recevoir jusqu'à sept périphériques SCSI	Trois connecteurs NuBus, un connecteur pour carte accélératrice; peut recevoir jusqu'à sept périphériques SCSI	Trois connecteurs NuBus; connecteur à accès direct au processeur; peut recevoir jusqu'à sept périphériques SCSI	Cinq connecteurs NuBus; connecteur à accès direct au processeur 040; peut recevoir jusqu'à sept périphériques SCSI	Deux connecteurs : un pour modem, un pour mémoire vive; peut recevoir jusqu'à sept périphériques SCSI

ANNEXE 3.1
**Fiches techniques de certains
modèles de la famille des Macintosh
(suite)**

	Macintosh LC III	Macintosh IIvx	Macintosh Centris 650	Macintosh Quadra 950	Macintosh PowerBook 180
Ports	Deux ports série, un port SCSI, un port ADB et un port de sortie vidéo	Deux ports série, un port SCSI, deux port Apple Desktop Bus (ADB), un port de sortie vidéo	Deux ports série, un port SCSI, deux ports Apple Desktop Bus (ADB), un port de sortie vidéo, un port Ethernet en option	Deux ports série (RS-232/RS-422), un port Apple Desktop Bus, un port de sortie vidéo, un port SCSI et un port Ethernet	• Deux ports série, un port SCSI, un port ADB, un port pour adapteur d'alimentation, un port vidéo • Avec adapteur et câble SCSI en option, le port SCSI permet le raccordement direct à un autre Macintosh pour le transfert rapide de fichiers
Audio	Un port d'entrée et un port de sortie	Port d'entrée (mono), port de sortie (mono); audio lecteur CD en option (stéréo)	Port d'entrée (mono), port de sortie (stéréo)	Un port d'entrée, un port de sortie stéréo, deux ports d'entrée jumelés	Port d'entrée, port de sortie; microphone incorporé
Configuration avec lecteur AppleCD 300i	N/D	Le Macintosh IIvx équipé d'un lecteur AppleCD 300i interne est offert avec 5 Mo de mémoire vive et 1 Mo de mémoire vive vidéo (permet l'affichage de 32 768 couleurs)	Le Centris 650 équipé d'un lecteur AppleCD 300i interne est offert avec 8 Mo de mémoire vive et 1 Mo de mémoire vive vidéo (permet l'affichage de 32 768 couleurs sur le moniteur de 16 pouces)	N/D	N/D
Modem interne	N/D	N/D	N/D	N/D	Modem données/télécopie en option
Batterie	N/D	N/D	N/D	N/D	Nickel-cadmium; autonomie de 2,5 à 3 heures; chargeur/ adapteur d'alimentation inclus
Dimensions	N/D	N/D	N/D	N/D	23,6 × 28,6 × 5,7 cm
Poids	N/D	N/D	N/D	N/D	3,1 kg

Source : Apple Canada inc.

Les périphériques

4.0 OBJECTIFS

1. Se familiariser avec les différents périphériques tels :

   - le clavier,

   - la souris,

   - l'écran,

   - l'imprimante,

   - le numériseur,

   - la tablette graphique,

   - le lecteur de code à barres,

   - le modem,

   - la carte à télécopieur.

2. Être en mesure de faire des choix judicieux parmi les différents périphériques.

4.1 INTRODUCTION

Comme nous l'avons vu au chapitre précédent, un ordinateur est composé d'une UCT (unité centrale de traitement) et nécessite un nombre variable de périphériques. Ces périphériques ont pour fonction de permettre l'échange d'informations entre l'ordinateur et son environnement. On distingue trois types de périphériques : les périphériques d'entrée, les périphériques de sortie et les périphériques d'entrée/sortie.

Les périphériques d'entrée sont des dispositifs qui transmettent les données à traiter à l'ordinateur. Ces données sont brutes puisqu'elles n'ont pas été modifiées par l'UCT. Les périphériques d'entrée les plus connus sont le clavier, la souris et la tablette graphique. Les périphériques de sortie sont, quant à eux, des appareils qui reçoivent les données une fois qu'elles ont été traitées par l'UCT, pour les transmettre à l'utilisateur sous la forme désirée. Les périphériques de sortie les plus utilisés sont l'écran et les différentes imprimantes. En ce qui concerne les dispositifs d'entrée/sortie, on distingue ceux qui servent à la communication (modem, télécopieur) ou à la mémorisation (lecteurs de disque ou de bande magnétique). Nous reviendrons sur ces derniers au chapitre suivant.

4.2   LE CLAVIER

4.2.1   Description

Le clavier constitue le moyen d'entrée classique des données et des commandes. Il se compose, selon les modèles, de deux ou trois sections : le clavier alphanumérique, le clavier de fonctions et le clavier numérique.

Le clavier alphanumérique d'un ordinateur comporte les mêmes touches qu'une machine à écrire : les lettres de A à Z, les chiffres de 0 à 9, ainsi que divers symboles et signes de ponctuation (;:_.,?/!@#$%^&*()). On trouve plusieurs versions de claviers, adaptés spécifiquement aux signes et symboles caractérisant une langue (par exemple les accents).

Il existe deux grands types de clavier qui se distinguent par la disposition des touches. Par exemple, en France, les claviers sont dits AZERTY, ce qui signifie que les premières lettres de la deuxième rangée supérieure gauche du clavier sont les lettres AZERTY. En Amérique, les claviers sont dits QWERTY. Il importe de noter que le clavier le plus convenable pour les Québécois est le clavier canadien-français. Ce dernier ne doit pas être confondu avec le clavier français ni avec le clavier bilingue qui n'adhère à aucun standard international. Par exemple, le clavier canadien-français ne comporte pas de touche «ç». Pour obtenir ce caractère, il faut utiliser un émulateur (un logiciel) qui le génère à l'écran et sur l'imprimante lorsqu'on appuie soit sur une combinaison de touches (comme la virgule et la lettre *c*), soit sur une touche spécifiquement dédiée à cet effet, le point d'interrogation, par exemple. En ce cas, l'émulateur permet de définir ce dernier caractère ailleurs sur le clavier, ce qui implique évidemment la disparition d'un autre caractère moins utile. L'émulateur Multic utilise la touche?/ pour ç/é.

Le clavier de fonctions est composé des touches marquées [F1] à [F12] et n'existe que sur les claviers d'ordinateurs : il n'a pas son équivalent sur une machine à écrire. Ces touches ont une fonction spéciale selon le logiciel utilisé. Par exemple, dans presque tous les programmes, la touche [F1] représente la fonction d'aide; ainsi, l'utilisateur qui désire obtenir de l'aide n'a qu'à appuyer sur la touche [F1]. Il en est de même pour toutes les touches de fonction, de [F1] à [F12] : chacune a une fonction particulière suivant le programme en cours. Par exemple, en dBase, la touche [F5] permet d'afficher la structure d'une base de données; en Lotus 1-2-3, la touche [F5] permet de déplacer le curseur directement à une case de la feuille de calcul tandis qu'en WordPerfect, cette même touche permet d'accéder au répertoire d'une disquette.

Le clavier numérique est comparable au clavier d'une calculatrice puisqu'on n'y retrouve que les chiffres et les opérateurs mathématiques principaux (addition, soustraction, multiplication et division). Il comprend aussi les touches de déplacement dont on se sert pour déplacer le curseur (haut, bas, droite, gauche, etc.) en appuyant sur la touche NumLock, qui active ou désactive, selon le cas, le mode numérique (voyant lumineux NumLock allumé).

Certains claviers comportent une plage de contrôle du curseur située entre le clavier alphanumérique et le clavier numérique, qui est composée de deux zones :

FIGURE 4.1
Exemples
de claviers

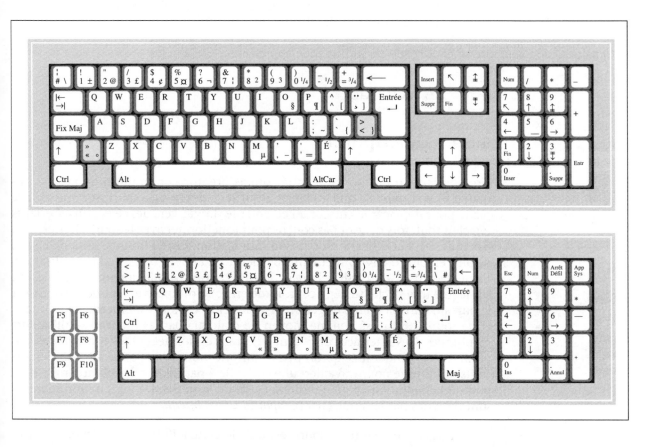

- un groupe de flèches disposées en T inversé qui permettent de déplacer le curseur d'une unité, soit vers le haut, le bas, la gauche ou la droite;

- un groupe de touches qui permettent de contrôler le curseur : sauter de page à page ou au début ou à la fin de la ligne, commuter le mode d'insertion ou effacer le caractère sous le curseur.

Cette plage est fonctionnellement redondante avec le clavier numérique en mode déplacement du curseur. En fait, initialement, les claviers des PC ne possédaient pas de plage de contrôle du curseur. C'est seulement avec la création du clavier étendu, en 1985, que celle-ci a été ajoutée.

4.2.2   Principes de fonctionnement

Bien que le clavier d'un ordinateur semble comparable au clavier d'une machine à écrire, plusieurs éléments l'en différencient.

Contrairement à la machine à écrire qui fonctionne grâce à un mécanisme qui relie directement la touche du clavier à la marguerite, le clavier de l'ordinateur communique généralement avec ce dernier par un cordon de fils électriques. En fait, le clavier contient un petit ordinateur dédié qui transmet un code pour chaque touche enfoncée ou relâchée.

4.3   LA SOURIS

4.3.1   Description

Une souris est un dispositif d'entrée qui assure une communication avec l'ordinateur plus conviviale que le clavier. Il suffit de déplacer la souris sur une surface plane pour déplacer le curseur à l'écran et le diriger vers des sélections. Certains logiciels toutefois ne sont pas conçus pour fonctionner avec la souris. Il reste que, par souci de simplification de la communication entre l'homme et la machine, de plus en plus d'environnements logiciels font appel à une interface-utilisateur. En déplaçant la souris sur le bureau, l'utilisateur provoque une réaction à l'écran sur lequel une flèche se déplace, comme en écho du mouvement de la souris sur le bureau, dans la même direction et à la même vitesse. Ce procédé de pointage et de souris est utilisé comme moyen de dialogue par les interfaces-utilisateurs graphiques. Ces interfaces disposent à l'écran les données et les commandes disponibles, en simulant ce qu'on trouve sur une vraie table de travail : des fichiers actifs, un espace pour travailler, une corbeille à papier, etc. L'utilisateur n'a qu'à pointer la flèche sur ce qu'il désire à l'aide de la souris. De tels environnements sont désignés par le terme GUI (*Graphical User's Interface*).

Un des avantages de la souris est qu'elle évite à l'utilisateur d'avoir à entrer des commandes dont la syntaxe est parfois compliquée; des erreurs de frappe et de mauvaise manipulation sont ainsi éliminées.

4.3.2   Principes de fonctionnement

Deux principes de fonctionnement différencient les souris : mécanique et optique.

FIGURE 4.2
Une souris

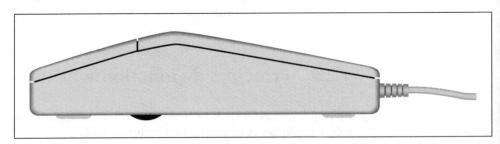

4.3.2.1 Souris mécanique

Le déplacement de la souris mécanique produit la rotation d'une bille de caoutchouc qui entraîne, par friction, 2 rouleaux placés perpendiculairement, assurant la détection des mouvements tant verticaux qu'horizontaux.

Il existe une variété de souris mécaniques qui ne nécessitent pas d'être déplacées; c'est plutôt la main qui se déplace directement sur la bille, la faisant tourner. Ce type de souris, appelé TrackBall, est particulièrement bien adapté aux ordinateurs portatifs qui sont souvent utilisés dans des endroits n'offrant pas la surface de travail adéquate pour une souris ordinaire.

4.3.2.2 Souris optique

Le déplacement de la souris optique est détecté grâce à un système de diodes et un quadrillage de lignes réfléchissantes imprimé sur le tapis de la souris. Lorsque celle-ci est déplacée sur ce tapis, 2 sources lumineuses s'y réfléchissent et 2 capteurs d'intensité lumineuse identifient tous les mouvements horizontaux et verticaux effectués par la souris.

4.3.3 Caractéristiques des souris

Résolution   La résolution est déterminée par le plus petit déplacement détectable par la souris. La norme actuelle est 1/400 de pouce.

Compatibilité logicielle   La compatibilité logicielle est la capacité d'un dispositif d'utiliser des ressources logicielles destinées à un autre dispositif, qui est généralement plus répandu. Dans le domaine des souris, la norme absolue est la norme Microsoft. Quand on achète une souris, il faut s'assurer qu'elle est compatible avec la souris Microsoft.

Nombre de boutons   Les souris sont généralement munies de 1 à 3 boutons. Le Mac utilise des souris à 1 bouton. La norme Microsoft comporte 2 boutons. La compagnie Logitech, un autre manufacturier de souris très populaires, fabrique certaines souris à 3 boutons. On recommande les souris à 2 boutons, puisque la plupart des logiciels n'attachent pas de fonctionnalités à un troisième bouton et que la norme Microsoft est limitée à 2 boutons.

Sensation   Bien que difficile à définir, la sensation est une caractéristique très importante. Elle détermine la qualité du dialogue entre l'utilisateur et l'ordinateur. Des facteurs comme la forme, le centre de gravité, la résistance de frottement et la tendance aux blocages caractérisent la sensation, mais, pour en juger, le meilleur moyen reste d'essayer la souris pendant un certain temps. On peut aussi, de façon restreinte, demander leur avis à d'autres utilisateurs. En cas de doute, il est recommandé d'opter pour les souris de Microsoft ou de Logitech (modèle C9).

Pour lier la souris à l'ordinateur, diverses interfaces physiques existent.

L'interface série Elle est la plus commune et ne requiert qu'un port série (RS-232-C) libre. Elle monopolise celui-ci, mais peut facilement être utilisée avec la plupart des ordinateurs personnels; elle assure donc la portabilité de la souris.

L'interface bus Elle requiert une carte de communication à insérer dans une fente d'extension de l'ordinateur. Cela permet aux utilisateurs de garder les ports série libres pour d'autres usages. Par contre, son installation requiert l'ouverture du boîtier de l'ordinateur et diminue le nombre de fentes d'extension libres.

L'interface de souris PS/2 Il s'agit d'un connecteur spécialement conçu pour une souris qui est intégré à l'architecture même d'un ordinateur; cette interface ne requiert aucune fente d'extension. Elle est offerte avec tous les modèles PS/2 d'IBM ainsi qu'avec la plupart des ordinateurs portatifs récents. Certains fabricants de systèmes compatibles intègrent aussi ce connecteur à leurs appareils (Philips, Olivetti, Mitac, Compaq, etc.).

4.4   AUTRES DISPOSITIFS D'ENTRÉE

Il existe d'autres périphériques d'entrée, mais ils sont beaucoup moins utilisés. Il s'agit de la tablette graphique, du scanneur, du numériseur de son et du lecteur de code à barres.

4.4.1   La tablette graphique

La tablette graphique est une surface de travail analogue à une tablette à dessin offerte en une variété de dimensions, de 5 à 500 centimètres de côté. Un dispositif physique permet de détecter un point précis sur la table, qui, par écho, devient visible à l'écran. Il est possible d'afficher des éléments géométriques par calcul entre 2 points (segment de droite) ou 3. Ces points sont déterminés par un genre de stylo qui sert à les pointer. Certains modèles de tablettes graphiques peuvent même interpréter la pression exercée par le stylo sur la surface de travail. Pour favoriser l'interaction, deux méthodes sont occasionnellement employées en vue de laisser une trace du déplacement du stylo : la première consiste à adapter à la pointe du stylo une pointe encrée qui laisse une trace sur une feuille de papier placée sur la surface de travail; la seconde, qui est de plus en plus répandue, consiste à inclure un dispositif d'affichage graphique (écran plat ou écran tactile) à même la surface de travail. Le passage du stylo active les pixels situés dans sa trajectoire.

Le concept de tablette graphique trouve divers domaines d'applications. La tablette graphique est d'abord utilisée en tant que surface de dessin par les graphistes et artistes informatisés. Elle sert aussi à entrer dans l'ordinateur diverses pièces dans des systèmes de conception et de fabrication assistées par ordinateur (CAO/FAO). Certaines tablettes graphiques possèdent en outre un mode de compatibilité avec la souris Microsoft et peuvent donc être utilisées comme une souris par n'importe quel logiciel.

FIGURE 4.3
La tablette graphique

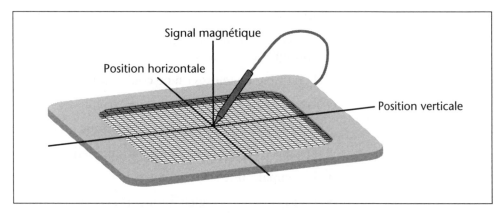

L'usage de la tablette graphique comme ordinateur portatif à stylo (*pentop*) suscite actuellement un grand intérêt. Ce type d'ordinateur sans clavier fonctionne au moyen d'un stylo et d'une tablette graphique intégrée à même un écran plat à cristaux. Le stylo est généralement utilisé comme une souris et l'ordinateur est doté d'un logiciel de reconnaissance d'écriture qui lui permet de déduire les caractères que l'utilisateur trace sur la tablette graphique. L'ordinateur portatif à stylo présente de nombreux avantages pour certains domaines d'applications spécialisés, notamment à cause de ses faibles dimensions. Certains modèles incluent même une sangle qui permet de fixer l'appareil sur l'avant-bras.

Les tablettes graphiques possèdent grosso modo les mêmes caractéristiques que les souris.

4.4.2   Le scanneur

Le scanneur est un périphérique d'entrée qui fonctionne de la même façon qu'un photocopieur : il capture l'image d'une page en la convertissant en une série de points plus ou moins rapprochés qu'il transmet à l'ordinateur.

Il existe 4 types de scanneurs : à défilement (*sheet-fed*), à plat (*flatbed*), à caméra et manuels (*hand-held*). Dans le type à défilement, le document à analyser glisse par entraînement devant des capteurs optiques qui sont fixes. Dans le type à plat, c'est l'inverse; le chariot de l'appareil effectue un mouvement avant-arrière et les capteurs qui y sont fixés balaient le document alors immobile. Le modèle à caméra est une variante intéressante pour numériser en 2 dimensions des objets en 3 dimensions. Pour ce qui est du type manuel, c'est l'opérateur qui balaie lui-même l'image à digitaliser en manipulant de sa main le scanneur, un peu comme il le ferait avec une souris. Ce type de scanneur est généralement limité à une largeur inférieure à 25 cm (8,5 pouces), ce qui constitue un inconvénient important, mais son prix très bas le rend néanmoins intéressant.

Quel que soit le type de scanneur, le principe de fonctionnement est le même : d'abord, une lumière frappe le document et, en fonction du contraste rencontré en chaque point, le scanneur enregistre les différents pourcentages de lumière réfléchie en provenance de chacun de ces points, puis reconstitue l'image à l'écran en assemblant les points numérisés.

Plusieurs critères servent à comparer les scanneurs :

- la densité de points par pouce (DPI : *Dot Per Inch*) dans les axes horizontaux et verticaux ;

- le nombre de teintes ou de couleurs acceptées pour chaque point ;

- la vitesse de balayage d'une surface étalon ;

- l'ajustement du contraste, automatique ou manuel ;

- la capacité d'alimenter automatiquement une série de pages ;

- la compatibilité avec les divers logiciels sur le marché ;

- les capacités des logiciels fournis avec le scanneur :

  a) un logiciel de capture d'images est le premier outil logiciel requis pour l'usage de base d'un scanneur. Il permet de saisir les pages, ou sections sélectionnées de pages, sous forme d'images constituées de séquences de points dans un ou des formats de fichiers standardisés qui assurent l'intégration des images numérisées dans divers documents ou présentations informatisées. Les formats les plus courants sont TIFF, GIF et PCX. Un format plus compact mais moins populaire est nommé JPEG ;

  b) un logiciel dont la fonction est de déterminer la signification de l'image numérisée. Le plus courant est le logiciel de reconnaissance de caractères. Ce dernier analyse des amas de points en vue de relever une ressemblance avec des caractères. Lorsqu'un rapprochement est établi, le logiciel tente de déterminer à quel caractère ces points ressemblent le plus. Évidemment, cette approche a des limites : les copies de mauvaise qualité, les symboles inconnus du logiciel (comme les accents de la langue française et les symboles mathématiques), les similitudes de certains caractères et les diverses polices de caractères (style et grosseur) sont des facteurs susceptibles de diminuer le taux de succès de ce logiciel. Les caractéristiques les plus importantes de ce logiciel sont :

    - la capacité de détecter, d'isoler et de capturer les graphiques intégrés dans les pages ;

    - la capacité d'analyser diverses polices et grosseurs de caractères ainsi que divers styles (caractères gras, italiques et soulignés) ;

    - la capacité de détecter les feuilles inversées ou dont le texte est disposé à l'italienne ;

    - la capacité de reconnaître les caractères accentués ;

    - la capacité d'identifier les caractères inconnus et d'en demander confirmation ;

    - la capacité d'emmagasiner les nouvelles connaissances acquises par les confirmations obtenues lors de demandes antérieures ;

    - la capacité de sauvegarder les séquences de caractères et d'images résultant de la reconnaissance dans des formats pris en charge par des logiciels de traitement de texte (WordPerfect, Ami Pro, Word, RTF, etc.).

    Il est à noter qu'il n'existe pour ainsi dire aucun logiciel de reconnaissance de caractères utilisant un scanneur comme moyen d'entrée qui soit conçu pour reconnaître l'écriture à la main, que ce soit en lettres carrées ou cursives.

4.4.3　Le lecteur de code à barres

Le lecteur de code à barres (*bar code reader*) est un outil d'entrée de données de plus en plus utilisé. Ce dispositif lit les codes numériques représentés par une séquence de lignes parallèles plus ou moins larges. Ces codes sont inscrits sur tous les emballages de produits de consommation, et de plus en plus d'entreprises gèrent leurs stocks au moyen d'un tel système.

Le lecteur comprend un émetteur de lumière, laquelle est réfléchie sur l'étiquette du code à barres. Cette lumière réfléchie est lue par des cellules photosensibles. Un convertisseur transforme les variations d'intensité de la lumière réfléchie de façon qu'elle puisse être interprétée par l'ordinateur.

Malgré son usage limité (il ne permet que de lire des codes à barres), le lecteur de code à barres assure une entrée de données rapide, surtout dans les tâches reliées à la gestion des stocks. Il ne brise que rarement et certains modèles sont peu dispendieux. De plus, son emploi réduit d'un facteur de 20 le nombre d'erreurs commises lors de l'entrée des données par le biais d'un clavier.

Avant de choisir un lecteur de code à barres, il importe d'examiner deux éléments :

- Le code : bien que 4 codes à barres soient couramment utilisés (25 entrelacé, 39 condensé, Codabar et CUP [code universel de produits]), le CUP est sans doute le plus connu étant donné qu'on le retrouve sur presque tous les produits de grande consommation.

- Le lecteur : les lecteurs portables sont pratiques lorsque le travail exige de nombreux déplacements. Ces lecteurs sont très simples et comportent une diode émettrice de lumière (LED) et un petit photosenseur, habituellement inclus dans un stylet. Si, par contre, le travail est stationnaire et requiert l'usage fréquent des mains, les lecteurs intégrés qui libèrent une

FIGURE 4.4
Un lecteur de
code à barres

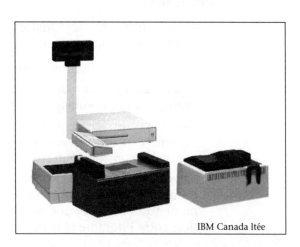

IBM Canada ltée

main (semblables à ceux qui sont utilisés dans les marchés d'alimentation) représentent un choix plus avantageux. Ces derniers procèdent par un balayage à rayon laser pour lire les codes sur les produits, et ce dans n'importe quelle direction ou orientation.

4.4.4   Le numériseur de son

Un numériseur de son permet de saisir sous forme digitale, au moyen de un ou de plusieurs micros, un signal audio. Les caractéristiques du numériseur de son sont :

- la fréquence d'échantillonnage : la moitié de la fréquence d'échantillonnage détermine la fréquence maximale. Les lecteurs de disques compacts ont une fréquence d'échantillonnage de 44,1 kHz;

- le nombre de canaux : on retrouve des numériseurs à un seul canal, ou mono, et des numériseurs à 2 canaux (stéréo) ou plus;

- la méthode de codage : diverses méthodes de codage ont été mises au point et font généralement appel au matériel, car elles sont intégrées, dans le convertisseur du signal analogique du microphone, à un signal digital. On opte généralement pour un codage adaptatif différentiel à modulation codée par impulsions (ADPCM : *Adaptive Differential Pulse Code Modulation*);

- le nombre de bits par échantillon par canal : le nombre de bits par échantillon influe sur la plage d'amplitude (en dB) qui est détectable et reproduisible. On retrouve généralement 8 bits par échantillon par canal dans un lecteur de disque compact.

Les échantillons peuvent par la suite être manipulés de diverses façons :

- on peut les emmagasiner en mémoire et les acheminer ensuite vers un dispositif digital de reproduction sonore;

- on peut facilement en dériver des variantes à des fréquences ou intensités différentes;

- on peut transformer le signal en amplitude en un spectre de fréquence (par une transformation dite de Fourier) pour :

    - effectuer une égalisation numérique des fréquences;

    - isoler des signaux particuliers présents à certaines fréquences (par exemple, capter seulement la guitare dans une pièce musicale);

    - dans le cas de signaux vocaux, illustrer les diverses fréquences les constituant, ce qui permet par exemple d'enseigner aux malentendants comment contrôler leur parole de façon efficace;

    - dans le cas de signaux vocaux, tenter d'identifier les mots qui ont été prononcés. Cette application présente un grand intérêt en ce qu'elle permettrait de briser une des plus importantes barrières de communication entre l'homme et la machine. Actuellement, les principaux usages de la reconnaissance vocale tirent avantage du fait qu'il n'est pas nécessaire de manipuler quoi que ce soit, ce qui par exemple favorise l'autonomie des personnes handicapées ou encore permet à un chirurgien de contrôler des appareils. On n'est toutefois pas encore parvenu au stade de la reconnaissance complète de toute parole, vu la complexité de celle-ci. Ce domaine est certes en développement, et tous s'entendent pour dire que dans un très proche avenir, la commande vocale d'ordinateurs sera intégrée dans de plus en plus de systèmes. De fait, on trouve déjà des systèmes généraux pouvant reconnaître une poignée de mots (par exemple, les chiffres de 0 à 9, dans un système utilisé par Bell Canada) et des systèmes à «apprentissage» gérant des librairies de milliers de mots.

Des puces, qui sont des processeurs de signaux digitaux (DSP), permettent actuellement de faire de tels traitements en temps réel. Il est probable que l'on retrouvera de plus en plus de ces puces dans les futurs systèmes informatiques.

FIGURE 4.5
Interpréteur de voix

IBM Canada ltée

4.5   L'ÉCRAN

4.5.1   L'écran et sa carte contrôleur

L'écran est le dispositif de sortie le plus courant. Il permet une lecture immédiate de ce que l'utilisateur tape sur le clavier ou de ce qu'il demande à l'ordinateur. De plus, il a la capacité de modifier rapidement n'importe quelle portion de l'image affichée, ce qui en fait un outil conversationnel remarquable.

L'ordinateur transmet ce qui doit être affiché à l'écran par le biais d'une interface appelée contrôleur vidéo. Il existe plusieurs types de contrôleurs vidéo,

FIGURE 4.6
Un écran

offrant des possibilités différentes, mais tous ont pour fonction de traduire une représentation en mémoire de ce qui doit être affiché en un signal que l'écran pourra interpréter pour générer une image conforme.

Malgré leur variété, les contrôleurs vidéo présentent diverses caractéristiques communes : représentation des données; support du mode d'affichage; type de signal; nombre de modes et résolution de chacun; nombre de couleurs pouvant être affichées simultanément; palette de couleurs; nombre de pages de chaque mode; capacité de mémoire vidéo; vitesse; rafraîchissement. Mais avant d'aborder en détail ces caractéristiques, voyons quelques notions de base.

4.5.2   Concepts de base et définitions

Le **pixel** est l'unité fondamentale d'affichage. Il est le plus petit point lumineux qui peut apparaître à l'écran, d'où son nom : «pixel» signifie *PICTure ELement*, c'est-à-dire élément de l'image. Le pixel se définit donc comme la plus petite unité d'information que peut afficher un ordinateur sur un écran; c'est la base de toute information qui apparaît à l'écran. Chaque lettre ou chaque image affichée est composée d'un ensemble de pixels.

La lettre est formée d'une matrice de pixels allumés ou éteints. Les pixels éteints prennent la couleur de fond de l'écran et permettent de voir la lettre, dans la couleur d'affichage, représentée par les pixels allumés. Cet ensemble de points (pixels) qui compose les caractères définit la **résolution**. La résolution se mesure donc par la quantité de points (allumés ou éteints) pouvant être affichés simultanément par un écran. La finesse de résolution est la capacité de l'écran à produire des images claires et nettes. Ainsi, plus les points formant une image sont petits, concentrés et nombreux, plus cette image est précise. Il est toutefois important de prendre en considération les limites imposées par l'ordinateur; par exemple, il est inutile d'avoir un écran pouvant afficher plus de pixels que l'ordinateur ne peut lui en fournir.

4.5.3 Caractéristiques des contrôleurs vidéo

Examinons maintenant chacune des caractéristiques des contrôleurs énumérées précédemment.

1) Représentation des données à afficher sous forme de vecteurs ou de matrices de points : actuellement, tous les systèmes d'affichage sont à matrice de points. Cela signifie qu'on dispose d'un contrôle sur l'état d'une matrice de points et que l'écran au complet est balayé. Avec de bons yeux, on peut cependant distinguer la matrice de points lorsqu'on trace des diagonales, puisque, au lieu d'une ligne droite, on observe comme un escalier simulant de loin une droite par une série de lignes horizontales alternant avec des verticales. L'unité fondamentale de l'affichage à matrice de points est le pixel, ou point. Quant à l'affichage vectoriel, il n'est plus utilisé de nos jours, mais a été assez répandu jusqu'à l'arrivée des PC sur le marché. Dans ce mode d'affichagee, seules les zones où l'on a un segment de droite à afficher sont balayées. Le problème que posait cette technologie est que, plus les vecteurs sont nombreux, plus il faut de temps à l'écran pour afficher l'image, ce qui en limite la complexité.

2) Support d'un mode d'affichage graphique : le Mac et les PS/2 admettent tous deux des modes d'affichage par lesquels on contrôle l'affichage à l'écran comme une grosse matrice de pixels (par exemple 640 colonnes et 480 lignes) où chaque point est indépendamment contrôlé.

3) Support d'un mode d'affichage de texte : le IBM-PC possède un mode d'affichage de texte à la mise sous tension. Dans ce mode, on peut afficher seulement des caractères. La mémoire vidéo ne contient qu'une matrice de codes (par exemple 80 colonnes et 25 lignes) représentant les caractères à être affichés. Un ensemble de circuits appelé «générateur de caractères» convertit les codes associés à une ligne de caractères en une série de pixels et transmet cette information à l'écran dans un format approprié. Ce mode est plus rapide que le mode graphique, mais est plus limité que ce dernier, puisqu'il ne permet d'afficher qu'une quantité très restreinte (généralement 256) de caractères, et pas du tout d'images. Le Mac ne dispose pas d'un mode d'affichage de texte.

4) Type de signal utilisé pour communiquer avec l'écran : on retrouve divers moyens standard de transmettre l'information sur l'état de chaque pixel de chaque ligne de l'écran :

   a) le signal NTSC est compatible directement avec un téléviseur nord-américain. On doit syntoniser un canal, généralement le 3, et l'ordinateur transmet un signal, pouvant inclure du son, vers un téléviseur, de la même façon qu'un câbloconvertisseur ou un magnétoscope peut le faire. Ce type de dispositif d'affichage est très répandu et équipe les systèmes de jeux vidéo, tels les Nintendo et Sega. Toutefois, la résolution maximale des téléviseurs étant limitée à environ 512×480 points, on comprend pourquoi de nombreux domaines d'informatique de bureau n'y ont pas recours. Un câble coaxial, comme celui qu'utilisent les câblodistributeurs, est le plus adapté pour transmettre ce type de signal;

b)   le signal composite est une variante non modulée du signal NTSC, qui permet aussi d'établir une communication avec des téléviseurs, mais qui n'inclut pas de signal sonore. Le connecteur standard utilisé dans ce domaine est le connecteur RCA. La plupart des magnétoscopes comportent une entrée composite, désignée «Video In». Le signal composite est moins sensible aux interférences. Des ordinateurs comme le Commodore 64, la série ST d'Atari et les PC d'IBM munis de la carte CGA transmettent tous un signal composite;

c)   le signal digital, ou TTL, prend en charge des résolutions plus élevées, mais au détriment du nombre de couleurs. Un connecteur DB-9 est généralement utilisé pour ce type de signaux. Deux subdivisions des signaux vidéo digitaux peuvent être faites :

   –   le standard digital monochrome, qui ne transmet généralement que l'état allumé ou éteint de chaque point. Les standards vidéo monochromes IBM et Hercules sont tous deux conçus selon cette technologie (incluant un état allumé à haute intensité), ainsi que les modèles monochromes du Macintosh. Ce type de signal est toujours utilisé et prend même en charge des dispositifs d'affichage comptant des millions de pixels, dans les domaines de l'ingénierie et de la publication électronique;

   –   le standard digital couleur Rouge-Vert-Bleu (RGB), qui est limité par la nécessité de transmettre une série de bits pour représenter l'état d'un bit. Par contre, le format digital de l'information est moins susceptible d'être affecté par les interférences. Cependant, on ne peut représenter qu'un nombre restreint et fixe de couleurs (généralement 16), et l'écran comporte un ensemble de circuits plus complexe. Les contrôleurs vidéo CGA et EGA utilisent ce type de signal.

d)   le signal analogique admet un nombre infini de couleurs dans une variété de résolutions. Le format analogique des données est plus sensible aux interférences, mais, étant donné la proximité usuelle de l'écran et du contrôleur vidéo, on peut dire que ce facteur est négligeable. Ce type de signal est de loin le plus populaire et est utilisé par les contrôleurs graphiques tels le VGA, le 8514/A et le XGA. On se sert généralement d'un connecteur mini DB-15 (à 3 rangées) pour ce type d'interface;

e)   dans le cas d'un système intégrant un dispositif d'affichage à même le boîtier, par exemple l'écran plat d'un ordinateur portatif, il n'existe pas vraiment de standard. Le manufacturier peut recourir au format de signal qui lui semble le plus pratique, et celui-ci n'a pas besoin d'être connu. Nous ne nous attarderons pas, pour cette raison, sur ce sujet.

5) Nombre de modes, graphique ou texte, possible et résolution de chacun des modes, tant horizontale (nombre de colonnes) que verticale (nombre de lignes) : la résolution en mode graphique est exprimée en pixels alors que la résolution en mode texte est exprimée en nombre de caractères. De plus, on associe au mode texte la dimension (fixe) en pixels de la matrice de points constituant chacun de ses caractères.

6) Nombre de couleurs pouvant être affichées simultanément : on associe à chaque pixel un nombre n de bits (n *bit planes*). Ce groupe de bits permet de représenter jusqu'à 2^n états distincts, et on assigne à chaque état une couleur. Il est à noter que, dans un mode texte, l'utilisateur peut contrôler la couleur du caractère seulement, alors que, dans un mode graphique, le contrôle de la couleur est possible au niveau du pixel.

7) Nombre de couleurs constituant la palette des couleurs représentables : si l'ordinateur est muni d'un contrôleur graphique transmettant un signal analogique vers un dispositif d'affichage, comme l'adapteur VGA, une table de couleurs modifiable par l'utilisateur est habituellement incluse (*color look-up table*), qui permet d'assigner n'importe quelle couleur à chaque état distinct représentable. Cette table compte donc 2^n entrées. À chacune de celles-ci sont associés 3 groupes de m bits exprimant les intensités respectives des composantes rouges, vertes et bleues que cette entrée représente. Donc, la couleur de tous les points (ou caractères) qui sont à un état donné peut être changée sans qu'il soit nécessaire de modifier les bits associés à chacun des points; on modifie plutôt les composantes chromatiques associées à cet état. On peut donc rattacher à chacun des 2^n états une des $2^{3 \times m}$ couleurs de la palette des couleurs qui peuvent être affichées.

8) Nombre de pages de chaque mode : certains modes d'affichage utilisent plus d'une page, ce qui leur permet de réduire au minimum les instabilités dans l'image en limitant leurs modifications à une des pages qui n'est couramment pas affichée.

9) Capacité de mémoire vidéo : les contrôleurs vidéo se servent de la mémoire vidéo pour emmagasiner l'état de chaque pixel (ou caractère) de chacune des pages d'un mode vidéo donné. On peut calculer la mémoire minimale requise pour un mode graphique donné par l'algorithme suivant :

   a) Déterminer le nombre de bits nécessaires pour représenter tous les états (couleurs) que peut prendre un pixel par le logarithme en base 2 du nombre de couleurs pouvant être affichées simultanément. On néglige le nombre de couleurs de la palette, s'il y en a une, pour ces calculs.

   b) Multiplier ce nombre de bits par la résolution en X (nombre de colonnes) du mode graphique.

   c) Multiplier le résultat de l'étape précédente par la résolution en Y (nombre de lignes).

Tableau du nombre maximal de couleurs en fonction du nombre de plans de bits par pixel :

Bits	Couleurs	Note
1	2	Affichage monochrome
2	4	
3	8	
4	16	Compromis couleur/vitesse
...	...	
8	256	Le plus répandu
...	...	
15	32 768	Abandon de la palette
...	...	
24	16 777 216	Couleurs réelles : l'œil ne peut plus distinguer la différence entre 2 couleurs adjacentes

d) Multiplier par le nombre de pages disponibles dans ce mode. La plupart du temps, on ne dispose que d'une seule page. Le terme *dual-buffering* désigne un mode à 2 pages.

Ce qui est évident, c'est que plus les points sont nombreux et que plus ces derniers peuvent prendre d'états distincts, plus la mémoire vidéo à gérer est grande, ce qui entraîne généralement une détérioration des performances.

10) Vitesse du contrôleur vidéo graphique : diverses technologies permettent au contrôleur graphique d'atteindre des performances plus ou moins grandes. Trois techniques peuvent être utilisées pour augmenter les performances d'un contrôleur graphique :

a) La première consiste à intégrer un processeur graphique à même le contrôleur graphique. Celui-ci est désormais apte à répondre à des commandes de haut niveau en 2 ou encore, dans certains cas, en 3 dimensions.

– IBM accepte 2 standards avec processeurs graphiques à 2 dimensions. Le premier, le 8514/A, est pris en charge par un bon nombre de logiciels. Le nouveau standard XGA est plus évolué mais, étant plus récent, seulement certains logiciels peuvent présentement en tirer avantage.

– Le S3 est un processeur graphique qui accomplit des opérations graphiques de base, comme le déplacement de fenêtres, grâce à un dispositif qu'on appelle un processeur de transfert *(blitter)* chargé d'effectuer des transferts de régions de bits (BitBLT : *Bit Boundary Limited Transfer*). Il est peu dispendieux mais permet à un utilisateur d'environnements graphiques (Windows) d'augmenter considérablement les possibilités d'affichage du système.

– Les processeurs graphiques de la famille 340X0 de Texas Instruments sont compatibles avec le standard de commande d'affichage à 2 dimensions TIGA (Texas Instruments Graphics Architecture). Le TIGA est relativement répandu.

– Les stations de travail Silicon Graphics incluent un pipeline graphique permettant d'afficher, dans une représentation avec perspective tridimensionnelle et effets d'ombrage, plus de un demi-million de triangles (localisés dans un espace tridimensionnel) par seconde. IBM a récemment acquis des droits d'utilisation sur les extensions de programmation tridimensionnelle de Silicon Graphics.

Le problème majeur des processeurs graphiques est que seuls quelques logiciels sont en mesure de les contrôler.

b) La seconde technique consiste à optimiser l'utilisation des fonctions internes du contrôleur graphique par programmation.

c) La troisième technique est d'augmenter la largeur de bande (taux de transfert des données) entre le microprocesseur et le contrôleur graphique. Le bus de données ISA, introduit en 1984 (et dérivant du bus du PC, introduit en 1981), qui est utilisé dans la majorité des ordinateurs compatibles avec la norme PC, est en effet très peu efficace, si l'on compare son rendement à celui des processeurs plus récents, et ce en raison de sa lenteur qui cause un goulot d'étranglement des données en transit vers l'écran. Lorsqu'on utilise des logiciels graphiques, presque toute la puissance de l'ordinateur se trouve perdue dans le transfert, à un débit insuffisant, des données avec le contrôleur graphique. Les bus à micro-canaux et EISA permettent d'augmenter légèrement les performances, mais la stratégie la plus prometteuse dans ce domaine consiste à relier le contrôleur graphique au microprocesseur par un bus local dédié qui peut recevoir le débit maximal du microprocesseur; le goulot d'étranglement étant éliminé, on obtient alors de meilleures performances. On prévoit même que, dans un proche avenir, la puce incorporant le microprocesseur intégrera aussi le contrôleur graphique (IBM : 486 + XGA).

11) Taux maximal de rafraîchissement admis par le contrôleur graphique : si on désire investir dans un écran haut de gamme qui fonctionne à de fréquents rafraîchissements (60 par seconde), on doit, pour en tirer profit, s'assurer qu'ils favorisent le contrôleur graphique. En règle générale, cela implique qu'un moyen de communiquer les taux de

rafraîchissement de l'écran au contrôleur graphique (habituellement un logiciel de configuration) soit inclus.

Le tableau suivant décrit les modes vidéo des contrôleurs graphiques les plus utilisés par la famille des ordinateurs personnels IBM.

TABLEAU 4.1
Tableau comparatif
de divers contrôleurs
vidéo

Nom	Type	X	Y	Couleurs
Contrôleurs vidéo monochromes				
HGC	Graphique	720	348	
MDA	Texte	80	25	
Contrôleurs vidéo couleurs				
XGA	Texte	132	44	16
	Graphique	640	480	36
	Graphique	1024	768	256
	Graphique	1600	1200	16
8514/A	Graphique	1024	768	256
VGA	Texte	640	400	16
	Graphique	320	200	256/262 144
	Graphique	640	480	16/262 144
MCGA	Texte	80	50	16
	Graphique	640	480	2
	Graphique	320	200	256
EGA	Texte	80	43	16
	Graphique	640	350	16
CGA	Texte	80	25	16
	Texte	40	25	16
	Graphique	640	200	2
	Graphique	320	200	4

Voici une brève description de ces contrôleurs vidéo :

MDA :   *Monochrome Display Adapter*. Cette carte a été introduite avec les premiers IBM et peut gérer 25 lignes de 80 caractères. Elle ne peut servir à des applications graphiques. Désuet.

HGC :   *Hercules Graphics Adapter*. Standard Hercules. Cette carte est très répandue et est acceptée par de nombreux logiciels. Elle ajoute au MDA un mode graphique monochrome à une résolution très acceptable. Elle est encore populaire pour les usages de base, comme la console des serveurs de réseau dédiés.

CGA :   *Color Graphics Adapter*. Standard IBM. Ce contrôleur vidéo couleur est le premier à prendre en charge des modes graphiques standardisés sur IBM-PC. Désuet.

EGA :   *Enhanced Graphics Adapter*. Standard IBM. Succédant au CGA, le EGA offre une meilleure résolution. Il s'adapte au CGA mais non au Hercules. Désuet.

PGA :   *Professional Graphics Adapter*. Standard IBM. Ce contrôleur graphique constituait, lors de son introduction, le *nec plus ultra* en la matière. Maintenant, on le juge lent, limité, coûteux et peu fiable. De plus, seulement quelques logiciels (maintenant tous désuets) acceptaient ce standard.

MCGA :   *Multi Color Graphics Array*. Standard IBM. Intégré à la carte maîtresse des premiers modèles bas de gamme des PS/2, soit les modèles 25 et 30. Mémoire vidéo de 64 Ko. S'adapte aux modes CGA, EGA, MGA. Désuet.

VGA :   *Video Graphics Array*. Standard IBM. Ce contrôleur vidéo a été introduit avec le PS/2 d'IBM et est encore considéré comme le standard le plus accessible, au point de vue du rapport qualité/prix. Le VGA peut afficher simultanément 256 couleurs d'une palette en contenant 262 144. Il est encore populaire, surtout en des versions non IBM ajoutant des modes étendus 800×600 et 1024×768. Il intègre une prise en charge complète des modes MCGA, EGA et CGA.

SVGA :   *SuperVGA*. Ce type de contrôleur est un dérivé du contrôleur VGA, entièrement compatible avec lui, mais lui ajoute des modes étendus non officiels. On associe souvent le terme SuperVGA à la capacité d'accéder à un mode vidéo 800×600. La VESA (Video Electronics Standard Association), qui regroupe certains des plus gros manufacturiers de contrôleurs SuperVGA, a établi un standard afin que les applications puissent plus facilement utiliser les capacités étendues de ces contrôleurs.

   On trouve de nombreux contrôleurs SuperVGA à bas prix pouvant gérer 32 768 couleurs à l'écran simultanément (HiColor). Le contrôleur de 16 777 216 couleurs, aussi appelé TrueColor, devient rapidement de plus en plus répandu.

XGA :   Le standard XGA constitue le nouveau standard d'IBM. Il présente une augmentation substantielle de vitesse par rapport au standard VGA et ajoute de nombreuses couleurs. Toutefois, il n'admet pas de mode vidéo TrueColor, ce qui en déçoit plusieurs.

4.5.4 Caractéristiques physiques de l'écran

Résolution   Nous avons vu que les pixels définissent la résolution de l'écran. Donc, plus il y a de pixels par unité de surface, meilleure est la résolution.

Largeur de bande   C'est ce qui contrôle le nombre de pixels qui peuvent être affichés sur l'écran en même temps. C'est la capacité de l'écran d'accepter de l'information sur l'image à fournir dans une certaine étendue de fréquence.

Vitesse de regénération (taux de rafraîchissement)   C'est la vitesse à laquelle un écran se redessine constamment. Les images affichées sur un écran ne sont pas créées ni modifiées selon un mode continu; c'est une nouvelle image qui est affichée toutes les fractions de seconde, un peu comme au cinéma ou à la télévision. La capacité de l'écran à recréer ces images le plus rapidement possible élimine l'impression de sautillement de l'image à l'écran et diminue la fatigue visuelle.

À chaque mode vidéo est associée une fréquence de rafraîchissement de l'image. De façon générale, plus cette fréquence est élevée, meilleure est la qualité d'affichage. Cependant, passé 75Hz, on n'observe plus d'amélioration visible.

Persistance   La *couche de phosphore* utilisée à l'intérieur du tube vidéo permet à l'écran de retenir un moment l'image envoyée. On parle alors de persistance. En fait, un seul faisceau d'électrons balaie tout l'écran, environ 30 fois par seconde. L'œil humain ne perçoit pas la différence entre un mouvement continu et une série de 30 images projetées à l'écran. Divers domaines font d'ailleurs appel à ce principe, notamment le cinéma. Dans un écran cathodique, que ce soit un visuel ou un téléviseur, le phosphore est excité lorsque le faisceau l'atteint et conserve jusqu'au prochain balayage un certain degré de luminosité. Ce balayage constant est ce que l'on désigne par rafraîchissement de l'image. Si le phosphore n'est pas assez persistant ou si le taux de balayage est trop faible, il se produit un sautillement de l'image; si le phosphore est trop persistant, tout changement de l'écran laisse des «fantômes», des traces de l'image précédente pour un laps de temps plus ou moins long. Le taux de rafraîchissement de l'image, cependant, peut être plus élevé que nécessaire, mais cela requiert une électronique de contrôle du faisceau de balayage de l'écran plus rapide, donc plus coûteuse.

Clarté sur les côtés   C'est le fait que l'image sera toujours plus claire au centre de l'écran qu'aux extrémités. Comme on se sert généralement de tout l'écran, on doit s'assurer qu'il offrira une qualité d'image satisfaisante sur l'ensemble de sa surface.

Convergence   Les écrans couleur fonctionnent de la façon suivante : 3 faisceaux de couleurs différentes sont envoyés simultanément sur chaque point de l'écran. Il est donc primordial que ces rayons arrivent vraiment au même endroit, sinon l'image semblera dédoublée.

Mode de balayage entrelacé (*interlaced*)   Certains moniteurs à bon marché fournissent des résolutions étendues élevées, comme le 1024×768, mais seulement au moyen d'une technique dite d'entrelaçage. Un tel mode est requis parce que l'électronique de ces moniteurs n'est pas assez rapide pour assurer le rafraîchissement de l'image à une fréquence assez élevée pour empêcher le sautillement. Pour pallier ce problème, on a recours au balayage de l'écran dit entrelacé. Cela signifie, de façon simple, que l'écran est complètement rafraîchi en 2 passes successives : la première ne balaie que les lignes paires, alors que la seconde effectue le rafraîchissement des lignes impaires.

Dispositif AccuColor   Certains fabricants d'écrans ont inclus dans leur nouvelle gamme d'écrans analogiques à multisynchronisation un dispositif qui calibre les couleurs primaires de l'écran pour qu'elles soient absolument identiques à celles qui sont obtenues par un moyen d'impression couleur. Cette capacité est très importante pour les graphistes.

Écran multifréquence   Pour obtenir des résolutions dépassant les normes, on doit s'assurer que l'écran peut les prendre en charge. Il faut donc donner de nouvelles capacités au format de communication de l'écran. Pour ce faire, on ajoute de nouveaux formats de signaux vidéo qui fonctionnent à des fréquences plus élevées. Dans le cas des extensions au standard VGA, il existe présentement 2 résolutions supplémentaires intéressantes. La première est désignée par le terme SuperVGA et fournit une résolution de 800×600. La seconde résolution, en 1024×768, est souvent appelée 8514/A. Un dispositif est intégré au moniteur pour déterminer la fréquence et les signaux de synchronisation du signal acheminé, et l'électronique de balayage s'adapte en conséquence. Certains écrans s'adaptent à toute une plage de résolutions, alors que d'autres ne peuvent recevoir qu'un nombre fixe et limité de fréquences et de synchronisations. Les premiers sont des vrais moniteurs à multisynchronisation, alors que les autres sont à double ou triple synchronisation. En réalité, la vraie multisynchronisation n'est pas absolument nécessaire à la plupart des utilisateurs de PC; elle peut être avantageusement remplacée par la triple synchronisation (VGA, SuperVGA $[800 \times 600]$ et 8514/A $[1024 \times 768]$).

Écran pleine page   L'écran pleine page connaît une certaine popularité dans le domaine spécialisé de la mise en pages, en édition électronique. Il est spécifiquement conçu pour permettre à l'utilisateur de visualiser une page complète (8,5 sur 11 pouces) d'un document dans le bon rapport de hauteur et de largeur. Cependant, étant donné son prix élevé — sa spécialisation signifie aussi qu'il est beaucoup plus cher qu'un écran ordinaire —, certains utilisateurs préfèrent utiliser pour ce type de travail un écran haut de gamme, ayant une diagonale jusqu'à 20 pouces, car il permet d'obtenir plus de détails à l'écran qu'un écran pleine page, pour un travail sur une section réduite.

Écran tactile   L'écran tactile intègre une tablette graphique à même la surface d'affichage et permet à l'utilisateur de se passer de souris, et même dans certains cas de clavier, grâce à la reconnaissance de l'écriture.

4.5.5   Principes de fonctionnement

Trois grandes technologies distinguent les principaux types d'écrans : le tube cathodique, les cristaux liquides et le plasma gazeux.

4.5.5.1   Écran cathodique

Aussi appelé moniteur ou CRT (*Cathode Ray Tube*), l'écran cathodique est de loin le dispositif d'affichage le plus répandu en informatique. Ce dernier est offert dans une variété de dimensions, mais, présentement, ce sont les modèles à affichage couleur à diagonale d'écran de 14 pouces qui connaissent une forte popularité.

L'écran cathodique est conçu selon le même principe qu'un téléviseur : sa technologie et son apparence extérieure sont identiques à ce dernier. Il y a cependant une différence : l'écran cathodique ne peut capter les ondes puisqu'il est directement branché sur la carte sortie vidéo de l'ordinateur.

Il est à prévoir que les dimensions des moniteurs seront augmentées, jusqu'à ce qu'elles atteignent celles des nouveaux téléviseur à haute définition (HDTV).

Les écrans cathodiques peuvent être monochromes ou couleur :

Écran monochrome

L'écran monochrome, comme son nom l'indique, ne possède qu'une seule source de couleur pour l'affichage, un peu comme la télévision en noir et blanc. Certains écrans monochromes, utilisant généralement un signal digital, n'admettent que 2 états pour chaque point : éteint ou allumé. On retrouve aussi des écrans monochromes permettant de distinguer 16 et même 64 teintes. La plupart de ces derniers utilisent un signal analogique.

L'écran monochrome est bien adapté à des usages d'affaires et donne un bon rendement dans des applications de traitement de texte et autres logiciels de base.

Si on compte se servir d'un écran monochrome VGA, il est très important de s'assurer que le contrôleur vidéo soit capable de communiquer avec ce dernier. Par exemple, les éléments d'information à afficher en couleurs pures, telles que le bleu ou le rouge, doivent être lisibles lorsqu'ils sont affichés sur un fond noir.

Écran couleur

Grâce à l'écran couleur, il est possible d'afficher simultanément différentes couleurs, dont le nombre varie de 16 à l'infini, selon l'écran. La couleur vient ajouter une autre perspective aux données affichées et assure donc une communication plus complète entre l'utilisateur et la machine.

Les premiers écrans couleur pour PC n'effectuent l'affichage que de quelques couleurs, généralement 16, et acceptent un signal digital couleur (digital RGB). Avec le standard VGA, IBM marque une nouvelle orientation : le remplacement du signal digital par un signal analogique, qui peut prendre en charge une infinité de couleurs. Pendant un certain temps qui fut une période de transition, un même écran pouvait recevoir des signaux analogiques et digitaux, ce qui était considéré alors comme très avantageux. Maintenant, seul le signal analogique est nécessaire.

4.5.5.2   Écran à cristaux liquides (LCD : *Liquid Crystal Display*)

Les écrans à cristaux liquides renferment des centaines de milliers de cellules indépendantes (pixels) à cristaux liquides. Généralement, la résolution de ces écrans est plus faible que celle des écrans cathodiques, mais il est probable que celle-ci sera améliorée à un rythme dépassant l'évolution des écrans cathodiques. Les avantages de la technologie à LCD sont :

- faible consommation : il ne faut qu'une «promesse» d'énergie pour activer les cristaux liquides; de plus, aucun haut voltage n'est nécessaire;

- dimensions réduites : l'écran à cristaux liquides ne requiert qu'un ensemble réduit de circuits logiques, a une épaisseur de quelques millimètres et est offert en une variété de surfaces;

- poids négligeable : l'écran à cristaux liquides ne pèse même pas un demi-kilo;

- absence d'émissions à très basse fréquence : l'écran à cristaux liquides n'émet pas d'ondes à basse fréquence et peut donc être considéré comme plus sain;

- capacité de représenter des teintes et des couleurs : certains écrans à cristaux liquides peuvent afficher jusqu'à 4096 couleurs différentes.

Ses désavantages sont :

- technologie coûteuse : la construction d'un écran à cristaux liquides requiert un réseau de films minces de cristaux liquides. La technologie nécessaire pour fabriquer ces films minces est encore onéreuse, et les taux de rejet sont élevés;

- fragilité : les écrans à cristaux liquides ne sont pas, jusqu'à présent, très résistants. Comme ils sont principalement utilisés avec des systèmes portatifs, cette fragilité pose un réel problème, surtout qu'elle s'aggrave à basse température;

- présence de «fantômes» : certains écrans à cristaux liquides ont une persistance de l'image désagréablement longue;

- visibilité réduite : l'utilisateur doit être situé en face de l'écran et ajuster le niveau d'éclairage, ainsi que le niveau de contraste, de l'arrière de l'écran, selon les conditions environnantes.

On peut distinguer trois technologies de fabrication d'écrans à cristaux liquides : passive, active et bistable.

La technologie passive est de loin la plus répandue. Chaque pixel est activé par un balayage continuel de l'écran, un peu comme dans les écrans cathodiques. L'écran est conçu selon un quadrillage de fils verticaux et horizontaux, et on ne peut contrôler l'état que d'un pixel à la fois.

La technologie active permet un contrôle de tous les pixels simultanément et, par conséquent, ne requiert pas de balayage. L'image qui en résulte est plus contrastée, plus stable, et présente des couleurs plus vives. Toutefois, cette technologie est relativement plus compliquée, et le taux de rejet dépasse 70 %.

La technologie bistable se sert de cristaux liquides ferro-électriques qui mémorisent leur état de façon autonome, sans même nécessiter d'alimentation. Vu la simplicité de sa fabrication et les performances possibles, il est probable que ce type d'écran, encore au stade expérimental, remplacera un jour les moniteurs et les téléviseurs à tube cathodique.

4.5.5.3   Écran à plasma

Les écrans à plasma comportent des feuilles de verre formant un quadrillage de petits trous réguliers. Ces derniers sont remplis d'un mélange gazeux à base de néon qui a la propriété de devenir lumineux dans certaines conditions, allumant ainsi les pixels à l'écran. Ces écrans requièrent une alimentation considérablement plus élevée que les écrans à cristaux liquides, et leur fabrication est relativement coûteuse. Pour ces raisons, on retrouve de moins en moins d'écrans à plasma parmi les nouveaux produits arrivant sur le marché.

4.6   L'IMPRIMANTE

4.6.1   Diversité des dispositifs d'impression et principes de fonctionnement

Lorsque Gutenberg inventa la presse à imprimer au XVe siècle, le monde a été bouleversé, et pour cause. On venait d'ouvrir la porte à un moyen de communiquer efficacement des connaissances à une multitude de personnes. Grâce à cette innovation, on a pu asseoir les bases de la société scientifique d'aujourd'hui.

Cependant, la presse de Gutenberg avait quand même ses limites : il fallait monopoliser des typographes pour disposer les caractères mobiles dans la séquence voulue et pour faire la mise en pages. Néanmoins, cette technique a été utilisée pendant des siècles.

L'innovation qui suivit, dans le domaine de l'impression, a été la machine à écrire, commercialisée par l'armurier Remington. Elle permettait de produire un nombre restreint de copies d'un document au moyen d'une typographie comparable à celle des imprimeries, mais plus rapidement et à une fraction du coût.

Plus tard, l'invention de la carte perforée par Hollerith, ainsi que celle du ruban perforé pour la télégraphie, a permis de mettre au point des machines pouvant imprimer de façon autonome. L'idée d'imprimante était née.

On retrace le concept d'imprimante par la suite dans le monde des télécommunications avec les téléimprimeurs, ou télex. Les premiers terminaux d'ordinateurs n'étaient pas munis d'un écran, mais bien plutôt d'une imprimante comme unique dispositif de sortie. On retrouve encore en certains endroits ces types de terminaux. Maintenant, l'imprimante remplit aussi les fonctions de nombreux dispositifs d'impression spécialisés qui, autrefois, n'étaient pas contrôlés par ordinateur.

On peut subdiviser les dispositifs d'impression en trois grandes classes, selon les méthodes qu'ils emploient pour imprimer des informations sur le support : les imprimantes à impact, les imprimantes sans impact et les traceurs de courbes.

4.6.2   Imprimantes à impact

Une imprimante à impact comporte un ensemble de pièces mobiles venant frapper un ruban encré qui est projeté contre un support, en règle générale du papier, et qui y laisse une marque d'encre identique à la forme de la pièce mobile. Évidemment, qui dit impact dit aussi bruit. En effet, le niveau sonore élevé de cette famille d'imprimantes est son plus grand inconvénient.

On retrouve deux grands types d'imprimantes dans cette classe : par caractère et par points.

4.6.2.1   Imprimantes par caractère

L'imprimante par caractère compte un nombre fixe et fini de pièces mobiles qui ont la forme des divers caractères que l'on désire reproduire. Un rouleau permet de déplacer le papier verticalement et une glissière en assure le déplacement horizontal. Un ruban encré est placé dans la trajectoire des pièces mobiles, juste avant le papier, et est avancé après chaque frappe. Un mécanisme actionne la pièce appropriée qui va frapper le ruban, et l'impact laisse une marque encrée sur le papier. Ce type d'imprimante est en perte de popularité. Les imprimantes de cette catégorie se subdivisent en trois groupes, selon la disposition des pièces mobiles : imprimantes à marteaux, imprimantes à bande et imprimante à marguerite (ou boule).

Imprimante à marteaux

Les premières imprimantes utilisaient une série de marteaux qui frappaient un ruban encré placé devant le papier. Cependant, le grand déplacement que ces derniers avaient à effectuer limitait la vitesse de frappe à au plus quelques caractères par seconde, en plus de produire un niveau de bruit très élevé.

Imprimante à bande

L'invention de l'imprimante à bande de caractères a permis d'augmenter considérablement le rendement des dispositifs d'impression de caractères. On se sert encore de ce type d'imprimante, surtout lorsqu'un grand débit d'impression à bon marché est voulu, comme dans le cas des imprimantes reliées aux ordinateurs centraux. Elle est toutefois si bruyante qu'elle doit être utilisée dans des locaux insonorisés.

Imprimante à marguerite

Avec les types d'imprimantes précédentes, un seul et unique style de frappe est possible. L'avènement des boules et des marguerites interchangeables a permis une plus grande variété, tant pour les imprimantes que pour les machines à écrire électriques. Généralement, ce type d'imprimante est dédié à un seul ordinateur. Les premiers systèmes de traitement de texte incluaient des imprimantes à marguerite.

Conçue selon une technologie connue et maîtrisée, l'imprimante à marguerite est peu dispendieuse et offre une excellente qualité d'impression. Toutefois, comme elle ne permet l'impression que d'un jeu de caractères à la fois, elle convient de moins en moins au traitement de texte; elle sert surtout à des tâches pour lesquelles la variété des caractères compte peu, par exemple la comptabilité et le publipostage. Elle est en outre lente (de 15 à 60 caractères par seconde) et si bruyante qu'elle nécessite l'installation d'un «coupe-bruit» lorsqu'elle est utilisée dans un bureau achalandé.

Caractéristiques des imprimantes par caractère

- Nombre de caractères par pouce : généralement, on compte soit 10 ou 12 caractères par pouce (Pica ou Elite).

- Nombre de lignes par pouce : on dispose d'un mode à 6 lignes par pouce et, occasionnellement, d'un mode à 8 lignes par pouce.

- Type de ruban : il existe des rubans encrés et des rubans au carbone. Les rubans au carbone donnent un contraste plus élevé, mais ne sont pas réutilisables. De plus, il existe divers formats physiques de rubans, soit en roulette ou en cartouche. Les cartouches sont plus faciles à changer mais coûtent plus cher.

4.6.2.2 Imprimantes par points

L'imprimante par points, aussi appelée imprimante matricielle, utilise une matrice d'aiguilles de métal comme pièces mobiles. On peut, par des motifs de points, former à peu près n'importe quel style de caractères ainsi que des graphiques, sur une même page. L'interface parallèle Centronics est de loin la plus répandue avec ce type d'imprimante.

Les imprimantes matricielles fonctionnent à l'aide d'aiguilles qui se groupent pour former les caractères à imprimer et qui viennent frapper le ruban. Ces matrices d'aiguilles peuvent être plus ou moins denses, généralement de 7×5 (35) à 32×72 (2304) points par caractère. Il va sans dire que la qualité de l'impression

FIGURE 4.7
Une imprimante
à marguerite

IBM Canada ltée

FIGURE 4.8
Une imprimante
matricielle

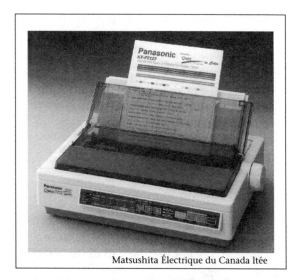

Matsushita Électrique du Canada ltée

est directement proportionnelle au nombre d'aiguilles. Pour produire une impression de meilleure qualité, ces systèmes effectuent une double impression. Les imprimantes matricielles sont offertes en plusieurs modèles caractérisés par leur nombre d'aiguilles. Ainsi, les modèles d'applications courantes possèdent 9 aiguilles et les modèles haut de gamme en possèdent 24 ou plus.

Imprimante à 9 aiguilles

Ce type d'imprimante constitue actuellement le bas de gamme des imprimantes. Sa tête d'impression est formée de 9 aiguilles alignées verticalement. Elle convient bien aux usages de base et permet, par un second passage légèrement décalé de la tête, d'obtenir une qualité d'impression se rapprochant de celle des imprimantes par caractère, soit environ 180 points par pouce.

Imprimante à 24 aiguilles

Possédant plus d'aiguilles alignées verticalement que la précédente, l'imprimante à 24 aiguilles donne, en un seul passage, une qualité d'impression rivalisant en tout point avec les imprimantes par caractère, et suivant un débit d'impression supérieur, avec la possibilité d'imprimer simultanément une pléiade de styles et de police.

Caractéristiques des imprimantes par points

- Compatibilité : les normes IBM et Epson d'imprimantes à impact sont les plus répandues. Pour que tous les logiciels puissent communiquer avec ces imprimantes, on recommande de ne se procurer que des imprimantes compatibles avec celles-ci.

- Polices de caractères : la plupart des imprimantes par points offrent un choix de polices de caractères. Cet aspect est important si l'on veut obtenir rapidement des textes imprimés avec une certaine variété.

- Vitesse d'impression en mode brouillon : cette vitesse représente la vitesse maximale à laquelle l'imprimante peut imprimer du texte. Cet aspect est spécialement important pour ceux qui utilisent l'imprimante à des fins internes, tels les programmeurs.

- Vitesse d'impression en qualité pseudo-courrier (*near letter quality*) : cet aspect est important pour ceux qui prévoient utiliser fréquemment leur imprimante à des fins de traitement de texte.

- Vitesse d'impression en mode graphique de qualité maximale : cet aspect est important pour ceux qui utilisent des applications graphiques ou des applications donnant accès à des polices de caractères qui n'existent pas dans l'imprimante. Cette caractéristique devient de plus en plus importante avec le déplacement de plusieurs applications vers les environnements graphiques comme Windows de Microsoft.

- Résolution maximale en X et Y : cette résolution est exprimée en points par pouce. Les imprimantes à 9 et à 24 aiguilles offrent généralement des résolutions de 180 et de 360 points par pouce respectivement.

- Grosseur des points : la grosseur des points fait souvent en sorte que ceux-ci se chevauchent, ce qui réduit la résolution effective et produit un certain flou.

- Durée de vie de la tête d'impression : certains modèles d'imprimantes par points sont conçus pour imprimer de grands volumes de documents, alors que certains autres ne sont destinés qu'à l'usage domestique.

- Capacité d'impression continue : certaines imprimantes domestiques disposent d'un détecteur de surchauffe de la tête d'impression qui réduit considérablement le rythme d'impression lorsqu'on leur transmet des documents comptant plus de 10 pages.

- Impression bidirectionnelle : certaines imprimantes sont capables d'imprimer dans les 2 directions, c'est-à-dire de gauche à droite, puis de droite à gauche, sur une même ligne. Cette caractéristique permet d'imprimer du texte plus rapidement, puisque la tête d'impression n'a pas à revenir à gauche avant de commencer la ligne suivante de texte. À remarquer que les imprimantes à 9 aiguilles ne peuvent imprimer en «aller-retour», ce qui les limite pour ainsi dire au mode brouillon.

- Impression couleur : la plupart des imprimantes par points peuvent imprimer en couleurs; il suffit d'installer un ruban couleur. Cependant, cette caractéristique est peu invoquée, étant donné le prix élevé de ces rubans et la qualité plutôt mauvaise d'impression.

- Niveau sonore : en fonction de l'environnement dans lequel l'imprimante sera utilisée, on peut trouver son niveau sonore trop élevé. Par exemple, l'étudiant imprimant de nuit son travail de session considère généralement que son imprimante par points est bien trop bruyante.

- Chemins à papier : on remarque que presque toutes les imprimantes par points utilisent le papier en formulaire continu à marges perforées. Il faut vérifier si le tracteur à papier est placé avant ou après la tête d'impression. S'il est après, on perd une feuille chaque fois qu'on détache les pages imprimées. Il faut aussi vérifier la facilité avec laquelle le papier s'insère dans le tracteur ainsi que la présence et le fonctionnement d'un chemin pour feuilles uniques.

Parmi les avantages que présente une imprimante matricielle, citons sa rapidité (entre 80 et 400 caractères par seconde) et les possibilités offertes sur le plan des modes d'impression (qualité brouillon ou qualité pseudo-courrier) et des jeux de caractères. Ainsi, elle peut imprimer différents jeux de caractères en même temps et elle permet à l'utilisateur de programmer ses propres caractères et d'imprimer des caractères graphiques. L'imprimante matricielle comporte cependant des désavantages comme la plus ou moins bonne qualité des textes imprimés en mode brouillon et un niveau de bruit élevé. De plus, le ruban s'use rapidement à cause de la friction des aiguilles sur la tête d'impression. Enfin, elle nécessite des ajustements et des réparations de la tête d'impression fréquents et a une durée de vie assez courte.

L'imprimante matricielle se prête à des usages comme la comptabilité, le traitement de texte, la gestion, l'informatique domestique et le graphisme.

Critères de choix

- Le nombre de caractères par seconde : la norme minimale d'une imprimante matricielle est de 100 caractères par seconde (CPS).

- La mémoire tampon : elle doit être d'au moins 8 Ko.

- La largeur du chariot : si l'utilisation prévue nécessite du papier de format légal, il vaut mieux opter pour un chariot de 15 pouces.

- Le nombre d'aiguilles : pour un amateur, une imprimante à 9 aiguilles est suffisante. Mais pour une utilisation professionnelle, une imprimante à 18 ou 24 aiguilles sera plus adéquate.

- L'impression en «aller-retour» : une imprimante bidirectionnelle (qui imprime dans les 2 directions) réduira le temps d'impression de moitié.

4.6.3 Imprimantes sans impact

Bien que toujours basée sur le principe de la matrice de points, la construction de l'imprimante sans impact a éliminé l'usage de pièces mobiles venant déposer l'encre sur le papier. Il en résulte généralement une réduction considérable du niveau de bruit. On retrouve dans cette classe trois types d'imprimantes : thermiques, à jets d'encre et à laser.

4.6.3.1 Imprimante thermique

Le premier type d'imprimante thermique a été mis au point pour imprimer rapidement les cartes météorologiques. La technique employée depuis reste grosso modo la même : une pointe métallique qui vient frotter un papier conducteur (généralement recouvert d'une couche d'aluminium) brûle localement ce dernier si une différence de potentiel existe entre les deux. L'inconvénient

IBM Canada ltée

majeur de cette technologie est qu'elle requiert un papier thermique coûteux et assez salissant et que l'imprimante ne produit qu'un seul point d'impression à la fois. Les télécopieurs bas de gamme font encore appel à cette technologie.

Comme dans le cas de l'imprimante matricielle, la qualité de l'impression est fonction du nombre et de la concentration des aiguilles produisant les points sur le ruban. Pour donner une impression de meilleure qualité, certains systèmes font une double impression, décalant légèrement la deuxième de façon que les points ne soient plus vraiment visibles.

On doit cependant noter qu'un type d'imprimante couleur très spécialisée utilise un principe de transfert de films colorés par la chaleur (QMS ColorScript 100) et ne doit pas être confondue avec la technologie thermique telle qu'on la décrit ici.

Caractéristiques des imprimantes thermiques

- Papier : ce type d'imprimante requiert un papier thermique spécifique, suivant la marque et le modèle de l'appareil. Ce papier, vendu en rouleau, a tendance à s'enrouler et a une texture désagréable.

- Odeur : certaines imprimantes dégagent une odeur de soufre.

L'imprimante thermique est peu dispendieuse, très silencieuse et offre de nombreuses possibilités graphiques. Elle convient surtout à des usages domestiques et est appropriée comme imprimante portative. Relativement lente (de 40 à 60 caractères par seconde), elle requiert un matériel (papier et ruban) très coûteux qu'il faut souvent renouveler. Elle n'est pas très efficace dans un environnement de bureau.

4.6.3.2   Imprimante à jets d'encre

Comme son nom l'indique, l'imprimante à jets d'encre fonctionne par jets d'encre ; cette encre est déposée sur le papier grâce à des becs dirigés par des électrodes. Les jets prennent la forme de gouttelettes ou sont continus. Les imprimantes à jets continus sont beaucoup plus dispendieuses. Sur certains modèles, le module d'impression est mobile ; sur d'autres, le papier se déplace sous le jet.

Cette technologie, peu coûteuse, est relativement récente et progresse continuellement. Résumons simplement celle-ci en disant que les aiguilles des impri-

**FIGURE 4.10
Imprimantes
à jets d'encre**

HP *DeskJet portable*

HP *Desk Writer 550C* pour ordinateur Macintosh

Hewlett-Packard Canada ltée

mantes matricielles sont remplacées par de minuscules jets d'encre contrôlés. Cette technologie fournit une qualité d'impression remarquable tout en réduisant le bruit à un niveau plus que civilisé. Les imprimantes à jets d'encre plus récentes peuvent même imprimer des graphiques presque à la même vitesse que du texte, car elles disposent de contrôleurs internes rapides.

Caractéristiques des imprimantes à jets d'encre

- Compatibilité logicielle : la norme dans le domaine des imprimantes à jets d'encre est la compatibilité à la gamme HP DeskJet. L'ancienne norme était la compatibilité à la gamme HP ThinkJet. Cependant une compatibilité avec les standards d'imprimantes par points IBM ou Epson est aussi acceptable.

- Impression couleur : ces imprimantes peuvent effectuer des mélanges de couleurs et donner des impressions en couleurs de bonne qualité, et ce à bon marché.

- Cartouche d'encre : le rechargement de l'imprimante en encre et le changement de la tête d'impression se font au moyen de cartouches contenant les deux. Ces cartouches, habituellement jetables, sont assez dispendieuses, ce qui augmente les coûts par page d'utilisation de ces imprimantes.

- Solubilité de l'encre : les premiers modèles d'imprimantes à jets d'encre utilisaient une encre très sensible à l'eau. Des mains moites pouvaient ainsi abîmer les pages imprimées. Cependant, il existe depuis peu des cartouches d'encre insoluble, qui sont vraiment recommandées.

- Résolution : les imprimantes à jets assurent maintenant une résolution de 300 points par pouce. Les anciens modèles ne pouvaient dépasser 180 points par pouce.

- Type de support : ce type d'imprimante peut imprimer sur du papier de qualité *bond* sans problème. Il existe aussi du papier et des acétates destinés à divers modèles d'imprimantes à jets d'encre. Toutefois, l'usage de papier glacé est impossible, puisque l'encre ne peut s'y fixer.

L'imprimante à jets d'encre se prête très bien à l'impression en couleurs, au graphisme et au traitement de texte. Elle permet une excellente qualité d'impression, comparable à l'impression à laser, tout en étant très silencieuse. Elle coûte relativement cher, moins toutefois qu'une imprimante à laser. En outre, elle nécessite un entretien régulier et complexe, entraînant des frais élevés.

4.6.3.3   Imprimante à laser

On peut décrire la technologie de l'imprimante à laser en la comparant à un photocopieur n'ayant pas besoin d'un original. Un tambour électrostatique est sélectivement chargé par un rayon laser avant d'être mis en contact avec une poudre venant se déposer sur les zones ainsi chargées. Au passage d'une feuille de papier, la poudre est déposée sur celle-ci et stabilisée par chauffage. On peut obtenir une qualité d'impression assez élevée pour la photocomposition, dépassant même les 1200 points par pouce.

Caractéristiques des imprimantes à laser

- Compatibilité : il existe deux normes en matière de compatibilité : la norme de langage de contrôle de page de Hewlett-Packard (HP PCL) et la norme de description de page PostScript d'Adobe. Le PCL est disponible en divers niveaux :

  - le PCL 3 est accepté par les systèmes compatibles avec la HP LaserJet II ;
  - le PCL 4 est accepté par les imprimantes compatibles avec les modèles LaserJet IIP et IID. Il ajoute au PCL 3 le support d'un nombre illimité de

FIGURE 4.11
Imprimante à laser

Hewlett-Packard Canada ltée

polices de caractères ainsi que la capacité d'utiliser une seule police de caractères dans les deux grandes orientations : portrait (à la verticale) ou à l'italienne (à l'horizontale);

– le HP PCL 5 est intégré dans la série des imprimantes HP LaserJet III (III, IIIP, IIID, IIISi) et ajoute au PCL 4 le support de polices à taille variable, la rotation des caractères à n'importe quel angle, des effets spéciaux, ainsi que la compatibilité avec le langage HP-GL/2 utilisé par les tables traçantes.

Le langage PostScript est plus évolué que le PCL de HP, constituant à vrai dire un langage de programmation complet. Cependant, pour l'impression de pages de complexité faible ou moyenne, ce langage est très lent comparativement au PCL. Le PostScript 2 est une version améliorée du PostScript, qui, entre autres choses, compresse les données à transmettre à l'imprimante.

- Résolution : certaines imprimantes à laser assurent une résolution de 300 à plus de 1200 points par pouce. Des dispositifs découlant par exemple de la technologie à rehaussement de résolution (RET) de HP permettent, en modulant la grosseur des points, d'obtenir une impression d'une résolution plus élevée.

- Nombre de pages par minute : cette caractéristique détermine la vitesse du «moteur» laser intégré à l'imprimante. La vitesse théorique est donnée par le temps nécessaire à l'impression d'une page de texte standard à la «vitesse de croisière».

- Vitesse de l'interface : généralement, une interface parallèle Centronics relie l'imprimante à laser à l'ordinateur. Les interfaces série RS-232-C et RS-422-A ne sont pas recommandées à cause de leur faible taux de transfert. Les imprimantes destinées à un usage en réseau disposent généralement d'un adaptateur de réseau (Ethernet ou Token Ring). On doit noter que la HP Laser IIP Plus dispose d'un port parallèle à haut débit.

- Puissance du processeur interne : plus la page à imprimer est complexe, plus l'imprimante doit effectuer de traitement avant d'établir l'état des points constituant l'image. Ainsi, même si l'imprimante est pourvue d'un moteur laser très rapide, elle peut être dépassée par une imprimante ayant un moteur laser plus lent, mais disposant d'un processeur interne plus rapide. Il n'est pas rare de trouver dans les imprimantes PostScript haut de gamme des microprocesseurs aussi puissants, sinon plus, que ceux dont sont munis les récents ordinateurs de table.

- Mémoire vive interne de l'imprimante : cette mémoire sert à emmagasiner les données temporaires comme les polices de caractères temporaires et les graphiques à imprimer. Une imprimante PostScript requiert un minimum de 2 Mo de mémoire vive, alors qu'une imprimante PCL requiert autant de mémoire qu'il en faut pour emmagasiner les graphiques et les polices logicielles de caractères.

- Temps nécessaire pour obtenir la première page : cette caractéristique peut être spécialement importante si on imprime des pages sporadiquement.

- Nombre de polices de caractères intégrées : les polices de caractères se caractérisent par :

  - la fonte : Il existe une grande variété de caractères typographiques qu'il serait trop long d'énumérer ici. On peut tout au moins mentionner qu'on retrouve des caractères sérifs et des caractères sansérifs. Les caractères sérifs ont de petites pattes stylisées au bout de leur jambage. On peut dériver d'une fonte diverses variantes, comme le gras, l'italique et l'italique gras.

  - la dimension : celle-ci se mesure en points. Un pouce équivaut à 72 points.

L'imprimante à laser se prête à de multiples usages, notamment au publipostage, au graphisme et au traitement de texte. Machine intelligente, c'est-à-dire capable d'accomplir certaines tâches par elle-même, sans l'intervention de l'ordinateur, elle possède son propre langage de programmation, appelé PostScript, et sa propre mémoire (de 1 à 4 Mo). Très rapide (de 6 à 14 pages par minute), elle assure une très grande qualité d'impression (résolution entre 300 et 1200 points par pouce) et peut imprimer plusieurs polices de caractères (jusqu'à 30 simultanément); certaines (les modèles les plus chers) peuvent même imprimer en couleurs. L'imprimante à laser représente l'outil parfait pour l'édition électronique. Elle comporte néanmoins quelques désavantages, plus particulièrement des coûts d'achats et d'entretien élevés, de même qu'une installation et une configuration complexes. Par ailleurs, l'utilisateur doit apprendre le langage PostScript.

Critères de choix

- Le langage PostScript : ce langage rend le graphisme indépendant du matériel et du logiciel. Il s'impose de plus en plus comme le standard. Une de ses grandes qualités est d'être transportable, c'est-à-dire de permettre l'impression d'un texte préparé pour le PostScript sur n'importe quelle imprimante acceptant ce standard.

- La qualité d'impression : prendre en considération la résolution, c'est-à-dire combien de points par pouce sont imprimés (de 300 à 1200).

- Les polices de caractères : de combien de polices peut disposer l'imprimante et de quels types?

- Le contraste : comparer la qualité d'impression par rapport aux différentes intensités de noir.

- La compatibilité avec les logiciels : s'assurer que les logiciels utilisés acceptent une imprimante à laser.

4.6.4 Table traçante

La table traçante reproduit une série de mouvements effectués par un ou par plusieurs stylos sur une page. On peut donc dire qu'elle dessine l'image qu'on désire. Son avantage réside surtout dans sa capacité d'utiliser des supports de très grandes dimensions.

La table traçante est capable de dessiner dans les 2 axes principaux, X et Y. Deux méthodes permettent de reproduire ces 2 types de mouvements : soit qu'on dispose d'un moyen de déplacer le stylo dans les 2 axes, alors que le papier est maintenu à plat, ou encore que le stylo se déplace seulement dans un axe alors que le papier se déplace dans l'autre, autour d'un rouleau.

Le tracé de lignes perpendiculaires aux axes est très précis, mais les courbes et diagonales sont réalisées par des escaliers, dont la finesse dépend de la résolution.

Le positionnement en X et en Y est effectué soit par des moteurs pas-à-pas, qui ne se déplacent que par coups, ou par des moteurs linéaires continus qui sont asservis. La grosseur du pas ou la résolution du dispositif d'asservissement détermine la résolution possible.

La table traçante est généralement munie de nombreux stylos de diverses couleurs et épaisseurs de trait situés dans un magasin sur son côté.

Caractéristiques des tables traçantes

- Compatibilité : les grands standards de communication dans le domaine des tables traçantes sont les langages graphiques Hewlett-Packard de première et de seconde génération, les HP-GL et HP-GL/2. Il existe maintenant des tables traçantes qui utilisent le langage PostScript. On doit s'assurer que le traceur de courbes qui nous intéresse est (et restera) pris en charge par les logiciels utilisés.

- Dimensions des supports : les modèles à plat acceptent n'importe quelle dimension de papier jusqu'à concurrence de la dimension maximale de la table de dessin, alors que les modèles à rouleaux imposent des limites. Cependant, ces derniers acceptent généralement des surfaces plus imposantes. Divers standards permettent de désigner les dimensions, tels les DIN, ISO et ANSI.

- Dimension maximale de dessin : selon le modèle, les traceurs exigent des marges plus ou moins grandes. Pour un usage efficace, il faut vérifier s'il est possible de dessiner suffisamment proche des bordures du plus grand format toléré.

FIGURE 4.12
Un traceur de courbes

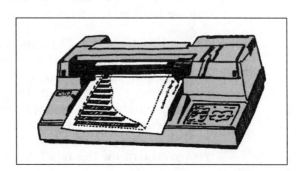

- Vitesse de dessin : de nombreux facteurs viennent influencer la vitesse de dessin, par exemple l'accélération maximale en X et Y et la vitesse maximale en X et Y.

- Précision du dessin : cet aspect dépend de plusieurs variables telles la précision (en %), la résolution (en mm) et la possibilité de répéter (en mm).

- Nombre de plumes : certains traceurs utilisent plus d'une plume en même temps, ce qui résulte en un plus grand choix de couleurs et d'épaisseur de traits, sans qu'il soit nécessaire d'intervenir.

- Type de pointes : on trouve divers types de pointes ayant des caractéristiques propres, et certains modèles de tables traçantes ne peuvent tous les accepter. Nommons entre autres les pointes de feutre, à bille, de céramique, à vélin et Rapidograph. Les caractéristiques supplémentaires des plumes sont :

  - jetables ou rechargeables ;

  - durée d'autonomie d'une charge ;

  - largeur du trait ;

  - constance de largeur du trait (dureté de pointe) ;

  - type d'encre utilisée : à l'huile ou à l'eau ;

  - type de support recommandé.

- Type de support : une variété de supports peuvent être employés, présentant chacun des particularités intéressantes pour diverses tâches spécialisées. Entre autres, mentionnons le vélin, le papier à dessin, le papier spécial à traceur, le film de polyester, le papier glacé ainsi que le transparent.

- Interface : cet aspect détermine le type de port d'interface qui doit être libre sur l'ordinateur pour qu'on puisse y connecter la table traçante. Généralement, l'interface série RS-232-C est utilisée, mais on a recours dans certains cas à l'interface parallèle Centronics, à l'interface série RS-422-A ou même à l'interface d'instrumentation HP-IB (IEEE-488). Cet aspect est important, car il permet de savoir quels appareils peuvent fournir les données à tracer (ordinateur ou autres machines) et de déterminer la vitesse de transfert de l'information.

- Capacité de la mémoire tampon : la mémoire tampon, dont la capacité varie de 0 à 20 Mo, permet d'emmagasiner une quantité de commandes destinées à la table traçante, ce qui réduit les délais de communication entre celle-ci et l'ordinateur. De plus, selon la capacité de la mémoire tampon, certaines tables traçantes procéderont à une optimisation de l'ordre de traçage des lignes pour augmenter la vitesse de dessin. Finalement, la mémoire tampon permet de laisser croire à l'application que le traçage est terminé très rapidement.

Le tableau suivant donne un résumé des caractéristiques des diverses imprimantes.

TABLEAU 4.2
Tableau comparatif
des caractéristiques
des imprimantes

	Matricielle	À marguerite	À jets d'encre	Laser
Vitesse	moyenne	lente	moyenne	élevée
Prix	bas	moyen	moyen-bas	moyen-élevé
Formulaire à carbone	oui	oui	non	non
Qualité d'impression	brouillon, courrier	courrier	brouillon, courrier	courrier
Capacités graphiques	moyennes	aucune	élevées	très élevées
Niveau sonore	moyen	élevé	faible	faible

Source : Adapté de Arrow Systems Product Guide 1992, Arrow Electronics inc., p. 15-18.

4.6.5 Critères de sélection lors de l'achat d'une imprimante

4.6.5.1 Parallèle ou série

Outre la répartition des imprimantes en deux grandes classes, soit les imprimantes avec ou sans impact, il existe une autre classification qui distingue les imprimantes suivant qu'elles sont sérielles ou parallèles. L'apparence externe de ces deux types d'imprimantes est semblable, mais leur protocole sur le plan de l'échange d'information avec l'ordinateur est très différent.

Les imprimantes parallèles reçoivent 8 bits de données de façon simultanée, ce qui assure une communication plus rapide avec l'ordinateur. Afin de mieux comprendre la circulation d'informations entre l'ordinateur et une imprimante parallèle, on peut comparer le canal de communication entre l'ordinateur et l'imprimante à une autoroute à 8 voies où 8 automobiles (8 bits) peuvent circuler de front. Les voitures pouvant ainsi se déplacer, la circulation se fait très rapidement. C'est ce à quoi ressemble la communication en parallèle entre l'ordinateur et l'imprimante parallèle.

Les imprimantes série, quant à elles, sont reliées à l'ordinateur par une seule voie. Les bits ne circulent donc qu'un à la fois. Ainsi, avec une imprimante série, la communication s'effectue moins rapidement, comme c'est le cas de la circulation sur une route de campagne où les voitures avancent en file.

4.6.5.2 Vitesse d'impression

La vitesse d'impression, calculée en CPS (caractères par seconde) est l'un des principaux critères (avec la qualité d'impression) qui sert à comparer les imprimantes. Une imprimante de qualité moyenne imprime à une vitesse moyenne de 200 CPS en mode brouillon (qualité d'impression inférieure) et de 50 CPS en mode qualité pseudo-courrier (qualité d'impression supérieure). Un autre aspect qu'il importe de prendre en compte est le principe d'aller-retour; l'imprimante unidirectionnelle imprime les caractères de gauche à droite sans en imprimer de droite à gauche, contrairement à l'imprimante bidirectionnelle qui imprime de droite à gauche et également de gauche à droite. L'imprimante bidirectionnelle permet d'imprimer plus rapidement, puisque la tête d'impression reproduit 2 lignes de texte dans un aller-retour, alors que la tête d'impression de l'imprimante unidirectionnelle n'imprime qu'une seule ligne dans un aller-retour.

4.6.5.3 Qualité d'impression

Comme nous l'avons vu précédemment, il existe deux niveaux de qualité d'impression principaux : la qualité brouillon et la qualité pseudo-courrier. L'impression de qualité brouillon est plus rapide, parce que la tête d'impression ne passe qu'une fois sur les lettres. Toutefois, en échange de la rapidité d'impression, l'utilisateur doit être moins exigeant en matière de qualité d'impression. Ce mode reste utile pour imprimer une copie brouillon d'un texte afin d'y apporter des corrections ou pour imprimer une liste des instructions d'un programme. Une fois les corrections terminées, l'utilisateur peut alors choisir la qualité pseudo-courrier qui lui donne une qualité d'impression supérieure. Il existe également d'autres modes d'impression, comme les modes «condensé» et «élargi», qui permettent de modifier la longueur de la ligne utilisée pour l'impression.

4.6.5.4 Compatibilité

Une imprimante doit être compatible avec le système informatique; il faut donc s'assurer qu'il sera possible de profiter de tous ses avantages avant de faire un choix. Il arrive qu'il soit nécessaire d'utiliser une interface supplémentaire pour transformer les données afin que l'imprimante puisse les comprendre.

4.6.5.5 Mémoire interne

La mémoire interne de l'imprimante permet à celle-ci de mémoriser les spécifications données (de caractères, de format, etc.). Cette mémoire comporte différentes variations possibles et celle des modèles plus sophistiqués peut souvent en accepter d'autres, généralement contenues dans une cassette à insérer. Le reste de mémoire interne sert de tampon; donc plus grande sera la capacité de la mémoire interne de l'imprimante, moins l'impression d'un travail monopolisera l'ordinateur, puisque le travail sera effectué par la mémoire de l'imprimante.

4.7   DISPOSITIFS DE COMMUNICATION

4.7.1   Le modem

4.7.1.1   Description

Un modem (MODulateur-DÉModulateur) est un périphérique de communication qui permet de transmettre des données à un autre ordinateur. Généralement, un modem se sert d'un lien téléphonique pour transmettre de telles informations. À l'aide d'un protocole établi entre les deux appareils, le modem traduit les informations digitales en informations analogiques avant de les transmettre. Par la suite, le modem hôte (celui qui reçoit les informations) retraduit le signal analogique reçu en un signal digital avant de le traiter.

La modulation protège le signal transmis en l'«encoquillant» autour d'un signal qu'on nomme l'onde porteuse. Cela est nécessaire lorsque le signal doit franchir de grandes distances ou que l'environnement comporte de nombreuses sources d'interférences.

4.7.1.2   Notions de base

Vitesse de transmission   La vitesse de transmission d'un modem se mesure en bits par seconde (bps). Certains modems fonctionnent au moyen de lignes téléphoniques domestiques et peuvent atteindre des taux de transfert de 38 400 bits par seconde.

Baud   Un baud a traditionnellement été considéré comme l'équivalent d'un bit par seconde. Cela n'est pas faux pour les modems dont la vitesse atteint 2400 bps. Cependant, au-delà de 2400 bps, le baud n'égale plus un bit par seconde. En fait, le baud est le nombre de changements d'état du signal modulation par seconde. Les lignes téléphoniques présentent la particularité de ne pouvoir transmettre plus de 2400 changements d'état par seconde de façon fiable. Comment alors peut-on obtenir des taux de transmission dépassant 2400 bps? On y arrive en disposant de plus de 2 états distincts représentables sur la ligne de communication à chaque changement d'état. On réussit actuellement à obtenir jusqu'à

FIGURE 4.13
Un modem externe

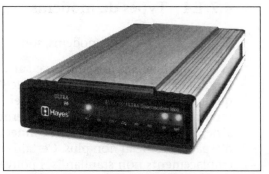

Reproduit avec la permission de Hayes Microcomputer Products inc.

64 états distincts par baud, ce qui signifie qu'un baud devient l'équivalent de 6 bits par seconde. Une ligne téléphonique domestique limitée à 2400 bauds permet d'atteindre un taux de transmission de 14 400 bps. Le standard de communication V.32bis est articulé sur cette architecture.

Compression   Les standards MNP5, V.42 et V.42bis ont pour fonction de compresser les données à transmettre. Les modems intégrant ces standards peuvent transmettre de l'information non compressée, comme du texte, à des taux plusieurs fois plus élevés, en plus de disposer d'un mécanisme assurant une communication sans erreur. Les modems qui peuvent recevoir les standards V.42bis et V.32bis sont donc en mesure de fonctionner suivant des taux de transmission très élevés, tout en utilisant une ligne de transmission téléphonique limitée à 2400 bauds.

Parité   La parité est une méthode de base qui permet aux modems ne possédant pas de capacité interne de créer des liens sans erreur de détecter certaines erreurs de transmission. Après avoir transmis 7 bits d'information (*data bits*), le modem transmet un huitième bit (le bit de parité) en vue de contrôler la réception des 7 bits précédents.

Directivité   La directivité fait partie du protocole qui détermine le type de corridor qui reliera les 2 ordinateurs. Il existe 3 modes de transmission : transmission unidirectionnelle (simplex), bidirectionnelle non simultanée (semi-duplex) et bidirectionnelle simultanée (duplex intégral). Dans le mode unidirectionnel, la voie entre l'ordinateur émetteur et le récepteur est à sens unique : un seul des 2 ordinateurs peut transmettre de l'information à l'autre. En mode bidirectionnel non simultané, 2 ordinateurs peuvent émettre et recevoir des informations en alternance : lorsqu'un ordinateur émet, l'autre reçoit. Le mode bidirectionnel simultané, quant à lui, permet aux 2 ordinateurs d'émettre et de recevoir des informations simultanément.

4.7.1.3   Principes de fonctionnement

Le modem utilise un canal de communication série RS-232-C pour communiquer avec l'ordinateur. Comme nous l'avons vu auparavant, le connecteur série transmet les bits d'information en file, c'est-à-dire un à la suite de l'autre.

4.7.1.4   Types de modems

Il existe deux types de modems, soit les modems externes et les modems internes.

Le modem interne se trouve sur une carte située à l'intérieur du boîtier de l'ordinateur. Le seul lien qu'il a avec l'extérieur est le connecteur téléphonique qui est apparent à l'arrière du boîtier. En règle générale, un modem interne est moins coûteux qu'un modem externe. De plus, il fournit sa propre interface série, ne monopolisant pas de connecteur série sur l'ordinateur. Il n'occupe pas d'espace de bureau non plus. Certains ordinateurs portatifs comportent aussi des emplacements non standardisés pouvant recevoir un modem interne, généralement offert à prix fort par la même compagnie.

Les modems externes sont des appareils complètement indépendants du boîtier et sont rattachés à l'ordinateur par un port de communication série RS-232-C. Un des plus grands avantages de ce type de modem est qu'il est facile de le déplacer et de le brancher à un autre ordinateur. De plus, ce type de modem possède généralement un panneau de LED exprimant son état courant.

Critères de choix

- La vitesse : le modem à 2400 bps convient à ceux qui veulent une communication informatique à bon marché. Les modems à haute vitesse doivent se conformer au V.32bis (14 400 bps) ou, à la limite, au V.32 (9600 bps). Les modems à très haute vitesse devraient ajouter le V.42bis au V.32bis.

- La compatibilité : il est souhaitable que le modem suive un jeu de commandes basé sur le Hayes SmartModem 2400. On appelle ce standard le jeu de commandes AT (où AT signifie «Attention!»).

- La capacité de remplir les fonctions d'un télécopieur : de plus en plus de modems sont aussi en mesure de jouer le rôle de télécopieur, ou *fax*. Certains ne peuvent que transmettre des documents, mais la plupart peuvent envoyer et recevoir des télécopies à une vitesse de 9600 bps. On doit s'assurer que le modem-*fax* est compatible avec le jeu de commandes AT étendu de classe 2 proposé pour les télécopieurs du groupe 3. Une extension, le V.17, permet même de transmettre des documents à 14 400 bps.

- Les standards de communication : cet aspect a trait à la configuration électronique du système. Une configuration conforme au Bell 212A ne devrait pas causer de problèmes.

- La compatibilité matérielle (*hardware*) : le modem doit être compatible avec l'ordinateur utilisé.

- La compatibilité logicielle (*software*) : le modem doit être en mesure de fonctionner avec un logiciel de télécommunications standard.

- Les protocoles de communication : le modem doit pouvoir adopter divers protocoles et modes de communication afin d'être en mesure de communiquer avec plusieurs ordinateurs aux protocoles différents.

- Le type : le fait d'être externe ou interne à l'ordinateur.

- La compatibilité Hayes : la reconnaissance de ce standard de l'industrie est essentielle pour que le modem soit fonctionnel.

- La recomposition et la réponse automatiques : elles permettent à l'utilisateur de recevoir des messages, même s'il est absent, ainsi que la recomposition à l'infini d'un numéro, jusqu'à ce que la communication soit établie.

4.7.2   La carte à télécopieur

Une carte à télécopieur assure la saisie, la transmission (analogique ou digitale) et la réception de l'image d'un document page par page. Sa fonction consiste à entrer de l'information graphique pour produire des données à distance. Sa vitesse permet de transmettre, avec un débit de 64 kbauds, une page format lettre (8,5 × 11 pouces) en moins d'une minute dans le cas d'une transmission analogique, et en 15 secondes dans le cas d'une transmission digitale. Elle se présente donc comme une solution ultrarapide face aux services postaux et se traduit, par conséquent, par une amélioration de l'image de l'organisation, du service à la clientèle et du temps de réaction des gestionnaires.

4.7.3   La carte modem-télécopieur

La carte modem-télécopieur peut être utilisée comme un télécopieur et aussi comme un modem. Une même pièce d'équipement peut donc assurer ces deux opérations différentes. Dans le cas du modem, elle envoie un document, tandis que dans le cas du télécopieur, elle transmet l'image.

4.8   CONCLUSION

Dans ce chapitre, nous avons vu que l'ordinateur interagit avec divers types de périphériques. Ces périphériques se divisent en trois catégories : les dispositifs d'entrée, qui servent principalement à fournir des informations à l'ordinateur, les dispositifs de sortie par lesquels l'ordinateur fait part de ses résultats à l'utilisateur et enfin les dispositifs d'entrée/sortie. Nous avons également vu quelles sont les composantes principales de ces périphériques et la façon dont ces derniers fonctionnent.

Nous avons finalement examiné certains des critères qu'il importe de prendre en considération lors de l'achat de tels équipements. Nous avons vu qu'ils présentent tous des avantages et des désavantages et qu'une analyse préalable des besoins est essentielle dans le choix des périphériques, et ce en vue d'éviter toute déception.

4.9   QUESTIONS

1. Nommez 3 périphériques d'entrée et décrivez leur rôle.

2. Nommez 2 périphériques de sortie et décrivez leur rôle.

3. À quoi les périphériques d'entrée transmettent-ils les informations ?

4. Quelles sont les 3 façons de classifier les différents équipements périphériques ?

5. Quels sont les 3 parties qui composent le clavier d'un ordinateur ?

6. Qu'est-ce qu'un clavier Qwerty ?

7. Quels sont les genres de travaux qui peuvent être exécutés au moyen d'une tablette graphique?

8. Quels sont les critères importants dans le choix d'un écran?

9. Qu'est-ce qu'un pixel?

10. Nommez les différentes cartes vidéo existantes. Laquelle a la plus faible résolution? Laquelle a la plus forte résolution?

11. Quelles sont les 3 technologies d'écrans sur le marché?

12. Nommez une imprimante avec impact. Pourquoi l'appelle-t-on ainsi?

13. Nommez une imprimante sans impact. Pourquoi l'appelle-t-on ainsi?

14. Quels sont les 2 degrés d'intelligence pour les modems et qu'est-ce qui les différencie?

15. Le rôle des touches de fonctions d'un clavier varie-t-il suivant le logiciel utilisé?

16. En quoi le clavier numérique est-il utile (2 utilités)?

17. Quels sont les avantages de la souris?

18. Nommez les 2 types de souris.

19. Donnez un exemple d'un lecteur de code à barres.

20. Qu'est-ce que la résolution de l'écran?

21. Doit-on considérer les limites imposées par l'ordinateur en ce qui concerne l'affichage des pixels? Expliquez.

22. Quels éléments caractérisent la qualité de l'image?

23. Décrivez l'écran monochrome.

24. Avec quels types de logiciels l'écran monochrome est-il utilisé?

25. Pour quel usage l'écran couleur est-il recommandé?

26. Quel est le type idéal d'écran pour un utilisateur faisant de la mise en pages? Expliquez.

27. Donnez les caractéristiques de l'écran des ordinateurs portatifs.

28. Qu'est-ce qu'un écran tactile?

29. Expliquez le fonctionnement de chacune des imprimantes suivantes : à laser, à marguerite, à jets d'encre, matricielle.

30. Qu'est-ce qui distingue l'imprimante parallèle de l'imprimante série?

31. Quelles caractéristiques doit-on examiner lors de l'achat d'une imprimante?

32. Que signifie CPS?

33. Expliquez pourquoi une imprimante bidirectionnelle est plus efficace qu'une imprimante unidirectionnelle.

34. Que faut-il faire pour rendre une imprimante compatible avec un système?

35. Nommez quelques-uns des avantages et des désavantages de l'imprimante à marguerite.

36. Énumérez les principaux avantages et inconvénients de l'imprimante à laser.

37. Est-il possible d'imprimer en couleurs? Si oui, quelles sont les techniques?

38. Qu'est-ce qu'un modem?

39. Comment le modem permet-il à 2 utilisateurs de communiquer entre eux?

4.10   BIBLIOGRAPHIE

ALÉONG, Stanley. *PC-DOS, MS-DOS 3.3 — Manuel d'apprentissage, de références et d'exemples*, Éditions G. Vermette inc., 1988, 308 p.

APRUZZESE, G. et C. FRAULY. *IBM PC du laboratoire à l'industrie*, Dunod, 1986, 244 p.

BELL CANADA. *Guide technique du fournisseur de services*, Montréal, Bell Canada, Planification des marchés, Service Alex, 1988.

BRENNER, Robert. *IBM PC Advanced Troubleshooting & Repair*, Howard W. Sams & Company, 1988, 289 p.

Dictionnaire de l'informatique — concepts, matériels, langages, Larousse, 1988, 256 p.

DIONNE, Michel. *La télématique*, Société de communautique du Québec inc., 1988, 243 p.

JANITZ, Richard. *Ventura Publisher for the IBM PC*, Mastering Desktop Publishing, John Wiley & Sons, 1988, 264 p.

JOLLES, Antonia Stacy. *PageMaker par la pratique sur PC et compatibles*, Sybex, 1988, 287 p.

KAMIN, Jonathan. *Les disques durs des PC & compatibles*, Sybex, 1987, 405 p.

LAMOITIER, Jean-Pierre, Michel TREILLET et Bénédicte CHANTALOU. *Micro-édition sur PC, PS et compatibles*, Référence Cedic/Nathan, Édition P.S.I., 1988, 349 p.

LASSELLE, Joan et Carol RANSAY. *The ABC's of the IBM PC and Compatibles*, Sybex, 1988, 182 p.

NORTON, Peter et Richard WILTON. *Le guide Peter Norton du programmeur PC & PS/2*, Microsoft Press, 1989, 479 p.

Soft & Micro, Exapublications, février et avril-mai 1988.

VIRGA. *L'indispensable pour IBM/PC et compatibles*, Collection Marabout service, 1987, 403 p.

WILLIAMS, Gene. *Repair and Maintain your IBM PC*, Chilton Book Company, 1984, 209 p.

5 Dispositifs de mémoire auxiliaire et supports de mémorisation

5.0 OBJECTIFS

1. Connaître les fonctions des supports de mémorisation.

2. Décrire les principales technologies de stockage de données : disquette, disque dur, disque optique numérique.

3. Décrire les principales façons de classer les supports de mémorisation et connaître les différences entre ceux-ci.

4. Connaître les critères de choix lors de l'achat des divers dispositifs de mémoire auxiliaire.

5.1 INTRODUCTION

Nous avons décrit dans les chapitres précédents les différentes composantes internes de l'ordinateur. Nous avons vu, entre autres, que l'ordinateur dispose d'une mémoire morte (ROM) et d'une mémoire vive (RAM), dite la mémoire principale, dans laquelle sont conservées les informations requises pour que l'ordinateur accomplisse certaines tâches. Comme la mémoire principale est volatile, les informations qu'elle contient s'effacent lors de la mise hors tension de l'ordinateur, ce qui n'est pas tellement pratique si l'on a à s'y référer ultérieurement.

Pour contourner le problème de la volatilité de la mémoire principale, des mémoires auxiliaires, dites aussi mémoires secondaires, ont été mises au point. Ces mémoires, constituées d'unités périphériques de stockage, c'est-à-dire de lecteurs qui permettent à la fois la lecture et l'enregistrement de données sur des supports d'information tels que bande et disquette magnétiques, disque dur et disque optique, assurent le rangement, à long terme, des données. Ces supports de mémorisation, généralement amovibles, permettent également de garder en un endroit sûr, à l'abri de tout danger (feu, vol, vandalisme) et de toute indiscrétion, des copies de sécurité de tous les fichiers, réduisant ainsi les risques de perte d'informations inestimables.

On distingue, dans les mémoires secondaires, les mémoires de masse, ainsi appelées parce que leurs capacités de stockage est considérable, frôlant les mille milliards d'octets comparativement aux quelques méga-octets de la mémoire principale.

Comme le reste, la technologie des mémoires auxiliaires n'a cessé de s'améliorer au cours des ans : les divers dispositifs sont passés de peu performants, gros, lourds et lents à performants, petits, légers et rapides. Les ingénieurs ont travaillé à miniaturiser les disquettes, les réduisant d'un diamètre de 8 pouces (20,5 cm) à 3,5 pouces (9 cm) tout en augmentant leur capacité de 160 000 caractères à près de 3 millions de caractères. Les disques durs ont été mis au point et font désormais partie de l'équipement standard de tout système micro-informatique. Ils offrent une plus grande densité que les disquettes, c'est-à-dire que plus d'informations peuvent y être stockées.

Les supports d'information actuellement les plus populaires sont fabriqués selon un procédé utilisant les propriétés de substances magnétisables. Cependant, de nouveaux dispositifs, relevant de la technologie de l'enregistrement optique, tendent à s'imposer de plus en plus. Dire qu'il n'y a pas si longtemps, l'information était conservée sur ruban ou carte perforés !

5.2   NOTIONS DE BASE

Avant d'examiner tous ces différents dispositifs, il serait bon de nous attarder quelques instants sur certaines notions (caractéristiques) qui faciliteront la compréhension de l'ensemble du chapitre.

Piste   On appelle piste chacun des cercles concentriques qui partagent un disque magnétique. La piste requise est sélectionnée par un déplacement des têtes de lecture/écriture au-dessus de celle-ci.

Secteur   Un secteur est une division magnétique faite sur les différentes pistes qui partagent un disque. Il sert à en subdiviser la surface pour permettre un classement plus efficace des informations qui y sont écrites. Un secteur peut correspondre à 1/8 ou 1/15 de la piste, ou à une autre portion selon le cas.

Cylindre   Ensemble de pistes superposées, qui, dans une pile de plateaux d'un disque dur, peuvent être lues sans mouvement supplémentaire des têtes de lecture/écriture.

Densité   La densité est calculée par le quotient du nombre de données placées sur la surface du support et de la longueur nécessaire pour inscrire ces données. Par exemple, on pourra dire que, sur une disquette, la densité d'information sera de 256 octets par secteur.

Débit   Le débit est la vitesse à laquelle l'information se transmet entre 2 composantes du système. Par exemple, un débit de 960 bits par seconde signifie qu'environ 120 caractères (960/8 octets) par seconde sont transmis. Nous parlons ici de débit entre les différents dispositifs de mémoire et l'unité centrale de traitement (UCT).

Temps d'accès   Le temps d'accès est le délai entre le moment où la demande d'information est transmise au dispositif par l'UCT et le moment où le transfert d'information entre ce dispositif et l'UCT commence.

5.3   TYPOLOGIE

Les données, ainsi que nous l'avons dit précédemment, sont stockées sur des supports conçus d'après deux technologies différentes : magnétique et optique. À chaque type correspondent des dispositifs particuliers qui permettent l'enregistrement des données et leur récupération ultérieure.

Les principaux dispositifs sont le lecteur de disque magnétique, le lecteur de disque optique numérique et le lecteur de bande magnétique. Bien que chacune de ces unités soit nommée «lecteur», elles servent néanmoins à la fois à lire et à écrire des données.

Outre la nature de ces dispositifs et supports de mémorisation et la technologie à laquelle ils font appel, trois aspects servent à les classer : la fonction, le mode d'accès et le degré de mobilité.

5.3.1   La fonction

Les disquettes, les disques optiques et les bandes magnétiques servent surtout à l'archivage et à la sauvegarde (copie de sécurité), bien qu'ils puissent aussi servir à l'échange de données. Le disque dur et le disque virtuel servent principalement au travail courant et accélèrent les échanges entre logiciels et données. Notons ici que le disque virtuel n'est pas un support physique de mémorisation au même titre que les autres; ainsi, le travail fait au moyen d'un disque virtuel doit obligatoirement être enregistré sur un autre support pour être conservé.

5.3.2   Le mode d'accès

On distingue entre accès direct et accès séquentiel. L'accès direct permet d'accéder à tout enregistrement sur le support dans un temps à peu près équivalent, quel que soit l'emplacement de cet enregistrement. Par exemple, à la banque, le caissier repère l'information concernant un client dont le numéro de compte est 1546 aussi rapidement que celle concernant le client dont le numéro de compte est 89987. Tous les disques magnétiques sont à accès direct.

Par contre, l'accès séquentiel ne permet d'atteindre un enregistrement qu'en passant par tous ceux qui le précèdent. Donc, plus il y a d'enregistrements avant l'information voulue, plus il sera long d'y accéder. Considérons, pour illustrer, une cassette audio et un disque de vinyle; pour écouter une chanson donnée sur ce dernier, il suffit de positionner le bras sur la bonne plage, tandis que, dans le cas de la cassette, il faudra faire dérouler la bande jusqu'à la chanson voulue, ce qui sera d'autant plus long que celle-ci est loin sur la bande. Les bandes magnétiques sont à accès séquentiel. Cette caractéristique des bandes font qu'elles servent principalement à l'archivage et très peu à la consultation fréquente.

5.3.3   La mobilité

On doit d'abord distinguer entre mobilité du dispositif et mobilité du support. Ainsi, les disquettes, disques optiques et bandes magnétiques (cassettes ou cartouches) sont mobiles; on peut les transporter d'un endroit à un autre, d'un ordinateur à un autre, le plus facilement du monde. On trouve également des disques durs qui sont amovibles.

Pour ce qui est des lecteurs, certains sont logés à l'intérieur du boîtier de l'ordinateur; c'était généralement le cas auparavant pour tous les lecteurs de disquettes et de disques durs. On trouve maintenant des lecteurs de disquettes et des lecteurs de disques durs externes (par exemple, les Bernouilli Box) de même que des lecteurs de disques durs amovibles. Les lecteurs de disques optiques et de bandes magnétiques étaient surtout externes, mais il existe maintenant des dispositifs internes. Enfin, il existe des disques durs enfichés directement sur la carte maîtresse du micro-ordinateur.

5.4   LES LECTEURS ET LES DISQUES

5.4.1   Le lecteur de disquette

Le plus répandu des dispositifs de mémoire auxiliaire est certes le lecteur de disque magnétique. Il en existe deux catégories : le lecteur de disque souple et le lecteur de disque dur. Nous présentons dans cette section chacun de ces dispositifs et les supports qu'ils utilisent.

Avant d'aborder le fonctionnement du lecteur de disquette, il convient de préciser qu'on trouve plusieurs types de disquettes, pouvant être regroupées en 2 familles définies déterminées par la taille de la disquette.

5.4.1.1   Caractéristiques physiques des disquettes

Les disquettes, qui se présentent sous divers formats, sont les supports de mémorisation qui figurent, avec le disque dur, parmi les plus populaires sur le marché actuellement. On en distingue trois formats, soit 3,5, 5,25 et 8 pouces, bien que seules les disquettes de 3,5 pouces et de 5,25 pouces soient utilisées de nos jours.

Les disquettes de 8 pouces ont longtemps été le support par excellence, mais leur grande taille et leur capacité restreinte ne les ont pas servies. Les utilisateurs demandaient un support d'une plus grande capacité et, en même temps, de plus petite dimension. À cette époque, les disques durs étaient peu répandus, et les disquettes de 5,25 pouces pouvaient emmagasiner jusqu'à 160 000 caractères ce qui était suffisant, car les ordinateurs d'alors disposaient d'une mémoire dont la capacité variait de 16 Ko à 48 Ko.

Les fervents de la miniaturisation, peu favorables à la disquette de 8 pouces, se sont alors mis en quête d'un support plus petit et plus pratique; la disquette de 5,25 pouces, initialement d'une capacité de 160 000 octets, voyait bientôt le jour, suivie de près par la disquette de 3,5 pouces, d'abord d'une capacité de 400 000 octets.

La seconde étape de cette miniaturisation a été d'avoir recours aux 2 faces d'une disquette. La capacité était ainsi doublée. La disquette double face était enfin créée.

En vue d'emmagasiner encore plus d'informations dans un espace plus restreint, les ingénieurs ont exploité le concept de densité. La densité d'un support d'information se définit, ainsi que nous l'avons dit précédemment, par la quantité d'informations enregistrée sur la surface du support par unité de longueur ou de surface. Les ingénieurs ont réussi à produire des lecteurs pouvant lire et écrire sur des sillons plus près les uns des autres. Conséquemment, il devenait possible d'emmagasiner plus d'informations sur un support donné. Ils ont ainsi conçu les disquettes à haute densité (*high density*) de 5,25 pouces, qui peuvent contenir plus de 1 228 800 octets (1,2 Mo), et celles de 3,5 pouces d'une capacité de 1 474 560 octets (1,44 Mo). Un nouveau standard dit à densité étendue permet d'emmagasiner jusqu'à 2 949 128 octets (2,8 Mo) par disquette de 3,5 pouces.

Disque souple de 5,25 pouces

Le disque souple (*floppy disk*) comprend un disque fait d'un matériau flexible, qui ressemble à un mini 45 tours. Ce disque est enveloppé dans une pochette de protection de vinyle doublée d'une autre protection de tissu. Trois composantes physiques caractérisent cette disquette : la surface magnétique du disque, la doublure de la pochette et la housse de protection.

La surface magnétique est la composante la plus importante de la disquette, puisque c'est grâce à elle que seront enregistrées les données pour usage ultérieur. Le mini-disque est constitué de mylar, une matière plastique souple, et recouvert

FIGURE 5.1
Différents types
de disquettes

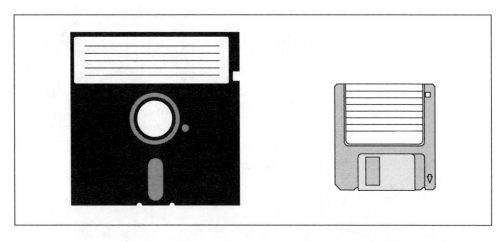

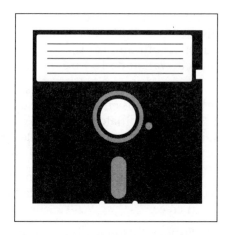

d'une mince couche de substance magnétique qui sert à enregistrer les informations. Il est percé en son centre, et ce trou permet au mécanisme du lecteur de le faire tourner lors de la lecture ou de l'écriture des données.

La doublure de la pochette est faite d'amiante et se trouve collée à l'intérieur de la housse, ce qui permet le nettoyage de la surface du disque magnétique, en facilite la rotation à l'intérieur de la pochette et diminue la friction et la chaleur dans l'environnement immédiat de la disquette. Ainsi, la surface risque peu d'être endommagée.

La housse de protection est une enveloppe qui recouvre le tout. Elle sert à protéger la disquette contre les contacts inopportuns (la poussière, entre autres) et contre toute déformation lors de la manipulation en facilitant cette dernière. Un premier regard sur une pochette nous permet d'en découvrir certaines particularités.

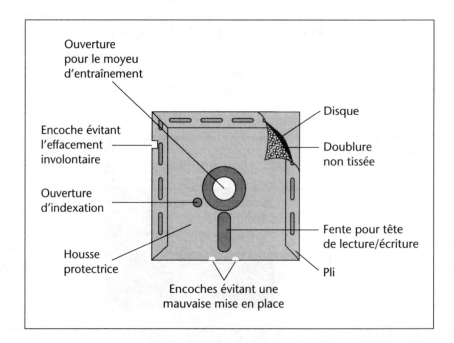

FIGURE 5.4
L'encoche de
protection
d'une disquette
de 5,25 pouces

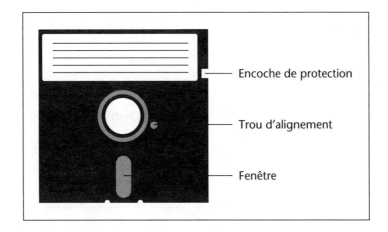

Une perforation de forme ovale appelée «fenêtre de lecture/écriture» permet aux têtes de lecture du lecteur de se placer sur la surface magnétique du disque et d'y lire et écrire des données.

À la bordure de la disquette, près de la fenêtre de lecture/écriture, se trouvent 2 petites encoches. Ces encoches servent à aligner correctement la disquette dans le lecteur, ce qui l'empêche de s'abîmer à la suite d'une mauvaise insertion.

Près de ces 2 encoches ou sur un autre des côtés se trouve une encoche carrée plus grande que les deux précédentes. Cette encoche, lorsqu'elle est obstruée, est une protection contre toute forme d'effaçage ou d'écriture; lorsqu'elle est découverte, il est possible d'effacer des données ou d'en écrire.

Au centre de la disquette se trouve un trou d'environ 1 pouce de diamètre. Ce trou permet au moyen d'entraînement du lecteur de faire tourner la disquette.

Disquette de 3,5 pouces

Les disquettes de 3,5 pouces sont elles aussi constituées d'un petit disque souple, mais ce dernier est enfermé dans un carcan rigide. Une fermeture de métal coulissante permet d'exposer ou de masquer la fenêtre de lecture/écriture. L'encoche de protection est remplacée par un carré pivotant de la position «autorisation» à la position «refus d'écriture». Les disquettes à haute densité possèdent 2 trous sur les côtés, ce qui les distingue des disquettes à double densité qui n'en ont qu'un.

Les disquettes de 3,5 pouces sont en voie de devenir le standard de l'industrie. Elles sont plus petites, plus résistantes, plus fiables et emmagasinent plus d'informations que les disquettes de 5,25 pouces. Elles peuvent contenir jusqu'à 2,88 Mo (2 949 120 caractères) d'informations lorsqu'elles sont à très haute densité, 1,44 Mo lorsqu'elles sont à haute densité et 720 Ko (737 280 caractères) lorsqu'elles sont à double densité (grâce à une méthode d'encodage, il est possible de doubler la capacité d'une disquette).

On trouve donc sur le marché toutes sortes de disquettes qu'on se procure en fonction de l'ordinateur et du lecteur qu'on utilise. Le tableau qui suit donne un aperçu de ces disquettes, de leur capacité et de leur prix. Ce dernier est établi en fonction de la qualité et de la durabilité du mini-disque interne.

TABLEAU 5.1
Types de
disquettes
sur le marché

	Diamètre (pouces)	Capacité (octets)	Fourchette de prix ($)
IBM			
	5,25 (DD)	360 000	0,25 à 1,00
	5,25 (HD)	1 200 000	1,00 à 3,00
	3,5 (DD)	720 000	1,00 à 3,00
	3,5 (HD)	1 440 000	1,50 et plus
	3,5 (ED)	2 880 000	10,00 et plus
MAC			
	3,5 (DD)	800 000	1,00 à 2,00
	3,5 (HD)	1 440 000	2,00 à 4,00

5.4.1.2 Caractéristiques logicielles des disquettes

Les disquettes sont à sectorisation logique, c'est-à-dire que l'ordinateur, lors d'une opération d'initialisation dite «formatage», délimite les secteurs qui seront utilisés pour l'inscription des informations. Les ordinateurs de type IBM et Macintosh peuvent recevoir les mêmes disquettes, mais procèdent à un formatage différent. Conséquemment, un IBM alloue 720 Ko à une disquette de 3,5 pouces à double densité alors que le Mac attribue 800 Ko à la même disquette.

Une disquette neuve est inutilisable tant et aussi longtemps qu'elle n'a pas été formatée. Le formatage est une opération de préparation qui se fait à l'aide d'une commande du système d'exploitation. Des secteurs et des pistes sont alors créés, grâce auxquels le lecteur de disquette retrouvera plus facilement les informations. Le formatage crée 40 pistes de 9 secteurs sur une disquette de 5,25 pouces et 80 pistes de 15 secteurs sur une disquette de 3,5 pouces.

Le formatage crée de plus sur la piste 0, située sur le contour extérieur de la disquette, un «répertoire» (*directory*) et une table d'allocation (FAT : *File Allocation Table*) qui permettent à l'ordinateur de savoir en tout temps où se trouvent les données sur la disquette. De fait, la FAT constitue le registre où sont notés précisément les pistes et secteurs sur lesquels sont écrites les différentes informations. Ce registre contient également la liste des secteurs et des pistes défectueux et indique au mécanisme de ne pas y écrire l'information.

5.4.1.3 Mode de fonctionnement des lecteurs de disquettes

En mode lecture Pour accéder à l'information d'une disquette, le lecteur de disquette (comparable à un tourne-disque) se met à tourner. Lorsqu'il a atteint la vitesse de 360 tours par minute, ses têtes de lecture/écriture (au nombre de 2 : une sur chaque face du disque) s'approchent de la surface du disque et consultent la table d'allocation afin d'y trouver à partir de quel secteur est enregistrée l'information recherchée. Lorsqu'elles l'ont repéré, les têtes de lecture/écriture vont se placer sur le secteur concerné et effectuent la lecture.

En mode écriture Le principe d'enregistrement est sensiblement le même que le principe de lecture, sauf que le lecteur consulte le répertoire pour savoir où il peut écrire de l'information sur la disquette. Lorsqu'il a trouvé un emplacement, les têtes de lecture/écriture vont s'y placer et se mettent à écrire. Une fois que l'écriture de l'information est terminée, le répertoire de la disquette, situé sur la piste 0, est mis à jour et l'emplacement de l'information qui vient d'être enregistrée est noté.

5.4.2   Le lecteur de disque dur

5.4.2.1   Caractéristiques physiques des disques durs

Un disque dur est un support d'information qui sert en même temps de mémoire secondaire. Maintenant presque aussi répandu que la disquette, il fonctionne selon les mêmes principes que celle-ci, à quelques exceptions près : il est plus rapide (4800 tours par minute), tourne de façon continue, contrairement à la disquette qui tourne seulement quand le système d'exploitation recherche ou stocke des données, et peut emmagasiner beaucoup plus d'informations (presque 1 milliard de caractères). Le disque dur est de plus en plus indispensable, car la plupart des nouveaux logiciels sont si complexes qu'une seule disquette ne suffit plus à contenir chacun d'eux. On distingue deux sortes de disques durs : les disques fixes et les disques amovibles.

Le disque dur comprend généralement une pile de disques rigides recouverts d'une surface magnétisable qui portent le nom de plateaux. Cette pile de plateaux est renfermée dans un module, ou cartouche, hermétique et étanche; suivant la sorte d'unité, c'est-à-dire disque fixe ou disque amovible, cette cartouche peut être ou non retirée et remplacée par une autre.

Les plateaux, dont le nombre varie de 1 à 11, possèdent chacun 2 faces et offrent une densité d'enregistrement grandement supérieure aux disquettes. Un axe commun assure une même vitesse de rotation à tous les plateaux.

Tout comme dans le cas des disquettes, chaque face des plateaux est divisée en cercles concentriques, appelés pistes, à leur tour partagés en secteurs. Les fabricants indiquent généralement dans leur description du produit le nombre de secteurs par piste.

Dans la plupart des disques durs, chacun des plateaux comporte une seule tête de lecture/écriture par face, c'est-à-dire pour toutes les pistes d'une face. Ces têtes sont reliées à un bras qui leur assure un déplacement radial; elles peuvent donc ainsi se déplacer à n'importe quelle distance du centre et accéder aux différentes pistes ou à un cylindre. Rappelons qu'un cylindre est constitué de l'ensemble des pistes (une piste par face magnétique) superposées pouvant être lues sans mouvement supplémentaire des têtes de lecture/écriture, donc accessibles simultanément. Il est à noter que les opérations de lecture/écriture ne sont jamais faites sur les faces externes de la pile de plateaux afin d'éviter tout risque de détérioration lors des manipulations de l'ensemble.

Le temps nécessaire à une tête pour se positionner sur la bonne piste et la vitesse de rotation des plateaux déterminent le temps de lecture ainsi que le débit et sont des critères qu'il importe de prendre en considération lors de l'achat d'un disque dur.

Le disque dur comprend également un contrôleur de disque. Il s'agit d'une carte qui renferme les différentes composantes (canaux, condensateurs, etc.) et qui effectue le lien entre l'UCT et le disque dur. Le contrôleur gère le débit et l'échange des informations entre le disque dur et l'UCT.

Le diamètre des disques durs varie entre 1,8 et 12 pouces. La tendance actuelle étant à la miniaturisation, les concepteurs se sont évertués à réduire le nombre de plateaux et les disques durs de plus de 3,5 pouces sont en voie de tomber en désuétude pour les petites capacités. Cependant, pour atteindre de grandes capacités, il faut compter sur plusieurs plateaux larges. Ainsi, pour un disque de 2 giga-octets, on compte 19 têtes réparties sur 11 plateaux générant 2611 cylindres sur une surface de 8 pouces. Un disque dur de 5,25 pouces d'une capacité de 1 giga-octet est pourvu de 15 têtes, 8 plateaux et 1931 cylindres.

5.4.2.2   Caractéristiques logicielles des disques durs

Les caractéristiques logicielles du disque dur sont les mêmes que celles des disquettes : formatage, secteurs, répertoire, etc. Par contre, le disque dur est plus généralement découpé en sous-répertoires, de la même façon que le contenu d'un classeur comprend divers dossiers, ce qui permet une organisation plus logique et plus efficace des informations. L'opération de formatage crée entre 100 et 2100 pistes, chacune se subdivisant en secteurs (entre 17 et 38 secteurs).

FIGURE 5.5
Un disque dur
amovible

Source : Iomega Bernoulli

Le nombre de pistes d'un disque dur varie selon les capacités de ce dernier : de 615 pistes par côté de plateau utilisé, pour un disque dur d'une capacité de 20 Mo, à quelques milliers, pour un disque dur d'une capacité de 2 giga-octets. Pour les ordinateurs de type IBM, il existe des disques durs de 10 Mo (IBM-XT) à 120 Mo (PS/2). Pour les ordinateurs Macintosh, des disques durs de 10 Mo à 80 Mo et même de 600 Mo sont offerts.

5.4.2.3   Mode de fonctionnement

Le lecteur d'un disque dur fonctionne un peu de la même façon que le lecteur de disquette. Les têtes de lecture/écriture se déplacent de façon synchronisée au-dessus des pistes pour effectuer la lecture ou l'écriture. Lors d'une de ces opérations, le lecteur :

1) cherche, dans la table d'allocation (FAT) du disque, l'information voulue ou l'endroit où il peut écrire l'information ;

2) positionne ses têtes sur la piste appropriée ;

3) procède à la lecture ou à l'écriture.

5.4.2.4   Le format d'encodage et l'interface

Entre l'UCT et le lecteur, un encodage est effectué par le contrôleur qui fait fonction d'interface. En plus de l'encodage, l'interface se charge du contrôle des déplacements physiques du lecteur et du transfert adéquat des données, du positionnement des têtes sur le bon secteur et de la quantité d'informations à communiquer. Le format d'encodage est la technique servant à inscrire les données sur le disque dur de façon qu'elles soient utilisables par l'ordinateur.

On trouve divers standards d'interfaces entre l'ordinateur et les disques durs.

L'interface IDE (*Integrated Drive Electronics*) est maintenant la plus populaire des technologies. Elle intègre la quasi-totalité des dispositifs de contrôle à même le disque dur et assure de nombreuses fonctionnalités uniques, comme la traduction d'un format physique difficile à gérer en un format logique plus approprié, l'inclusion d'un cache pour augmenter la performance du disque, ainsi que la gestion automatisée des blocs de données défectueux. Elle permet de connecter 2 disques durs. La récente technique IDE se révèle être la moins dispendieuse et la plus performante. Le contrôleur étant physiquement intégré au disque, le temps d'accès est réduit encore plus et la densité augmentée.

L'interface SCSI (*Small Computer System Interface*) permet de connecter jusqu'à 8 dispositifs de mémoire, disques durs ou autres. Elle est utilisée entre autres par les ordinateurs des compagnies IBM, Apple et Sun. Elle permet des capacités pouvant actuellement atteindre 2 giga-octets.

L'interface ESDI (*Enhanced Small Disk Interface*) permet de connecter 2 disques durs et peut atteindre des performances très élevées et les capacités du SCSI.

Cependant, elle est en perte de popularité, ayant été abandonnée par IBM en raison de son incompatibilité avec OS/2.

Parmi les techniques d'encodage encore existantes pour les ordinateurs bas de gamme nous retiendrons la technique MFM (modulation de fréquence modifiée) et la technique RLL (*Run Lenght Limited*). La technique MFM est simple et fiable. Elle est principalement utilisée avec les disques durs dont la capacité est inférieure à 80 Mo. L'inconvénient de cette technique est qu'elle requiert trop d'espace sur le disque. La technique RLL, plus performante que la MFM, offre la possibilité d'augmenter de 50 % à 100 % la vitesse d'accès et la densité d'un disque dur en procédant à la compression des données.

Les interfaces dites MFM (80 Mo au maximum) et RLL (60 Mo au maximum) relevant de ces deux techniques sont désormais désuètes, depuis l'introduction du standard IDE, courant sur les nouveaux ordinateurs qui sont équipés de disques de plus grande capacité.

5.4.2.5   Critères de choix d'un disque dur

Lors de l'achat d'un disque dur, il faut prendre en considération certains facteurs dont : la capacité, le temps d'accès moyen, la hauteur, le débit, le temps de recherche (*seek time*) et le stationnement.

La capacité

La capacité idéale d'un disque dur dépend du nombre de logiciels utilisés et de la quantité de données à traiter. Pour qui se sert d'un seul logiciel, le traitement de texte par exemple, un disque dur de 20 Mo est suffisant. Si, par contre, le travail requiert plusieurs logiciels (tableur, traitement de texte, base de données), un disque dur de plus grande capacité est conseillé, à la condition, bien entendu, que l'ordinateur puisse fonctionner de façon efficace avec cette technologie. Ainsi, un disque dur ayant un temps d'accès de 28 millisecondes n'est pas recommandé à l'utilisateur d'un PC XT de type 8088. Ce type d'ordinateur ne fonctionne pas assez vite pour alimenter efficacement un disque aussi rapide.

Le temps d'accès

Le temps d'accès moyen est le temps qui s'écoule entre le moment où le microprocesseur adresse une demande au disque dur et le moment où celui-ci commence à envoyer les informations au processeur. Le temps d'accès moyen varie, selon les modèles, de 7 à 120 millisecondes. Un disque dur ayant un court temps d'accès sera plus efficace si le travail nécessite de fréquents accès à ce disque.

La hauteur

Il existe des disques durs pleine hauteur et des disques demi-hauteur. Les premiers sont plus gros et leur installation exige un grand espace dans le boîtier de l'ordinateur. Le disque dur demi-hauteur est généralement conseillé, à moins que le boîtier de l'ordinateur ne comporte beaucoup d'espace libre et que l'utilisateur ait besoin d'un lecteur d'une capacité n'existant qu'en format pleine hauteur.

Le débit

L'une des caractéristiques fondamentales des disques durs et qui détermine leur rendement, c'est le débit ou taux de transfert, c'est-à-dire la quantité de données qui peut être acheminée vers l'UCT chaque seconde. Plus un disque dur compte de plateaux, donc de têtes de lecture, plus, théoriquement, la quantité de données pouvant être lues ou écrites simultanément est grande.

Le temps de recherche (*seek time*)

Lorsque la tâche nécessite de fréquents accès au disque dur, l'utilisateur tirera profit d'un disque dur ayant un court temps de recherche. Le temps de recherche est le temps qu'il faut aux têtes de lecture/écriture pour se déplacer d'une piste à une autre et se positionner. Ce temps varie entre 3 et 85 millisecondes. Le temps de recherche est constitué de deux éléments :

- le temps de positionnement des têtes sur la bonne piste (*seek time*). C'est ce temps qui est donné dans la description des produits;

- le temps de rotation du disque avant que les têtes accèdent au secteur approprié (*rotation time*).

Le stationnement

Puisque les têtes de lecture sont situées très près des plateaux, tout choc violent peut les endommager (*head crash*). Il est donc recommandé d'opter pour un disque dur à stationnement automatique qui déplace les têtes de lecture en un endroit sûr lorsqu'elles ne sont pas requises.

5.4.3 Évaluation des disquettes et des disques durs

Bien que son rendement soit acceptable, la disquette présentera toujours trois désavantages si on la compare aux autres supports de mémorisation : sa capacité, sa vitesse et les manipulations auxquelles elle donne lieu. La disquette d'une

**FIGURE 5.6
Vue interne
du disque dur**

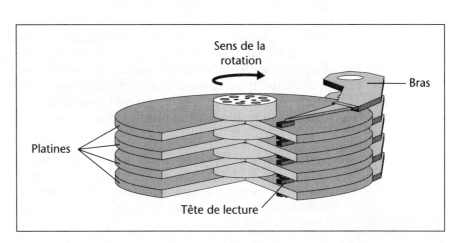

capacité de 360 000 octets était considérée comme satisfaisante voilà quelques années, mais la sophistication des programmes exige de plus en plus des lecteurs de disquettes de 1,2 Mo ainsi que des disques durs.

En plus d'être limitée quant à la quantité d'informations qu'elle peut emmagasiner, la disquette demande beaucoup de manipulations, ce qui empêche un ordinateur d'être autonome et expose l'utilisateur à de fausses manœuvres qui peuvent endommager l'appareil. En outre, le temps requis pour la lecture peut parfois paraître long à l'utilisateur.

Soulignons, pour finir, que la disquette de 5,25 pouces est fiable, mais demeure fragile à la chaleur, aux doigts, au magnétisme; un choc de ce genre peut faire disparaître les données qu'elle renferme. Celle de 3,25 pouces est plus fiable, parce que sa pochette est rigide et que, lorsqu'elle n'est pas utilisée, une plaque de protection de métal protège la fenêtre de lecture/écriture de tout contact avec des objets susceptibles de l'endommager. Cependant, elle reste, elle aussi, sensible au champ magnétique.

Le rendement des disques durs est de beaucoup supérieur à celui des disquettes, en ce qui concerne tant la capacité et la vitesse que la fiabilité. Bien qu'ils brisent moins souvent, une défectuosité peut toutefois être désastreuse, vu la grande quantité d'informations qu'ils contiennent. Il est donc important de sauvegarder régulièrement les données sur un autre support.

5.5 LE DISQUE VIRTUEL

Le disque virtuel n'est pas, à proprement parler, un support de mémorisation. Mais, bien qu'il ne soit pas aussi «réel» que les autres supports, il possède néanmoins à peu près les mêmes caractéristiques qu'un véritable disque. On peut donc le considérer comme un disque temporaire qui réside dans une partie de la mémoire vive (RAM).

La notion de «virtuel» dérive de l'optique et s'applique à une image qui a toute l'apparence de la réalité bien qu'elle soit le résultat d'une illusion. Le disque virtuel est ainsi appelé du fait qu'il occupe une mémoire sur des puces de mémoire RAM réservées à cet usage exclusif au moyen d'une application du système d'exploitation. Comme cette mémoire est destinée au disque virtuel, elle ne peut être utilisée à d'autres fins. Certaines cartes multifonctions sont munies des puces de mémoire vive sur lesquelles il est possible de créer un disque virtuel, ce qui empêche la «congestion» de la mémoire centrale. Lors du fonctionnement du disque virtuel, tout se passe, pour l'utilisateur ou pour les logiciels, comme s'il s'agissait d'une mémoire sur disque magnétique.

On peut donc travailler avec un disque virtuel comme on le ferait avec un support physique, sauf qu'il faut tenir compte qu'il ne s'agit pas d'un dispositif de rangement à long terme; en effet lorsqu'on coupe l'alimentation, le contenu du disque virtuel est aussitôt effacé. Pour conserver les données, il est donc essentiel de recopier le contenu du disque virtuel sur un disque physique avant d'éteindre l'ordinateur.

Contrairement aux disquettes et aux disques durs, un disque virtuel ne nécessite aucun formatage, puisqu'il se crée lors de la mise en marche de l'ordinateur. Précisons ici que, le disque virtuel occupant une partie de la mémoire vive, la capacité de celle-ci doit être suffisamment grande pour qu'on puisse créer un disque virtuel et utiliser des logiciels simultanément.

Le disque virtuel fonctionne sensiblement selon les mêmes principes qu'un disque dur ou une disquette, à cette différence qu'il n'a pas de têtes de lecture/écriture ni de plateaux. À leur place, des puces de mémoire retiennent l'information et un pointeur les écrit dans la mémoire plutôt que sur un disque «physique».

Le disque virtuel est ultrarapide puisque l'information n'a pas à se déplacer de la mémoire centrale vers une unité externe : elle se déplace du microprocesseur à certaines puces de mémoire vive qui jouent le rôle de disque dur; le transfert de l'information se fait donc presque instantanément.

Le disque virtuel ne coûte rien en principe; par contre, il faut posséder les programmes VDISK.SYS ou RAMDISK.SYS (RAMDRIVE.SYS avec DOS 5.0) qui sont contenus sur la disquette DOS (version 3.0 et suivantes). Il est cependant préférable, dans les environnements modernes, d'utiliser un logiciel de cache de disque, tel le SMARTDRV de Microsoft. Dans ce cas, l'utilisateur ne se sert pas directement de la mémoire parce que c'est l'environnement (exemple : Windows) qui s'en charge. Dans l'environnement Macintosh, ce sont les logiciels eux-mêmes qui se créent des disques virtuels.

5.6 LE LECTEUR DE BANDE MAGNÉTIQUE

Le lecteur de bande (*tape back-up/streamer*) ou dérouleur de bande, comme on dit souvent, est une unité de mémoire secondaire grâce à laquelle il est possible de faire des copies de sécurité sur cassette (ou cartouche) magnétique (semblable aux cassettes audio ou vidéo). Par exemple, une société de financement doit effectuer chaque jour des copies de sécurité de tous ses fichiers clients. Trouvant fastidieuse la manipulation quotidienne de disquettes, cette société pourra préférer utiliser un lecteur de bande dont la capacité est beaucoup plus grande que celle des disquettes, éliminant ainsi la manipulation d'une grande quantité de disquettes.

5.6.1 Composantes physiques

Les composantes physiques du lecteur de bande sont les mêmes que celles d'un lecteur de cassette audio. Par contre, le lecteur de bande pour ordinateur permet une plus grande densité d'information et possède son propre contrôleur pour gérer le transfert de l'information avec la mémoire centrale.

Le contrôleur du lecteur de bande est une carte qui contient les différentes composantes et qui effectue le lien entre l'UCT et le lecteur. Cette carte règle le

FIGURE 5.7
Un lecteur
de bande

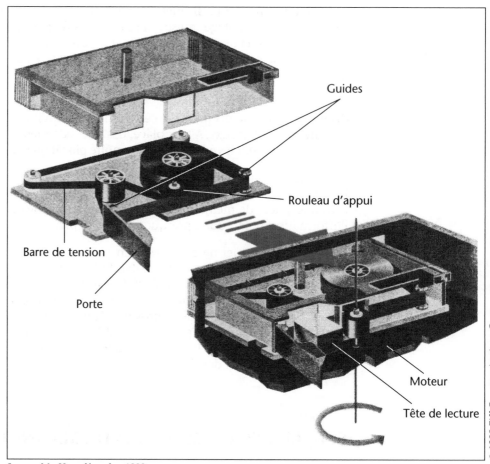

Guides

Rouleau d'appui

Barre de tension

Porte

Moteur

Tête de lecture

© 1989 Ziff Communications Company

Source : MacUser, décembre 1989.

débit et la façon dont les informations sont échangées entre le lecteur de bande et la mémoire centrale.

5.6.2 Mode de fonctionnement

Sur une bande, l'écriture et la lecture des informations se font de façon séquentielle, c'est-à-dire les unes à la suite des autres dans l'ordre selon lequel elles ont été présentées. Pour recopier les informations que contient une bande sur un disque dur, il faut recopier la totalité des fichiers ou sélectionner certains noms de fichiers qui répondent à des critères précis.

Alors que la sauvegarde d'un disque dur sur disquette demande environ 1 heure et qu'elle requiert certains programmes conçus pour ce type de tâche ainsi que la constante intervention d'un opérateur qui change les disquettes au besoin, le lecteur de bande, lui, est plus rapide : la sauvegarde sur bande d'un disque dur de 40 Mo se fait en quelque 20 minutes et ne nécessite pas d'intervention de l'opérateur. Le prix d'achat est d'environ 750 $. Il faut s'assurer que la configuration du lecteur de bande lui permette de s'adapter au disque dur auquel il sera associé.

5.7   LES LECTEURS DE DISQUES OPTIQUES NUMÉRIQUES (DON)

5.7.1   La technologie des DON

Les disques optiques numériques sont des supports d'information de grande capacité : à titre d'exemple, on peut actuellement emmagasiner quelque 2 milliards d'octets par face sur un disque de 11 pouces. Leurs avantages, outre leur immense capacité, sont qu'ils sont aussi faciles à déplacer qu'une disquette et qu'ils ont une durée de vie pour ainsi dire infinie. Ils sont cependant encore dispendieux et relativement lents par rapport aux disques durs.

On distingue divers types de DON qu'on pourrait diviser en deux grandes classes selon qu'ils sont ou non effaçables. Les disques non effaçables sont ceux sur lesquels les enregistrements sont gravés une fois pour toutes, sans modification possible. On trouve dans cette classe les disques optiques compacts, couramment appelés CD-ROM (*Compact Disc Read-Only Memory*), gravés en usine, sur lesquels l'utilisateur ne peut inscrire de données, et les disques qui sont inscriptibles une fois par l'utilisateur, soit les disques WORM (*Write Once, Read Many*). Tous ces disques font appel à une technique d'enregistrement optique, alors que les disques optiques effaçables sont conçus selon une technique magnéto-optique.

Le DON est un disque de verre dont les 2 faces sont recouvertes d'un alliage de tellure disposé en un long sillon en spirale. Le lecteur comprend un dispositif à rayon laser. La figure suivante montre les diverses composantes de cette unité de mémoire et le principe de lecture.

**FIGURE 5.8
Principe de
fonctionnement du
disque optique**

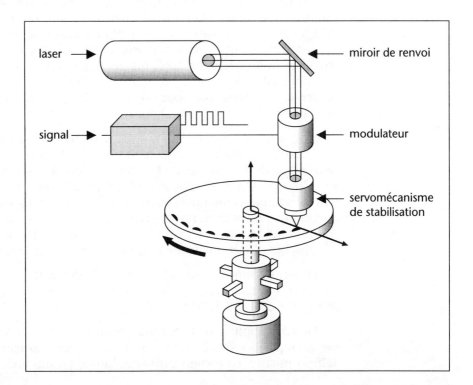

Le disque est lu par un lecteur laser. Une tête de lecture envoie un faisceau sur le disque et en reçoit la réflexion, par l'intermédiaire d'une lentille optique. Le faisceau réfléchi est dévié par un prisme sur un photo-détecteur. Celui-ci interprète alors le rayon reçu sous forme binaire. La vitesse de rotation du disque est variable afin que la vitesse à laquelle les données passent sous le faisceau soit toujours constante. Si ce n'était pas le cas, l'extérieur du disque serait lu plus rapidement que l'intérieur puisqu'en effectuant le même nombre de tours à la seconde, la distance parcourue par la tête de lecture sur la partie extérieure serait plus grande. La tête est dotée d'un mécanisme très fin lui permettant de toujours rester à la même distance du disque.

5.7.2   Le CD-ROM

Le CD-ROM, ou disque optique compact, suscite un grand intérêt. Quelles sont ses propriétés pour que l'on en parle avec tant d'enthousiasme?

Le CD-ROM est un support d'information de dimensions réduites, qui a exactement la même apparence que les disques compacts utilisés pour les enregistrements musicaux. C'est un disque de 12 cm (4,75 pouces) de diamètre et de 1,2 mm d'épaisseur, ayant en son centre un trou de 15 mm. Le disque est fait d'une fine couche d'une substance métallique réfléchissante prise en étau entre 2 couches protectrices d'une résine très résistante. La couche métallique est porteuse de l'information; elle est formée de microcuvettes qui indiquent les valeurs binaires. Un creux est interprété comme un 0 et un pic comme un 1. La grande capacité de stockage (entre 550 Mo et 775 Mo) rend ce disque intéressant.

Un lecteur de CD-ROM assure une vitesse de transfert de l'information de 150 Ko par seconde. Cette performance est loin derrière celle d'un disque dur (625 Ko par seconde), mais nettement meilleure que celle d'une disquette (30 Ko par seconde). Il n'y a malheureusement pas d'amélioration à prévoir dans un proche avenir. Le temps d'accès maximal, soit le temps nécessaire à la tête de lecture pour aller du premier au dernier secteur, est de 380 millisecondes, donc beaucoup plus long que pour un disque dur (35 millisecondes). Les avantages que procure ce disque résident donc uniquement dans ses capacités de stockage.

Une telle capacité de mémoire offre de très intéressantes possibilités pour le prix. L'encyclopédie électronique de Grolier est un exemple de logiciel qui utilise cette nouvelle technologie. La consultation d'une encyclopédie standard est assez lourde. On recherche le mot qui nous intéresse, on y recueille l'information disponible et quelques références possibles, mais sans plus. L'encyclopédie électronique ne se présente pas comme une simple compression d'une masse de données rigides, un support miniature, le microfilm, remplit déjà cette tâche : elle propose plutôt une toute nouvelle approche de la recherche d'information.

Une encyclopédie Grolier sur papier coûte 850 $ US. La version sur disque optique compact se vend présentement 299 $ US. Il faut toutefois acheter le lecteur (entre 500 $ et 1600 $).

Diverses applications sont maintenant offertes sur disque optique compact : par exemple Bookshelf, une base de données textuelles comprenant dictionnaire, annuaire, correcteur orthographique, synonymes, citations, etc. Il existe aussi un annuaire des pages jaunes japonaises mis au point par Sony de même qu'un répertoire téléphonique fait par la société General Information, aux États-Unis. D'autres compagnies fournissent des bases de données financières extrêmement complètes et envoient aux abonnés des mises à jour trimestrielles.

Une des seules applications graphiques fonctionnelles à ce jour a été créée par Delorme. Il s'agit d'un atlas mondial quelque peu spécial. Il peut être utilisé comme une caméra munie d'un *zoom* superpuissant. À l'échelle 1, on peut voir le monde entier ; à l'échelle 16, le Pentagone est clairement visible, coincé sur les bords du fleuve Potomac. De plus, il est possible, à l'aide des curseurs, de faire défiler l'écran dans n'importe quelle direction, ce qui donne une vision correspondante à une vue aérienne. Cette application n'est pas encore en vente, on n'a pu en établir un prix.

5.7.3   Le disque WORM

Le disque WORM est un disque sur lequel l'utilisateur peut écrire, mais sans pouvoir la modifier par la suite, une certaine information qu'il peut néanmoins lire une infinité de fois. On se sert des disques WORM lorsque le travail implique des données permanentes (inventaire stable, banques de données permanentes), puisque l'écriture sur les disques WORM est unique.

Le lecteur de disque WORM est composé d'un dispositif à laser qui produit 2 faisceaux : un pour lire, l'autre pour écrire. L'écriture sur un emplacement donné se fait une fois pour toutes parce que, lors de l'écriture, le faisceau laser «brûle» la surface du disque; cette partie du disque ne peut donc pas être réutilisée et les données qui y sont gravées le sont définitivement.

Si l'on fait de nombreuses mises à jour, cette technique ralentit considérablement la recherche. En effet, lors d'une mise à jour, la version initiale n'est pas remplacée par la nouvelle; son emplacement est plutôt «marqué» comme étant désuet et la nouvelle version est écrite ailleurs sur le disque. Par conséquent, lorsque le dispositif recherche une information et qu'il ne la trouve pas à son emplacement premier, c'est que cette information est plus loin. Comme avec les lecteurs de bande, il faut d'abord mettre en mémoire le fichier auquel on veut accéder avant de pouvoir le modifier. Le système ne crée pas de table d'allocation comme dans le cas des supports magnétiques classiques (disquette, disque dur), car cette table d'allocation est «simulée» dans la mémoire de l'ordinateur par le programme pilote (*driver*) du lecteur.

Une autre technique, dite par fichiers enchaînés (*linked files*), des disques WORM présente les mêmes composantes logiques qu'une disquette. Lorsque le lecteur écrit pour la première fois un fichier sur le disque WORM conçu selon cette technique, il laisse un espace entre chacun des blocs d'information afin d'y placer un pointeur qui lui indiquera où trouver le bloc d'information suivant. Cette technique est plus rapide que la précédente, mais le fractionnement (les données ont tendance à se disperser sur un disque dur ou un WORM lorsque ce dernier est plus qu'à moitié plein) des fichiers ainsi stockés ralentit considérablement la lecture lorsqu'un fichier a été mis à jour plusieurs fois.

Les disques WORM sont d'excellents supports de mémorisation pour les utilisateurs qui ont à consulter souvent les mêmes informations sans les modifier, par exemple les annuaires statistiques du recensement de 1986 de Statistique Canada : le coût des lecteurs WORM est d'environ 3000 $.

5.7.4   Le disque effaçable

Le disque effaçable est comparable à un disque WORM, mais l'écriture sur le disque est faite de façon magnétique, ce qui permet d'effacer à volonté les enregistrements.

Pour écrire sur un disque effaçable, un faisceau laser allié à un champ magnétique affecte la polarisation du support (alliage de métaux rares, fer ou cobalt) à l'endroit approprié. Le matériau change alors de polarité sous l'effet combiné du magnétisme et de la chaleur. La polarité ainsi créée permet d'écrire un 1 ou un 0 sur le disque. Puisque l'enregistrement est magnétique, il est possible d'effacer en tout temps ce qui est écrit : l'énergie laser chauffe le disque et le remet dans sa condition initiale.

Les disques effaçables offrent aux utilisateurs une capacité de stockage supérieure à 450 Mo. Les lecteurs peuvent être branchés en série. Ils coûtent entre 13 000 $ et 18 000 $ chacun, selon les options.

5.8   CONSIDÉRATIONS DE GESTION

5.8.1   Les coûts de stockage

Il peut être difficile de déterminer ce que vaut l'information. Il est certain qu'elle doit augmenter utilement les connaissances d'un utilisateur. La valeur de l'information se mesurerait donc par la qualité et par l'importance de cette augmentation des connaissances. Bref, la valeur d'une même information varierait en fonction de la personne qui la reçoit, dans la mesure où deux personnes différentes n'ont pas exactement les mêmes connaissances au départ et ne feront pas un même usage de l'information. De plus, la valeur informationnelle d'un élément risque fort de varier dans le temps. Il semble donc impossible d'attribuer une valeur exacte et fixe à une information donnée.

Les coûts liés au stockage, par contre, peuvent être estimés beaucoup plus précisément. On peut évaluer les coûts de l'équipement, de la main-d'œuvre et de l'entretien du système, de même que les coûts reliés à la transmission de l'information. Est-il rentable alors de stocker? Il est extrêmement difficile de justifier le stockage de données sur la seule base des coûts. Les bénéfices liés à la circulation de l'information sont souvent indirects ou impalpables. Les décisions concernant le stockage sont souvent subjectives ou basées sur un savoir acquis avec l'expérience.

L'ordinateur permet l'accumulation, en peu d'espace, de très gros volumes de données. Elles sont rapidement récupérables (en quelques micro-secondes, contrairement à des minutes, ou des heures, pour celles sur papier) et sans danger de perte (si les mesures de sécurité appropriées sont prises). Le coût associé au stockage d'une donnée sur un support informatique est de plus nettement inférieur à celui d'une donnée conservée sur un autre type de support (comme le papier).

5.8.2   Le taux de croissance des fichiers

La gestion de l'information emmagasinée est importante pour une entreprise. Avec le temps, de plus en plus de données sont entrées et stockées dans le système, entraînant une croissance du volume des fichiers. Par exemple, une entreprise peut constamment entrer de nouveaux comptes-clients sans se préoccuper de ceux déjà existants. Si aucun «ménage» n'est fait, elle se retrouvera plus tard avec des transactions vieilles de 10 ans dans son système et avec des fichiers pour des clients ne faisant même plus affaire avec elle.

Il y a une forte tendance parmi les gestionnaires à emmagasiner des données à des fins préventives. Une telle pratique peut être pertinente pourvu qu'on y procède de façon ordonnée. Les transactions des années antérieures devraient être conservées, si elles le doivent, sur des supports de mémorisation indépendants, ne venant pas interférer avec le système utilisé quotidiennement.

Comme cette gestion (tout comme la suppression des fichiers inutiles d'ailleurs) demande un effort supplémentaire de la part de l'utilisateur, certains auront tendance à «laisser faire» et à conserver dans le système une quantité imposante, et sans cesse grandissante, de données périmées et ne présentant plus aucune valeur informationnelle, ce qui entraîne des coûts indirects. En effet, plus les fichiers deviennent importants en volume, plus les temps d'accès à l'information s'accroissent et plus l'utilisateur perd du temps à attendre. C'est l'efficacité globale du système qui s'en trouve diminuée.

5.8.3   Considérations d'achat

De nombreux supports et dispositifs de mémoire auxiliaire sont comparables si l'on se base sur certains critères comme la capacité, la vitesse d'opération et le prix. Mais il ne faut pas oublier que le premier concerné lors du choix «sélectif» d'un support est l'utilisateur. En effet, lui seul est en mesure de dire s'il a besoin de vitesse et de capacité et de déterminer la somme dont il dispose pour acheter le matériel.

Voici une liste à considérer avant d'acheter une unité de mémoire auxiliaire :

- Lecteur de disquette :

  – Est-ce que le contrôleur de lecteur permet d'ajouter le nouveau lecteur ou bien est-il limité quant au nombre d'unités de mémoire qu'il est possible de rattacher à l'ordinateur?

- Est-ce que la version actuelle du système d'exploitation permet de rattacher le type de lecteur de disquettes désiré?

- Disque dur :

  - Est-ce que le boîtier de l'ordinateur permet d'y insérer le disque dur compte tenu de leurs dimensions respectives?

  - Est-ce que le temps d'accès du disque dur est assez court pour permettre une lecture rapide des informations qu'il contient?

  - Est-ce que sa capacité de stockage sera suffisamment grande pour y emmagasiner toute l'information?

- Lecteur de bande :

  - Est-ce que la procédure de sauvegarde des fichiers est suffisamment rapide pour permettre une copie complète des informations en un temps minimal?

  - La procédure de sauvegarde des fichiers est-elle simple ou requiert-elle une manipulation de commandes compliquée?

5.9   CONCLUSION

Dans ce chapitre, nous avons examiné les différentes notions reliées aux supports de mémorisation ainsi que leurs principales caractéristiques et leurs usages.

Nous avons vu que les supports sont des mémoires secondaires qui permettent de conserver à long terme des données traitées par la mémoire principale de l'ordinateur et d'y accéder en tout temps. Ces supports mémoire prolongent les limites de la mémoire principale de l'ordinateur.

Nous avons également vu qu'il existait différentes technologies de stockage, c'est-à-dire l'enregistrement magnétique et l'enregistrement optique, qui ont leurs caractéristiques et leurs champs d'applications propres. Ces caractéristiques et champs d'applications constituent, avec le prix, les principaux critères qu'il importe de prendre en considération lors de l'achat d'une unité de mémoire auxiliaire.

5.10   QUESTIONS

1. Qu'est-ce qu'un support de mémorisation?

2. Quels sont les types de supports de mémorisation et quelles sont leurs principales différences?

3. Quel support devrait utiliser une personne qui ne traite que de petites quantités de données à la fois?

4. Nommez trois avantages d'un disque dur par rapport à un lecteur de disquette.

5. Quel est le support de mémorisation le plus récent? En quoi révolutionne-t-il la fonction de mémorisation?

6. Nommez les deux types d'accès aux données et leurs principales différences.

7. Que désigne la notion de densité?

8. Quelle est la différence entre la notion de débit et celle de densité?

9. Quelle est la différence entre le répertoire et la table d'allocation?

10. Comment classe-t-on les supports de mémorisation?

11. Décrivez l'aspect physique d'une disquette de 5,25 pouces.

12. Pourquoi les disquettes de 3,5 pouces gagnent-elles la faveur de l'industrie?

13. Quelle opération rend une disquette neuve utilisable?

14. Peut-on se servir d'une disquette de 3,5 pouces formatée pour un IBM sur un Macintosh? Expliquez.

15. Pourquoi le disque souple est-il supplanté par le disque dur?

16. Donnez les caractéristiques du disque dur.

17. Comment fonctionne le lecteur de bande?

Un guide
d'achat

6.0   OBJECTIFS

1. Préciser les étapes du processus de sélection d'un système micro-informatique.

2. Relever les moyens d'analyser les besoins d'informatisation.

3. Connaître les critères de sélection de l'équipement physique.

4. Choisir les composantes d'un système micro-informatique.

6.1   INTRODUCTION

L'achat d'un ordinateur personnel oblige le consommateur à visiter un nouveau genre de commerce de vente au détail, soit les boutiques d'ordinateurs. Il faut garder à l'esprit que le domaine des ordinateurs personnels est encore jeune, et que lorsqu'on dépense quelques milliers de dollars pour un appareil, il est raisonnable de s'attendre à une certaine aide, à une attention particulière.

6.2   COMMENT S'Y PRENDRE POUR ACHETER
UN ORDINATEUR

Il n'y a pas si longtemps, il n'existait que quelques boutiques tenues par des gens compétents, c'est-à-dire qui s'y connaissaient en informatique, qui étaient bien intentionnés, qui savaient comment construire, faire fonctionner et programmer leurs appareils. Seulement, ces personnes étaient incapables de s'exprimer en français courant : elles passaient tellement de temps au pays des RAM et des ROM qu'elles ne pouvaient plus parler autrement qu'en bits et en octets. Les éventuels acheteurs d'ordinateurs devaient alors suivre un cours de langage machine dans une école spécialisée, après quoi il leur était possible de communiquer avec le vendeur et de trouver réponse à leurs besoins.

Puis ce fut la ruée vers l'or : les ordinateurs personnels sont devenus le domaine des entrepreneurs, des investisseurs et des spéculateurs de Wall Street. Seul l'argent les motivait et non l'amour des ordinateurs. De ce fait, la mise en marché a été confiée aux agences de publicité, l'aménagement des magasins, aux firmes d'architectes, et la vente, aux vendeurs professionnels. Ces gens savaient parler français, mais ne connaissaient rien aux ordinateurs.

Vendre est une science et faire fonctionner un ordinateur en est une autre, et très peu de gens en informatique possèdent des compétences dans les deux domaines. Le marché des ordinateurs grandit si vite que, lorsqu'un bon vendeur s'y connaît en ordinateurs, il devient rapidement directeur des ventes et on ne le revoit plus auprès de la clientèle. Il reste que si l'on ne rencontre que peu souvent des vendeurs bien informés, c'est qu'ils ne se donnent pas la peine de s'initier au domaine.

6.2.1   Le vendeur idéal

Les ordinateurs changent continuellement. Dans un magasin où l'on vend deux ou trois différentes marques d'ordinateurs, le vendeur doit savoir ce qui est couramment offert, ce qui est attendu pour bientôt, quels périphériques sont en vente, comment chacun fonctionne et ce qu'ils font.

Le vendeur doit également savoir ce que les compétiteurs mettent sur le marché, ce qu'ils planifient, vendent, etc. Un client peut arriver et dire : «J'ai vu une annonce pour l'ordinateur R2D2. En quoi votre appareil est-il meilleur?» , et le vendeur doit pouvoir lui répondre.

Les ordinateurs sont destinés à un grand éventail de personnes, des adolescents aux entrepreneurs, en passant par les étudiants à la maîtrise. Un vendeur doit être capable de discuter de jeux vidéo avec un jeune de 10 ans et de programmation avec un spécialiste.

Il doit aussi connaître le monde des logiciels qui est une jungle à lui seul. En effet, il peut être questionné, même de façon superficielle, sur chacun des logiciels offerts en magasin, chaque client recherchant avec son propre vocabulaire technique un logiciel correspondant à ses besoins spécifiques. Il doit donc être en mesure de répondre aux questions des clients.

Les consommateurs ont parfois d'étranges réactions face aux ordinateurs. Pour certains des barrières se dressent, comme s'il s'agissait d'une bataille; d'autres resteront sans défense au point de croire n'importe quoi. D'autres encore se rendent à un magasin d'ordinateurs croyant pouvoir y trouver une solution à n'importe quel problème : «Ça ne va pas avec ma femme, mes enfants ou mon travail, quel appareil pourrait régler ça et combien cela coûterait-il?» Poser des jugements de Salomon semble aussi faire partie de la tâche du vendeur d'ordinateurs.

Le consommateur qui dépense environ 5000 $ pour un système s'attend à un bon service et il peut être affreusement exigeant. Naturellement, c'est le vendeur qui subit l'insatisfaction du client; il doit être un expert pour régler les problèmes et un diplomate de premier ordre pour contenter tout un chacun.

Enfin, un vendeur doit aussi satisfaire les demandes de son patron ainsi que celles de nombreux manufacturiers de logiciels et autres accessoires vendus dans le magasin. Cela nécessite une patience et une intégrité à toute épreuve.

Voilà une ébauche du vendeur idéal. Le problème est que tout est embrouillé et nouveau, et que tout devient encore plus embrouillé et nouveau chaque jour. Les gens choisissent un domaine et se spécialisent dans l'équipement, les langages, les jeux... Bref, pour se faire une idée globale du monde informatique, il faut aller chercher des informations à plusieurs sources et auprès de différentes personnes.

6.2.2   Ce que l'acheteur doit savoir

Il faut être prudent lorsqu'on veut acheter un micro-ordinateur, et surtout ne pas succomber à la tentation d'acheter le plus récent système. Il existe en effet deux écoles de pensée : celle de «celui qui hésite est perdant» et celle du «il vaut mieux regarder avant de sauter». Les tenants de la première école sont souvent déçus, que ce soit quelques heures ou quelques mois après l'achat. Voici quatre points à considérer, dont le premier est de loin le plus important.

Les vices de fabrication   Tout fabricant sait qu'un produit nouveau présente des défectuosités ou des erreurs de programmation, mais la pression de la concurrence ainsi que celle de ses propres services de marketing et de finance font qu'il ne peut trop attendre pour mettre son produit sur le marché. Dans certains cas, les défauts sont connus, mais le plus souvent les premiers utilisateurs serviront de cobayes en testant le produit à leurs frais. Le fabricant se justifie en disant qu'il préfère mettre ces nouveautés sur le marché plutôt que d'en priver trop longtemps le public. Une autre raison de cette hâte est qu'il doit devancer un compétiteur qui prépare un produit similaire.

Les prix de lancement   Lorsqu'une compagnie est la première à lancer un produit dont tout le monde veut, elle peut se permettre d'en fixer le prix. Mais quelques semaines ou quelques mois plus tard, ce prix chute de façon vertigineuse. Ainsi, le prix d'un IBM-PC était de 4000 $ en 1986, tandis qu'un compatible sans nom connu de même puissance (clone) fabriqué à Montréal ne coûtait que 1500 $ quelques mois plus tard. À chaque lancement d'un nouveau produit, on note le même phénomène : les prix chutent avec la concurrence.

L'amélioration de la qualité   Dès qu'un nouveau produit est mis sur le marché, les compétiteurs s'empressent de mettre au point une version améliorée, débarrassée des erreurs (bogues) et habituellement moins dispendieuse. Acheter une nouveauté présente donc des risques et des dépenses souvent inutiles.

Les compagnies qui disparaissent   Grandes ou petites, des compagnies disparaissent, non pas que leur produit soit inadéquat ou défectueux, mais plutôt pour des raisons financières. En effet, le prix d'un nouveau produit étant calculé sur la base d'un nombre important d'unités vendues, si la vente est inférieure aux prévisions, le coût de fabrication reste supérieur au prix de vente, la compagnie ferme ses portes, et l'acheteur se retrouve avec un produit «unique».

Voici maintenant différents moyens pour tirer le meilleur parti de ce que les boutiques d'ordinateurs ont à offrir.

6.2.2.1   Prendre rendez-vous

Il est bon que l'acheteur téléphone afin de parler à la personne compétente dans le domaine qui l'intéresse, qu'il s'agisse des jeux, de traitement de texte, de comptabilité, etc., et pour prendre un rendez-vous précis, sans se contenter d'un «je suis là tous les après-midi». Il est également bon d'appeler le matin pour confirmer. Avec un rendez-vous, les chances de l'acheteur de parler à la personne connaissant bien le sujet qui l'intéresse et les chances d'obtenir une attention spéciale sont plus grandes.

6.2.2.2   Ne pas être intimidé par le jargon

Les vendeurs qui utilisent un langage excessivement technique sont soit des vendeurs de l'ancienne génération, qui connaissent tout mais sont incapables de communiquer, soit des vendeurs de la nouvelle école, qui ne connaissent pas grand-chose mais essaient de le cacher sous un jargon hermétique, rejetant les mots les plus simples, oubliant que «ce qui se conçoit bien s'énonce clairement».

Le vendeur d'ordinateurs doit savoir se placer au niveau du consommateur moyen. Une recherche personnelle permettra de trouver les gens capables de parler un langage accessible. Si l'on ne comprend pas, il faut redemander, et si l'on ne comprend toujours pas, changer de vendeur ou de magasin.

En ce qui a trait aux compétences, il existe des bons vendeurs et des moins bons, et même des moins moins bons. Il est donc préférable de questionner deux ou trois fournisseurs afin d'obtenir et de vérifier les informations : «Mais à tel magasin on m'a dit que...»

6.2.2.3   Ne pas se laisser prendre au charme du vendeur

Souvent les gens achètent des choses dont ils n'ont pas besoin, simplement parce que le vendeur est sympathique et persuasif. Par ailleurs, on conseille de choisir un magasin qui emploie plusieurs vendeurs : advenant le départ de l'un d'eux, un autre vendeur connaissant la clientèle pourra continuer à la conseiller après l'achat.

Au lieu de perdre du temps à discuter de philosophie informatique et à regarder des brochures couleur, il est préférable de s'asseoir face à un ordinateur et de le faire fonctionner. Il reste assez de temps pour parler entre le moment où l'on appuie sur le bouton et celui où l'on regarde le résultat. Habituellement, le vendeur permet à l'acheteur de passer du temps seul face à l'ordinateur : après avoir obtenu assez d'informations pour entreprendre un essai en solitaire, l'acheteur peut lui demander de s'occuper d'un autre client, et essayer le matériel le plus longtemps possible.

Un système qui paraît simple dans un magasin peut devenir compliqué une fois rendu chez soi. Il pourra se révéler nécessaire de répéter la même opération plusieurs fois de suite. Pour éviter cela, il faut se documenter le plus possible sur le système avant d'aller voir le vendeur, puis tenter d'obtenir des noms d'utilisateurs afin de parler avec eux, etc. Si ce n'est pas possible, il est bon de s'asseoir plusieurs heures chez le fournisseur de matériel informatique pour tester le programme.

Une autre solution est de louer un système, comme le font certaines organisations, ce qui permet de bien essayer un appareil dans les conditions réelles d'utilisation. Si ce n'est pas possible, on peut négocier la possibilité de retour total ou partiel, moyennant une retenue (par exemple 10 %) sur le montant payé. Il vaut mieux perdre 10 % que de conserver du matériel qui ne convient pas.

6.2.2.4   Le confort

Quatre éléments sont importants sur le plan du confort :

1) C'est une chose très personnelle que de se sentir à l'aise en utilisant tel ou tel clavier. Là encore, rien de tel que de s'en servir pendant un temps suffisamment long pour bien l'évaluer.

2) L'écran peut être plus ou moins grand (pas trop petit quand même), avec ou sans antireflet, noir sur blanc ou l'inverse, vert (le standard en Amérique du Nord) ou ambre (le standard en Europe) et même en couleurs. C'est également une question subjective, et le premier écran que l'on achète reste souvent le meilleur par rapport aux autres.

3) Comment mettre en marche l'ordinateur? S'il faut introduire 3 ou 4 disquettes l'une après l'autre, puis attendre que le programme s'inscrive, etc., c'est-à-dire beaucoup d'opérations pour quelque chose qui doit se faire souvent et facilement, c'est que l'équipement n'est pas adéquat. En effet, la simplicité est essentielle dans la mise en marche d'un système, car le vendeur ne sera pas toujours là pour aider. En outre, un système simple laisse moins de place aux erreurs de manipulation et aux bris.

4) Il est recommandé de bien choisir la chaise, car elle est carrément un soutien pendant les longues heures passées devant l'ordinateur; un siège inconfortable enlève 50 % du plaisir. Le micro-ordinateur coûtant aux alentours de 4000 $, les logiciels entre 2000 $ et 5000 $, le bureau de travail de 500 $ à 1000 $, il ne faut pas lésiner sur la chaise; il faut choisir un siège avec des appuie-bras et un pied à 5 roulettes à bille, dont la hauteur et la tension sont ajustables.

6.2.2.5   Se faire aider d'un ami qui s'y connaît en informatique

Un connaisseur pourra confirmer ou infirmer les informations données par le vendeur. Mais, évidemment, on ne doit pas attendre d'un ami qui utilise un certain logiciel sur un ordinateur qu'il sache comment fonctionne un autre logiciel sur cet ordinateur.

6.2.2.6   Choisir l'ordinateur selon sa finalité

Si on prévoit utiliser l'ordinateur pour la correspondance, on peut taper une lettre ; si on le destine à des jeux, on l'essaie avec des jeux. Différents ordinateurs sont adéquats pour différentes activités : une machine idéale pour des jeux sera peut-être épouvantable pour les affaires, et inversement. Après avoir expérimenté l'ordinateur pour ce à quoi on le destine, on peut demander au vendeur de montrer ce que l'appareil peut faire d'autre.

Le produit qu'on obtient ne correspond pas toujours exactement à ce qu'on a vu en magasin, et chaque brochure porte la mention : «Le fabricant se réserve le droit d'apporter tout changement ou amélioration du produit décrit, et ceci n'importe quand, sans avis préalable et sans engager sa responsabilité.» Il ne faut donc pas hésiter à bien vérifier la marchandise avant de l'apporter chez soi, afin de voir si elle convient bien.

Il faut comparer des éléments de même nature et qui sont valables dans notre cas. Très souvent, on verra de futurs utilisateurs comparer la vitesse de micro-ordinateurs : c'est un peu comme comparer celle de deux voitures qui ne serviront, de toutes façons, qu'à transporter les enfants à l'école. Également, certains peuvent comparer la vitesse maximale d'une imprimante A (par exemple, 80 caractères par seconde) à la vitesse moyenne d'une imprimante B (par exemple, 60 caractères par seconde), qui pourra fonctionner des heures sans risques ; or il appert que l'imprimante A a une vitesse moyenne de 50 caractères par seconde, et donc que la plus rapide n'est pas forcément celle que l'on croit de prime abord. De plus, on peut découvrir qu'à fonctionner à la vitesse maximale pendant trop longtemps, l'imprimante A peut briser. Il s'agit donc de faire bien attention et de comparer des chiffres de même ordre.

6.2.2.7   Prendre des notes

Il est bon d'écrire les numéros de modèles, les prix, les noms des vendeurs, et toute autre chose importante, pour ensuite, après avoir quitté le magasin, analyser ces données et noter les points pour et contre les ordinateurs et les programmes que l'on vient juste d'essayer. Ce qui est clair tout de suite après avoir quitté le magasin risque d'être désespérément embrouillé quelques semaines plus tard si on ne prend pas de notes. On peut également recueillir tout ce dont le fournisseur dispose comme documentation.

Il est important de se sentir à l'aise avec son ordinateur : on doit donc inclure ses propres réactions dans les notes et tenir compte de son intuition pour la décision. Les ordinateurs sont plus qu'une simple dimension de mémoire vive. Quoi faire en cas de bris ? Il faut savoir quoi faire si jamais l'ordinateur brise, qu'il soit sous la garantie ou non. Peut-on le rapporter au magasin ou doit-on l'empaqueter et l'envoyer en Californie ? Combien de temps la réparation prendra-t-elle ? Est-il possible d'en emprunter un gratuitement ou à un prix raisonnable pour cette période ? Est-ce que le vendeur est prêt à mettre toutes ses promesses par écrit ?

6.2.2.8   Prendre son temps

On ne peut pas tout voir en une seule semaine ; il vaut mieux prendre son temps, faire plusieurs petits voyages plutôt qu'un seul trop long, recueillir toutes les informations et les assimiler. Enfin, il ne faut prendre sa décision qu'après avoir longuement réfléchi.

Tout ordinateur personnel a quelque chose qui en vaut la peine et aucun n'est tout à fait mauvais. Il est impossible d'acheter le meilleur ordinateur, celui qui fait tout, au plus bas prix. Quel que soit l'ordinateur choisi, il sera un fidèle serviteur, nous apprendra beaucoup sur les ordinateurs et contribuera à ce que le prochain soit plus près de la perfection. Sachant qu'il n'y a pas de risque de perdre, il faut donc prendre plaisir à relever le défi de ce jeu bien compliqué : acheter un ordinateur.

6.2.3   Des questions qui demandent des réponses

Bien des aspects doivent être examinés lors de l'achat d'un ordinateur. Nous avons exposé la situation des vendeurs et quelques démarches préalables à l'achat. Maintenant, répondons à diverses questions que tout individu se pose quand il entre dans le monde de l'informatique.

6.2.3.1   Pourquoi attendre avant d'acheter ?

Il faut accepter le fait que le domaine informatique est un domaine en perpétuelle évolution, pour ne pas dire révolution. Contrairement à ce qui se passe dans le domaine aéronautique ou automobile, où tout modèle doit passer par de longues et coûteuses études avant d'être fabriqué en série, n'importe qui peut créer un nouveau produit et le mettre sur le marché en quelques semaines pour un coût minime.

Chaque mois, chaque semaine, chaque jour même, de nouveaux produits sont mis sur le marché, mais il arrive souvent que ce ne soient que des ballons d'essai pour éprouver la réaction du marché. Si la réponse est favorable, le fabricant se décide à produire la marchandise en grande quantité. Il est donc recommandé d'attendre avant d'acheter, de prendre le temps nécessaire à une recherche sur le système dans le but d'obtenir une documentation plus complète. Si on trouve le matériel qui convient et dont on a envie, mais qu'on peut quand même s'en passer pendant quelque temps, on peut se fixer une limite, par exemple 120 jours, pour se documenter le plus possible, parler à ceux qui ont déjà un équipement semblable, etc. On peut aussi chercher les équivalents, car, très souvent, le magnifique modèle X trouvé est une copie améliorée (c'est-à-dire sans vices de fabrication) du modèle Y.

Enfin, ce n'est pas le moment de chercher l'originalité ; en informatique, imiter la masse est loin d'être négatif. Être le 10 000e ou le 100 000e acheteur d'un produit IBM ou Apple est sûrement plus rassurant qu'être le premier acheteur d'un produit sans marque de commerce et fabriqué dans un sous-sol.

Il y a toute une marge entre être le parent pauvre de l'informatique et en être l'enfant gâté. Cependant, il ne faut pas rester paralysé face à la décision, mais agir dès que l'on a trouvé ce qui convient au prix qui convient.

6.2.3.2   Comment magasiner le logiciel

Il est important de savoir qu'il faut toujours choisir le logiciel (*software*) avant le matériel (*hardware*). Si l'on fait une comparaison avec l'ensemble rasoir-lames, on se rend compte que ce qui coûte cher, ce n'est pas le rasoir, mais les lames qu'il faut se procurer régulièrement. Pour les ordinateurs, c'est la même chose : le rasoir devient le matériel et les lames, le logiciel. Il faut savoir que si on achète un ordinateur, on dépensera autant pendant trois ans pour l'achat de logiciels, d'accessoires, de cours, etc. Acheter d'abord le matériel équivaudrait à acheter une tenue de neige avant de savoir si l'on ira vivre en Floride ou en Abitibi! C'est néanmoins ce que font la plupart des gens parce que la majeure partie de la publicité concerne le matériel, rarement ou jamais les logiciels.

En fait, il est plus difficile d'acheter le logiciel que le matériel, et cela pour quatre raisons :

1) S'il n'y a qu'une centaine de fabricants de matériel, il existe des milliers de fabricants de logiciels.

2) Certaines compagnies ne vendent que par la poste et font très rarement de la publicité ou pas du tout.

3) Il n'est pas facile de s'y retrouver; le monde des logiciels est une véritable jungle où il sera nécessaire de perdre parfois des heures pour se rendre compte qu'un logiciel ne convient pas.

4) Le faible profit tiré de la vente du logiciel (comparativement à celui du matériel) rend le vendeur en informatique moins intéressé à informer et à conseiller, surtout si on n'achète pas de matériel dans son magasin.

Voici 5 démarches susceptibles de faciliter la prise de décision :

1) Consulter le plus de publications possible sur les logiciels (par exemple, la revue *Software*).

2) Lire des magazines spécialisés en micro-informatique qui font état de critiques, de sondages et qui contiennent de la publicité sur les logiciels.

3) Aller à des expositions d'ordinateurs; c'est l'endroit idéal pour trouver à la fois tous les fabricants et tous leurs logiciels.

4) Chercher un groupe d'utilisateurs, un club informatique, pour rencontrer des gens ayant eu les mêmes problèmes et s'étant posé les mêmes questions et qui se feront un plaisir de transmettre leurs connaissances.

5) Consulter des compagnies spécialisées dans la recherche sur les logiciels, car, disposant de l'expérience et des informations nécessaires pour résoudre les problèmes, elles peuvent fournir rapidement la réponse exacte. Le montant payé pour ce service professionnel ne doit pas être

considéré comme une dépense, mais plutôt comme un investissement assurant un résultat rentable.

6.2.3.3   Comment choisir un ordinateur personnel

Avant d'acheter un ordinateur personnel, il faut se poser trois questions :

- De quel montant d'argent dispose-t-on ?
- Quelle utilisation veut-on faire de l'ordinateur ?
- En a-t-on besoin rapidement ?

Le premier conseil est de ne pas trop craindre les conséquences de son achat, car si on achète un ordinateur maintenant et qu'on aime l'expérience, il y a fort à parier qu'on en achètera un autre dans les prochaines années. Rares sont ceux qui regrettent leur acquisition. Mais encore faut-il choisir son premier ordinateur avec soin, et les premières expériences avec celui-ci influenceront la perception des ordinateurs et de l'informatique pour un long moment.

Avant d'acheter un ordinateur personnel, beaucoup de personnes essaient de prévoir quelle compagnie existera encore dans les 5 ou 10 années à venir : or il est pour ainsi dire impossible de faire des prévisions justes. La ruée vers l'or en attire plus d'un et, encore une fois, la Californie est le siège de cette ruée. À chaque génération d'ordinateurs, on assiste au même phénomène : prolifération de fabricants, qui sera suivie par un palier, puis par une épuration, c'est-à-dire des faillites, des rachats et des fusions.

De quel montant d'argent dispose-t-on ?

Le premier jalon, c'est évidemment le budget : pour 200 $, le choix est très limité ; entre 500 $ et 800 $, le choix est augmenté, et pour plusieurs milliers de dollars d'investissement, les possibilités sont énormes. Il y a donc un vaste éventail de prix pour les ordinateurs personnels et de nombreuses caractéristiques différentes à chaque niveau de prix.

Quelle utilisation veut-on faire de l'ordinateur ?

Avant de chercher un ordinateur, il faut avoir une bonne idée de ce à quoi on le destine. Si, par exemple, on entend faire du traitement de texte, le besoin en graphisme sera faible. Certaines personnes entrent dans une boutique d'ordinateurs, sont fascinées par les dessins réalisés par l'un d'eux, l'achètent, puis sont déçues quand elles veulent s'en servir pour le traitement de texte. Il faut donc être attentif : certains ordinateurs traitent très bien les mots et les nombres, mais offrent des possibilités graphiques tout à fait primaires. Il est évident que si on utilise en premier lieu un ordinateur pour l'interprétation architecturale et pour le dessin de plans, on se retrouvera alors plus souvent que désiré en train d'utiliser une équerre et un compas.

Ce qui importe au sujet d'un ordinateur, ce n'est pas ce qu'il est capable de faire très bien, mais plutôt si ce qu'il fait très bien servira. On peut admirer la technologie d'un ordinateur qui accomplit quelque chose d'une façon stupéfiante, mais il faut s'assurer qu'il fait aussi bien ce dont on a vraiment besoin.

Des ordinateurs tendent à être meilleurs pour les jeux et les dessins que pour les lettres et les nombres ou inversement. Quoique cela devienne moins vrai avec le temps et que beaucoup d'ordinateurs soient capables aujourd'hui de bien faire les deux, on peut, en y regardant de plus près, constater que tel ordinateur se prête beaucoup mieux au texte ou qu'il excelle dans les graphiques.

En a-t-on besoin rapidement?

Le monde des ordinateurs change si vite que chaque jour les prix baissent et les produits s'améliorent. Il en est d'ailleurs ainsi pour toutes les nouvelles technologies. Il est toujours possible d'attendre, mais si on a un besoin particulier pour un ordinateur, il est préférable d'acheter tout de suite plutôt qu'attendre pour obtenir un meilleur prix, car la satisfaction qu'il peut apporter compensera totalement la dépense supplémentaire.

6.2.3.4   Le marché de l'occasion

Il est possible de trouver des ordinateurs ou des logiciels à des prix inférieurs au prix courant : ces systèmes sont vendus par la poste ou dans les magasins de bon marché. Dans certains cas, toutefois, ces occasions sont théoriquement impossibles : IBM, par exemple, ne vend qu'à des détaillants autorisés et ne leur permet pas de vendre à d'autres détaillants ou par correspondance, ni d'accorder des escomptes sans réserve. Mais il arrive qu'un vendeur autorisé peu scrupuleux vende une partie de sa marchandise au public à un prix régulier et le reste à un marchand non autorisé, au prix de gros (plus une petite marge de profit). Ce dernier peut alors revendre à un prix inférieur au prix régulier.

Que penser de ces marchands non autorisés? Évidemment, ils sont moins capables de donner des conseils et d'offrir un service après-vente. De plus, l'appareil ne peut être réparé que chez un détaillant autorisé pour que la garantie reste valide. Deux points sont cependant importants à noter : le prix est souvent très inférieur au prix régulier, et le choix offert est vaste, ce qui rend ce genre d'achat attrayant.

Quant à l'équipement de seconde main, tout dépend de la raison pour laquelle l'actuel propriétaire s'en défait. Si c'est pour acheter de l'équipement plus performant, on doit espérer qu'il aura pris soin du matériel. S'il est dégoûté, il est important de savoir si c'est parce qu'il ne sait pas s'en servir ou parce que l'appareil fonctionne mal.

Il est évident que le matériel de seconde main est moins cher; il arrive même que le prix en soit très bas par rapport à du matériel neuf. Par contre, il est nécessaire de vérifier avec soin tous les éléments qui composent le système avant de l'emporter chez soi et, surtout, il faut penser qu'il n'y a aucune garantie à l'achat. Il existe des disquettes conçues spécialement pour tester certains ordinateurs, ce qui est très utile dans ce cas-ci.

6.2.3.5   Les limites de l'équipement

Il est conseillé de s'informer des limites de l'équipement et de les comparer aux tâches auxquelles on le destine. Comme pour tout appareil, un dépassement des limites indiquées par le fabricant peut entraîner des problèmes techniques. Ceux-ci se manifesteront la plupart du temps par une perte de puissance ou de rapidité.

La puissance

Théoriquement, il n'y a aucune limite au nombre de périphériques que l'on peut brancher à un ordinateur, pourvu que le bloc d'alimentation (*power supply*) ait la capacité énergétique nécessaire. Tout excès peut entraîner une perte d'efficacité suivie d'une panne majeure.

Certains prétendent que le fait de surcharger l'ordinateur ne provoquera qu'un arrêt de fonctionnement, tandis que d'autres croient que cela endommagera l'ordinateur. Il semble donc préférable d'éviter toute surcharge.

La rapidité

Il n'y a pas, proportionnellement, de différence entre le temps nécessaire à un ordinateur pour classer 50 noms par ordre alphabétique et celui qu'il met à en classer 50 000 : dans ce dernier cas, le nombre de minutes sera nettement supérieur, mais le temps moins long, proportionnellement. Par exemple, s'il faut à une personne 10 minutes pour classer manuellement 50 enveloppes par ordre alphabétique, il lui en faudra beaucoup plus que 1000 fois ce 10 minutes pour en classer 50 000. En effet, elle devra procéder par piles, puis fusionner les piles. Mais avec un ordinateur dont le programme est prévu pour cette quantité, le tri prendra seulement quelques minutes.

L'idéal est de prévoir les besoins et de choisir le logiciel en conséquence, et cela avant le matériel, comme nous l'avons déjà dit.

Le déplacement

Les ordinateurs sont fragiles; pour les déplacer, on conseille de faire systématiquement appel à un spécialiste. En outre, certains sont lourds et ne se transportent pas aisément : déplacer un IBM-PC de 70 kg demande plus d'effort que déplacer un Macintosh de 45 kg.

Les pannes

Étant donné que les ordinateurs font tout silencieusement, il ne faut pas s'attendre à un signal sonore ou à un bruit incongru lors d'un bris dans le mécanisme. Une panne se manifestera la plupart du temps par un arrêt de l'ordinateur ou, dans le cas de l'IBM, par le message PARITY CHECK ERROR suivi habituellement d'un numéro; ce numéro doit être donné au technicien afin de faciliter la réparation. Parmi tous les problèmes entourant l'utilisation de l'ordinateur, les défectuosités techniques sont souvent considérées comme les plus graves.

Il est bon, lorsqu'on débute avec un nouvel équipement, de pouvoir se référer à un ami ou à quelqu'un de l'entourage qui possède un équipement semblable, pour obtenir de l'aide et se faire dépanner. Ainsi, en cas de panne, cet autre équipement permet de tester un élément (interface) après l'autre, de découvrir plus facilement le problème et de le résoudre à moindres frais. De plus, les problèmes informatiques étant souvent les mêmes, il peut être fort utile de partager les différentes expériences. Mais il ne faut pas lésiner sur les réparations, car une panne mineure peut se transformer en panne majeure simplement parce qu'on a voulu économiser les services d'un technicien.

Enfin, en cas de panne majeure nécessitant plusieurs semaines de réparation, la solution idéale est de partager le temps d'utilisation d'un ordinateur avec quelqu'un, personne n'utilisant un ordinateur 168 heures par semaine.

6.2.3.6 L'installation

Auparavant, on devait prévoir pour la plupart des ordinateurs une pièce spéciale où le degré de température et celui de l'humidité étaient contrôlés. De nos jours, l'ordinateur se retrouve n'importe où, sur des tables de cuisine, dans des salles pleines de fumée, etc. Il subsiste cependant certaines grandes sources de problèmes, que nous verrons maintenant.

L'environnement de l'ordinateur

Il faut savoir que la poussière peut endommager certains éléments d'un système informatique, tout comme, évidemment, la nourriture, les liquides de toutes sortes, la fumée et la cendre de cigarettes.

Pour éviter les problèmes, il faut :

- toujours replacer les disquettes dans leur enveloppe de plastique ou de papier après chaque utilisation;

- recouvrir d'une housse le système informatique afin de le protéger de la poussière et autres substances;

- ne jamais fumer près de l'ordinateur;

- nettoyer autour de l'ordinateur régulièrement et avec soin;

- éviter la chaleur excessive, l'humidité élevée (si l'on est près de l'océan, par exemple).

Les forces invisibles

La plupart des défectuosités d'un ordinateur peuvent être reliées à des problèmes électriques ou magnétiques. Les six principaux sont :

- trop de courant électrique, c'est-à-dire un voltage dépassant les 115 ou 120 volts, peut entraîner une destruction partielle ou totale de l'ordinateur. Ce problème peut être évité au moyen d'un régulateur de tension;

- pas assez de courant électrique, comme cela se produit fréquemment lorsque le moteur du réfrigérateur se met en marche provoquant une légère chute de tension pendant un laps de temps très court, peut (si le courant diminue de 20 volts ou plus) occasionner des erreurs et endommager un programme en cours. Là aussi un régulateur de tension résoudra le problème;

- une panne d'électricité lorsque l'ordinateur est en marche entraîne la disparition d'une bonne partie du travail en mémoire vive. Un système de piles qui prend automatiquement la relève lors d'une panne de courant élimine ce problème;

- l'électricité statique, soit celle qui se forme par frottement, est nuisible. Il est donc déconseillé d'utiliser un ordinateur dans une pièce recouverte de tapis, ou alors il faudra traiter celui-ci avec un produit spécial antistatique;

- le magnétisme peut détruire l'ordinateur. Or tout moteur électrique développe du magnétisme, de même que le téléphone, le téléviseur, le climatiseur, etc. La seule solution est donc de ne jamais laisser une disquette ou un ordinateur près de ces sources;

- les rayons X peuvent endommager le matériel ou détruire les disquettes. Il est donc recommandé de signaler ce matériel, si l'on passe une frontière, par exemple.

La manipulation

Bien que la plupart des manuels contiennent une phrase rassurante disant que «quelles que soient les opérations que l'on effectue, on ne peut endommager l'appareil», c'est en fait possible. L'erreur la plus courante est de mal insérer la disquette dans le lecteur de disque, ce qui brise non seulement le disque mais aussi le lecteur.

Il peut aussi arriver que l'utilisateur écrive un programme qui entraîne une boucle dont l'ordinateur est incapable de sortir, une espèce de cul-de-sac électronique. Il est à noter qu'il n'y a pas bris en ce cas, mais arrêt de fonctionnement temporaire. La seule solution pour s'en sortir intelligemment est soit de fermer l'appareil, soit de procéder à une nouvelle initialisation au moyen de touches du clavier.

6.2.4   Les coûts et ce qu'ils incluent

Personne ne paie le prix intial demandé par le détaillant pour une automobile, mais la plupart des acheteurs n'osent pas marchander un ordinateur. Pourtant, il est possible de négocier le prix et d'aller voir d'autres détaillants. Voici donc les aspects à négocier.

6.2.4.1   Le prix d'achat

La plupart des détaillants paient entre 30 % et 50 % de moins que le prix de vente suggéré par le manufacturier, ce qui laisse une certaine marge de négociation. La plupart préféreront réaliser un peu moins de profit, sachant qu'un client satisfait revient toujours ou amène d'autres clients.

6.2.4.2   Les termes

Certains détaillants ont leur propres contrats, d'autres ont des arrangements avec une banque ou une compagnie de location-financement. D'autres encore sont ouverts à un financement personnalisé (3 paiements de 2000 $, par exemple).

6.2.4.3   Une période d'essai

Un achat peut être conditionnel à la satisfaction, c'est-à-dire avec possibilité de retourner en partie ou en totalité l'équipement en échange d'une pénalité de 10 %, et cela dans les 30 jours suivant l'achat. La compagnie Apple a déjà mené une campagne publicitaire sous le slogan «Tester le Mac» et permettait à l'acheteur éventuel d'essayer le Macintosh dans le confort de son foyer.

6.2.4.4   La livraison et l'installation

Il est possible d'obtenir du détaillant qu'il livre et installe l'équipement. Mais un tel service ne s'applique que pour de l'équipement spécial tel que le réseau, la table traçante, etc.

6.2.4.5   La garantie

La garantie sur un ordinateur est de 1 an (équipement et logiciel). Après ce temps, le fabricant n'est en aucune façon responsable ni du matériel ni des dommages que celui-ci peut causer, même s'il savait que l'équipement présentait des défectuosités lors de la vente. Face à cette situation, il n'y a que quatre protections possibles :

1) Lire et comprendre ce qu'écrivent les fabricants, de façon à être préparé à l'éventualité où quelque chose irait mal.

2) Acheter un contrat de service, ce qui peut être pratique dans certaines situations, mais pas toujours.

3) Négocier sa propre garantie, ce qui n'est possible qu'à l'achat d'un gros ordinateur directement du fabricant ou d'un système complet de petit ordinateur chez un détaillant.

4) Se pourvoir de prolongations de la garantie standard qui est de 90 jours, la portant à 9 mois ou à 2 ans, selon le manufacturier. Certaines garanties sont alors prolongées sans changement, mais quelquefois les conditions ne sont plus tout à fait les mêmes (franchise, exclusion de certaines pièces, de certains problèmes, etc.).

Cependant, la garantie ne couvre pas tout, et pour deux raisons. D'abord, les problèmes proviennent souvent du logiciel, et ce dernier n'est jamais couvert par la garantie non prolongeable. Ensuite, même si le problème touche le matériel, il n'est pas facile de déterminer quelle est la partie responsable. Dans le cas où plusieurs manufacturiers couvrent différentes parties du système, on peut se trouver dans une situation où personne ne veut assumer la responsabilité de la défectuosité. De la même façon, il peut être difficile de savoir si le dommage provient du logiciel ou du matériel.

Enfin, notons que deux éléments sont à considérer à l'achat de cette garantie, soit l'aspect financier et la tranquillité d'esprit. Une garantie coûtera approximativement 10 % du montant du matériel : chez IBM, elle est de 12 %, tandis que chez un revendeur, elle est de 7 %; Macintosh demande, par l'intermédiaire de ses revendeurs, un prix fixe de 180 $ par année.

6.2.4.6   La formation

Certains détaillants et distributeurs offrent régulièrement des sessions de formation sur leur équipement, pour une période de quelques jours ou de quelques heures. Si ce n'est pas le cas, on peut toujours se faire expliquer, au magasin ou chez soi (il y a des frais, habituellement), le fonctionnement de l'appareil. Mais il est certes plus agréable de profiter d'un petit cours sur ce que l'on vient d'acheter, comme l'offrent certains détaillants.

Mais rappelons-nous que, si un détaillant ne fait pas l'affaire, rien n'empêche d'aller en voir un autre. Regardons maintenant chacune des étapes de l'achat de cet ordinateur.

6.3   COMMENT ACHETER UN ORDINATEUR

Les responsables de service doivent de plus en plus gérer eux-mêmes leurs ressources informatiques. Ils doivent alors décider de l'achat et du renouvellement de micro-ordinateurs pour leurs propres besoins et ceux de leur personnel. C'est dans cette perspective que nous présentons une méthode d'analyse de besoins informatiques qui pourra aider les gestionnaires dans leur processus décisionnel.

Lorsqu'on commence à magasiner un micro-ordinateur, on est vite submergé par une masse de modèles et de marques, tous censés être les meilleurs, au dire des vendeurs. Le problème s'accroît si aucun des modèles ne se démarque particulièrement de ses compétiteurs. Un modèle peut se démarquer par sa puissance, un autre par le service après-vente, un autre par la quantité de logiciels offerts. C'est pourquoi il est important de dresser une liste des critères susceptibles d'assurer une plus grande satisfaction.

Les différentes étapes à suivre sont :

1.   Analyser les besoins :

- en logiciels,
- en partage des ressources et données par réseau,
- en mobilité;

2.   Choisir la catégorie d'ordinateur :

- choisir la marque (IBM, compatible, clone ou Mac);

3.   Évaluer la puissance;

4.   Prévoir l'évolution;

5.   Déterminer le budget;

6.   Choisir un fournisseur;

7.   Définir une méthode de décision finale.

À chacune des étapes, le choix de modèles et de marques diminuera; idéalement, on doit se retrouver à la fin du processus avec moins d'une dizaine de micro-ordinateurs à évaluer.

Trop fréquemment, des gens disent qu'ils doivent changer leur micro-ordinateur parce que le leur est démodé. Quel argument! En informatique, il en coûte très cher de suivre la mode. Depuis 1983, uniquement dans la catégorie IBM ou compatible, le marché a vu passer les PC, les AT 286 et 386, les PS/2 et maintenant les 486; si on calcule environ 5000 $ par appareil, on obtient un déboursé de 20 000 $ uniquement pour être à la fine pointe de la mode. Si, par contre, les besoins en puissance ont changé, il est rassurant de constater qu'à prix égal, on trouve des ordinateurs de plus en plus performants qui répondent aux besoins particuliers de chacun.

L'important est de trouver le modèle qui convient et de le conserver tant que les besoins ne changent pas. En effet, qu'importe que le micro-ordinateur soit muni d'un processeur 80386 accompagné d'un coprocesseur mathématique s'il doit servir presque toujours à des usages de traitement de texte; un XT répondra largement à ces besoins. Par contre, s'il s'agit d'un premier achat, il est bon de prendre en considération les besoins actuels et à venir. C'est pourquoi la première sélection doit se faire par l'entremise de l'analyse des besoins.

6.3.1   L'analyse des besoins

L'analyse des besoins en vue de l'achat d'un micro-ordinateur comprend trois examens qui doivent être réalisés parallèlement : les logiciels nécessaires, le partage des ressources et la mobilité.

6.3.1.1   Analyse des besoins en logiciels

Il arrive que des gestionnaires achètent un micro-ordinateur sans savoir réellement quoi en faire. En fait, ce sont les logiciels qui vont dicter à l'ordinateur les tâches à accomplir et, par le fait même, qui vont lui dicter leurs spécifications techniques. Les logiciels que l'on désire utiliser détermineront en partie le type d'ordinateur à acheter, soit IBM ou Macintosh et, plus que tout, détermineront la puissance nécessaire. C'est pourquoi il importe de bien définir et de planifier les besoins d'informatisation.

Analyse de la tâche

La première étape de la planification des besoins d'informatisation est de bien identifier et délimiter les tâches de travail de la personne qui devra se servir de l'ordinateur, indépendamment du facteur informatique. Cette étape permettra de discerner les tâches informatisables.

Prenons l'exemple de l'informatisation du service de vente par téléphone. Si les vendeurs passent 5 heures par jour à vendre des produits par téléphone, l'ordinateur ne diminuera pas nécessairement leur temps au téléphone. Par contre, un vendeur doit obtenir et compiler de l'information sur chacun de ses clients : tenir à jour l'annuaire, les derniers termes de paiement, la dernière vente, le dernier escompte obtenu, la facilité de recouvrement de paiement, etc., et c'est à ce chapitre que l'ordinateur peut être d'une certaine utilité.

Analyse des bénéfices de l'informatisation d'une tâche

Dans un deuxième temps, pour chaque tâche définie, il importe d'analyser les bénéfices que l'informatisation peut procurer à l'employé concerné, notamment sur le plan de la productivité.

Par exemple, un directeur du service de production d'émissions de télévision devait mémoriser le contenu d'une banque d'environ 1000 vidéocassettes. Lorsqu'il avait besoin d'une prise de vue quelconque, il devait visionner quelques cassettes au complet avant de trouver ce qu'il cherchait. Il consacrait près de 7 heures par semaine à cette tâche. En informatisant, à l'aide d'une base de données, le contenu de sa banque de vidéocassettes, il peut désormais accomplir le même travail en quelques minutes.

Par contre, si l'exécution manuelle de cette tâche ne lui avait pris que 2 heures par mois, le gain en productivité aurait été faible, et l'informatisation n'aurait peut-être pas été envisagée, à moins d'un besoin de contrôle accru, compte tenu des coûts occasionnés par l'informatisation, soit les coûts de logiciel et d'entrée de données.

Pour chaque tâche considérée comme informatisable, il est bon d'élaborer une fiche indiquant le volume de données à traiter, la fréquence d'utilisation, le temps requis pour effectuer cette tâche manuellement. Ces variables indiqueront la pertinence de l'informatisation.

Si un des éléments présentés dans la liste suivante est positif, l'informatisation sera sans doute bénéfique. Sinon, on doit juger chacun des cas individuellement. Bien entendu, certains systèmes manuels sont très efficaces et se révèlent plus adéquats dans certaines situations.

VARIABLE	POSITIF	NÉGATIF
Volume de données	Grand	Faible
Fréquence d'utilisation	Répétitif	Peu fréquent
Temps requis	Très long	Très court

Ces éléments aideront à déterminer quels types de logiciels peuvent répondre aux besoins du personnel. Si l'analyse indique que le personnel doit fréquemment répondre au courrier, élaborer des prévisions statistiques, écrire des rapports, interroger des données, les besoins en logiciels seront inévitablement : logiciel de base de données, tableur et traitement de texte. Comme nous l'avons vu au chapitre premier, ce sont les logiciels les plus utilisés par les gestionnaires.

Il est aussi essentiel d'analyser les besoins futurs. L'ordinateur permet d'accomplir des tâches qui auraient été impossibles ou très longues à réaliser autrement; par exemple, les graphiques ou l'édition électronique. Il est important de prévoir ces nouveaux besoins pour acheter tout de suite un appareil qui pourra les satisfaire.

6.3.1.2   Analyse des besoins en partage des ressources

La plus grande motivation de l'utilisation d'un réseau local est la nécessité de partager des logiciels, des données contenues sur un disque dur et, dans une moindre mesure, de partager des périphériques. Les réseaux locaux permettent de relier, sur un même site, plusieurs ordinateurs entre eux; des câbles physiques relient alors les ordinateurs, ainsi que des cartes électroniques (sauf dans le cas du Macintosh). Des logiciels de télécommunication assurent les échanges entre les appareils.

Un réseau local offre plusieurs avantages à une entreprise :

- possibilité de partage de logiciels;

- travail sur des données communes à plus d'un poste de travail et continuellement mises à jour;

- partage de ressources dispendieuses.

Par contre, plusieurs inconvénients peuvent être liés à l'installation d'un réseau local :

- complexité de l'équipement;

- pas de réduction du phénomène des files d'attente, lorsque le périphérique, par exemple une imprimante à laser, est trop en demande. Il est préférable alors de se procurer une deuxième imprimante;

- besoin d'expertise technique;

- bris et incompatibilités supplémentaires possibles.

L'équipement

Types de câbles

Le type de câble détermine directement la vitesse de transmission des signaux et la qualité de ces transmissions. Ainsi, le câble coaxial autorise des vitesses de transfert élevées et sur de grandes distances; il convient donc aux environnements physiques très dispersés, ayant un large débit et un gros trafic. La fibre optique ne devrait être envisagée que dans le cas de transfert de données sur une très grande distance ou encore pour des réseaux locaux qui transfèrent de grands débits d'informations. Les paires torsadées (fil téléphonique) répondent bien aux besoins des réseaux locaux de courte distantce et demeurent de loin les câbles les plus utilisés et les moins dispendieux.

Logiciels de télécommunication

Les logiciels de télécommunication assurent le transfert des données d'un appareil à un autre. Mais attention! ils n'ont pas tous les mêmes capacités. Le choix du logiciel devient un critère important de succès de l'implantation du réseau.

Serveur spécialisé

Certains logiciels permettent à chaque poste de travail d'un réseau de partager des ressources de disques, imprimantes ou autres. D'autres obligent à dédier un micro-ordinateur au rôle de serveur. Bien qu'il représente des déboursés supplémentaires, le serveur garantit toujours une plus grande rapidité et de meilleures performances.

Verrouillage

Le verrouillage a pour but de protéger un enregistrement pendant un traitement. Lors de l'utilisation d'une base de données en temps partagé, l'entreprise doit s'assurer que deux usagers ne pourront modifier le même enregistrement au même moment (par exemple, si l'employé A supprime le crédit d'un client pendant que l'employé B utilise ce crédit pour autoriser une facture).

Courrier électronique

Certains logiciels de gestion de réseau permettent l'envoi de courts messages aux divers postes de travail.

Accès à distance

Certains logiciels fournissent la possibilité de communiquer avec le réseau par le téléphone.

Désynchronisation de l'impression

La désynchronisation est une particularité qui permet de placer les projets d'impression en file d'attente. Certaines imprimantes possèdent 2 Mo de mémoire; elles peuvent donc emmagasiner autant de projets que leur mémoire le leur permet.

Le tableau 6.1 permet de comparer les différents logiciels.

6.3.1.3 Analyse des besoins en mobilité

La tâche à accomplir, si elle commande les besoins en logiciels, détermine aussi les besoins en mobilité. Le travail comporte-t-il de nombreux déplacements? Où sera principalement utilisé l'appareil? Les journalistes, par exemple, ont besoin d'un système facile à transporter.

TABLEAU 6.1
Tableau comparatif
des logiciels de
réseaux locaux

Produit	Serveur	Verrouillage	Courrier électronique	Accès à distance	Désynchro-nisation de l'impression
IBM LAN	spécialisé ou non	oui	oui	option	oui
Novell Advanced Netware	spécialisé ou non	oui	oui	option	oui
Appleshare	spécialisé seulement	oui	option	option	option
TOPS pour le Macintosh	non spécialisé	oui	option	option	oui

Il existe quatre catégories principales d'ordinateurs classés en fonction de la possibilité de déplacement :

- le micro-ordinateur de poche ;
- le micro-ordinateur portatif ;
- le micro-ordinateur transportable ;
- les modèles fixes : de bureau et de plancher.

Mis à part l'ordinateur de poche, les appareils de chacune des catégories peuvent offrir la même puissance et la même capacité de mémoire. C'est sur le plan de l'ergonomie de l'écran et du clavier qu'interviennent les différences. De plus, il ne faut pas oublier que, toute chose étant égale par ailleurs, plus l'ordinateur est petit, plus le prix sera élevé (du fait des contraintes imposées à la fabrication), et moins il présentera de possibilités d'extension par des périphériques et des cartes internes.

Le micro-ordinateur de poche

L'ordinateur de poche est un type de micro-ordinateur encore peu connu, mais offrant de nombreuses possibilités. Par exemple, plusieurs camionneurs de la laiterie Casavant utilisent un micro-ordinateur de poche contenant :

[...] quatre fichiers de base : fichier-client, fichier-produits, liste de prix spéciaux, fichier promotion, ainsi que les programmes d'applications. Le système logiciel portatif comprend un mode de gestion des stocks pour la saisie de l'impression des commandes individuelles. Il comprend aussi un module de facturation et un module de collection qui permettent de gérer chaque commande, de même qu'un module de fin de journée et de transfert des données vers l'ordinateur central[1].

La saisie de données à partir des camions permet d'économiser du temps de transcription de données et augmente la productivité de la compagnie.

---

1. Michel Lasalle, « La laiterie Casavant de Saint-Jérôme ».

Le micro-ordinateur de poche permet notamment :

- de saisir des données : recensement, rôle d'évaluation municipale, évaluation de dommages, sondages, statistiques, etc. ;

- d'émettre des billets d'infraction, des billets d'autobus, etc. ;

- de mémoriser des listes de produits et des listes de prix régulièrement mises à jour ;

- de noter et de trier les listes de clients du jour ;

- d'imprimer la facture ou le reçu de livraison sur place ;

- de contrôler quotidiennement l'inventaire des camions de livraison.

À la fin de la journée, l'ordinateur pourra produire les rapports de ventes du jour (ou de la semaine), calculer les dépenses de voyage, etc., puis transmettre ces données au bureau par le biais du modem. Ces rapports seront ensuite traités par l'ordinateur de l'entreprise.

En fait, si des employés sur le terrain doivent remplir des formulaires qui seront par la suite saisis sur ordinateur pour être enfin retournés au client, il serait bon d'étudier la possibilité de munir ces employés de micro-ordinateurs de poche ou de portatifs ; tout sera alors fait sur place. S'il est nécessaire de poser l'appareil pour s'en servir, il est préférable de choisir un portatif. Mais si, par exemple, les employés doivent entrer les données en marchant ou en restant debout, ou s'il doivent s'en servir dans des endroits aussi inusités que le haut d'un poteau, une chambre à peinture ou une chambre froide, alors il vaut mieux choisir un micro-ordinateur de poche.

Les micro-ordinateurs destinés à être utilisés sur divers terrains doivent être très petits. En fait, il faut pouvoir les tenir dans une main. Ces appareils, parfaitement autonomes, fonctionnent avec des piles rechargeables et emmagasinent les données sur un disque virtuel. Grâce à cette technologie, il est maintenant possible d'utiliser l'ordinateur dans des milieux hostiles puisqu'il est généralement étanche, résistant aux chocs, aux vibrations et à la poussière. Un mini-écran peut afficher de 8 à 21 lignes et 26 caractères de large. Les périphériques sont les mêmes, quoique surtout liés à la saisie et au transfert de données ainsi qu'à la communication : modems, lecteurs de codes à barres, etc.

Mais attention ! ces micro-ordinateurs ne possèdent pas tous les mêmes capacités. Comme les données seront stockées sur un disque virtuel, il est important de vérifier l'étendue de la mémoire vive. De plus, ils ne fonctionnent pas nécessairement avec le système d'exploitation MS-DOS. L'avantage, s'ils acceptent le système d'exploitation MS-DOS, c'est qu'il est alors possible d'utiliser tout langage de programmation ou tout logiciel d'application fonctionnant dans un environnement MS-DOS. Par contre, leur prix augmente considérablement. Il est donc important de vérifier quel est le système d'exploitation utilisé et le degré de compatibilité. Il est également important d'évaluer le nombre de lignes et de colonnes pouvant être affichées à l'écran.

Le micro-ordinateur portatif

Idéalement, un réel portatif pèse moins de 3 kilos. Le portatif présente le format d'une petite valise d'affaires.

Cette nouvelle technologie permet maintenant aux gens d'affaires de travailler partout... de la voiture au bateau de pêche. L'utilisateur n'est même plus dépendant de l'électricité : l'ordinateur est muni de piles rechargeables. Le portatif est le micro-ordinateur idéal pour les gens qui ont à se déplacer fréquemment; les journalistes, les conférenciers et les directeurs sont les preneurs parfaits. Par contre, plusieurs achètent un portatif parce qu'ils ont très souvent du travail à faire à la maison le soir. Il peut être préférable alors d'acheter deux ordinateurs de bureau, pour le même prix.

La micro-mallette

La micro-mallette est un nouveau concept qui fait fureur actuellement dans le monde des affaires. L'idée de base est de réunir tous les outils de travail dans un attaché-case. Actuellement, il est possible d'intégrer un télécopieur, un modem, un téléphone, une imprimante, et pourquoi pas un scanneur et un adapteur vidéo graphique, pour projeter une acétate électronique ou pour relier l'appareil à un autre écran, en plus d'un micro-ordinateur ayant des capacités identiques à celles des ordinateurs de bureau les plus puissants, le tout dans une simple valise d'affaires; il suffit d'en payer le prix. Toutefois, il faut être conscient que les capacités de la majorité des périphériques et les possibilités d'extension diminuent au profit de la miniaturisation.

Les critères de sélection de la micro-mallette seront les mêmes que pour le portatif. Toutefois, on doit être encore plus attentif pour ce qui est des limitations de l'écran, du clavier et de l'imprimante.

Critères de sélection

Les critères de sélection particuliers au micro-ordinateur portatif concernent surtout l'ergonomie et l'énergie.

Économie d'énergie   Le portatif devrait être muni d'un délestage automatique afin d'économiser de l'énergie. Lorsque l'écran, le disque dur, le clavier, le modem et l'imprimante ne sont pas en fonction, il est important que l'ordinateur lui-même les désactive temporairement, ce qui évite à l'utilisateur d'avoir à les éteindre et à les remettre en marche par la suite.

Puissance de la batterie   Il faut d'abord s'assurer que le portatif peut fonctionner avec une batterie et non uniquement avec une alimentation conventionnelle. Si on hésite entre deux modèles, on peut évaluer la puissance de la batterie originale, sans plus, car il est possible de s'en procurer une autre à peu de frais.

Carte graphique   La carte graphique intégrée au portatif déterminera la résolution de l'écran et, par le fait même, le nombre de tons de gris qu'on peut distinguer. À l'heure actuelle, un seul modèle permet de discerner plusieurs tons de gris. Cette particularité est importante, car de nombreux logiciels ont été conçus pour des ordinateurs discernant divers tons de couleurs. Si un de ces logiciels est utilisé sur un portatif qui ne distingue que quatre couleurs, soit les couleurs de base, on risque de ne pas voir apparaître le menu, ou pire, le texte écrit. La carte graphique VGA permet une résolution de l'écran de 640×480, ce qui assure une bonne lisibilité et permet de différencier les tons de gris. La carte EGA est le second choix passable, mais une carte CGA limite le nombre de logiciels.

Grandeur de l'écran   La grandeur d'un écran de portatif est généralement de 6 pouces sur 9. Il est important de porter une attention particulière à cet aspect, puisque plusieurs fournisseurs ont réduit l'écran pour économiser sur les coûts de production; il existe même un modèle offert avec un écran de 3,5 pouces de côté.

Écran LCD   Les plus grands avantages des écrans à cristaux liquides (LCD) sont qu'ils consomment moins d'énergie et sont beaucoup moins chers à l'achat. Par contre, ce type d'écran comporte de nombreux désavantages; premièrement, la lisibilité est moindre, du fait que ces écrans ne sont lisibles que si on les regarde d'un certain angle et qu'ils sont plutôt limités sur le plan des contrastes de couleurs. Deuxièmement, puisque les écrans LCD consomment moins d'énergie, ils présentent une moins grande luminosité; on ne peut donc pas les utiliser sous une faible lumière ambiante.

Écran à plasma   L'écran à plasma permet une excellente lisibilité, semblable à celle des écrans cathodiques. Contrairement à l'écran LCD, on peut utiliser l'écran à plasma peu importe la qualité de la lumière ambiante. Les écrans à plasma sont de loin les écrans les plus chers et les plus grands consommateurs d'énergie. Les portatifs munis d'un écran à plasma tendent à être plus lourds à cause de la puissante batterie nécessaire.

Batterie amovible   La batterie augmente considérablement le poids des portatifs, soit de 1 à 2 kilos. Lorsqu'on prévoit ne pas se servir de la batterie lors d'un déplacement, il est intéressant de pouvoir tout simplement l'enlever.

Transport   Le poids est un des critères parmi les plus importants. Idéalement, le portatif ne devrait pas excéder 5 kilos, incluant la batterie, l'adapteur électrique et le boîtier. Avant de comparer les poids des portatifs, on doit s'assurer que ces trois éléments sont bien inclus dans les indications du vendeur.

Clavier   Pour miniaturiser le clavier, les fabricants doivent enlever plusieurs touches. Il faut vérifier si les touches fréquemment utilisées avec les logiciels sont présentes.

La figure 6.1 permettra de faire une première comparaison entre micro-ordinateurs portatifs et micro-ordinateurs de poche.

Le micro-ordinateur transportable

Un micro-ordinateur qualifié de transportable pèse entre 7 et 9 kilos; toutefois, certains peuvent peser jusqu'à 18 kilos. L'étui s'apparente généralement à un gros sac de voyage. En choisissant cette catégorie, il est important de savoir qu'on ne pourra pas transporter son micro-ordinateur partout et en tout temps, compte tenu du poids et de la dimension. Ce micro-ordinateur convient bien aux gestionnaires et employés qui doivent se déplacer à l'occasion chez le client avec leur micro-ordinateur et qui ont besoin des fonctionnalités d'un ordinateur de bureau. Les experts-comptables seraient un bon exemple d'utilisateurs. Bien qu'ils aient à travailler fréquemment à leur bureau, ils doivent se rendre chez leurs clients qui ne peuvent pas nécessairement leur fournir un micro-ordinateur pour quelques heures, ou encore quelques jours. Par contre, depuis l'introduction

FIGURE 6.1
Feuilles d'évaluation

MICRO-ORDINATEUR PORTATIF
CRITÈRES DE CHOIX

Délestage intelligent : ❑

Lisibilité de l'écran :
Carte graphique : VGA ❑   EGA ❑   CGA ❑
Backlit : ❑
Dimension de l'écran : _____ × _____
Nombre de lignes : _____   Nombre de colonnes : _____
Type d'écran : LCD ❑   Plasma ❑

Portabilité :
Longueur _____   Largeur _____   Poids _____

Batterie :
De sécurité ❑   Puissance _____   Poids _____
Durée d'autonomie : _____

Clavier :
Nombre de touches : _____

MICRO-ORDINATEUR DE POCHE
CRITÈRES DE CHOIX

Compatibilité MS-DOS : _____ % ou EEPROM

Mémoire RAM : min. _____   **max.** _____

Dimension de l'écran : _____ × _____
Nombre de lignes : _____   Nombre de colonnes : _____
Backlit : ❑

Portabilité :
Longueur _____   Largeur _____   Poids _____

Étanchéité :
Excellente ❑   Très bonne ❑   Bonne ❑   Mauvaise ❑

Batterie :
De sécurité ❑   Puissance _____   Durée d'autonomie : _____

Clavier :
Alphabétique ❑   QWERTY ❑   Nombre de touches : _____

des portatifs, cette technologie est en perte de vitesse. Bien sûr, il est possible d'utiliser le micro-ordinateur transportable pour travailler au bureau et le transporter ailleurs lorsque c'est nécessaire; les premiers Macintosh avaient été conçus dans cette perspective. Si on opte pour cette solution, il serait bon alors de véri-fier la lisibilité à l'écran.

Les modèles fixes : micro-ordinateurs de bureau et de plancher

On inclut dans les modèles fixes l'ensemble des micro-ordinateurs qui ne sont pas conçus pour être transportés facilement. Ils présentent de nombreux avan-tages malgré leur fixité. Ils permettent l'utilisation de meilleurs écrans, affichant jusqu'à 60 lignes et plusieurs couleurs. Leurs claviers sont plus faciles à utiliser, car ils offrent une plus grande surface de travail et de nombreuses touches de fonctions. Il est de plus possible de leur ajouter des disques durs imposants (plus de 300 Mo). Lorsque le travail effectué exige le recours à des options externes comme des bandes de sauvegarde, des traceurs ou des dispositifs de télécommu-nication, ces installations de bureau deviennent essentielles.

Ces modèles sont présentés principalement sous deux formes, les plus courants étant ceux où l'écran est posé sur le boîtier contenant les composantes. Ce sont les modèles IBM XT et AT, les PS/2 modèles 30 à 60 et les Macintosh II. Lorsque les composantes nécessaires exigent trop d'espace pour qu'il soit pos-sible de les insérer dans un boîtier sur le bureau, les manufacturiers ont recours a un modèle au sol (PS/2 modèle 80). L'ordinateur prend alors la forme d'une colonne posée sous le bureau. Celui-ci est alors dégagé d'un appareil encombrant et l'utilisateur dispose d'un outil d'une puissance exceptionnelle.

La figure 6.2 illustre les choix possibles en fonction des divers aspects de la mobilité.

6.3.2   Le choix d'un appareil

6.3.2.1   Le monde IBM et le monde Macintosh

Par monde IBM on entend tous les ordinateurs IBM, compatibles ou clones, uti-lisant le système d'exploitation MS-DOS; le monde Macintosh comprend toute la gamme de produits Macintosh, unique en son genre.

Voilà à peine quelques années, lorsqu'on parlait de ces deux standards, on parlait de deux mondes totalement différents. D'une part, le Macintosh offrait des possibilités graphiques et d'édition électronique inégalables; d'autre part, le monde IBM assurait des possibilités de base de données et de logiciel de program-mation inégalables. Et évidemment, aucune compatibilité entre les deux mondes : microprocesseurs différents, systèmes d'exploitation différents. Mais ce qui les dissociait surtout, c'était la philosophie. Le monde Macintosh était un monde de convivialité; le monde IBM était un monde de rigidité syntaxique. Après avoir lu ce livre, le lecteur en connaîtra assez sur le monde IBM pour qu'il ne soit pas nécessaire d'approfondir davantage sa philosophie. Par contre, nous expliquerons la philosophie de base de Macintosh.

**FIGURE 6.2
Mobilité et
choix d'un micro-
ordinateur**

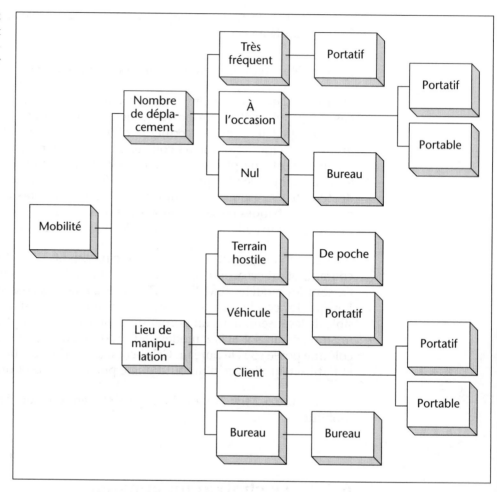

Macintosh : un monde de convivialité

Macintosh a été conçu selon un postulat simple : un ordinateur est d'autant plus utile qu'il est facile à utiliser. C'est pourquoi la compagnie Apple a décidé de présenter son image-écran comme une table de travail; sur cet écran, les utilisateurs peuvent visualiser les images d'objets quotidiens : des chemises, un presse-papier, un calepin, une calculatrice et même une corbeille à papier. Les objets peuvent être déplacés le plus naturellement possible, avec la main. Il suffit de positionner, à l'aide de la souris, le curseur sur l'item désiré et de cliquer.

L'interface est universelle pour tous les logiciels, c'est-à-dire que tous les logiciels partagent la même interface. De plus, les commandes de base sont identiques quels que soient les logiciels, par exemple : créer, ouvrir, fermer quitter un document; couper, coller un bloc. Les accessoires de bureau sont aussi identiques. Donc, en apprenant à utiliser un logiciel Macintosh, l'utilisateur apprend à se servir de tous les autres; seules les commandes spécifiques changent.

Finalement, on applique le WYSIWYG (*What You See Is What You Get*), c'est-à-dire que tout ce que l'utilisateur voit à l'écran sera exactement reproduit sur sa feuille de papier. Cette facilité d'utilisation réduit considérablement les coûts de formation des utilisateurs.

La deuxième particularité du Macintosh est la qualité des présentations. Les logiciels de dessin peuvent être utilisés par des enfants de trois ans. Le Macintosh permet à n'importe quel débutant en informatique de présenter de beaux rapports intégrant des graphiques au texte. Les fonctionnalités du Mac en matière d'édition électronique sont de loin les plus avancées et ses possibilités graphiques sont tellement grandes qu'on choisit généralement cet appareil pour le service de conception assistée par ordinateur.

Un hic toutefois dans ce monde de convivialité : le prix de l'appareil et des périphériques. En effet, le prix d'un Mac IIcx est deux fois celui d'un PS/2 modèle 70. De plus, Apple ne permet pas d'utiliser toutes les marques de périphériques. La plupart du temps, on doit acheter les siens... et ils sont parmi les plus chers. Concurrence oblige! Par contre, cette homogénéité des périphériques comporte un avantage marqué : elle élimine les problèmes de configuration. Néanmoins, IBM reste le standard de la micro-informatique des entreprises.

La convergence des deux mondes

De plus en plus, les deux mondes convergent dans le même sens. Les nouveaux modèles SE 30, MAC IIx et MAC IIcx permettent d'émuler IBM, c'est-à-dire qu'avec un seul appareil, on possède à la fois un Macintosh très performant et un IBM aussi puissant qu'un 80386, quoique moins rapide.

De plus, IBM entre doucement dans le monde de la convivialité. En effet, il oriente ses systèmes d'exploitation vers la représentation iconographique, les menus déroulants, l'usage de la souris, etc. Enfin, plus le temps passe, plus l'offre de logiciels devient homogène : PageMaker, dBase, WordPerfect, Excel et Word tournent sur les deux appareils.

La facilité d'utilisation conjuguée à un besoin de présentation conditionneront le choix du Macintosh. Sur le plan de la mobilité, les Macintosh sont offerts dans les formats portatif, bureau et transportable. Le prix est toutefois un facteur modérateur important ainsi que la compatibilité avec le système de l'organisation déjà en place.

6.3.2.2   IBM, compatible ou clone?

Description

Il est important de bien différencier un IBM d'un compatible et d'un clone. Nous présentons, pour chacun, une brève description qui facilitera la distinction.

IBM   Produits manufacturés par la compagnie IBM. Facilement identifiables, ils portent le logo de la compagnie.

Compatibles originaux   Les micro-ordinateurs de cette catégorie sont compatibles avec le standard IBM et peuvent recevoir les logiciels conçus pour IBM. La particularité des compatibles est qu'ils possèdent une architecture originale par rapport à l'architecture IBM. Il existe trois types de compagnies fabriquant des compatibles :

- le géant;

- le manufacturier de micro-ordinateurs établi;

- le nouveau manufacturier avec une réputation de produits de qualité.

Clones   Les clones sont des micro-ordinateurs compatibles avec la norme IBM, conçus selon la même architecture que les appareils IBM. Les manufacturiers de clones sont très souvent des nouvelles compagnies sans réputation solide. En contrepartie, les clones sont de loin les machines les moins chères.

Le tableau suivant donne un résumé des avantages et des désavantages des trois types de compatibles et des clones.

Critères de sélection

Comme le fait ressortir le tableau 6.2, les compatibles et clones présentent certains avantages par rapport aux produits IBM. Avant de choisir un compatible ou un clone, il est bon d'évaluer les cinq facteurs suivants :

- compatibilité;

- qualité des pièces;

- particularités techniques;

- service après-vente;

- prix.

Compatibilité

L'élément qu'il importe de prendre en considération lorsqu'on achète un compatible ou un clone est sa compatibilité avec les logiciels qui sont souvent écrits en fonction du BIOS d'IBM. Les droits de ce BIOS appartiennent exclusivement à IBM, et, par conséquent, aucune compagnie ne peut le copier intégralement sans s'exposer à des poursuites judiciaires. La qualité des BIOS varie énormément d'une compagnie à une autre. Mais le clone le moins cher reste toujours trop cher s'il ne peut accepter les logiciels favoris de l'utilisateur. Actuellement, la plupart des BIOS semblent être compatibles avec les logiciels connus, comme Lotus 1-2-3, dBase, WordPerfect et PageMaker. Toutefois, les logiciels d'applications moins connus et les cartes d'extension risquent d'être incompatibles.

Un bon moyen de juger de la compatibilité d'un ordinateur avec des logiciels est d'apporter ceux-ci à la boutique et de les essayer sur place; mais même de cette façon, on ne peut être sûr d'une parfaite compatibilité, puisque les problèmes surviennent généralement sur quelques opérations uniquement, exécutées peu fréquemment. La seule méthode sûre reste donc d'interroger le plus de gens possible qui les ont eux-mêmes essayés.

Les besoins de compatibilité sont différents suivant l'application utilisée. Comme nous l'avons mentionné, les logiciels populaires sont généralement compatibles; mais lorsqu'on doit utiliser des logiciels hautement sophistiqués et qu'on veut intégrer des cartes non standard, la meilleure façon d'éviter des problèmes est d'acheter un produit IBM ou encore un compatible original de la première catégorie.

TABLEAU 6.2
Avantages et
désavantages
des compatibles
et des clones

TYPES DE COMPATIBLES	Nouvelle compagnie ayant la réputation d'offrir des produits de qualité.
Compatible géant	**Exemples** Dell Computer, Wells American
Exemples Compaq, ITT, NEC, NCR	**Avantages** – Réputation grandissante du contrôle de qualité supportée par des politiques de remboursement garanti ou encore garantie d'un an – Généralement, R & D interne – Moins cher que les produits IBM – Meilleur rapport qualité/prix que les produits IBM en de nombreux points – Généralement, l'appareil le plus avancé technologiquement
Avantages – Large réseau de service et excellent support sur ses produits – Généralement, excellent contrôle de qualité – R & D interne – Offre souvent des particularités techniques supérieures aux produits IBM – Souvent moins cher que les produits IBM – Souvent meilleur rapport qualité/prix que les produits IBM – Nombreux points de vente	
Désavantages – N'intègre pas le ROM BIOS d'IBM, ce qui peut produire des problèmes de compatibilité – La catégorie la plus chère des compatibles – Ne présente généralement pas les possibilités techniques les plus avancées	**Désavantages** – N'intègre pas le ROM BIOS d'IBM, ce qui peut produire des problèmes de compatibilité – Généralement vendu par courrier, on ne peut donc vérifier personnellement avant d'acheter; aucun fournisseur ne peut généralement offrir un service après-vente – Pas le moins cher des compatibles
Manufacturier de micro-ordinateurs établi	**Clones**
Exemples Kaypro, Panasonic, Leading Edge, Epson	**Exemples** Bébé AT, Bentley Computer Products
Avantages – Support et service généralement disponibles – Contrôle de qualité généralement égal aux compatibles géants – Généralement, R & D interne – Offre souvent des particularités techniques supérieures aux produits IBM – Souvent moins cher que les produits IBM – Souvent meilleur rapport qualité/prix que les produits IBM	**Avantages** – La catégorie de loin la moins chère – Produit offrant souvent des particularités supérieures aux produits IBM sur quelques points – Quelques compagnies offrent une garantie après-vente ou une garantie de remboursement
Désavantages – N'intègre pas le ROM BIOS d'IBM, ce qui peut produire des problèmes de compatibilité – Peut ne pas être vendu par plusieurs fournisseurs – Prix relativement plus élevé que deux prochaines catégories – Ne présente généralement pas les possibilités techniques les plus avancées	**Désavantages** – Aucune réputation de fiabilité – N'intègre pas le ROM BIOS d'IBM, ce qui peut produire des problèmes de compatibilité – Contrôle de qualité moins bon que les trois autres catégories – Manque de R & D interne, ce qui signifie que les particularités techniques peuvent être désuètes plus rapidement – Peut ne pas avoir en stock le produit désiré – Aucun service après-vente du manufacturier

Qualité des pièces

Une excellente façon d'évaluer la qualité des pièces est d'ouvrir l'appareil et de vérifier sur place. Évidemment, on doit examiner la solidité du boîtier, vérifier les lecteurs de disquettes, les prises électriques. En ouvrant le micro-ordinateur, on peut s'assurer de la solidité des cartes de contrôle.

Le clone le moins cher peut être de très bonne qualité. En fait, aucun produit n'est totalement à l'abri des problèmes, et même un IBM présente à l'occasion des vices de qualité. Toutefois, s'il est facile de trouver un réparateur IBM, ce n'est pas nécessairement le cas pour un clone. Pour des entreprises en région éloignée, la qualité des pièces est donc un facteur non négligeable.

Particularités techniques

Généralement, les compatibles présentent des particularités techniques plus performantes. En effet, comme IBM établit les standards, plusieurs fournisseurs de compatibles attendent qu'IBM mettent ses produits sur le marché, puis produisent les leurs avec de plus grandes possibilités :

- vitesse d'horloge plus élevée;

- possibilité plus grande d'expansion de mémoire;

- disque dur de plus grande capacité, etc.

Les clones suivent généralement le standard IBM, à cette différence que la plupart offrent une vitesse d'horloge plus élevée.

Service après-vente

Le service après-vente se rapporte à la facilité de remplacement des pièces et au type de réparation qu'il est possible de faire effectuer après l'achat. On ne peut espérer obtenir un service hors pair des fabricants et des vendeurs de clones. Leur spécialité est de proposer un produit le moins cher possible et non de fournir un service de qualité. Par contre, certains de ces fabricants donnent des garanties de plus de 18 mois et une remise en argent si le produit est défectueux.

On peut évaluer la facilité de remplacement en repérant les centres de réparation offrant leur service pour telle ou telle marque. Plus ils sont nombreux, plus le risque d'achat diminuera. Pour certains, il est important de tenir compte de l'endroit où se feront les réparations. Il n'est pas toujours drôle d'avoir à transporter un micro-ordinateur chez le manufacturier ou le fournisseur. Plusieurs compagnies, comme IBM, offrent un contrat de service à l'intérieur de la compagnie.

Prix

Le prix est le facteur de comparaison le plus simple. Le prix du micro-ordinateur de base n'est toutefois pas une mesure absolue. Quelques machines peuvent sembler bon marché à première vue, jusqu'à ce qu'on découvre qu'elles utilisent des périphériques non standard qu'on peut se procurer uniquement chez ce manufacturier.

De plus, on doit s'assurer de toujours comparer des configurations semblables. Deux micro-ordinateurs de même prix peuvent avoir un nombre de ports ou un nombre d'unités de disquettes différents, un disque dur de capacité différente. On doit donc fixer une base commune de comparaison.

Nouvelle vs *ancienne technologie*

Le risque de désuétude est compensé par le nombre actuel de propriétaires. D'une génération à l'autre d'appareils, plusieurs changements brusques de technologie rendent inconciliables les équipements, et, par conséquent, les acheteurs se montrent réticents à acheter un appareil d'une ancienne technologie.

6.3.2.3 Puissance du micro-ordinateur

Plusieurs composantes de l'ordinateur viennent affecter la puissance du système. En effet, il est inutile, par exemple, de disposer d'un processeur très rapide si on n'a pas de bus assez performant pour lui fournir les données à un rythme correspondant.

Lors de l'achat d'un appareil, on doit mettre en rapport ses besoins et les capacités de la machine. Voici quelques éléments affectant la puissance d'un système, qu'il importe d'examiner.

Le disque dur

Les supports que sont les disques durs ont un rôle à jouer dans la puissance du système. Les disques doivent premièrement être d'assez grande capacité : celle-ci peut varier de 10 à plusieurs centaines de méga-octets. On doit en choisir la taille avec soin. Le deuxième point est la vitesse de disque. Pour chaque modèle, on évalue deux mesures : le temps d'accès, c'est-à-dire le délai avant d'accéder à la piste où se trouve l'information, et le temps de lecture, c'est-à-dire la vitesse à laquelle est lue l'information une fois qu'elle est localisée. Ces considérations sont importantes. Si on utilise seulement un logiciel qui, une fois lancé, n'accède jamais au disque dur, la vitesse de celui-ci importera peu. Par contre, si les applications doivent constamment écrire ou lire sur le disque (comme c'est le cas pour les bases de données), cette vitesse deviendra primordiale. Un disque trop lent empêche l'UCT de recevoir son information à temps et la ralentit constamment.

L'ajout de périphériques

Il faut en outre considérer les possibilités d'ajouter des périphériques. Il faut également tenir compte de la rapidité des périphériques qui viendra aussi affecter les performances du système. Les imprimantes, modems ou réseaux de communication doivent donner un rendement en harmonie avec celui du micro-ordinateur.

Les exigences des applications

Afin de connaître la puissance requise du système, il est nécessaire de définir l'usage auquel il est destiné. Les usages peuvent être répartis en deux grandes catégories ayant leurs caractéristiques propres : les applications scientifiques et les applications commerciales.

Les premières ne nécessitent que peu d'opérations d'entrée/sortie. La plupart des applications scientifiques utilisent très peu d'intrants et ne produisent que fort peu d'extrants (souvent seulement un nombre). Par contre, elles effectuent entre les deux une foule d'opérations complexes. Donc ces systèmes ne demanderont pas beaucoup de supports d'information (larges disques durs) ni de dispositifs de sortie sophistiqués (comme des imprimantes ultrarapides). Cependant, l'exécution de calculs complexes requiert beaucoup de mémoire vive (RAM) et un processeur rapide.

Les applications commerciales, quant à elles, demandent généralement beaucoup d'entrées et de sorties. Elles effectuent (le plus souvent à répétition) des opérations simples (arithmétique standard) sur beaucoup de données. Elles n'ont pas besoin d'une mémoire vive très étendue, mais les supports d'information (disques) devront être de grande capacité et rapides. Ces applications requièrent aussi souvent des dispositifs de sortie rapides (comme des imprimantes à laser).

Compte tenu de l'évolution technologique et des exigences en puissance des nouveaux logiciels ainsi que du besoin grandissant d'effectuer du multitâche, il serait bon d'acheter un ordinateur muni d'un processeur 80286 ou d'un 386SX. Un XT est toutefois souvent conseillé pour le traitement de texte et l'utilisation de tableurs simples et de bases de données très simples. Dans le cas des bases de données, la vitesse du disque dur constitue le critère le plus important. Toutefois, si on doit administrer de très grandes bases de données, il serait bon de se munir d'un 386, DX ou SX

Les tableurs demandent beaucoup de calculs; plus ces logiciels seront complexes et de grande dimension, plus la puissance du processeur et, possiblement, la présence du coprocesseur seront importantes. L'édition électronique avec traitement d'images et le graphisme exigent beaucoup de traitement à l'ordinateur; un 386 avec coprocesseur mathématique ou un 486 sont alors recommandés. La résolution et la taille de l'écran revêtent une grande importance lors de l'utilisation de ces logiciels. Il ne faut pas oublier de munir l'ordinateur d'un contrôleur graphique assurant une excellente résolution et permettant, au besoin, de connecter l'ordinateur à un écran géant.

6.4   CONCLUSION

Lors de l'achat d'un micro-ordinateur, on doit toujours avoir en tête la satisfaction des besoins et non l'acquisition de nouveauté. C'est pourquoi il importe de bien définir les besoins sur le plan de la mobilité, des logiciels, de la puissance, de la compatibilité, de l'édition et du graphisme. Il faut aussi prendre en considération l'expertise du fournisseur et le budget. Ensuite, il devient simple de choisir l'appareil qui répondra le mieux aux besoins.

6.5   QUESTIONS

1.   Quels sont les principaux points à considérer lors de l'achat d'un ordinateur?

2.   Conseilleriez-vous à un ami de louer un ordinateur avant d'en acheter un? Expliquez votre réponse.

3. Est-il vrai qu'on doit acheter un ordinateur en fonction de l'usage que l'on veut en faire?

4. Quelles sont les précautions à prendre pour éviter d'endommager certains éléments du système informatique?

5. Nommez les quatre catégories d'ordinateurs.

6. Faites une comparaison entre les deux types d'écrans qu'il est possible de brancher à un micro-ordinateur portatif.

7. Quelles sont les variables dont il faut tenir compte pour juger de la pertinence de l'informatisation d'une tâche?

8. Énumérez les avantages et désavantages de l'installation d'un réseau dans une entreprise.

9. Est-il avantageux d'avoir un ordinateur-serveur avec un réseau?

10. Que signifie WYSIWYG dans le monde Macintosh? Expliquez.

11. Dites comment IBM entre dans le monde de la convivialité.

12. Quels sont les deux principaux éléments qui conditionnent le choix du Macintosh?

13. La vitesse de traitement de l'information est-elle un critère important dans le choix d'un micro-ordinateur?

14. Les applications commerciales demandent-elles un support d'information de grande capacité? Expliquez.

15. Vrai ou faux : Un clone est un ordinateur dont l'architecture est reproduite avec l'autorisation de la compagnie IBM.

16. Quels sont les facteurs à considérer lorsqu'on a à choisir entre un compatible IBM et un clone?

17. Comment peut-on vérifier la compatibilité des logiciels avec un compatible IBM ou un clone?

18. Les compatibles possèdent-ils des particularités techniques plus performantes que les IBM?

19. Doit-on tenir compte du service après-vente lors de l'achat d'un micro-ordinateur, et pourquoi?

6.6 BIBLIOGRAPHIE

BARCELA, Yan. «Les portatifs, comment choisir», *Informatique et bureautique*, mars 1985.

BOUCHARD, Louis. «Des mauvaises raisons d'acheter un réseau local», *Direction informatique*, 23 juin 1989, p. 10.

BOUCHER, Pierre. «Les réseaux locaux et leurs différentes composantes», *Micro-Gazette*, mai 1989, p. 8-19.

BROCKHOUSE, Hordon. «Mac Attack», *Office Management & Automation*, novembre 1988.

BUCKLER, Grant. «Shopping for software», *Office Management & Automation*, octobre 1988.

CLAVIEZ, Jacques. «Le choix d'un réseau local», *Micro-Gazette*, mai 1989, p. 20-22.

COOLEY, WALZ et WALZ. «A research agenda for computers and small business», ASJB, hiver 1987, p. 31-42.

DECOSTE, Claude, Paul-Dominique GAGNON, Gilles SAVARD et Pierre TREMBLAY. *La gestion de la bureautique*, Gaëtan Morin éditeur, 1988.

DERFLER, Frank. «Making connections», *PC Magazine*, 14 avril 1987, p. 251-270.

FABIAN Robert. «Have laptop, will travel — but choose right model first», *The Financial Post*, 27 février 1989.

GEORGAS, Nora. «Planes, trains & automobiles : 12 portables on the road», *PC Magazine*, 29 mars 1988, p. 93-108.

GOUVERNEMENT DU CANADA. *Manuel d'informatique : guide d'évaluation des soumissions*, 1er octobre 1983.

HARRISSON, Michael. «Buyers lapping up laptops», *The Financial Post*, 27 février 1989.

LASALLE, Michel. «La laiterie Casavant de Saint-Jérôme», *Informatique et bureautique*, juin 1988, p. 22-28.

RAYMOND, Louis. «Decision-aid for small business computer selection», *Journal of Systems Management*, septembre 1983.

«Take it or leave it. Portables with desktop power», *PC Magazine*, 11 octobre 1988.

Les réseaux

7

7.0 OBJECTIFS

1. Connaître les différents éléments d'un réseau et les réseaux les plus couramment utilisés.

2. Connaître le matériel utilisé en réseau.

7.1 DÉFINITION ET RÔLE DES RÉSEAUX

7.1.1 Pourquoi parler de réseaux

Le mot *réseau* est employé à toutes les sauces. Il est devenu un passe-partout, comme les expressions *interface* et *protocole*. Actuellement, les réseaux sont en train d'enlever beaucoup de place au mini-ordinateur dont le rôle dans le futur est moins clair en raison de l'évolution rapide de l'informatique. Les motifs justifiant l'installation en réseau des micro-ordinateurs changent de jour en jour. Il reste que l'avantage le plus souvent invoqué, c'est-à-dire le partage de périphériques coûteux, est de moins en moins pertinent.

Les premiers traitements sur ordinateur ne répondaient pas vraiment aux exigences des utilisateurs. Les principaux problèmes rencontrés étaient les suivants :

- l'incompatibilité des ordinateurs;

- l'absence de communication entre les appareils;

- la redondance et l'inconsistance des données.

Le besoin de faire communiquer les ordinateurs entre eux s'est alors fait sentir. La notion de réseau fait appel à un système de communication en vue d'établir un lien entre les micro-ordinateurs et les périphériques tels que modems, imprimantes, disques durs. Les buts de ce lien sont :

- de faciliter l'échange et le partage d'information entre différents organismes;

- de permettre un meilleur contrôle sur la transmission et la distribution de l'information;

- d'accélérer la vitesse de transmission de l'information;

- d'accroître la quantité d'informations transmises;

- de réduire l'achat d'équipement pouvant être partagé entre plusieurs utilisateurs.

La baisse constante des prix des micro-ordinateurs favorise une croissance appréciable de l'utilisation de ces appareils un peu partout dans notre société et facilite l'accès à un système de réseau pour la plupart des entreprises, qu'elles soient petites, moyennes ou grandes. La communication entre les divers organismes devient nécessaire pour leur survie, et ce dans presque tous les domaines.

En somme, un système de réseau facilite l'échange et le partage d'informations et de ressources dans un espace restreint (système de réseau local) ou sur une grande distance. Il existe autant de types de systèmes de réseau qu'il existe de micro-ordinateurs, et il est important de bien comprendre ces systèmes afin d'en profiter au maximum. Le choix d'un système de réseau exige une certaine connaissance de base. Le but de ce chapitre est de fournir cette connaissance de base aux futurs gestionnaires qui devront peut-être, dans un avenir proche, décider d'établir ce système dans leur entreprise.

Deux aspects des systèmes de réseau sont importants : l'entretien du système de réseau et la formation des usagers. En fait, la rentabilité d'un système de réseau pour toute entreprise dépend :

- du choix d'un bon système de micro-ordinateurs et de périphériques adéquats ;

- du choix d'un bon système de communication ;

- du contrôle et de l'entretien du système de réseau ;

- de la formation appropriée des usagers du système de réseau.

7.1.2   Qu'est-ce qu'un système de réseau ?

Un système de réseau est un ensemble de micro-ordinateurs et de périphériques (imprimante, traceur de courbes, modem, télécopieur, etc.) reliés, permettant, au moyen de connexions directes, la communication, l'échange et le partage d'informations et de ressources entre les usagers.

Dans un système de réseau, les liens entre les différents micro-ordinateurs, mini-ordinateurs ou système central et périphériques peuvent être locaux (en anglais, on parle de *Local Area Network* ou LAN), c'est-à-dire être limités à l'intérieur d'un même site, par exemple, ou encore ils peuvent s'étendre entre deux succursales d'une entreprise ou entre deux entreprises différentes. Les réseaux locaux se distinguent par la façon dont sont codées les données transmises, les techniques de transmission de ces données (détection des collisions, passage de jeton) ainsi que d'après la topologie employée.

Les micro-ordinateurs sont reliés entre eux par des câbles attachés à une carte insérée dans chacun des ordinateurs du réseau. L'un des ordinateurs est appelé serveur, car il possède un disque dur de grande capacité auquel les autres ordinateurs peuvent accéder. L'accès au disque dur est contrôlé par un logiciel appelé système d'exploitation de réseau (par exemple, Netware, de Novell, ou Apple-Share, d'Apple).

FIGURE 7.1
Micro-ordinateurs
en réseau

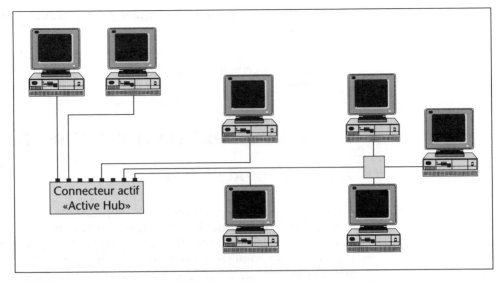

7.1.3 Avantages d'un système de réseau

Le but premier du réseau est de permettre l'accès, tout en garantissant une grande fiabilité de l'information transmise, à toute donnée désirée par les membres du réseau, et ce quelle que soit la situation géographique de la personne source et de la personne visée.

Outre une réduction appréciable des investissements en équipements autrement nécessaires, une gestion plus saine de l'information et une augmentation accrue de la productivité constituent des avantages découlant de l'exploitation d'un réseau.

Un système de réseau présente les autres avantages suivants :

- accès rapide à un très grand volume d'informations;

- partage des logiciels très dispendieux mais aussi très puissants, comme des logiciels de base de données ou d'analyses complexes;

- partage des périphériques coûteux, comme des imprimantes à haute vitesse, des disques durs d'une grande capacité de stockage.

La multiplication actuelle des réseaux d'ordinateurs indique que les ordinateurs sont désormais des outils populaires, tant dans le secteur public que dans le secteur privé, et ce à cause de la très grande masse d'informations qu'ils sont capables de traiter. Cette multiplication et cette popularité pourraient s'expliquer par les facteurs suivants :

- une croissance constante de la fiabilité des ordinateurs, ce qui, du même coup, permet la conception de systèmes de communication qui n'auraient pu être imaginés avec les générations d'ordinateurs précédentes;

- la chute des prix des mini-ordinateurs qui, maintenant, conviennent à l'implantation d'un réseau, après que des changements mineurs auront été apportés au système d'exploitation des ordinateurs qui sont reliés (ces systèmes d'exploitation étant larges, complexes et non conçus pour un tel système de communication);

- de fortes réductions dans le prix des communications qui se traduisent par des changements importants dans la technologie des télécommunications.

7.2   SURVOL DES TECHNOLOGIES DE RÉSEAU

7.2.1   Le modèle ISO

Au cours des années 70, des protocoles concernant les réseaux ont été définis afin d'améliorer la flexibilité, la performance et la compatibilité des réseaux et pour assurer une certaine standardisation. Toute personne utilisant à la fois le PC et le Macintosh sait combien il est difficile d'échanger des fichiers entre ces technologies. Les problèmes découlent du fait que les deux appareils sont construits de façon différente. Imaginons maintenant les problèmes susceptibles de se poser dans l'établissement d'une communication entre un PC et un super-ordinateur dont l'environnement est totalement différent. L'International Standard Organization a mis au point un ensemble de règles appelé OSI (Open Systems Interconnection) pour faciliter la communication entre les systèmes d'ordinateurs. Des groupes comme ANSI (American National Standards Institute) et ISO (International Standards Organization) ont fourni un modèle de référence qui inclut sept niveaux, ou couches, de protocole. Chaque niveau correspond à une fonction précise.

Les principes de base proposés par ces groupes afin de créer un nouveau protocole sont les suivants :

- Une couche devrait être créée lorsqu'un niveau différent d'abstraction est requis.
- Chacune des couches devrait correspondre à une seule et unique fonction.
- La fonction d'une couche devrait être choisie d'après les protocoles universellement standardisés. Il devrait y avoir suffisamment de couches pour que l'architecture soit ordonnée.
- Les limites d'une couche devraient être choisies de façon à réduire au minimum l'échange d'informations à travers les interfaces de cette couche.

Les sept niveaux (ou couches) définis par ANSI/ISO ont été établis comme suit :

Couche 1. Physique   Le niveau physique sera responsable d'effectuer la transmission des bits. Il définira la connexion physique entre le réseau et l'ordinateur, ce qui inclut les aspects mécaniques (câbles et connecteurs) et électriques (voltage, techniques utilisées pour moduler le signal) de la connexion. Il se chargera d'établir et de terminer la transmission physique ainsi que d'effectuer les opérations nécessaires afin de reconnaître un bit reçu. Cette couche devra aussi déterminer le temps d'attente en microsecondes avant d'envoyer un bit. Elle devra aussi spécifier combien de broches de connexion seront employées et, finalement, fixer la distribution du canal physique (multiplexage).

Couche 2. Liaison de données C'est au niveau liaison de données que le canal de communication existant sera virtuellement débarrassé de ses erreurs, si erreur il y a, afin que l'usager ne s'en rende pas compte. Cette couche sera également responsable de découper les données en unités d'expédition (trames), d'envoyer le signal de reconnaissance (*ack*) ou de non-reconnaissance (*nack*) ainsi que de régler la synchronisation des expéditeurs rapides et des tampons restreints. Les deux premières couches sont appelées couches matérielles.

Couche 3. Réseau Quelquefois appelé la couche de communication, le niveau réseau devra contrôler l'opération du réseau, déterminer le chemin à prendre (configuration). Il effectuera également la formation des paquets d'informations à transférer et se chargera de la compatibilité du transport dans le réseau.

Couche 4. Transport Au niveau transport, l'information sera découpée en blocs de longueur définie. Cette couche devra s'assurer que l'information ainsi découpée arrive correctement. Elle doit aussi pouvoir effectuer des connexions multiples afin d'augmenter la vitesse de transmission.

Couche 5. Session Le niveau session sera le lien vers le réseau. Il devra «négocier» la connexion, la procédure d'entrée en communication, la vitesse de transmission, le moyen de transmission (duplex ou semi-duplex) et, finalement, effectuer le recouvrement des pannes qui pourraient se produire.

Couche 6. Présentation C'est au niveau présentation que des solutions générales pour des actions exécutées assez fréquemment seront trouvées. Parmi ces solutions mentionnons la compression des données et la transformation des codes ainsi que des formats des fichiers.

Couche 7. Application Le niveau application dépendra entièrement de l'usager, car le grand nombre d'applications et d'ordinateurs différents rendront plus difficile la définition des messages permis ainsi que des actions à entreprendre pour les deux machines. Une décision devra être prise quant à la transparence à avoir envers l'usager.

7.2.2 Topologie des réseaux

La topologie détermine le design physique du réseau, la manière de lier les stations. Il existe trois principaux types de topologie : l'étoile, le bus et l'anneau.

7.2.2.1 Étoile

L'architecture en étoile utilise la même topologie qu'un système téléphonique; chacun des éléments du réseau est relié à un ordinateur central, le serveur.

Voici quelques propriétés de la topologie en étoile :

- les messages sont envoyés à un ordinateur central;
- il est facile d'ajouter des stations;
- on peut utiliser un système de priorité;

FIGURE 7.2
Topologie en étoile

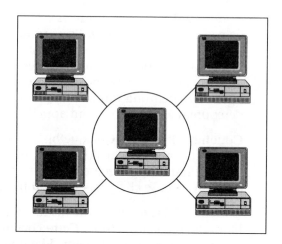

FIGURE 7.2
Topologie en étoile

- le diagnostic est facile depuis le central et on peut rapidement repérer l'équipement défectueux;

- si l'ordinateur central flanche, tout est bloqué (comme le mini);

- elle exige une plus grande quantité de câbles que les autres topologies.

7.2.2.2   Bus

Dans une topologie bus, les stations sont reliées linéairement à un câble central.

Voici quelques propriétés de la topologie bus :

- elle est facile à installer et exige moins de câbles que la topologie en étoile;

- tout dépend du câble; si le câble manque, tout le réseau flanche;

FIGURE 7.3
Topologie bus

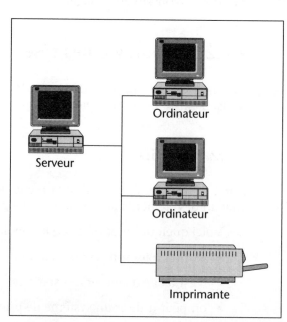

- toutes les stations doivent être débranchées pour résoudre le problème causé par une seule station;

- la performance se dégrade si toutes les stations veulent communiquer en même temps.

7.2.2.3   Anneau

Dans une topologie à anneau, les stations sont reliées linéairement à un câble formant un anneau fermé.

Voici quelques propriétés de la topologie à anneau :

- l'information circule dans une seule direction autour de l'anneau et est contrôlée par une méthode de jeton passant, dans laquelle un signal électrique, le jeton, se déplace autour de l'anneau, ramassant les messages et les déposant à la station appropriée. Les réseaux IBM utilisent la topologie à anneau;

- le réseau dépend du fil central.

7.2.3   Technologie de transport : les câbles

Le câble est le lien physique et direct entre deux éléments (stations) d'un réseau. Habituellement, une technologie peut recourir à plusieurs types de câbles. La compagnie IBM a établi son propre système de câble appelé IBM Cabling System (IBS). Voici les principaux câbles que l'on trouve sur le marché et leurs caractéristiques.

FIGURE 7.4
Topologie à anneau

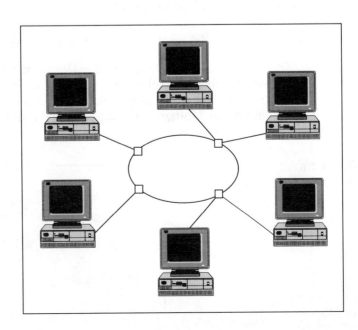

FIGURE 7.5
Paire torsadée

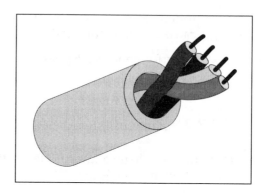

7.2.3.1   Paire torsadée (*twisted-pair*)

La paire torsadée est du même type que le fil de téléphone ordinaire.

Facile à installer, ce câble est peu dispendieux, flexible, fiable et est souvent déjà installé puisqu'il s'agit du câble du système téléphonique. Sa portée est toutefois limitée :

- IBM utilise le type 3 qui n'est pas muni d'une gaine isolante (*unshielded*) avec une portée de 110 mètres (330 pieds);

- AT&T utilise un type de câble muni d'une gaine isolante (*shielded*) qui a une portée de 300 mètres (990 pieds).

Bien que sensible aux interférences électriques (par exemple, les bruits qu'on entend sur la ligne téléphonique), la paire torsadée reste le câble le plus souvent employé. Il est souvent utilisé par AppleTalk.

7.2.3.2   Câble coaxial

Le câble coaxial est du même type que le fil de télévision.

Il est facile à installer mais est plus cher que la paire torsadée. Il est aussi moins flexible que celle-ci et exige des connecteurs spéciaux. Le câble coaxial permet des échanges plus rapides : sa vitesse d'interaction est de 10 Mbits/s et même de 80 Mbits/s. Théoriquement, il a une portée de 3 km (500 m seraient plus réalistes).

FIGURE 7.6
Câble coaxial

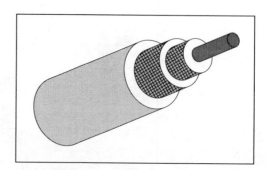

FIGURE 7.7
Fibre optique

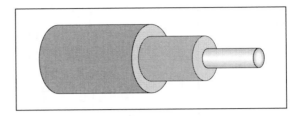

La technologie Ethernet utilise le câble coaxial. Il en existe deux sortes : RG-58 **Thin** Ethernet et RG-6 **Thick** Ethernet.

7.2.3.3 Fibre optique

La fibre optique est un câble très fin fait de filaments très petits de verre pur. Elle utilise la pulsation de la lumière laser (ou LED) pour porter le message, par opposition à la vibration du métal dont se sert le câble coaxial ou la paire torsadée.

Ce câble est très dispendieux et son installation demande de l'expertise parfois difficile à trouver. Par contre, il permet de couvrir de grandes distances sans distorsion.

7.2.4 Méthodes d'accès au serveur

La station communique avec les autres éléments du réseau en respectant un ensemble de règles appelé protocole ou méthode d'accès. Deux méthodes d'accès sont surtout utilisées : le passage de jeton et la méthode de contention.

7.2.4.1 Description du CSMA[1] ou contention

La méthode de contention utilise le câble un peu comme on circule sur un pont étroit. On doit attendre en ligne avant de traverser. Avec ce mode d'accès au câble, une seule station peut transmettre à la fois. Les autres doivent attendre. En fait, une station «écoute» pour vérifier si le câble est libre. Lorsqu'une station veut émettre, elle s'assure donc qu'aucune transmission n'est en cours, et c'est pour cette raison qu'on appelle ce type de station LBT (*Listen Before Talk*).

Si effectivement aucune transmission n'est en cours, la station enverra son message. Par contre, si le réseau est occupé, la station différera sa transmission de un ou plusieurs intervalles de temps prédéterminés.

Possibilité de collision

Deux stations éloignées, après avoir détecté simultanément l'absence de message sur le réseau, peuvent commencer à émettre en même temps, d'où la possibilité de collision.

---

1. CSMA : *Carrier Sense Multiple Access*, «détection de signal avec accès multiple».

FIGURE 7.8
Trame de type CSMA

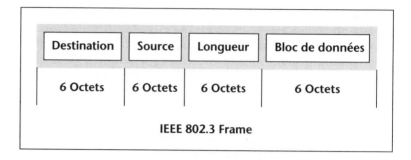

CSMA/CD[2] : avec détection de collision

Cette méthode accepte la possibilité de collision, mais possède un mécanisme de détection de collision. Pendant qu'elle émet, la station reste à l'écoute du réseau (LWT : *Listen While Talking*), mais empêche l'émission d'un nouveau jeton d'information. La communication doit durer un certain temps durant lequel aucune collision ne doit être détectée. Une collision est détectée lorsque la trame devient incompréhensible par amalgame des signaux.

Avantages

Cette méthode est fiable, car les collisions sont rares. En outre, le mécanisme de dégagement dont est dotée chaque station permet une plus grande vitesse.

Désavantages

Toute station peut émettre n'importe quand, pourvu que le réseau soit libre : il n'existe pas de mécanisme de priorité.

Sous fortes charges, le réseau a tendance à créer des collisions qui en provoquent d'autres, et le système flanche sans avertissement.

CSMA/CA[3] : avec évitement de collision

Cette méthode utilise un accusé de réception, un peu comme le font les méthodes du jeton. Un système électronique équipe chaque station et permet de gérer ce mécanisme de retour d'information.

Avantage

Évitement des collisions.

Désavantage

Le mécanisme d'accusé de réception ralentit considérablement le réseau.

---

2. CSMA/CD : *Carrier Sense Multiple Access with Collision Detection*, «détection de signal avec accès multiple et détection de collision».
3. CSMA/CA : *Carrier Sense Multiple Access with Collision Avoidance*, «détection de signal avec accès multiple et évitement de collision».

7.2.4.2 Méthode d'accès à jeton sur boucle (anneau)

Dans la méthode du jeton, un jeton circule autour de l'anneau dans un seul sens, en respectant l'ordre physique de raccordement. Si la station possède le jeton, elle peut envoyer un paquet d'informations. Si elle n'a pas le jeton, elle doit attendre de l'avoir reçu pour transmettre. Chaque station lit le signal et le régénère. L'unité destinataire reçoit le message, le copie, change un attribut du jeton (appelé *acknowledgment bit* ou accusé de réception) et remet le jeton sur le réseau jusqu'à ce qu'il revienne à l'expéditeur. Le bit d'accusé de réception indique à l'expéditeur que le paquet a été reçu. L'expéditeur accepte le jeton contenant le message et retourne le jeton ne contenant plus rien à la prochaine station.

Avantages

Méthode très fiable : pas de possibilité de collision et le retour du jeton à l'expéditeur permet de contrôler la qualité de la transmission. Elle garantit un accès égal à toutes les stations. Cette méthode est plus lente que le CSMA, mais lorsque le trafic est plus dense, elle devient aussi rapide que le CSMA qui doit s'occuper du dégagement des collisions.

Étant donné que le message est régénéré (rehaussement de signal), on peut couvrir de grandes distances.

Désavantages

Si une station est défectueuse (mauvaise carte de réseau), le signal se dégrade et l'information est perdue. Les MAU (*Multistation Access Unit*) ont été mises au point pour pallier ce problème, mais elles ne peuvent pas toujours repérer les stations qui fonctionnent mal. Cette méthode reste tout de même probablement la seule façon de couvrir de grandes distances.

7.2.4.3 Méthode d'accès à jeton sur bus

Chaque station possède une adresse logique de 1 à 255 réglée par des commutateurs sur la carte réseau ou NIC (*Network Interface Card*) au moment de l'installation. Le jeton circule en suivant le numéro logique de la station formant une sorte d'anneau logique. Chaque station de la technologie ARCnet (*voir la section 7.2.6*) place l'adresse logique de la station suivante dans le registre Next ID. Le jeton arrête à chaque station, mais il n'est pas régénéré par la station. Si une station possède le jeton, elle peut envoyer un paquet d'informations. Si une station n'a pas le jeton, elle doit attendre de l'avoir reçu avant de pouvoir transmettre. L'unité destinataire reçoit le message, le copie, change un attribut du jeton (*acknowledgment bit*) et remet ce dernier sur le réseau jusqu'à ce qu'il revienne à l'expéditeur.

Avantages

Même si ARCnet a un taux de transmission (2,5 Mbits) plus lent que celui de la technologie du Token Ring (*voir la section 7.2.6*), le débit résultant est souvent plus grand que celui du Token Ring en raison du surplus de tâches effectuées par

FIGURE 7.9
Circulation du jeton
dans un anneau

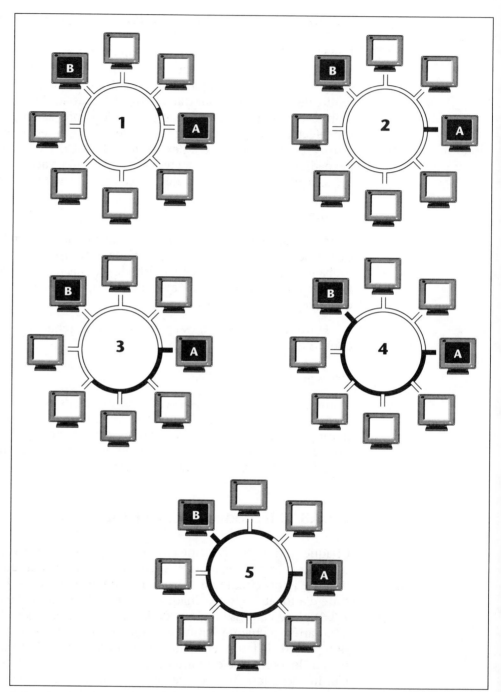

la topologie à anneau où chaque station entre la station émettrice et la station destinataire doit régénérer le signal. Le diagnostic des erreurs est habituellement facile. Grâce à la topologie étoile, on peut isoler des îlots et savoir quelle station est défectueuse. Il existe aussi des logiciels peu dispendieux capables de détecter les problèmes.

Désavantages

La vitesse moindre de transmission est le principal désavantage. En outre, la longueur du paquet (508 octets) est inefficace.

7.2.5   Logiciel d'exploitation de réseau

Un réseau possède un système d'exploitation de réseau géré par le serveur qui contrôle surtout les accès au disque dur et les demandes d'impression redirigées vers le réseau. Dans le jargon informatique, ils sont souvent appelés NOS (*Network Operating System*), par analogie avec le DOS pour les micro-ordinateurs mono-usagers.

Les NOS les plus connus sont :

- 3Com, de 3COM Corporation ;

- AppleShare, d'Apple ;

- LAN Manager, de Microsoft ;

- Netware, de Novell ;

- Vines 386 V 4.0, de Baynan ;

- PC LAN, d'IBM.

Novell occupe 65 % du marché et offre 3 logiciels : NetWare 386 pour les réseaux dont le serveur est un PC 386 ou 486, NetWare 286 pour les réseaux dont le serveur est un 286 ou plus et NetWare Lite, une version diluée qui n'exige pas de serveur.

7.2.6   Les grandes mises en œuvre commerciales

7.2.6.1   Vue d'ensemble

Une technologie de réseau se compose de l'ensemble des options possibles dans le choix d'un réseau. En choisissant une technologie, on impose un type de carte de réseau, un protocole de communication, un câble et une topologie de réseau. Il existe trois principales technologies sur le marché : ARCnet, Token Ring et Ethernet. La technologie AppleTalk peut être considérée comme une version modifiée d'Ethernet. Le tableau suivant résume les principales caractéristiques de ces quatre technologies.

La carte réseau ou NIC est une carte qui s'insère dans une fente de l'ordinateur et qui est attachée au câble du réseau. Chaque station du réseau, même le serveur, doit posséder une carte. Il existe trois principaux types de cartes sur le marché, correspondant aux trois grands types de mise en œuvre commerciale (deux pour la technologie IBM et un pour la technologie Apple). Ce sont les cartes ARCnet, Ethernet et Token Ring. La figure 7.10 illustre un serveur 386 avec une carte ARCnet reliée à un connecteur (*hub*) actif.

TABLEAU 7.1
Les principales technologies de réseaux locaux et leurs caractéristiques

	ARCnet	Token Ring	Ethernet	AppleTalk
Inventeur	Datapoint	IBM	Xerox	Apple
Protocole	Passage de jeton	Anneau à jeton	Contention	Contention
Vitesse	2,5 Mbits	4,0 Mbits	10 Mbits	239,4 Kbits
Câble	Coaxial	Paire torsadée	Coaxial	Paire torsadée
Topologie	Étoile	Anneau	Bus	Bus

7.2.6.2 ARCnet

Caractéristiques

Inventé en 1977 par John Murphy de Datapoint Corporation.

- Standard du IEEE : 802.4.

- Méthode d'accès : passage de jetons (*token passing*).

- Vitesse : 2,5 Mbits.

- Câbles : RG 62U.

- Topologie : étoile.

- Nombre maximal de stations : 100.

Avantages

Près de 25 % de tous les réseaux et 65 % des réseaux Novell utilisent ARCnet. Très fiable. Ne se dégrade pas sous une forte demande. Grande flexibilité dans les câbles et compatibilité entre cartes (Pure Data, SMC, Tiara, Thomas Conrad, Accton, etc.). Facilité de diagnostic en isolant des parties de réseau.

FIGURE 7.10
Carte réseau à l'intérieur d'un serveur

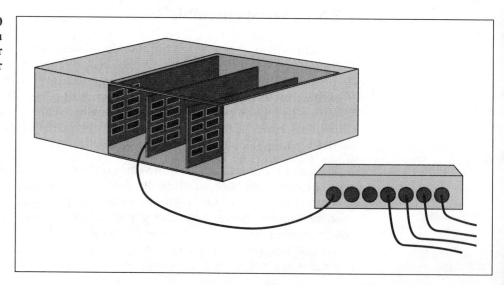

FIGURE 7.11
Mise en œuvre
d'ARCnet

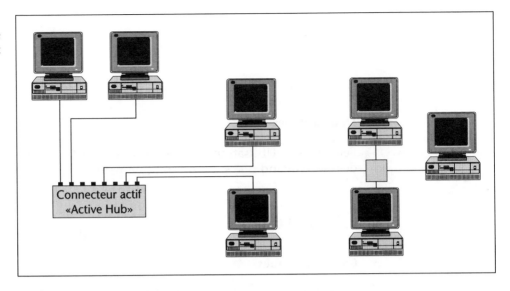

Désavantages

Le réseau le plus lent après AppleTalk. Utilisation de connecteurs (*hubs*) actifs et passifs.

7.2.6.3 Token Ring d'IBM

Caractéristiques

- Inventé par IBM et Proteon.

- Standard du IEEE : 802.5.

- Méthode d'accès : passage de jetons où le jeton circulant sur l'anneau unidirectionnel est régénéré à chaque station.

FIGURE 7.12
Mise en œuvre du
Token Ring d'IBM

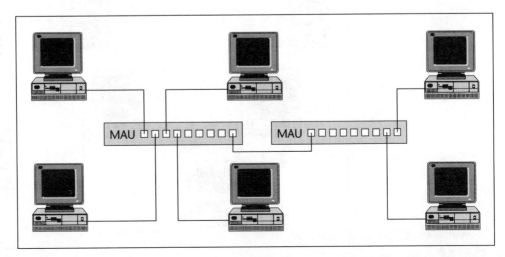

- Vitesse : 4 Mbits.

Avantage

Fiable, car il n'y a pas de collision des transmissions.

Désavantages

Peu répandu. Utilisation de MAU (*Multistation Access Unit*) pour éviter les pannes de réseau quand une station tombe en panne.

7.2.6.4   Ethernet

Caractéristiques

- Inventé en 1980 par Bob Metcalf de Xerox (il fonda ensuite 3Com).

- Standard du IEEE : 802.3 (DEC, Intel et Xerox).

- Méthode d'accès : CSMA/CD (LBT) ou contention, car les stations compétitionnent pour obtenir l'accès.

- Câbles : RG-58U.

- Longueur maximale : 185 mètres.

- Topologie : bus.

- Vitesse : 10 Mbits.

FIGURE 7.13
Réseau Ethernet

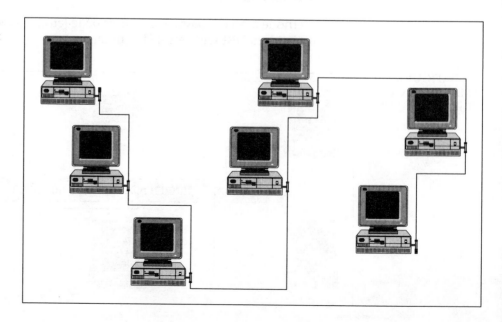

Avantages

Ethernet est accepté dans l'industrie et il existe de nombreux outils tels les logiciels, le service, etc. Tous les systèmes d'exploitation de réseau sont conçus pour fonctionner suivant cette technologie.

Désavantages

Lorsque le réseau est très occupé, il se dégrade rapidement sans avertissement et flanche. Incompatibilité entre les cartes. Pas de système de priorité.

7.2.6.5   AppleTalk

AppleTalk est le nom donné par Apple à sa technologie de réseau. La partie matérielle s'appelle LocalTalk, la partie logicielle, AppleShare (PC Share).

Caractéristiques

- Mise au point en 1987.
- Standard du IEEE : 802.3.
- Méthode d'accès : CSMA/CA.
- Câbles : paire torsadée d'une résistance de 78 ohms (*phone-net*).
- Longueur maximale : 3000 pieds (Farallon Computing).

FIGURE 7.14
Réseau LocalTalk
d'Apple utilisant
la topologie bus

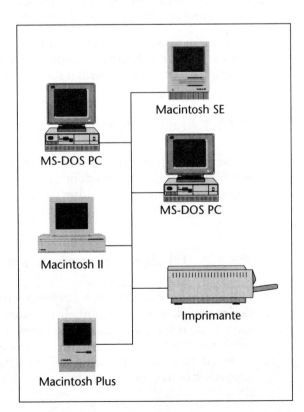

- Débit théorique : 230 Kbits.

- Débit effectif : 65 Kbits (8 Ko).

- Topologie : bus.

Avantages

Très fiable, excellent pour les petits systèmes.

Désavantages

Les accusés de réception ralentissent considérablement le système. Un maximum de 30 nœuds.

7.3   LA GESTION DES RÉSEAUX

7.3.1   Conseils dans la démarche d'achat

Lorsqu'une personne ou une organisation commence à s'intéresser aux systèmes de réseaux, il n'est pas nécessaire qu'elle évalue chacun d'eux. Il lui suffit d'en savoir juste assez pour pouvoir poser des questions intelligentes au vendeur. En un mot, l'évaluation des différents réseaux devrait passer par une seule question : «Est-ce que ce système répond à mes besoins?»

Il est parfois préférable d'avoir recours aux services d'un consultant, qui peut aider à prendre la bonne décision et à installer le réseau dans l'entreprise. L'expertise d'un consultant permet souvent d'économiser temps et argent.

7.3.1.1   Le vendeur

Par vendeur, on entend aussi bien le manufacturier que la personne qui vend le système de réseau. Un vendeur qui connaît bien son produit est une bonne garantie de satisfaction. Consulter des personnes qui ont déjà un réseau est une excellente façon de trouver un bon vendeur.

7.3.1.2   L'information sur le produit

L'information concernant les réseaux change fréquemment. Chaque semaine, des nouveautés apparaissent. Il est préférable de ne pas acheter un nouveau modèle de réseau, à moins de ne pouvoir faire autrement. Il serait même préférable pour l'acheteur de ne jamais se procurer un système qu'il n'a jamais vu installer ni fonctionner dans une entreprise. Les démonstrations du vendeur peuvent être très convaincantes, mais elles ne reflètent pas nécessairement la réalité.

La meilleure façon de connaître le rendement d'un réseau est de parler à des gens qui en font déjà usage.

7.3.2   Planification du système de réseau

La planification et la conception d'un réseau de télécommunication de données peuvent être complexes à cause des différentes exigences et des multiples possibilités. Il s'agit en fait d'investir dans l'installation d'un réseau le moins de temps et d'argent possible, tout en atteignant l'objectif visé. Les facteurs à considérer lors de l'implantation d'un réseau sont les suivants :

- le type de traitement à distance utilisé;

- les temps d'accès et de réponse à satisfaire;

- le taux d'erreurs acceptable dans les transmissions de données;

- les types d'équipements à chacun des sites du réseau et la vitesse de transmission de ces équipements;

- la distribution et le volume des données à transférer;

- la fiabilité, la disponibilité et l'entretien nécessaire;

- les besoins futurs.

7.3.3   Critères de choix d'un réseau

Capacité   La capacité du réseau est déterminée par le nombre d'ordinateurs connectés au réseau et par leur type (compatibles, micro-ordinateurs, divers micro-ordinateurs ayant des systèmes différents). Les réseaux les plus récents permettent à plusieurs systèmes de partager les mêmes sources d'information. Par contre, peu de réseaux permettent d'échanger des données. Un réseau qui ne dessert qu'un seul site est assez simple, mais lorsqu'il doit relier plusieurs emplacements physiquement éloignés, il devient évidemment plus complexe. La distance entre les sites est un élément important font il faut tenir compte lors de l'installation d'un système de réseau.

Flexibilité et possibilité d'amélioration   La possibilité d'améliorer un réseau ainsi que sa flexibilité sont deux atouts majeurs pour un réseau, car une entreprise peut progresser. La technologie aussi de son côté change, évolue. Donc, le réseau en place doit être en mesure de suivre l'évolution.

Deux facteurs interviennent dans l'amélioration d'un réseau. Il s'agit :

- de la capacité d'ajouter des nœuds (*nodes*) supplémentaires et de couvrir de plus grandes distances à la suite de l'expansion de l'entreprise. Tout réseau local doit pouvoir soutenir la croissance de l'organisation;

- de la prévision, au moment de l'achat, de l'augmentation de la capacité du réseau.

Fiabilité   La fiabilité du réseau est primordiale. Un manque de fiabilité peut engendrer une baisse de production, augmenter les heures supplémentaires et même faire perdre des clients. Sur certains réseaux, un très haut degré de fiabilité est vital (certaines autorités en la matière suggèrent un minimum de fiabilité de 99 %). Ainsi, un bris ou une panne ne devrait pas paralyser le système en entier. Même si les connexions des réseaux sont très sensibles aux pannes causées par des bris du câble central, une panne d'un terminal affecte rarement un réseau. Tout équipement de télécommunication peut être endommagé par une mauvaise installation d'un système quelconque ou par le contact avec des surfaces rudes. Les connexions entre des sites éloignés sont habituellement moins fiables. Si l'entreprise désire une grande communication entre plusieurs sites, il vaut mieux installer plusieurs voies entre chaque site. Lors d'une panne, une opération de sauvegarde devrait se faire automatiquement sans l'intervention de l'usager.

Sécurité   Les accès non autorisés doivent être empêchés, par exemple au moyen d'un code d'identification de l'usager et d'un mot de passe. Le système d'exploitation du réseau doit pouvoir contrôler l'accès aux fichiers des disques durs en interdisant ou en limitant les droits des usagers dans les répertoires.

Repérage rapide des pannes   Il doit être facile de réparer une panne à distance à l'aide d'équipements de programmation adéquats. Certains logiciels permettent l'accès au réseau à distance par un modem et une ligne téléphonique. De cette façon, on peut corriger un problème à distance sans avoir besoin de se déplacer.

Flexibilité   Il faut que le système de réseau puisse s'adapter rapidement à la croissance des besoins des usagers. Il devra être facile de modifier les équipements. En outre, le réseau doit être assez rapide pour que l'usager ne soit pas conscient de la distance qui le sépare de l'ordinateur avec lequel il communique. Le travail supplémentaire dû à la présence du réseau devra être réduit le plus possible.

Convivialité   L'informatisation entraîne un changement d'habitudes presque continuel pour l'usager. Bien souvent, le système d'exploitation lui apparaît impossible à comprendre et les logiciels lui semblent compliqués, inefficaces et remplis d'erreurs. Malgré les promesses faites à l'usager lui vantant les merveilles de la technologie, celui-ci a peine à croire qu'il vaille la peine de se «casser la tête» à apprendre ce nouveau mode de travail.

Or un nouveau système est sensé :

- régler un problème existant dans l'entreprise et non en créer de nouveaux;

- parler le langage de l'usager;

- contribuer à l'efficacité et à la productivité.

Plus le groupe d'usagers sera hétérogène, plus il sera difficile de satisfaire les besoins de chacun. Lorsque le serveur est un micro-ordinateur, la solution est de diviser le réseau en multiples zones de travail, chacune fournissant ainsi l'information et les ressources aux groupes d'usagers concernés. Un réseau doit offrir, entre autres, l'accès à un traitement de texte, à une base de données et à un gestionnaire d'agenda. Le système d'exploitation du réseau doit posséder des procédures de verrouillage et de vérification pour protéger les enregistrements et les fichiers de bases de données. D'autres fonctions essentielles des réseaux sont le courrier électronique, qui permet d'échanger des messages et des mémos d'une station à une autre, et le partage de l'imprimante afin que plusieurs usagers puissent se servir de la même imprimante.

Le système d'exploitation de réseau affichant des menus est le plus facile à utiliser. Par contre, le réseau répondant à des commandes est plus efficace et peut offrir plus de fonctions; il demande toutefois que l'usager soit expérimenté. Dès que le réseau est branché, le travail devrait se faire aussi simplement que si l'usager se servait seulement d'un terminal. Le dialogue avec le réseau doit être rapide. Aucune intervention humaine ne devrait être nécessaire, sauf lors de situations exceptionnelles, telle une panne.

7.3.4   L'entretien d'un réseau

La mise en place d'un système de réseau exige beaucoup d'expertise. Si aucun service d'informatique n'existait avant l'implantation du réseau, la création d'un poste de coordination est essentielle. L'objectif d'un tel poste est de maximiser les services offerts tout en réduisant au minimum les coûts. La planification de l'implantation d'un système de réseau efficace requiert une étude sérieuse des besoins en équipements (tant en ce qui a trait aux ordinateurs et aux périphériques qu'en ce qui a trait aux systèmes électriques qui seront requis) et en ressources humaines.

Une fois l'installation complétée, le coordonnateur doit gérer les opérations journalières dès que les systèmes sont mis en marche et jusqu'au moment où ils sont éteints le soir. Ses tâches incluent entre autres choses la désignation des opérateurs, la définition des codes d'accès, la vérification des opérations de sauvegarde et l'établissement des procédures de recouvrement en cas de pannes ou de bris d'équipements.

On pourrait résumer ainsi les tâches du coordonnateur :

- répondre aux questions des usagers;
- voir à une saine planification de l'implantation du système et à sa gestion quotidienne;
- définir les tâches des usagers et les procédures de fonctionnement;
- diagnostiquer et résoudre les problèmes;
- évaluer les performances du réseau;
- prévoir les changements et planifier l'expansion future.

Le coordonnateur peut avoir recours à un système d'analyse de réseau. Ce type de système, appelé «moniteur de réseau», fournit un volume impressionnant de renseignements sur le fonctionnement d'un réseau et permet de détecter les problèmes, c'est-à-dire de mettre hors service les éléments défectueux du réseau. Le coordonnateur pourra avoir besoin d'un tel système afin de s'assurer que le logiciel et le matériel fonctionnent bien ensemble dans la transmission et la réception des messages, ainsi que dans le câblage du réseau. Le moniteur permet également à la personne qui a installé le réseau ainsi qu'au coordonnateur de savoir s'il est temps d'installer un autre serveur ou une autre imprimante.

7.3.5   La formation des usagers

La clé de l'acceptation du changement est le savoir. Pour que l'utilisation du système de réseau soit efficace et profitable, les usagers doivent se familiariser avec ce monde. Cette étape d'acceptation pourra être franchie par des sessions de formation. Trois facteurs influencent le temps qui devra être consacré à l'apprentissage du réseau par l'usager :

- l'expérience antérieure de l'usager avec les micro-ordinateurs ou les réseaux;

- le type de système d'exploitation du réseau;

- la difficulté d'utilisation du système.

Pour la plupart des usagers, la période de formation est celle où ils auront la chance d'apprendre toutes les possibilités qu'offre un réseau et son mode de fonctionnement. Ils sont peu intéressés par les détails techniques d'un réseau local; ils ont surtout besoin d'en connaître les aspects pratiques qui leur permettront d'accomplir leur travail. La personne responsable de leur formation doit donc s'en tenir à l'essentiel et leur donner une base solide d'information.

La documentation joue un rôle important dans la formation des usagers : plus elle est de bonne qualité et complète, plus il sera facile d'installer et d'entretenir le système de réseau, et plus vite l'usager apprendra à s'en servir. La documentation doit de plus être adaptée à chaque usager en fonction des tâches qu'il a à accomplir.

Une bonne documentation sur le réseau facilite de beaucoup l'apprentissage. Le manuel devrait contenir des textes explicatifs et des exercices pratiques pour les non-initiés. Chaque instruction concernant le terminal et le réseau est obligatoire; la description de chaque commande, son utilité et sa fonction devraient être données. Une information détaillée des fonctions particulières et un manuel de référence portant sur des détails techniques complexes devraient être remis à l'administrateur du réseau.

Aucune installation n'est adéquate tant et aussi longtemps que les usagers ne maîtrisent pas le système. Peu importe le matériel ou le degré de sophistication du logiciel, le système est un échec total si les usagers ne savent pas s'en servir.

7.4   LA SÉCURITÉ ET LES RÉSEAUX

Les réseaux permettent d'accéder plus facilement à l'information et d'augmenter le rendement d'une entreprise. Cette facilité entraîne par contre un désavantage : il devient aussi facile de voler, de détruire ou de modifier des données. C'est la raison pour laquelle les administrateurs doivent se munir d'un système de sécurité. Une telle protection comprend deux facettes :

- La sécurité : cet aspect implique la protection du réseau et des ressources de l'organisation contre l'intrusion de toute personne non autorisée par la firme, contre l'usage accidentel, contre les modifications et la destruction des données, contre le vol et la divulgation des informations.

- La préservation de l'information : cet aspect consiste à déterminer qui a accès à l'information personnelle, en quelle circonstance cette information peut être divulguée, de quelle façon elle peut être donnée et quelle quantité d'informations peut être transmise.

Il est donc essentiel de «penser sécurité» et de protéger le contenu du système informatique, peu importe qu'il s'agisse d'un petit ou d'un grand réseau.

En effet, personne ne peut se permettre de voir l'information contenue dans un réseau volée, perdue ou détruite. Les logiciels et les données doivent être protégés contre les défaillances de l'équipement, les erreurs de programmes, les catastrophes, l'usage abusif, qu'il soit volontaire (le vol ou le vandalisme) ou non. Afin d'assurer la sécurité d'un réseau, il est important de désigner une personne qui devra voir à ce qu'on fasse un usage normal du réseau.

Pour maintenir ces mesures préventives, il est important de :

- toujours sauvegarder les données;

- contrôler l'accès aux réseaux;

- surveiller l'environnement;

- coder;

- prévoir des mesures contre les désastres.

Toutes les règles de sécurité doivent être respectées tant par la direction que par les personnes qui utilisent le réseau.

7.4.1   La sécurité d'un réseau local

- La sécurité existe seulement si elle est soutenue par une politique administrative du réseau.

- Les usagers du LAN doivent être identifiables avant d'accéder au réseau.

- Les informations, l'équipement, les logiciels doivent être protégés contre l'usage non autorisé, contre l'usage accidentel et contre les modifications, la destruction, le vol et la divulgation.

- Les données doivent pouvoir être reconstituées.

- L'équipement doit être protégé contre le feu, la poussière et les désastres naturels.

7.4.2   Évaluation de la sécurité

Pour terminer, voici quelques éléments d'évaluation d'un système de sécurité. Tout d'abord, il faut savoir qu'on doit évaluer le système de sécurité en fonction des capacités logiques et physiques du système d'exploitation du réseau et non par rapport aux conditions qui prévalent au sein de l'entreprise.

Il faut se demander si la méthode de sécurité choisie est appropriée aux besoins de l'entreprise et si le système peut reconnaître :

- un mot de passe;
- l'identité de l'usager;
- le droit d'accès au réseau par des usagers autorisés;
- le code.

7.5   CONCLUSION

Ce rapide survol nous a permis de présenter les principaux concepts et le vocabulaire propres aux réseaux locaux.

Une connaissance minimale des systèmes de réseau est nécessaire aux gestionnaires. En effet, ceux-ci doivent non seulement considérer les possibilités et contraintes techniques associées aux diverses technologies mises en œuvre dans le commerce, mais encore gérer l'utilisation subséquente du réseau. Mais surtout, il conviendra de bien former les utilisateurs et de prendre les mesures qui s'imposent pour assurer la sécurité du système.

7.6   QUESTIONS

1. On affirme que, de plus en plus, les télécommunications permettent des innovations stratégiques; donnez quelques exemples.

2. Quels sont les différents usages des télécommunications? En quoi chacun est-il avantageux pour une organisation?

3. Quels sont les différents éléments d'un réseau?

4. Expliquez comment les télécommunications influencent la concurrence entre les entreprises.

5. Donnez les avantages d'un système de réseau.

6. Qu'entend-on par «système de réseau flexible»?

7. Quels sont les facteurs à considérer lors de l'implantation d'un système de réseau?

8. Nommez les différentes topologies de réseau.

9. Énumérez les différentes pièces d'équipements nécessaires pour l'installation d'un réseau.

7.7　BIBLIOGRAPHIE

BELL CANADA, *Publicité du système Alex*, 31 mars 1989.

Bouchard, Louis. «Des mauvaises raisons d'acheter un réseau local», *Direction informatique*, 23 juin 1989, p. 10.

BOUCHER, Pierre. «Les réseaux locaux et leurs différentes composantes», *Micro-Gazette*, mars 1989.

BLISSMER, Robert H. *Introducing Computers*, John Wiley & Sons, 1988, 213 p.

BYERS, T. J. «Fax times seven», *PC World*, octobre 1988.

CLAVIEZ, Jacques. «Le choix d'un réseau local», Micro-Gazette, mai 1989, p. 20-22.

DERFLER, F. J. «Making connections», *PC Magazine*, 14 avril 1987, p. 251-270.

DUMAIS, Nelson. «Comment choisir son modem», *Informatique et bureautique*, octobre 1987.

MAIMAN, M. *Télématique, introduction aux principes techniques*, Masson, 1982.

NEWMAN, William M. *Designing Integrated Systems for the Office Environment*, McGraw-Hill, 1987.

SANDERS, D. H. *Computer Concepts and Applications*, McGraw-Hill, 1987.

SENN, J. A. *Information Systems in Management*, Wadsworth, 1987, 800 p.

TOUSSAINT, Jérôme et Philippe MASSON. *Les techniques de la télépratique*, Édition Éditests, 1984.

«All About Time-Sharing and Remote Computing Services», Datapro Research Corporation, New Jersey, janvier 1978.

«PC Communication comes of age», *PC Magazine*, juillet 1988, p. 127-151.

«The portable executive», *Business Week*, octobre 1988.

APPENDICE A
Tableau comparatif
des câbles de transmission pour LAN

Câble	Technique de transmission	Taux de transfert en Mbits	Distance au maximum en km	Nombre d'éléments
Paire torsadées	Numérique	1-2	peu	10
Coaxial (50Ω)	Numérique	10	peu	10
Coaxial (75Ω)	Numérique	50	1	10
Fibre optique		10	1	10

APPENDICE B
Lien entre câble et topologie

Câble	Bus	Anneau	Étoile
Paire torsadée	X	X	X
Coaxial 50Ω Baseband	X	X	
Coaxial 75Ω Broadband	X		
Fibre optique		X	

APPENDICE C
Petite histoire des réseaux

1969	Été : début d'ARPANET.
1973	Mai : Bob Metcalfe invente Ethernet.
1977	Avril : Apple II sur le marché.
1981	Avril : IBM-PC et DOS sont mis sur le marché.
1982	Novell est fondé. Choix de XNS (IPX/SPX).
1983	Janvier : Novell introduit son premier NOS (NetWare 86).
1984	Janvier : Macintosh est mis sur le marché; ISO dévoile les 7 niveaux du modèle OSI; IBM lance son NetBIOS.
1985	Octobre : IBM lance son Token Ring.
1986	Janvier : apparition d'Advanced NetWare 286. Septembre : première version de SFT 286.
1987	Mars : Macintosh II est mis sur le marché. Octobre : OS/2 et PS/2 sont mis sur le marché.
1988	Août : Advanced NetWare 286 V 2.12 apparaît sur le marché. Novembre : IBM lance OS/2 Extended Edition; première version de NetWare compatible avec OS/2; Novell introduit un VAP pour intégrer les Macintosh.
1989	Septembre : NetWare 386, version 3.0 voit le jour.
1990	Avril : NetWare 386, version 3.10 est lancé; première version du NetWare portable pour NCR.
1991	Mars : NetWare 386, version 3.11 est sur le marché. Mai : NetWare 286, version 2.2 fait son apparition.

APPENDICE D
Exemple de circulation d'information dans un réseau ARCnet avec NetWare

1. L'application d'un usager d'un PC envoie une demande au DOS pour un fichier (en faisant appel à l'interrupts 21h, c'est-à-dire au mécanisme d'interruption n° 21 en hexadécimal prévu par le microprocesseur).

2. NETx examine l'appel 21h pour déterminer si c'est une demande locale ou une demande de réseau.

3. Si c'est une demande de réseau, Net3 redirige la demande à IPX, lui disant d'envoyer cette demande au réseau.

4. IPX passe la demande à la carte NIC du PC.

5. La carte NIC met la demande dans un ou plusieurs paquets et passe les paquets au câble. Le NIC inclut certaines informations avec chaque paquet, dont l'adresse de l'expéditeur et l'adresse du destinataire. Chaque NIC du réseau doit avoir une adresse unique.

6. Le NIC dans le serveur reçoit le paquet et passe les données à la mémoire du serveur.

7. Le NIC du serveur envoie un accusé de réception à la carte du PC expéditeur pour chaque paquet qu'il reçoit.

8. Le NOS du serveur examine et exécute la demande.

9. Le NOS du serveur doit émettre une demande de lecture au contrôleur de disque.

10. Le contrôleur de disque exécute la demande de lecture.

11. Les données lues du disque sont transférées dans la mémoire du serveur.

12. Le NOS passe les données de la mémoire à la carte NIC du serveur.

13. Le NIC fait des paquets avec les données et les passe au câble, un à la fois.

14. Le NIC du PC reçoit les paquets un à la fois, les «dépaquette» et met les données dans la mémoire.

15. Le NIC du PC envoie un accusé de réception pour chaque paquet reçu.

APPENDICE E
Les méthodes d'accès

Pour mieux comprendre la différence entre les protocoles

Imaginons que vous faites partie d'un groupe de discussion. On vous invite dans un auditorium. Dès que vous entrez, on vous remet un numéro et vous allez vous asseoir dans un siège numéroté séquentiellement.

Passage de jeton sur boucle

Un jeton circule de siège en siège dans un sens unique. Vous pouvez parler uniquement lorsque vous possédez le jeton.

Passage de jeton

Un jeton suit l'ordre logique des numéros qu'on a remis à l'entrée. Vous ne pouvez parler que lorsque vous possédez le jeton.

CSMA

Vous pouvez parler si personne ne parle. Vous écoutez et, si personne ne parle, vous pouvez prendre la parole sans autre procédure.

Logiciels pour systèmes micro-informatiques

8.0 OBJECTIFS

1. Connaître les différentes catégories de logiciels et leurs caractéristiques respectives.

2. Définir un système d'exploitation, identifier différents systèmes et les décrire.

3. Définir un programme de service, en distinguer les catégories et connaître l'usage qu'on peut en faire.

4. Définir les traducteurs de langage ainsi que les différents niveaux de langage.

5. Savoir ce qu'est un logiciel d'application et en connaître les différentes catégories.

6. Connaître certains critères permettant de choisir un logiciel.

7. Connaître l'existence des virus informatiques.

8.1 INTRODUCTION

Lorsqu'on parle de micro-ordinateur, il est essentiel de distinguer ses deux composantes fondamentales : le matériel et le logiciel. Le matériel est constitué des parties mécaniques et électroniques de l'appareil ; le logiciel est ce qui permet d'utiliser ces éléments physiques. Le logiciel est, en quelque sorte, l'intelligence de l'ordinateur.

L'utilisateur débutant éprouve la sensation d'être en contact direct avec l'ordinateur ; il touche au clavier, voit ce que l'écran affiche, insère une disquette dans un lecteur de disquette, lance un programme, etc.

Or, dans les faits, des éléments s'interposent entre l'utilisateur et la machine. L'ordinateur lui-même est un peu comme un meuble ; il est sans vie, sans âme, sans intelligence. Pour être utile, il a besoin qu'on lui dise précisément ce que l'on veut. Il a besoin d'instructions précises. Toutefois, ces dernières doivent être organisées d'une façon particulière. L'ensemble de ces instructions ou directives organisées s'appelle un **programme**. Divers langages (pascal, C, basic, etc.)

**FIGURE 8.1
Cheminement
de l'information**

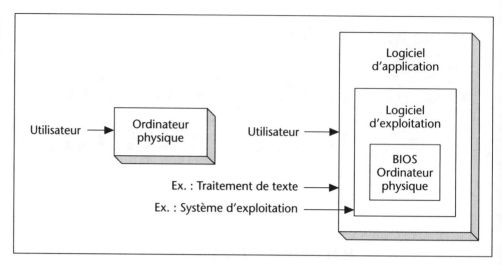

servent à écrire les programmes. Un ensemble de programmes forme un **logiciel** (du mot «logique»). On parle donc de l'ordinateur logique qui donne une intelligence à l'ordinateur physique.

Entre l'utilisateur et l'ordinateur physique, il existe généralement deux couches. La première est le système d'exploitation (ou logiciel de base) et l'autre, le logiciel spécifique utilisé; il peut s'agir, par exemple, d'un traitement de texte, d'un tableur, d'un système de gestion de bases de données, d'un logiciel de communication, etc.

Enfin, l'utilisateur dispose de divers logiciels de service qui complètent le système d'exploitation (des émulateurs de clavier, des logiciels de sécurité, des antivirus, etc.).

Le logiciel ne traite pas directement avec l'ordinateur physique; il passe par le système d'exploitation qui gère les composantes de l'ordinateur. Par exemple, l'utilisateur qui se sert du logiciel d'application WordPerfect doit savoir que lorsqu'il appuie sur la touche de fonction [F5], le logiciel efface temporairement l'écran et affiche la liste des fichiers qui se trouvent dans le répertoire. En suivant une procédure complexe, c'est-à-dire quitter WordPerfect, retourner au système d'exploitation et appeler les commandes CD et DIR, il aurait pu faire afficher les mêmes fichiers : WordPerfect lui simplifie la vie, mais a néanmoins eu recours à une commande du système d'exploitation pour parvenir au résultat attendu.

L'ensemble des logiciels qui permettent de tirer profit de l'ordinateur (physique) se divise en trois catégories : les logiciels d'exploitation, les langages et les logiciels d'applications.

8.2 LES SYSTÈMES D'EXPLOITATION

Le système d'exploitation est l'ensemble des éléments logiciels qui gèrent les ressources physiques de l'ordinateur pour que son utilisation soit plus efficace. Il facilite donc la tâche de l'utilisateur. Des logiciels de service l'accompagnent.

FIGURE 8.2
Les catégories
de logiciels

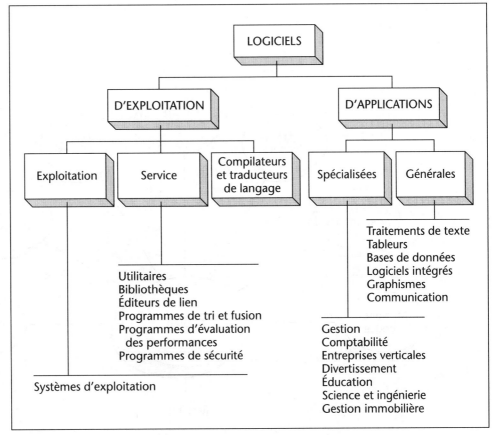

8.2.1 Rôle du système d'exploitation

Le système d'exploitation est le premier intervenant entre l'utilisateur et l'ordinateur. Il s'agit d'un logiciel composé d'un ensemble de programmes qui assurent le bon fonctionnement du système informatique : clavier, écran, imprimante, souris, etc. Les programmes sont généralement écrits en langage d'assemblage ou en langage C, de façon à pouvoir être utilisés sur divers types d'équipement.

Le système d'exploitation gère l'activité et les ressources du système informatique. Tout comme un directeur administratif, il distribue le plus efficacement possible les traitements à effectuer aux différentes composantes tout en accomplissant lui-même certaines tâches.

Sans système d'exploitation, aucun ordinateur ni micro-ordinateur ne pourrait faire le travail qu'on attend de lui. C'est un contrôleur de tous les mouvements de l'information qui détermine la séquence de toutes les opérations. Sans lui, le micro-ordinateur est paralysé ; les instructions des programmes d'applications ne peuvent être exécutées.

Les principales fonctions d'un système d'exploitation pour micro-ordinateur sont le transfert de données du clavier à la mémoire, puis de la mémoire à l'écran et à l'imprimante, l'échange des données avec la mémoire vive et le travail avec

FIGURE 8.3
Le rôle du système d'exploitation

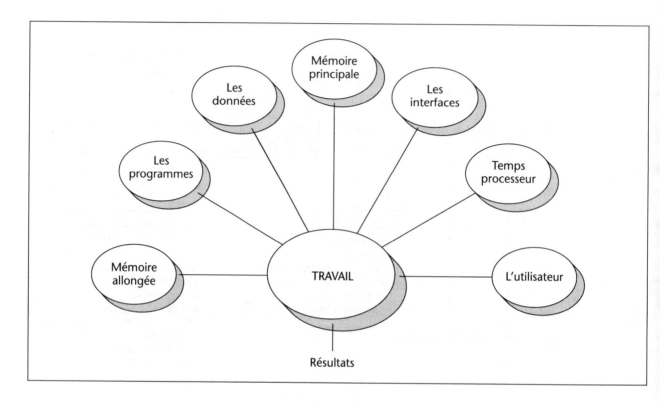

des lecteurs de disquettes. Il assure et dirige la communication entre ces différents dispositifs. Par exemple, si on met un ordinateur en marche après avoir débranché le clavier, un message est affiché indiquant que quelque chose ne va pas avec le clavier.

Mais un système d'exploitation fait plus encore. Il sert à charger et à copier des programmes, à formater des disquettes vierges, à renommer, détruire, afficher, imprimer des fichiers, à afficher ou imprimer la liste des programmes, à s'enquérir de la mémoire disponible, etc. Certains systèmes d'exploitation (Unix, Novell, OS/2) créent et gèrent des files d'attente pour les ressources limitées demandées par plusieurs usagers simultanément ou contrôlent les communications avec l'extérieur.

L'utilisateur qui travaille avec un micro-ordinateur qui n'est pas muni d'un disque dur doit d'abord insérer la disquette contenant le système d'exploitation (DOS) dans le lecteur A avant d'allumer l'appareil. Dans le cas d'un ordinateur pourvu d'un disque dur, le système d'exploitation a préalablement été installé sur le disque dur et il suffit d'allumer l'appareil pour qu'il soit chargé dans la mémoire vive de l'ordinateur et que commence son rôle de gestionnaire.

Le système d'exploitation sert aussi de lien entre les différents programmes d'applications. En effet, lorsque l'utilisateur demande à un programme d'appli-

FIGURE 8.4
Les fonctions
d'un système
d'exploitation

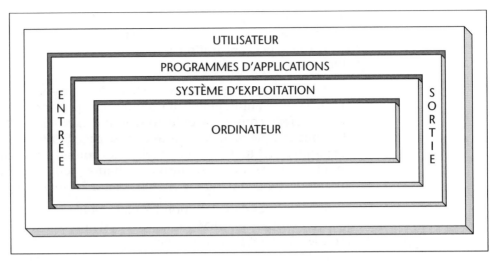

cation de lire un fichier sur disque ou sur disquette ou de sauvegarder un document, le programme envoie une commande au système d'exploitation qui exécute la tâche.

8.2.2   Diversité des systèmes d'exploitation

Chaque type de machine requiert un système d'exploitation qui lui est spécifiquement destiné, un système d'exploitation qui reconnaît son architecture et qui peut interagir avec elle. On comprend donc que chaque modèle de micro devrait posséder son propre système d'exploitation.

Mais imaginons un marché où les constructeurs doivent concevoir des programmes qui fonctionneront sur leurs propres machines; les ordinateurs ne pouvant communiquer entre eux, les utilisateurs deviennent captifs des modèles qu'ils ont acquis parce qu'il n'existe aucune compatibilité entre les divers appareils ni entre les logiciels. Quel inconvénient ce serait si, chaque fois qu'un utilisateur désirait acquérir un ordinateur plus performant d'un autre fabricant de micro-ordinateurs, il doive renouveler tous les logiciels qui l'accompagnent !

C'est justement ce problème que pose la présence sur le marché des appareils de marque Apple qui sont incompatibles avec ceux de marque IBM. Ces appareils utilisent des systèmes d'exploitation différents et relativement incompatibles.

Pour parer à ce problème, les concepteurs de systèmes d'exploitation, IBM en tête, et Microsoft, ont proposé des standards permettant aux fabricants de micro-ordinateurs de concevoir des appareils qui pourront utiliser le système d'exploitation DOS, harmonisant ainsi les efforts de développement vers un seul et même but : la performance.

Cette normalisation a donc été un facteur important dans le développement technique des ordinateurs, et particulièrement des logiciels. En effet, l'utilisation d'un standard élimine tous les problèmes reliés à l'incompatibilité, ce qui permet aux concepteurs d'investir davantage dans la recherche, car ils peuvent espérer amortir leur investissement sur un plus grand nombre d'utilisateurs. De surcroît, ces derniers peuvent utiliser les programmes qu'ils possèdent sur des marques différentes d'appareils.

L'utilisation de nombreux modèles de micro-ordinateurs est donc devenue transparente à l'utilisateur. Par exemple, une personne qui travaille avec un ordinateur AT&T constatera qu'il fonctionne exactement comme un Mitsubishi. Bien que chaque modèle d'ordinateur se caractérise par une architecture qui lui est propre, il est toutefois conçu selon des données techniques standardisées qui, par l'intermédiaire du système d'exploitation, fournit à l'utilisateur une interface commune, lui permettant d'interchanger machines et logiciels.

Les systèmes d'exploitation les plus populaires sont : MS-DOS, Unix et OS/2 pour les ordinateurs IBM; le logiciel système, version 7.0 pour les Macintosh (voir le tableau 8.1 à la page 268).

8.2.3   DOS

Le système d'exploitation MS-DOS (*Microsoft Disc Operating System*) est conçu exclusivement pour les micro-ordinateurs IBM et les compatibles (Microsoft est la firme qui commercialise MS-DOS). Ce système a été créé pour s'adapter aux microprocesseurs de la série Intel (8088, 8086, 80286, 80386SX, 80386, 80486, 80486SX) exclusivement.

Le DOS est un système mono-usager et mono-tâche. Il gère les fichiers : il peut créer, copier ou renommer ceux-ci de même que les organiser en répertoires selon les besoins de l'utilisateur. Comme il est fait pour les micro-ordinateurs, il possède aussi des commandes pour la gestion des disquettes et disques durs : le formatage, la copie, le diagnostic de défectuosités, la comparaison, etc.

8.2.3.1   Quelques commandes du DOS

Pour mieux comprendre par quel moyen l'utilisateur communique avec l'ordinateur, vous trouverez à la figure 8.5 de la page suivante une liste des différentes commandes du DOS et leur description.

8.2.3.2   Interface-utilisateur

L'un des principaux défauts des premières versions du DOS (antérieures à la version 4.0) est qu'elles fournissaient une interface-utilisateur très primaire, n'affichant que les caractères de sollicitation A> ou C> pour indiquer que le système était prêt à recevoir une commande, et n'offrant aucun système d'aide à l'écran. L'utilisateur devait donc connaître les commandes permettant d'exécuter les fonctions du DOS, ce qui constituait un inconvénient majeur pour celui qui n'utilisait que très irrégulièrement son ordinateur. Ce problème a été corrigé, comme on le voit dans la figure 8.5.

Relevant le défi de la convivialité, IBM a mis au point, en collaboration avec Microsoft, une interface-utilisateur plus accessible (conviviale) avec la version

FIGURE 8.5
Commandes du DOS

COMMANDES	DESCRIPTION
DISKCOPY	Exécute la copie de disquettes.
FORMAT	Prépare les disquettes à recevoir des données.
BACKUP	Exécute une copie de sécurité de un ou plusieurs fichiers du disque dur sur une disquette.
RESTORE	Récupère les fichiers sauvegardés avec la commande BACKUP d'une disquette au disque dur.
COPY	Copie un ou plusieurs fichiers.
DEL	Efface un ou plusieurs fichiers.
PRINT	Imprime le ou les fichiers désignés.
RENAME	Renomme le fichier désigné.
TYPE	Affiche le contenu du fichier désigné.
DIR	Affiche le contenu d'une disquette ou du répertoire actif.
MKDIR	Crée un nouveau répertoire.
RMDIR	Efface un répertoire.
TREE	Affiche la liste des répertoires du disque dur et, selon le cas, les fichiers qu'ils contiennent.
CLS	Efface l'écran.
DATE	Affiche et définit la date.
TIME	Affiche et définit l'heure.

FIGURE 8.6
Interface-utilisateur

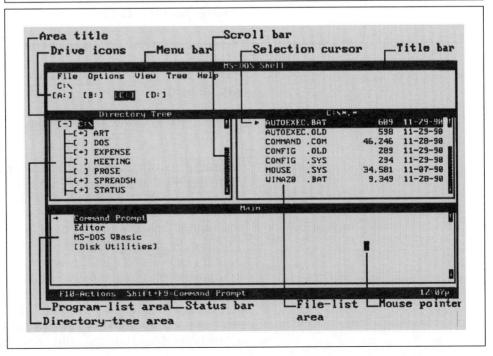

4.0 du DOS; il suffit de sélectionner une option, à l'aide des touches du clavier, pour qu'elle soit exécutée par le système. D'autre part, Microsoft a mis au point un programme de service qui améliore le dialogue entre l'utilisateur et la machine : Windows. Désormais, à l'aide du clavier ou d'une souris, l'utilisateur n'a qu'à indiquer, en les pointant, les opérations qu'il désire effectuer.

Bref, face à la popularité grandissante des produits Apple qui offrent une interface-utilisateur des plus conviviales, les fabricants de systèmes d'exploitation ont été contraints d'agir et d'offrir des produits plus attrayants, réclamés par les utilisateurs. On assiste donc à une «guerre» entre Microsoft et Apple; cette dernière accuse Microsoft d'avoir plagié, avec Windows, l'interface du Macintosh. Des poursuites judiciaires ont d'ailleurs été intentées à cet effet. D'autre part, IBM, en collaboration avec Microsoft, a fourni son effort avec la version 4.0 du DOS. Il en est de même pour Unix qui fait des tentatives dans ce sens.

8.2.3.3   Versions du DOS

Il existe plusieurs versions du DOS; chacune améliore la précédente. Voici leurs principales caractéristiques :

La version 1.1   permet de gérer un système à 2 lecteurs de disquettes de 360 Ko.

La version 2.11   permet de gérer un système muni d'un disque dur et d'un lecteur de disquette de 360 Ko; elle est conçue pour les PC AT.

La version 3.0   permet de gérer un système à disquettes de 1,2 Mo; elle est conçue pour les PC AT.

La version 3.1   permet au système de travailler en réseau.

La version 3.2   permet au système de travailler avec un réseau à jeton et avec des disquettes de 3,5 pouces de 720 Ko.

La version 3.3   permet au système de travailler avec des disquettes de 3,5 pouces de 1,44 Mo.

La version 4.0   simplifie l'utilisation du DOS à l'aide d'une interface-utilisateur qui affiche des menus où il est possible de choisir une commande DOS et de l'exécuter.

La version 5.0   remplit en grande partie les lacunes pour ce qui est de l'aide à l'utilisateur par rapport à chacune des commandes. Cette version du DOS accepte les disquettes de 3,5 pouces de 2,88 Mo. L'apport le plus évident de cette version est la gestion de la mémoire. Le DOS 5.0 peut conserver presque inutilisés les 640 premiers octets de mémoire vive en installant certains programmes résidents entre le 640 Ko et le 1 Mo, ce qui permet de disposer de plus de mémoire pour les logiciels.

FIGURE 8.7
Évolution
des systèmes
d'exploitation
pour PC

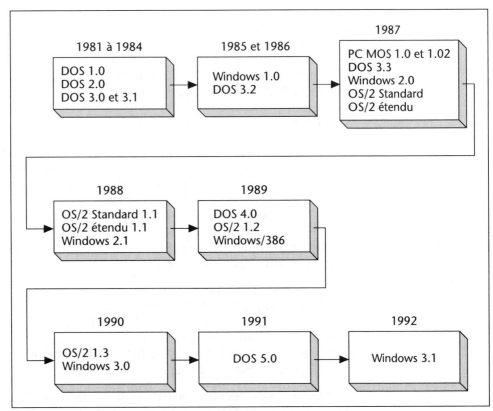

8.2.4   Unix

Contrairement au système DOS créé pour un utilisateur unique et pour effectuer une seule tâche à la fois, le système d'exploitation Unix peut recevoir plusieurs terminaux et gérer diverses tâches simultanément. Conçu en 1969 par le laboratoire de recherches Bell, filiale d'AT&T, pour fonctionner sur un mini-ordinateur DEC PDP-7, ce n'est pourtant qu'en 1981 qu'une version pour micro-ordinateur a été mise au point et commercialisée. Ce système d'exploitation peut travailler avec des microprocesseurs de différents fabricants : Intel, Motorola, National Semiconductor, etc. Il peut être utilisé avec des micro-ordinateurs de la gamme des AT d'IBM et compatibles de même qu'avec le PS/2, les super micros (AT&T, NCR, Unisys, etc.), les mini-ordinateurs (DEC, Control Data, Hewlett-Packard, etc.) et les grands systèmes (IBM, Cray et les autres).

Contrairement au DOS, Unix n'est pas standard. Les constructeurs qui ont obtenu une licence d'Unix pour intégrer ce système d'exploitation à leurs ordinateurs ont, pour la plupart, adapté celui-ci à leurs besoins, avec pour conséquence que différents systèmes fonctionnant avec Unix sont incompatibles. Par exemple, AT&T et Microsoft ont conçu Unix V à partir d'un noyau d'Unix, et l'université de Californie à Berkeley offre une version étendue d'Unix. Il s'ensuit donc que les programmes qui fonctionnent dans une version ne peuvent être exécutés dans une autre. Près d'une vingtaine de versions d'Unix ont été commercialisées sous des noms tels Xenix (Microsoft), Aix (IBM), QUNIX, Ultrix, A/UX (Apple), etc. Bien que des groupes se soient formés pour tenter de définir des standards à Unix, ceux-ci doivent faire face au «défi de développer une norme Unix et de créer une juste mesure entre les fabricants qui préfèrent les systèmes «fermés» (spécifiques à un manufacturier) et les distributeurs et les utilisateurs qui, eux, réclament des systèmes «ouverts», c'est-à-dire non spécifiques à un fabricant, comme c'est le cas de DOS[1]».

Infiniment plus puissant que le DOS, Unix offre des avantages tels que la facilité de communication entre ordinateurs reliés en réseau, une très grande mobilité et une vitesse d'exécution remarquable. L'inconvénient majeur de ce système, du moins à ses débuts, était qu'il exigeait des connaissances informatiques supérieures à celles que peut posséder un débutant, ce qui en rebutait plus d'un. Toutefois, les récents progrès ont permis de mettre au point une interface-utilisateur conviviale rendant le produit plus attrayant pour les mordus du DOS voulant profiter des capacités d'Unix.

Alors que, pour la plupart des systèmes, l'ajout de périphériques non standard implique l'ajout de cartes pour les rendre compatibles, Unix permet de faire fonctionner en même temps différents types de terminaux, de lecteurs de disques ou d'autres périphériques. L'addition d'un nouveau périphérique demande seulement l'ajout d'un fichier décrivant les spécificités du nouveau module. Il n'y a pas de carte spéciale à brancher.

Unix possède des fonctions de contrôle qui limitent, par l'emploi de numéros d'usagers, de mots de passe, les accès à certains usagers ou à certaines classes d'utilisateurs. Par exemple, il permet la lecture de fichiers tout en interdisant leur mise à jour. Le système gère également les demandes des usagers pour les ressources partagées comme les imprimantes, les unités de communication avec l'extérieur, etc.

Unix est offert avec les compilateurs C et Fortran-77, et parfois avec Pascal, APL, Lisp, Prolog et Assembleur. Deux systèmes d'épuration de programmes l'accompagnent. Il permet de conserver les versions successives des programmes à des fins de comparaison et d'amélioration. Unix est un système d'exploitation qui a su s'imposer dans le monde des affaires, répondant à un besoin d'établir des liens entre tous les micro-ordinateurs qui se sont implantés parallèlement à la «grosse informatique» et aux ordinateurs centraux, à la différence du DOS qui est un système servant à exploiter uniquement des appareils de façon autonome, ne permettant pas de les réunir en réseau, et encore moins d'établir des communications avec les appareils centraux.

8.2.5   OS/2

En 1987, IBM lançait sa nouvelle génération de micro-ordinateurs personnels, les *Personal Systems/2* ou PS/2, et le système d'exploitation conçu pour ces appareils, le *Operating System/2* ou OS/2. Ce système d'exploitation a pour caractéristique

---

1. Francine Poitras. «Unix comme système multi-utilisateur».

principale d'être un système mono-usager multitâche. Il a été mis au point conjointement par IBM et Microsoft, IBM nommant sa version IBM OS/2 (version étendue) et Microsoft, MS OS/2 (version standard). La version standard peut être utilisée avec des appareils compatibles OS/2, tandis que seuls les ordinateurs IBM peuvent recevoir la version étendue (*extended*). La dernière version a été conçue pour les microprocesseurs Intel 80286 et 80388.

OS/2 est un système modulaire pouvant travailler dans un environnement multitâche. Il est composé d'un ensemble de logiciels capables de gérer efficacement le fonctionnement d'un système; il peut prendre en charge différentes tâches micro-informatiques : exploitation générale (tel DOS), communication, base de données, présentation de fichiers, etc.

Le cœur des deux versions OS/2, le module Gestionnaire de présentation (Presentation Manager), comporte une interface-utilisateur conviviale qui ressemble à Windows : utilisation de la souris, menus déroulants, fenêtres superposées en cascade qui se réduisent en icône, etc. Le module Database Manager est une base de données relationnelles, comparable à la base de données DB2 utilisée sur les gros ordinateurs IBM, compatible avec le langage SQL. Le module Lan Requestor contient des programmes de gestion d'un réseau local qui établit les liaisons entre différents appareils autonomes. Le module Communication Manager gère les communications avec les ordinateurs centraux et avec l'extérieur. De nombreux programmes de service sont également intégrés au OS/2.

FIGURE 8.8
Évolution du OS/2

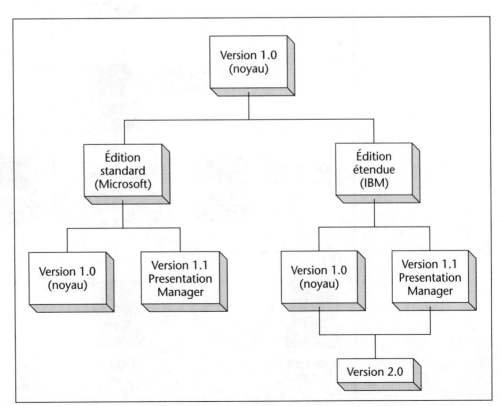

Les capacités multitâches du OS/2 permettent de lancer plusieurs programmes d'applications à la fois. Par exemple, un traitement de texte peut effectuer la vérification orthographique d'un texte tandis qu'un tableur exécute une macro-instruction, pendant qu'un programme de communication récupère des données qui seront imprimées, et ce pendant que l'utilisateur interroge une base de données; toutes les opérations sont effectuées simultanément. Chaque programme qui a été préalablement mis en service à l'aide du démarreur de logiciels Start Program vient placer sa fenêtre sur la précédente. En un «clic» de souris, l'utilisateur passe d'un programme à l'autre, sans plus de manipulation. Terminées les procédures de sauvegarde, de sortie et d'appel d'un nouveau programme pour changer d'application.

Seuls les programmes conçus sous OS/2 peuvent utiliser la puissance multitâche de celui-ci. Les programmes conçus sous DOS ne peuvent être exécutés qu'un seul à la fois. Si un programme en mode OS/2 est lancé lorsqu'un programme en mode DOS est en mémoire, ce dernier est alors interrompu. Les programmes OS/2 ne peuvent fonctionner en mode DOS et les programmes DOS ne peuvent fonctionner en mode OS/2.

FIGURE 8.9
Un système
multi-usager

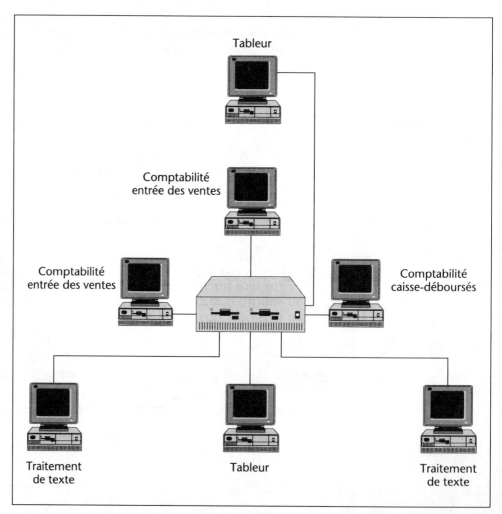

8.2.6 Logiciel Système de Macintosh

Le système d'exploitation Macintosh est conçu pour fonctionner exclusivement avec les appareils Macintosh. Ce système d'exploitation a été créé à partir des recherches effectuées par Xerox PARC et Apple's Lisa Computer qui ont mis au point une interface-utilisateur (le Bureau) articulée sur un langage iconographique. Chaque icône représente une fonction, et, à l'aide d'une souris, l'utilisateur pointe et «clique» pour commander l'exécution d'une opération. Le système d'exploitation permet de dessiner et d'écrire à l'écran. Selon la mémoire vive disponible, plusieurs logiciels peuvent être stockés et l'utilisateur passe de l'un à l'autre en un simple «clic» de souris. Avec le Finder, il est possible de regrouper le fichiers de façon différente et de réorganiser le groupe.

La dernière version du logiciel Système Macintosh est la version 7.

Voici ses principales caractéristiques :

- option multitâche;
- fonction «partage des fichiers»;
- mémoire virtuelle;
- aide sous forme de bulles accessible à tout moment;
- polices de caractères TrueType;
- publier et s'abonner;
- alias (double de l'icône d'un fichier ou dossier);
- extension QuickTime;
- version améliorée du Finder.

8.2.7 L'environnement Windows

Innovation dans l'environnement de travail offert aux utilisateurs de systèmes IBM ou compatible, Windows propose un environnement semblable à celui qui est offert aux utilisateurs de Macintosh. Cet environnement est visuel, à la différence de celui du système d'exploitation DOS qui est textuel. Windows assure une gestion directe des fichiers, des disquettes, du disque dur, bref de tout ce que l'on désire gérer sans passer par MS-DOS.

L'efficacité de Windows est excellente avec un équipement muni d'un microprocesseur 386 à 33 MHz. Si on utilise un 286, la performance est moindre. Le logiciel Windows a apporté plusieurs améliorations :

- Interface : meilleur dialogue grâce à la standardisation des procédures et des manipulations.
- Graphiques : meilleur affichage à l'écran; possibilité de travailler en WYSIWYG; meilleure gestion des jeux de caractères et des couleurs.

- Exploitation : centralisation de certaines tâches faites à la place du logiciel d'application (par exemple, c'est Windows qui gère les commandes d'impression et non le logiciel de traitement de texte); multifenêtrage; multi-application, c'est-à-dire utilisation en apparence simultanée de plusieurs logiciels en alternance (*task-switching*).

Voici les 10 principales fonctions du logiciel Windows :

1. Utiliser le gestionnaire de programmes.
2. Déclarer une modification de la configuration du micro-ordinateur.
3. Changer un fichier associé à un programme.
4. Passer d'une application à une autre.
5. Gérer l'impression.
6. Enregistrer des macro-instructions.
7. Personnaliser les fichiers d'aide.
8. Paramétrer le mode 386 étendu.
9. Modifier les fichiers de paramètres.
10. Adapter les fichiers PIF.

Le tableau suivant résume les avantages et les désavantages de chacun de ces systèmes d'exploitation.

**TABLEAU 8.1
Les systèmes d'exploitation**

		Avantages	Désavantages
DOS		Standard Nombre important de logiciels	Monotâche Limite à 640 Ko de RAM (sauf 5.0) Avant le DOS 3.3, mono-usager Gère très mal les réseaux Difficulté à relier les périphériques
OS/2		Multitâche Intel 286-386 Interface conviviale Réseau	Non standard Nouveau Peu de logiciels
UNIX		Multitâche Réseau Très puissant Vitesse d'exécution Interface conviviale Sécurité (accès limité)	Non standard Non compatible
Système 7.0		Multitâche Partage de fichiers Mémoire virtuelle Options publier et s'abonner	Exige plus de mémoire et une mise à jour de logiciels existants

8.3 LES PROGRAMMES DE SERVICE (UTILITAIRES)

8.3.1 Description et rôles

Les programmes de service sont des programmes spécialisés qui exécutent des procédures et des fonctions répétitives ou qui contiennent des données de toutes sortes pouvant être récupérées et insérées dans une application.

Les utilitaires sont des programmes qui viennent enrichir et automatiser les fonctions de base d'un système d'exploitation. Pensons à des fonctions de configuration de clavier (anglais à français), de tri et de fusion, de récupération de fichiers effacés par erreur, de recherche dans les répertoires, de protection de fichiers, de sélection des couleurs d'affichage et à l'exécution de nombreuses autres tâches impossibles à accomplir avec le seul système d'exploitation, mais qui peuvent être très utiles. Ils permettent en outre de gérer les données sur disque, de faire le «ménage» d'un disque dur ou encore de récupérer un fichier qui a été effacé par erreur ou endommagé d'une quelconque façon.

D'autres logiciels assistent le système d'exploitation dans la gestion d'équipements spécifiques ajoutés au micro-ordinateur. C'est le cas, par exemple, d'une carte d'expansion de mémoire qui a besoin d'un programme spécialisé pour que l'ordinateur puisse travailler efficacement avec son «greffon», ou encore d'un programme de communication permettant d'utiliser un modem.

Certains utilitaires sont des programmes résidents. Un programme résident est un programme qui demeure constamment chargé dans la mémoire vive de l'ordinateur et qui effectue des tâches sans que l'utilisateur ait à intervenir. On distingue deux types de programmes résidents : les résidents proprement dits et les «pop-ups». Les premiers peuvent effectuer des tâches particulières comme la reconfiguration du clavier. Les programmes «pop-ups», quant à eux, sont des programmes auxquels l'utilisateur peut avoir recours en tout temps : un agenda électronique, un bottin, etc.

8.3.2 Panorama

8.3.2.1 Norton Utilities

Norton Utilities est un ensemble de programmes mis au point par Peter Norton et ses collaborateurs. Norton est un nom à retenir en informatique puisque M. Norton et son équipe travaillent depuis quelques années à «démystifier» l'ordinateur personnel. Ils ont en outre créé près d'une centaine d'utilitaires d'entretien.

Norton Utilities est composé d'une trentaine d'utilitaires auxquels on peut accéder à partir du menu «Norton Integrator». Ce menu donne la liste des options sur le côté gauche de l'écran et fournit pour chacune d'elles une description sur le côté droit de l'écran. Les principales options du Norton Utilities sont :

FIGURE 8.10
Le logiciel
Norton Utilities

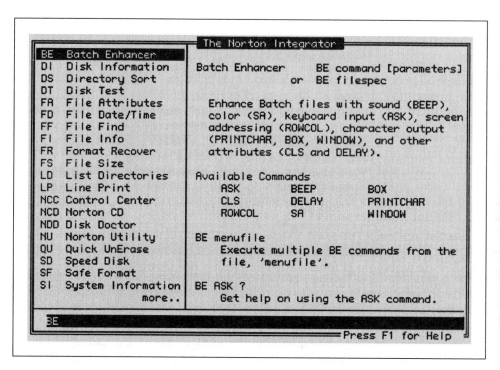

FIGURE 8.11
Le logiciel
Norton Commander

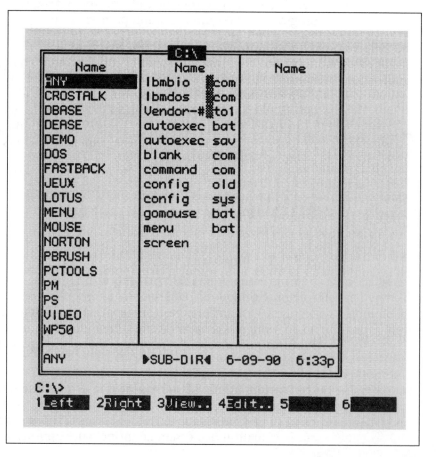

Format Recover (FR)   Cette option permet de récupérer des fichiers qui ont été effacés par erreur lors du reformatage d'une disquette.

List Directory (LD)   Cette option permet d'afficher le contenu d'un répertoire.

Norton Utility (NU)   Cette option permet de visualiser et d'éditer n'importe quelle section d'un disque. Elle permet également de récupérer des fichiers effacés, des sections de fichiers perdus et de réparer des disques endommagés.

Norton Disk Doctor (NDD)   Cette option détecte et corrige automatiquement des défauts physiques ou logiques sur une disquette ou un disque dur. Ce programme teste la table de partition, les fichiers de mise en route (*boot record*), la table d'allocation d'un disque et la structure des répertoires. Il génère un rapport qui peut être affiché à l'écran ou imprimé.

Norton Change Directory (NCD)   Cette option permet de naviguer plus aisément entre les répertoires en autorisant l'utilisateur à n'entrer qu'une partie du nom d'un répertoire. Elle permet également d'utiliser un diagramme pour se déplacer dans les divers répertoires.

Norton Control Center (NCC)   Cette option permet de modifier certaines parties de la «quincaillerie», comme l'affichage, le clavier, les connecteurs série et l'horloge interne.

Quick Unerase (QU)   Cette option permet de récupérer un fichier qui a été effacé par erreur.

Speed Disk (SD)   Cette option permet de créer un cache qui accélère la vitesse du lecteur de disquette et du disque dur.

Safe Format (SF)   Ce programme permet d'éviter le formatage accidentel d'une disquette ou d'un disque dur.

8.3.2.2   PCTools Deluxe

PCTools Deluxe se présente comme une imitation plus ou moins conforme du bureau (*desktop*) d'un ordinateur Macintosh. Le programme se compose de différents modules dont PCShell, qui permet de gérer les fichiers des disquettes ou du disque dur, et Desktop, qui permet de choisir, à partir d'un menu, certaines options. Voici les principales options de ces deux modules :

PCShell

L'écran de PCShell permet de visualiser, d'une part (le côté gauche), les différents répertoires existants sur les disquettes ou sur le disque dur et, d'autre part (le côté droit), le contenu (les fichiers) de chacun de ces répertoires. La ligne de sélection située au haut de l'écran permet, quant à elle, de sélectionner les opérations désirées. Diverses options se retrouvent sur cette ligne :

File   Ce menu permet d'effectuer l'entretien des fichiers qui sont sur la disquette. On peut y éditer, effacer, renommer un fichier, etc.

Disk   Ce menu permet d'effectuer l'entretien des disques et disquettes. On peut y formater une disquette, en vérifier les performances, etc.

FIGURE 8.12
Écran du Desktop
de PCTools Deluxe

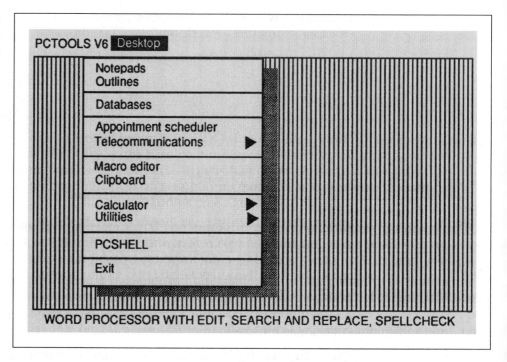

Desktop

L'écran de Desktop présente un menu à partir duquel l'utilisateur peut accéder à toute une gamme d'utilitaires dont les principaux sont : le carnet de notes, le classeur d'idées, la base de données et l'agenda.

Notepad (carnet de notes)   Cet utilitaire permet de créer un document de la même façon qu'avec un traitement de texte, mais ne possède pas de fonctions aussi puissantes que les traitements de texte spécialisés comme WordPerfect ou Microsoft Word.

Outliner (classeur d'idées)   Cet utilitaire permet d'assembler les idées de façon schématique. Certaines personnes se servent d'un classeur d'idées pour créer des plans de travail ou la table des matières d'un livre.

Database (base de données)   Cet utilitaire permet de créer des bases de données simples qui peuvent être utilisées au même titre que les bases de données de dBase III Plus.

Appointment scheduler (Agenda)   Cet utilitaire permet de tenir à jour électroniquement les tâches à effectuer, à l'aide d'un calendrier, d'un aide-mémoire de choses à faire ainsi que d'un agenda où il est possible de noter les rendez-vous.

8.3.2.3   SideKick Plus

SideKick Plus est un programme résident susceptible d'intéresser ceux qui ont la fâcheuse habitude d'égarer certaines informations dont ils ont besoin. Par exemple, supposons qu'un utilisateur écrive une lettre à une personne dont il a

FIGURE 8.13
Écran du logiciel
SideKick Plus

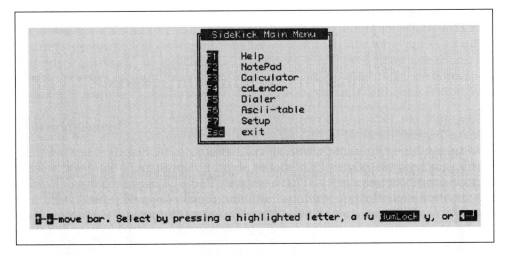

oublié l'adresse. S'il utilise SideKick Plus pour garder son carnet d'adresses, il n'a qu'à appuyer simultanément sur les touches ALT et CTRL pour accéder au menu de SideKick et choisir l'option Phonebook. Lorsqu'il a trouvé l'information recherchée, il appuie sur ESC pour revenir au traitement de texte et y inscrire son information. Voici une brève description des principales options qu'offre Side-Kick Plus :

Agenda   L'agenda permet d'accéder à un calendrier ainsi qu'à un agenda où on peut noter les rendez-vous et les choses à faire. Il est possible de visualiser l'emploi du temps pour un mois complet.

Annuaire téléphonique   Cette option permet de classer le carnet téléphonique et le carnet d'adresses, et de retrouver facilement les informations recherchées. Il est également possible, si l'utilisateur possède un modem, de faire composer le numéro de téléphone par l'ordinateur.

Classeur d'idées (*outliner*)   Cette option permet d'assembler les idées de façon schématique. Certaines personnes se servent d'un classeur d'idées pour créer des plans de travail ou la table des matières d'un livre.

Carnet de notes (*notepad*)   Cette option permet de créer un document de la même façon qu'avec un traitement de texte, mais ne possède pas de fonctions aussi puissantes que les traitements de texte spécialisés comme WordPerfect ou Microsoft Word.

8.3.2.4   CopyWrite

CopyWrite est un logiciel utilitaire créé par Quaid Software Ltd. Il ne nécessite qu'un lecteur de disquette et un ordinateur compatible de 360 Ko de mémoire vive (RAM). Il permet de copier la plupart des logiciels qui fonctionnent dans un environnement MS-DOS. Son utilisation est des plus faciles; il suffit de sélectionner la fonction désirée et d'appuyer sur la touche de retour. De plus, un aide-mémoire est affiché dans la partie gauche de l'écran. Voici l'écran de CopyWrite :

FIGURE 8.14
Écran du logiciel
CopyWrite

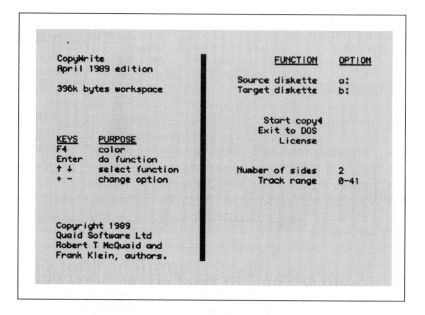

8.4   LES LOGICIELS D'APPLICATIONS

8.4.1   Définition et typologie

Les logiciels d'applications sont des programmes destinés à effectuer des traitements non élémentaires en vue d'obtenir un résultat (*output*) particulier à une application. Ils permettent d'utiliser les fonctions de l'ordinateur pour résoudre des problèmes ou pour accomplir des travaux déterminés. On les appelle ainsi parce qu'ils exécutent des traitements directement reliés à un domaine d'application (comptabilité, traitement de texte, par exemple).

Un logiciel d'application peut être acheté ou écrit par l'utilisateur. Des milliers de programmes d'applications sont offerts pour répondre aux milliers de tâches différentes qu'un utilisateur peut demander à un ordinateur d'accomplir.

Les logiciels d'applications peuvent être classés selon la typologie proposée par O'Brien : ce sont les applications générales, les applications de gestion, les applications scientifiques et les applications diverses. Dans les prochaines pages, nous présentons et décrivons quelques logiciels parmi les plus populaires.

8.4.2   Les programmes d'applications générales

Les programmes d'applications générales (progiciels) sont conçus pour effectuer un large éventail de tâches : planification, rédaction, calcul, stockage de données, communication. L'une des principales caractéristiques des programmes d'applications générales est qu'à chaque type de tâche correspond un programme, dans un champ d'application donné. Par exemple, l'utilisateur peut, à l'aide d'un tableur, aussi bien concevoir un budget de caisse que produire un rapport d'analyse des ventes. Le logiciel répond aux multiples besoins des utilisateurs. C'est pour cette raison que les applications de ces programmes sont qualifiés de «générales» par opposition à des applications spécifiques dédiées à un travail en particulier, tel un logiciel de statistiques.

Parmi les programmes d'applications générales, mentionnons :

- les logiciels de traitement de texte (p. ex., WordPerfect);
- les logiciels d'édition;
- les tableurs (p. ex., Lotus);
- les systèmes de gestion de bases de données (p. ex., dBase);
- les logiciels de graphisme (p.ex., Harvard Graphics);
- les logiciels de communication (p. ex., Procom);
- les logiciels intégrés (p. ex., Symphony).

8.4.2.1 Les logiciels de traitement de texte et de ses compléments

a) Logiciels de traitement de texte

Le traitement de texte permet d'automatiser la création, l'édition et l'impression de documents de toutes sortes, d'une simple note de service jusqu'à la rédaction du présent ouvrage. Le texte stocké en mémoire peut être révisé à l'écran et réimprimé autant de fois que désiré. Plusieurs logiciels de traitement de texte possèdent des fonctions de soutien à la conception : correcteurs orthographiques, dictionnaires de synonymes et d'antonymes, correcteurs grammaticaux, programmes de conjugaison de verbes, ou encore des fonctions de fusion d'adresses (*mailmerge*). Quelques traitements de texte :

- Word, de Microsoft;
- Ami Professionnal, de Lotus;
- WordPerfect, de WordPerfect;
- MacWrite II, de Claris.

Les prochains paragraphes présentent une brève description de ces logiciels.

Word

Word fonctionne en deux temps comme tous les autres logiciels de traitement de texte. D'abord, on prépare le document, et ensuite, on passe en mode de visualisation à l'écran pour voir la mise en pages de façon plus précise. On ne peut ni éditer ni formater un document en mode de visualisation, toutes modifications devant être faites en mode brouillon. Word offre un langage macro puissant et permet d'importer des données de tableurs ou des graphiques en conservant un lien dynamique avec les fichiers originaux. Ainsi, si on apporte des changements aux données importées, ils seront automatiquement intégrés dans le document Word. Word offre une interface graphique, un menu déroulant et dispose d'icônes pour représenter les principales fonctions de formatage (par exemple, soulignement, polices de caractères, etc.).

Ami Pro

Ami Pro constitue l'un des premiers traitements de texte utilisant les possibilités de l'interface-utilisateur graphique (GUI) Windows, à l'époque où elle avait été mise au point par Samna.

Ami Pro propose des icônes et offre la possibilité d'en ajouter selon les plus fréquentes utilisations. Contrairement à Word, il permet d'éditer en mode de visualisation; on peut, par exemple, modifier la dimension d'un graphique dans une page.

Il possède une boîte de dialogue qui permet de visualiser un graphique avant de l'intégrer dans un texte. Il comporte aussi plusieurs modules grâce auxquels il est possible de dessiner, de changer les couleurs, la grosseur, les polices de la palette. Il met à la disposition de l'utilisateur un certain nombre d'outils de dessin pour créer lignes, arcs, ovales, rectangles. Il est souvent comparé à Paint de Windows.

Ami Pro comprend des fonctions pour générer des graphiques d'affaires à partir de données importées d'un tableau, par exemple. Bref, il accomplit la plupart des fonctions classiques et intègre un dictionnaire français, un gestionnaire de table des matières, une aide en gamme de filtres d'import-export et un langage simple de macro-instruction.

Ami Pro est très visuel et assez facile à utiliser. Il démontre que l'ère des traitements de texte banals est dépassée : la conception de ce logiciel, comme celle de la plupart des nouveaux produits de cette catégorie, s'inspire d'une vision complète du travail, c'est-à-dire la production d'un document plutôt que d'un texte.

WordPerfect

WordPerfect avait habitué ses utilisateurs à l'emploi des touches de fonctions en combinaison avec ALT, CTRL et SHIFT. Avec la version pour Windows, ce sera assurément en mode du «bouton». En effet, sous la règle du haut de la fenêtre du document, une première rangée de boutons facilite le formatage du texte. De plus, la fonction ButtonBar permet à l'utilisateur de créer ses propres rangées de boutons en leur associant des items de menus, ou même des macros, pour avoir accès rapidement à des fonctions plus couramment utilisées. On peut définir autant de rangées de boutons que l'on désire et les associer, par exemple, à des documents modèles.

MacWrite II

Comme par le passé, MacWrite reste inférieur à Word pour ce qui est de la puissance et de la variété des fonctions... mais la distance entre eux est beaucoup moins grande que jadis. En effet, MacWrite II accepte maintenant d'ouvrir plusieurs documents en même temps et offre des feuilles de style. Il permet de travailler sur plusieurs textes à la fois, dans des fenêtres différentes, et il comporte une seule règle de tabulation pour mettre en forme tous les paragraphes d'un document. En plus, il permet d'afficher le document en taille réduite et de le modifier directement, ce qui évite le gaspillage de papier à l'impression. Sur certains plans, le logiciel de Claris l'emporte même sur celui de Microsoft. C'est

FIGURE 8.15
Le logiciel
WordPerfect 5.1

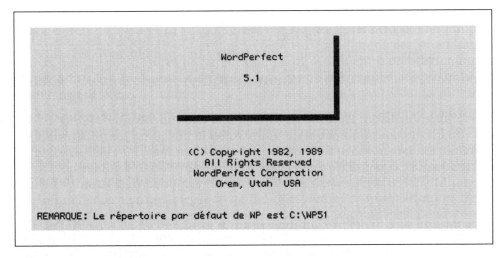

le cas notamment pour la gamme de formats d'import-export, grâce à la technique des filtres XTND de Claris. Ça l'est aussi pour la fonction de recherche-remplacement, qui offre des possibilités extrêmement riches de traitement par «attributs» (majuscules, fontes, styles, etc.). Par exemple, on peut facilement remplacer tout ce qui est en Bodoni Bold par du Cooper Black italique dans une partie ou dans une totalité d'un document.

Autre attrait de MacWrite : il accepte volontiers de changer de dictionnaire principal, et même de partager le sien avec toutes les autres applications de Claris. Ainsi, on n'a qu'à garder sur disque dur un dictionnaire d'orthographe et de césure dans chaque langue, qui sert à la fois pour le traitement de texte, la base de données et même pour le progiciel de CAO. Enfin, MacWrite est le plus simple et le plus «naturel» de tous les traitements de texte pour micro; c'est l'outil de choix d'un grand nombre d'écrivains et de rédacteurs qui font du travail créatif et qui ne veulent pas être distraits par la nécessité de se rappeler telle commande ou telle procédure alors qu'ils se concentrent sur ce qu'ils veulent écrire. Par contre, MacWrite reste faible lorsqu'il s'agit d'élaborer des documents incluant des graphiques et ses possibilités en matière de multicolonnage sont réduites.

b) Les compléments du traitement de texte

Il existe également des programmes utilitaires qui viennent enrichir les programmes de traitement de texte auxquels il manque des fonctions.

- Hugo Plus, version 5, de Logidisque;

- Hugo Plus pour Windows, de Logidisque;

- Le Grammairien;

- Collins On-Line, version 2;

- Correct Grammar;

- Azertyciel, version 4.

Voici une brève description de ces logiciels.

Hugo Plus

Hugo Plus est un correcteur orthographique et grammatical pour le français, qui reconnaît le format des principaux logiciels de traitement de texte. Il détecte la plupart des erreurs, en indique la nature et suggère des possibilités de correction que l'on peut sélectionner à l'aide d'une touche ou de la souris. Hugo Plus vérifie les accords et les conjugaisons. Il tient compte d'une phrase dans son intégralité pour la détection des erreurs, à la fois plus étendue et plus précise. Il possède un petit éditeur de texte qui permet d'effacer, de modifier ou d'insérer un mot n'importe où dans le document. Cela évite le retour fastidieux au traitement de texte pour d'éventuelles petites modifications. Enfin, il offre à l'utilisateur la possibilité d'introduire de nouveaux mots dans le dictionnaire.

Hugo Plus pour Windows est identique à la version 5, sauf que l'interface est graphique et beaucoup plus conviviale. Il encercle les fautes en rouge et fait suivre les mots inconnus d'un point d'interrogation. Il lui arrive parfois de reformuler une phrase pour donner un aperçu du résultat de la correction.

Le Grammairien

Grammaire en ligne électronique pour le français, le Grammairien permet de résoudre de manière interactive les problèmes complexes du français, notamment quand l'orthographe dépend du sens. Il s'utilise à l'intérieur du traitement de texte.

Collins On-Line, version 2

Dictionnaires de traduction (français/anglais, français/allemand, français/espagnol), les Collins On-Line offrent l'accès, depuis un logiciel, à toute la richesse de traduction des dictionnaires Collins, ainsi que la possibilité de les enrichir du vocabulaire personnel de l'utilisateur.

**FIGURE 8.16
Le logiciel
Hugo**

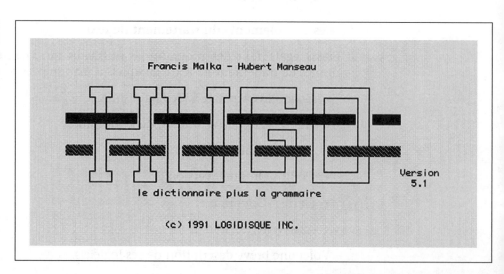

Correct Grammar

Correct Grammar vérifie les 4 aspects suivants d'un texte : orthographe, grammaire, style et règles typographiques. Il propose la correction des fautes et l'insère automatiquement dans le document.

Azertyciel, version 4

Logiciel pour l'enseignement de frappe au clavier. Azertyciel (pour PC) guide l'élève depuis l'acquisition de réflexes de frappe jusqu'à la mise en pratique dans un traitement de texte ou un tableur.

8.4.2.2   La mise en pages et l'édition

Les éditeurs électroniques sont des logiciels qui permettent de faire de l'édition électronique «maison»; ils servent à la préparation de documents de facture professionnelle comportant différents types et grosseurs de caractères, à l'intégration d'illustrations, d'images, de graphiques et de texte, à l'insertion de motifs, de bordures et d'autres «fioritures». Ils permettent la conception d'une simple affiche jusqu'à la maquette finale d'un livre de 400 pages incluant illustrations et texte. Quelques noms :

- PageMaker;
- Ventura Publisher, version 3.0;
- DesignStudio;
- QuarkXpress.

Voici une brève description de ces logiciels.

PageMaker

Doyen des logiciels d'édition haut de gamme sur micro-ordinateur, PageMaker est apparu peu après le Macintosh, presque en même temps que les imprimantes à laser de bureau. Son créateur, Aldus, se vante d'être à l'origine de la vogue de l'édition électronique telle qu'on la connaît aujourd'hui. Il faut distinguer nettement les versions Windows et Macintosh : la version pour PC est la «fille» de la version pour Macintosh, simplement modifiée pour tourner sous Windows. De notables améliorations ont permis à PageMaker pour Macintosh d'accéder au statut de véritable outil professionnel d'édition. De tous les progiciels d'édition, PageMaker est nettement le plus «manuel», en ce sens que la plupart des opérations imitent de très près sur l'écran le travail qu'un metteur en pages effectuait traditionnellement sur papier.

L'écran est une table de travail comprenant une «cireuse», un bleu ou matrice et une règle parallèle de graphiste. Les éléments, textes et graphiques, sont soit «collés» directement dans les pages dont la structure est déterminée par la matrice, soit placés temporairement sur la surface de travail en attendant qu'en soient déterminés précisément le format et la position. PageMaker est le programme qui permet le plus facilement d'importer et de placer des éléments. Il accepte une très grande variété de formats distincts, provenant aussi bien du monde du PC que de celui du Mac.

La version 4.0 pour Macintosh offre un mode éditeur aussi raffiné que bien des traitements de texte ordinaires, comportant une fonction de recherche et remplacement et un rapide correcteur orthographique. On y retrouve des outils de création de cadres et de traits, ainsi qu'un outil de taille et de cadrage pour les dessins importés. Il représente un outil complet et professionnel de mise en pages à l'intérieur de ces limites.

Ventura Publisher

Logiciel d'édition électronique, Ventura offre des possibilités d'édition pour chacune des trois plates-formes principales du monde de la micro : Macintosh, PC sous DOS et PC sous Windows. L'approche adoptée par les concepteurs (une filiale de Xerox) est assez originale : offrir presque exactement les mêmes fonctions partout, mais avec une interface redessinée pour tirer le meilleur parti de chaque système. L'étiquette 3.0 accolée à ce produit est un peu trompeuse. En réalité, ce n'est la troisième révision majeure que pour la version PC, car il s'agit d'une refonte de la version 2.0. Les versions Windows et Macintosh sont, en réalité, les premières réalisées pour ces environnements.

L'héritage PC de Ventura est évident dès l'entrée. Malgré son habillage graphique, le programme fonctionne essentiellement à partir de listes de fichiers et de zones de dialogue exigeant des valeurs numériques (tailles, placements, etc.). Le résultat de cette approche est qu'il est indispensable d'avoir dès le départ une très bonne idée du résultat qu'on veut obtenir, contrairement à DesignStudio, et en particulier à PageMaker. Ventura ne favorise pas l'expérimentation sur écran et la technique «essais et erreurs». Ce logiciel est presque strictement un outil de mise en pages, car son contrôle typographique et sa précision sont dépassés par QuarkXpress 3.0 et par DesignStudio. Ses fonctions d'édition de textes et d'images sont les plus restreintes de toutes.

La version Macintosh est la seule à offrir le progrès considérable d'une commande «annulation» (*undo*). Celle-ci est d'autant plus nécessaire que l'absence de lignes guides et d'une grille «magnétique» efficace rend le positionnement des éléments assez délicat et qu'il est facile de les déplacer par inadvertance. Les versions Mac et Windows comportent aussi une réorganisation de la configuration des palettes d'outils et de menus qui, même si elle n'est pas parfaite, est beaucoup plus cohérente et facile à retenir que l'originale.

DesignStudio

Logiciel d'édition électronique, DesignStudio provient d'une famille de logiciels portant tous le nom de «Studio», conçus pour aller de pair et clairement orientés vers une clientèle de graphistes plutôt que de spécialistes du montage ou de la typographie : ImageStudio, PhotoStudio. Alors que ses possibilités de manipulation de texte sont assez restreintes, ses outils de traitement graphique figurent parmi les plus élaborés de tous les logiciels d'édition. Et même ses fonctions typographiques sont conçues pour créer des titres et des lettres décoratifs plutôt que pour simplifier la mise en forme de corps de texte : l'accent est mis sur la rotation, les espacements, le crénage (*kerning*) raffiné, les grands formats... avec une précision au centième de point.

Comme PageMaker, DesignStudio s'appuie sur l'idée du «plan de travail» sur lequel on dépose les éléments avec lesquels on a l'intention de composer. Il offre des lignes guides quasi identiques à celles de PageMaker. Il s'écarte de ce dernier par l'utilisation originale et efficace qu'il fait du concept de grille d'ancrage et par un plus grand formalisme dans la définition des cadres qui servent à placer les objets textuels ou graphiques. Cette rigueur a ses avantages, en ce qu'elle permet de jouer avec la forme bloc pour en faire des cercles, des triangles, etc. DesignStudio constitue le programme qui permet le plus facilement de placer du texte autour d'un contour irrégulier. Il peut grouper et geler plusieurs objets à la fois.

QuarkXpress

Logiciel d'édition électronique, QuarkXpress a la réputation d'être de première force en typographie, mais plus faible en gestion de documents. La version 3.0, sur le marché depuis peu, corrige plusieurs lacunes et renforce encore les aspects positifs du produit. Quark est le seul du groupe à faire concurrence à Ventura pour ce qui est de la précision. Plus visuel que ce dernier, il offre des facilités comparables, parfois supérieures, pour spécifier des mesures ou des coordonnées extrêmement fines. Il permet de créer autant de matrices qu'on le souhaite. Il est aussi le seul à offrir la gamme complète de traitement de la couleur à l'exception de la séparation des images numérisées, qui est cependant offerte sous forme d'un programme de service. Xpress se démarque aussi en matière d'impression; il permet de sélectionner les pages à imprimer, l'ordre d'impression, la taille, le niveau de couleur, etc.

Il n'est pas vraiment conçu pour l'édition de texte ni pour le travail répétitif. Ses capacités de gestion de documents sont restreintes même s'il offre un correcteur orthographique et un dictionnaire de césure fort acceptables.

8.4.2.3   Les tableurs

Les tableurs, souvent appelés chiffriers électroniques, sont conçus pour l'analyse, la planification et la simulation. Le tableur représente un outil de remplacement du crayon, de la calculatrice et de la feuille de travail. Il génère une «feuille de calcul électronique» constituée de lignes et de colonnes, grâce à laquelle on peut construire et analyser des modèles financiers, des budgets, des rapports de vérification, effectuer des analyses de sensibilité et tout autre travail nécessitant des calculs. Les tableurs permettent de créer sans peine des graphiques et des rapports de qualité.

Les récentes versions des logiciels possèdent des caractéristiques de recherche d'objectifs de résolution d'équations et en arrière-plan, et permettent :

- la production de feuilles à 3 dimensions;
- l'accès à des bases de données externes, par Datalens;
- la présentation graphique interactive;
- la compression automatique.

Le logiciel permet d'imprimer dans tous les formats de styles selon la technologie de WYSIWYG.

Quelques produits :

- Lotus 1-2-3 (versions 2.4 et 3.1 en DOS et version Windows), de Lotus;
- Quattro Pro, version 3.01, de Borland;
- Excel (versions Mac et Windows), de Microsoft.

Voici une brève description de ces logiciels.

Lotus 1-2-3

Entièrement compatible avec toutes les versions précédentes de Lotus 1-2-3, la version 2.4 DOS et Windows propose l'utilisation d'icônes, dites intelligentes, au moyen d'une souris, ce qui constitue une façon innovatrice et rapide d'effectuer les tâches les plus fréquentes. Le logiciel compte plus d'une cinquantaine d'icônes préprogrammées qui permettent de sauvegarder, d'imprimer, d'additionner, etc. À partir des icône proposées, les utilisateurs peuvent construire une autre série d'icônes répondant à leurs propres besoins. Ils ont en outre la possibilité de recourir au menu classique, s'ils le désirent. Le logiciel exploite également à fond l'environnement Windows en offrant, entre autres, les menus déroulants, les boîtes de dialogue, le multifenêtrage, la souris, le support complet d'échange dynamique de données et la fonction d'aide Windows adaptée au contexte.

Quattro Pro

Ce logiciel est un tableur qui assure de façon cohérente les fonctions les plus appréciables : consolidation multifeuille, caractéristiques avancées de mise en pages et compatibilité avec Lotus 1-2-3. Quattro Pro 3.01 offre maintenant un environnement graphique WYSIWYG, ainsi qu'un ensemble complet de gra-

FIGURE 8.17
Le logiciel
Lotus 1-2-3

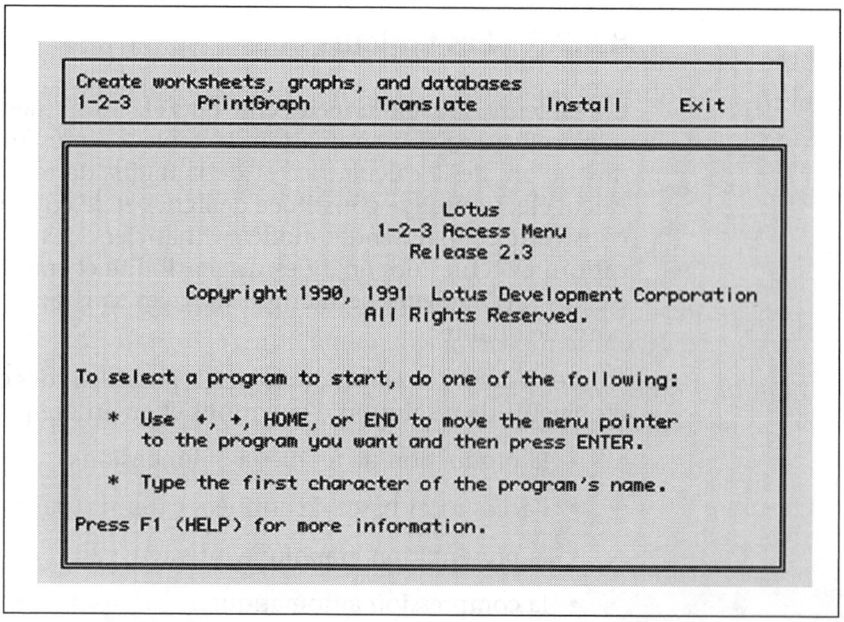

phiques, de fonctions d'édition et de présentation, qui éblouiront les utilisateurs les plus exigeants. À la différence d'autres tableurs, toutes les fonctions de celui-ci, y compris le mode WYSIWYG, sont parfaitement intégrées dans une seule série de menus, ce qui accroît considérablement sa facilité d'utilisation.

C'est l'interface du logiciel qui a changé. L'utilisateur est aidé par des fenêtres, des menus et des boutons de contrôle (dessinés en relief), le tout illustré par des motifs et des textes qui sont visuellement si réussis qu'ils semblent être véritablement sculptés. La fonction de zoom fournit une grande souplesse de visualisation des informations : le facteur de réduction ou d'agrandissement de la partie affichée du document est réglable entre 25 % et 200 %. Il est possible d'ouvrir simultanément jusqu'à 32 fenêtres que Quattro Pro 3.01 juxtapose de manière optimale à l'écran. Les améliorations majeures qui ont été apportées touchent la création de graphiques. Un petit programme permet d'affiner et d'agrémenter la représentation de valeurs numériques.

Excel

La nouvelle version du logiciel Excel de Microsoft pour Macintosh convient au Système 7.0 d'Apple et offre une interface-utilisateur graphique améliorée. Avec cette nouvelle version, Microsoft a voulu augmenter l'efficacité du logiciel tout en simplifiant son utilisation. Excel permet d'effectuer certaines opérations fréquentes, comme l'addition d'une ligne ou d'une colonne, plus rapidement. De plus, les possibilités d'analyse de données ont été améliorées. On peut maintenant visualiser les diagrammes à différents niveaux de détail et combiner aisément des tableurs sur mémoire ou sur disque.

Les outils de production comprennent 16 couleurs, 18 motifs et 256 polices. Le logiciel permet de combiner du texte et des graphiques n'importe où sur la feuille de travail. Excel 3.0 offre 64 styles de diagrammes dont 24 en 3 dimensions. Ces derniers sont rotatifs et peuvent être examinés sous différents angles. Microsoft offre aussi une version Excel 3.0 pour l'environnement graphique Windows 3.0 et pour OS/2 Presentation Manager. Il est désormais possible d'échanger des feuilles de travail Excel 3.0 entre ces 3 plates-formes graphiques sans avoir à convertir les fichiers.

8.4.2.4   Les systèmes de gestion de bases de données

Les gestionnaires de bases de données permettent de créer, d'indexer, d'interroger, de manipuler des fichiers contenant des informations, par exemple des listes de clients et d'inventaires. Parmi les divers produits, citons :

- dBase, d'Ashton-Tate ;
- Clipper, version 5.01, de Nantucket Corp. ;
- FoxPro, version 2.0, de Fox Software ;
- Paradox, de Borland ;
- Knowkedgeman, version 3.0 ;
- Q & A, version 4.0, de Symantec ;

- R-Base 3.1, de Microrim;

- Simage, version 3.0;

- Superbase 4 pour Windows;

- FormBase 1.1, de Ventura Software;

- dBz;

- Ingres;

- Oracle, d'Oracle Corporation;

- FileMaker Pro, de Claris.

dBase IV

Le premier et le plus connu des gestionnaires de bases de données est dBase IV ; ses caractéristiques visent un segment particulier du marché. Mentionnons que dBase a été copié et amélioré par plusieurs fabricants.

FIGURE 8.18
Le logiciel
dBase IV

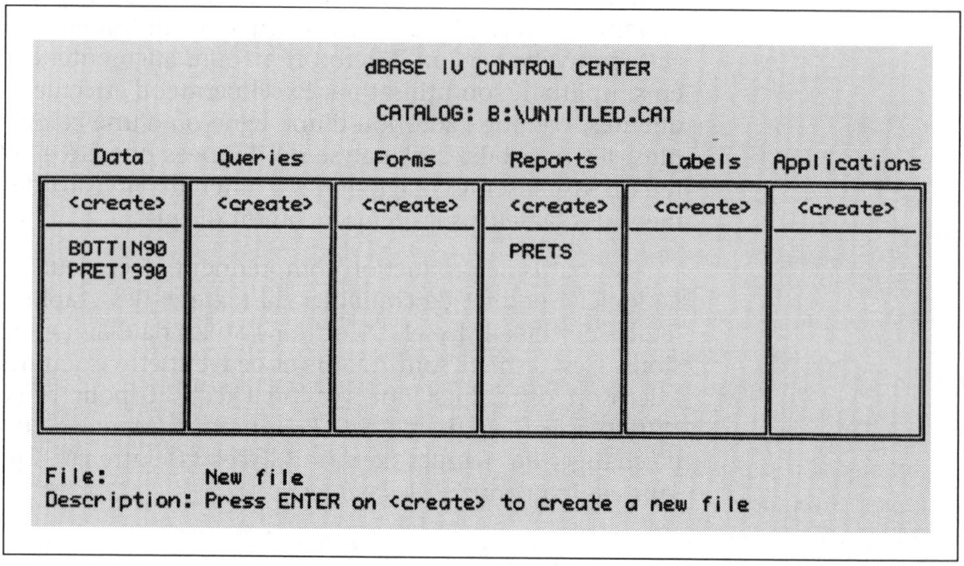

Clipper

Clipper est bien connu de ceux qui utilisent un langage de système de gestion de bases de données (SGBD) compatible avec dBase. Il est fortement inspiré de celui de dBase, mais prend de plus en plus ses distances par rapport à son cousin d'origine. Dans dBase et dans la plupart des autres SGBD, l'utilisateur tape des commandes que l'interpréteur traduit au fur et à mesure, en relevant les erreurs de syntaxe possibles et en effectuant, si tout est conforme, l'opération demandée. Clipper ne permet pas ce mode. En effet, ce logiciel n'utilise pas un interpréteur pour gérer des bases de données dans un mode de travail interactif.

Depuis quelque temps, les fabricants de SGBD intègrent à leurs produits un pseudo-compilateur, qui pré-interprète les commandes, réduisant ainsi les ressources affectées au travail routinier d'interprétation des commandes et augmentant d'autant les performances. Clipper a toujours utilisé du code compilé. Il ne comporte rien d'automatique, pas de générateur instantané d'application. Les utilisateurs doivent avoir des notions de programmation structurées, bien connaître le langage dBase ainsi que les nuances et les ajouts qu'ils ont à apporter à Clipper.

FoxPro

La version 2.0 de FoxPro se révèle 10 fois plus rapide que dBase IV et 5 fois plus rapide que Paradox. Les 2 éléments de dBase IV qui manquaient à FoxPro 1.02 sont inclus dans la version 2.0, soit le fichier unique et un accès aux fichiers au moyen des commandes du langage SQL (Structured Query Language). Il comprend un compilateur qui produit des programmes «EXE», plus rapides à exécuter. L'amélioration la plus importante concerne les performances. Les algorithmes d'accès aux fichiers et aux index ont été complètement revus dans le but d'augmenter la vitesse d'exécution, et le résultat en est foudroyant. De plus, il se classe bon premier dans un environnement réseau.

Paradox

Borland, le fabricant de Paradox, n'offre pas aux utilisateurs, du moins pour l'instant, une version particulière de son produit, sauf un module *run-time* qu'ils peuvent joindre à leurs applications pour les distribuer. L'approche du développement d'application qu'offre Paradox est très dirigée, pour éviter au programmeur d'omettre certains éléments lors de la conception de l'application. Ainsi, le programmeur est appelé à créer les différents objets qui constitueront l'application (tables, menus, écrans, etc.). À chaque étape, Paradox générera les séquences (scripts) requises pour créer en bout d'exercice des «librairies» de code-objet propre à Paradox. Le générateur d'application de celui-ci produit du code mono-usager : pour programmer en multi-usager, le programmeur devra lui-même éditer ses séquences pour y intégrer les modalités de sécurité nécessaires.

Knowkedgeman

Concurrent de première heure de dBase III, une nouvelle version de ce logiciel vient d'arriver sur le marché. Knowkedgeman n'est pas un simple logiciel de gestion de données, mais plutôt un logiciel intégré de gestion d'informations. Il comprend, outre la gestion des données, des fonctions de tableur, d'analyses statistiques, de communications ainsi qu'un éditeur de texte. Sa conception repose sur la possibilité d'adresser tous les besoins à partir d'un seul logiciel. Son plus grand défaut est qu'il demande beaucoup de ressources machine; il ne fonctionne pas sur un XT de 640 Ko de mémoire. Son principal avantage est qu'il s'adapte à différents types d'ordinateurs.

Q & A

Logiciel de base de données et de traitement de texte, Q & A est livré dans une nouvelle version depuis mai 1991. Cette version tourne sur les micro-ordinateurs IBM ou compatibles, offre des fonctions plus puissantes, telles que l'accès direct aux données corporatives, des outils de programmation d'applications et des capacités de traitement de texte améliorées. Le logiciel fournit un accès direct aux recherches SQL (Structured Query Language). Les utilisateurs pourront recueillir et fusionner des données dans une base de données Q & A, puis manipuler ces données en ayant recours à toutes les fonctions du logiciel. Le fabricant a aussi amélioré les capacités d'importation et d'exportation de données stockées dans les logiciels dBase, Paradox, Lotus 1-2-3, WordPerfect et Word de Microsoft.

R-Base

R-Base est un logiciel de base de données personnel plus spécialisé et fournissant des résultats rapidement. Il est simple à installer et vraiment peu dispendieux. Il est le seul logiciel à fournir une base de données qui allie puissance et facilité d'utilisation.

Le fonctionnement est facile à apprendre, car le logiciel propose un menu qui sert de guide parmi les fonctions ou lors de l'exécution d'une fonction en particulier. Dans ce menu, le texte employé est très accessible et pas compliqué. Ce logiciel permet à l'utilisateur de créer ses propres applications ainsi que l'écran désiré, sans programmation spéciale. Il contient cinq applications prêtes à être utilisées pour la gestion des finances de la maison. De plus, R-Base permet de lire et d'écrire dans des fichiers créés dans le logiciel dBase III Plus, et peut importer et exporter des feuilles de calcul ainsi que du texte.

Simage

Logiciel de base de données, la version 3.0 de Simage présente des caractéristiques extrêmement simples dans la génération d'applications variées. Simage est un gestionnaire qui ne requiert aucun code de programmation et qui fonctionne en mode mono-usager, en multiposte ou en réseau. Ses options permettent de créer des bases de données relationnelles, de définir les relations entre plusieurs fichiers, de concevoir facilement des écrans de saisie, de générer les formats de rapports, etc.

Superbase

Superbase 4 profite de l'environnement graphique Windows. Il permet à l'utilisateur de créer des applications qui utilisent des éléments tels que des boutons, boîtes de dialogue, etc., et de rattacher aux objets ainsi créés des procédures qui constitueront l'application. Avec Superbase, le déplacement dans l'enregistrement d'une base de données est original. Une rangée de boutons, du genre de ceux d'une télécommande pour magnétoscope, assure le déplacement dans une base de données, enregistrement par enregistrement, le déroulement dans un sens ou l'autre de tous les enregistrements, etc. Ce logiciel est utilisé dans un projet pilote chez Hydro-Québec.

FormBase

FormBase témoigne d'une tendance dans le domaine des bases de données pour compatibles PC : plus de simplicité, même si c'est au détriment de la puissance. Grâce à Windows 3.0, de tels logiciels sont intuitifs. Mais, dans le cas de Form-Base, la simplicité d'utilisation découle de deux réalités. La première est que la majorité des utilisateurs ne sont pas des programmeurs; la seconde est que les données des fichiers sont souvent exploitées, puis mises en forme dans des documents types. De là les caractéristiques de ce logiciel : il n'a pas de langage de programmation, ses liens relationnels entre bases de données sont restreints, mais il inclut un générateur de formulaires.

Oracles, Ingres et dB2

Oracle est le premier système relationnel en vente sur le marché. Lui et ses concurrents, Ingres et dB2, se présentent comme les *nec plus ultra* des SGBG. Ces logiciels permettent qu'une base de données soit répartie à plus d'un ordinateur simultanément, et ce quelle que soit la taille de l'ordinateur. Ils nécessitent toutefois des appareils très puissants et des connaissances poussées en programmation.

FileMaker PRO

Logiciel le plus facile à utiliser pour gérer des fichiers, FileMaker permet de définir des fichiers, d'y entrer et d'y tenir à jour les données, d'y effectuer des recherches. Il est doté de puissantes fonctions d'édition et de dessin de formulaires, autant pour l'entrée des données à l'écran que pour l'impression de rapports sophistiqués.

8.4.2.5   Les logiciels de graphisme

Les logiciels de graphisme permettent de transformer des données numériques en graphiques XY, en graphiques sectoriels ou en histogrammes qui pourront être imprimés à l'aide d'une imprimante ou d'un traceur. Parmi les principaux, citons :

- les logiciels de présentation tels que :

  - Harvard Graphics (IBM-DOS et Windows), de Software Publishing Corp. ;

  - Draw Partner (IBM-DOS), de Software Publishing Corp. ;

  - Powerpoint (Mac), de Microsoft ;

  - CorelDraw (IBM-DOS), de Corel Système ;

  - NewWave (IBM et Windows), de Hewlett ;

  - Freelance Graphics, de Lotus Development Corp. ;

- les logiciels de dessin technique tels que :

  - AutoCad (IBM et Mac), d'Autodesk ;

  - MacDraw ;

  - PC-Paint ;

  - MacPaint.

Voici une brève description de ces logiciels.

a) Logiciels de présentation

Harvard Graphics

La version pour Windows d'Harvard Graphics permet de combiner la performance du populaire Harvard Graphics pour MS-DOS avec les avantages de l'environnement de Windows. Le résultat est un produit dont l'utilisation intuitive s'accompagne d'un plus libre accès aux fichiers d'autres applications. Voici les caractéristiques de ce nouveau logiciel :

- pour lancer une application DOS ou pour accéder à des informations dans un fichier déjà existant, on n'a qu'à cliquer sur une icône;

- il fournit 30 styles de présentation comportant chacun 12 gabarits. Ceux-ci positionnent et formatent chaque élément du document (texte, graphique, diagrammes, etc.);

- il offre une palette de 64 couleurs et tout le loisir d'en créer des nouvelles;

- il présente 88 modèles de graphiques ou de diagrammes parmi lesquels on choisit le type qui convient à l'information à représenter. Il permet d'examiner et de comparer rapidement les différentes possibilités;

- il propose 3 méthodes de visualisation : Slide Sorter, vue d'ensemble à l'aide de graphiques miniatures; Outliner, concentration sur la présentation du texte; Slide Editor, avant-goût de l'apparence des graphiques pris individuellement.

Enfin, ce logiciel représente une amélioration de toutes les étapes de la modification d'un objet situé à l'intérieur d'un graphique.

FIGURE 8.19
Le logiciel
Harvard Graphics

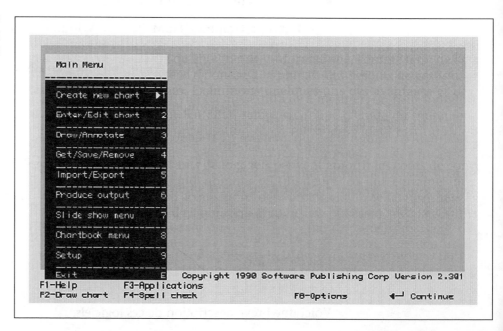

Draw Partner

Draw Partner est un logiciel qui allie puissance et qualité de présentation de graphiques. Il est conçu spécialement pour être combiné à Harvard Graphics. Il réunit les outils avancés qu'on peut rechercher dans un programme haut de gamme et la facilité d'utilisation qui fait la renommée d'Harvard Graphics. Les utilisateurs peuvent maintenant obtenir des gros plans pour un travail plus détaillé, sélectionner l'édition pour une définition parfaite des images, balayer le texte ou les objets, leur faire effectuer une rotation ou les permuter. Ils peuvent créer des logos frappants avec du texte disposé en courbe. Et cela n'est pas tout, car en associant Draw Partner à Harvard Graphics, on obtient une présentation de graphiques grandement améliorée.

Powerpoint

Logiciel de présentation bien connu des adeptes du Macintosh, Powerpoint 2.0 vient d'être adapté au compatible PC. Il est l'un des meilleurs produits de sa catégorie, assurant des présentations visuelles de très grande qualité, réalisées à l'aide de transparents ou de diapositives de haute résolution en couleurs. Il fonctionne avec l'interface-utilisateur graphique Windows 3.0. Facile à utiliser, ce logiciel présente des icônes donnant accès aux principales fonctions, comme la sélection d'éléments, la définition de texte ou les outils de travail.

Comme les autres logiciels qui sont dits «de présentation assistée par ordinateur», Powerpoint 2.0 accomplit beaucoup plus que la présentation des données sous forme de graphiques. En effet, on peut, avec ce programme, présenter aisément et de manière presque artistique une nouvelle gamme de produits, assurer une campagne publicitaire, exposer un projet, ou encore promouvoir un service. Si Powerpoint est simple à mettre en œuvre, il nécessite néanmoins une formation d'au moins une journée.

CorelDraw

CorelDraw est un des logiciels de création graphique les plus reconnus pour les PC et les compatibles et il fait l'objet de nombreuses critiques fort élogieuses. Il offre plusieurs fonctions :

- une fonction «enveloppe», qui permet de défaire une forme, un texte ou un schéma de diverses façons en changeant la forme du cadre qui les soutient;

- une fonction «perspective», qui s'applique aux textes aussi bien qu'aux images et qui crée une illusion de profondeur en éloignant certains points de l'objet plus que d'autres. Le dessinateur peut contrôler le point de fuite pour obtenir une simulation mathématique exacte de la perspective;

- une fonction «extrusion», qui permet de donner automatiquement une épaisseur plus ou moins grande à des formes ou à des caractères. L'effet est particulièrement spectaculaire sur du texte, par exemple pour la création de logos;

- une fonction «transition» (*blend*), qui permet de passer graduellement d'une forme ou d'une couleur à une autre, en contrôlant le nombre et la finesse des étapes intermédiaires. Elle assure une meilleure maîtrise des dégradés.

CorelDraw est maintenant produit en français. Corel commercialise également une version CD-ROM de ce produit, qui dispose d'une banque d'images étendue.

NewWave

NewWave fonctionne dans l'environnement Windows. Il offre la technologie requise pour automatiser l'exécution de tâches impliquant plusieurs programmes ou fonctions. Dans le milieu des affaires, cet avantage vaut à lui seul l'aspect rébarbatif du produit qui est destiné spécifiquement à la récupération des applications existantes.

NewWave définit la notion de document composé. Un document regroupe dans un seul objet les données originales produites par plusieurs applications. Chacune des portions est un objet. Lorsqu'on sélectionne un objet, l'application initiale qui a créé ces données est lancée, et on peut modifier et mettre à jour n'importe quelle donnée. NewWave définit également le concept de «visualisation partagée» : l'objet que l'on voit dans le document n'existe qu'en un seul endroit. Si on le modifie ici, tous les autres documents qui se servent de cet objet seront mis à jour automatiquement. Ces nouveaux standards requièrent une version des logiciels utilisés compatible avec NewWave (Lotus 1-2-3, Excel, Ami, etc.).

Freelance Graphics

Freelance Graphics est conçu pour faciliter la création de graphiques. Ce logiciel est fourni dans un environnement WYSIWYG. Ses principales caractéristiques sont les suivantes :

- il offre la possibilité de concevoir des graphiques en couleurs sur des fonds d'écran au choix;

- il permet de visualiser les graphiques avant l'impression;

- il fonctionne entièrement avec une souris, puisqu'il possède un menu de commandes qui permet un déplacement rapide;

- il comprend plusieurs spécialités que n'ont pas les autres logiciels de graphisme, notamment un gestionnaire de présentation et de l'aide à l'organisation et à la préparation d'une présentation;

- il possède plus de 1000 dessins, symboles et dessins de fond d'écran;

- il permet la création de banderoles, d'en-têtes, en couleurs ou non.

b) Logiciels de dessin technique

Les logiciels de dessin technique les plus connus sont certainement AutoCad et toute la série de Cad que la compagnie Autodesk a mis au point pour des usages très spécifiques. Voici une brève description de quelques logiciels.

AutoCad

AutoCad est le logiciel le plus universel, le plus populaire et l'un des plus puissants de tous. Depuis la nouvelle version 11, il donne un rendement jusque-là réservé aux logiciels pour mini-ordinateurs. D'application générale, il convient à tous les domaines. Il intègre un interpréteur de programme (AutoLISP). Un nouveau module intégré, AMElite, permet la création d'entités en représentation solide. Sa base de données en double précision le rend très précis, mais le ralentit, ce qui peut le désavantager par rapport à certains logiciels plus rapides mais n'offrant pas autant de précision. Il est plus performant lorsqu'on l'accompagne de modules spécialisés.

Architrion

Ce logiciel est orienté vers l'architecture. Il peut se révèler un choix intéressant pour les mordus du Macintosh.

Arc/Info

Logiciel conçu pour les applications de géomatique, il requiert un ordinateur haut de gamme.

Cadkey

Cadkey est surtout spécialisé dans la conception de pièces mécaniques. On le dit très puissant pour ce qui est des opérations de rotation et de translation typiques dans ce genre de dessin. Il intègre un logiciel de programmation (CADL) qui le rend plus complet. Il comporte un module permettant la création d'entités solides. Il occupe la deuxième place au Québec, derrière AutoCad (même dans le domaine de la mécanique), existe seulement en anglais mais sera bientôt produit en français.

Conception 3D

Ce logiciel vient de France. Son fonctionnement est semblable à AutoCad. Son faible taux de pénétration au Québec est son principal handicap.

DataCad

DataCad est spécialisé dans le domaine architectural. Plusieurs fonctions relevant de l'architecture sont intégrées. Bien qu'il puisse dessiner en trois dimensions, sa grande force demeure le dessin en deux dimensions.

Generic Cad et Autosketch

Ces deux logiciels, achetés tour à tour par AutoDesk, sont les petits frères d'AutoCad. Ils sont malheureusement très peu connus au Québec. Ils offrent une grande partie de la puissance d'AutoCad pour une fraction du prix et leur compatibilité avec leur «grand-frère» est assurée. Ils sont parfaits comme système de dessin en deux dimensions pour la plupart des applications simples.

Gimm Est

Gimm Est comporte un ensemble de modules se greffant sur AutoCad. L'un de ces modules permet la visualisation, l'édition et le traçage de plans obtenus à partir d'une image numérisée.

Microstation

Ce logiciel occupe une place grandissante sur le marché québécois, dans le domaine des systèmes à références spatiales. Il est surtout destiné aux applications municipales. Sa base de données en nombres entiers le rend très rapide, mais au détriment de la précision.

Orcad et P-Cad

Très performants pour l'électronique, ces deux logiciels se limitent à la conception de circuits imprimés et de leurs plans schématiques.

VersaCad

VersaCad est un logiciel 3 dimensions créé en même temps qu'AutoCad qui semblait promis à un grand avenir. Il est surtout conçu pour l'architecture. Il intègre un module de visualisation d'image matricielle.

8.4.2.6   Les logiciels de communication

Les logiciels de communication permettent de relier ensemble deux ordinateurs personnels et d'échanger des données ou de communiquer avec des banques de données publiques (The Source, CompuServe).

Description du marché actuel

Il existe de nombreux logiciels de communication. Citons :

- ProComm, de Datastorm Technologies ;
- Crosstalk, de Microstuf ;
- Smartcom II, de Hayes Microcomputer Product ;
- LanFax Redirector, d'Alcom Corp. ;
- Télix, d'Exis inc. ;
- Qmodem, de Mustang Software ;
- PC-Talk, de Headlands Communication ;
- Microsoft Access, de Microsoft.

Comme on le voit, le marché des logiciels de communication est assez vaste. Il reste néanmoins limité quant aux logiciels qui l'occupent. Quatre principaux logiciels de communication se font concurrence, soit Télix, Crosstalk, Qmodem et ProComm. Ces logiciels se différencient surtout sur le plan des écrans. En effet, tandis que Crosstalk présente des écrans simples et sans finition, ProComm et

Télix fonctionnent à l'aide de menus, et la qualité de leurs écrans en fait des logiciels plus ergonomiques que Crosstalk. La différence entre Télix et ProComm est que ce dernier ne possède pas les protocoles plus avancés et que ses possibilités de programmation sont très restreintes. Télix est distribué aux abonnés des principaux réseaux (par exemple, CompuServe) par voie «Shareware» pour essai.

Crosstalk

Crosstalk est un logiciel qui permet à l'utilisateur, lorsque son appareil est branché à un autre ordinateur, d'avoir une fenêtre ouverte sur ce dernier. Une fois que la communication téléphonique est établie avec l'autre ordinateur, l'utilisateur peut taper un texte qui sera affiché sur son écran et également sur l'écran de l'ordinateur auquel il est relié. Crosstalk permet aussi d'expédier (*upload*) et de recevoir (*download*) des fichiers.

FIGURE 8.20
Écran du logiciel
ProComm

FIGURE 8.21
Écran du logiciel
Crosstalk

Principaux paramètres

Name	contient le nom de la banque de données ou du correspondant auquel l'utilisateur est branché.
Number	contient le numéro de téléphone que l'ordinateur doit composer pour établir la communication.
Capture	permet de saisir, dans un fichier, le texte qui défile à l'écran.
Speed	permet de régler la vitesse de communication en bauds (300, 1200, 2400).
Mode	permet de déterminer si l'ordinateur appellera un numéro (mode CALL) ou attendra qu'un autre ordinateur l'appelle (mode ANSWER).

Principales commandes

GO	permet de dire à l'ordinateur de déclencher la procédure d'appel ou de réception d'appel.
RX «unité de disque nom du fichier»	permet à l'ordinateur de recevoir (*download*) un fichier. Il faut préciser quel nom on veut donner au fichier que l'on va recevoir.
XM «unité de disque nom du fichier»	permet à l'ordinateur de transmettre (*upload*) un fichier. Il faut préciser le nom du fichier que l'on veut transmettre.
CA «+><-»	permet de saisir, dans un fichier, le texte qui défile à l'écran.
BYE	permet de terminer le contact avec un autre ordinateur.
QUIT	permet de quitter le logiciel Crosstalk.

Smartcom II

Smartcom II est un logiciel de communication destiné à un environnement MS-DOS.

Le matériel requis consiste en :

- un micro-ordinateur IBM ou compatible;
- 256 Ko de mémoire morte (ROM) au minimum;
- 2 lecteurs de disquettes ou 1 lecteur et 1 disque dur;
- 1 disquette (ordinairement fournie avec le logiciel).

Smartcom est un logiciel qui assure la communication avec d'autres systèmes. De plus, il permet à l'usager de créer des fichiers de commandes dans lesquels sont gardés les renseignements concernant le numéro à composer, le nom du système ou du récepteur à appeler, la configuration à adopter, etc. Smartcom propose un menu qui est très facile à utiliser.

Smartcom est un très bon logiciel de communication parce qu'il ne demande aucun effort de mémorisation, son menu et son aide électronique étant très simples.

LanFax Redirector

LanFax Redirector est un logiciel de télécommunication qui offre aux usagers de réseaux éloignés et locaux la possibilité d'expédier des télécopies (fax) en activant la fonction d'impression d'un environnement Windows 3.0. Lorsque l'utilisateur réoriente la fonction originale d'impression à l'aide de l'interface graphique du logiciel, les fichiers Windows se convertissent dans un format de télécopies et sont transmis à n'importe quel télécopieur dans la forme WYSIWYF (What You See Is What You Fax).

Le LanFax Redirector, qui permet aussi de recevoir des télécopies, tourne sur les serveurs des réseaux Novell, 3Com, Banyan, IBM et tout autre environnement NetBIOS. Le logiciel est offert soit pour 8 ou pour 25 usagers, soit pour un nombre illimité de ces derniers. Une simple carte à télécopieur et une ligne téléphonique peuvent desservir tout le réseau.

8.4.2.7　Les logiciels intégrés

Les logiciels intégrés sont des logiciels multifonctions qui combinent au moins deux fonctions distinctes et qui sont capables de partager des données communes à ces fonctions. Certains logiciels intégrés incluent les fonctions de tableur, de base de données, de traitement de texte, de graphisme, de communication, notamment les logiciels Framework et Symphony. L'avantage du logiciel intégré est qu'il permet de disposer d'une même base de données pour chaque application. Il est en effet possible d'utiliser les mêmes informations d'une application à une autre, ce qui n'est pas le cas lorsqu'on travaille avec des logiciels d'applications distincts où les fichiers créés sous un programme d'application ne peuvent pas toujours être utilisés avec un autre logiciel; quand ils le peuvent, ils exigent souvent plus de manipulations.

Comment expliquer que les logiciels intégrés ne soient pas tellement répandus? C'est qu'aucun logiciel intégré n'a la puissance d'un logiciel doté d'une seule fonction. Par exemple, le traitement de texte de Framework n'a pas la puissance d'un bon logiciel de traitement de texte, bien qu'il puisse convenir à la mise en pages de documents très simples; mais dès que des besoins de mise en pages plus sophistiquée apparaissent (obtenir l'aide d'un dictionnaire ou créer des colonnes de texte, par exemple), il faut un logiciel spécialisé. Voici quelques produits :

- Symphony, de Lotus Development Corp.;
- Framework, d'Ashton-Tate;
- Work (versions DOS et Windows), de Lotus;
- The Smart System, d'Innovative Software;
- Ability, de Migent;
- Enable, de The Software Group.

8.4.3   Les programmes d'applications reliées à la gestion

Parmi les logiciels d'applications spécialisées, certains sont conçus pour accomplir des tâches spécifiques de gestion. Grâce à ces logiciels, de nombreuses tâches, simples ou complexes, peuvent être effectuées.

8.4.3.1   Applications comptables

Les programmes d'applications comptables sont conçus pour traiter des informations et des données comptables. On trouve dans cette catégorie des logiciels de tenue de livres et de comptabilité générale. Les principales fonctions d'un logiciel comptable sont la tenue du grand-livre et la production des états financiers, la gestion des comptes à recevoir et des comptes à payer, la facturation, l'inventaire, la paie. Retenons comme exemples :

- Personnel, de Fortune 1000;

- Simple comme ABC, version 2, de Dynacom;

- Microlan Maestria;

- Bedford, de Bedford Software;

- Quicken, de Microsoft;

- Accpac, de Computer Associates;

- Dac Easy, de Dac Software;

- Avantage.

Voici une brève description de trois de ces logiciels

**FIGURE 8.22
Le logiciel
Bedford**

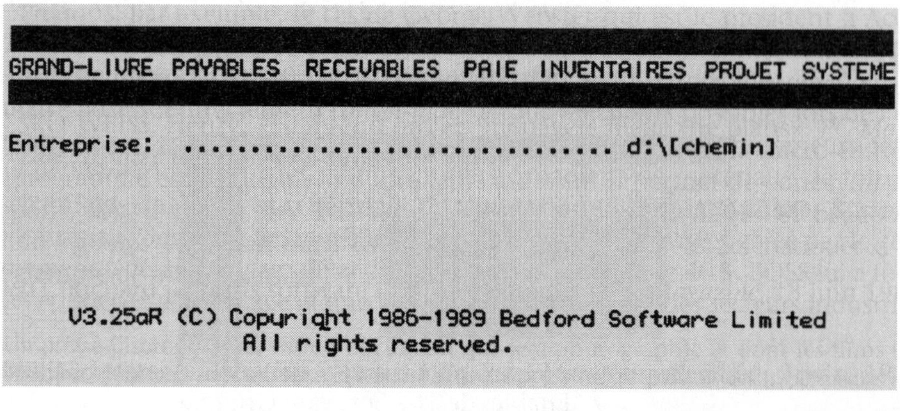

Personnel

Logiciel de gestion des finances domestiques, Personnel est le premier logiciel de ce genre. Il assure à l'utilisateur un suivi rigoureux de ses opérations financières. Par exemple, la fonction «budget» permet d'indiquer les revenus et dépenses prévus, de comparer la situation réelle à la situation souhaitée et d'obtenir une liste des transactions effectuées. Les autres fonctions servent à gérer l'argent comptant, les cartes de crédit et les comptes de dépenses. La fonction «finances» peut également faire des estimations financières de toutes sortes. Cependant, certaines de ces fonctions n'ont qu'un accès limité, à moins de posséder un NIP (numéro d'identification personnel). Pour obtenir ce numéro, il faut s'inscrire chez Fortune 1000.

Simple comme ABC, version 2

Simple comme ABC s'adresse à l'utilisateur moyen qui n'a pas de connaissances avancées en comptabilité ni en informatique. Son fichier en format dBase rend le logiciel particulièrement intéressant pour les petites entreprises qui désirent, par exemple, créer leurs propres rapports.

Microlan Maestria

Microlan Maestria est un nouveau logiciel de comptabilité qui fonctionne à l'aide d'une souris. Issu d'une famille déjà célèbre sur Macintosh, il est le premier à apporter toute la convivialité de l'interface graphique aux PC et aux PS travaillant sous Windows 3.0. L'information est claire et complète et, grâce à son ergonomie raffinée, le plaisir rejoint l'efficacité. Ce logiciel efficace dans la gestion comptable, analytique et budgétaire convient à toutes les PME et aux cabinets comptables. Il fonctionne aussi bien en poste individuel qu'en réseau. Il est un outil quotidien d'aide à la décision.

8.4.3.2   Gestion fonctionnelle

Les logiciels de gestion fonctionnelle viennent soutenir les activités fonctionnelles de l'entreprise à l'aide de programmes de planification et d'analyse de marketing, de personnel et de production. Quelques noms :

- Cad Design View, de Computer Vision;
- OmniPage Professionnal, de Caere;
- Artisoft Sounding Board, d'Artisoft;
- ArtiScribe, d'Artisoft.

Voici une brève description de ces logiciels.

Cad Design View

Design View est un produit innovateur en ce sens qu'il permet de créer des scénarios avec les plans, de la même façon que Lotus en fait avec les calculs financiers. Ainsi, une fois le plan dessiné, on peut changer certaines variables et le logiciel effectuera les transformations. Par exemple, après avoir conçu un plan architectural, on peut demander ce qui arriverait si l'accumulation de neige dépassait 1 mètre. On peut aussi demander quelle est la solution la plus économique. Ces calculs se font par la mise en relation du plan CAD, créé sur AutoCad, VersaCad, Cadkey ou autre logiciel CAD populaire, avec un fichier «.DXF».

OmniPage Professionnal

Exploitant l'interface graphique de Windows 3.0, OmniPage simplifie le processus de reconnaissance optique de caractères (OCR) en offrant la possibilité de saisir du texte directement à l'aide d'un scanneur. Son efficacité élevée permet d'éviter de nombreuses corrections manuelles qui font perdre du temps. En outre, il s'adapte à des contraintes très diverses : document unique ou répétitif, format portrait ou paysage, variété des caractères imprimés, etc. Son utilisation est aisée, grâce à une bonne hiérarchisation des commandes. Le bandeau de menus est clair et logique, avec ses quatre groupes de commandes.

La souplesse d'emploi d'OmniPage est excellente, en particulier en ce qui concerne le respect des habitudes de travail. Au choix, l'utilisateur peut décider de traiter intégralement chaque page de document (numérisation, sélection de zones à traiter, acquisition, vérification et enregistrement) ou bien ne procéder qu'à la numérisation, différant ainsi le reste du traitement, ce qui prend tout son sens avec le numériseur à introducteur automatique de feuilles. Il est capable de traiter des documents produits par une imprimante matricielle.

Artisoft Sounding Board

Version améliorée d'un adaptateur de voix rebaptisé Artisoft Sounding Board, ce logiciel, qui comprend un combiné téléphonique, permet d'enregistrer et d'écouter la voix préalablement enregistrée sur un fichier DOS de n'importe quelle nature. La nouvelle version est pleinement compatible avec Windows 3.0. Elle offre un programme d'enregistrement de style «pop-up», qui fonctionne comme une application Windows 3.0 en mode réel, standard ou amélioré.

ArtiScribe

Système de dictée numérique, ArtiScribe permet aux utilisateurs de dicter et d'écouter des messages parlés sur tous les postes d'un réseau LANtastic, sur NetWare de Novell, de même que sur tout autre système d'exploitation de réseau qui tourne sur DOS. Il a pour caractéristique de tourner en arrière-plan, ce qui donne la possibilité aux utilisateurs d'accéder pleinement à l'application de premier plan pendant l'enregistrement ou l'écoute. Pour fonctionner, le logiciel requiert l'adaptateur Artisoft Sounding Board.

8.4.3.3   Gestion de projets

Par définition, un projet est un ensemble d'activités ayant pour but l'atteinte d'un ou de plusieurs objectifs. Puisque ce type d'exercice est toujours soumis à certaines contraintes de temps, de ressources ou de budget, il est impératif de définir les activités afin qu'elles soient accomplies selon un ordre rigoureux et avec les ressources adéquates.

Un logiciel de gestion de projets possède diverses fonctions :

Automatic Resource	résout les conflits de ressources pouvant se présenter parmi les projets.
Histogramme	représente par des rectangles les différentes fluctuations.
Project and Resource Calendar	présente à l'écran les dates importantes.
Networking	permet de partager des données tout en tirant avantage des fichiers protégés.
Cost/Schedule	permet de comparer l'argent investi dans le projet jusqu'au moment présent au coût projeté total afin d'ajuster, s'il y a lieu, certains impondérables.
Analyse de probabilité	permet de déterminer la meilleure et la pire des issues pour le projet et, finalement, la durée la plus probable.
Rapports	permet de produire des rapports sommaires ou détaillés relativement aux tâches, aux ressources, aux arrêts de travail, etc.

Un logiciel de gestion de projets est utile pour planifier les différentes étapes de production d'un projet, pour établir un calendrier de production qui tient compte de plusieurs contraintes, pour vérifier rigoureusement l'évolution des projets en matière de temps d'exécution et de coûts; il permet également de comparer périodiquement et rapidement les coûts réels aux prévisions établies et d'apporter des corrections au fur et à mesure de l'évolution du projet. Quelques logiciels :

- SuperProject Expert, de Computer Associates;
- OnTarget, de Symantec;
- CA Super Project, de Computer Associates;
- Project Workbench, d'Applied Business Technology;
- MS Project pour Windows, de Microsoft;
- MS Project, de Microsoft;
- Harvard Project Manager, de Software Publishing.

Voici une brève description de deux de ces logiciels.

SuperProject et SuperProject Expert

En gestion de projets, SuperProject représente un outil puissant et indispensable, comparable, quant à son efficacité, à l'utilisation des tableurs en gestion financière.

SuperProject offre plusieurs possibilités de gestion de ressources. Ainsi, à partir d'une liste de choses à faire, par exemple «to do .list», SuperProject permet de définir les critères qui mèneront à la création des tâches pertinentes et à une

FIGURE 8.23
Le logiciel
SuperProject Expert

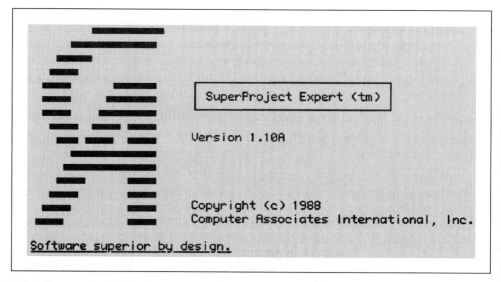

distribution équilibrée des ressources disponibles, en évaluant le temps d'exécution de ces tâches. SuperProject permet également, grâce à un ensemble complet de représentations graphiques, de visualiser l'effet des décisions en tenant compte de la structure organisationnelle de l'entreprise (jusqu'à 9 niveaux) et de l'évolution quotidienne, hebdomadaire, mensuelle ou annuelle des progrès, selon les besoins.

Une utilisation fréquente de certains de ces graphiques est celle qui se rapporte à la détermination des temps morts, des délais et des interruptions de travail. De plus, SuperProject permet de concevoir des modèles évolutifs, c'est-à-dire non figés à leur conception de base. En effet, on peut y ajouter de nouvelles tâches dépendantes, au fur et à mesure que le projet progresse, afin de résoudre des problèmes qui pourraient éventuellement faire dévier le projet de son objectif.

OnTarget

OnTarget est un logiciel de gestion de projets pour Windows. Il assure l'échange de données avec les autres applications Windows et l'importation des fichiers de TimeLine. Pour l'utilisation en groupe, le calendrier des projets peut être consulté à travers le réseau local. De plus, la terminologie de gestion de projets a été remplacée par un langage simple. OnTarget permet de créer un plan ou un rapport en moins d'une heure. Des feuilles de calcul, des encadrés, des calendriers et des histogrammes peuvent aisément être produits. Le logiciel peut aussi présenter graphiquement une comparaison entre la planification d'un projet et son déroulement réel. Enfin, il permet la coordination de projets multiples et la visualisation WYSIWYG.

8.4.3.4   Gestion des entreprises verticales

Les logiciels de gestion des entreprises verticales sont destinés à des secteurs d'activité professionnelle bien précis, notamment aux avocats, aux dentistes, aux courtiers, aux assureurs, aux entrepreneurs, aux distributeurs. Ils permettent de gérer les dossiers des clients et les comptes en fidéicommis, de facturer les services, de gérer les minutes et le temps, etc.

8.4.3.5   Les systèmes d'aide à la décision

Le groupe des systèmes d'aide à la décision comprend différents logiciels capables d'effectuer diverses opérations : calcul hypothécaire, amortissement, analyse financière, gestion de portefeuilles et analyse boursière, gestion prévisionnelle, gestion des immobilisations, etc. Voici quelques produits :

- Dow Jones Market Manager Plus, de Dow Jones & Co.;

- Dow Jones Market Analyser, de Dow Jones & Co.;

- Managing Your Money, d'Andrew Tobias.

8.4.3.6   Les systèmes experts

Les systèmes experts sont des programmes destinés à simuler le raisonnement humain des experts dans un domaine de connaissance spécifique; ils permettent d'imiter la démarche d'un expert pour résoudre un problème relevant de sa compétence.

Savoir spécialisé et expérience sont incorporés au système. L'utilisateur pose des questions et obtient des réponses suivant l'information stockée dans la base de connaissances qui compose le système expert. Quelques systèmes experts pour des applications de gestion :

- Ptrans, mis au point par Digital Equipment et l'université Carnegie-Mellon;

- Apex, d'Applied Expert Systems;

- Folio, de l'université Stanford;

- Expert Ease, d'Export Software International.

8.4.3.7   Les logiciels de statistiques

Les logiciels de statistiques peuvent traiter un important volume de données numériques et produire des analyses statistiques. Quelques logiciels :

- SPSS+, de SPSS Inc.;

- Statistix, de NH Analystical;

- Grapher, de Golden Software.

8.4.3.8   Gestion de formulaires

Les logiciels de traitement des formulaires permettent de rationaliser la gestion des formulaires dans une entreprise. La conception, l'impression et le stockage des formulaires représentent des coûts importants dans l'organisation. Une étude réalisée par la revue *PC Magazine* indique que la production traditionnelle d'un formulaire coûte en moyenne 3 ¢ l'unité pour une grande quantité, tandis que la production maison à l'aide d'une imprimante à laser revient à moins de 1 ¢ l'unité. C'est donc dire qu'il est possible de réaliser des économies substantielles en produisant soi-même ces formulaires. La technique présente de plus une grande souplesse pour modifier ponctuellement les formulaires afin qu'ils répondent plus adéquatement aux besoins en évolution.

Plusieurs tableurs et logiciels de traitement de texte ou de gestion de bases de données proposent des méthodes plus ou moins limitées de conception d'un formulaire, alors que d'autres, plus «musclés» permettront la programmation de ses différents champs, voire même l'importation et l'exportation de données avec un SGBD. Quelques produits :

- Viewpoint, de Xerox;

- Smartform, de ClearView Inc.;

- Per:Form, de Delrina Technology;

- JetForm, d'Indigo Software;

- FormWorx with Fill & File, de FormWorx;

- Fasform, de Shana Corp.

8.4.4   Les applications diverses

Les programmes d'applications diverses touchent de multiples domaines. Citons, à titre d'exemple, les finances personnelles, la formation, l'organisation d'idées et la gestion d'informations personnelles.

8.4.4.1   Finances personnelles

Il existe différents produits sur le marché qui permettent à l'utilisateur novice de gérer son budget personnel sans qu'il ait besoin d'un logiciel de comptabilité compliqué. Voici quelques produits :

- Dollars and Senses, de Monogram;

- PC Professional Finance Program II, de Best Programs Inc.;

- Traveling Sidekick, de Borland.

8.4.4.2   Formation

En ce qui concerne la formation des utilisateurs, on trouve des logiciels d'apprentissage portant sur des sujets variés. Quelques noms :

- TLS, de Total Learning Systems, Inc.;
- Training Power Series, d'American Training International;
- Typing Tutor III, de Simon & Schster;
- Cdex Corporation Serie, de Cdex Corp.;
- Professeur DOS, d'Individual Software.

FIGURE 8.24
Le didacticiel TLS

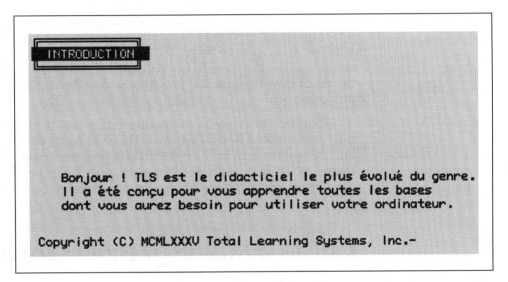

8.4.4.3   Organisateur d'idées

Un organisateur d'idées aide l'utilisateur dans les premières phases de l'élaboration d'un texte. Il permet de produire un plan et de le modifier au fur et à mesure que l'idée se précise. L'utilisateur peut ajouter progressivement des éléments au plan; les idées s'insèrent aux bons endroits lorsque ce dernier est modifié.

Voici quelques produits :

- ThinkThank (IBM), de Living Videotext;
- Ready, de Living Videotext;
- MaxThink, de MaxThink, Inc.

8.4.4.4   Gestionnaire d'informations personnelles

Les logiciels *Personal Information Manager* (PIM) sont spécialisés dans l'organisation structurée de l'information. La particularité de ces programmes est qu'ils permettent non seulement d'entrer des bribes d'informations, mais également de créer des liens ou des relations entre ces objets. Parmi ces logiciels, le plus connu est Lotus Agenda.

Lotus Agenda

Lotus Agenda est le premier PIM à avoir vu le jour. La philosophie selon laquelle Agenda a été conçu est simple : bien que les bases de données soient des outils puissants, l'information «de tous les jours» n'est pas toujours assimilable à la structure rigide d'une base de données. L'utilisateur doit alors avoir accès à un autre type de système qui soit plus flexible et permette d'enregistrer des bribes d'informations disparates et n'ayant pas de caractéristiques communes. C'est pourquoi Lotus Corporation a créé Agenda.

Dans la revue *Byte* de décembre 1988, il est question de l'utilité d'un PIM. L'exemple qui y est donné traduit bien la réalité : «[. . .] supposez que vous soyez à mettre sur papier certaines tâches à effectuer : appeler Jean-Marc avant vendredi pour lui dire que Michel veut qu'il ait fini la rédaction du rapport d'ici la fin du mois afin que les procédures de négociations puissent commencer prochainement.»

Comment placer cette information dans une base de données puisque rien n'est assimilable à la structure d'une base de données? C'est dans ces cas qu'un PIM est essentiel car, avec un PIM, il sera possible de ranger cette information de façon à pouvoir la revoir de différentes manières : liste des faits par destinataire, par date ou par type d'action à accomplir (appeler, écrire, voir, etc.)

8.5 LES LANGAGES DE PROGRAMMATION

Les logiciels d'applications, les utilitaires et même le système d'exploitation sont tous écrits en langage de programmation.

Les logiciels transmettent à l'ordinateur des instructions pour que celui-ci exécute une tâche quelconque; ils sont conçus dans un langage facilement compréhensible par l'humain; ces langages sont dits évolués, car ils se rapprochent du langage courant. Par exemple, le pascal, le fortran, le basic sont des langages évolués. Cependant, l'ordinateur est incapable de lire directement de tels langages, car seul le langage machine lui permet de comprendre un programme. Il existe donc des programmes spécifiquement élaborés pour traduire en langage machine les programmes rédigés dans un langage adapté à l'être humain.

Les langages machine peuvent être classés suivant différents niveaux :

- les langages de 5e génération dits intelligents;

- le langage de 4e génération, qui utilise un langage plus naturel et moins procédural;

- le langage évolué ou de haut niveau (3e génération), qui utilise des expressions courantes et des notations mathématiques;

- le langage d'assemblage, qui utilise un langage symbolique codifié;

- le langage binaire, qui utilise des instructions codées en binaire et des adresses binaires.

8.5.1 Le langage machine (1er niveau)

L'ordinateur ne peut comprendre les 26 caractères de l'alphabet, pas plus que les nombres de 0 à 9 de notre système numérique. De par la nature même des composantes électroniques de l'ordinateur, la représentation des données dans ce dernier ne peut être effectuée qu'en mode binaire. Un commutateur est soit ouvert (état 0), soit fermé (état 1), d'où l'utilisation des 0 et des 1 pour codifier les caractères, les chiffres, les signes de ponctuation et divers symboles spéciaux qui ont un sens pour la machine. Chaque machine a d'ailleurs son propre langage. Par exemple, pour certains ordinateurs, le code 01000111 signifie la lettre G, 00000110 représente le chiffre 6 et 11001001 indique à l'ordinateur d'effectuer une comparaison, alors que pour un autre ordinateur ces codes auront une tout autre signification.

Le langage en mode binaire suppose la connaissance des codes binaires des commandes, des adresses et des mots de données qui permettent de construire un programme fonctionnel. La codification d'un programme peut prendre des mois; c'est un processus très long, très dispendieux, où les erreurs sont fréquentes. Vérifier un programme à la recherche des erreurs est aussi long que d'écrire le programme. Écrire en binaire est une tâche ennuyeuse et fastidieuse.

8.5.2 L'assembleur (2e niveau)

Pour contourner les difficultés que représentait la programmation en binaire, des langages d'assemblage ont été élaborés pour aider les programmeurs à écrire leurs programmes. Nommés ainsi parce qu'ils aidaient à «assembler» des séquences complexes de 0 et de 1, les langages d'assemblage ont été les premiers traducteurs de langage.

Un langage d'assemblage est constitué d'un ensemble de mnémoniques. Les caractères numériques et alphabétiques sont représentés tels quels. Par exemple, le caractère «5» est représenté par «5», une instruction de comparaison est représentée par la mnémonique «CLC», additionner, par «A», et un branchement conditionnel, par «BC». Tout un ensemble de symboles significatifs a été mis au point pour faciliter la mémorisation des différents codes binaires. Ainsi, à chaque code binaire correspond un code mnémonique.

Toutefois, un programme écrit en langage d'assemblage n'est pas reconnu par l'ordinateur qui ne peut exécuter que les instructions en langage machine. Pour rendre ces deux extrêmes compatibles, il faut utiliser un programme de traduction qu'on nomme un assembleur. Un assembleur est un programme chargé dans la mémoire de l'ordinateur qui traduit en langage machine le programme écrit en langage d'assemblage, appelé un programme source. Le programme converti en mode binaire est dit un programme objet. C'est ce programme qui sera lancé et exécuté. Chaque code du programme source est traduit en code binaire.

**FIGURE 8.25
Cheminement du
programme**

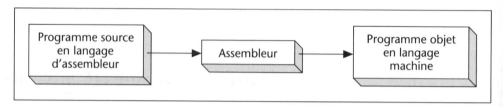

On n'écrit en langage d'assemblage que des fragments de programmes ré-pétés très souvent pour lesquels on a besoin d'une très grande vitesse d'exécu-tion. Un langage d'assemblage est parfois nécessaire quand on veut utiliser des particularités du matériel ou du système d'exploitation. L'assembleur, proche, par sa structure, du langage machine, est propre à chaque ordinateur, pour qu'il exploite au mieux son architecture. En langage d'assemblage, le programmeur pense comme la machine.

8.5.3   Les langages de haut niveau (3e niveau)

Le succès des langages d'assemblage lié aux difficultés de leur utilisation a forcé l'élaboration de langages de programmation plus évolués. Les langages de haut niveau ont été conçus pour se rapprocher de la manière dont l'homme pose les problèmes. Ils sont indépendants de l'ordinateur, facilitant ainsi le travail de pro-grammation.

Les langages de haut niveau sont nombreux : certains sont spécialisés selon le type de problèmes, d'autres selon le type d'ordinateurs. Par exemple, le for-tran, utilisé pour des applications scientifiques et mathématiques, est un langage qui se rapproche des formules qu'il doit traduire.

Les langages de la 3e génération (ou niveau) sont également appelés langages procéduraux, ce qui signifie que le programmeur indique à l'ordinateur la procé-dure qu'il doit suivre pour atteindre un objectif.

Les langages de 3e niveau diffèrent des langages d'assemblage de plusieurs façons. Premièrement, la traduction du programme source ne se fait pas code à code : une ligne de programmation peut générer plusieurs instructions en code binaire, ce qui a pour effet de réduire le nombre d'instructions nécessaires à l'exé-cution d'une opération. Deuxièmement, les langages de 3e niveau sont plus près du langage courant que les mnémoniques du langage d'assemblage, donc plus fa-ciles à mémoriser et à utiliser. Troisièmement, ils ne sont pas liés aux machines sur lesquelles les programmes seront exécutés. Si un programme source est écrit en cobol, il peut être traduit pour des ordinateurs qui utilisent différentes ver-sions du cobol. Chaque version cobol peut lire le même programme source, mais chacune traduit celui-ci en un programme objet différent, s'adaptant à la ma-chine.

Les principales qualités des langages de haut niveau sont qu'ils peuvent être appris plus facilement que les langages d'assemblage, qu'ils requièrent moins de temps à écrire, qu'ils sont plus faciles à modifier; de plus, les programmeurs n'ont pas à se préoccuper du type de machine sur laquelle sera exécuté le pro-gramme. Évidemment, un programme source écrit dans un langage de haut niveau doit également être traduit en langage machine, à l'aide d'un compilateur ou d'un interpréteur, suivant le langage utilisé.

Le compilateur traduit entièrement le programme source (écrit par le programmeur) et crée un nouveau programme objet (en langage machine) qui est stocké sur un support magnétique quelconque. Lorsque le programme est lancé, c'est le programme objet qui est exécuté. Un interpréteur traduit une à une, en langage machine, les instructions du programme au fur et à mesure de son exécution.

Les programmes interprétés sont généralement des programmes qui seront exécutés sur des micro-ordinateurs. Un programme d'interprétation est intégré au système d'exploitation et est chargé en mémoire lorsque la machine est mise sous tension, permettant de lancer un programme écrit en pascal ou en basic, par exemple. Ainsi aucun programme objet n'est produit. On comprendra que l'interprétation ralentit l'exécution des programmes. En effet, dans une séquence d'instructions itératives, chacune des instructions sera traduite à chaque tour de la boucle. Les langages interprétés éliminent le besoin de compiler le programme chaque fois qu'il faut lui apporter des corrections ou des modifications.

Des langages classiques, comme le fortran ou le cobol, sont compilés, alors que des langages orientés vers l'interactivité (basic, APL) sont interprétés.

8.5.4 Quelques langages de programmation

Voici une liste partielle de différents langages que l'on retrouve sur le marché :

COBOL (*Common Business Oriented Language*) Le cobol est utilisé principalement pour des applications à haut volume de traitement répétitif de données. C'est le plus commun et le plus utilisé des langages de traitement de données.

FORTRAN (*Formula Translation*) Le fortran est surtout utilisé dans des applications scientifiques et des calculs mathématiques et algorithmiques caractérisés par un grand nombre d'opérations portant sur une quantité relativement faible de données numériques.

PL/1 (*Programming Language 1*) Le PL/1 est orienté vers des applications qui requièrent à la fois beaucoup de calculs et le traitement d'un grand volume d'enregistrements de données. Il convient à la programmation structurée.

PASCAL Ainsi nommé en mémoire du mathématicien français Blaise Pascal qui, au XVIIe siècle, construisit pour son père une machine à calculer, le pascal est un langage essentiellement algorithmique et se révèle excellent pour les cours de programmation. Il est bien adapté à la programmation structurée.

BASIC (*Beginner's All-Purpose Symbolic Instruction Code*) Le basic est un langage simple à apprendre et à utiliser. Il contient à peine 7 instructions de base. Parmi les langages procéduraux, il est le plus utilisé pour les ordinateurs personnels.

APL (*A Programming Language*) L'APL est un langage interactif adapté aux traitements algorithmiques. Il est particulièrement puissant pour les procédures de calculs impliquant des vecteurs et des matrices.

ALGOL (*Algorithmic Language*) L'algol est un langage destiné aux projets scientifiques et mathématiques impliquant des algorithmes. Tout comme le PL/1 et le pascal, il convient bien à la programmation structurée.

ADA L'ADA est un langage procédural complet qui combine les possibilités de programmation de traitement de données et d'algorithmes. Il s'articule sur le pascal avec des influences du PL/1 et de l'algol 68. Élaboré à la fin des années 70 pour le Département de la défense américain, il doit son nom à Augusta Ada Byron, comtesse de Lovelace, qui a travaillé avec une machine à calculer du mathématicien Babbage au XIXe siècle.

Langage C Le langage C est un langage procédural de niveau relativement bas, ce qui n'a rien de péjoratif, mais qui signifie tout simplement que le langage agit sur les mêmes objets que la plupart des ordinateurs, à savoir les caractères, les nombres et les adresses. Sa caractéristique principale est qu'il est simple et, bien qu'il s'adapte à la plupart des ordinateurs, il est indépendant d'une structure machine quelconque.

8.5.5 Les langages de très haut niveau ou de 4e génération

Les langages de très haut niveau, dits de 4e génération, sont construits pour accélérer le cycle de développement des applications et en améliorer la qualité. Certains sont destinés aux informaticiens, d'autres sont utilisables directement par les utilisateurs, comme Focus ou dBase. Ces langages, qualifiés de non procéduraux, peuvent permettre une certaine utilisation du langage naturel.

L'usage d'un langage non procédural consiste à écrire des assertions; ensuite, la machine explore elle-même les cas dont elle dispose afin de trouver quand l'assertion est vraie. Il existe des langages non procéduraux, comme Prolog, utilisé en intelligence artificielle, ou EPS, pour les systèmes d'aide à la décision. De même, il y a des langages d'interrogation de base de données non procéduraux. La succession des opérations pour trouver la donnée spécifiée dans la requête est définie par l'exécution elle-même. Il s'agit donc d'une grande évolution par rapport à la 3e génération dominée par les langages procéduraux qui obligeaient le programmeur à décrire la succession des opérations, étape par étape.

Les langages de 4e génération permettent de construire une stratégie en vue de résoudre des problèmes. À l'aide de ces langages, il est alors possible de concevoir des programmes d'applications, même si l'on n'est pas un programmeur. On distingue, dans ces langages, entre les générateurs d'applications, les générateurs de rapports et les langages de recherche et d'interrogation.

Les **générateurs d'applications** sont des programmes qui permettent de définir une application dans un langage de très haut niveau. Ils proposent des fonctions permettant de créer des applications qui interceptent les entrées, valident les données, effectuent des calculs, établissent des liens avec les fichiers et produisent des rapports.

Les programmes sont réalisés à l'aide d'un langage de très haut niveau, c'est-à-dire que les procédures d'exécution n'ont pas à être spécifiées. L'utilisateur fournit la description du traitement qu'il veut effectuer et le générateur d'application détermine comment ce traitement sera fait. Le générateur produit un programme source exécutable. Certains générateurs produisent des programmes entiers, tandis que d'autres préparent une partie seulement d'un programme et permettent à l'utilisateur de définir des liens avec d'autres modules produits par le même générateur.

Les **générateurs de rapports** permettent, en quelques instructions, d'extraire des informations d'un fichier et de produire un rapport quelconque à partir des données stockées sur un support magnétique. En comparaison avec les programmes de recherche et d'interrogation, les générateurs de rapports fournissent des outils en vue de la mise en forme du rapport selon les besoins de l'utilisateur : titre, en-tête de colonnes, etc.

Les **langages de recherche et d'interrogation** permettent à un utilisateur de retracer des informations dans un fichier sans avoir à utiliser de longues instructions procédurales ni à fournir le format des données. Par exemple, un directeur qui veut obtenir des informations sur les ventes posera la question suivante :

List company sales by region for the years 1987 to 1988

Le système fera la recherche des données dans les fichiers et répondra à l'utilisateur. Avec un langage de 3e génération, cette requête exige jusqu'à une centaine d'instructions. Quelques langages de recherche et d'interrogation permettent en plus à l'utilisateur de faire des mises à jour des fichiers ou de la base de données.

8.5.6   Les langages de 5e génération

Il est maintenant courant dans l'industrie de parler de langages de 5e génération pour décrire les langages très près du langage naturel qui utilisent les systèmes experts et l'intelligence artificielle. On les utilise surtout pour la consultation de bases de données et pour la programmation de systèmes spécialisés conçus d'après un vocabulaire (objet, commandes) assez restreint. Les programmes écrits à l'aide de ces langages guident l'utilisateur dans sa relation avec le programme. Si le système ne peut traiter telle quelle la requête qui est formulée, mais qu'il en saisisse le sens, il guidera l'utilisateur vers une autre façon d'exprimer celle-ci. Toutefois, beaucoup reste à faire avant que les ordinateurs puissent répondre avec succès à la langue naturelle. Voici un exemple d'une interrogation en langage naturel[2] :

DISPLAY THE ACTUAL SALES FOR JULY 1989

FOR THE TOYS AND APPLIANCES DEPARTMENT

Mais la requête pourrait très bien se lire ainsi :

FOR TOYS AND APPLIANCES

GIVE ME JULY 1989 SALES

---

2. Exemple tiré de Bergerud et Keller, *Computer for Managing Information*, p. 198.

Enfin, la recherche actuelle porte sur les moyens de généraliser l'emploi du langage naturel (langue de l'utilisateur) dans l'interaction avec l'ordinateur.

8.5.7   Critères de choix d'un langage

Compte tenu de la diversité des langages évolués et de leur spécialisation respective, les avantages qu'ils offrent et leur commodité dépendent de plusieurs critères, dont :

- la fréquence de l'utilisation et le coût de revient;
- la préférence du programmeur;
- les compilateurs dont est muni l'équipement utilisé;
- les normes de l'entreprise;
- la quantité de modifications requises lors d'une éventuelle utilisation sur un autre équipement;
- le rapport temps/coût de développement. Ce rapport est un élément qu'il importe de considérer sur le plan de la gestion, car il implique les coûts découlant des salaires des programmeurs, lesquels représentent une part non négligeable des frais d'exploitation d'un ordinateur.

Un programmeur jouit d'une certaine liberté dans l'utilisation d'un langage de programmation. Il existe un grand nombre de manières d'écrire un programme pour résoudre un problème en utilisant un même langage. Pour accroître l'efficacité, on recourt parfois simultanément à plusieurs langages, dans divers modules du programme. Par exemple, un programme en cobol peut faire appel à un programme en assembleur pour une phase de calcul très répétitive qui exige de la puissance ou un accès machine spécifique (par exemple, à des fins de protection).

8.6   LES VIRUS

8.6.1   L'origine des virus informatiques

L'apparition des virus informatiques remonte à 1948. Au départ, il s'agissait d'une trouvaille algorithmique de John von Neumann. Il avait réussi, à l'époque, à faire se reproduire d'elles-mêmes des lignes de code. Puis, dans les années 70, des esprits malfaisants s'emparèrent de cette idée et conçurent les premiers virus informatiques.

8.6.2   Qu'est-ce qu'un virus informatique ?

Un virus informatique est un petit programme nuisible qui, à l'image d'un virus microbiologique, a malheureusement tendance à se reproduire dès qu'on lui en donne l'occasion. Le virus se loge généralement (temporairement ou non) dans la mémoire vive (RAM) dès que l'utilisateur lance un programme infecté ou dès qu'une disquette (ou un disque dur) porteuse d'un virus est insérée dans le lecteur. Quoique le simple fait d'insérer une disquette système infectée soit la plus grande cause de contamination, une simple commande du genre DIR suffit souvent à la propagation du virus. Ce dernier a alors la possibilité d'introduire une copie exacte de lui-même dans un programme ou sur une disquette; il ne lui reste plus qu'à attendre la date, l'heure, la séquence ou l'opération qui déclenchera la catastrophe. Bref, un virus informatique est un programme doté d'une instruction nocive qui attend la réalisation d'une condition prédéterminée pour faire éclater une bombe logique.

Pour être considéré comme un germe pathogène, un virus informatique doit posséder les caractéristiques suivantes :

- capacité de modifier des logiciels extérieurs et d'y inscrire ses propres instructions; cette modification touche au moins un groupe de programmes;
- capacité de reconnaître un logiciel déjà modifié; il s'interdit alors de procéder à une nouvelle modification.

Un logiciel infecté présente les caractéristiques précédentes et commence à transmettre le virus aux autres programmes.

8.6.3 Les modes de propagation

La propagation des virus s'effectue selon deux modes : l'ajout et la superposition.

Les virus d'ajout s'insèrent en début de programme et en augmentent la taille. Le virus initial est alors lancé avant le programme et cherche généralement à contaminer d'autres programmes en y laissant une empreinte qu'il est ensuite capable de reconnaître. Le programme peut fonctionner correctement, mais il est possible de repérer une modification dans la taille du fichier.

Les virus de superposition s'insèrent eux aussi en début de programme, mais n'en augmentent pas la taille; ils se substituent à des instructions contenues dans le programme. Ils agissent comme les virus d'ajout. Cependant, les programmes ne fonctionnent alors plus très bien, car une partie des instructions est effacée. Le virus devient la première instruction qui s'exécute lorsqu'on lance un programme infecté. Il contamine d'abord les logiciels qui ne contiennent pas sa signature, puis vérifie la présence d'une condition prédéterminée pour «décider» s'il commettra ou non son méfait.

8.6.4 Les fichiers qui peuvent être infectés

Les virus peuvent affecter trois types de fichiers :

- les fichiers exécutables;
- les fichiers d'amorçage et les fichiers du système;
- les fichiers de données.

8.6.4.1   Les fichiers exécutables

Dans l'environnement des appareils IBM et des compatibles, les fichiers exécutables portent le suffixe .EXE ou .COM. Ce sont ces fichiers qui donnent, en langage machine, des instructions au microprocesseur. Les virus s'attaquent le plus souvent à ce type de fichiers.

8.6.4.2   Les fichiers d'amorçage et les fichiers du système

Les fichiers d'amorçage et les fichiers du système servent au système d'exploitation. Dans le cas du DOS d'IBM, ces fichiers sont :

- COMMAND.COM, qui est situé, bien souvent, dans le répertoire principal;

- IBMBIO.COM et IBMDOS.COM, qui sont situés sur les premières pistes de la disquette mais qui sont invisibles.

8.6.4.3   Les fichiers de données

Les fichiers de données sont tous les fichiers que l'utilisateur a créés. Notons qu'il est fort peu probable, quoique théoriquement faisable, qu'un virus se cache à l'intérieur d'un fichier de données. L'utilisateur serait cependant vite alarmé s'il apercevait des inscriptions hiéroglyphiques au bas d'une lettre ou si les données financières de sa feuille de calcul électronique disparaissaient soudain. Toutefois, il n'est pas impossible qu'un virus s'introduise entre les espaces d'un texte ou entre deux enregistrements d'une base de données.

8.6.5   La spécificité des virus

Les virus créés jusqu'à ce jour sont spécifiques à une famille d'ordinateurs. En effet, un virus est habituellement stocké en langage machine, donc en un langage propre à une catégorie d'ordinateurs. Par exemple, le virus Israëli, découvert à l'université de Jérusalem, n'est nocif que sur les ordinateurs de type IBM. Il est absolument inoffensif pour des appareils de marque Apple ou Commodore et pour des ordinateurs centraux. Il n'y a, d'autre part, aucune raison de craindre les transferts par modem lorsqu'il s'agit de types différents d'ordinateurs. Par contre, lorsque la communication implique des appareils du même type, il faut être très prudent.

Sur les Macintosh, les IBM et beaucoup d'autres appareils, les virus s'attaquent d'abord aux fichiers du système d'exploitation. Ils s'y installent confortablement et s'amusent ensuite à contaminer les logiciels au fur et à mesure qu'ils sont appelés. Sur l'Amiga, la plupart font leurs nids dans les sous-programmes de mise en marche. Quant aux autres machines, les virus qui leur sont spécifiques semblent s'inspirer de leurs congénères du DOS.

Quel que soit le lieu de prolifération ou le degré d'agressivité des virus, leur action habituelle est la destruction ou l'altération des logiciels qu'ils parasitent, des données qui en dépendent, de l'ordinateur où ils sont logés et des périphériques qui y sont raccordés.

Il existe deux sortes de virus :

- les virus gentils, qui se contentent d'afficher des messages de paix universelle ou des avertissements anodins;

- les virus pernicieux, qui causent des dégâts étendus.

8.6.6   Les conséquences d'un virus

En juin 1987, un mordu d'informatique d'Allemagne de l'Ouest a réussi à pénétrer les réseaux informatiques de l'armée américaine et à extraire des données contenues dans 30 systèmes informatiques sur le programme de défense stratégique (programme de la «guerre des étoiles») ainsi que sur les armes chimiques. Il semblerait qu'il ait commencé par accéder au réseau Tyme Net X25 à partir d'une université locale. De là, il aurait réussi à contacter le système d'un fournisseur de l'armée en Virginie, puis à accéder au réseau Milneté ARPA, lequel contient toute l'information connexe. Il fallait sans doute beaucoup d'efforts, une grande compétence et des connaissances approfondies pour réussir un pareil coup, mais il a ainsi été prouvé que la chose était possible. Il devient alors effrayant de penser à ce qui pourrait arriver si quelqu'un réussissait à inoculer un virus dans de tels réseaux.

En fait, les conséquences des virus sont ahurissantes. Qu'il s'agisse du sabotage perpétré par un employé mécontent ou de terrorisme international, l'effet est le même. D'innombrables systèmes sont infectés et peuvent devenir peu fiables ou même inutilisables.

Étant donné que les systèmes actuels sont très faciles à utiliser, les premiers symptômes d'infection sont généralement considérés comme des excentricités du programme ou sont attribués à des circonstances inhabituelles. Le virus passe alors inaperçu.

Parmi les irrégularités qui sont reconnues être causées par des virus, citons les suivantes :

- interruption de l'exécution du programme;

- apparition de messages à des moments prédéterminés;

- modification de fichiers COMMAND.COM;

- destruction ou corruption de données.

Mais les effets possibles des virus sont encore plus terribles. Par des modifications mineures, les virus peuvent synthétiser les données existantes ou même les remplacer par de nouvelles informations. On peut les programmer de façon qu'ils modifient des renvois à l'intérieur des programmes afin que les mouvements ne concordent plus avec l'information permanente appropriée. Quelques-uns des virus les plus sophistiqués, c'est-à-dire ceux qui sont fondés sur une combinaison, sont déjà capables de détruire sélectivement des données ou de changer subtilement les instructions de lecture ou d'écriture. Plus la modification est subtile, moins il y a de chances que le virus soit dépisté.

Il fut un temps où une simple instruction en langage machine pouvait faire sauter un écran cathodique ou griller un microprocesseur. Heureusement, les constructeurs ont résolu ces défauts. Néanmoins, un virus peut être occasionnellement dommageable pour l'équipement, par exemple en positionnant une tête de lecture sur une piste interne inexistante (ce qui bloque le lecteur et nécessite un démontage de l'appareil), en commandant un retour arrière du papier dans l'imprimante (la bloquant ainsi avec des tonnes de papier) ou en provoquant une usure accélérée du système (en réduisant la taille de la mémoire et en augmentant ainsi le nombre d'accès au disque dur).

8.6.7   Comment se protéger

Que faire contre les virus? Voici quelques conseils :

- Chaque disquette possède une petite encoche qui, une fois bouchée, empêche toute écriture non désirée sur la surface magnétique. Comme le système de détection d'encoche du lecteur est mécanique, il est impossible d'outrepasser la vigilance du système par quelque tour magique de programmation. Il importe donc de protéger particulièrement les logiciels originaux en les copiant avant de les installer.

- Copier régulièrement les disquettes de données. Outre qu'elles permettent de parer à une éventuelle attaque virale, les copies de sécurité protègent l'utilisateur des autres catastrophes communes.

- Adopter des pratiques sûres : tester les nouvelles disquettes sur des systèmes sans disque dur avant de les insérer dans l'ordinateur; éteindre l'ordinateur après chaque application; ne pas copier de programmes manifestement piratés; faire particulièrement attention aux jeux; vérifier régulièrement la taille des fichiers.

- Se procurer des logiciels de détection de virus, tels FluShot+, Unvirus, Scan, McAfee, etc.

- Vacciner le système d'exploitation du disque dur et des disquettes. Éviter l'essai de disquettes inconnues.

- S'assurer de la provenance d'un programme avant de l'essayer ou, en cas de doute, s'assurer qu'une autorité quelconque (club d'utilisateurs, babillard, fabricant, etc.) en ait certifié la qualité.

- Tester préalablement les nouvelles disquettes sur des appareils non reliés, dans le cas de réseaux locaux.

- Débrancher du réseau et placer en quarantaine les systèmes infectés. S'assurer qu'ils sont parfaitement nettoyés avant de les réutiliser.

- Faire régulièrement la mise à jour des logiciels antivirus spécialisés en détection, en nettoyage, en réparation et en immunisation, et les garder sous clé avec la documentation appropriée.

- Garder sous clé les copies originales des logiciels.

- Verrouiller les disquettes : les virus ne peuvent s'y loger que lorsqu'elles sont insérées dans un lecteur en mode écriture non protégée.

- Établir une procédure d'accès sécuritaire au réseau local afin de parer aux tours des mauvais plaisantins.

- Limiter aux seules personnes autorisées l'accès physique au serveur de réseau.

8.6.8   Comment s'en débarrasser

Quel que soit le système d'exploitation, il existe de nombreux logiciels immuno-logiques conçus pour résister à toutes les attaques infectieuses connues. Certains de ces vaccins sont commerciaux, d'autres publics, mais la plupart sont gratuits. Une fois le système immunisé contre les maux de l'heure, il n'y a théoriquement plus de problèmes. Malheureusement, de nombreux utilisateurs attendent d'être aux prises avec une infection avant d'y songer.

De là sont nés les logiciels guérisseurs. Avec plus ou moins de succès, ces gué-risseurs passent à la loupe tous les octets d'un disque dur ou d'une disquette. Aussitôt qu'ils décèlent la présence d'une séquence maligne, ils en informent l'utilisateur et lui demandent l'autorisation de la détruire. Selon le virus auquel le guérisseur s'attaque, il est possible que tout soit redevenu propre et en bonne santé une fois l'opération terminée. Il ne reste plus qu'à détruire le vieux système d'exploitation et à en installer un nouveau parfaitement aseptisé. Dans les pires cas de virulence, les experts recommandent fortement d'agir de la même façon avec les copies de logiciels qui risquent d'avoir été infectées.

Il est relativement simple de se procurer ces programmes guérisseurs. Il existe maintenant sur le marché une cinquantaine de détecteurs de virus et de vaccins. On peut se les procurer en s'adressant à des clubs d'utilisateurs; la plupart d'entre eux ont rassemblé sur disquettes des brigades antivirus complètes. On peut aussi s'informer auprès de son vendeur.

Enfin, les virus informatiques ne sont pas des gadgets ni des curiosités dont on peut se débarrasser facilement, et ils ne doivent jamais être sous-estimés. Les dégâts qu'ils peuvent causer sont souvent irréversibles. Bien que la plupart des virus s'attaquent principalement aux applications (programmes) et aux disques, il n'est pas exclu qu'ils puissent détruire également les fichiers. Des mesures de sécurité et des outils efficaces peuvent venir à bout de ce fléau.

Il faut se souvenir que l'essentiel est de se protéger contre les virus en vacci-nant son système, en évitant les fréquentations douteuses par télécommunica-tion et en systématisant comme jamais la sauvegarde des disquettes.

FIGURE 8.26
Écran du logiciel
McAfee

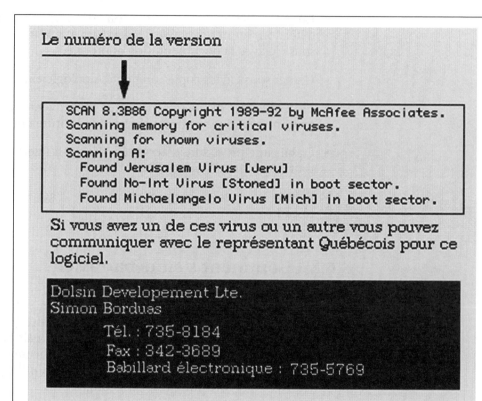

8.6.9 Les différents virus

Il existe aujourd'hui des dizaines et des dizaines de virus et certains sont plus connus (et plus dommageables) que d'autres. C'est pourquoi nous ne verrons ici que les plus usuels.

8.6.9.1   Description des différents virus

Scores

Ordinateur : Macintosh

Origine : Electronic Data Systems Dallas

Date : automne 1987

Description

- Infecte les logiciels en augmentant leur grosseur d'environ 7 Ko.

- Infecte un nouveau logiciel à environ toutes les 3,5 minutes.

Transmission

- Par des disquettes infectées.

Symptômes

- Ralentissement marqué du système.
- Problème d'impression.
- Modification du format des fichiers.

LeHigh

Ordinateur : IBM-PC

Origine : LeHigh University, Pennsylvanie

Date : automne 1987

Description

- Modifie le fichier COMMAND.COM.
- Gonfle les programmes infectés d'environ 20 octets.
- Change la date et l'heure de création des fichiers.
- Détruit toutes les données du système.

Transmission

- Par un disque infecté.

Symptômes

- Grosseur du fichier Command.com modifiée.
- Perte des fichiers systèmes.

Alameda

Ordinateur : IBM-PC

Origine : Merritt College, Californie

Date : printemps 1988

Description

- Modifie les fichiers d'amorce (*boot system*) du système.

Transmission

- Se transmet lors de la mise en marche de l'ordinateur.
- Par un disque d'amorce (*boot disk*) d'origine inconnue.

Symptômes

- Ralentissement de l'amorce du système.
- Perte de données.

Pakistani Brain

Ordinateur : IBM-PC

Origine : Lahore, Pakistan

Date : janvier 1986

Description

- Modifie les fichiers d'amorce (*boot system*) du système.

Transmission

- Se transmet lors de la mise en marche de l'ordinateur.
- Par un disque d'amorce (*boot disk*) d'origine inconnue.

Symptômes

- Affichage du libellé «@brain» sur les disques infectés.
- Ralentissement de l'amorce du système.
- Perte de données.
- Très grande activité sur les lecteurs sans raison.

Israëli

Ordinateur : IBM-PC

Origine : Hebrew University, Jérusalem

Date : décembre 1987

Description

- Infecte les fichiers .EXE et .COM.
- Augmente la grosseur des fichiers.
- Transforme les programmes infectés en programmes résidents qui «surchargent» la mémoire.

Transmission

- Par un disque d'amorce (*boot disk*) d'origine inconnue.

Symptômes

- Ralentissement du fonctionnement de l'ordinateur.
- Effaçage automatique des programmes un vendredi 13.

- Grossissement continuel, jusqu'à ce qu'ils soient trop gros pour être exécutés, des fichiers .EXE.

8.6.9.2   Les programmes «sharewares»

Plusieurs logiciels sont offerts gratuitement aux abonnés de réseaux. Un système de menus et d'annonces permet de sélectionner les logiciels désirés. Le choix de ces logiciels, conçus par divers amateurs plus ou moins habiles, est très vaste. Aucune garantie n'est cependant donnée. Or plusieurs de ces logiciels comportent certains défauts. Parmi ceux-ci, mentionnons :

ANALYSE.EXE

Fonctions annoncées : analyse les fichiers de gestion d'un réseau informatique.

Fonctions réelles : les efface.

ANTECOPT.EXE

Fonctions annoncées : optimise l'espace du disque dur.

Fonctions réelles : le reformate.

DISKPREP.EXE

Fonctions annoncées : prépare les disquettes.

Fonctions réelles : reformate le lecteur par défaut.

DND23.ARC

Fonctions annoncées : jeu «Donjons et dragons».

Fonctions réelles : efface le répertoire du disque dur.

DRPTR.ARC

Fonctions annoncées : changer le répertoire de disque.

Fonctions réelles : efface les fichiers du répertoire principal (*root*).

8.7   LES LOGICIELS POUR RÉSEAUX LOCAUX

Nous avons vu au chapitre précédent que la gestion d'un réseau nécessitait un système d'exploitation de réseau.

Nous présentons ici une brève description de deux logiciels, soit LANtastic, version 4.0, d'Artisoft et NetWare 386, version 3.1, de Novell.

8.7.1   LANtastic, version 4.0

Le fabricant de systèmes d'exploitation de réseau local Artisoft a mis en marché en juin dernier une nouvelle version de son logiciel LANtastic, la version 4.0. Il est adapté à l'environnement Windows 3.0, en mode réel, standard et avancé, qu'il soit utilisé par des postes de travail ou des serveurs de réseau non dédiés. Son programme d'installation piloté par menus a été révisé, et le logiciel peut maintenant être installé sur divers types de systèmes. Une fois chargé, il est indélogeable de la mémoire vive et permet aux utilisateurs d'exécuter des commandes de traitement par lots sur le serveur, depuis leur poste de travail.

8.7.2   NetWare 386, version 3.1

Système d'exploitation de réseau 32 bits, NetWare 386 apporte plusieurs améliorations, dont la création d'une plate-forme ouverte de développement, pour les applications de sociétés tierces, et une accélération du temps d'accès aux fichiers sur disque (de 25 % à 30 %). Il gère des pilotes pour CD-ROM et disques WORM, ainsi que les contrôleurs SCSI pour les nouveaux PS/2. Il assure la gestion de noms de fichiers multiples, afin d'accéder à des titres longs depuis le DOS. Cette version accepte le multiprotocole et offre un support étendu pour le réseau Token Ring. Ces caractéristiques en font un environnement ouvert de développement.

8.8   ACHETER OU CONCEVOIR SES LOGICIELS

8.8.1   Avantages et inconvénients de l'achat

En micro-informatique, la question à savoir s'il faut acheter ou concevoir ses logiciels est moins pressante qu'en «grande» informatique, compte tenu de l'éventail de progiciels qui peuvent répondre à la plupart des besoins de gestion, et ce à des coûts parfois minimes. Examinons quelques-uns des avantages et des inconvénients de l'achat d'un progiciel.

Avantages

- Économie : les fabricants de logiciels peuvent amortir les coûts de conception sur un plus grand nombre d'utilisateurs, ce qui entraîne une réduction du coût d'acquisition des progiciels. L'achat permet aussi d'épargner le temps d'élaboration et donc les coûts associés à la gestion du personnel.

- Facilité d'entretien : généralement, la firme vendeuse assurera l'entretien et la mise à jour; des versions améliorées seront offertes à faible coût.

- Indépendance : l'achat d'un progiciel élimine la dépendance envers les concepteurs d'un programme fait sur mesure.

- Soutien : un progiciel est accompagné d'une documentation complète et donne souvent accès à un système d'aide téléphonique.

Inconvénients

- Banalisation : aucun progiciel ne correspond parfaitement aux opérations et procédures d'une firme. Les progiciels sont conçus pour rejoindre le plus d'utilisateurs possible; ils sont donc produits dans une perspective très générale d'application et ne tiennent pas compte des cas particuliers. Bref, la généralité des programmes ne peut satisfaire tous les besoins.

- Qualité incertaine : certains progiciels peuvent être d'une qualité incertaine quand leur conception n'est pas arrivée à maturité. En règle générale, plusieurs versions seront élaborées avant que le concepteur parvienne à un produit exempt d'erreur de conception (bogue) importante.

Compte tenu du fait que les progiciels ne sont pas parfaitement adéquats, quelques options peuvent être envisagées :

1) Diminuer ses exigences et accepter un progiciel répondant à 80 % ou 85 % des besoins. C'est souvent la meilleure solution.

2) Faire appel à une firme qui conçoit des logiciels, car certaines vendent des progiciels comportant diverses options qui permettent de satisfaire les besoins «sur mesure», ou des progiciels ayant des fonctions qui permettent de les adapter à des besoins plus spécifiques.

3) Modifier le logiciel acheté; c'est souvent une solution hasardeuse, car il arrive qu'elle soit aussi coûteuse que de mettre au point soi-même un nouveau logiciel; cette option oblige à faire appel aux services d'un programmeur professionnel qui manipulera les instructions du programme pour arriver à adapter celui-ci aux besoins de l'organisation.

Enfin, il vaut mieux ne pas acheter de progiciels avec l'intention de créer soi-même les logiciels d'applications. Une telle solution est coûteuse et n'est en outre possible que lorsque l'entreprise possède les ressources (expertise, personnel, équipements) informatiques nécessaires.

8.8.2   Le marché du logiciel

Supposons qu'un gestionnaire se trouve face à problème de gestion et qu'il en vienne à la conclusion que l'utilisation d'un micro-ordinateur saurait résoudre de façon efficace ce problème; une question se pose alors : existe-t-il un progiciel qui saurait exécuter le travail de façon adéquate?

Un logiciel «préfabriqué» ou conçu par des firmes spécialisées en la matière est appelé un progiciel. Un progiciel est généralement composé d'un ensemble de programmes reliés qui constituent la matière et les attributs du logiciel. On peut donc y trouver, en plus du programme principal, des programmes d'installation, de gestion de l'imprimante, de conversion, de communication, etc.

Acheter un mauvais progiciel peut entraîner des frais inutiles et des frustrations incroyables. Il peut être difficile de travailler avec un progiciel qui ne répond ni aux besoins ni aux habitudes de travail. Comment donc dénicher celui qui exécutera la bonne tâche? La question n'est pas simple, mais nous tenterons d'y répondre en fournissant quelques indications pour une démarche et une recherche intelligentes.

8.8.3   Choisir un progiciel

Le nombre, la variété, les domaines d'applications des progiciels pour micro-ordinateurs sont impressionnants. Des milliers et des milliers de logiciels produits aux États-Unis nous sont accessibles, certains étant même traduits en français. Comment nous y retrouver dans cette jungle?

La publicité dans les revues spécialisées (*Informatique et bureautique*, *PC Magazine*, *PC World*, et bien d'autres) et les catalogues des fabricants de progiciels fournissent des descriptions sommaires des progiciels qui sont édités. Des évaluations de produits publiées par les magazines spécialisés informent davantage que la publicité, en donnant des détails sur les fonctions et sur les caractéristiques générales des progiciels. Les vendeurs des boutiques spécialisées doivent être en mesure de fournir des renseignements sur le produit, de répondre aux questions et d'effectuer une démonstration.

Les concepteurs de progiciels offrent souvent une disquette de démonstration de leurs produits et des documents d'information. Les disquettes de démonstration, si elles ne sont pas données, ne coûtent généralement que quelques dollars. D'autres firmes ou des consultants qui ont eu à faire face à un problème similaire peuvent également prodiguer de précieux conseils. Il est aussi possible de consulter des répertoires électroniques qui contiennent une liste de la plupart des logiciels existants. Au Québec, *La source*, de Logibase, comprend près de 4000 entrées et, aux États-Unis, *Softsearch International* compte au-delà de 30 000 entrées. On peut consulter ces librairies électroniques moyennant quelques dollars.

8.8.4   Préciser les critères de choix

Dès que le choix s'est arrêté sur un type de progiciel ou sur plusieurs progiciels en particulier, il convient de poser certaines questions quant aux avantages de l'un par rapport à l'autre. Mais quels critères permettent d'opter pour un progiciel plutôt que pour un autre? En dressant une liste de vérification des points importants à considérer, il sera plus facile ensuite d'arrêter son choix sur un produit en particulier.

L'utilisateur doit d'abord se demander si le progiciel dont il a pris connaissance existe réellement où s'il n'est simplement qu'en phase de conception, la publicité devançant la mise en marché du produit. Il doit aussi se demander si les produits sélectionnés sont compatibles avec ses équipements. Un programme conçu pour fonctionner dans un environnement Unix ne pourra fonctionner sous DOS, par exemple. Avec quelle version de système d'exploitation peut-il travailler? Il lui sera peut-être nécessaire d'acquérir une version plus récente d'un système d'exploitation. Il doit aussi vérifier si ce dernier s'adapte à un environnement réseau.

Il doit de plus s'assurer que son équipement informatique est suffisamment puissant. Par exemple, la dernière version d'Excel exige un ordinateur construit autour d'un processeur Intel 80288. Quelles sont les facilités de configurer le progiciel pour son système : carte de contrôle graphique, écran, clavier, imprimante, etc.? Le programme peut-il générer des caractères français, traiter la couleur? Est-ce que le progiciel peut traiter les données selon ses besoins et selon ses méthodes de travail? Est-ce que le format des sorties (*ouput*) est acceptable tant dans la forme que dans le contenu?

Les fichiers qui sont créés et traités sont-ils acceptables sur le plan de la grandeur, du contenu, du format, de l'accès protégé et du degré de permanence? Est-ce que le progiciel a un temps de réponse raisonnable ou l'utilisateur doit-il patienter un bon moment avant que le programme digère la dernière instruction ou la dernière entrée? Est-ce que le progiciel est convivial, facile à apprendre et à utiliser? Quelle est la qualité de la documentation : est-elle complète, claire, bien organisée, formative, etc.?

Est-ce que les messages d'erreur envoyés à l'utilisateur sont clairs et significatifs ou ne sont-ils simplement que des codes? Est-il possible d'effectuer des copies de sécurité des programmes, protégeant ainsi la copie originale d'une malencontreuse destruction? Les progiciels intégrés (par exemple, Framework) offrent-ils toutes les fonctions ou les programmes nécessaires? Est-il possible d'essayer le progiciel? Si oui, celui-ci a-t-il fonctionné selon les exigences de l'utilisateur, avec ses propres données, dans le format voulu et a-t-il résolu le problème qui lui a été soumis?

Quelle est la période de garantie du progiciel? Le fabricant offre-t-il un soutien technique adéquat lorsqu'un problème se présente? Y a-t-il une assistance à l'implantation et à la formation? Quels sont les autres logiciels utilisés dans l'environnement de travail? Si Excel est utilisé dans un environnement Lotus 1-2-3, est-il possible de profiter des connaissances du Lotus que possèdent des collègues de travail? Sera-t-il possible d'échanger des données entre les différents progiciels utilisés dans l'organisation? Le progiciel représente-t-il un bon achat compte tenu du prix à payer? N'y aurait-il pas une autre possibilité acceptable à meilleur prix?

Les questions proposées ici sont d'ordre très général et peuvent s'appliquer à n'importe quel logiciel. Pour plus de précisions, il convient donc de définir ses propres besoins de traitement en termes plus spécifiques en les liant au domaine d'application concerné.

Par exemple, un progiciel de traitement de texte peut ne fournir que des fonctions de base, des capacités d'édition et de mise en forme limitées, mais être facile à maîtriser. Si les besoins de traitement de documents sont minimes et se résument à des notes internes, des mémos, des lettres d'affaires, investir dans un logiciel très sophistiqué, requérant une formation de base, ne serait pas un choix judicieux. Un «petit» logiciel de traitement de texte fera très bien l'affaire.

Il en est de même pour le choix d'un programme d'édition électronique. L'analyse des besoins de production de documents mènera peut-être à la conclusion qu'un programme de traitement de texte avancé, possédant quelques fonctions d'édition électronique, conviendrait très bien. Dans le cas contraire, il faudra se poser plusieurs questions sur les capacités du programme d'édition choisi. Par exemple, est-ce que l'éditeur de page peut concevoir des colonnes, des encadrés, des lignes de la façon souhaitée; quelles sont les polices de caractères disponibles; est-ce que la librairie d'images offre un éventail d'images suffisant pour répondre aux besoins; le programme peut-il importer des images, des illustrations, des graphiques en provenance d'autres bibliothèques?

Autant d'aspects qu'il faut considérer pour opérer un choix éclairé du produit qui facilitera la réalisation des travaux de gestion. L'achat d'un équipement micro-informatique est un cas où le choix des boutons (logiciels) se fait avant l'achat du complet (ordinateur). Il serait donc judicieux, avant de faire l'acquisition d'un micro-ordinateur, d'évaluer sommairement les besoins et la bibliothèque des logiciels existants pour l'appareil désiré. Il est toujours désagréable de s'apercevoir que le logiciel qui répond aux besoins n'existe pas pour l'appareil acheté, situation qui oblige à trouver des compromis qui, à long terme, ne sauraient être réellement profitables.

Le choix d'un bon progiciel est une décision de grande portée. Si le personnel doit consacrer 50 heures à maîtriser un progiciel, ce qui est fréquent, on hésitera à en adopter un autre quelques mois plus tard. Les ventes de la version 2.01 de Lotus 1-2-3 se sont maintenues au-delà d'une année, même si Excel était un produit de qualité supérieure. Les utilisateurs ont continué d'acheter Lotus 1-2-3 pour ne pas avoir à apprendre un autre logiciel. On avait évidemment foi en la capacité de Lotus Development à produire éventuellement une nouvelle version, au moins de qualité égale à Excel.

8.8.5   Liste des logiciels importants

Voici une liste de 65 logiciels pour les PC à considérer avant d'acheter :

SYSTÈMES D'EXPLOITATION

DOS (Microsoft ou IBM)   Toujours le plus vendu.

MS-Windows (Microsoft)   À considérer sérieusement si on possède beaucoup d'applications DOS.

OS/2 (Microsoft, IBM)   Il vaut mieux attendre que les applications soient plus nombreuses.

Unix   À ne considérer que dans un environnement de réseau assez important ou pour des applications spécialisées (CAO, ingénierie).

RÉSEAUX LOCAUX

NetWare (Novell)   Il existe de multiples versions de ce logiciel, le plus populaire au monde.

| 3+ Open | Un important concurrent de Novell qui semble perdre du terrain. |
| Vines (Banyan) | Un pionnier dans les réseaux géographiquement étendus (WAN). |

LOGICIELS DE TÉLÉCOMMUNICATION

Crosstalk (Crosstalk comm./DCA)	Classique, très complet, un peu compliqué.
ProComm (Datastorm Technologies)	Une vedette montante provenant du monde des partagiciels.
Qmodem (Mustang Software)	Simple à installer et à utiliser. Il est très puissant et performant.

LOGICIELS DE TRAITEMENT DE TEXTE

WordPerfect et WordPerfect pour Windows (WP Corp.)	Le leader du marché, et de loin.
Word et Word pour Windows (Microsoft)	Son plus grand défaut est d'être arrivé sur le marché après d'autres.
Ami Professionnal pour Windows (Lotus Corp.)	Un des plus performants dans l'environnement Windows.
Hugo 5.0 et Hugo pour Windows (Logidisque)	Correcteur orthographique de classe qui complète plusieurs traitements de texte.

SYSTÈMES DE GESTION DE BASES DE DONNÉES

dBase IV (Ashton-Tate)	Le leader incontesté, mais pas nécessairement le meilleur.
Foxbase (Fox Software)	Excellent produit, le préféré des programmeurs.
Paradox (Borland)	Bien placé sur deux tableaux : puissance et facilité d'utilisation.

TABLEURS

Lotus 1-2-3, version 3.1	Le leader depuis le tout début.
Lotus 1-2-3, version 2.3	Pour ceux qui n'ont que 640 Ko ou moins à leur disposition.
Lotus 1-2-3 pour Windows	Un nouveau standard sous Windows.
Quattro (Borland)	Un prix très alléchant pour un produit de cette qualité.
Excel pour Windows (Microsoft)	La meilleure représentation sur écran, mais qui exige de la puissance.

LOGICIELS D'ÉDITIQUE

Ventura
(Xerox Desktop Software)

Le premier pour le PC.

PageMaker 4 (Aldus)

Le premier sur le marché en version Mac.

Persuasion (Aldus)

Très puissant, mais pas très facile à utiliser la première fois.

LOGICIELS DE GRAPHISME D'AFFAIRES

Harvard Graphics
(Software Publishing)

Le plus vendu et certainement un des plus complets.

Chart (Microsoft)

Interface avec une foule de logiciels populaires; nombreuses options, mais peu intuitif.

LOGICIELS DE CRÉATION GRAPHIQUE

CorelDraw (Corel Corp.)

Extrêmement complet et puissant à un très bon prix.

PC Paint Brush (Zsoft)

Le moins cher.

Designer 2 (Micrografx)

Un genre de Freelance (Mac) fonctionnant sous Windows et OS/2.

LOGICIELS DE GESTION DE PROJETS

Harvard Project Manager
(Software Publishing)

Le roi du marché.

MS-Project (Microsoft)

Pas compliqué et assez complet.

LOGICIELS DE CAO/FAO

AutoCad (Autodesk)

Devient le standard.

Auto-Cam
(ICAM Tech. Corp.)

Un bon produit fabriqué à Montréal avec graphisme couleur interactif.

CadKey (Cadkey)

Bon langage de programmation 3D. Plus de 200 interfaces avec des équipements industriels.

UTILITAIRES

PCTools
(Central Point Software)

Sa dernière version (7.1) en a déçu plusieurs.

Norton Utilities
(Peter Norton Computing)

Le classique qui a fait ses preuves.

SideKick Plus (Borland)

Pas cher pour une foule d'outils de bureau.

Fastback
(Fifth Generation Software)

Parfait pour les copies de sécurité.

8.9 CONCLUSION

Graduellement, les notions prennent un sens plus concret. On sait mieux à présent pourquoi il nous faut un ordinateur. On connaît aussi un peu plus le langage des micro-ordinateurs et ses composantes. Ce chapitre a présenté les principales familles de logiciels et leurs domaines d'utilisation. Il ne reste maintenant qu'à mettre en pratique ces différentes notions, ce qui sera fait dans les prochains chapitres.

Nous avons parlé, dans ce chapitre, de quelques logiciels utilitaires; il en existe beaucoup d'autres. Il est donc préférable de se renseigner sur ceux-ci afin de découvrir lequel sera le plus profitable pour des applications particulières.

Il est également important de ne jamais oublier la sécurité informatique et de voir à se protéger contre les virus. On parle en effet de plus en plus de sécurité informatique, dimension importante de la gestion d'une entreprise, qui oblige à l'implantation de mesures de sécurité. Cependant, peu de gestionnaires sont capables d'expliquer ces mesures; c'est pourquoi nous aborderons plus longuement ce sujet au chapitre 15.

8.10 QUESTIONS

1. À quoi sert un logiciel d'exploitation?

2. On dit que le système d'exploitation accomplit lui-même certaines tâches. Nommez-en trois.

3. Quels sont les systèmes d'exploitation dotés d'une interface-utilisateurs conviviale?

4. Nommez les systèmes d'exploitation multitâches.

5. Avec MS-DOS, est-il possible d'imprimer un fichier et de continuer à travailler sur un second fichier en même temps? Pourquoi?

6. Quelle différence y a-t-il entre un compilateur et un interpréteur?

7. Expliquez, dans vos propres mots, le principe de fonctionnement des langages procéduraux.

8. Croyez-vous que le langage d'assemblage est facile à comprendre? Dites pourquoi.

9. Quel langage de programmation utiliseriez-vous pour calculer des volumes par le biais des calculs d'intégration?

10. Donnez deux exemples concrets où la conception d'un logiciel est préférable à l'achat d'un progiciel.

11. Nommez cinq fonctions d'un système d'exploitation.

12. Qu'entend-on par convivialité?

13. En quoi consiste un programme résident?

14. Qu'est-ce qu'un virus informatique et à quelle partie de l'ordinateur en particulier s'attaque-t-il?

15. À quoi servent principalement les programmes informatiques dits «utilitaires»?

16. Nommez et décrivez brièvement les utilitaires PCTools et Norton Utilities.

17. En quoi un logiciel PIM peut-il être utile?

18. Décrivez SideKick Plus et ses caractéristiques; où et en quoi peut-il être utile?

19. Quelle est l'utilité d'un logiciel de communication?

20. Comment un virus informatique réussit-il à s'implanter dans le système interne d'un micro-ordinateur et à infecter celui-ci?

21. Décrivez deux types de virus informatiques.

22. Nommez quelques virus qui ont causé des dommages dans le milieu informatique au cours des dernières années.

23. Existe-t-il des vaccins contre les virus? Des détecteurs de virus qui empêchent ces derniers de pénétrer dans le système d'un micro-ordinateur? Si oui, nommez-les.

8.11 BIBLIOGRAPHIE

BERGERUD, Marley et Thomas KELLER. *Computer for Managing Information*, John Wiley & Sons, 1988, 480 p.

BLISSMER, Robert H. *Introduction Computers — 1988-1989 Computer Annual*, John Wiley & Sons, 1988, 436 p.

BROWN, Bruce. «A decision guide for multitasking solutions», *PC Magazine*, 28 février 1989, p. 96-97.

CAPRON, H. L. et Ralph E. DUFFY. *Using Microcomputers*, The Benjamin/Cummings Publishing Co., 1989, 548 p.

DUMAIS, Nelson et Guy MARTIN. «Les traitements de formulaires ne sont pas tous de même niveau», *Informatique et bureautique*, avril 1989, p. 19-27.

FRESKO-WEISS, Henry. «High-end project managers make the plans», *PC Magazine*, 16 mai 1989, p. 172-173.

GINGRAS, Lin, Nadia MAGNENAT-THALMAN et Louis RAYMOND. *Systèmes d'information organisationnels*, Gaëtan Morin éditeur, 1988.

LEWIT, Richard. «Forms software fills in the blanks», *PC Magazine*, 13 juin 1989, p. 139-203.

O'BRIEN, James. *Information Systems in Business Management*, 5e éd., Irwin, 1988, 803 p.

O'BRIEN, James A. *Computers in Business Management*, 4e éd., Irwin, 1985.

O'LEARY, T. J. et Brian K. WILLIAMS. *Computers and Information Systems*, 2e éd., The Benjamin/Cummings Publishing co., 1989, 687 p.

PETZOLD, Charles. «OS/2 extended edition. System integration the IBM way», *PC Magazine*, 31 janvier 1989, p. 141-150.

POITRAS, Francine. «Unix comme système multi-utilisateur», *Micro-Gazette*, juin 1989.

RHÉAULT, Michel. «Composantes et fonctionnment d'un système expert», *Micro-Gazette*, décembre-janvier 1988-1989, p. 6-7.

SAINT-PIERRE, Armand. *Les systèmes d'informations comptable et de gestion*, Lidec, 1985.

SENN, James A. *Information Systems in Management*, 3e éd., Wadsworth Publishing Co., 1987, 908 p.

TOCCO, Gil. «Comment supprimer vos formulaires», *Informatique et bureautique*, avril 1989, p. 15-17.

«Four integrated packages : Low-end in price only», *PC World*, avril 1989, p. 97.

9 Le traitement de texte et la micro-édition

9.0 OBJECTIFS

1. Définir le traitement de texte et en énumérer les principales fonctions.

2. Résumer le processus de traitement de texte et les moyens mis à la disposition des auteurs pour produire leurs documents.

3. Connaître les applications du traitement de texte dans les organisations, les facteurs motivant l'usage de tels systèmes et les avantages de ceux-ci.

4. Connaître les principaux critères qui permettent d'effectuer un choix éclairé d'un système de traitement de texte.

5. Définir la micro-édition et ses éléments constituants.

9.1 INTRODUCTION

Des progrès gigantesques ont été réalisés dans le domaine de la saisie mécanique de texte. Avec la machine à écrire mécanique du XIXe siècle, puis la machine de traitement de texte conçue autour de microprocesseurs, une transformation radicale de tout le travail de bureau s'est amorcée.

Le traitement de texte permet de produire des documents de facture professionnelle, ce qui influence la portée du message. Le monde des affaires est intransigeant : il réclame des communications claires et précises et souvent dans des délais très courts. Or, pour produire un document soigné satisfaisant à cette exigence de clarté et de précision, plusieurs brouillons seront souvent nécessaires. Il faudra procéder à des corrections, des déplacements de texte et parfois même apporter des modifications majeures avant de parvenir à une version finale acceptable qui sera ensuite imprimée et diffusée. Le traitement de texte facilite ces opérations qui, autrement, seraient longues et fastidieuses, tout en réduisant le risque d'introduire des erreurs à chaque transcription.

9.2   QU'EST-CE QUE LE TRAITEMENT DE TEXTE?

L'expression «traitement de texte» est la traduction de *text processing* qui tire elle-même son origine du mot allemand *texverarbeitung* forgé par IBM-Allemagne en 1964 pour décrire l'automatisation des activités de traitement de documents : composition, révision, archivage.

Le traitement de texte concerne donc toutes les opérations de saisie, de correction, de manipulation, de mise en forme, de mémorisation, d'édition et de transmission de toutes sortes de documents : lettres, mémos, contrats, rapports, devis, notices et manuels techniques, tableaux, articles, livres, etc.[1]

Lorsqu'on parle de traitement de texte, on confond souvent le processus et les moyens. On dira, en parlant du logiciel : «Quel traitement de texte as-tu acheté?» et «Tapez ce rapport au traitement de texte», en parlant des opérations exécutées sur une machine de saisie, de mise en forme et d'impression d'un document. Pour nous éclairer sur ce concept, retenons la définition proposée par le SCOM (Service central d'organisation et de méthodes) :

> Le traitement de texte peut se définir comme la technique qui permet, à partir de l'expression de textes conçus et transcrits à plusieurs reprises et d'informations séparées, de produire des documents dans leur présentation définitive voulue par l'auteur, en évitant toute nouvelle transcription manuelle des éléments déjà saisis.

> Il permet, à l'aide de machines à mémoires amovibles, la saisie, la conservation, la consultation, l'assemblage, la mise à jour, l'impression et éventuellement la transmission à distance de textes. Il peut s'étendre aussi au traitement de fichiers et de données numériques[2].

9.2.1   Caractéristiques

Le traitement de texte tire son origine de la dactylographie, mais il en perfectionne et en multiplie les usages par l'addition des capacités de mémorisation et d'automatisation de fonctions facilitant de nombreuses opérations :

- La manipulation simple : révision, insertion et correction avec mémorisation du texte qui peut être récupéré et révisé à volonté.

- La manipulation sophistiquée : ajouts, suppressions ou déplacements de mots, de lignes, de paragraphes, de pages, de colonnes; recherches avec ou sans remplacements et remises en forme.

- La mémorisation : stockage et récupération à volonté de documents grâce aux supports magnétiques.

- L'impression indépendante de la saisie : impression d'un texte et saisie d'un autre simultanément.

- L'impression différée : récupération et manipulation de documents en plusieurs séances avant l'impression; envoi de documents mémorisés à un

---

1. Jean-Paul De Blasis. *Les enjeux clés de la bureautique.*
2. À l'aide d'éditeurs de programme comme XDIT, PE2, EDLIN. (N.D.A.)

service d'impression pouvant effectuer l'impression sur des imprimantes hautement performantes.

Limité au traitement des textes écrits, le traitement de texte n'est que la pointe de l'iceberg bureautique. Traitant les textes tels qu'ils sont, il ne permet pas de réelles transformations des données, bien que les nouveaux logiciels tendent à le faire, notamment par leurs capacités de calcul, de saisie d'images et de graphiques, de tri, de programmation des formulaires, ainsi que par la possibilité d'ajouter des cartes de communication assurant le transfert des données.

9.2.2 Historique

L'histoire des systèmes de traitement de texte débute en 1873 avec l'invention de la machine à écrire visant à accélérer et à uniformiser l'écriture des textes et servant surtout à des fins de communication. Puis, dès 1930, la machine à écrire électrique, plus rapide que la machine à écrire mécanique, envahit le marché. Quelque 20 ans plus tard apparaissent les machines à frappes répétitives qui allègent la tâche, notamment dans le domaine du courrier type, grâce à l'utilisation de cylindres avec papier troué. On compte aujourd'hui plus de 20 millions de machines à écrire dans le seul monde des affaires. De légères améliorations, tel le ruban correcteur, ont permis aux utilisateurs d'économiser du temps dans la mesure où, à raison d'une minute par correction, une personne y consacre environ 15 jours par an.

Les premiers équipements pouvant être qualifiés de machines de traitement de texte ont été les machines électriques à enregistrement magnétique, appelées M.T./S.T. (pour *Magnetic Tape/Selectric Typewriter*), commercialisées par IBM, en 1964, et comprenant une mémoire interne à cassette à accès séquentiel.

La compagnie IBM a introduit par la suite des versions plus perfectionnées de machines à écrire à mémoire magnétique, entre autres la IBM Mag Card II (1969) dotée d'une carte magnétique comme support de stockage amovible et pouvant mémoriser une page de texte à la fois. En 1965, Xerox lançait la 800 ETS (*Electronic Typing System*) qui différait de sa concurrente d'IBM par son imprimante deux fois plus rapide et par son support d'enregistrement constitué de cassettes magnétiques. La nature de ces équipements reste cependant la même; il s'agit de machines à mémoire dite mécanique, par opposition aux mémoires informatiques électroniques, qui reproduisent les caractères saisis directement sur le papier.

Au cours des années 70, Lexitron et 3M introduisent les écrans cathodiques qui présentent l'avantage d'être modulaires et programmables et qui assurent une plus grande souplesse dans le traitement. En 1973, Vydec met au point un système de traitement de texte muni d'un dispositif de stockage sur disquettes, ce qui permet un accès aux données direct plutôt que séquentiel. Le traitement de texte profite donc de la convergence des progrès technologiques de la machine à écrire et de l'informatique.

Plusieurs compagnies (dont AES Data) ont par la suite conçu un équipement autonome de traitement de texte (système dédié) qui utilisait un micro-ordinateur spécialisé et qui était capable de stocker sur disquettes jusqu'à

FIGURE 9.1
L'évolution
des systèmes de
traitement de texte

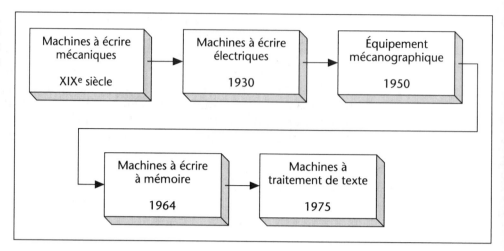

130 pages de texte; de plus, ces systèmes permettaient d'augmenter les possibilités d'impression en liaison avec les imprimantes courantes : Selectric (IBM), Diablo (Xerox), etc.

À partir de 1977, ces équipements autonomes, dotés de logiciel améliorés qui ajoutent la capacité de communiquer, deviennent très populaires, leur prix descendant en dessous de 10 000 $.

L'informatique des années 80 est marquée par des changements importants à la suite des progrès majeurs de la micro-informatique et des ordinateurs personnels, qui favorisent l'introduction du traitement de texte dans les bureaux. Contrairement aux systèmes dédiés, relativement dispendieux, qui ne peuvent effectuer qu'un seul type de traitement, les micro-ordinateurs, moins dispendieux, et les nombreux logiciels d'applications offerts peuvent effectuer plusieurs types de traitements différents, ce qui justifie l'acquisition de l'appareil. Les premiers logiciels de traitement de texte pour les ordinateurs personnels ont été conçus par MicroPro (avec WordStar) et par Digital Research (avec Editor Program). Depuis, une pléiade de produits ont été mis au point, avec un large spectre de performances.

L'efficacité des premiers logiciels de traitement de texte était bien relative, tant en matière de création de textes et d'assistance à l'édition qu'en matière d'utilisation même des logiciels. Néanmoins, le traitement de texte a gagné de plus en plus d'adeptes. La conséquence de la «démocratisation» de l'informatique se traduit par la naissance de nombreuses entreprises spécialisées dans le traitement de texte. La concurrence farouche à laquelle elles se livrent entraîne une progression spectaculaire des performances des logiciels : ajout de fonctions de calcul, de traitement d'images et de graphiques, de dictionnaires, de système de gestion de bases de données, de télécommunication, etc.

À l'aube des années 90, la tendance s'oriente vers la conception de logiciels qui, sans être aussi complexes que les programmes d'édition électronique, n'en permettent pas moins d'effectuer des travaux d'édition assez impressionnants, notamment grâce aux possibilités quasi illimitées des imprimantes à laser. WordPerfect, dans sa version 5.1, est un bel exemple de cette évolution.

9.3 LES ÉTAPES DU PROCESSUS DE TRAITEMENT DE TEXTE

On distingue plusieurs étapes dans la séquence des opérations de traitement de texte qui mènent à la production d'un document final répondant aux exigences de l'auteur. Ces étapes sont :

1) la création d'un texte;

2) la saisie;

3) la mise en forme;

4) la sauvegarde sur support magnétique;

5) l'édition et la révision;

6) l'impression et la diffusion.

Nous allons maintenant examiner chacune de ces étapes, afin de comprendre tout le processus du traitement de texte.

9.3.1 La création d'un texte

La création d'un document commence par la conception d'un message destiné à être communiqué par écrit. Les moyens dont dispose un auteur pour produire un texte sont :

- le papier et le crayon;
- la dictée sténographique;
- la machine à dicter;
- le lecteur optique (ou scanneur);
- le décodeur vocal;
- la saisie sur clavier.

Les trois premiers moyens relèvent des méthodes traditionnelles tandis que les trois autres appartiennent aux nouvelles technologies.

Plusieurs voies s'ouvrent donc depuis la conception d'un texte jusqu'à sa production finale imprimée. Ces voies sont intimement liées aux technologies existantes, aux habiletés des auteurs et à la disponibilité du personnel spécialisé.

9.3.1.1 Méthodes traditionnelles

La dictée sténographique et l'utilisation de la machine à dicter contraignent les auteurs à recourir aux services de commis pour la saisie de leur message. Cette étape de traitement expose le message original à des erreurs de transcription, à des omissions qui obligent les auteurs à faire preuve d'une plus grande vigilance au moment de la révision. Il arrive que les auteurs ne soient pas très habiles à dicter leur pensée, à traduire celle-ci verbalement par des phrases cohérentes et

FIGURE 9.2
Méthodes de création
d'un texte

AUTEUR	Support initial à la création	Support intermédiaire de transcription	Saisie par	TEXTE
	Voix		Décodeur	
	Voix	Dictaphone/cassette	Commis dactylo	
	Voix	Manuscrit/sténographie	Sténodactylo	
	Manuscrit		Commis dactylo	
			Auteur	
	Imprimé		Lecteur optique	

complètes ou à transmettre l'intégralité du message. Une révision majeure du texte est alors nécessaire et plusieurs versions d'un même document doivent être produites avant d'en arriver à une version définitive.

Un problème similaire se pose lorsque les auteurs, incapables de maîtriser l'art de la dictée, se voient contraints de sortir leur papier et leur crayon et de concevoir sur papier leur message. Le manuscrit ainsi produit sera remis à un commis qui en assurera la saisie. Les auteurs qui créent leur texte de cette façon doivent veiller à leur calligraphie, ce qui peut, pour certains, signifier une perte de temps. D'autres encore préféreront taper eux-mêmes leur texte à la machine à écrire, notamment s'il s'agit d'un document hautement confidentiel, avec tous les inconvénients que comporte ce moyen, inconvénients multipliés si l'auteur se sent plutôt malhabile face à la machine à écrire.

9.3.2   La saisie informatisée

9.3.2.1   Saisie sur clavier

Conséquence de la «démocratisation» de l'informatique, on voit un nombre grandissant d'auteurs faire usage d'une machine de traitement de texte. La saisie directe est encouragée par des logiciels de plus en plus faciles à utiliser qui permettent à un auteur de saisir, sur clavier, le message au fur et à mesure de sa création. Cette méthode met l'auteur à l'abri de toute mauvaise interprétation pouvant découler de l'intervention d'un intermédiaire dans le processus de production. De fait, les logiciels de traitement de texte figurent parmi les logiciels les plus utilisés par les gestionnaires[3].

La création et la saisie directes à l'aide du traitement de texte se trouvent facilitées par des fonctions connexes au système telles que des dictionnaires orthographiques et grammaticaux, des dictionnaires de synonymes, des traduc-

---

3.   R. Rhodes et J. Krupsh. «Do top level executives use computers to make their decisions».

teurs, par l'accès possible à des modèles ou à des paragraphes standardisés (par exemple, des documents légaux), à des sources bibliographiques et à des bases de données personnelles, organisationnelles et commerciales pouvant enrichir le texte de statistiques, de tableaux, de références, etc. Il est à noter que toutes ces fonctions et ces facilités ne peuvent remplacer l'étape, essentielle, de la révision et de la correction.

Fonctionnement

Un texte saisi sur clavier est transféré dans la mémoire du micro-ordinateur où il devient facile de le manipuler à l'aide soit de commandes simples ou de fonctions du logiciel. La saisie est la première étape du traitement de texte proprement dit. Toute personne peut apprendre les rudiments du traitement de texte, et d'autant plus rapidement qu'elle sait utiliser une machine à écrire.

Une fois que l'utilisateur connaît les notions de base, la saisie sur clavier se révèle plus facile que la dactylographie ; dès qu'il appuie sur une touche, un caractère se forme à l'écran, et le curseur se déplace d'un espace vers la droite. Lorsque le curseur atteint la fin de la ligne, le mot suivant et le curseur se déplacent automatiquement à la ligne suivante. C'est ce qu'on appelle la «frappe au kilomètre», caractéristique qui différencie un système de traitement de texte d'une simple machine à écrire. De plus, l'utilisateur peut facilement corriger les erreurs de frappe sans avoir à retaper le texte ni à utiliser du papier ou du liquide correcteur.

Lorsque l'écran est plein, la saisie se poursuit de la même façon, et le texte se déplace automatiquement vers le haut au fur et à mesure de l'affichage de nouvelles lignes de texte. C'est ce qu'on appelle le «défilement» ou le «déroulement». Il est également possible de saisir les caractères à rebours. Dans ce cas, à l'aide d'une touche spécifique, le curseur est déplacé sur la marge de droite, et la saisie s'effectue à rebours. Cette fonction est utile pour aligner une ligne de texte sur la marge de droite : par exemple, la date.

La plupart des touches du clavier ont une fonction particulière en traitement de texte. C'est le cas, notamment, de la touche INS qui permet d'alterner entre le mode insertion et le mode écrasement. Le mode écrasement facilite la correction en superposant les nouveaux caractères à ceux qui sont déjà affichés à l'écran. La saisie du texte s'effectue «par-dessus» le texte existant et détruit ce dernier.

Certains logiciels sont, par défaut, en mode insertion, tandis que d'autres sont, par défaut, en mode écrasement. Il suffit d'enclencher la touche ins pour changer de mode.

9.3.2.2   Saisie automatique du texte

Le lecteur optique (ou scanneur) permet la saisie d'un texte préalablement dactylographié ; le texte est lu, puis stocké sur un support magnétique. Il peut ensuite être récupéré par un programme de traitement de texte à l'aide duquel il sera possible d'apporter des modifications au document. Cette technologie est surtout utile lorsque l'on veut saisir un texte déjà imprimé (livres, revues, journaux, notes, exposés, documents d'archives, etc.) que l'on désire intégrer à un document de base. Selon De Blasis, ce système a pour objectif d'améliorer la productivité en évitant de mobiliser ainsi une machine d'un coût relativement élevé pour réaliser seulement la saisie de textes.

La saisie vocale directe consiste à transmettre verbalement à une machine un message qui est automatiquement traité pour être ensuite imprimé dans un format (marges, interligne, etc.) prédéfini, puis stocké sur support magnétique. Cette méthode, quoique très séduisante, se heurte à de nombreuses contraintes liées aux nuances de voix, aux homonymes, aux règles grammaticales, à la sonorité des mots, qui rendent les recherches dans ce domaine fort difficiles. Bien que cette technique soit utilisée dans des champs très spécialisés, on est encore loin du lien direct voix–imprimé. Il n'est toutefois pas exclu qu'un jour la recherche technologique sera en mesure de mettre au point un tel instrument qui révolutionnera, nous le croyons, le travail de bureau.

9.3.3   La mise en forme

La mise en forme d'un document consiste à lui donner un format, c'est-à-dire à définir les marges, l'interligne, le type de caractères, la tabulation, etc. La mise en forme peut se faire dès la saisie du texte à l'aide des fonctions spéciales d'édition telles que le souligné, le gras, le centrage, les renfoncements, la justification, la césure de mots, etc.

9.3.4   La sauvegarde

Dès qu'un document est créé, il est nécessaire de le stocker sur un support magnétique afin de pouvoir le récupérer et le manipuler à nouveau. La mémori-

FIGURE 9.3
Le format selon
WorkPerfect

```
1 - Format Ligne
        Coupure de mots                 Interligne
        Justification                   Marges Gauche/Droite
        Hauteur de ligne                Tabulations
        Numérotation                    Veuve/Orphelin

2 - Format Page
        Centrer verticalement           Nouveau numéro de page
        Forcer page Paire/Impaire       Position du numéro de page
        En-tête et Cartouche            Format/Type de papier
        Marges Sup/Inférieure           Suppression

3 - Format Document
        Échappement de l'affichage      Méthode Ajout
        Valeurs par défaut              Sommaire

4 - Autres formats
        Avance                          Frappe superposée
        Fin de page conditionnelle      Fonctions d'impression
        Caractères d'alignement         Espaces/Tabs soulignés
```

sation sur support magnétique est une innovation technologique majeure en traitement de texte. C'est grâce à cette technologie que se sont développées les applications de traitement de texte. Tous les documents créés sont sauvegardés sur un disque dur ou sur une disquette. Le nombre de documents pouvant être stockés sur ces supports dépend des caractéristiques du système micro-informatique. Sur un disque dur, il est possible de stocker des milliers de pages de texte; quant à la disquette, elle peut contenir quelques centaines de pages. Par exemple, une page standard contient environ 2000 caractères. On peut donc en déduire qu'une disquette de 360 Ko a une capacité de 180 pages et qu'un disque dur de 100 Mo serait capable de stocker jusqu'à 50 000 pages de texte.

Un document sauvegardé sur disque dur ou sur disquette est appelé un fichier. À l'aide d'un index nommé répertoire, il est facile de repérer un fichier, de le récupérer et de manipuler autant de fois que nécessaire le document ainsi édité. Certains logiciels de traitement de texte permettent d'effectuer des sauvegardes automatiques et des copies de sécurité des différents documents à intervalles réguliers, mettant ainsi l'utilisateur à l'abri de pertes causées par des pannes soudaines du système. Bien que la copie de sécurité d'un document ne contienne que les données enregistrées lors de la dernière opération de sauvegarde et que le texte saisi après cette sauvegarde soit à tout jamais perdu advenant une défaillance du système ou une panne de courant, il n'en demeure pas moins que l'utilisateur n'a pas tout perdu. Il lui suffit de récupérer le fichier désigné par «copie de sécurité» (*backup*) et de resaisir la partie du document qui a été détruite : c'est moins long que de taper à nouveau tout le texte.

9.3.5 L'édition et la révision

L'édition d'un document permet de modifier la mise en forme de ce document, c'est-à-dire les marges, l'interligne, la justification, la numérotation des pages, les en-têtes, les caractères, etc., bref tout ce qui touche la présentation d'un texte.

FIGURE 9.4
Index des documents mémorisés sous WordPerfect

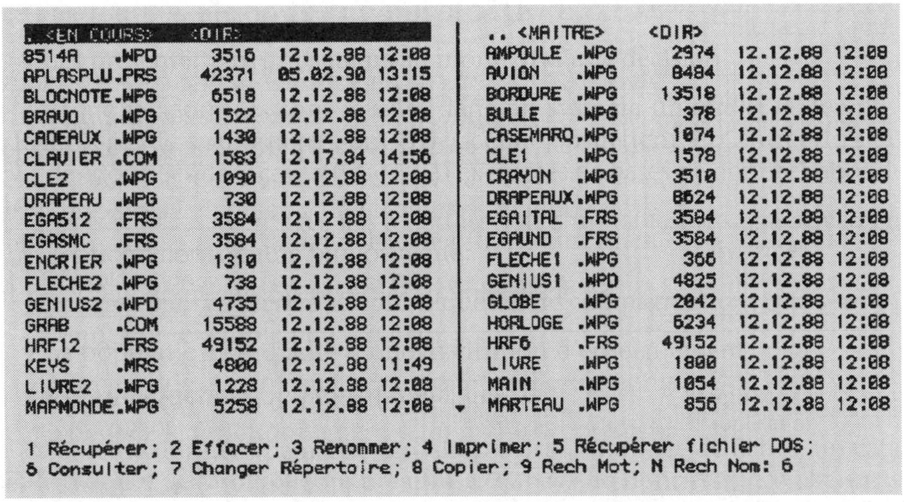

```
. <EN COURS>   <DIR>                           .. <MAITRE>    <DIR>
8514A    .WPD   3516  12.12.88 12:08           AMPOULE .WPG   2974  12.12.88 12:08
APLASPLU.PRS   42371  05.02.90 13:15           AVION   .WPG   8484  12.12.88 12:08
BLOCNOTE.WPG    6518  12.12.88 12:08           BORDURE .WPG  13518  12.12.88 12:08
BRAVO   .WPG    1522  12.12.88 12:08           BULLE   .WPG    378  12.12.88 12:08
CADEAUX .WPG    1430  12.12.88 12:08           CASEMARQ.WPG   1074  12.12.88 12:08
CLAVIER .COM    1583  12.17.84 14:56           CLE1    .WPG   1578  12.12.88 12:08
CLE2    .WPG    1090  12.12.88 12:08           CRAYON  .WPG   3510  12.12.88 12:08
DRAPEAU .WPG     730  12.12.88 12:08           DRAPEAUX.WPG   8624  12.12.88 12:08
EGA512  .FRS    3584  12.12.88 12:08           EGAITAL .FRS   3584  12.12.88 12:08
EGASMC  .FRS    3584  12.12.88 12:08           EGAUND  .FRS   3584  12.12.88 12:08
ENCRIER .WPG    1310  12.12.88 12:08           FLECHE1 .WPG    366  12.12.88 12:08
FLECHE2 .WPG     738  12.12.88 12:08           GENIUS1 .WPD   4825  12.12.88 12:08
GENIUS2 .WPD    4735  12.12.88 12:08           GLOBE   .WPG   2042  12.12.88 12:08
GRAB    .COM   15588  12.12.88 12:08           HORLOGE .WPG   6234  12.12.88 12:08
HRF12   .FRS   49152  12.12.88 12:08           HRF6    .FRS  49152  12.12.88 12:08
KEYS    .MRS    4800  12.12.88 11:49           LIVRE   .WPG   1800  12.12.88 12:08
LIVRE2  .WPG    1228  12.12.88 12:08           MAIN    .WPG   1054  12.12.88 12:08
MAPMONDE.WPG    5258  12.12.88 12:08         ▾ MARTEAU .WPG    856  12.12.88 12:08

1 Récupérer; 2 Effacer; 3 Renommer; 4 Imprimer; 5 Récupérer fichier DOS;
6 Consulter; 7 Changer Répertoire; 8 Copier; 9 Rech Mot; N Rech Nom: 6
```

Pour être efficace, un programme de traitement de texte doit aussi fournir des moyens de réviser et de modifier le document à l'écran. On peut vouloir modifier un document parce qu'il s'y est glissé des erreurs; de même, de nombreux documents peuvent être conçus à partir d'un document de base auquel il ne reste qu'à apporter des modifications mineures. D'une simple note de service transmise à son collègue, le gestionnaire peut concevoir un rapport de plusieurs pages destiné au directeur du service et produire un sommaire de quelques pages à partir de ce rapport.

Un bon programme de traitement de texte doit permettre d'effectuer facilement la plupart des modifications imaginables dans un document : insertion, suppression, déplacement, copie, recherche/remplacement, remise en forme.

9.3.5.1   Insertion

Grâce à la fonction d'insertion, il est possible d'insérer, dans tout document affiché à l'écran, des nouveaux mots, des symboles, des phrases ou des paragraphes entiers, et ce n'importe où dans le texte. Il suffit de placer le curseur à l'endroit voulu et de taper sur le clavier le texte à ajouter, ou encore de récupérer un fichier stocké sur disque dur ou disquette, puis de l'insérer dans le texte à la position du curseur.

9.3.5.2   Suppression

La fonction de suppression permet d'effacer des caractères, des phrases et même des paragraphes entiers. La plupart des programmes de traitement de texte possèdent des fonctions qui optimisent les opérations de suppression en assurant la suppression entière de mots, de phrases, de paragraphes, de pages, de blocs de texte en quelques opérations seulement.

9.3.5.3   Déplacement et copie

Avec les fonctions de déplacement et de copie de bloc de texte, on peut déplacer ou copier une portion du texte d'un endroit à un autre du document sans avoir à taper à nouveau le texte. À l'aide de la fonction de blocage, l'utilisateur procède à la sélection du texte qui sera soit déplacé soit copié, déplace le curseur à l'endroit voulu et récupère le bloc de texte. Le bloc de texte sélectionné est généralement mis en évidence et apparaît alors en inverse vidéo à l'écran.

Le déplacement d'une portion de texte s'effectue comme suit :

1) Le texte à déplacer est d'abord délimité.

2) Il est ensuite mis temporairement dans la mémoire tampon et effacé de l'écran.

3) Le texte est enfin récupéré à la position du curseur, ce qui complète l'opération.

La copie d'une portion de texte suit le même processus à cette différence que le texte n'est pas effacé de l'écran, puisqu'il s'agit de copier celui-ci.

9.3.5.4 Recherche et remplacement

Les fonctions de recherche avec ou sans remplacement permettent de déplacer le curseur à un endroit précis du texte; il suffit de fournir le ou les mots qui doivent être l'objet de la recherche. Ces fonctions permettent d'effectuer une recherche d'un mot qui, par exemple, serait mal orthographié et de le remplacer par le mot correct, et ce pour toutes les occurrences de ce mot dans le document.

9.3.6 L'impression et la diffusion

La reproduction d'un document est généralement effectuée à l'aide d'une imprimante, bien qu'il soit possible de diffuser ou de transmettre des documents par des techniques de transfert de données. Imprimer signifie que tout le travail de saisie qui a été accompli à l'écran est transféré sur papier. Certains logiciels permettent d'imprimer le document tel qu'il apparaît à l'écran; d'autres demandent d'en spécifier le format avant d'imprimer.

Bien que l'utilisation optimale d'une imprimante exige des connaissances approfondies sur le fonctionnement technique et les caractéristiques de celle-ci, un débutant peut toutefois imprimer facilement un document dont la mise en forme n'est pas trop complexe.

La plupart des logiciels de traitement de texte possèdent des fonctions grâce auxquelles on peut gérer l'impression des documents de façon extrêmement satisfaisante. Il est possible d'imprimer rapidement seulement la page où se trouve le curseur ou d'imprimer une sélection de pages; par exemple, on peut demander l'impression des pages 4 à 12, ou de la page 2 et de la page 8, etc. L'impression d'un texte enregistré est généralement commandée à partir de touches de fonc-

FIGURE 9.5
Fonctions et options
d'impression de
WordPerfect

```
Imprimer

     1 - Document
     2 - Page
     3 - Document sur disque
     4 - Contrôle d'imprimante
     5 - Mode machine à écrire
     6 - Visualiser en format d'impression
     7 - Initialiser l'imprimante

Options

     S - Sélectionner l'imprimante      Panasonic KX-P1091i/1092i
     R - Marges de reliure              0"
     N - N
```

tions ou à l'aide de commandes. Dans la plupart des cas, il est possible de travailler sur un document à l'écran et, en même temps, d'en imprimer un autre, ce qui représente une économie de temps.

Pour modifier la grosseur et le style des caractères, il faut, avec certaines imprimantes, remplacer la cartouche ou charger une nouvelle police afin d'imprimer les caractères demandés.

Que ce soit pour imprimer une simple page de texte ou pour reproduire un rapport annuel en trois couleurs avec tableaux et graphiques, la qualité de la présentation dépendra des caractéristiques de l'imprimante avec laquelle le document sera produit.

L'imprimante à laser est, sans conteste, le *nec plus ultra* pour qui désire une impression impeccable du texte, des graphiques et des images. Il existe cependant des imprimantes matricielles (noir ou couleur) ou à jets d'encre tout aussi performantes que les imprimantes à laser. Pour une impression de qualité suffisante, il peut être préférable d'utiliser une imprimante à matrice de 24 aiguilles beaucoup moins dispendieuse que l'imprimante à laser.

9.4   VOCABULAIRE DU TRAITEMENT DE TEXTE

Pour faciliter l'utilisation du traitement de texte, voici un petit lexique des termes les plus souvent employés.

Bloc   Portion de texte délimitée à l'aide d'une fonction de blocage qui apparaît contrastée à l'écran. On peut appliquer une fonction spécifique sur un bloc de texte : déplacer, copier, sauvegarder, imprimer, souligner, mettre en caractères gras, changer de caractères, etc.

**FIGURE 9.6
La sélection de
l'imprimante avec
WordPerfect**

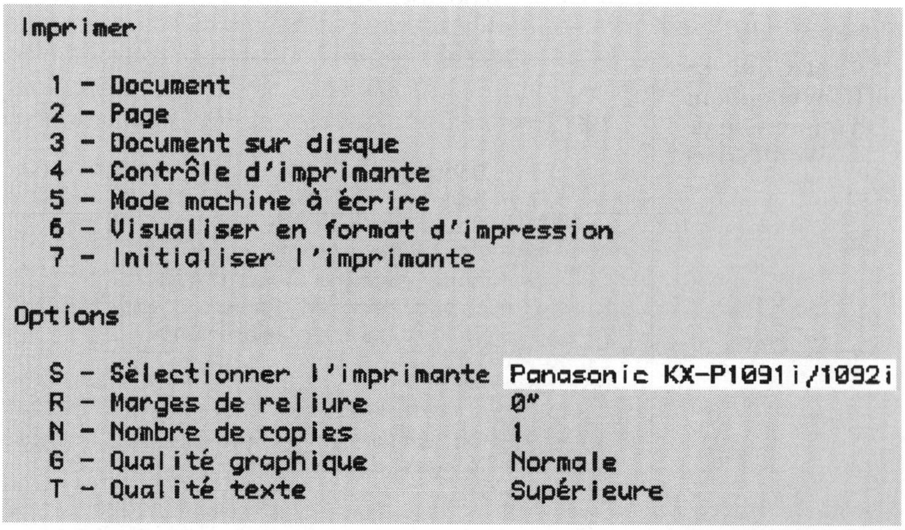

```
Imprimer

    1 - Document
    2 - Page
    3 - Document sur disque
    4 - Contrôle d'imprimante
    5 - Mode machine à écrire
    6 - Visualiser en format d'impression
    7 - Initialiser l'imprimante

Options

    S - Sélectionner l'imprimante    Panasonic KX-P1091i/1092i
    R - Marges de reliure            0"
    N - Nombre de copies             1
    G - Qualité graphique            Normale
    T - Qualité texte                Supérieure
```

Bloc protégé   Ensemble de lignes protégées contre des coupures indésirées. Cette fonction permet de garder sur la même page les éléments d'une liste, d'un tableau ou d'un paragraphe. Si l'espace est insuffisant sur une page, le bloc protégé est transféré sur la page suivante.

Caractères gras   Fonction qui permet l'impression des caractères dont le tracé est plus foncé que le tracé ordinaire. Grâce à cette fonction, on peut mettre en évidence des titres ou certains mots dans un paragraphe. Avec WordPerfect, le gras apparaît à l'écran soit contrasté, soit d'une couleur différente.

Centrer   Commande qui permet de centrer automatiquement une ligne de texte par rapport aux marges de gauche et de droite.

Césure   Coupure des mots en fin de ligne. En traitement de texte, les traits d'union de césure introduits dans un mot ne sont visibles que si le mot doit être coupé. Il est possible d'introduire plusieurs traits d'union dans un seul mot, le système utilisant celui qui convient le mieux à l'espace disponible en fin de ligne.

Code de contrôle   Code inséré dans le document, invisible à l'écran, qui contrôle l'impression en fonction des spécifications établies. Exemples : codes pour souligner, pour centrer, pour les marges, pour l'interligne, etc.

Commande   Instruction donnée au système pour qu'il exécute une opération prévue dans le programme de traitement de texte. Une commande peut être directement activée à l'aide des touches de fonctions ou depuis un menu.

Curseur   Repère lumineux sous forme de trait, de carré ou de rectangle, affiché à l'écran et indiquant la position de saisie des caractères.

FIGURE 9.7
Exemple de
la fonction
«Montrer Codes»
de WordPerfect

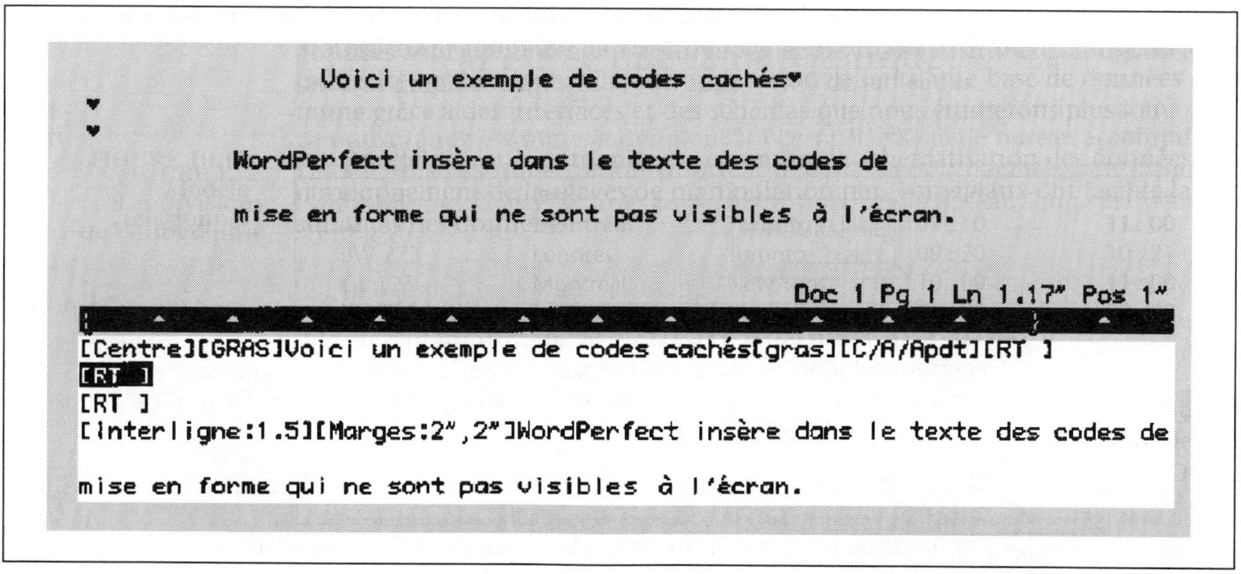

```
              Voici un exemple de codes cachés♥

    WordPerfect insère dans le texte des codes de

    mise en forme qui ne sont pas visibles à l'écran.


                                        Doc 1 Pg 1 Ln 1.17" Pos 1"

[Centre][GRAS]Voici un exemple de codes cachés[gras][C/A/Apdt][RT ]
[RT ]
[RT ]
[Interligne:1.5][Marges:2",2"]WordPerfect insère dans le texte des codes de

mise en forme qui ne sont pas visibles à l'écran.
```

Défaire   Fonction qui permet de récupérer le texte effacé par erreur. Avec Word-Perfect, il est possible de récupérer jusqu'à trois niveaux d'effacement différents. La fonction est activée à l'aide de la touche [F1]. Le dernier effacement est affiché en inverse vidéo à la position du curseur.

Édition   Processus de révision, de correction et de mise en forme d'un document qui a préalablement été saisi.

En-tête   Texte répétitif qui est imprimé sur chaque page d'un document. L'en-tête est défini une seule fois. Il peut contenir plusieurs lignes de texte et la pagination. Il peut être modifié au cours de la saisie d'un document, pour un nouveau chapitre, par exemple. Un texte répétitif imprimé dans le bas de la page est appelé un **cartouche**.

Espacement proportionnel   Fonction qui distribue également les espaces entre les caractères d'un mot où chaque caractère n'occupe que la largeur minimale requise. Exemple : le caractère «i» n'occupe pas le même espace que le «m». On parle d'un espacement non proportionnel lorsque chaque caractère occupe le même espace lors de l'impression.

Fenêtre   Section de l'écran où apparaît un menu avec ses options; les fenêtres permettent également de visualiser deux documents différents à la fois.

Fichier   Nom donné à un ensemble structuré d'information stocké sur un support magnétique. Un document sauvegardé sous un nom significatif est un fichier.

Formatage d'un document   Opération qui consiste à préciser le format du document en spécifiant la largeur des marges, la longueur de la page, la pagination, l'interligne, etc., afin de le préparer pour l'impression. On dit aussi **mise en forme** d'un document.

Formatage d'une disquette   Opération qui consiste à préparer une disquette à recevoir les données. Cette opération est effectuée à l'aide du système d'exploitation et est obligatoire si l'on veut stocker les documents sur une disquette vierge.

Fusion   Opération qui consiste à réunir deux documents en un seul. Par exemple, réunir une liste d'adresses d'un fichier avec une lettre type d'un autre fichier. La fusion permet d'adresser rapidement une même lettre à chaque destinataire en une seule saisie.

Gestion des fichiers   Ensemble des opérations qui permettent de manipuler les fichiers du disque dur ou de la disquette : copier, effacer, renommer, repérer, récupérer, organiser, etc. La gestion inclut également des techniques utilisées avec un disque dur en vue de regrouper dans différents répertoires des fichiers ayant un lien logique.

Insertion/écrasement   Le mode insertion permet d'insérer du texte n'importe où dans un document à partir de la position du curseur. Le texte à la droite du curseur est alors déplacé pour assurer l'insertion. Le mode écrasement, à l'opposé de l'insertion, superpose les caractères à ceux déjà affichés. La touche INS sert à passer d'un mode à l'autre.

Interligne   Espace entre chaque ligne de texte. L'interligne peut être défini en mesure entière (1, 2, 3, ...) ou en demi-mesure (1,5, 2,5, 3,5, etc.). Certains traitements de texte n'offrent cependant que des valeurs entières.

Justification Fonction qui attribue à toutes les lignes la même longueur en jouant sur l'espace entre les mots, ce qui donne une forme professionnelle au document.

Largeur/longueur de page Fonction par laquelle on définit les dimensions des feuilles de papier sur lesquelles sera imprimé le document.

Lecteur actif Lecteur de disquette sur lequel les opérations se font automatiquement. En traitement de texte, le lecteur actif devrait être celui où sont stockés les documents. Le lecteur actif est également appelé lecteur «par défaut».

Ligne d'état Une ou plusieurs lignes situées en haut ou en bas de l'écran qui indiquent soit les commandes disponibles, soit l'état de certaines commandes.

Macro-instruction Commande qui permet de regrouper en une seule plusieurs instructions différentes et du texte afin d'accélérer le processus d'édition. Par exemple, une macro-instruction peut contenir un en-tête de lettre indiquant le nom et l'adresse de la compagnie, qui seront centrés et en caractères gras, ainsi que la date du jour, quelques lignes plus bas. La touche ALT et un caractère sont souvent utilisés pour définir une macro-instruction. En appuyant sur alt et *t*, par exemple, le contenu de la macro est automatiquement exécuté. Une macro est sauvegardée sur disque dur ou disquette et peut être appelée et exécutée en tout temps.

Marges gauche/droite Fonction qui permet de fixer la largeur des marges. Certains logiciels définissent les marges de gauche et de droite en caractères par pouce alors que d'autres, comme la version 5.0 de WordPerfect, fixent les marges en pouces ou en centimètres.

Marges supérieure/inférieure Fonction qui permet de fixer la largeur des marges supérieure et inférieure. Elles peuvent être définies en nombre de lignes par pouce ou, comme avec WordPerfect, en pouces ou en centimètres. Avec certains logiciels, la marge inférieure est prédéfinie et est déterminée par la longueur de la page moins la valeur de la marge supérieure et par l'espace occupé par le texte.

Menu Liste, affichée à l'écran, de commandes ou d'options que l'on peut sélectionner en tapant le ou les caractères correspondants.

Note de bas de page flottante Note qui demeure toujours au bas de la page, quels que soient les changements apportés au texte. La technique consiste à insérer, à l'aide d'une commande spécifique, à l'intérieur du texte un numéro de renvoi à la note de bas de page et à son contenu, et le système gère automatiquement le renvoi. Si le renvoi est déplacé sur une autre page, la note de bas de page est également déplacée.

Numérotation de paragraphes Fonction qui permet d'ajuster automatiquement les numéros de paragraphes si un numéro est ajouté ou supprimé.

Orphelin Ligne en bas de page, isolée de son paragraphe, c'est-à-dire la première ligne d'un paragraphe qui se retrouve seule au bas d'une page. Certains logiciels ont une commande de protection qui reporte la ligne sur la page suivante, si le cas se présente.

Page-écran   Ensemble des données affichées et limitées à la grandeur de l'écran de visualisation.

Pagination   Fonction qui permet d'imprimer sur chaque page le numéro de la page. Le programme gère automatiquement la pagination. Si une page de texte est retranchée, la pagination sera adaptée. Il est également possible de modifier la pagination en cours d'édition, ce qui permet d'insérer des pages en provenance d'autres sources, d'intercaler des pages blanches dans le document ou de définir une pagination en chiffres romains pour certaines pages.

Pas d'impression   Grosseur des caractères d'impression calculée au nombre de caractères par pouce. Les plus couramment utilisés sont 10 ou 12 caractères par pouce.

Police   Aussi nommée «fonte», elle identifie une famille de caractères comprenant un assortiment complet de styles et de corps. Chaque imprimante possède plusieurs polices résidentes auxquelles peuvent s'ajouter des polices supplémentaires qui sont autant de fichiers stockés sur disque; il est possible d'insérer dans le texte un code qui fait appel à une police spécifique lors de l'impression du document.

Renfoncement gauche   Fonction qui permet d'aligner, par rapport à la marge de gauche, un paragraphe entier sur un arrêt de tabulation. La fonction est active jusqu'à ce qu'elle rencontre un code de retour.

Renfoncement gauche/droit   Fonction qui permet d'aligner un paragraphe entier sur un arrêt de tabulation. Le renfoncement droit est égal au renfoncement gauche. Cette fonction est utile pour insérer des citations dans un texte.

Renvoi   Indication (chiffre, lettre, caractère quelconque) dans le texte qui renvoie à une note en bas de page.

Souligner   Fonction qui permet de souligner tout élément du texte. Plusieurs types de soulignement peuvent être utilisés : simple, double, continu, non continu. Avec WordPerfect, le texte souligné apparaît à l'écran soit souligné, soit contrasté, soit d'une couleur différente.

Tabulation   Un arrêt de tabulation permet de déplacer rapidement le curseur d'un certain espace en pressant la touche TAB. Il est préférable d'utiliser la tabulation pour les renfoncements de début de ligne ou pour créer des tableaux, car l'espace entre les colonnes demeure fixe quelles que soient les modifications apportées au texte. La tabulation sert également de repère au renfoncement de paragraphe.

Touches de fonctions   Touches du clavier qui, lorsqu'elles sont pressées, entraînent l'exécution des commandes du logiciel. Chaque logiciel a ses propres définitions de touches de fonctions.

Valeurs par défaut   Ensemble des valeurs initiales prédéfinies par le système et appliquées à une fonction quand aucune valeur n'est donnée par l'utilisateur.

Veuve   Ligne isolée de son paragraphe, en haut de page, c'est-à-dire la dernière ligne du dernier paragraphe d'une page qui est reportée seule dans le haut de la page suivante. Certains logiciels ont une commande de protection qui transfère sur la page suivante deux lignes au lieu d'une seule.

9.5 LES FONCTIONS D'UN TRAITEMENT DE TEXTE

Pour illustrer les fonctions d'un traitement de texte, nous nous référerons au logiciel WordPerfect, car il est le plus utilisé.

9.5.1 Quelques fonctions d'édition

La figure 9.8 donne un exemple de l'utilisation des fonctions d'édition qu'offre le traitement de texte.

9.5.2 Fonctions additionnelles d'édition

D'autres options complètent les fonctions que nous venons d'illustrer; elles diffèrent toutefois selon les logiciels. Il s'agit, entre autres, de possibilités d'édition plus avancées.

- Format de 2 colonnes ou plus.

- Notation scientifique : indices et exposants.

FIGURE 9.8
Exemple
des fonctions
d'édition

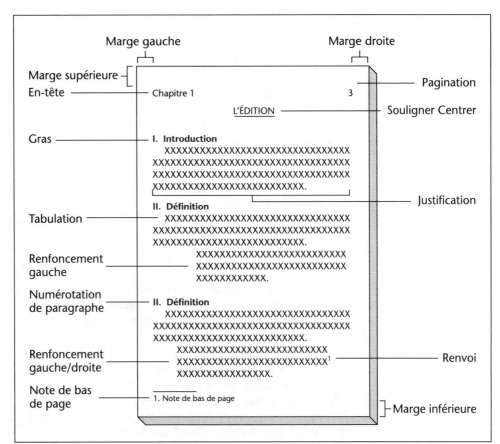

- Édition de colonnes numériques et de calculs.

- Insertion dans le texte de remarques ou de commentaires servant à guider la révision et qui ne seront pas imprimés.

- Répétition automatique de commandes.

- Tables des matières, index, tables de références et listes générés automatiquement. Les mots, les titres ou les références sont marqués de codes dans le texte, qui les définissent comme éléments de la table des matières, de l'index, de la table de références ou de la liste. Une table des matières sera formée des principaux titres du document; l'index contiendra une liste de mots clés; la table de références sera constituée de la liste des références citées dans le document et une liste quelconque pourra contenir la liste des figures ou des tableaux. Chacun indiquera le numéro de la page où se trouve l'élément. Si des modifications sont apportées au texte, il est facile de mettre à jour, par exemple, la table des matières, pour qu'elle tienne compte de la nouvelle pagination de certains titres.

- Tri de lignes ou de paragraphes par ordre croissant ou décroissant.

- Possibilités de dessiner et de créer des encadrés de texte ou des graphiques. Il est parfois utile d'insérer dans un texte un encadré explicatif d'un thème abordé ou d'illustrer tout simplement son propos au moyen d'un graphique ou d'une image.

- Création d'une bibliothèque de format ou de feuilles de styles permettant de regrouper dans un fichier différents paramètres de mise en forme de texte s'appliquant aux divers types de documents ou de papier qui peuvent être utilisés dans une organisation.

- Dactylographie directe à l'imprimante.

- Frappe à rebours à partir de la marge de droite.

- Importation de fichiers conçus sous d'autres programmes d'applications : textes, graphiques, images, dessins, illustrations, etc. Il est possible de récupérer un graphique conçu sous Lotus ou sous Harvard Graphics, par exemple, pour le fusionner avec un document texte. Il en est de même pour les bibliothèques d'images ou d'illustrations qui permettent d'insérer certaines formes graphiques dans un document, afin d'illustrer ou de compléter le propos du texte.

- Fusion à partir d'une bibliothèque de paragraphes.

- Dictionnaires évolués de mots et de synonymes permettant de vérifier l'orthographe d'un texte ou de trouver un synonyme. La plupart des dictionnaires sont toutefois incapables de détecter les erreurs dans l'emploi de certains mots, entre autres les homonymes (*mère* au lieu de *maire*), les erreurs grammaticales (les *chien* au lieu de *chiens*), et de corriger une syntaxe déficiente. Deux techniques peuvent être utilisées pour l'emploi du dictionnaire orthographique. La première consiste à vérifier un mot dont on ne connaît pas l'orthographe; la seconde consiste à faire vérifier tout le document. Lorsque le système rencontre un mot qui n'est pas dans le dictionnaire, il affiche une liste de mots phonétiquement semblables. Il suffit de choisir celui qui corrige le mot fautif ou d'apporter soi-même la correction, si nécessaire.

- Programmation et redéfinition des touches du clavier pour standardiser l'utilisation de certaines touches de fonctions correspondantes entre différents logiciels. Supposons qu'un utilisateur ait l'habitude de travailler avec un logiciel où la fonction d'aide est assignée à la touche [F1] alors qu'avec un autre logiciel de traitement de texte cette fonction se trouve en [F3]. Il lui est alors possible de déplacer la fonction d'aide en [F1] si cette position lui semble plus pratique.

- Numérotation automatique des titres ou des paragraphes pour numéroter les titres d'un document, mais également pour préparer le schéma (*outline*) de celui-ci.

Plusieurs logiciels proposent également des mesures de sécurité. C'est le cas notamment de la sauvegarde automatique qui active automatiquement le processus de sauvegarde à des intervalles définis par l'utilisateur. Le document ainsi sauvegardé est mémorisé dans un fichier spécial. Si une panne du système interrompait le travail, il suffirait de récupérer ce fichier spécial. Avec WordPerfect, ce fichier spécial est désigné comme suit : WP [WP] .BK! ou WP [WP] .BK1 ou WP [WP] .BK2.

De plus, la protection d'un fichier peut se faire à l'aide d'un mot de passe qui est sauvegardé avec le fichier, garantissant ainsi la confidentialité de celui-ci. Pour récupérer ou imprimer ce fichier, il faut connaître le mot de passe, sinon aucune opération n'est possible.

Les versions les plus récentes des logiciels de traitement de texte offrent des fonctions d'éditique permettant de concevoir des documents de facture quasi professionnelle, surtout s'ils sont imprimés à l'aide d'une imprimante à laser. Un mariage entre différents types et grosseurs de caractères, encadrés, graphiques, lignes et colonnes permet de produire des documents de plus en plus élaborés.

9.6   LES APPLICATIONS

Toutes les organisations, quelle que soit leur taille, ont des besoins de dactylographie et sont donc concernées par le traitement de texte. L'implantation d'un système de traitement de texte peut être l'occasion d'évaluer non seulement les besoins en dactylographie, mais également l'ensemble des travaux administratifs et les procédures qui les soutiennent. Un tel examen permet :

- de déceler les faiblesses et d'améliorer le processus de l'élaboration des documents de la création à l'archivage;

- de fournir des moyens concrets pour améliorer le processus de création des documents;

- d'enrichir la présentation et le contenu des documents, car ceux-ci peuvent être remaniés aisément de sorte que le résultat donne au message toute sa portée;

- de définir de nouvelles procédures et normes dans le traitement des documents[4].

Il y a quelques années, on pouvait rapidement définir les quelques domaines d'application du traitement de texte, car le matériel et les logiciels alors offerts ne présentaient pas la souplesse qu'ils ont acquise par la suite. Le traitement de texte était généralement réservé à des travaux répétitifs, longs, demandant de nombreuses révisions et une mise en forme particulière. L'utilisation de la machine à écrire était recommandée pour la saisie d'une simple lettre personnalisée.

Mais les choses ont bien changé. Aujourd'hui, un système de traitement de texte est utilisé en permanence comme moyen de saisie, quels que soient les travaux à exécuter. Les responsables de services s'en serviront pour élaborer le brouillon d'un mémo ou d'un document important, les secrétaires pour produire tant une simple lettre qu'un rapport très volumineux. Serait-on tout près de la disparition du crayon?

Néanmoins, les besoins en traitement de texte varient suivant les organisations et même suivant les différentes unités administratives. S'agit-il de correspondance : lettres personnelles, lettres circulaires personnalisées, textes publicitaires ou promotionnels, enregistrement du courrier? S'agit-il de création de listes : annuaires, inventaires, listes de prix? Le traitement de texte est devenu un instrument de travail indispensable. Les domaines d'application sont vastes; citons encore les annuaires, les glossaires, les catalogues, les spécifications professionnelles, les manuels techniques, les guides de procédures, les dictionnaires spécialisés, les documents et rapports volumineux : documents juridiques, d'assurances, rapports financiers, statistiques, soumissions, appels d'offres, etc. Là où il y a création de document, le traitement de texte est utile.

Bien qu'il soit essentiel de considérer l'utilisation du traitement de texte dans la perspective de ses caractéristiques, il ne faut cependant pas négliger l'aspect de l'utilisation liée à la communication avec d'autres éléments, notamment avec un centre de dictée, avec un ordinateur pour accéder à ses fichiers et utiliser ses possibilités de traitement et d'édition supérieures, ou encore avec d'autres systèmes de traitement de texte, principalement dans le but de transmettre du courrier, avec les imprimantes et les microfiches permettant une sortie automatique des textes, ou enfin avec des photocopieurs intelligents pour la reproduction automatique des documents.

9.7   TYPOLOGIE DES SYSTÈMES DE TRAITEMENT DE TEXTE

On peut classifier les systèmes de traitement de texte en plusieurs catégories bien qu'ils se présentent comme une gamme presque continue, de la machine figée à la machine évolutive capable de communiquer.

---

4. Jean-Paul De Blasis. *La bureautique : outils et applications.*

9.7.1 Les machines à écrire électroniques

Les machines à écrire électroniques bas de gamme sont des machines de traitement de texte coûtant entre 1000 $ et 2000 $. Simples machines à écrire améliorées par l'ajout d'éléments automatiques, les machines à écrire électroniques ont un écran-ligne et une mémoire interne de faible capacité.

9.7.2 Les appareils autonomes

Les appareils autonomes (AES, Micom) ou phrénotypes (néologisme formé du mot grec *phren* [intelligence] et de *typos*) comportent un écran et un micro-ordinateur. Leur capacité est accrue par l'addition d'un disque dur ou de disquettes et la présence de fonctions programmées.

9.7.3 Les machines à écrire à mémoire

La machine à mémoire se présente comme une machine à écrire à laquelle ont été ajoutés un écran de visualisation (à cristaux liquides affichant une demi-page de texte ou un écran standard) et des lecteurs de disquettes. Il est possible d'utiliser l'appareil comme une simple machine à écrire ou comme un système de traitement de texte avec toutes les fonctions évoluées d'un traitement de texte.

9.7.4 Les systèmes à logique partagée

Les systèmes à logique partagée ou à ressources partagées (constituées de 12 à 35 stations et organisées selon les paramètres définis par une équipe d'informaticiens) sont reliés à un mini-ordinateur et possèdent une mémoire à disque de capacité plusieurs fois supérieure à celle des disques durs de type Winchester. L'impression s'effectue au central où sont localisés d'autres périphériques tels les lecteurs optiques OCR, les dérouleurs de bande, etc. Un tel système, qui coûte entre 25 000 $ et 150 000 $, permet un meilleur contrôle de l'édition et offre des capacités de mémoire vive décuplées. On distingue les systèmes à logique partagée des systèmes à ressources partagées en ce que les premiers centralisent le logiciel de traitement en plus des périphériques spécialisés. Les seconds laissent au microprocesseur de chacun des postes de travail logiciels et disquettes, c'est-à-dire leur autonomie, pour un coût supérieur mais une fiabilité et une souplesse accrues.

9.7.5 Les systèmes à temps partagé

Les systèmes à temps partagé sont composés de terminaux reliés à un gros ordinateur (possiblement à celui d'une firme de services) et offrent d'énormes capacités de mémorisation et de traitement. Leur coût est distribué selon l'utilisation qui requiert des spécialistes. Cette formule plus rigide exige davantage des utilisateurs qui doivent se familiariser avec un éditeur de texte (logiciel spécialisé pour créer et manipuler un texte) ou un formateur (logiciel adapté à la mise en pages). Les excellents résultats obtenus avec ce type de système tiendraient aux qualités des concepteurs (ingénieurs) et aux objectifs de l'entreprise quant à la compatibilité avec ses autres équipements.

La classification des équipements repose sur les caractéristiques suivantes :

- saisie : mono ou multiclavier ;

- stockage : aucune mémoire, mémoire amovible ou non ;

- visualisation : aucune, une ligne, une page, plusieurs écrans ;

- traitement : programmation permise ou non ;

- restitution : par imprimante asservie ou indépendante.

9.8 ÉVALUATION DU TRAITEMENT DE TEXTE

9.8.1 Effets sur la productivité

9.8.1.1 Gains quantitatifs

Parmi les avantages liés à l'utilisation d'un système de traitement de texte, on distingue les bénéfices économiques et les effets intangibles. Il est difficile de chiffrer les avantages pécuniaires de l'introduction d'un système de traitement de texte, notamment parce que la situation change entre le moment des études justifiant son achat et celui des mesures de performances. Les statistiques rapportent cependant des gains se situant entre 200 % et 600 %, le pourcentage de gains le plus fréquent étant 400 %. Un poste autonome permettrait donc de tripler la production d'un secrétaire. Selon une enquête citée par DataPro Research Corp.[5], 85 % des utilisateurs réalisent des économies grâce au traitement de texte.

Le gain réel de productivité est aussi difficile à mesurer; on peut toutefois en évaluer l'ordre de grandeur. En effet, selon le Groupe d'étude du traitement de texte du Service central d'organisation et de méthodes (Idate Institute, 1982), l'évaluation peut en être faite à partir des taux suivants :

- Le taux de révision R, c'est-à-dire le nombre moyen de révisions par texte multiplié par la moyenne (en pourcentage) de pages à réimprimer par révision.

  Exemple : R = 3 révisions $\times$ 50 % (1 page sur 2) = 1,5.

- Le taux de modification M, c'est-à-dire le pourcentage moyen de lignes modifiées à la suite d'une relecture.

---

5. DataPro Research Corp. *WordProcessing System*, p. 101-202.

- La proportion variable V d'un texte. Ainsi, un texte de 24 lignes au total comportant un nom, une adresse et un numéro de téléphone, chacun sur une ligne, aura 3 lignes variables sur 24, et V sera 1/8 = 12,5 %.

- Le taux de pages changées J, c'est-à-dire le pourcentage moyen de pages à être substituées aux pages existantes à chaque mise à jour d'un document.

À l'aide de ces taux, le gain potentiel de productivité par type de texte peut être évalué comme suit :

$$G = \frac{R(1-M)}{1+R}$$

Les gains de productivité liés au traitement de texte découlent surtout, semble-t-il, du fait que le temps consacré à la reproduction et à la correction des documents est réduit, entraînant ainsi une augmentation du temps de frappe «utile». La saisie s'effectue également beaucoup plus rapidement et de façon plus détendue, car les erreurs de frappe peuvent être corrigées facilement.

Ainsi, la sauvegarde et la récupération des documents permettent de réviser les textes et d'apporter des corrections mineures et majeures, sans qu'il soit nécessaire de taper les textes à nouveau. La souplesse dans la mise en forme facilite la modification des documents lors de l'édition. La possibilité d'exécuter des travaux répétitifs, par exemple une lettre circulaire personnalisée difficilement réalisable à la simple machine à écrire, est aussi un facteur d'économie et de productivité.

Des gains de productivité intéressants peuvent ainsi être réalisés lorsque le personnel cadre utilise le traitement de texte pour concevoir des documents, n'en serait-ce que le premier jet, libérant ainsi les secrétaires du temps consacré à la dictée sténographique ou à une première saisie du texte qui sera, de toutes façons, révisé, modifié, corrigé ultérieurement.

Mais une autre question se pose : y a-t-il une réelle augmentation de la productivité globale si les gestionnaires doivent passer une partie de leur temps à des travaux qui sont proportionnellement moins productifs que s'ils étaient exécutés par les secrétaires? Vaut-il mieux libérer les gestionnaires ou les secrétaires? L'utilisation du traitement de texte par un gestionnaire n'est productif que dans la mesure où elle n'empiète pas sur les tâches essentielles qui lui sont assignées, c'est-à-dire s'il exécute ses travaux en dehors des heures, produit des textes presque définitifs et a recours aux capacités d'édition pour accéder à des données.

Il convient cependant de réévaluer les gains calculés à la baisse dans la mesure où l'implantation d'un système de traitement de texte risque de fausser les évaluations. En effet, la souplesse de correction peut inciter à faire un mauvais usage du traitement de texte qui devient un facteur de contre-productivité. C'est le cas notamment des auteurs qui sont moins rigoureux dans la conception de leurs documents sachant qu'il est facile de corriger ou de modifier un texte. Ils présentent donc des brouillons dont il ne restera pratiquement rien une fois qu'ils auront été révisés, obligeant une nouvelle saisie presque intégrale. D'autres encore deviennent très pointilleux et exigent des corrections ou des ajouts parfois inutiles qu'ils n'auraient pas osé demander si la frappe se faisait à la machine à écrire. Bref, pour être productif, le traitement de texte suppose une bonne formation non seulement du personnel préposé à la saisie et des secrétaires, mais aussi des auteurs.

Notons enfin que la méthode d'évaluation de la productivité ne tient pas compte des caractéristiques de l'appareil : vitesse d'impression, performances du logiciel, etc. En fait, une bonne mesure des gains de productivité devrait prendre en compte les apports respectifs des gains d'après l'entrée des données, l'assemblage, la correction et la révision ainsi que d'après l'impression du texte final.

9.8.1.2   Gains qualitatifs

Bien que les gains de productivité constituent un facteur important d'appréciation, les effets de l'utilisation du traitement de texte ne se limitent pas à ces gains; un autre facteur vient supplanter les coûts d'achat, d'ailleurs de moins en moins élevés, d'un système. En effet, l'acquisition d'une machine est de plus en plus liée à des considérations telles que la souplesse du processus de production, l'amélioration de la qualité des documents et la satisfaction du personnel.

9.8.2   Les avantages du traitement de texte

Le traitement de texte présente des avantages intéressants tant pour les secrétaires que pour les auteurs et l'ensemble de l'entreprise.

9.8.2.1   Pour les secrétaires

Divers aspects du travail des secrétaires, plus particulièrement du personnel préposé à la dactylographie, sont touchés de façon profitable par l'utilisation d'un traitement de texte :

- Facilité accrue dans la production des documents :
  - correction des erreurs;
  - applications mécanisées;
  - préparation de sommaires;
  - extraction et fusion de passages;
  - mise en pages automatique.

- Augmentation de la vitesse de frappe :
  - jusqu'à 100 mots par minute;
  - entrée des seules informations pertinentes;
  - pas de souci de mise en forme, de cadrage ou de présentation;
  - impression différée, indépendante.

- Satisfaction et motivation :
  - allégement de la tâche et moins de travail répétitif;
  - meilleures conditions de travail;

– moins de stress, moins de bruit;

– conception ergonomique.

9.8.2.2 Pour les auteurs

Les auteurs qui utilisent le traitement de texte peuvent en retirer une plus grande autonomie et une meilleure relation avec les secrétaires, tout en profitant des autres avantages suivants :

- économie de temps;

- révision des seules reprises;

- réduction du temps d'écriture grâce à l'extraction et à la fusion de passages;

- aide à la conception et à la révision;

- amélioration de la qualité de la présentation;

- stockage et recherche facilités.

9.8.2.3 Pour les organisations

Pour les entreprises, l'implantation d'un système de traitement de texte est avantageuse sur plusieurs plans :

- Productivité et efficacité des employés :
  - vitesse accrue de communication;
  - processus administratif accéléré;
  - réduction des coûts et des délais;
  - respect des échéances.

- Gestion améliorée du personnel :
  - diminution des heures supplémentaires;
  - arrêt d'embauche de surnuméraires;
  - meilleure utilisation des ressources humaines;
  - régulation de la charge dactylographique.

- Image de l'organisation :
  - qualité uniforme d'impression;
  - lettres personnalisées.

- Utilisation accrue des équipements :
  - augmentation du temps de frappe utile.

- Gestion des stocks :
  - économie d'espace de rangement;
  - moins d'obsolescence.

Mais les véritables répercussions des systèmes de traitement de texte ne se situent pas dans la seule amélioration de la productivité du personnel de secrétariat; elles touchent surtout celle des cadres en leur permettant de déléguer certaines de leurs tâches, enrichissant du coup le travail et les responsabilités des secrétaires. Une enquête menée auprès de 25 des plus grosses organisations françaises révèle que les plus farouches opposants aux systèmes de traitement de texte sont ceux qui ne les utilisent pas.

9.8.3   Les désavantages du traitement de texte

Comme toute chose a de bons et de moins bon côtés, un système de traitement de texte comporte des désavatanges :

- réticence initiale du personnel administratif et des auteurs;
- maux de tête et fatigue des yeux à cause de la luminosité des premiers écrans, maux de dos;
- travaux répétitifs;
- réduction du personnel;
- invitation au laxisme;
- encombrement des disquettes;
- utilisation des systèmes de traitement de texte au lieu de la reprographie;
- désalignement possible du papier;
- maintien de l'utilisation du papier;
- incompatibilité des équipements;
- manque de formation des gestionnaires et des professionnels;
- manque de personnel qualifié et roulement de celui-ci;
- destruction accidentelle des documents;
- fragilité des disquettes;
- diminution des contacts personnels.

9.9   CRITÈRES DE CHOIX D'UN TRAITEMENT DE TEXTE

Une personne qui a à choisir un logiciel de traitement de texte pour la première fois aura l'impression que chaque logiciel examiné améliore considérablement le travail de saisie et de traitement des documents. Cependant, ce n'est souvent qu'après avoir travaillé avec celui-ci qu'elle en décèlera les forces et les faiblesses réelles et qu'elle en arrivera à la conclusion qu'il ne peut effectuer les opérations voulues ou qu'il n'atteint pas les performances attendues. Seule une analyse exhaustive des besoins en traitement des documents peut l'empêcher d'investir dans un logiciel qui ne satisfait que partiellement ses exigences.

Quelles sont les fonctions qui conviennent, quel est le degré de difficulté d'utilisation acceptable, quel est le prix à payer, sont des questions auxquelles il faut sérieusement répondre.

Évaluer un logiciel de traitement de texte est donc une tâche très difficile, étant donné les nombreuses caractéristiques dont il importe de tenir compte. Certains recommanderont un produit simple pour des tâches simples et un produit plus compliqué pour des travaux plus élaborés. Sans mettre en doute ce conseil, il faut tout de même garder à l'esprit la planification des besoins futurs en traitement de documents. Par exemple, il arrive que l'usage d'un logiciel permette de découvrir des besoins qui, au départ, étaient inconnus, ou que, une fois l'expérience acquise, on définisse des besoins de traitement plus sophistiqué.

Il est cependant plus sage de s'informer auprès des utilisateurs qui ont pu éprouver le logiciel. Même si les besoins de l'un ne sont pas nécessairement ceux de l'autre, ils n'en demeurent pas moins un bon point de départ. Les revues spécialisées, la publicité, les articles, les évaluations fournissent également des éléments d'information fort pertinents. Mais la chose la plus importante est de déterminer si le logiciel possède les caractéristiques recherchées en fonction des besoins et s'il est facile à apprendre et à utiliser.

9.9.1   Les besoins

Les besoins d'un auteur littéraire ne seront bien sûr pas les mêmes que ceux d'une petite entreprise de fabrication de meubles. Le premier aura besoin de fonctions permettant de gérer les tables des matières, les index, les notes de bas de page, les tables de références, etc.; l'autre, qui n'envoie que quelques lettres par semaine et qui ne produit que des rapports très simples, aura seulement besoin de fonctions d'édition de base. Chacun devra trouver le logiciel qui lui convient le mieux. L'exercice premier est d'établir une grille d'évaluation afin d'examiner l'ensemble des fonctions d'un ou plusieurs logiciels et de relever les fonctions qui apparaissent comme essentielles, souhaitables et inutiles selon le type de documents à traiter.

9.9.2   La facilité d'utilisation

Un autre facteur dont il faut tenir compte est la facilité d'utilisation du logiciel. Cet aspect peut être important si l'implantation d'un système de traitement de texte se heurte à une certaine résistance. Plusieurs logiciels sont faciles à utiliser parce qu'ils sont très simples, n'offrant que quelques fonctions de base vite apprises et mémorisées. D'autres, plus complexes, sont également faciles parce que la documentation proposée est très bien conçue, contrairement à certains pour lesquels la documentation est incomplète et peu appropriée. Consulter la documentation accompagnant le logiciel permet de se faire une excellente idée sur la gamme des fonctions offertes par le logiciel et d'évaluer la facilité à exécuter des opérations élémentaires.

9.9.3   L'apprentissage et l'aide

Certains logiciels de traitement de texte comportent des programmes de formation informatisés qui guident pas à pas l'utilisateur dans son apprentissage. De
plus, peuvent s'ajouter des fonctions d'aide qui, en tout temps, viennent assister
l'utilisateur. La fonction d'aide fournit généralement une brève définition d'une
fonction particulière avec un exemple explicite. Des menus bien conçus, des
messages d'aide clairs pour guider l'utilisateur lors de l'édition sont autant de facteurs qu'il faut considérer lors du choix d'un logiciel de traitement de texte.

9.10   APERÇU DE QUELQUES LOGICIELS DE TRAITEMENT DE TEXTE

Retenons, parmi les logiciels les plus populaires, WordPerfect, Word et MacWrite
II. Nous présentons dans cette section quelques-unes des caractéristiques de ces
logiciels.

9.10.1   WordPerfect versions 5.0, 5.1 et 5.1 pour Windows

WordPerfect fonctionne sur micro-ordinateurs IBM-PC, AT, PS/2 et compatibles,
Apple, Macintoch, Amiga, Atari et requiert 384 Ko de mémoire. Il accepte les
cartes graphiques VGA, EGA, CGA, Hercules et est disponible en version réseau.
Il permet l'utilisation d'imprimantes à marguerite, matricielle ou à laser.

En plus des fonctions de base propres à un traitement de texte, il possède des
fonctions plus évoluées. Citons, par exemple, des fonctions qui permettent de
jumeler texte et graphique, de créer des feuilles de style, de prévisualiser le document, de sélectionner de nombreuses polices de caractères et couleurs, selon les
possibilités des imprimantes, de créer des documents-maîtres et des sous-
documents, de gérer les références, de comparer le document original avec le document à l'écran, d'éditer et de programmer des macro-instructions. À cela
s'ajoute la possibilité de travailler sur deux documents en même temps, d'obtenir
une aide en ligne sur n'importe quelle fonction et de récupérer des graphiques de
nombreux programmes graphiques.

9.10.2   Microsoft Word, versions 4.0 et 5.0

Conçu pour les micro-ordinateurs IBM-PC, AT, PS/2 et compatibles, Microsoft
Word 4.0 requiert 320 Ko de mémoire et fonctionne en mode graphique. Il peut-
être utilisé dans l'environnement Microsoft Windows, ce qui rend possible
l'usage de la souris. Il est également offert en version réseau.

Word possède sensiblement les mêmes fonctions que WordPerfect et ajoute
la possibilité d'ouvrir jusqu'à huit fenêtres différentes et de déplacer ou de copier

du texte d'une fenêtre à une autre, de créer un glossaire permettant d'utiliser des abréviations dans le texte qui seront remplacées par le mot ou l'expression entière, de créer un schéma du contenu du document, ce qui facilite l'organisation de longs documents. L'importation de graphiques est toutefois limitée à Lotus, Multiplan et Excel.

9.10.3   MacWrite II

Uniquement conçu pour les micro-ordinateurs Macintosh, le traitement de texte MacWrite se compare à Word. S'ajoute à ses fonctions la possibilité de se servir de la souris pour la sélection de commandes de base et pour délimiter et déplacer des blocs de texte. La principale caractéristique de ce traitement de texte est sa fonction WYSIWYG (*What You See Is What You Get*) qui permet de voir, au moment même de la saisie, exactement ce qui sera imprimé, contrairement à WordPerfect ou à Word où il faut appeler un écran de visualisation. Grosseur et style des caractères, de même que les graphiques, sont visibles à l'écran au fur et à mesure de leur saisie. De plus, MacWrite offre un très vaste choix de polices de caractères : celles-ci sont intégrées au système, contrairement aux PC où le choix des polices dépend des possibilités de l'imprimante utilisée.

9.11   LA MICRO-ÉDITION

Il est facile de constater que les livres, les revues ou les journaux n'ont pas la même qualité d'impression que des documents produits à l'aide d'un traitement de texte (lettres d'affaires, bulletins internes, guides ou autres, publiés par les entreprises ou les agences gouvernementales, par exemple). La qualité d'impression de ces documents répond bien aux besoins de l'organisation. Cependant, les développements micro-informatiques (souplesse des logiciels, rapidité d'exécution, coûts moindres de production) ont ouvert la voie à des besoins nouveaux : la production de documents d'aspect beaucoup plus attrayant.

Grâce à ces nouveaux outils informatiques, les organisations ont découvert qu'elles pouvaient produire des documents comparables à ceux qui sont conçus selon le processus traditionnel (photocomposition, graphisme, montage, film, impression) à l'aide d'un micro, de logiciels appropriés et d'une imprimante de qualité. La conception traditionnelle de documents est un processus relativement long et coûteux, et de nombreuses entreprises n'avaient recours à ce procédé que pour des documents de prestige : brochures corporatives, états financiers, etc. Les documents internes étaient préparés «maison» à l'aide d'une machine à écrire ou d'un traitement de texte, sans aucun artifice.

La micro-édition, aussi appelée édition électronique ou éditique, fournit donc les moyens de créer des documents d'excellente qualité, répondant ainsi à un besoin fondamental des organisations : produire des messages clairs, stylisés et attrayants. La micro-édition permet de contrôler le style, le format, la mise en pages et l'organisation du texte et des graphiques dans un document.

L'expression micro-édition est la traduction de *desktop publishing*, terme créé en 1985 par Pal Brainard, fondateur d'Aldus Corporation et créateur du logiciel PageMaker.

La micro-édition est un processus qui consiste à créer, à l'aide d'un système informatisé, un document composé de texte et de graphiques, d'illustrations et d'images, dont la qualité finale est si élevée qu'il peut servir de prêt-à-photographier[6], ou être imprimé «maison» (laser) si le volume n'est pas trop grand.

Il y a peu de temps, la micro-édition se différenciait du traitement de texte par ses capacités à traiter texte et graphique sur une même page, à utiliser de multiples styles et grosseurs de caractères. Les dernières versions de traitement de texte (WordPerfect 5.1 et Word 5.0) ont ouvert les barrières en intégrant des fonctions de micro-édition assez évoluées pour entrer en concurrence directe avec les logiciels de micro-édition. Maintenant, lorsqu'on parle de micro-édition, on peut inclure dans cette catégorie les traitements de texte et les logiciels spécialisés en édition. Bien que les fonctions de micro-édition des nouveaux traitements de texte soient limitées, il n'en demeure pas moins qu'il est possible de produire des documents relativement complexes.

9.11.1 Les outils de la micro-édition

La plupart des systèmes de micro-édition comprennent un micro-ordinateur, une imprimante à laser, un logiciel de traitement de texte, un logiciel de traitement graphique, un logiciel de mise en pages et parfois un lecteur optique (scanneur). Les logiciels de traitement de texte, de traitement graphique et les lecteurs optiques servent à saisir le texte, les graphiques, les images ou les illustrations, ou à photographier des images. Les fichiers conçus à l'aide de ces logiciels sont récupérés par un logiciel de mise en pages, clé de voûte du système de micro-édition. Ce logiciel assure l'intégration de tous les éléments qui composeront le document ainsi créé et l'ajout d'éléments de style : caractères, bordures, trames, éléments décoratifs, etc.

La micro-édition s'appuie également sur des périphériques tels que le moniteur (pleine page ou non), la souris et le stylet.

9.11.1.1 Programme de micro-édition

Le programme de mise en pages représente l'outil principal de la micro-édition. Ce programme est l'équivalent d'une table à dessin. Il permet de concevoir des rapports, des livres et des guides, des documents publicitaires et beaucoup d'autres genres de documents. Examinons les principales caractéristiques d'un programme de micro-édition[7].

---

6. Un prêt-à-photographier est un document qui sera photographié et dont les films servent à imprimer en très grande quantité sur des presses d'imprimerie.
7. John C. Sans. *Handbook of Desktop Publishing*.

FIGURE 9.9
Étapes de la création
d'un document

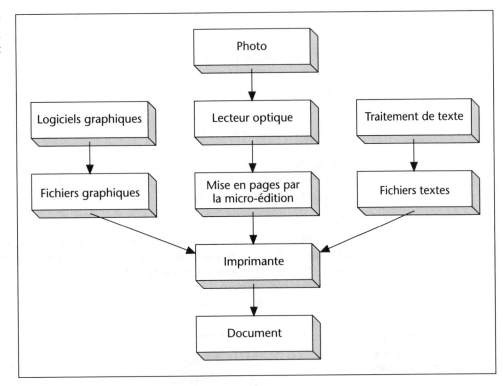

Caractères renversés   Un texte renversé est un texte dont les caractères sont plus pâles que le fond. Par exemple : caractères blancs sur fond noir ou d'une couleur plus foncée. Cette option permet des effets intéressants, pour renforcer la portée d'un message, par exemple.

Césure   La césure, ou coupure de mot, est utile lorsqu'un texte est justifié et que les caractères sont à espacement proportionnel. Cette fonction coupe les mots trop longs et reporte la seconde partie sur la ligne suivante, assurant un équilibre entre les mots de la ligne justifiée. Sans la césure, la justification tend à placer trop d'espace entre chaque mot.

FIGURE 9.10
Exemple de crénage

c r é n a g e
crénage
crénage

Crénage   Le crénage est une fonction qui organise les caractères dans un minimum d'espace. Certains programmes permettent le crénage de paires de caractères, d'un mot entier ou d'un bloc de texte dans une seule opération, De façon générale, le crénage n'est pas nécessaire. Il devient toutefois important dans des titres en gros caractères où l'on constate un déséquilibre du fait que certains caractères, qui occupent moins d'espace, semblent isolés des autres.

Édition   Avec la majorité des programmes d'édition, il est possible de déplacer des blocs de texte ou des graphiques et de reformater la page automatiquement.

Encadrés, bordures et ellipses   Des encadrés, des bordures, des cercles ou des ovales permettent de mettre en évidence des portions de texte, des graphiques, des diagrammes, des illustrations, etc. Les encadrés, les bordures ou les ellipses peuvent être dessinés dans une variété de traits et de motifs. Dans certains programmes, le texte situé à l'extérieur de ces formes en épouse les contours. L'utilisateur peut, par exemple, dessiner un cercle, y insérer une image et demander au système que le texte épouse le contour externe de ce cercle.

Espacement entre les caractères   Il est possible de préciser la valeur de l'espacement entre les caractères ou les mots sur une ligne de texte. On peut réduire l'espacement pour qu'une ligne de texte qui s'étire sur deux lignes puisse entrer sur une seule, par exemple.

Fonctions graphiques   Plusieurs programmes d'édition offrent la possibilité de créer des dessins et des illustrations. Le programme d'édition doit également être capable de récupérer des graphiques conçus à l'aide d'autres logiciels. Si ce n'est pas le cas, il faut réserver dans la page un espace qui recevra les graphiques, imprimer ces graphique et les placer dans l'espace prévu, à la manière traditionnelle.

Le programme doit pouvoir traiter le graphique comme un objet séparé. Une fonction doit donc permettre de créer une fenêtre graphique et de récupérer, dans cette fenêtre, le graphique selon les dimensions voulues. Le programme doit également permettre d'agrandir ou de réduire un graphique dans les proportions désirées. En jouant avec les facteurs d'agrandissement ou de réduction, l'on

**FIGURE 9.11
Différents
motifs d'édition**

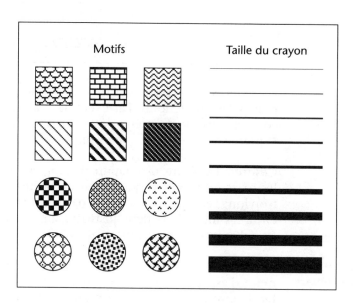

**FIGURE 9.12
Exemple
de l'utilisation
du graphisme**

peut créer une distorsion de l'image qui lui donne un aspect fantaisiste et amusant.

Format de page Les programmes d'édition peuvent traiter des documents de format lettre et de format légal, ainsi que quelques variantes de ces formats. Il est possible de travailler une page à la verticale ou à l'horizontale. Certains programmes permettent de créer des formats autres que ces formats standard.

Hauteur de ligne La hauteur de ligne est l'espace entre deux lignes. En déterminant la hauteur de ligne, on peut réduire ou augmenter l'espace qu'occupe un texte, ou modifier l'apparence de celui-ci.

Importation de texte Un bon programme d'édition doit permettre de récupérer des documents créés à l'aide d'un programme de traitement de texte. Le programme doit assurer le maintien du format du document importé. De façon générale, seuls les codes de changement de grosseur de caractères et de renfoncement sont récupérés. Les codes de modificaiton de la tabulation et de hauteur de ligne ne sont pas importés, mais les déplacements avec la touche TAB et les retours le sont.

Justification et alignement L'alignement permet d'aligner, à la marge gauche ou droite, un paragraphe de texte. Le texte peut être aligné à gauche et en drapeau à droite ou entièrement justifié, c'est-à-dire que toutes les lignes sont pleines et égales. La justification n'est pas nécessaire pour produire un document de haute qualité, mais il n'en demeure pas moins qu'un texte justifié est plus agréable à regarder, particulièrement si celui-ci est en colonnes.

Majuscule d'en-tête Une majuscule d'en-tête (ou lettrine) est un caractère majuscule très large placé au début d'une section de texte. Ce caractère attire l'attention sur le début du texte. La plupart des programmes permettent de créer ce type de caractère, bien que les techniques puissent différer. De façon générale, la lettrine est traitée comme un encadré dont le texte épouse les contours droit et inférieur.

Modifier le format d'affichage Cette fonction permet d'agrandir ou de réduire la page affichée à l'écran sans que soient affectées les dimensions de la page imprimée. Une image agrandie facilite le travail sur des détails. Cette fonction est très utile pour aligner correctement un graphique avec le texte, par exemple.

Pagination automatique La pagination automatique est une fonction essentielle lorsqu'il faut concevoir de longs documents. Sur un court document, il est possible de numéroter manuellement chaque page, mais cette façon de faire est problématique quand vient le temps d'ajouter ou de supprimer des pages. La pagination automatique permet donc de fixer le chiffre de départ, et toutes les pages du document seront séquentiellement numérotées.

FIGURE 9.13
Exemple de
majuscule d'en-tête

Voici un exemple de texte entourant le premier caractère qu'on appelle majuscule d'en-tête

Positionnement du texte   Le programme d'édition doit permettre de positionner librement des blocs de texte. Cela signifie que le programme possède une fonction pour positionner un encadré dans lequel il faut récupérer un texte et en changer les dimensions. Certains programmes peuvent disposer le texte autour des graphiques ou des illustrations. D'autres sont capables de lier plusieurs blocs de texte pour n'en faire qu'un seul.

Quadrillé   Une page-écran peut être quadrillée pour faciliter la mise en pages des documents. Cette page maîtresse facilite le positionnement des éléments qui la composeront. De largeur fixe, le quadrillé définit la largeur, les marges, l'espace entre les colonnes, la position des en-têtes, des cartouches et des numéros de page. Plusieurs programmes d'édition proposent une sélection de quadrillés pouvant s'adapter à de nombreux besoins.

Règles   Les règles facilitent le positionnement des différents éléments qui composeront la page : blocs de texte, graphiques, illustrations. Ces règles sont placées horizontalement et verticalement aux limites de l'écran.

Renfoncement des paragraphes   Un programme d'édition doit permettre le renfoncement des paragraphes. Le renfoncement est un espace blanc à gauche, à droite ou des deux côtés afin de détacher une partie du texte par rapport à la justification. Cette fonction est utile, par exemple pour faire ressortir une énumération, une citation, etc.

Sélection des polices de caractères   Un bon programme d'édition doit permettre à l'utilisateur de modifier les caractères du texte à volonté. Une police de caractères contient des lettres, des chiffres, des symboles de tailles et de styles variés. L'utilisateur doit pouvoir changer l'aspect d'un caractère seulement, d'un mot, d'une phrase, d'une section ou du document entier en une seule opération.

Traitement de texte   Plusieurs programmes d'édition offrent des fonctions de traitement de texte plus ou moins évoluées. Il faut vérifier si ces fonctions répondent bien aux besoins.

Trame   La trame d'un graphique consiste en un certain pourcentage de gris sur lequel est superposé le graphique ou l'image. L'utilisation d'une trame permet de mettre en relief du texte, des dessins, des encadrés, des bordures, etc.

Visualisation du texte   La visualisation de pages contiguës permet d'afficher plus d'une page à la fois. Cette fonction permet de prévisualiser l'effet qu'auront deux pages imprimées côte à côte. Les pages ainsi affichées sont réduites; on ne voit donc que l'apparence générale du document.

WYSIWYG   Un programme d'édition doit afficher à l'écran la page telle qu'elle sera imprimée. Bien qu'il soit impossible de représenter parfaitement à l'écran le

FIGURE 9.14
Polices de caractères

Police de caractères
Police de caractères
Police de caractères
Police de caractères
Police de caractères

FIGURE 9.15
Différents motifs
de trame

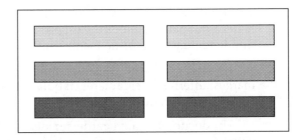

produit imprimé, parce que la résolution de l'affichage et la résolution de l'impression ne sont jamais identiques, un bon programme doit toutefois tendre vers l'affichage quasi parfait de l'image imprimée.

Zone de travail temporaire   Cette zone réservée permet de ranger temporairement des éléments qui entreront dans la composition de la page. On peut, par exemple, y placer un graphique le temps de formater la page, puis le récupérer.

9.12   RÉSUMÉ

L'expression «traitement de texte» dans son sens le plus large se définit comme une technique qui, à l'aide d'un appareil et d'un logiciel appropriés, permet de saisir un message qui sera mémorisé sur un support magnétique; le document ainsi produit peut être récupéré et manipulé à volonté, ce qui élimine la retranscription des éléments déjà saisis. Le traitement de texte se caractérise par la manipulation simple ou sophistiquée de textes, la mémorisation de ceux-ci sur support magnétique et l'impression différée ou indépendante de la saisie.

Retenons différentes catégories de systèmes de traitement de texte, bien qu'ils se présentent comme une gamme presque continue : machines à écrire électroniques, machines à écrire à mémoire, appareils autonomes, systèmes à logique partagée, systèmes à temps partagé.

Le processus de traitement de texte se décompose en plusieurs opérations : la création, la saisie, la mise en forme, la sauvegarde, l'édition et la révision, l'impression et la diffusion.

La création d'un message à l'aide du traitement de texte est facilitée par des ressources connexes au système : dictionnaire, grammaire, traducteur, accès à des bases de données, à des bibliothèques de paragraphes, etc. La saisie peut se faire sur clavier ou encore au moyen d'un lecteur optique ou d'un décodeur vocal. Cette dernière technique n'est toutefois pas suffisamment au point pour capter un message verbal et l'imprimer au fur et à mesure de sa création. Le lecteur optique permet de reproduire un texte déjà imprimé, des graphiques, des images, etc., et ce sans aucune autre intervention ni saisie sur clavier. Quant à la saisie sur clavier, son principe est sensiblement le même que celui de la machine à écrire, à cette différence que le texte tapé est affiché à l'écran.

Deux autres caractéristiques distinguent le traitement de texte de la machine à écrire; c'est d'abord la frappe au kilomètre, c'est-à-dire que lorsque le curseur atteint la marge de droite, il est automatiquement déplacé sur la ligne suivante sans qu'il soit nécessaire d'insérer des retours de chariot; il y a également le défilement ou le déroulement, c'est-à-dire que l'écran est comme un parchemin infini, le texte y défilant de façon continue page après page.

La mise en forme d'un document consiste à donner un format à celui-ci; marges, interligne, caractères, tabulation, style, soulignement, centrage, renfoncement, justification, césure, etc.

Un document sauvegardé sur disque dur ou sur disquette est appelé un fichier. À l'aide d'un index nommé répertoire, on peut récupérer un fichier et le retravailler. Lors de l'édition et de la révision d'un texte, un bon traitement de texte doit fournir les moyens d'insérer ou de supprimer des mots, des phrases, des paragraphes, etc., sans changer le format, de déplacer et de copier des blocs de texte, d'effectuer des recherches et de modifier la mise en forme initiale.

Les fonctions d'un traitement de texte peuvent se présenter sous forme de commandes ou de menu ou en un jumelage des deux formes, tel WordPerfect. Lorsque l'utilisateur sélectionne une fonction, un menu est affiché; il peut ensuite choisir parmi les options proposées.

Les fonctions d'un traitement de texte peuvent différer d'un logiciel à un autre, mais l'on doit toutefois s'attendre à un minimum de fonctions : marges, interligne, justification, pagination, tabulation, gras, souligné, renfoncement, notes de bas de page. Il est également important que ces fonctions puissent être utilisées n'importe où dans le texte.

Les applications du traitement de texte dans l'organisation sont multiples mais sont généralement limitées par des contraintes technologiques ou par un manque d'imagination. Citons, entre autres, la correspondance, depuis la simple lettre à des envois massifs de lettres circulaires personnalisées, les documents volumineux tels que des annuaires, des catalogues, des manuels techniques, des documents légaux, des rapports financiers, des soumissions, etc.

L'implantation du traitement de texte dans l'entreprise est susceptible d'engendrer des gains non seulement sur le plan de la productivité, mais aussi, et surtout, sur les plans de la souplesse du processus de production, de l'amélioration de la qualité des documents et de la satisfaction des employés. Mais, pour ce, il importe de bien choisir le logiciel de traitement de texte. Il est donc nécessaire de définir les besoins et d'évaluer la facilité d'apprentissage et d'utilisation du système.

Enfin, la micro-édition permet de créer, à l'aide d'un système informatisé, un document de très grande qualité composé de texte et de graphiques, d'illustrations et d'images.

9.13 CONCLUSION

Contrairement à la croyance générale, un traitement de texte n'est pas aussi simple qu'il en a l'apparence. Pour dire vrai, l'ensemble des utilisateurs ne se servent que d'une fraction des possibilités que leur offre le traitement de texte. Et là où le traitement de texte fini, l'éditique commence; mais le jour n'est pas loin où les logiciels de traitement de texte pourront entrer en compétition avec les logiciels d'édition.

9.14 QUESTIONS

1. Définissez, dans vos propres termes, un traitement de texte.

2. Quelles sont les différences entre le traitement de texte et la dactylographie?

3. Nommez les six étapes qui mènent à la production d'un document final.

4. Qu'arrive-t-il à votre document lorsque vous travaillez avec un traitement de texte et que survient une panne de courant?

5. Nommez deux fonctions qui permettent de faire ressortir un mot ou un groupe de mots à l'intérieur d'un texte.

6. Décrivez une application fréquente de la fonction «renvoi» dans le cadre d'un travail universitaire.

7. Expliquez les notions de «veuve» et d'«orphelin».

8. Est-il plus avantageux de sauvegarder des documents sur disquettes ou sur disque dur?

9. Est-il possible de visualiser deux documents différents simultanément sur un écran? Si oui, comment?

10. En fonction de la réponse précédente, en quoi cette possibilité serait-elle utile à deux étudiants qui doivent unir leurs deux textes en un seul?

11. Bien que le traitement de texte possède beaucoup d'avantages, il présente également quelques inconvénients. Quels sont-ils?

12. Quels critères doit-on prendre en considération pour choisir un logiciel de traitement de texte?

13. Qu'est-ce qu'on entend par «éditique» ou «édition électronique»?

14. Si vous aviez à recommander un traitement de texte, lequel recommanderiez-vous? Pourquoi?

9.15 BIBLIOGRAPHIE

BARCELO, Yan. «Choisissez votre traitement de texte d'après vos besoins», *Informatique et bureautique*, février 1985, p. 12-16.

BEAUPARLANT, Richard. «PageMaker ou Ventura Publisher. Le choix d'un logiciel d'éditique», *Micro-Gazette*, décembre 1988, p. 10-18.

BERGERUD, Marly et Thomas KELLER. *Computers for Managing Information*, John Wiley & Sons, 1988, 480 p.

BERNIER, Nicole F. «Micro-édition : les nouveaux outils d'un savoir ancien», *Informatique et bureautique*, mars 1989, p. 18-19.

BLISSMER, Robert H. *Introducing Computers, 1989 Computer Annual*, John Wiley & Sons, 436 p.

BOURGET, Alain. «Qu'est-ce que l'édition électronique?», *Micro-Gazette*, janvier 1987, p. 16-18.

BROCKHOUSE, Gordon. «Form the ashes», *Canada's Office Automation Magazine*, juillet 1989, p. 20-22.

BURNS, Diane et S. VENIT. «PC desktop publishing comes of age», *PC Magazine*, 13 octobre 1987, p. 93-132.

CAPRON, H. L. et Ralph E. Duffy. *Using Microcomputers*, The Benjamin/Cummings Publishing Co., 1989, 548 p.

CHORAFAS, Dimitris N. *Office Automation. The Productivity Challenge*, Prentice-Hall Inc., 1982, 272 p.

DATAPRO RESEARCH CORP. *WordProcessing System*, Delran, mars 1979, p. 101-202.

DAY, John C., Thomas ATHEY, H. et Robert W. ZMUD. *Microcomputers & Applications*, Scott, Foresman & Co., 1988, 286 p.

DE BLASIS, Jean-Paul. *Les enjeux clés de la bureautique*, Les Éditions d'organisation, 1982, 223 p.

DE BLASIS, Jean-Paul. *La bureautique : outils et applications,* Les Éditions d'organisation, 1982.

DENNIS, Alan. *Effective Desktop Publishing*, Working Paper 87-20, School of Business, Queen's University, Kingston.

DUMAIS, Nelson. «Les traitements de textes Macintosh : comment choisir», *Informatique et bureautique*, octobre 1989, p. 35-46.

GRAUER, Robert T. et Paul K. SURGRUE. *Microcomputer Applications*, McGraw-Hill Book Co., 1987, 513 p.

LACROIX, Guylaine. «Ce qu'il faut savoir avant de fixer son choix : le traitement de texte», *Le Bureau*, mars/avril 1987, p. 36-39.

LAPIERRE, Ghislaine. «Édition ou éditique : règles à observer», *Thésaurus en bureautique*, avril 1989, p. 19-24.

LARRY, Till. «Balancing Act», *Canada's Office Automation Magazine*, juillet 1989, p. 15-18.

LIBERMAN, Wili. «Standard Bearers», *Canada's Office Automation Magazine*, avril 1989, p. 21-24.

MARTIN, Guy. «L'impresssion en couleur n'est plus un rêve», *Informatique et bureautique*, septembre 1989, p. 37-45.

MENDELSON, Edward. «Two aces and a king. The big three word processors raise the ante», *PC Magazine*, 28 novembre 1989, p. 97-128.

O'BRIEN, James. *Information Systems in Business Management*, 5e éd., Irwin, 1988, 803 p.

RHODES, R. et J. KRUPSH. «Do top level executives use computers to make their decisions», *Office Systems Research Journal*, vol. 6, n° 2, 1988, p. 7-13.

SANDERS, Ronald H. *Computers Today*, 3e éd., McGraw-Hill Book Co., 1988, 640 p.

SANS, John C. *Handbook of Desktop Publishing*, Wordware Publishing Inc., 1988, 175 p.

SENN, James A. *Information Systems in Management*, 3e éd., Wadswoorth Publishing Co., 1987, 908 p.

SPANBAUER, Scott. «Ventura Publisher and PageMaker tools», *PC World*, mai 1988, p. 222-229.

STEWART, Charles O. *et al. Using WordPerfect 5.0*, Que Corporation, 1988, 867 p.

WILBURN, Gene. «Famous last Word», *Canada's Office Automation Magazine*, avril 1989, p. 15-19.

La gestion
des bases de données

10.0   OBJECTIFS

1. Savoir ce qu'est une base de données.

2. Connaître le vocabulaire de la gestion des bases de données.

3. Comprendre le fonctionnement d'un logiciel gestionnaire de bases de données relationnelles, hiérarchiques, en réseau.

4. Comprendre le fonctionnement d'un logiciel gestionnaire de bases de données.

10.1   INTRODUCTION

Pour survivre, toute organisation a besoin de données. Mais celles-ci n'ont de valeur que si elles servent aux activités de l'entreprise. Pour qu'elles servent, il faut alors :

- les stocker;

- y avoir accès;

- les traiter;

- les présenter aux utilisateurs au moment d'une décision.

Lorsque les données sont réunies dans un système unique et cohérent, on parle de bases de données; ce sont celles-ci qui permettent aux entreprises de se servir des données de façon efficace. Les exemples de bases de données abondent autour de nous :

- les documents d'une bibliothèque;

- les abonnés au service téléphonique d'une compagnie;

- la population étudiante d'une institution d'enseignement;

- les vidéocassettes d'un centre de location.

La base de données peut être une simple liste, une série de fiches, un catalogue. Mais quel que soit le support utilisé, la base de données nécessite un système. Ce dernier peut être manuel ou informatique.

L'apparition de l'informatique et de ses capacités de traitement et de stockage a révolutionné la science des systèmes d'information; ce sont d'ailleurs les avantages des systèmes informatiques par rapport aux systèmes manuels qui rendent la présence des systèmes d'information de plus en plus commune. Nous verrons dans ce chapitre l'historique des bases de données, leur typologie, leur fonctionnement et les concepts qui s'y rattachent.

10.2 EXEMPLES DE BASES DE DONNÉES

10.2.1 Les bibliothèques

La plupart des bibliothèques utilisent encore un système manuel. Il s'agit d'une base de données qui exige un travail plutôt ennuyeux. Par exemple, ce type de système suppose généralement trois fiches pour chaque document : auteur, titre et sujet. Par conséquent, la mise à jour lors d'un achat, d'une perte, d'un changement de code, etc., implique des modifications sur trois fiches.

Les recherches dans ce type de système peuvent être longues et pénibles. Il devient en effet plutôt fastidieux de répondre à une question du genre : «Quels sont les livres sur Molière écrits par Mme X depuis 1980 et disponibles présentement?» Le système manuel peut donc présenter très rapidement des limites incontournables.

10.2.2 Inscription à l'UQAM

L'Université du Québec à Montréal doit utiliser un nombre imposant de données :

- 100 000 dossiers étudiants;
- 80 000 demandes d'admission chaque année;
- 2 000 000 d'enregistrements de cours à gérer pour 36 000 étudiants;
- 16 000 sigles de cours répertoriés dans la banque de cours;
- 3 000 000 de transactions comptables par année;
- 100 000 dossiers archivés sur ruban magnétique.

Le Service de l'informatique a alors bâti un système de gestion de bases de données appelé Système d'information et de gestion académique (SIGA). Ce système informatique est vaste et comprend six sous-systèmes :

- l'admission;
- l'inscription, incluant le nouveau système d'inscription par téléphone et les envois d'avis aux étudiants;
- l'horaire maître qui sert notamment à l'assignation des locaux en fonction de la commande de cours;

- le dossier étudiant qui comprend le traitement de la notation, la gestion des équivalences et l'attribution des diplômes;

- les comptes étudiants qui assurent la facturation et la perception;

- la banque de support qui gère la banque de programmes, les cours et les stages.

L'UQAM s'est dotée de deux ordinateurs puissants : le VAX 8600 muni d'une mémoire centrale de 48 Mo et le VAX 6210 pour le système d'inscription par téléphone (SIT). Comme on peut s'en douter, un système manuel de bases de données serait impossible à gérer. Cependant, il ne suffit pas de mettre simplement les données sur ordinateur pour rendre le système opérationnel. Un processus long et délicat d'analyse de système doit soutenir l'informatisation d'une base de données. C'est ce que nous verrons dans les prochaines sections.

10.3 HISTORIQUE

Depuis les débuts de l'informatique, l'évolution de la technologie a influencé les philosophies de structuration des données. Dans le domaine des systèmes de gestion de bases de données, l'on distingue trois étapes majeures. L'historique suivant a pour but de montrer l'importance du développement technologique de l'utilisation des données et des systèmes s'y rattachant.

10.3.1 Le traitement séquentiel et les gestionnaires de fichiers

L'informatique des années 60 servait surtout à accélérer le traitement des données comptables et financières et à en diminuer le coût de traitement. Même dans l'aviation commerciale, alors que le but principal de l'introduction des systèmes de réservation informatisés était de réduire les coûts administratifs, on s'est vite rendu compte de la valeur stratégique de ce type de traitement de l'information[1]. Les données financières et comptables sont par leur nature hautement structurées; elles étaient donc reliées à des applications spécifiques programmées en cobol (*Common Business Oriented Language*), un langage de programmation puissant mais complexe. On se servait d'un gestionnaire de fichiers qui est un logiciel qui traite des données enregistrées de façon séquentielle seulement.

Les tableaux que l'on trie à l'aide des logiciels de traitement de texte sont habituellement des fichiers conventionnels[2] (*flat file*), de même que les fichiers traités dans Lotus 1-2-3[3]. Dans un tel fichier, le programmeur ou l'utilisateur doit

---

1. Duncan G. Copeland et James L. McKenney. «Airline reservations systems : Lessons from history».
2. En anglais, les termes *file manager*, c'est-à-dire programme de gestion de fichiers, et *flat file*, c'est-à-dire fichier qui ne peut être relié à un autre automatiquement, sont utilisés. Nous emploierons ici le terme «fichier conventionnel» pour signifier *flat file* .
3. Il se vend des progiciels qui sont des gestionnaires de fichiers conventionnels, tels PC File, Professional File, RapidFile, Reflex, Superbase 2, Q&A.

spécifier le format physique des données et leur format de sortie. Le support de mémorisation sur lequel on enregistre les données est la bande magnétique. Rappelons que la bande est un ruban sur lequel les données sont inscrites les unes après les autres, c'est-à-dire de façon séquentielle. Ce support se caractérise par un accès séquentiel : le lecteur de bande doit lire toutes les données qui se trouvent avant celle dont on a besoin. L'accès est donc relativement lent.

Pour illustrer, comparons le mode d'accès à un morceau de musique sur un disque avec le mode d'accès à un morceau sur une bande ou une cassette. Supposons qu'il y ait 50 morceaux de musique sur une bande et qu'un enfant veuille entendre *Frère Jacques,* et que sa tante ne se souvienne pas où le morceau débute sur la bande. Elle devra la faire avancer par longueurs de quelques mètres à la fois, écouter à chaque longueur, etc. Étant donné qu'il y a 50 morceaux sur la bande, elle peut s'attendre à faire 25 essais en moyenne avant de trouver *Frère Jacques.* Supposons que ce cher petit neveu veuille entendre 3 morceaux sur cette bande. Comme elle doit faire 25 essais en moyenne pour chaque morceau, elle fera donc, au total, quelque 75 essais. Vive les disques, surtout les disques compacts[4] !

Il est possible de diminuer le travail en enregistrant les morceaux dans l'ordre alphabétique des titres. Il ne faudra alors fouiller la bande qu'une seule fois et, de plus, il devient plus facile de détecter l'absence d'un morceau.

C'est ce que l'on fait dans le traitement séquentiel ; on traite les données sur bande par lots (*batch*), par groupes de même nature (les comptes clients ensemble, les comptes fournisseurs ensemble), et en ordre alphabétique ou numérique. De plus, on traite les comptes fournisseurs à un moment, les comptes clients à un autre. On regroupe donc les données en lots ou groupes et on les traite en différé et non immédiatement. On fera la paie de tous les employés toutes les deux semaines, les comptes fournisseurs une fois par jour, etc. Il est à remarquer que ce genre de traitement n'est pas rapide[5]. L'accès aux données n'y est pas aisé et les applications sont souvent sauvegardées sur la même bande magnétique que les données.

Les informaticiens de l'époque ont longtemps considéré les données comme complémentaires à une application. L'attention portait surtout sur le programme et les données n'étaient que l'intrant ou l'extrant à une seule application spécifique ou, occasionnellement, à deux applications lorsque l'extrant d'une application devenait l'intrant de l'autre.

En somme, ce qui caractérisait cette période est :

- l'enregistrement sur bande ;

- le traitement séquentiel ;

- le traitement par lots et en différé ;

---

4. Pourquoi compacts ? Parce que le lecteur laser lit l'adresse du début de chaque morceau inscrite sur le disque de sorte que, pour entendre *Frère Jacques*, qui se trouve à être le huitième par exemple, il n'y a qu'à demander le huitième et le lecteur se positionnera au début du huitième morceau.
5. Serait-il approprié au traitement des comptes des clients d'une banque qui offre les services des guichets automatiques ?

- les programmes rédigés pour des données spécifiques et l'interdépendance des données et des programmes;

- la lenteur du traitement.

10.3.2 Les bases de données corporatives

L'utilisation du terme juste est souvent difficile mais toujours importante. Il s'est créé une autre raison de séparer les données des applications et de réunir les données sans tenir compte de leur lien physique. C'est le besoin de bases de données communes dont l'ensemble des membres d'une organisation pouvait disposer, c'est-à-dire des bases de données corporatives.

Vers 1965, la façon de considérer les données commence à changer. Les données n'étaient plus uniquement des intrants ou des extrants d'applications, mais devenaient le centre même de la base de données; on devait penser en termes de données au lieu de penser en termes de processus ou d'application. Les données devenaient le pôle d'attraction d'une nouvelle ressource informationnelle autour de laquelle devaient graviter les applications. Par cette façon de voir les choses, l'on voulait rendre les programmes et les machines le plus possible indépendants des données, facilitant ainsi les modifications aux premiers. À partir de cette époque, il y a eu des essais de stockage de toutes les données dans une seule base destinée à être utilisée et partagée par l'ensemble de l'organisation au moyen d'applications différentes. Le logiciel qui permettait de s'en servir est appelé un système de gestion de bases de données (SGBD[6]). Par exemple, avec le SGBD, une entreprise peut sauvegarder les données concernant ses clients, ses fournisseurs, ses ventes et sa production sur le même support. Grâce au SGBD, les différentes applications (gestion des comptes fournisseurs, des comptes clients, de la facturation, etc.) peuvent se servir des mêmes données.

En structurant plus rigoureusement les données et en se fixant pour objectif de faire de la base un bassin unique de données (un ensemble de données sur le même sujet), on élimine la redondance et les incohérences. La figure suivante montre bien comment la base de données corporatives peut être utilisée par toutes les applications. Chaque application se sert d'une base de données commune grâce à des interfaces et des schémas que nous étudierons plus loin.

Parallèlement à cette mise en commun, la schématisation des données et le développement de langages de manipulation plus conviviaux ont facilité la consultation des données.

10.3.3 Popularité du modèle relationnel

Les années 80 ont été marquées par la révolution micro-informatique. À cause de sa simplicité conceptuelle, le modèle relationnel (nous verrons ce modèle plus loin) de traitement des données domine actuellement le marché des SGBD pour

---

6. On utilise souvent le sigle anglais DBMS qui signifie *Database Management System*.

FIGURE 10.1
Les données
deviennent
indépendantes
des applications

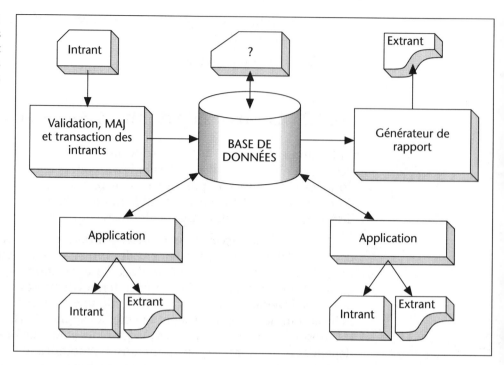

les micro-ordinateurs. La popularité croissante de la micro-informatique et de son utilisation a un double effet : les bases de données corporatives permettent de plus en plus à tous les membres d'une organisation de partager les mêmes données (fichiers clients, produits, etc.), alors que, simultanément, les usagers disposent de bases locales pour leurs données propres de plus en plus nombreuses (annuaires, listes de la correspondance, etc.).

À l'aube des années 90 et grâce à l'implantation de réseaux, la micro-informatique définit maintenant un concept mixte de «données corporatives sur ordinateur central contre données locales sur micro». Désormais, la saisie et la sauvegarde des données sur différents systèmes (*download*, *upload*) permettent l'échange de données d'un type à l'autre de bases.

10.4 LES DONNÉES VUES COMME UNE RESSOURCE ORGANISATIONNELLE

L'information dans les organisations a toujours été une ressource, mais les gestionnaires étaient moins conscients qu'aujourd'hui de son importance stratégique. Pourtant, elle est essentielle à toute prise de décision. Le processus de décision dans une organisation a, en effet, comme point de départ un processus d'information sous une forme ou une autre. Ce n'est que depuis peu que l'information est considérée comme un actif, au même titre que la matière première, l'argent ou les ressources humaines.

La coordination efficace de l'ensemble des activités au sein d'une entreprise plaide en soi pour le partage de l'information. Cette dernière est donc devenue une ressource corporative qu'il faut partager, protéger et garder exacte.

Ce qu'il est important de comprendre, c'est que les gestionnaires ne désirent pas plus d'information; ils veulent plutôt une information de qualité, une information précise, analysée, filtrée et épurée, résumée et condensée. C'est là un désir normal, car le cerveau humain est limité sur le plan du traitement de l'information; les gestionnaires veulent donc pouvoir comparer facilement une information à une autre. Le traitement de l'information brute, interne ou externe à l'organisation, produit une information analytique qui prend de plus en plus de valeur stratégique au fur et à mesure qu'on s'élève dans la hiérarchie de l'entreprise. Les données doivent donc être bien définies et organisées de façon cohérente, ce que seul un SGBD peut accomplir.

Précisons ici que données et information ont des sens différents. Cette distinction étant très importante, nous la rappelons :

Donnée (*data*)   Une donnée est la plus petite unité de connaissance sur un objet, un événement. Au sens informatique, une donnée n'est pas un texte.

Information   L'information provient de données traitées et ayant un sens; elle contribue au processus de décision.

En d'autres mots, on peut dire qu'une donnée est ce que la base contient tandis qu'une information est ce que l'utilisateur désire, c'est-à-dire une donnée structurée ayant un sens utile.

10.5   JÉRÉMIADES ET COMPLAINTES DU PASSÉ

10.5.1   Les plaintes

Nous l'avons vu, la technologie a eu un effet considérable sur la conception des SGBD. Des notions qui apparaissent aujourd'hui évidentes ne l'étaient pas voilà quelques années. Le développement des SGBD est le résultat d'une évolution longue et logique, souvent guidée par les besoins et les commentaires des utilisateurs. De fait, ces derniers ont eu une telle influence qu'il nous semble important de revenir un peu dans le passé et de jeter un regard sur leurs complaintes, et ce afin de mieux comprendre le présent.

Voilà quelques années seulement, l'organisation séquentielle, rigide et spécialisée des fichiers de données amenait les utilisateurs à exprimer de nombreuses réactions négatives. La difficulté d'utiliser ces fichiers, leur dépendance étroite avec les applications, le traitement par lots qui les caractérisait, sans compter leur fréquente inexactitude et incohérence, engendraient de nombreuses plaintes. Les utilisateurs se plaignaient entre autres :

- qu'ils ne pouvaient obtenir facilement (sinon pas du tout) des tableaux croisés de données[7] qu'ils savaient possibles et qui auraient pu fournir des informations tactiques ou stratégiques importantes;

- que les interrogations et le dialogue avec l'ordinateur (par le biais d'interfaces) demandaient une connaissance technique approfondie en informatique et qu'il n'existait pas en fait de véritable interface pour l'utilisateur;

- que la plupart des interrogations non prévues de la base de données devaient passer par une phase longue et fastidieuse de programmation par l'équipe technique;

- que même avec une sérieuse programmation, certaines opérations, pourtant simples en théorie, devenaient compliquées, voire inexécutables en pratique;

- qu'en raison du traitement par lots, les bases de données n'étaient presque jamais à jour;

- que l'élaboration de nouvelles applications était très coûteuse et passablement longue;

- que ces nouvelles applications ne pouvaient que très rarement utiliser l'information déjà stockée;

- et que, de toute façon, les fichiers de données rattachés à chaque application ne correspondaient jamais au besoin quant au contenu.

Ces plaintes avaient souvent pour effet de limiter l'utilisation des fichiers de données à des opérations comptables et financières bien déterminées et aux traitements par lots de transactions liés aux opérations. La nouvelle approche des bases de données a révolutionné le domaine de l'information et le concept des bases de données corporatives a résolu les problèmes rapportés précédemment.

10.5.2 Sources des complaintes

L'évolution rapide des ordinateurs et les besoins en information croissants des entreprises ont amené les informaticiens à concevoir de nombreuses applications totalement indépendantes les unes des autres, possédant donc leur propre ensemble de données qui ne concordaient pas nécessairement aux données des autres applications, même s'il s'agissait de décrire la même chose. Une fois sauvegardées, les données restaient rattachées au programme et n'avaient aucune valeur en dehors de celui-ci. L'information exclusive, la valorisation de l'application aux dépens des données et le traitement par lots (différé dans le temps) de ces dernières entraînaient des problèmes de coordination, de flexibilité et de duplication.

---

7. Tableau qui met en relation deux types différents ou plus de données. Par exemple, un tableau qui met en relation l'âge d'un citoyen, sa participation aux activités de la ville et son revenu annuel est un tableau croisé.

10.5.2.1   Éparpillement

Les données étaient séparées, éparpillées dans plusieurs fichiers différents. Leur structure en fichier conventionnel (*flat file*) ne traduisait donc pas un modèle adéquat de la réalité.

Par exemple, les données sur les clients pouvaient fort bien se trouver dans le fichier 1, rattaché à l'application 1 (liste alphabétique des clients); les données sur les produits se trouvaient dans le fichier 2, rattaché à l'application 2 (liste d'inventaire) tandis que les données sur la facturation (vente d'un produit à un client) se trouvaient dans le fichier 3 (production des factures), rattaché à l'application 3. Pour obtenir un rapport détaillé des factures avec toutes les informations sur les acheteurs et les produits, il fallait donc fusionner 3 fichiers.

10.5.2.2   Duplication

Pour éviter des fusions de fichiers inutiles et coûteuses (aussi bien en temps qu'en argent), les entreprises maintenaient plusieurs fichiers différents contenant en partie les mêmes données (redondance), par exemple le nom et l'adresse des clients, ajoutant ainsi au coût de la maintenance, au nombre de fichiers de données et au risque d'incohérence de ces dernières.

10.5.2.3   Inconsistance

Les données pouvaient différer d'un fichier de données à un autre, spécialement si les mises à jour ne se faisaient pas dans l'ensemble des fichiers pouvant contenir la même donnée.

Par exemple, l'adresse d'un client dans la base de données de l'application «Facturation» pouvait être différente de l'adresse de ce même client dans la base

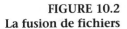

FIGURE 10.2
La fusion de fichiers

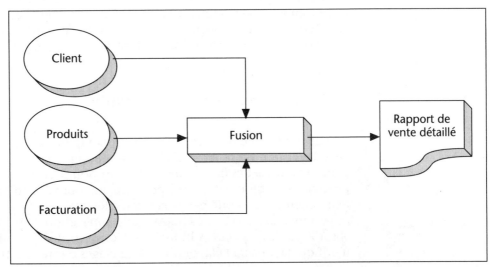

de données de l'application «Promotion marketing» si, à cause d'un oubli, une procédure de changement d'adresse n'aurait été acheminée qu'à un seul fichier.

Conséquemment, les faibles intégrité et qualité des bases de données en ressources partagées ne poussaient pas les utilisateurs à s'en servir, augmentant d'autant leur désuétude.

10.5.2.4   Problème de mise à jour

Les données ne reflétaient que rarement la réalité en raison du traitement par lots différé qui caractérisait souvent les applications. Un simple changement d'adresse pouvait prendre plusieurs semaines, car il était difficile d'accéder aux données et la charge de travail était énorme. On attendait généralement d'avoir assez de modifications à apporter à un même fichier pour faire la mise à jour qui était par ailleurs une opération longue et compliquée.

10.5.2.5   Dépendance des données à l'endroit des fichiers d'applications

Chaque application possédait ses propres données avec ses structures particulières. Rarement, sinon jamais, pouvait-on utiliser les fichiers de données d'une application avec une autre application. Il était impossible, par exemple, d'utiliser les adresses des clients du fichier comptes clients avec les adresses des fournisseurs du fichier comptes fournisseurs.

10.5.2.6   Dépendance des données à l'endroit du système

Les données étant étroitement reliées aux applications, il devenait quasiment catastrophique de changer de système informatique. Les applications étaient en effet écrites selon les spécifications techniques de l'ordinateur, et un changement d'appareil signifiait la réécriture complète du programme.

10.5.2.7   Interactivité inexistante

Il était impossible d'obtenir des réponses rapides à des interrogations ponctuelles. Le système conventionnel d'organisation des données n'était pas structuré pour répondre à des demandes de rapport non prévues. Il fallait en fait écrire un programme long et complexe pour chaque nouvelle interrogation; chaque demande entraînait donc des délais considérables et des coûts de développement importants pour la mise au point d'une application, l'essentiel de ces coûts étant absorbé par les ressources humaines. Nous verrons plus loin que c'est surtout ce motif qui favorisera l'élaboration de langages d'interrogation plus faciles.

10.5.2.8 Résistance au changement

La rigidité des applications et les liens étroits que chacune d'elles entretenait avec son propre fichier de données ne favorisaient pas les modifications des programmes, même quand les changements étaient nécessaires (par exemple, à la suite de nouvelles politiques de l'entreprise ou d'une législation du gouvernement). Un changement dans la structure d'une donnée (par exemple, ajouter le code régional au numéro de téléphone) impliquait alors la modification de tous les programmes utilisant ce type de programmation, et l'obligatoire conversion des anciennes données au nouveau format expliquait la résistance au changement. Cette situation avait pour conséquence que le système informatique devenait de plus en plus désynchronisé face à l'environnement.

Ce sont ces problèmes qui ont motivé l'élaboration de nouveaux concepts dès le milieu des années 60.

10.6 DÉPENDANCE ET INDÉPENDANCE DES DONNÉES

Imaginons une agence théâtrale, l'Agence ABC, qui sert d'intermédiaire entre les artistes et les organisateurs de spectacles. Elle négocie les contrats entre ces parties et recherche les occasions de faire produire ses artistes-clients. Finalement, l'Agence ABC organise le transport des groupes d'artistes aux lieux des spectacles et négocie les droits d'utilisation des noms et des photos des artistes sur des objets divers : t-shirts, tasses, bracelets, etc.

10.6.1 Un exemple d'organisation des données

Pour gérer ses données, l'Agence ABC a créé quatre fichiers informatisés et les programmes ou applications pertinents. Le premier fichier, appelé «Artiste», contient les renseignements suivants sur les artistes; ces renseignements sont répartis en six champs; un champ peut contenir plusieurs valeurs ou données :

- nom;
- adresse résidentielle;
- numéro de téléphone résidentiel;
- lieu de séjour (résidence, lieu du spectacle actuel);
- genre d'artiste (rock, jazz, danse, théâtre, etc.);
- agent de l'Agence ABC responsable de l'artiste.

Il y a un artiste par enregistrement; l'Agence ABC compte 200 artistes, donc 200 enregistrements ou dossiers. Dans cette structure, l'ordre des champs est fixe, car le programme ou l'application doit retrouver les données toujours au même endroit. Ce programme stocke, modifie et repère les données, et imprime toutes les données par artiste. Le deuxième fichier, qui porte le nom d'«Agent», contient les informations pertinentes concernant les agents qui travaillent pour ABC :

- nom;

- adresse et numéro de téléphone résidentiels;

- numéro d'assurance sociale;

- numéro de bureau;

- noms et numéros de téléphone des clients de chaque agent. Le code de plusieurs clients se retrouve dans un même champ.

Le troisième fichier, appelé «Réservations», contient les champs suivants :

- le nom du client;

- la ou les dates de réservation;

- le nom de l'artiste ou du groupe;

- le lieu du spectacle;

- le nom et le numéro de l'agent concerné;

- la commission à payer à l'agent;

- la somme du contrat.

Finalement, le dernier fichier, nommé «Contrats», est semblable au fichier «Réservations». On y trouve :

- le nom de l'artiste;

- son numéro de téléphone;

- le nom du client;

- la date de signature du contrat;

- la ou les dates du spectacle;

- le nom de l'agent;

- son numéro de téléphone;

- la valeur du contrat et autres détails.

Le fichier «Inscription des contrats» permet d'ajouter de nouveaux enregistrements, de modifier les enregistrements déjà inscrits et d'effacer les contrats annulés.

10.6.2   Les inconvénients d'un système séquentiel

Les fichiers de l'Agence ABC sont des fichiers séquentiels, à accès séquentiel, traités en différé. Y chercher un enregistrement est comme chercher un livre dans sa bibliothèque personnelle; on le trouve en fouillant les rayons (fouille séquentielle).

De plus, dans le cas de l'Agence ABC, les applications et les données sont interdépendantes, indissociables. Cette situation a pour effet de créer beaucoup de redondance, c'est-à-dire que l'on doit inscrire les mêmes données à plusieurs endroits. Par exemple, le nom et le numéro de téléphone de l'artiste apparaissent dans chaque fichier, le nom de l'agent apparaît dans trois. La redondance signifie la répétition inutile des données et comporte plusieurs inconvénients : travail supplémentaire, utilisation inutile d'espace mémoire et risques d'erreurs. Ainsi, lorsqu'un artiste change d'adresse ou de numéro de téléphone, il faut apporter les modifications dans quatre fichiers différents. Si on oublie de modifier tous les fichiers, on se retrouve avec des données incohérentes ou inconsistantes : plusieurs numéros différents dont un seul est correct. La redondance engendre donc l'incohérence dans les données, c'est-à-dire une situation où des données devant avoir les mêmes valeurs ne les ont pas.

Le système de traitement de fichiers de l'Agence ABC est constitué de quatre fichiers physiquement séparés. Quelqu'un pourrait donc associer un artiste à un nom fictif d'agent sans que le système le détecte. Pourtant un système devrait vérifier l'intégrité des données en prévoyant des renvois croisés. Si un artiste est inscrit à l'agent Marion, le système devrait vérifier si celui-ci existe. On vise l'exactitude, la cohérence et l'actualité de l'information grâce à l'intégrité des données.

Un autre inconvénient du système de l'Agence ABC est l'impossibilité de produire des rapports imprévus. Supposons qu'un rapport sur mesure faisant appel à des données qui se trouvent dans deux fichiers différents soit demandé, par exemple toutes les réservations et tous les contrats d'un même artiste. On ne pourra pas produire ce rapport ponctuel, fait sur mesure, sauf en écrivant un nouveau programme qui puisera dans les deux fichiers; une telle demande s'avérera coûteuse.

On le voit, de nombreuses raisons jouaient en faveur d'une séparation des fichiers de données des fichiers de programmes.

10.6.3   Le stockage des données

C'est au milieu des années 60 que les unités de stockage à accès direct (USAD) ont fait leur apparition. Ces unités utilisent des disques magnétiques sur lesquels les données sont stockées le long de pistes concentriques. Tout comme on peut écouter la quatrième chanson sur un disque en déplaçant le bras du tourne-disque, l'ordinateur peut avoir accès à une donnée spécifique directement, sans lire l'ensemble du disque. Il s'agissait là d'un progrès remarquable dans le développement de mémoires secondaires. Cette innovation technologique a favorisé l'accès direct aux données et leur traitement en direct. (Il est à noter qu'il est toujours possible d'enregistrer des données de façon séquentielle sur un disque.) L'accès direct aux données a ainsi permis aux informaticiens de trouver une solution aux plaintes des utilisateurs. Cette solution, c'est-à-dire la dissociation des données et des programmes, constituait une véritable révolution dans la gestion des données, car elle permettait de produire des rapports ponctuels et d'effectuer des changements dans les relations entre les données sans qu'il soit nécessaire de consacrer énormément de temps à modifier les fichiers de données et d'applications. La solution a été la création de SGBD utilisant les disques qui sont devenus l'unité de stockage la plus courante; les bandes magnétiques servent maintenant surtout à conserver les copies de sécurité (*backup*).

L'exemple de l'Agence ABC montre la dépendance des données et des programmes. Nous disons qu'il y a dépendance quand il est impossible de modifier la structure physique de stockage des données ni la méthode d'accès sans modifier le programme ou l'application généralement de fond en comble[8].

10.6.4 Illustration du concept de dépendance des données

Pour clarifier le concept fondamental de la dépendance des données, nous illustrerons le concept d'indépendance des données qui est un concept inhérent à un SGBD.

Un gestionnaire de fichiers (conventionnels) traite les données en les déplaçant physiquement. Lorsque l'utilisateur trie un fichier, le gestionnaire de fichiers déplace les enregistrements pour qu'ils apparaissent dans l'ordre voulu. Par contre, un SGBD ne déplace pas les enregistrements; il les agence logiquement de façon à produire la liste alphabétique requise. Un SGBD considère les données comme faisant partie d'un bassin de données communes à toutes les applications et à tous les usagers autorisés.

Examinons une distributrice de boules de gomme à mâcher[9] : elle est le SGBD. Chaque boule représente une donnée; les boules de gomme sont réunies en un même lieu. L'ensemble des boules constitue la base de données. Supposons que les boules quadrillées en foncé représentent les noms des agents à l'emploi de l'Agence ABC, que les boules hachurées représentent leurs numéros de téléphone d'affaires, que celles qui sont quadrillées pâles représentent leurs numéros de téléphone résidentiels et que les boules rayées représentent le nom de leurs clients. Cette représentation des données comporte un problème. Lequel? Comment faire le lien entre le nom de l'agent, son numéro de téléphone résidentiel, son numéro de bureau et ses clients? Une base de données est donc plus qu'un espace commun de données; elle contient les relations entre les données.

Examinons maintenant la machine distributrice de la figure 10.4. Dans ce cas, chaque boule est aussi dotée d'un numéro, qui est le numéro d'identification de l'agent. Toutes les boules marquées du même numéro renvoient au même agent.

On a donc ajouté une information importante, soit la relation entre les données. Si on veut une liste de tous les clients de Claude Decoste, on doit connaître son numéro d'identification. Une fois connu ce numéro, on peut facilement repérer tous ses clients, car chacun d'eux porte le numéro d'identification de Decoste. Autrement dit, les numéros d'identification indiquent comment les

---

8. C. F. Date. *An Introduction to Database Systems*, p.15.
9. Jan L. Harrigton. *Making Database Management Work*.

**FIGURE 10.3
Illustration d'une
base de données**

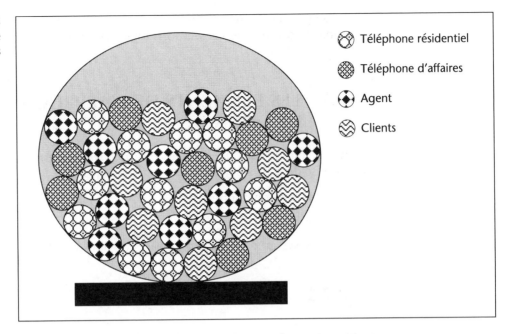

boules sont reliées entre elles. Il est important de souligner que la relation entre les boules est une relation logique, car l'emplacement physique d'une boule dans la machine n'a rien à voir avec sa relation avec un agent en particulier. On peut secouer la distributrice sans rien modifier aux relations entre les boules. De même, dans un SGBD, la disposition physique n'a rien à voir, théoriquement, avec les relations entre les données. Un SGBD inclut nécessairement les relations entre les données. La relation physique est donc indépendante de la relation logique dans un SGBD, contrairement à un fichier conventionnel.

**FIGURE 10.4
Les relations dans
la base de données**

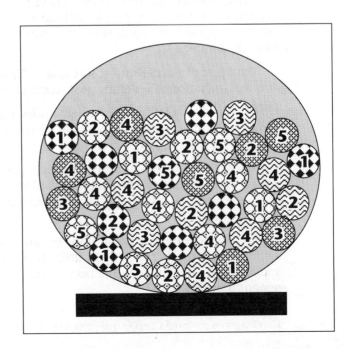

On peut enfin définir une base de données comme étant un bassin ou un ensemble de données et les relations logiques entre celles-ci.

10.7   LES ÉLÉMENTS DE L'APPROCHE BASE DE DONNÉES

Un système de base de données ou un système d'information (informatisé) se compose de trois éléments[10] :

1) la base de données;

2) le personnel;

3) le système de gestion de bases de données (SGBD).

10.7.1   La base de données

10.7.1.1   Le concept et ses définitions

Les publications que contient une bibliothèque, les dossiers des abonnés à un réseau de câblodistribution ou à un service téléphonique, les dossiers des étudiants inscrits à une université sont autant de bases de données. Vu le nombre croissant de bases informatisées, et vu que ce sont ces bases qui nous intéressent, on peut aussi dire qu'une base de données est un ensemble de fichiers de données informatiques.

Chaque auteur propose sa définition personnelle d'une base de données, ce qui rend d'autant plus problématique son étude. En outre, comme nous le verrons, il y a souvent confusion entre base de données et système de gestion des bases de données.

Date propose la définition suivante : « Une base de données est ensemble de données opérationnelles emmagasinées pour l'usager. »

Gordon C. Everest propose une définition plus riche : « Une base de données est un ensemble mécanisé, partagé, formellement et centralement défini, de données pour servir l'organisation. »

Stanley Aleong, quant à lui, introduit dans sa définition l'objectif principal des bases de données : « Ensemble organisé et structuré de données sur ordinateur et destiné à être manipulé et interrogé par différentes catégories d'usagers ou d'applications. »

En somme, une base de données est un ensemble unique d'informations par lequel les différentes catégories d'utilisateurs accèdent aux données utiles à leurs applications. La définition que nous retiendrons est celle de Marc Bouisset légèrement modifiée :

---

10. Catégories conformes à celles que propose C. F. Date, *op. cit.*

Une base de données est un ensemble d'informations structuré et centralisé, de manière physique et logique, auquel un ou plusieurs utilisateurs autorisés peuvent, directement ou indirectement, avoir accès en permanence pour y effectuer des traitements non nécessairement prévus, dans de parfaites conditions de convivialité, de sécurité et de confidentialité.

10.7.1.2 Vocabulaire de base

Le domaine des bases de données, comme tous les domaines reliés au monde de l'informatique, possède son propre vocabulaire. Voici quelques définitions essentielles à la poursuite de notre incursion dans le monde des bases de données.

Supposons une entreprise de câblodistribution comme Vidéotron qui a besoin de plusieurs fichiers de données, notamment le fichier client, le fichier services offerts, le fichier comptes clients, le fichier représentants (qui vendent les services et font la collecte), le fichier paie. Pour chaque paie, par exemple, il faut calculer la somme des commissions à verser aux représentants. Les informations requises se trouvent dans le fichier client (qui contient nom, adresse, numéros de téléphone et de compte du client, services auxquels il est abonné, date d'abonnement à chaque service, nom et numéro du représentant) et dans le fichier représentant (qui contient nom, adresse, numéro d'assurance sociale, numéro de téléphone, date d'entrée en service, salaire et taux de commission, formule pour calculer les déductions à faire sur chaque paie et cumul des déductions, lieu de travail, nom et autres informations sur ses clients, etc.). Un programme spécifique pour calculer la paie de chaque représentant a donc été écrit. C'est ce qu'on entend par application. Ce programme est différent de celui qui a été conçu pour les autres employés, car leurs salaires ne dépendent pas des services vendus; ils ne travaillent pas à la commission; une application différente est donc nécessaire. De même, il y aura une autre application pour facturer les clients, même si ce programme utilisera une partie des mêmes données. C'est ce qu'on entend par «dépendance des données et des programmes».

Dans ses premières années, la compagnie avait bâti un fichier sur papier pour ses comptes clients. À travers l'analogie d'une base de données gérée manuellement, nous allons définir le vocabulaire de l'informatique.

Le fichier des comptes clients contient des données relatives aux clients. Le client ou abonné est l'**entité**. C'est l'objet sur lequel la compagnie recueille et stocke des données. La compagnie prépare un dossier, ou une chemise, pour chaque abonné, indiquant ses nom et prénom, son adresse (numéro, rue, municipalité, code postal), son numéro de téléphone (résidence, travail), la date de son abonnement, etc. Chaque dossier constitue un **enregistrement** et est identifié par un nom sur étiquette. Afin de contourner les difficultés que causerait la présence de plusieurs abonnés du même nom, on a donné à chaque dossier (enregistrement) un code unique. C'est l'**identifiant**.

Tous les dossiers renferment les mêmes catégories de données sur chaque abonné, disposées de façon semblable. On parle donc de structure d'enregistrement. Une petite fiche standard a été imprimée et les **attributs**, ou les champs, sont identiques pour tous les abonnés mais diffèrent dans leurs valeurs. Chaque catégorie de données est un **champ** (*field*). Les données proprement dites s'appellent des **valeurs**. L'ensemble des valeurs des attributs de l'entité décrit l'occurrence de l'entité. La **valeur** est le caractère mesurable d'une entité. C'est une donnée. Par exemple, le numéro de porte d'un abonné est une valeur, une donnée de l'attribut «adresse». De même son numéro de téléphone est une donnée de l'attribut «numéro de téléphone».

L'ensemble des dossiers est classé dans un tiroir de bureau ordonné d'une certaine façon pour faciliter le repérage. Le contenu du tiroir compose le **fichier**. Le champ ou l'attribut qui sert à ordonner les fiches (généralement l'identifiant, mais pas nécessairement) s'appelle la **clef de tri**.

Résumons :

Attribut   Chacune des caractéristiques d'une entité. Par exemple : le numéro, la couleur, le prix. Il existe plusieurs synonymes : champ (*field*), propriété, colonne, zone, rubrique, caractère, variable. Il existe différents types d'attributs : alphanumériques, numériques, de date, logiques.

Enregistrement   Ensemble de un ou plusieurs champs décrivant une entité logique (personne, objet, événement) à conserver comme un tout; unité logique à laquelle se rattachent les données. Par exemple : le dossier d'un étudiant, un livre à la bibliothèque, un article en stock. Dans une table, un enregistrement correspond à une ligne. Synonymes : fiche, *record*, *tuple*.

Entité   Personne, objet, concept ou événement décrit par les données. Par exemple : abonné, camion, abonnement, personne, entreprise, vente. Une entité est un item quelconque du monde réel que nous voulons enregistrer. Comment savoir s'il s'agit d'une entité? Il suffit de poser quatre questions :

- Est-il doté d'un identifiant?

- A-t-il des attributs?

- A-t-il des relations?

- Est-ce un objet de préoccupation du système?

Fichier   Ensemble de données représentant toutes les occurrences d'une entité. À chaque occurrence correspond un enregistrement. Un fichier est donc une succession d'enregistrements. Chaque enregistrement contient les différentes valeurs des attributs de l'entité. Un fichier est un ensemble d'enregistrements semblables (le fichier des étudiants, celui des autos, etc.).

Une même application peut utiliser un ou plusieurs fichiers. Par exemple, dans le système SIGA de l'UQAM, l'application qui prépare les affectations des locaux utilise le fichier étudiant et le fichier horaire maître. Dans un SGBD, les données sont généralement réparties en plusieurs fichiers (abonnés, mobilier, matériel roulant, etc.).

Identifiant   Deux abonnés peuvent porter les mêmes noms et prénoms. Pour les distinguer, on donne à chaque enregistrement un attribut unique qu'on appelle identifiant ou **clef primaire de tri** ou même juste **clef de tri**. Le code permanent, le NAS sont uniques. Un identifiant est un attribut simple ou la réunion de plusieurs attributs, de sorte qu'à chaque identifiant corresponde un et un seul enregistrement. Un nom n'est donc pas un identifiant.

Occurrence   Chacune des apparitions d'une même entité. Une entité peut apparaître plusieurs fois, par exemple, un client qui a deux comptes.

Valeur   Chaque occurrence (chaque instance) de l'entité possède un attribut dans une certaine «mesure»; c'est la valeur. L'ensemble des valeurs des attributs de l'entité décrit l'occurrence de l'entité. La valeur est le caractère mesurable d'une entité; c'est une donnée. (Par exemple : 422 comme valeur de l'attribut «numéro»; 7,22 $ pour la valeur de l'attribut «prix».)

10.7.1.3   SGBD

Il existe une distinction entre une base de données et un SGBD. De fait, voici une définition complète d'un SGBD :

> Un système de gestion de base de données est un logiciel spécialisé utilisant un langage de définition de données et un langage de manipulation de données particuliers. Il s'agit de l'interface entre l'utilisateur ou le logiciel d'application et les données de la base.

C'est en réalité le programme qui gère la base de données et la rend opérationnelle. Une confusion existe quant à l'emploi du terme SGBD, parce que certains auteurs font référence au SGBD comme étant le logiciel de la base de données et les humains qui l'exploitent.

Objectifs des SGBD

Que peut-on attendre d'un SGBD? Essentiellement, un SGBD devrait permettre :

- d'ajouter de nouveaux enregistrements à la base;
- d'insérer de nouvelles données dans des fichiers établis;
- de récupérer des données dans les fichiers établis;
- de mettre à jour les données des fichiers établis;
- d'effacer des données des fichiers établis;
- de détruire des fichiers;
- de rechercher, de sélectionner et de trier des données;
- d'afficher et d'imprimer des rapports faits à partir des données.

M. J. Freiling a défini les horizons et les limites d'un SGBD en posant deux règles d'or :

1. Un SGBD doit être orienté vers les applications.

2. Un SGBD devrait intégrer le plus possible les informations nécessaires aux diverses applications afin d'éviter la fragmentation et la redondance des données.

Plus précisément, un SGBD devrait posséder les caractéristiques suivantes :

- partage de données précieuses au sein de l'organisation;
- maintien de l'intégrité de la base de données;

- réduction de la redondance et des inconsistances;

- adaptabilité aux changements conceptuels et technologiques;

- disponibilité aux différentes catégories d'usagers;

- fonctionnement rapide, économique et efficace;

- facilité d'utilisation et flexibilité face aux demandes;

- restrictions des menaces à la sécurité;

- harmonisation des besoins conflictuels des usagers;

- modification facile et économique des applications.

Le SGBD devrait donc pouvoir régler la majorité des problèmes que les usagers relevaient dans le passé.

10.7.1.4   Typologie des bases de données

Le concept de base de données couvre une large réalité. Les bases de données peuvent être regroupées sous différentes catégories, selon leur niveau organisationnel d'appartenance ou selon la nature des données.

Selon le niveau organisationnel d'appartenance

Base de données transactionnelles   C'est la base de données qui contient toutes les données générées par l'ensemble des opérations informatisées de l'organisation.

Base de données personnelles des usagers   Cette base regroupe l'ensemble des fichiers de données créés par les usagers sur leur micro-ordinateur pour un usage personnel. On retrouve dans cette catégorie les fichiers créés avec un tableur ou avec de petits SGBD (par exemple, dBase III Plus).

Base de données distribuées   Ces bases de données qu'on retrouve dans les différents lieux de travail comprennent à la fois les bases de données transactionnelles et informationnelles de l'ensemble ou d'une partie de l'organisation, en plus de contenir des données générées et utilisées uniquement au lieu de travail. Ces bases de données peuvent être soit centralisées et reproduites en région, soit divisées en segments régionaux avec une partie centralisée; dans les deux cas, le traitement se fait en région.

Selon la nature des données

Il existe une autre typologie des bases de données fondée uniquement sur la nature du contenu. On parlera ainsi de base de données factuelles, textuelles et bibliographiques. Le premier type de base de données est de loin le plus répandu.

Base de données factuelles   Constituée de données alphanumériques et quantitatives utilisées par les applications. On s'intéresse à une série de faits ou de données. Par exemple, liste d'inventaire, liste de clients.

Base de données bibliographiques   Constituée de références bibliographiques comprenant les informations nécessaires à la localisation du document, un bref résumé de son contenu ainsi que des mots clés permettant son repérage lors de recherche par sujet. Par exemple, bibliothèque, jurisprudence.

Base de données textuelles   Constituée de documents dont le texte même intéresse l'utilisateur. Ces textes sont destinés à être lus et non pas à faire l'objet de calculs. Par exemple, manuel de procédures informatisé.

Ces trois catégories de données — factuelles, textuelles et bibliographiques — ont été établies selon la nature du contenu. Les logiciels de gestion de bases de données factuelles sont nombreux; ceux de gestion de bases de données bibliographiques sont moins nombreux. Moins répandus encore sont ceux de bases de données textuelles. Ils seraient pourtant très utiles, surtout aux étudiants et aux chercheurs dans leurs fouilles dans des dictionnaires et encyclopédies, dans des catalogues de produits, dans les répertoires de musées, mais surtout dans des manuels scolaires sur disques.

Hypertexte   On définit hypertexte comme l'examen non linéaire de l'information. Par *non linéaire* on entend la possibilité d'examiner l'information, le texte, dans n'importe quel ordre tout simplement en choisissant le prochain sujet qu'on désire examiner dans la base de données. Habituellement, on lit un livre du début à la fin. Il y a des exceptions à cela : les livres pour jeunes du type «le roman dont vous êtes le héros». L'utilisation d'un document en hypertexte peut être considérée comme une visite au musée; la visite se fait en suivant l'ordre suggéré ou en passant d'une salle à une autre, selon les intérêts. Ce genre de base de données qu'est hypertexte est doté de renvois qui permettent de passer à d'autres parties de la base. Pour enseigner les concepts d'hypertexte, Shneiderman[11] a publié un livre conçu comme une base hypertexte. Dans l'introduction du volume, on lit : *Hypertext is usually defined* {3}. Le chiffre 3 indique qu'une plus longue définition se trouve à la page 3. Le lecteur s'y rend et y trouve aussi les renvois à d'autres concepts pertinents : *database* {7}, *notes* {5}, *hierarchies* {6}, *CD-ROM* {15}. Ce système permet une lecture non linéaire.

Le logiciel hypertexte accélère la lecture d'un texte. On peut concevoir une base de données en mode hypertexte comme un réseau de nœuds et de liens (*links*). Les documents sont les nœuds et les renvois, les liens. Les réseaux d'une base hypertexte peuvent prendre la forme d'une hiérarchie, mais les associations entre les documents sont souvent plus complexes. Les documents en réseau peuvent être des textes, mais aussi des graphiques, des photos, un dessin animé, une bande vidéo ou un document sonore. Les liens peuvent être unidirectionnels ou bidirectionnels. À la page 49 du livre de Shneiderman, au nœud intitulé *Navigation*, le lecteur retrouve *link* {3}. Il s'agit donc d'un ouvrage doté de renvois bidirectionnels, et le lecteur passe d'un concept à un autre qui se trouve vers la fin ou vers le début du volume.

Pourquoi avoir conçu des bases de données en mode hypertexte? Les bases de données factuelles sont très structurées : champs (en mode hypertexte, on indiquerait l'endroit où «champs» est défini), enregistrements, etc. Dans le modèle relationnel, on inscrit les données en rangées et en colonnes. Les bases de données factuelles ou structurées, ainsi que les bases bibliographiques, sont très

---

11. Ben Shneiderman et Greg Kearley. *Hypertext Hand-on! An Introduction to a New Way of Organizing and Accessing Information.*

utiles, mais ne conviennent pas à une base plus complexe. Les logiciels de gestion de bases de données du modèle relationnel, tels que dBase, R-Base, Paradox, Oracle ou Ingres, sont appropriés pour gérer l'inventaire d'un entrepôt, mais impropres pour exploiter une encyclopédie. Dans ce dernier cas, le modèle hypertexte, qui permet l'usage de liens structurés et arbitraires parmi les idées que contient un nœud, est nécessaire. Dans une encyclopédie hypertexte, il est possible de passer instantanément à une référence trouvée dans l'article et, de là, à une autre référence, et ce en appuyant simplement sur une touche. Le nœud pouvant être de taille variable, il peut contenir une image, un discours, une chanson, un jugement de cour et même une biographie. À partir du nom Mackenzie King, on pourrait trouver quelques-unes de ses photos, ses principaux discours, une biographie, les décisions politiques qu'il a prises, sa généalogie et bien d'autres renseignements encore. Il ne faut que des fractions de seconde pour accéder à toute l'information[12].

Il existe quelques logiciels hypertexte pour micro-ordinateurs : HyperCard pour Macintosh et, pour IBM, les logiciels : NaviText, Black Magic, AskSam, KnowledgePro, NoteCards, GUIDE, Hyperties.

10.7.1.5   Banques de données

Les banques de données sont des bases de données externes à l'entreprise et généralement payantes (par exemple, CANSIM).

10.7.1.6   Bases et banques de données

Une base de données et une banque de données «peuvent être définies comme des ensembles cohérents d'informations, organisés pour être offerts aux consultations d'utilisateurs[13]». Il est certes utile de distinguer une base de données d'une banque de données. Une base de données est généralement interne à une entreprise; elle a été établie par l'entreprise pour atteindre ses propres fins et les personnes de l'extérieur ne peuvent en disposer. Par contre, une banque de données est une base offerte à titre de service de consultation à des abonnés externes. Mais quelle est l'utilité d'une banque de données?

Prenons, par exemple, le cas de George Webster qui est le président d'Accurate Custom Manufacturers of Ontario, une entreprise qui conçoit et construit de l'équipement de manutention de matériaux de construction. George Webster voulait s'adresser directement (*direct-mail*) à tous les clients possibles lors de l'expansion de son entreprise. Il voulait donc contacter tous les entrepreneurs généraux de l'Ontario et tous les manufacturiers canadiens de matériaux de toiture, de chauffage, de portes et fenêtres et de ventilation. Il décida d'utiliser Business Opportunities Sourcing System (BOSS), une banque de données gérée par le gouvernement fédéral. Dans un délai de deux jours et au coût de 40 $, BOSS lui a fourni les étiquettes d'adressage et une liste de 1150 entreprises des secteurs industriels

---

12. Pour en savoir plus long sur le sujet, voir Yves Leclerc, «La vrai révolution des hypermédias».
13. P. Pelon et A. Vuillemin. *Les nouvelles technologies de la documentation et de l'information*, p. 324.

FIGURE 10.5
Les relations entre
les partenaires

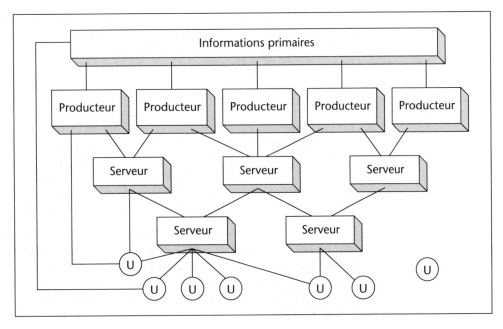

qui l'intéressaient. Une autre solution aurait été d'avoir recours à des entreprises de publipostage pour un prix variant de 120 $ à 150 $ par 1000 adresses.

Le gouvernement fédéral gère deux autres banques : NASIS et WIN. NASIS (National Supplier Information System) est une banque qui contient les coordonnées de 90 000 fournisseurs; le gouvernement fédéral se sert de cette banque pour choisir ses fournisseurs. WIN (World Information Network) est gérée par le ministère des Affaires extérieures. Éventuellement, cette banque sera disponible dans tous les consulats canadiens à l'étranger et servira à renseigner les acheteurs étrangers sur les fournisseurs canadiens.

Les banques de données impliquent quatre classes de partenaires[14] :

- les producteurs;
- les serveurs;
- les réseaux;
- les relais.

Les producteurs

Les producteurs élaborent les fichiers. Ce sont eux qui déterminent les données qu'ils y intègrent, le traitement de ces données et leur structure. Ils sont donc responsables tant du contenu intellectuel de la banque que de sa qualité documentaire[15]. Les banques de données sont spécialisées : une traitera de documents portant sur la chimie, une autre, de thèses de doctorat, une autre, des aspects financiers des entreprises canadiennes, etc.

---

14. *Ibid.*, p.343.
15. *Ibid.*, p. 344.

Plusieurs grands journaux (*The Financial Post*, de Toronto, *The Wall Street Journal*, *The Chicago Tribune*, *The Washington Post*) ont créé une banque de données de leurs articles et les offrent à distance et en différé. Ce sont des producteurs.

Les serveurs

Certains producteurs diffusent eux-mêmes leur banque de données (par exemple, *The Financial Post*). La plupart cependant en confient la diffusion à des serveurs. Ces derniers font donc le lien entre les producteurs et les usagers. Par exemple, DIALOG est un serveur qui diffuse au-delà de 320 banques de données. Alex, de Bell Canada, et INFOPUQ, de l'Université du Québec, sont aussi des serveurs; ils permettent de consulter plusieurs banques de données.

Pour communiquer avec une banque de données, il faut entrer en communication avec l'ordinateur du serveur où logent habituellement plusieurs banques. L'interrogation de la base se fait à l'aide d'un logiciel fourni par le serveur; cet accès à plusieurs banques à l'aide du même logiciel facilite le travail d'interrogation de l'usager. Habituellement, l'usager traite avec le serveur; c'est auprès de lui que l'usager s'abonne.

Quelques banques et serveurs en gestion des affaires

Voici une liste de quelques producteurs de banques et leur serveur respectif, utile en gestion des affaires.

BANQUE	CONTENU	SERVEUR
ABI/INFORM	800 publications d'affaires	DIALOG
BIOCOMMERCE ABSTRACTS	100 publications d'affaires	DIALOG
BOOKS IN PRINT	1 672 110 enregistrements	DIALOG
BUSINESS DATELINE	110 publ. région Can., US	DIALOG
CAN BUS & CURRENT AFFAIRS	500 revues et 10 journaux can.	DIALOG
CANCORP	5000 cies canadiennes	DIALOG
COMPUTER DATABASE	50 revues en informatique	DIALOG
DUN'S MARKET IDENTIFIERS	Données sur 350 000 cies	DIALOG
DISSERTATION ABSTRACTS	Thèses de doctorat, US, Can.	DIALOG
FINANCIAL TIMES	Journal d'affaires brit.	DIALOG
HARVARD BUSINESS REVIEW	Contenu de la revue	DIALOG
McGRAW-HILL NEWS	Nouvelles d'affaires mondiales	DIALOG
PETERSON'S COLLEGE DB	Décrit universités US, Can.	DIALOG
REUTERS	Nouvelles mondiales	DIALOG
STANDARD & POOR'S NEWS	Nouvelles surtout financières	DIALOG

Principaux serveurs en administration

Voici une liste partielle et les coordonnées des principaux serveurs en administration[16].

SERVEUR	ADRESSE	TÉLÉPHONE
DIALOG	Micromedia Ltd., DIALOG Depart. 158, Pearl Street Toronto (Ontario) M5H 1L3	(800) 387-2689 poste 227 (416) 593-5211 f.v.
BRS	Maxwell Online	
Bibliographic	BRS Information Technologies	(800) 289-4277
Retrieval Services	8000, Westpark Drive, McLean, Virginia 22102, USA	Fax : (703) 893-4632
PRIMA TELEMATIC INC.	1611, boul. Crémazie Est Montréal (Québec) H2M 2P2	(514) 383-1611 poste 331 (800) 361-4777
CAN/OLE	Conseil national de recherches Ottawa (Ontario) K1A 0S2	(613) 993-1210 f.v. (800)N/A
ORBIT Information	8000, Westpark Drive, McLean	(703) 442-0900 f.v.
Technologies	Virginia 22102, USA	
WILSONLINE	950, University Avenue Bronx, NY 10542, USA	(212) 588-8998 f.v.
INFOPUQ	Infopuq 2875, boul. Laurier Sainte-Foy (Québec) G1V 2M3	(418) 657-3551
CRDI	Centre de recherche en développement international 250, rue Albert, C.P. 8500 Ottawa (Ontario) K1G 3H9	(613) 236-6163 poste 2053 André Roberge
INFORMART Online	164, Merton Street Toronto (Ontario) M4S 3A8	(800) 268-8817 (416) 489-6640
I.P. Sharp (Cansim)	I.P. Sharp Associés Ltée 555, boul. René-Lévesque Ouest, bureau 1610 Montréal (Québec) H2Z 1B1	(514) 866-4981
Compusearch	Compusearch ltée Études de marché et de recherches sociales 1080, Côte du Beaver Hall, bureau 1600 Montréal (Québec) H2Z 1S8	(514) 879-1912
QL Systems Ltd	901, St.-Andrews Tower 275, Sparks Street Ottawa (Ontario) K1R 7X9	Kingston : (800) 267-9470 Ottawa : (613) 238-3499 f.v.

---

16. Nous sommes redevables à Lucie Gardner de la bibliothèque de l'Université du Québec à Montréal qui a préparé ce tableau.

SERVEUR	ADRESSE	TÉLÉPHONE
CRDT	Centre de recherche en données touristiques 235, rue Queen Est, 4e étage, Ottawa	Ottawa (613) 954-3943
Banque de terminologie	Office de la langue française 800, Place Victoria, C.P. 316 Montréal (Québec) H4Z 1G8	(514) 873-7732 f.v.
Service documentaire	1685, rue Fleury Est	(514) 382-0895
Multimédia (Centrale des bibliothèques)	Montréal (Québec) H2C 1T1	
The Source	Source Telecomputing Corporation 1616, Anderson Road McLean, Virginia 22102, USA	(703) 821-6666
CompuServe	CompuServe Information Service Inc. 5000, Arlington Centre Blvd. P.O. Box 20212 Columbus, Ohio 43220, USA	(614) 457-8650

Les réseaux

Par définition, les banques de données sont externes aux usagers. Il faut donc un moyen de communication et de télétraitement. En règle générale, le réseau téléphonique est utilisé, notamment le réseau DATAPACK de la société de téléphone locale. La facturation se fait non pas sur la base de la distance ou du temps d'interconnexion, mais sur la base de la quantité d'informations transmises, c'est-à-dire du nombre de paquets.

Les relais

Tout ordinateur muni d'un modem, de logiciels de communication et d'interrogation fournis par le serveur constitue un relais ou une antenne potentiels. Mais vu les frais élevés d'abonnement et l'expertise requise pour interroger les banques, on trouve des relais dans les universités, dans certaines sociétés, mais aussi dans des entreprises qui se spécialisent dans l'interrogation des banques. Les frais de ces courtiers en information sont plus élevés que ce que le serveur exige étant donné la valeur ajoutée au service de base.

10.7.1.7   Description de quelques banques de données

Il existe aujourd'hui, à travers le monde, plus de 3500 banques de données. Près de 65 % de ces banques sont destinées au milieu des affaires : données bibliographiques, profils financiers, statistiques, Dow Jones, rapports annuels, articles de journaux, texte intégral d'articles de périodiques, etc. La liste qui suit n'offre donc qu'un très faible aperçu de ce qui est offert aux administrateurs et aux gestionnaires grâce à la télématique.

Voici une brève description de quelques banques et de leurs caractéristiques.

ABI /INFORM est une banque qui couvre tous les aspects de la gestion et de l'administration des affaires et traite également du développement de certains produits et d'industries spécifiques. Les articles cités sont d'ordre pratique : ils définissent ou décrivent une méthode, une technique ou une stratégie de gestion. Plus de 800 revues d'affaires y sont dépouillées depuis 1971, faisant d'ABI/INFORM une des sources d'information les plus prolifiques dans le domaine de l'administration. La mise à jour est hebdomadaire et les coûts sont minimes.

CANCORP CANADIAN CORPORATIONS répertorie des renseignements de type financier sur plus de 5600 corporations canadiennes tant publiques que privées. Ce répertoire inclut les noms, adresses, numéros de téléphone, taux de change canadien et américain ainsi que plusieurs listes de classement des entreprises les plus performantes. Elle comptait, en 1989, 5600 références.

CBCA (Canadian Business and Current Affairs) répertorie, depuis 1982, les articles des revues canadiennes anglophones du monde des affaires ainsi que 10 des grands quotidiens canadiens dont le *Toronto Globe and Mail*, le *Vancouver Sun*, le *Financial Post*, le *Calgary Herald*, le *Montreal Gazette*, etc. La banque comprend également les rapports annuels de 2500 compagnies déposées à l'Ontario Securities Commission (OSC). Elle correspond au *Canadian Business Index*, au *Canadian News Index* et au *Canadian Magazine Index*. Elle comptait 1 064 000 références en janvier 1989.

D & B CANADIAN DUN'S MARKET IDENTIFIERS est un fichier contenant des adresses ainsi que des données financières (ex. : volume des ventes) pour environ 350 000 compagnies canadiennes. Près de 200 analystes tiennent à jour, sur une base trimestrielle, ces données par divers moyens comme les entretiens téléphoniques, les entretiens personnels avec les cadres d'entreprises, sans compter évidemment la correspondance. Ces entreprises sont privées ou publiques, et leurs activités sont tout autant commerciales qu'industrielles. Cette banque comptait 366 340 références en janvier 1989.

DUN & BRADSTREET FRANCE MARKETING est un fichier de près de 170 000 entreprises françaises de plus de 10 salariés, dont le chiffre d'affaires est supérieur à 10 millions de francs. Ce fichier comporte pour chaque société le chiffre d'affaires, les effectifs, le secteur d'activité, le nom et la fonction des dirigeants, les entreprises importatrices, exportatrices, etc. La mise à jour est semestrielle.

DISSERTATION ABSTRACTS ONLINE répertorie par titre, auteur et sujet les thèses de doctorat américaines ainsi qu'un choix sélectif de mémoires de maîtrise, et ce depuis 1861. La banque comprend également bon nombre de thèses canadiennes dont celles produites à l'Université Laval. Les thèses de l'Université de Montréal et celles de l'université du Québec ne sont incluses que depuis récemment. Correspond aux imprimés *Dissertation Abstracts International*, *American Doctoral Dissertations*, *Comprehensive Dissertation Index* et *Master Abstracts*. Cette banque comptait 989 000 références en janvier 1989.

FINDEX : THE DIRECTORY OF MARKET RESEARCH REPORTS, STUDIES AND SURVEYS comprend les études de marché, enquêtes et recherches de compagnies, offertes sur le marché américain et international. N'offre pas l'étude de marché comme telle, mais uniquement sa disponibilité sur le marché ainsi que le coût et l'adresse où il est possible d'acheter le document. Cette banque couvre toute la période depuis 1972 et comprenait 11 436 références en janvier 1989.

MANAGEMENT CONTENTS couvre, pour la période de 1974 à aujourd'hui, tous les aspects de la gestion et de l'administration ainsi que les domaines connexes. Elle dépouille plus de 700 revues spécialisées ainsi qu'un certain nombre de monographies et de matériel scolaire. Les articles répertoriés sont d'ordre pratique ou scolaire. Elle comptait 269 600 références en janvier 1989.

10.7.2   Le personnel

Le personnel est un des éléments d'un système de base de données. Il comprend deux groupes principaux : les usagers et les concepteurs du système.

10.7.2.1   Usagers

Les usagers peuvent être internes à l'organisme, par exemple les commis d'une banque, ou externes, par exemple les clients de la banque. Les usagers internes se répartissent en différentes catégories : les cadres, qui utilisent l'information dans la prise de décision, les commis, qui contrôlent les données inscrites par les usagers des guichets automatiques, par exemple.

De même, les usagers externes peuvent être non seulement les clients qui exigent un service très convivial, mais encore les vérificateurs externes à l'entreprise qui doivent avoir accès aux prémisses du système. Dans tous les cas, les usagers ont un même objectif : obtenir l'information requise facilement et rapidement.

10.7.2.2   Concepteurs du système

Les concepteurs sont les analystes et l'administrateur de la base. Dans certains cas, les trois rôles — usager, analyste et administrateur — sont tenus par la même personne. On doit se souvenir qu'un SGBD existe pour répondre aux besoins des usagers. Les analystes en information, qui, de concert avec les usagers, définissent les besoins de ceux-ci, et les analystes en bases de données, qui utilisent la technologie informatique, physique et logique pour bâtir le système, de même que l'administrateur de la base, doivent constamment garder à l'esprit que le système existe pour les usagers et non pour eux[17]. Sans la participation directe des usagers, un système est voué à l'échec.

10.7.2.3   Autres personnes concernées

La figure 10.6 identifie les principales catégories de personnes concernées par un SGBD.

Chacune de ces personnes remplit des fonctions très précises :

---

17. Voir James Martin, *Managing the Data-Base Environment*.

**FIGURE 10.6
Les personnes
concernées
par un SGBD**

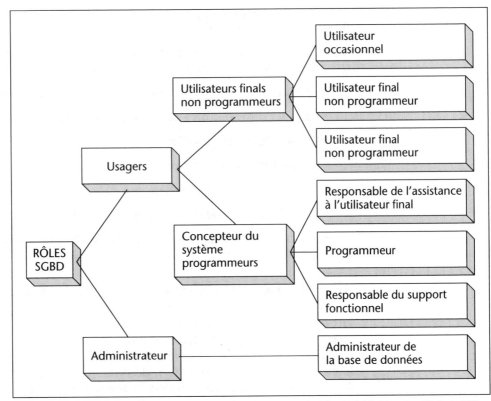

Source : Gordon C. Everest. *Database Management : Objectives, System Function, and Administration*, McGraw-Hill, 1986, p. 11.

Utilisateur occasionnel   Il interagit avec le système irrégulièrement et occasionnellement. Il a donc besoin d'un langage naturel ou d'un menu détaillé étant donné qu'il n'est pas familier avec le système. Ce langage doit être souple et proposer des correctifs en cas d'erreurs de syntaxe.

Utilisateur final non programmeur   Il utilise le système sur une base régulière prévue et hautement structurée. Il utilise un certain nombre de procédures et d'applications, sans toutefois connaître l'ensemble du système. Il s'agit généralement de l'opérateur qui entre des données.

Utilisateur final programmeur   Il utilise la base de données de façon régulière et interactive, non structurée et non prévue. Il emploie généralement le langage hôte de la base de données.

Responsable de l'assistance à l'utilisateur final   C'est un usager expérimenté et habile qui utilise les mêmes possibilités que l'utilisateur général, mais il ne fait pas de demandes non prévues. Il écrit plutôt des fichiers de commandes qui sont stockés et utilisés ultérieurement.

Programmeur   Il écrit les applications en langage de programmation classique. Il recherche la réalisation du travail par l'écriture d'applications.

Responsable du support fonctionnel   Ce programmeur se spécialise dans l'élaboration de programmes interfaces. Il ne crée pas d'applications, mais écrit des procédures générales pouvant être utilisées par n'importe quelle application. Il recherche l'efficacité du système, indépendamment des applications.

Administrateur de la base de données   L'administrateur de la base est le cadre responsable du design, du développement et de la gestion de celle-ci. Il doit :

- décider du contenu informationnel (choix des entités);

- décider des structures de stockage, des attributs;

- choisir les stratégies d'accès;

- assurer le lien avec les usagers;

- définir les vérifications d'autorisation et les procédures de validation;

- définir la stratégie de sauvegarde et de récupération;

- surveiller la performance et répondre aux nouveaux besoins.

10.7.3   Les modèles de gestion de bases de données

La gestion des données se fait généralement par le biais d'applications qui, à leur tour, utilisent un SGBD (dBase, R-Base, Paradox, Oracle, Ingres, etc.), lequel est chargé du lien entre les données et l'application. Les applications transmettent leurs demandes de manipulation de données au SGBD. Notons en passant que cette étape supplémentaire qu'est la traduction des demandes logiques en demandes d'accès physique diminue la vitesse du programme d'application.

À l'aide du logiciel, on peut écrire des programmes d'applications. Une application est une tâche précise qui doit être effectuée automatiquement ou semi-automatiquement. Consulter le dossier médical des clients, facturer ces clients, les assureurs ou la Régie de l'assurance-maladie, fournir les données nécessaires à la comptabilité de la clinique, faire la publicité, préparer la paie et calculer les remises aux gouvernements à titre d'employeur (assurance-chômage, régime des rentes, etc.) sont des applications courantes.

Certaines applications peuvent être de type interrogatif, dit aussi interactif. Par exemple, vouloir savoir combien de clients ont passé plus de cinq commandes dans les deux derniers mois, ou s'il y a un siège libre en classe d'affaires à bord du vol 169 entre Montréal et Moncton le 13 du mois sont des genres d'applications qui nécessitent un accès direct aux données. Celles-ci doivent donc être stockées sur disque. Par contre, la préparation des chèques de paie ne requiert pas un accès direct; les données peuvent être stockées sur ruban, car il ne s'agit pas d'une application interactive. Finalement, les programmes du logiciel principal peuvent être spécifiques, c'est-à-dire écrits sur mesure, ou être standard (progiciels).

10.7.4   Schématisation et modèles d'organisation des données

La façon de décrire les relations entre les données s'appelle un modèle. «Un modèle de données est une représentation résumée des données; il décrit les types de données, comment elles sont organisées et associées entre elles[18]. » Il existe des modèles conceptuels et des modèles physiques. S'il s'agit de relations logiques, on parle d'un modèle conceptuel. Celui-ci résume les données du point de vue de l'utilisateur. Par ailleurs, l'informaticien doit élaborer un modèle physique des mêmes données, c'est-à-dire qu'il doit déterminer comment les données seront stockées en mémoire. Ce type de modèle doit tenir compte des équipements matériels et logiques de mémorisation et d'accès aux données. Les données sont contenues dans des fichiers (modèle physique), mais un fichier n'est pas une base de données. Un fichier est un dépôt physique de données, tandis qu'une base de données contient aussi les relations entre les données.

Les données dans une base de données sont des symboles qui représentent la réalité. Par exemple, un feu rouge n'est pas le danger, il symbolise simplement le danger. De la même façon, un nom désigne une personne, mais le nom n'est pas la personne.

Par ailleurs, les données (ou symboles) ne représentent pas toute la réalité, mais seulement une partie de celle-ci. On choisit d'extraire et d'enregistrer certains éléments de la réalité. À titre d'exemple, un dossier universitaire, composé de données, ne représente qu'une partie d'un étudiant; la partie utile à l'université.

10.7.4.1 Schématisation des données

Une base de données contient non seulement des données, mais aussi les relations logiques entre les données sans égard à leurs relations physiques, c'est-à-dire à la façon dont elles sont stockées. Cette structure logique d'une base de données s'appelle le schéma. On reconnaît trois niveaux de schémas.

Schéma interne

Le schéma interne constitue le niveau le plus près du stockage physique. Il contient toutes les informations nécessaires à la gestion des fichiers composant la base de données (les types de fichiers et de données, les index, les séquences, les adresses, etc.). Il permet de décrire les données telles qu'elles sont emmagasinées dans l'ordinateur. Dans le cas d'une base de données distribuée (base de données répartie entre plusieurs ordinateurs), il y aura plusieurs schémas internes.

Schéma conceptuel

Le schéma conceptuel est la représentation abstraite de la totalité de la base. Il représente le modèle de la base de données entière et toutes les relations entre les données doivent y être décrites. Ce schéma n'est pas utilisé au moment de l'interrogation de la base de données, mais lors de la création des schémas externes. De fait, le schéma conceptuel répond à deux questions :

1. Quels sont les faits ou données à représenter ?

2. Comment les représenter ?

---

18. Gordon B. Davis *et al. Systèmes d'information pour le management, les bases*, p. 60.

Schéma externe

Les schémas externes (schéma de l'usager) sont les descriptions externes du contenu de la base de données nécessaires aux utilisateurs. Chaque schéma externe contient des informations utiles pour traiter les données du sujet; c'est la manière dont l'usager voit les données dans ses programmes d'applications. Le schéma externe permet de décrire les données telles qu'elles existent dans l'entreprise, c'est-à-dire leur structure sémantique. Chaque schéma est une représentation plus ou moins abstraite d'une partie de la totalité de la base de données, car les enregistrements et les champs sont conçus selon les besoins de l'usager et non pas en fonction de la machine, en bits et octets.

Le passage d'un niveau schématique à un autre se fait par une fonction de transformation transparente à l'usager. La figure 10.7 représentant l'architecture ANSI/SPARC démontre bien le chemin que suit une donnée entre les différents schémas lorsqu'elle part du support physique et qu'elle se rend jusqu'à l'application.

Dans les grands systèmes de base de données, toute l'information contenue dans le schéma n'est pas nécessaire à chaque usager ni à chaque programme. On divise donc le schéma en sous-schémas. Chacun de ces sous-schémas a une ou des fonctions particulières : format des données élémentaires, mots de passe et niveau d'accès, relations entre les données, etc. Sur les micro-ordinateurs, on retrouve aussi des sous-schémas correspondant à des applications différentes à partir des mêmes données.

FIGURE 10.7
L'architecture
ANSI/SPARC

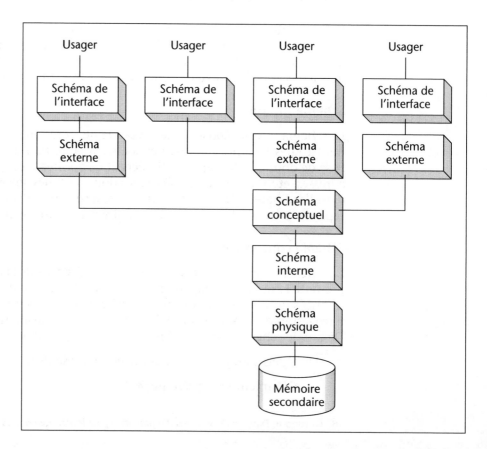

Le schéma interne et le schéma conceptuel sont sous la responsabilité de l'administrateur de la base de données, tandis que les divers schémas externes sont sous la responsabilité des concepteurs des applications (figure 10.8).

Les trois schémas décrivent les mêmes données, mais le schéma physique tient compte des caractéristiques matérielles et logicielles de stockage et d'accès aux données; par exemple, les indices et les pointeurs. Le modèle conceptuel résume les données du point de vue de l'utilisateur afin qu'il comprenne ce qui est stocké. Il l'aide à spécifier ses besoins en information. Le modèle physique est conçu par l'administration de la base de données en fonction du modèle conceptuel et des caractéristiques du SGBD.

Niveau physique Langage de description physique des données. Spécifie les assignations physiques sur l'espace de stockage; décrit les méthodes de pagination, de débordement, etc.

Niveau conceptuel Langage de description du schéma. Décrit les types de données, leur structure et leurs relations. Inclus dans le SGBD.

**FIGURE 10.8
Responsabilité
des intervenants**

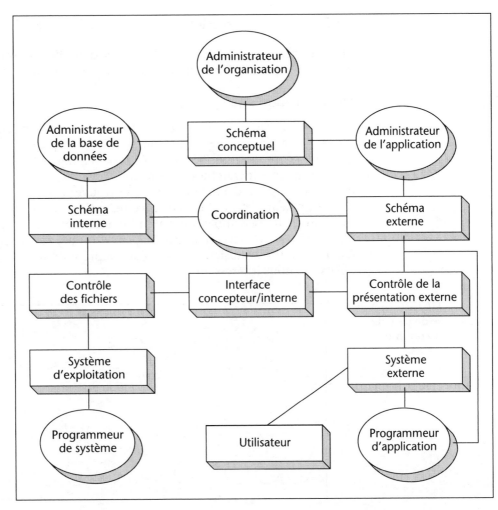

Niveau externe   Langage de description du sous-schéma. Déclare les données pour une application spécifique, assure le lien avec le schéma. Il s'agit du langage de l'application (basic, cobol, etc.).

De la même façon, pour utiliser un schéma (obtenir de l'information), il faut un langage de manipulation de données (LMD ou *Data Manipulation Language* [DML]). On parle alors d'un ensemble de macro-instructions de type CALL; le langage hôte du SGBD ou les langages d'interrogation standard (*query languages*) comme SQL en sont des exemples. Ces langages définissent l'interface de l'utilisateur.

Il est possible d'avoir pour un même SGBD plusieurs interfaces :

- interface puissante d'interrogation permettant la création de commandes exécutables;
- interface interactive avec langage d'interrogation simple;
- interface menu avec messages et fonctions d'aide;
- interface en langage naturel pour l'utilisateur occasionnel.

10.7.4.2   Trois modèles d'organisation des données

Trois modèles sont couramment utilisés dans l'établissement du schéma des données : le modèle hiérarchique, le modèle en réseau et le modèle relationnel.

Modèle hiérarchique

Le modèle hiérarchique ordonne les données suivant un schéma en arborescence (arbre renversé). Les menus de commandes de logiciels sont souvent aménagés de cette façon : Lotus 1-2-3 est de ce type. La figure 10.9 illustre la structure de base du modèle hiérarchique. La racine, l'origine, ici l'ancêtre, se trouve en tête du graphique. Au deuxième niveau se trouvent les grands-parents; un grand-parent ne peut avoir qu'un seul ancêtre, mais peut avoir plusieurs descendants. Cette structure ressemble donc à un organigramme d'entreprise où un employé n'a qu'un patron mais où un patron peut avoir plusieurs employés. Il s'agit d'une relation de un à plusieurs. Les nœuds représentent les entités, c'est-à-dire les objets qui nous intéressent.

FIGURE 10.9
Structure de base de
données hiérarchique

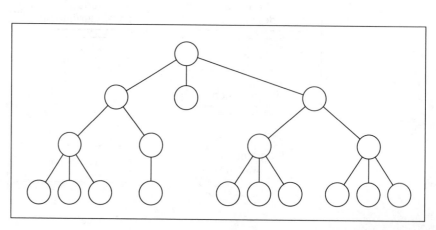

Le modèle hiérarchique se prête bien à certaines situations. Pour une compagnie de transport aérien, cette structure se révèle rapide à manipuler pour repérer les vols et les disponibilités de sièges. La figure 10.10 indique le chemin d'accès pour repérer les passagers voyageant à bord d'un vol. Il est à remarquer que certaines lignes se terminent en fourche ou pied de poule. La ligne qui relie le vol aux passagers se termine ainsi pour indiquer que, pour chaque vol, il y a plusieurs passagers : une relation de un à plusieurs.

De même, un pilote peut diriger successivement plusieurs vols tout comme plusieurs aéronefs pourraient être à l'entretien (la figure 10.14 clarifie l'usage de ce modèle). Connaissant la ville de départ et la ville d'arrivée, on peut facilement repérer les vols disponibles et, à partir du vol retenu et des heures de vol, on peut savoir rapidement si des sièges sont libres. Par contre, cette structure est inefficace pour trouver à bord de quel vol prend place Guy Marion, car il faudra suivre la relation «un à plusieurs», donc fouiller la liste de passagers de tous les vols jusqu'à ce que l'on repère son nom.

Modèle en réseau

Dans le modèle en réseau, un même enregistrement peut avoir à la fois plusieurs ancêtres et plusieurs descendants (relation de plusieurs à plusieurs). Les associations (liens) sont représentées par les nœuds de liaison. Nous reviendrons sur ces termes.

Le modèle en réseau comporte quelques inconvénients. Ainsi, tout comme dans le cas des bases hiérarchiques, les relations entre les entités doivent être stipulées lors de la création de la base, contrairement aux bases de données relationnelles que nous étudierons plus loin. De plus, il est souvent nécessaire de connaître la structure physique des liens pour établir la base.

La figure 10.12 montre l'utilisation de ce modèle dans le cas d'une ligne aérienne, et la figure 10.13 illustre l'application du modèle à une école. On y voit la relation entre plusieurs élèves et plusieurs cours. Dans ce modèle, les occurrences des enregistrements (chaque élève, chaque cours constitue un

FIGURE 10.10
Modèle hiérarchique
pour une ligne
aérienne

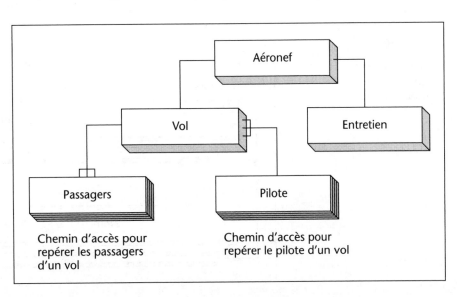

Chemin d'accès pour
repérer les passagers
d'un vol

Chemin d'accès pour
repérer le pilote d'un vol

FIGURE 10.11
Structure de base de données en réseau

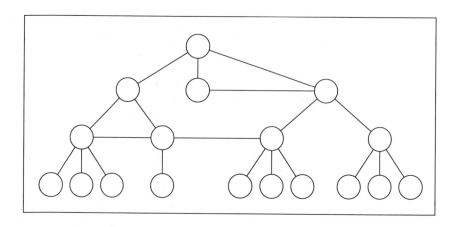

FIGURE 10.12
Modèle en réseau pour une ligne aérienne

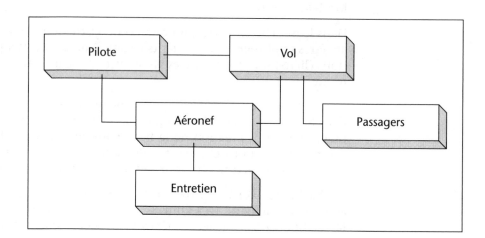

FIGURE 10.13
Modèle en réseau pour une école

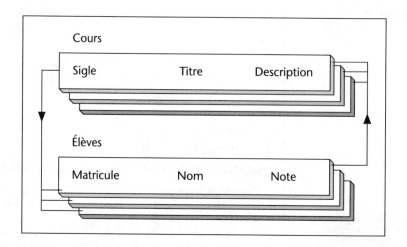

FIGURE 10.14
Modèle hiérarchique

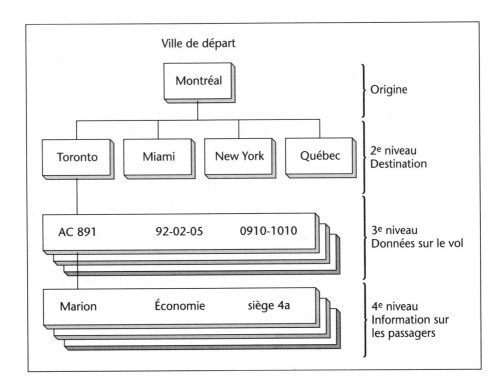

enregistrement) sont reliées grâce à des pointeurs (des adresses qui indiquent l'emplacement des données dans le fichier) à d'autres occurrences (un même élève apparaît plusieurs fois, autant de fois que le nombre de cours auxquels il s'inscrit) d'enregistrements dans la base.

Modèle relationnel

Le modèle relationnel est le modèle le plus répandu. Le mot relation est un terme mathématique qui signifie «tableau» ou table. Comparons les figures 10.14 et 10.15; elles contiennent les mêmes données. Dans la figure 10.14, ces données sont présentées selon le modèle hiérarchique et, dans la figure 10.15, selon le modèle relationnel, soit sous forme de tableaux.

FIGURE 10.15
Modèle
relationnel

Fichier des vols

Vol	De	À	Départ	Arrivée
AC 891	**Montréal**	**Toronto**	**09 : 10**	**11 : 00**
BW 273	Londres	Toronto	09 : 20	10 : 21
GL 123	Montréal	New York	10 : 00	11 : 00
PN 732	Las Vegas	Montréal	06 : 00	02 : 00

Fichier des passagers

Nom	Vol	Siège
Labrosse	EA 548	33c
Marion	**AC 891**	**4a**
Garnier	AF 361	55b
Plaisent	PA 412	51a

Une base de données relationnelle est une base qui est perçue par les usagers comme étant un ensemble de tableaux, et rien que des tableaux. C'est une façon de présenter les données. Dans les tableaux de la figure 10.15, chaque ligne représente une fiche ou enregistrement, et chaque colonne représente un champ ou attribut d'information.

La majorité des bases de données sont de type relationnel : dBase est de ce type. Le modèle relationnel obéit à quelques règles simples[19] :

- une relation est la forme générale des données;

- les lignes, ou rangées, représentent les enregistrements;

- une colonne représente un attribut ou champ (*field*);

- les cases, ou cellules, sont occupées par les valeurs des attributs de chaque enregistrement;

- l'ordre des enregistrements n'a pas de signification dans le concept de relation;

- l'ordre des champs n'a pas de signification dans le concept de relation;

- une base peut contenir plusieurs tableaux;

- un tableau correspond à un fichier; une base peut donc contenir plusieurs fichiers;

- la simplicité se définit comme une absence de redondance entre les données.

10.8   CONCLUSION

Le rapide survol que nous venons de faire a permis de voir qu'un SGBD réduit considérablement les efforts d'élaboration et de maintenance des applications de gestion de données, particulièrement grâce au concept des sous-schémas. L'ajout de nouvelles applications est facilité par l'existence des schémas physique et conceptuel; au mieux, une application ayant un lien de parenté avec une autre utilisera le même sous-schéma. Une modification à la structuration d'une donnée passera presque inaperçue.

Les LDD (langages de définition des données) et les LMD (langages de manipulation de données) facilitent grandement la manipulation et la modification de la base de données, apportant du même coup une solution à l'absence d'interactivité antérieure. L'éparpillement des données, leur duplication et leur inconsistance ont été résolus par la création d'une base de données unique et centralisée, tandis que l'utilisation des niveaux schématiques a permis à de nombreux usagers d'accéder plus aisément à l'information, facilitant d'autant sa circulation.

---

19. Pour en savoir davantage, voir E. F. Codd, «Is your DBMS really relational?».

Finalement, et c'est là un grand avantage, l'utilisation conjointe du niveau physique et d'un LDD a rendu la base de données virtuellement indépendante du système utilisé; la porte est ouverte à la création et à l'adaptabilité.

10.9   QUESTIONS

1. Qu'est-ce qu'un système de gestion de bases de données?

2. Connaissez-vous un système de gestion d'une base de données bibliographiques? Si oui, nommez-le.

3. Quelles sont les cinq étapes à suivre pour la création d'une base de données?

4. Quelle différence y a-t-il entre un champ et un enregistrement?

5. Pour écrire un numéro de téléphone, quel type de champ doit-on utiliser?

6. Quels sont les avantages et les inconvénients des systèmes de gestion de bases de données par rapport aux organisations traditionnelles?

7. Qu'est-ce qu'une base de données relationnelle?

8. Qu'est-ce qu'une base de données hiérarchique?

10.10   BIBLIOGRAPHIE

ALEONG, Stanley. «Les banques et bases de données», *Thésaurus en bureautique*, juin 1980.

BOUISSET, Marc. «Notes de cours», Département maths-info., UQAM, 1982.

BRADLEY, James. *An Elementary Introduction to Data Base Management*, The Dryden Press, 1989.

CODD, E. F. «Is your DBMS really relational?», *Computer World*, 14 octobre 1985.

CODD, E. F. «Does your DBMS run by the rules?», *Computer World*, 21 octobre 1985, p. 49-60.

COPELAND, Duncan G. et James L. MCKENNEY. «Airline reservations systems : Lessons from history», *MIS Quarterly*, septembre 1988, p. 353-370.

COURTNEY, James F. et David B. PARADICE. *Database Systems for Management*, Times Mirror/Mosby College Publishing, 1988.

DATE, C. F. *An Introduction to Database Systems*, t. I, 4e éd., Addison-Wesley Publishing Co., 1985.

DAVIS, Gordon B., Margrethe H. OLSON, Jacques Ajenstat et Jean-Louis Pea-Ucelle. *Systèmes d'information pour le management, les bases*, t. I, Éditions G. Vermette inc., 1986.

EVEREST, Gordon C. *Database Management : Objectives, System Functions, and Administration*, McGraw-Hill, 1986.

FRANK, Lars. *Database Theory and Practice*, Addison-Wesley Publishing Co., 1988.

FREILING, Michael J. *Understanding Data Base Management*, Alfred Handy Guide.

HARRINGTON, Jan L. *Making Database Management Work*, The Dryden Press, 1989.

LECLERC, Yves. «La vraie révolution des hypermédias», *Micro-Gazette*, mars 1990, p. 25-27.

MARTIN, James. *Managing the Data-Base Environment*, Prentice-Hall, 1983.

PARSAYE, Kamran, Mark CHIGNELL, Strag KHOSHAFIAN, Harry WONG. *Intelligent Database, Object-Oriented, Deductive Hypermedia Technologies*, John Wiley & Sons, 1989.

PELON, p. et A. VUILLEMIN. *Les nouvelles technologies de la documentation et de l'information*, Guide d'équipement et d'organisation des administrations publiques et des collectivités territoriales, La documentation française, 1985.

ROCKART, J. R. et L. Flannery. «The management of end user computing», *Communications of the ACM, 26*, 10 octobre 1983, p. 776-784.

SANDERS, Donald H. *L'univers des ordinateurs*, McGraw-Hill Éditeurs, 1983.

SHNEIDERMAN, Ben et Greg Kearley. *Hypertext Hand-on! An Introduction to a New Way of Organizing and Accessing Information*, Addison-Wesley Publishing Co., 1989.

Les tableurs

11.0 OBJECTIFS

1. Définir le concept de tableur.

2. Décrire quelques usages d'un tableur.

3. Connaître les modules d'un tableur.

4. Connaître les principales fonctions et les modes d'un tableur.

11.1 INTRODUCTION

Visicalc, le premier tableur, a été mis au point par Daniel Bricklin en 1971. Les entreprises découvraient alors un avantage important lié à l'utilisation de la micro-informatique. Visicalc a donc révolutionné le domaine des micro-ordinateurs jusqu'alors dominé par les jeux et les programmes créés en basic. Visicalc avait été élaboré pour un micro-ordinateur de marque Apple et est à l'origine du si grand succès de cette compagnie : on achetait un Apple pour utiliser Visicalc.

La deuxième génération de tableurs n'a rien apporté de bien nouveau, sinon des améliorations de la première génération. Ces améliorations touchaient le nombre de fonctions mathématiques possibles, les programmes connexes, la compatibilité des données avec les programmes de la même série et avec les programmes concurrents.

En 1982, une troisième génération de tableurs révolutionne de nouveau le monde de la micro-informatique, avec la version 1.0 du logiciel Lotus 1-2-3 pour IBM-PC, conçu par Mitch Kapor et Jonathan Sacks. Bien sûr, les capacités de traitement du tableur ont été améliorées par rapport à la première génération (de 654 rangées et 64 colonnes à 8192 rangées et 256 colonnes); mais ce qui a vraiment démarqué ce logiciel de ceux de la première génération, ce sont les capacités graphiques et la base de données intégrées au logiciel, la puissance des commandes et un mini-langage de programmation permettant de créer des macro-instructions, ainsi que des fonctions de diverses natures. En effet, grâce au dispositif graphique de Lotus 1-2-3, il devenait possible d'afficher à l'écran et d'imprimer une variété de graphiques. L'utilisateur pouvait changer une ou plusieurs entrées et voir instantanément les changements sur les graphiques. De plus, Lotus 1-2-3 traitait les colonnes de cases sous forme de champs. Il permettait, entre autres choses, de classer les données dans l'ordre alphabétique ou numérique et d'effectuer des recherches et des tris. Lotus 1-2-3 introduisait le concept de tableur intégré (feuille de calcul électronique, graphisme, base de données).

Une quatrième génération est apparue récemment : Framework, Symphony et Excel, en 1987, Lotus 1-2-3 version 3.0, en 1991, et, tout dernièrement, la version Lotus pour Windows, dont les capacités de traitement, les possibilités graphiques et de bases de données sont encore améliorées. Les concepteurs y ont intégré des possibilités de télécommunication et de traitement de texte, ce dernier assurant une présentation de meilleure qualité. De plus, l'intégration des données y est plus complète, c'est-à-dire que ces logiciels peuvent lier une case d'une feuille de calcul X avec une case d'une feuille de calcul Y. Ils présentent aussi une plus grande compatibilité avec les logiciels concurrents.

11.2   QU'EST-CE QU'UN TABLEUR?

Le tableur, appelé aussi feuille de calcul électronique (*spreadsheet*), est la version électronique ou informatique de la feuille comptable, du crayon et de la calculatrice. À première vue, c'est un tableau simple constitué de lignes (8192 en Lotus 1-2-3) et de colonnes (256 en Lotus 1-2-3). L'intersection d'une colonne et d'une ligne forme une case ou cellule. L'utilisateur n'a qu'à entrer les données dans les cases voulues et à indiquer les relations qu'il souhaite établir entre elles.

Les commandes sont organisées en menu et obéissent à une syntaxe simple et uniforme qui minimise les besoins de mémorisation. Les tableurs sont des logiciels conviviaux, c'est-à-dire qu'ils permettent de choisir des commandes et complètent celles-ci par des questions.

11.3   LES APPLICATIONS DU TABLEUR

11.3.1   Le domaine d'utilisation

Les tableurs sont largement utilisés pour produire des rapports mettant en relation des nombres. Grâce à la fonction de calcul automatique, l'utilisateur peut facilement essayer de multiples scénarios en peu de temps. Un tableur ne peut dire à un gestionnaire comment réagir ni prendre de décisions; par contre, il est un outil indispensable pour aider à prendre des décisions; c'est pourquoi nous le considérons comme un outil valable pour élaborer un système interactif d'aide à la décision (SIAD). Un tableur se prête à de nombreux usages :

- Gestion des ventes :
  - combinaison prix-produit;
  - analyse des ventes par région;
  - analyse des ventes par produit;
  - analyse des ventes par vendeur;

- – analyse des prix ;
- – analyse des tendances ;
- – analyse démographique.

- Biens fonciers :
  - – calendrier de dépréciation ;
  - – frais d'entretien ;
  - – taxes foncières ;
  - – calcul de la rentabilité.

- Planification et facturation :
  - – horaire des rendez-vous ;
  - – estimation des honoraires professionnels ;
  - – horaire du personnel.

- Sciences et ingénierie :
  - – création de modèles ;
  - – analyse des charges ;
  - – résistance des matériaux.

- Contrôle d'inventaire :
  - – estimation de fin d'année ;
  - – projections de liquidités.

- Analyse d'investissements :
  - – effet des taux d'intérêt ;
  - – variation des taux de change ;
  - – calcul des marges de profit ;
  - – estimations des coûts de production.

- Valeur actuelle nette :
  - – calcul de valeur future ;
  - – calcul des mensualités.

- Comptabilité :
  - – tableau d'amortissement ;
  - – calendrier de dépréciation ;
  - – budget ;
  - – états financiers simples.

11.3.2 Les usages dans les organisations

De nos jours, les tableurs font partie intégrante de la technologie de bureau. Ils peuvent être utilisés pour réduire les frais d'exploitation et pour augmenter la productivité. Avec les tableurs, les gestionnaires peuvent prendre de meilleures décisions, et plus rapidement, puisqu'ils possèdent un outil très puissant leur permettant d'analyser divers scénarios.

Les utilisations des tableurs dans les organisations se répartissent comme suit :

**TABLEAU 11.1
Principales
utilisations
du tableur**

Usage	% d'entreprises qui ont recours au tableur pour cet usage
Comptabilité	89,3
Budget	77,7
Prévision/graphique	77,7
Rapports internes	65,1
Prise de décision	63,3
Planification	62,8
Allocation de coûts	59,1
Moyenne et sommation	58,1
Vérification de budgets	55,3
Cédule d'amortissement	54,4

Source : Chaney Lomo-David. «Spreadsheet usage in U.S. firms», *Office Systems Research Journal*, vol. 7, n° 2.

11.3.3   Exemples concrets

Que feraient de nos jours les analystes financiers sans tableur? L'intuition ne suffit plus. Chaque décision doit reposer sur un nombre suffisant de prévisions, d'études de solutions et d'analyses du type : «Que se passe-t-il si...?» De plus, les clients veulent toujours avoir une réponse dans les délais les plus courts. D'une part, le tableur protège l'analyste en lui permettant de justifier quantitativement plusieurs choix selon différentes hypothèses; d'autre part, il augmente l'efficacité et le rendement de l'analyste qui peut étudier beaucoup plus de scénarios et de projets différents en un temps moindre.

Pour une entreprise, les usages du tableur sont multiples; il peut servir à l'analyse d'investissements pour ce qui est des mouvements de caisse et de la rentabilité ou encore à l'établissement d'états *pro forma* lors de la mise en marché d'un nouveau produit.

11.3.4   Qui a besoin d'un tableur?

L'utilisation d'un tableur est avantageuse pour le gestionnaire dans les situations suivantes :

- Il passe plusieurs heures par semaine à manipuler crayon, papier et calculatrice.

- Il prépare régulièrement des budgets, des offres de service ou des évaluations.

- Il doit réviser fréquemment ses rapports.

- Il est responsable de décisions financières.

- Il doit souvent présenter des rapports chiffrés à ses clients et supérieurs.

- Il a déjà accès à un micro-ordinateur pouvant utiliser un tableur.

Le tableur n'est pas indiqué si le gestionnaire :

- doit informatiser sa comptabilité;

- veut garder un gros inventaire;

- veut écrire de longs rapports.

11.3.5   Les avantages du tableur

Le premier avantage du tableur est sa capacité d'effectuer ce qu'on appelle le calcul automatique. Par exemple, si le montant des ventes dans un état financier est modifié, les frais variables, les bénéfices bruts et les bénéfices nets seront modifiés automatiquement. Nous parlerons du calcul automatique plus loin dans le chapitre. Le second est qu'il permet d'épargner du temps et de produire rapidement des rapports impeccables.

Ce logiciel réduit donc les complications causées par les changements de données de dernière minute. Il offre la possibilité d'enregistrer les nouvelles données au fur et à mesure du déroulement des transactions et d'élaborer un rapport présentant dans l'ordre désiré chacun des éléments et de les modifier, le cas échéant, avec le recalcul automatique. L'utilisation d'un tableur permet aux gestionnaires de consacrer plus de temps à l'évaluation de diverses stratégies de gestion, d'étudier des possibilités et des solutions. En produisant les états financiers sur un tableur, les gestionnaires se facilitent la tâche; ils peuvent alors présenter régulièrement des rapports financiers facilement modifiables à leurs supérieurs hiérarchiques et évaluer diverses solutions possibles en ne changeant que quelques données.

Le tableur possède différentes fonctions :

- recalcul automatique lors de modification de données;

- possibilité d'insertion/suppression de lignes ou de colonnes;

- redisposition automatique des données lors d'insertion/suppression;

- affichage des données en divers formats;

- copie de formules avec ajustement.

11.4 FONCTIONNEMENT D'UN TABLEUR

Étant donné que Lotus 1-2-3 version Windows est le tableur le plus répandu, nous nous en servirons pour expliquer le fonctionnement d'un tableur. Toutefois, ce chapitre ne se veut pas un guide d'utilisation de Lotus; plusieurs excellents livres ont déjà été écrits sur le sujet. Notre but, dans cette section, est de montrer les capacités et les avantages du tableur.

11.4.1 Concepts de base

11.4.1.1 L'écran

On doit voir le tableur comme une très grande feuille découpée en colonnes et en rangées formant des cases. Une fenêtre est une section de 8 colonnes (A à H) et de 20 rangées (1 à 20), comprenant les éléments suivants :

- l'adresse où se trouve le pointeur de case;

- le contenu de la case pointée;

- l'indicateur de mode;

- la ligne d'édition sur laquelle apparaît le menu en mode menu ou le contenu d'une case active en mode ready ou en mode edit;

- la ligne d'explication des commandes en mode menu;

- l'indentification des colonnes;

- l'identification de case;

- le pointeur de case;

- les fenêtres qui apparaissent lorsque certaines touches sont activées.

L'utilisateur ne doit pas oublier qu'il n'a qu'une vue partielle de la feuille de calcul. L'écran du tableur est composé de trois parties.

11.4.1.2 Déplacement

Puisqu'un tableur peut être composé de 8192 rangées et de 256 colonnes, et qu'on ne peut visualiser qu'une fenêtre à la fois, il faut donc déplacer le pointeur. Pour changer la case active, il existe diverses façons, comme nous l'expliquons plus loin. Il est possible d'utiliser la touche de fonction [F5] goto lorsqu'on connaît l'emplacement exact de la case. Toutefois, à l'intérieur d'une même fenêtre, c'est-à-dire le contenu d'un écran, la façon la plus simple est d'utiliser les flèches de déplacement; avec la nouvelle version pour Windows, on peut déplacer le pointeur très aisément avec la souris.

→ Permet de déplacer le pointeur d'une case ou d'un caractère vers la droite.

← Permet de déplacer le pointeur d'une case ou d'un caractère vers la gauche.

↑　Permet de déplacer le pointeur d'une case vers le haut.

↓　Permet de déplacer le pointeur d'une case vers le bas.

Immédiatement au-dessus de la plage des touches de déplacement se trouvent les touches suivantes :

Home	Ramène le pointeur de case à la case A1 ou le curseur au début de la ligne d'édition.
PgUp	Fait monter le pointeur de case de 20 lignes.
PgDn	Fait descendre le pointeur de case de 20 lignes.
Ins	En mode édition (edit), permet de passer au mode écrasement (efface et remplace).
Del	En mode édition (edit), efface le caractère qui se trouve au-dessus du curseur.
End et ↓	Fait descendre le pointeur soit jusqu'à la prochaine case contenant une donnée, soit jusqu'à l'extrémité inférieure du tableur.
End et →	Déplace le pointeur soit jusqu'à la prochaine case contenant une donnée, soit jusqu'à l'extrémité droite du tableur.
Scroll Lock	Bloque le pointeur de case et déplace l'écran; un signe apparaît à l'écran lorsque cette touche est en fonction.
End	En mode édition (edit), amène le curseur à la fin de la ligne d'édition.
Home	En mode édition (edit), amène le curseur au début de la ligne d'édition.

11.4.1.3　Case active et rôle du pointeur

La case active est celle dans laquelle se trouve le pointeur de case. Il est important de comprendre que cette case représente l'unité de base du tableur. On entre l'information en y plaçant le pointeur et en tapant l'information désirée.

Contenu d'une case

Chaque case peut contenir un de ces quatre types d'informations :

- une valeur;
- un libellé;
- une formule arithmétique;
- une fonction spéciale.

Les valeurs sont des chiffres qui, en plus d'être présents dans le tableur, peuvent être utilisés pour des équations ultérieures.

Les libellés sont des chaînes de caractères qui débutent par une lettre ou un préfixe de libellé (', ", ^). Le titre d'une colonne, le titre du tableur, un numéro de téléphone sont des libellés. Comme ils n'ont aucune valeur arithmétique significative, ils ne peuvent être utilisés dans des opérations mathématiques.

Une formule est une expression mathématique. En voici deux : 4+8 et 32*329/8. Une formule peut contenir plusieurs termes : la formule 4+8 contient deux termes et la formule 32*329/8 en contient trois.

Une fonction est une formule préprogrammée. Parmi les fonctions les plus couramment utilisées, on retrouve @SUM, qui représente l'addition d'une série de valeurs, et @AVG, fonction qui calcule la moyenne.

11.4.2   Le calcul automatique

Comme nous l'avons déjà mentionné, le calcul automatique est une opération par laquelle un tableur apporte les modifications, après un changement dans les données. Mais comment le logiciel peut-il savoir où faire les changements? Les relations de dépendance entre les cases prennent ici toute leur importance.

Prenons le cas d'un budget de caisse. L'encaisse, à la fin du mois janvier, détermine l'encaisse au début du mois de février, et ainsi de suite. Supposons que les encaissements du mois de janvier soient de 12 000 $ plutôt que de 11 000 $; cela a des incidences sur l'encaisse de tous les mois suivants. Avec un tableur, il suffit de modifier le contenu de la case correspondant aux encaissements du mois de janvier, et toutes les autres cases qui dépendent de cette cellule seront modifiées automatiquement.

Supposons qu'il faille additionner le contenu des cases D4, D5 et D6 et insérer le total à la case D8. Deux méthodes s'offrent à l'utilisateur : soit inscrire la formule +D4+D5+D6, ou encore se servir de la fonction mathématique @SUM (D4..D6). Si le contenu de la case D5 est modifié, le contenu de la case D8 changera automatiquement, car, pour un tableur, la valeur à additionner n'est pas une constante mais le contenu des cases, peu importe qu'elles contiennent un 3 ou un 6.

Pour profiter des avantages du recalcul, il ne faut pas effectuer soi-même les opérations sur chacune des cases, mais plutôt inscrire la formule générant le résultat. Par exemple, si l'utilisateur inscrit à la case D8, +2+5+8, soit le contenu des cases D4 à D6, qu'arrive-t-il alors au total si l'un des trois éléments à additionner est modifié? Il ne change pas, à moins de modifier l'équation complète, ce qui oblige l'utilisateur à effectuer deux corrections plutôt qu'une seule.

11.4.3   Les formules avec un tableur

11.4.3.1   Opérateurs mathématiques

Avec Lotus 1-2-3 ainsi qu'avec les autres tableurs, on se sert des opérateurs mathématiques habituels, soit :

+	addition	+A1+A2;
–	soustraction	+A1–A2;
*	multiplication	+A1*A2;
/	division	+A1/A2.

11.4.3.2 Fonctions intégrées

En plus des opérations mathématiques habituelles, les tableurs offrent une série de fonctions déjà établies. Ces fonctions portent sur des domaines tels que la finance, la gestion d'une base de données, le calcul des intervalles de dates, les calculs statistiques, les fonctions spéciales de recherche et autres, les fonctions logiques et même des fonctions mathématiques très complexes. Les noms de ces fonctions se composent de quelques lettres; souvent même une abréviation définit le sujet. Dans Lotus 1-2-3, chaque fonction commence par le symbole @, pour éviter la confusion entre une fonction et un libellé.

Les listes suivantes décrivent brièvement quelques fonctions intégrées pouvant être utiles à des gestionnaires.

Fonctions mathématiques

@ROUND	Arrondit la valeur au nombre de décimales désiré.
@INT	Retranscrit la valeur entière uniquement.
@SQRT	Calcule le carré d'une valeur.
@ABS	Retranscrit la valeur en valeur absolue.

Fonctions statistiques

@AVG	Calcule la moyenne d'une étendue.
@COUNT	Calcule le nombre de cases d'une étendue.
@MAX	Indique la plus grande valeur d'une étendue.
@MIN	Indique la plus petite valeur d'une étendue.
@STD	Calcule l'écart type d'une étendue.
@SUM	Additionne les valeurs d'une étendue.
@VAR	Calcule la variance d'une étendue.

Fonctions financières

@IRR	Estime le retour sur investissement.
@NPV	Calcule la valeur actuelle nette.
@FV	Calcule la valeur future d'une annuité.
@PV	Calcule la valeur actuelle d'une annuité.
@PMT	Indique les paiements mensuels.

Fonctions spéciales

@CHOOSE	Permet de donner deux valeurs si la condition est fausse ou vraie.
@VLOOKUP	Récrit une valeur à partir d'une table de valeurs.
@HLOOKUP	Repère dans une table la valeur désirée, sur une étendue verticale.
@FALSE	Donne la valeur 0.
@TRUE	Donne la valeur 1.
@NA	Donne la valeur «not available».
@ERR	Donne la valeur Err pour erreur.
@ LOOKUP	Recherche une valeur quelconque à l'intérieur d'une table et en extrait une nouvelle valeur ou un nouveau libellé, ou encore une fonction ou une formule.
@ IF	Permet d'obtenir des résultats différents selon les valeurs vraies ou fausses d'une comparaison. C'est une fonction simplifiée du If-Then-Else, que l'on retrouve souvent en programmation. La syntaxe est la suivante : @IF (condition, opération à effectuer si la condition est vraie, opération à effectuer si la condition est fausse).

Exemple : @IF(A10>100,"taxe","non-taxe")

11.4.4   Les principaux modes

Le mode est une indication de l'état du tableur donnée par le logiciel; au fur et à mesure de l'entrée des commandes ou des données, il renseigne sur le mode d'opération utilisé. Il existe sept principaux modes dans Lotus 1-2-3 : READY, LABEL, VALUE, WAIT, MENU, ERROR et EDIT. Ces noms sont affichés dans le coin supérieur droit de l'écran, soit par l'entrée d'une donnée (READY, LABEL, VALUE), soit par une touche de fonction (WAIT, MENU, EDIT). Voici une brève définition de ces modes.

Le mode READY   Ce mode représente l'état normal d'attente; Lotus est prêt alors à recevoir des libellés, des valeurs numériques, des formules mathématiques ou encore des fonctions dans la case active, là où se trouve le pointeur.

Le mode VALUE   Il est affiché quand le tableur a reçu des valeurs numériques, des fonctions @ ou des formules.

Le mode LABEL   Il signale qu'un libellé vient d'être entré dans une case.

Le mode EDIT   Ce mode indique que Lotus 1-2-3 est en mode de corrections ou de modifications. Pour corriger une partie du contenu d'une case, il est toujours possible d'appeler ce mode à l'aide de la touche [F2], après avoir placé le pointeur sur la case erronée, ou, à l'aide de la souris, en cliquant deux fois sur la case à modifier.

Le mode ERROR Ce mode indique qu'une erreur a été commise lors de l'entrée de données ou au cours de la séquence de sélection des commandes. Le mot Error clignote tant que les touches ESC ou encore ENTER ne seront pas enfoncées.

Le mode MENU Il signale l'accès aux commandes possibles dans Lotus 1-2-3. On peut accéder en tout temps au mode menu en cliquant sur le menu approprié dans la barre des menus. Nous reviendrons sur ce mode plus loin.

Le mode WAIT Ce mode est activé lorsque l'ordinateur est en cours de traitement. Lotus n'est alors pas prêt à recevoir des informations.

11.4.5   Notion de «par défaut»

L'expression «par défaut» renvoie à tout ce qui se trouve d'emblée dans le programme, sans qu'il soit nécessaire de spécifier quoi que ce soit. «Par défaut» veut donc dire que le logiciel fait certaines choses automatiquement, sans intervention; l'utilisateur peut toutefois modifier cet automatisme à l'aide de la commande Default.

11.5   LES PRINCIPALES COMMANDES DES TABLEURS

11.5.1   L'organisation des commandes en menu

C'est par le biais de la barre des menus qu'on fait appel aux capacités du tableur. Les menus regroupent l'ensemble des commandes du tableur. Il est possible d'accéder en tout temps aux menus des commandes en cliquant sur le nom du menu choisi à la barre des menus.

11.5.2   Structure arborescente des menus

La structure de menu d'un tableur est généralement organisée de façon arborescente. Chaque embranchement regroupe toutes les commandes qui ont un lien logique. L'accès aux commandes se fait de façon hiérarchique. D'abord, l'embranchement supérieur, puis le second niveau, puis le troisième. Si l'utilisateur a accédé au mauvais embranchement, il n'a qu'à appuyer sur la touche ESC, qui le fait reculer d'un niveau.

Lors de l'accès aux menus de Lotus 1-2-3, un encadré est affiché; il propose à l'utilisateur plusieurs options ou sous-menus qui lui offriront à leur tour d'autres options.

Il est important de comprendre la signification des options ou commandes de premier niveau, puisqu'elles chapeautent un ensemble de commandes qui s'apparentent logiquement. Supposons que l'on veuille retrouver un fichier, mais qu'on ne connaisse pas l'emplacement de la commande activant la recherche; on commencera par choisir le menu qui correspond le mieux à la commande désirée. Prenons, par exemple, le menu File : une fois le curseur à l'intérieur de l'encadré File, les sous-commandes de File seront affichées.

En se déplaçant d'une sous-commande à une autre, on remarque qu'une définition de cette sous-commande apparaît tout en haut de l'écran, immédiatement au-dessus de la barre de menus.

En positionnant le curseur sur un autre menu (à l'aide de la flèche →), par exemple sur le menu Worksheet, un nouvel encadré contenant les sous-commandes correspondantes est affiché. De l'aide est toujours disponible au haut de l'écran.

11.5.3   Convivialité du logiciel

Lotus 1-2-3 est un logiciel convivial, c'est-à-dire qu'il ne réclame aucune programmation. Le logiciel permet de choisir des commandes et complète celles-ci en affichant des questions.

11.5.4   Les menus

Il est important de connaître la structure et la logique d'un logiciel avant de s'en servir. Voici une brève définition des menus et de leur structure.

File   Menu qui permet les manipulations sur les fichiers (Récupération, Sauvegarde, Importation, Exportation, Impression, Mise en page [de l'impression] et procédure de sortie). La commande Exit permet de mettre fin à la session de travail et de retourner au système d'exploitation ou au menu ayant appelé le programme. Avant d'entrer la commande Exit, il est recommandé de stocker la feuille en mémoire. Si l'enregistrement n'a pas été fait au préalable, le système demandera à l'utilisateur s'il souhaite l'effectuer avant de mettre fin à la session de travail. L'utilisateur pourra alors décider de terminer la session ou non.

La procédure pour mettre fin à la session de travail est la suivante :

1.   Choisir l'option Exit du menu File.

2.   Choisir parmi les trois choix offerts par le système :

Yes   pour stocker les fichiers avant de quitter;

No   pour quitter sans enregistrer;

Cancel   pour revenir à la feuille de travail.

Edit   Menu qui permet de copier, de déplacer ou de rechercher des données. Il permet aussi d'annuler la dernière commande (Undo).

Worksheet   Désigne, comme nous l'avons vu, le tableur ou feuille de calcul. En général, les modifications à un paramètre de la feuille (les paramètres ou valeurs par défaut sont des éléments constants) se font à l'aide du menu Worksheet. Ainsi, pour convertir tous les chiffres en dollars ($) par exemple, il faut choisir le menu Worksheet, puis Global Settings et Format. Par contre, si la conversion en dollars doit affecter seulement un certain nombre de cases, il faut alors choisir le menu Range, qui signifie étendue ou champ, et la commande Format. Il est à noter que, dans les deux cas, on trouve la sous-commande Format.

La première commande de Worksheet est Global Settings. Cette commande n'effectue pas d'opération comme telle, mais elle donne accès à d'autres commandes. Il devient ainsi possible de modifier la présentation d'une feuille de calcul ou la largeur d'une colonne, de mettre en place un dispositif de protection et même d'afficher les valeurs par défaut.

Range   Contrairement au menu Worksheet qui s'applique à l'ensemble de la feuille, le menu Range permet d'effectuer une opération sur une partie ou étendue de la feuille.

Une étendue peut être :

- une case;

- une ligne ou une colonne de cases;

- un bloc de cases contiguës.

Graph   À partir des données de la feuille, ce menu permet de créer différents types de graphiques (barre, circulaire, aire, ligne, 3D) et d'y incorporer des éléments graphiques comme des lignes, des flèches, du texte et des figures géométriques (cercles, carrés, rectangles).

Data   Signifie données. Le menu Data donne accès à une petite base de données. Cet ensemble de commandes permet de créer et d'analyser des données, de classer des mots par ordre alphabétique, ou encore des nombres par ordre croissant ou décroissant.

Style   Menu qui permet de modifier l'apparence des données en leur attribuant des couleurs, des polices de caractères ou par des effets spéciaux tel l'ombré.

Tools   Menu qui donne accès, entre autres, aux macro-instructions, à la disposition des icônes et à leur configuration, au recalcul automatique ainsi qu'à la définition du répertoire de travail.

Windows   Menu qui permet de modifier les couleurs des différentes parties de la feuille de travail (environnement) ainsi que certaines données, les valeurs négatives par exemple, que l'on peut mettre en rouge. Ce menu permet aussi de présenter les documents actifs et de déterminer la façon dont ils seront disposés à l'écran. Il est possible, par exemple, de faire en sorte que plus d'un document soit visible en même temps.

11.5.5   Incidence globale ou locale

Les opérations effectuées avec un tableur peuvent avoir une incidence sur une étendue, c'est-à-dire une seule case ou un groupe de cases contiguës, ou encore sur tout le tableur.

Comme nous venons de le voir, la sous-commande Global Settings du menu Worksheet permet de modifier l'ensemble du tableur, alors que la commande Range permet de sélectionner l'étendue à formater, à effacer, etc. On utilise la commande Global pour demander que les nombres soient inscrits avec le signe de dollar ($) et 2 décimales après le point, ou encore pour spécifier que les colonnes auront 5 caractères de large.

L'étendue délimitée avec la commande Range est tout simplement une case ou un ensemble de cases contiguës qui forme un carré ou un rectangle. On utilise souvent la notion d'étendue, car, dans maintes opérations, il est plus rapide de modifier un ensemble de cases qu'une seule à la fois. Ainsi, on effacera une étendue avec la commande Range ou en utilisant l'icône d'effacement et non avec la commande Global.

11.5.5.1   Modifier le contenu d'une case

Les tableurs sont des outils très «permissifs», autorisant l'erreur, les changements d'idée, etc. Pour modifier une case, il suffit de placer le pointeur sur celle-ci et d'y entrer la nouvelle information qui remplacera la précédente. Par exemple, pour modifier la case D5 qui contient la valeur 1989 que l'on veut remplacer par le libellé 1990, on doit déplacer le pointeur à la case D5 et taper ^1990, si on veut que le libellé soit centré.

Par contre, certaines formules sont parfois longues à écrire et il est préférable alors d'utiliser la touche [F2] qui, en Lotus 1-2-3, met le tableur en mode édition (edit). Il est possible d'apporter les corrections à l'endroit désiré seulement, en se déplaçant à l'aide des flèches dans la feuille de calcul ou dans la formule à

FIGURE 11.1
Une étendue

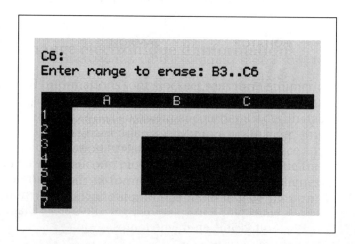

corriger. L'utilisateur dispose d'un ensemble de commandes lui permettant de déplacer, de copier ou de modifier les informations entrées, de stocker et de récupérer des graphiques et du texte et, enfin, de les imprimer.

11.5.6   Possibilité de modifier la présentation d'un tableur

L'opération de formatage est le processus par lequel on modifie la présentation du tableur; on peut en changer l'allure en insérant ou en détruisant des lignes ou des colonnes, en modifiant la largeur des colonnes, etc. Lotus 1-2-3 permet d'apporter de nombreuses modifications à la feuille de calcul.

11.5.6.1   Insérer une colonne ou une ligne

Il est facile d'insérer une ligne ou une colonne vide. Par exemple, après avoir effectué des projections pour les mois de janvier à juillet, soit 8 colonnes incluant une colonne Total, l'analyste veut les étendre jusqu'au mois de novembre. Il lui faut alors sélectionner la commande Insert du menu Worksheet et préciser son choix, soit insérer une ligne ou une colonne. Attention! dans le cas des colonnes, l'insertion se fait de la première à la dernière ligne du tableur et non seulement sur quelques cellules.

11.5.6.2   Supprimer une colonne, une ligne ou le contenu d'une case

Dans Lotus 1-2-3, la commande Delete du menu Worksheet permet de supprimer une colonne ou une ligne. La commande Cut du menu Range, quant à elle, tout comme la touche DEL, efface le contenu d'une étendue ou d'une seule case.

11.5.6.3   Modifier la largeur des colonnes

Il est impossible de modifier la largeur de quelques cases seulement dans une colonne; lorsqu'on décide de modifier la largeur, c'est pour toute une colonne. On peut le faire avec des commandes successives : Worksheet, Column, Set-Width; Lotus 1-2-3 demande alors la largeur de colonne désirée. Le chiffre inscrit représente le nombre de caractères dans une case. On peut alors visualiser à côté de l'adresse de la case, dans le panneau de contrôle, la largeur de la colonne.

11.5.6.4   Aligner les chaînes de caractères

Comme nous l'avons souligné précédemment, il est très important de retenir que l'unité de base du tableur est la case. Par défaut, l'ordinateur aligne les libellés à gauche dans la case. Toutefois, il est possible de modifier l'alignement en changeant le préfixe du libellé. Dans Lotus 1-2-3, l'apostrophe (') signifie un alignement à gauche, le guillemet ("), un alignement à droite, et l'accent circonflexe (^) centre le libellé. La figure 11.2 montre les choix de présentation des libellés. Il ne faut pas oublier qu'un nombre précédé d'un de ces préfixes sera considéré par l'ordinateur comme un libellé : il ne sera donc pas possible d'effectuer d'opérations mathématiques sur ce nombre.

Si les libellés ont déjà été entrés, on peut les aligner à l'aide des icônes d'alignement à la barre des icônes. Pour ce faire, il suffit de délimiter une étendue, puis de cliquer sur l'icône désirée.

11.5.6.5   Formater les valeurs

Il est possible de changer le format des valeurs en utilisant les commandes Range-Format. Lotus permet d'inscrire les valeurs selon la notation appropriée. On peut ainsi choisir divers formats dont l'alignement des chiffres avec le point décimal (Fixed), la notation scientifique, la représentation de l'unité monétaire (Currency) ou du pourcentage (Percent), l'insertion de virgules pour séparer les nombres en tranches de 3 chiffres (Comma). Une commande permet aussi de définir le format de la date. La figure suivante montre différents formats possibles pour un nombre à 2 décimales.

11.5.6.6   Déplacer une étendue

Pour déplacer le contenu d'une étendue, on doit utiliser la commande Move du menu Edit ou l'icône de déplacement. La commande Move de Lotus 1-2-3 prend le contenu d'une case ou d'une étendue et le récrit à l'endroit indiqué, dans un même tableur, en l'adaptant à son nouvel emplacement.

11.5.6.7   Copier une étendue

Une même formule est souvent nécessaire à plusieurs endroits du tableur. La commande Copy du menu Edit permet non seulement de recopier la formule, mais aussi de l'adapter au nouvel emplacement. Par exemple, pour copier la formule située à la case A3, qui est le résultat de A1+A2, à la case G3, il faut placer le

FIGURE 11.2
L'alignement
des libellés

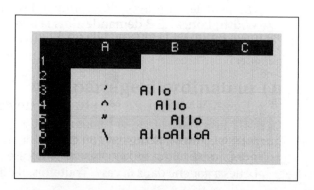

FIGURE 11.3
Exemples
de formatage
des valeurs
dans Lotus

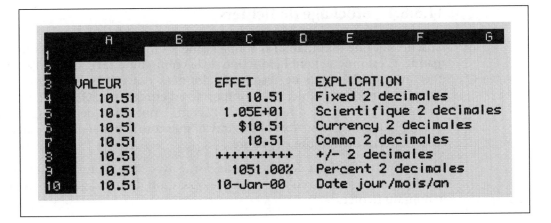

pointeur en A3 et demander la commande Quick Copy du menu Edit. Par la suite, on entre From A3 to G3, puis on accepte par ENTER. On peut aussi utiliser la commande Copy du menu Edit combinée avec la commande Paste du même menu. Mais le plus simple est toujours d'utiliser l'icône appropriée. En déplaçant le pointeur en G3, on remarque que la formule s'est ajustée à son nouvel emplacement pour devenir G1+G2. Cet ajustement se nomme l'adressage relatif.

Il est aussi possible de copier plusieurs formules en même temps. L'exemple suivant permettra de mieux comprendre les possibilités de la commande Copy.

Une compagnie emploie peu de personnel. Elle a donc décidé d'informatiser la paie sur un tableur. Elle doit calculer les diverses retenues pour les avantages sociaux, équivalant à 15 % du salaire brut, et calculer l'impôt à payer qui est de 25 % du salaire brut. Il suffit alors d'écrire une première fois la formule dans la case associée à un employé et de la copier pour les autres employés. On peut aussi recopier exactement la même formule à plusieurs endroits, sans que tous les éléments s'ajustent. Ce procédé se nomme l'adressage absolu.

11.5.7 L'impression d'un tableur

Une fois terminé le travail sur une feuille de calcul, il est toujours possible de l'imprimer. Pour ce faire, il faut indiquer à l'ordinateur l'étendue à imprimer. On utilise alors la commande Print du menu principal.

11.5.8 Le stockage et la récupération des fichiers

Les tableurs comportent des commandes permettant de manipuler des fichiers d'une disquette ou du disque dur. Les trois opérations les plus usuelles sont :

récupérer un fichier avec la commande Open du menu File; stocker un fichier avec la commande Save du menu File, et effacer un fichier avec la commande Close du menu File. Cette dernière commande efface le tableur de la mémoire de l'ordinateur et non de la disquette

11.5.8.1   Stockage de fichiers

Chacun sait que l'ordinateur n'emmagasine les informations que si on le lui demande. C'est précisément la fonction de la commande Save. Il faut d'abord indiquer avec quel lecteur de disque les données doivent être enregistrées, puis donner un nom au fichier. Il est important d'enregistrer SOUVENT un tableur, surtout s'il est préparé directement à l'écran. L'opération de stockage ne prend que quelques secondes, alors que le travail que contient la feuille de calcul représente souvent de nombreuses heures.

Lorsqu'un fichier a déjà été emmagasiné avec Save, Lotus fera automatiquement la mise à jour lors d'une nouvelle opération de stockage, sans redemander le nom du fichier.

11.5.8.2   Récupération de fichiers

La commande Retrieve du menu File permet de retrouver un fichier Lotus 1-2-3 déjà réalisé et stocké sur un support. Quand cette commande est activée, tous les noms de fichiers Lotus 1-2-3 enregistrés sur ce support s'inscrivent à l'écran. Il faut alors déplacer le pointeur, au moyen des flèches de déplacement ou de la souris, jusqu'au fichier désiré et appuyer sur ENTER. Tant que Lotus n'a pas chargé entièrement le tableur, il affiche le mode Wait. Lorsque le fichier apparaîtra à l'écran, le mode changera pour Ready et il sera possible alors de travailler sur ce tableur.

11.5.8.3   Suppression des fichiers

Pour «faire le ménage» des fichiers, il n'est pas nécessaire d'aller au DOS et d'utiliser la commande Delete. Il suffit :

1)   d'appeler la commande File Delete;

2)   de spécifier le type de fichier à effacer;

3)   de choisir le fichier parmi la liste qui est affichée à l'écran.

11.5.9   L'analyse de sensibilité

La capacité de refaire des calculs dès qu'une donnée change est une fonction importante des tableurs. Ceux-ci offrent la possibilité de rassembler en une même table les résultats découlant d'hypothèses différentes. Les tables de simulation de Lotus 1-2-3 peuvent tenir compte de la variation de plusieurs paramètres à la fois.

«Qu'arriverait-il si...?» Voilà une question posée fréquemment par les gestionnaires lorsqu'ils s'intéressent à des calculs prévisionnels de rentabilité. Supposons qu'un modèle du type «compte de résultats», comportant un certain nombre de paramètres tels que le taux de croissance, le taux d'inflation, etc., ait été construit. Il est alors intéressant d'utiliser la commande /Data-table et de pouvoir recalculer les résultats après avoir modifié un de ces paramètres.

11.5.10   L'utilisation de la mini-base de données

Chaque colonne peut être traitée comme un champ, ce qui permet donc de faire des opérations simples de base de données (par exemple : tri, recherche, classement alphabétique, classement par ordre croissant ou décroissant).

Lotus 1-2-3 offre de très grandes possibilités. Par exemple, avec la version pour Windows, il est possible de lier la même case avec plusieurs tableurs d'un même support de mémorisation, ce qui n'était possible, encore tout récemment, qu'avec les logiciels de la quatrième génération. Les principales commandes utilisées dans la base de données sont des sous-commandes de la commande Query du menu Data, soit Find et Extract. La commande Find sert à trouver ou à repérer un enregistrement dans une base de données. Lotus 1-2-3 indique les enregistrements qui répondent aux critères en s'y arrêtant et en les affichant en inverse vidéo. Il ignore les enregistrements qui ne répondent pas aux critères. La commande Extract affiche les résultats de la recherche dans une étendue qui a été préalablement définie avec la commande Output Range. La commande Sort du menu Data permet de sélectionner une colonne et de la trier par ordre alphabétique ou numérique, et par ordre descendant ou ascendant. Il importe de noter que cette commande effectue le tri dans l'étendue indiquée uniquement.

11.5.11   Les graphiques

Avec le menu Graph, Lotus 1-2-3 permet de réaliser des graphiques (graphiques circulaires, histogrammes, etc.) à partir de données contenues dans un des tableurs. Les possibilités graphiques se sont considérablement accrues et assurent maintenant la production de beaux rapports sans trop d'efforts.

11.5.12   Les macro-instructions

Une macro est une suite d'instructions définies en vue de l'exécution d'une série de commandes. Il est donc possible d'écrire un programme à l'intérieur d'un tableur, programme qui pourra être appelé au besoin. Les macro-instructions ont deux fonctions précises :

- faciliter l'usage d'une série de commandes très fréquemment utilisées;

- créer un lien (une interface) plus personnalisé entre l'utilisateur et la machine.

FIGURE 11.4
Utilisation de
la mini-base
de données

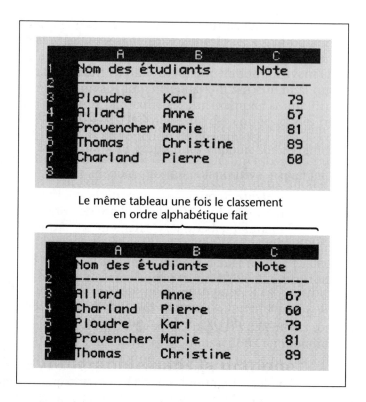

Supposons qu'un utilisateur ait à imprimer la même étendue d'un tableur en caractères condensés. Chaque fois, il doit accéder au menu et appeler les commandes. S'il programme une macro qu'il nommera Q, il n'aura qu'à l'appeler en appuyant sur les touches ALT et Q. La série de commandes sera alors exécutée.

Il est aussi possible de créer un nouveau menu, par exemple en vue de faciliter l'utilisation du tableur à des gens peu expérimentés. Élaborer une application sur Lotus 1-2-3 qui devra être manipulée par plusieurs utilisateurs, peu habitués au tableur, permet de sauver un temps important de formation et de correction d'erreurs possibles et d'éviter que les utilisateurs ne modifient l'aspect de la feuille de calcul, notamment en activant accidentellement des commandes de formatage.

11.6   LE MARCHÉ DES TABLEURS

Face au marché des tableurs, l'utilisateur d'un IBM-PC a un choix important à faire : décider s'il va rester conservateur et choisir le familier Lotus 1-2-3 ou être plus innovateur et acheter un logiciel concurrent, quoique compatible avec le fameux Lotus 1-2-3. *PC Magazine* a analysé les quatre tableurs concurrents les plus sérieux. Il s'agit de : Quattro, Microsoft Excel, Surpass et VP-Planner Plus. Bien que la publicité présente certains d'entre eux comme étant compatibles avec Lotus 1-2-3, aucun n'est une copie parfaite de Lotus 1-2-3; on peut donc s'attendre à des problèmes de compatibilité.

FIGURE 11.5
Les graphiques
selon Lotus

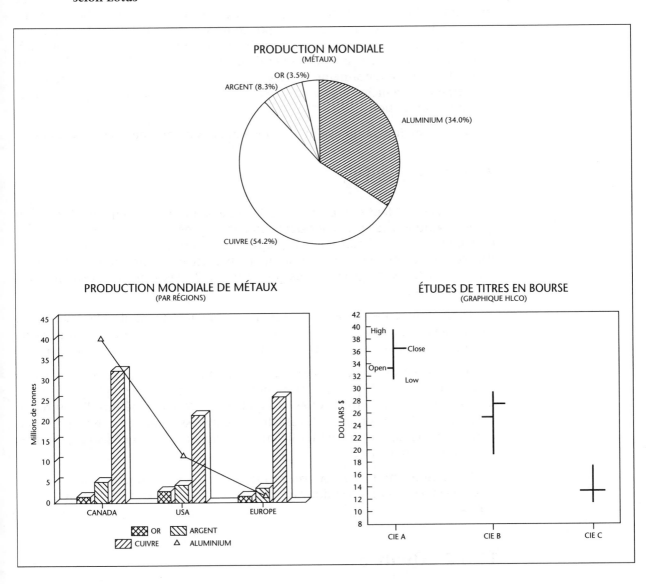

L'achat des logiciels VP Planner et Quattro représente un investissement d'environ 200 $ de moins que l'achat du Lotus 1-2-3, économie très importante compte tenu que chaque poste de travail, dans une organisation, doit être muni de son propre logiciel. Cependant, comme la plupart des entreprises utilisent déjà Lotus 1-2-3, il n'est pas économique de changer de logiciel pour les postes de travail à venir. De plus, la majorité des cégeps et des universités donnent des cours sur Lotus 1-2-3, et non sur les autres tableurs. L'achat d'un logiciel autre que Lotus 1-2-3 pourrait donc entraîner des coûts de formation beaucoup plus élevés que le coût du logiciel lui-même.

Pour l'utilisateur d'un Macintosh, la question ne se pose même pas; il doit se procurer Excel, un logiciel aussi efficace que Lotus 1-2-3 du point de vue du traitement et des bases de données. Excel offre en outre une plus grande facilité de programmation et de meilleures possibilités de formatage des libellés et des valeurs, ainsi que de plus grandes possibilités graphiques. Bien sûr, il existe d'autres tableurs pour le Macintosh, mais ils sont si peu répandus qu'il est difficile d'obtenir de la documentation et de la formation. De plus, si un PC est intégré dans un environnement Macintosh, le tableur Excel PC fonctionne exactement de la même façon que l'Excel Mac, ce qui représente de grandes économies de formation.

Voyons maintenant l'évaluation que fait *PC Magazine* de ces quatre tableurs.

11.6.1   Excel PC

Avec Excel PC, il faut se munir d'un 386 ou, à la limite, d'un rapide AT, car l'interface Windows ralentit considérablement les opérations. Les possibilités de traitement de texte, d'édition et de graphisme sont de loin les plus intéressantes. Par contre, les possibilités de lier des tableurs entre eux sont limitées. Excel possède 42 fonctions intégrées de plus que Lotus 1-2-3, avec la possibilité d'en incorporer de nouvelles.

Excel permet d'écrire des références pour chaque case, en plus de produire un tableau de toutes les valeurs liées à une case en particulier. Il est donc plus facile de corriger les tableurs. De plus, Excel affiche 7 différents messages d'erreur.

Il est aussi possible de nommer un emplacement. Il est plus facile de se remémorer le mot VENTES que l'emplacement AA44. Les capacités graphiques d'Excel sont de loin les plus performantes : 44 types de tableaux prédéfinis. En outre, on peut utiliser plusieurs polices de caractères, ce qui assure une meilleure présentation des rapports. Ses possibilités de créer des macro-instructions sont parmi les plus grandes sur le marché.

Excel est le choix de *PC Magazine* qui le considère comme le tableur le plus efficace actuellement. C'est donc un excellent achat pour qui est prêt à en payer le prix.

11.6.2   Quattro

Quattro englobe à la fois un prix bas et une interface flexible. Ses possibilités graphiques sont très élevées, comparables à celles d'Excel. La séquence de menu est la même que celle de Lotus 1-2-3, mais il est possible d'accéder à un autre choix de structure de menu qui paraît plus logique, ainsi que de bâtir son propre choix de menu. Par contre, Quattro est un logiciel très lent. Selon *PC Magazine*, quoique Quattro se dise entièrement compatible avec Lotus 1-2-3, il y a des risques d'erreurs assez flagrants.

La compagnie Borland a reconnu que la programmation de macro-instructions est un langage de programmation au même titre que les autres. Quattro offre donc d'excellents outils de correction des erreurs logiques, syntaxiques et autres. Il représente un investissement de base raisonnable et il offre de nombreuses possibilités.

11.6.3   Surpass

La plus belle fonction de Surpass est d'offrir la possibilité de lier toutes les cases contenues dans plus de 32 autres tableurs différents d'un même support de mémorisation. La limite n'est donc pas imposée par le support, mais par la mémoire vive. De plus, Surpass est le tableur le plus compatible avec Lotus 1-2-3. Il présente d'excellentes possibilités graphiques et une librairie de macros. La librairie de macros n'appartient pas à un tableur, mais à un support. L'utilisateur peut donc rappeler plusieurs macros déjà programmées sur des tableurs différents d'un même support de mémorisation.

C'est un excellent logiciel, surtout pour l'utilisateur qui compte se servir souvent de la base de données intégrée dans les applications de tableurs. Par contre, il reste un logiciel très lent.

11.6.4   VP-Planner Plus

VP-Planner Plus est un logiciel très économique, de la même gamme que Quattro. Il présente de nombreuses améliorations comparativement à Lotus, surtout en ce qui concerne les bases de données. Il permet notamment d'accéder directement à des fichiers dBase. Il offre aussi de nombreuses possibilités de traitement de texte. Ses possibilités graphiques sont toutefois moindres que celles de ses trois concurrents.

11.7   LES LOGICIELS INTÉGRÉS

11.7.1   Symphony

Symphony est un logiciel mis au point par Lotus Development Corporation. Il fonctionne dans un environnement MS-DOS. Symphony est un logiciel intégrant cinq applications : un tableur, une base de données, un traitement de texte, un générateur de graphiques et un programme de communication. De plus, ces applications sont conviviales entre elles.

En plus d'offrir une documentation soignée et progressive, Symphony permet l'appel de la fonction d'aide à tout moment pendant le travail, l'accès à un tuteur avec leçons, à un panneau de contrôle et à des indicateurs, et l'utilisation de touches spécialisées.

Symphony permet d'ouvrir plusieurs fenêtres à la fois à l'écran. L'accès aux fonctions et aux menus se fait à l'aide de deux touches : [F9] et [F10]. La touche [F9] affiche le menu de services de la gestion des fenêtres et [F10], le menu des fonctions propres à une application. Les macros sont plus faciles à élaborer, car le tableur enregistre la fréquence des touches entrées, ce que ne fait pas Lotus 1-2-3.

11.7.2   Framework

Framework est un logiciel fabriqué par Ashton-Tate. Il fonctionne aussi dans un environnement MS-DOS. Framework est un outil universel de création et de gestion d'information. Ses commandes permettent de choisir et de traiter des données avec un maximum de souplesse et un minimum de frappes au clavier. Les possibilités de Framework comprennent :

- la table des matières pour ordonner les idées et organiser les documents;
- le traitement de texte avec déplacement plein écran, remise en forme et styles de caractères;
- le tableur que l'on peut facilement relier à d'autres tableaux, bases de données ou graphiques;
- la base de données dont les enregistrements et champs se présentent soit sous forme de tableau, soit sous forme de masque d'écran;
- un graphique qui se redessine instantanément et peut être placé n'importe où;
- le langage de programmation FRED, disponible à tout moment.

11.8   LOGICIELS COMPLÉMENTAIRES

11.8.1   Hal

Le logiciel Hal permet d'exécuter des commandes à l'aide de phrases écrites en anglais usuel. Avec un seul mot, il exécute plusieurs commandes de Lotus 1-2-3. De plus, Hal ajoute de nouvelles possibilités au logiciel Lotus 1-2-3, telles que :

- lier des cases provenant de tableurs différents;
- dresser la liste des relations entre des lignes ou une étendue donnée;
- remplacer des items partout dans le tableur;
- annuler la dernière opération.

11.8.2   Agenda

Avec Agenda, l'utilisateur accède à une base de données qui lui permet, d'une part, de gérer son temps et, d'autre part, de regrouper des informations. On nomme ces logiciels les gestionnaires de l'information personnelle. Par exemple, le logiciel Agenda permet d'informatiser un agenda téléphonique des fournisseurs et d'y inclure une infinité de renseignements : prix des produits, liste des produits, rapidité de livraison, etc. Lorsque l'agenda est informatisé, il est en mesure de répondre à des questions comme :

- Quels sont les fournisseurs pour ce produit?
- Lequel peut fournir le produit au moindre coût?

Il semble toutefois qu'Agenda soit un logiciel très complexe à utiliser et à programmer.

11.8.3 Manuscript

Manuscript permet de composer un rapport et d'y intégrer des graphiques et des tableurs réalisés avec Lotus 1-2-3 et avec d'autres logiciels. Il permet de plus d'embellir la feuille de calcul électronique en modifiant les caractères ou encore la disposition des entrées.

11.8.4 Report Writer

En utilisant Report Writer, il est possible de réaliser, depuis la feuille de calcul, des rapports personnalisés. C'est un logiciel intéressant pour qui a à manipuler plusieurs données dans une base de données.

11.9 CONCLUSION

Ce chapitre a voulu donner une vue d'ensemble des caractéristiques d'un tableur, et plus spécialement de Lotus 1-2-3. Savoir ce qu'est un tableur et connaître les possibilités qu'il offre est particulièrement important pour les gestionnaires, puisque, comme nous l'avons dit précédemment, 94 % d'entre eux se servent d'un tableur.

11.10 QUESTIONS

1. Quels sont les avantages liés à l'utilisation d'un tableur comparativement à une feuille comptable?

2. Une case peut contenir quatre types différents d'information. Quels sont-ils? Donnez un exemple pour chacun.

3. Décrivez brièvement quatre modes possibles de Lotus 1-2-3.

4. Expliquez le fonctionnement d'un menu arborescent.

5. Expliquez la différence entre une commande à incidence globale (telle Worksheet Global) et une commande à incidence locale (telle Range).

6. On dit de plusieurs tableurs qu'ils sont des «logiciels intégrés». Que signifie cette appellation?

7. Quelle est la différence entre l'adressage relatif et l'adressage absolu?

8. Avec Lotus 1-2-3, on peut donner des formats différents aux informations contenues dans une case. Nommez quatre formats différents et décrivez l'effet de chacun sur les informations.

9. Quelle est l'utilité des fonctions intégrées?

10. Quel est le principal inconvénient du tri dans Lotus 1-2-3?

11. Qu'est-ce qu'une macro-instruction?

12. Quels sont les avantages de l'utilisation des macro-instructions?

13. Il existe plusieurs logiciels complémentaires au Lotus 1-2-3; décrivez-en deux.

14. Que signifie le «1-2-3» du nom du logiciel Lotus 1-2-3?

15. Quelles sont les possibilités des logiciels concurrents de Lotus 1-2-3?

11.11   BIBLIOGRAPHIE

BROWN, Chris. «Where 1-2-3 makes deals in a hurry», *Lotus*, juin 1989, p. 52-55.

LOMO-DAVID, Chaney. «Spreadsheet usage in U.S. firms», *Office Systems Research Journal*, vol. 7, n° 2.

PLAISENT, M., C. Decoste et C. PICHET. *Comprendre et maîtriser Lotus 1-2-3 versions 2.2 et 2.3*, Gaëtan Morin éditeur, 1992, 300 p.

SNOWDEN, Elam Sandra. «Projects between the sheets», *MacUser*, juillet 1988, p. 235-244.

SOUCIE, Ralph. «Spreadsheet add-ins», *PC World*, juillet 1988, p. 142-156.

«Battle of the spreadsheet stars», *PC Magazine*, 15 novembre 1988.

L'infographie

12.0 OBJECTIFS

1. Définir l'infographie.

2. Décrire les avantages de l'utilisation des graphiques en milieu de travail.

3. Connaître les caractéristiques d'un bon graphique.

4. Décrire les principaux types de graphiques et les progiciels appropriés.

5. Décrire sommairement un progiciel de chaque type.

6. Connaître les principaux outils informatiques utilisés pour la production de graphiques.

7. Décrire les modes de représentation des graphiques sur un support informatisé.

8. Connaître les principaux critères de sélection d'un logiciel de graphisme.

12.1 INTRODUCTION

Depuis longtemps, les organisations utilisent des graphiques pour leurs présentations, pour la publicité ou simplement pour faciliter l'analyse de leurs données. Auparavant, les graphiques étaient des œuvres uniques, créées par des «artistes», qui exigeaient beaucoup de travail. Maintenant, la micro-informatique permet la production de graphiques rapidement et à des coûts minimes. Tout utilisateur de système informatique est devenu un utilisateur potentiel de l'infographie. Les logiciels assurant la production d'illustrations plus variées les unes que les autres prolifèrent et deviennent de plus en plus simples à utiliser.

Si on se réfère au modèle de Newell et Simon, la mémoire à court terme des êtres humains est limitée. Le cerveau serait capable de retenir de 5 à 9 blocs de mots, caractères ou images d'information pour de courts laps de temps. Par exemple, pour une personne qui demeure dans la région de Montréal, l'indicatif régional téléphonique est probablement gravé dans sa mémoire comme un tout; elle s'en souvient comme d'une seule unité. Par contre, celui de Toronto n'est pas assimilé comme un tout; chaque chiffre est mémorisé séparément.

Les graphiques permettent d'augmenter la capacité de traitement du cerveau humain en lui fournissant une information plus condensée, en combinant plusieurs morceaux en un seul «bloc», soulageant ainsi la demande de mémoire à court terme. Au lieu de réclamer un effort au côté gauche du cerveau (moitié analytique) uniquement, comme dans l'analyse de données brutes, on distribue le travail entre les deux parties, le côté gauche saisissant l'image et le droit l'analysant. L'information devient donc plus assimilable par l'utilisateur qui est porté à retenir plus facilement des caractéristiques directement observables plutôt que des données à analyser.

Les études faites au Wharton School of Business et à l'université du Minnesota ont clairement démontré que l'utilisation de graphiques contribue à accélérer les communications et à convaincre. Les psychologues ont établi des règles quant à l'usage efficace de la couleur. Les graphiques existent pour informer et non pour distraire. Dès lors, toute distorsion des faits introduite par un graphique équivaut à une utilisation erronée de celui-ci et à un échec des intentions motivant son utilisation. Les graphiques sont un mode de traitement de l'information, un outil qui doit être évalué au rendement et utilisé avec précaution.

12.2   LE GRAPHISME ET L'ENVIRONNEMENT DE TRAVAIL

Les graphiques sont de plus en plus utilisés en milieu de travail. Leur popularité s'étend maintenant dans presque toutes les parties de l'organisation. Leur usage est varié, depuis le simple support de présentation à la conception assistée par ordinateur; le graphique est devenu un outil essentiel.

En finance, les graphiques servent à illustrer les tendances, comparer les résultats de différentes années, situer la compagnie par rapport à l'ensemble de l'industrie ou représenter le taux de rentabilité.

Les gestionnaires en marketing font aussi un usage intensif de graphiques. Ils s'en servent pour représenter leur part de marché, leurs types de clientèle, l'analyse de la compétition, comme la recherche d'un point de vente ou de fabrication. Ils peuvent aussi utiliser les graphiques à des fins publicitaires, par exemple pour analyser la demande et montrer, à l'aide d'un dessin, que le nombre de consommateurs achetant leurs produits est supérieur à celui de ceux achetant les produits des concurrents. Ils peuvent de plus illustrer leurs prévisions de ventes ou la part des recettes destinées à la promotion.

Les employés de production sont aussi devenus de fervents utilisateurs de graphiques. Les diagrammes de Gantt leur indiquent les étapes de production d'un produit de même que les échéanciers. Les PERT montrent les goulots d'étranglement des lignes de production et les activités critiques du processus de fabrication, les écarts des volumes de production et l'état des stocks.

Du côté de la recherche et du développement, la conception assistée par ordinateur est courante. Il est possible de créer le design d'un nouveau produit directement à l'ordinateur, de le modifier à loisir, de l'agrandir ou le rapetisser, de le voir sous tous ses angles et de l'imprimer. Avec certains logiciels plus perfectionnés, on peut, en donnant les spécifications techniques (matériaux utilisés, épaisseurs, etc.), effectuer des simulations de résistance et de longévité de ces nouveaux produits. Il ne faut pas oublier que tous ces tests sont faits avant même

FIGURE 12.1
Graphique PERT

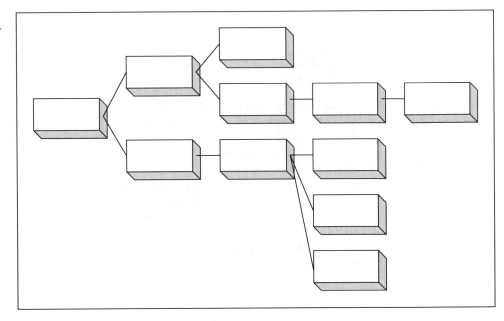

que le produit ne soit fabriqué. L'ordinateur permet de franchir les étapes successives rapidement et à un coût minime.

Comme on le voit, les utilisations sont nombreuses et variées. Les graphiques prennent une importance sans cesse grandissante et les utilisateurs deviennent de plus en plus informés et critiques.

12.2.1 Types de graphiques

Les graphiques prennent de multiples formes. L'ordinateur, de plus en plus puissant et flexible, facilite la création d'images extrêmement variées. Les usages possibles croissent au même rythme. La figure 12.2 montre les grandes divisions de l'infographie.

FIGURE 12.2
Les divisions
de l'infographie

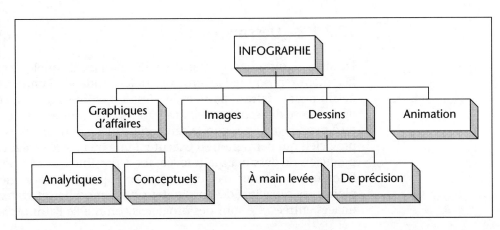

12.2.1.1   Graphiques d'affaires

Les graphiques d'affaires sont probablement ceux que l'on associe le plus souvent à l'ordinateur. Les graphiques d'affaires se répartissent en deux catégories : analytiques et conceptuels.

Les graphiques analytiques sont ceux que le directeur produit surtout pour son usage personnel, à titre de résumé, afin de faciliter la compréhension des données qu'il a produites. Des graphiques de formes variées (pointes de tarte, histogrammes, courbes, nuages de points) sont utilisés à cette fin. Ils sont généralement créés à l'aide de logiciels dont la fonction première n'est pas de réaliser des graphiques mais bien de faire des analyses (par exemple, Lotus 1-2-3). La production des graphiques n'est pas la fonction principale de ces logiciels d'analyse. Les dessins sont produits à partir des données déjà en mémoire; aucune nouvelle saisie de données n'est nécessaire. Ils sont standard et simples, et une imprimante conventionnelle (sauf à marguerite ou à boule) peut les reproduire sur papier.

Les graphiques conceptuels, aussi appelés graphiques de présentation (à un auditoire), ont pour but d'illustrer un concept ou la relation entre divers concepts. Ces graphiques servent à communiquer ou à illustrer certaines données, et non pas d'abord à en faciliter la compréhension au concepteur. Des progiciels comme Harvard Graphics, Allways, Microsoft Chart permettent de transformer les graphiques analytiques en graphiques conceptuels (de présentation) sous des formes variées qui les rendent plus attrayants et plus informatifs.

La séparation qui existe entre les progiciels de graphiques analytiques et les progiciels de graphiques conceptuels n'est pas hermétique et varie dans le temps. Le progiciel Allways, qui se vendait séparément, est maintenant intégré à la version 2.2 de Lotus 1-2-3. Cela veut donc dire que Lotus 1-2-3 produit non seulement des graphiques analytiques, mais aussi des graphiques de présentation.

À titre d'illustration, le graphique de la figure 12.3 a été fait à l'aide de Lotus 1-2-3, sans l'apport d'Allways, tandis que celui de la figure 12.4 l'a été toujours avec Lotus 1-2-3, mais incorporant Allways.

La figure 12.5 donne un exemple de ce que le logiciel Harvard Graphics peut faire avec les mêmes données numériques.

12.2.1.2   Dessins

Dessiner signifie tracer sur une surface l'image de quelque chose, et plus particulièrement reproduire la forme des objets, indépendamment de leur couleur. Un dessin peut se faire à main levée, c'est-à-dire sans règles ni compas. Les progiciels de dessin se divisent en deux catégories. La première est le dessin en forme libre ou à main levée. La seconde catégorie est le dessin de précision. Il existe aussi des progiciels qui permettent d'exécuter l'une ou l'autre catégorie de dessin. Avec des progiciels de dessin à main levée, il est possible de créer des dessins de la même façon qu'on le ferait avec un crayon et du papier. Des progiciels permettent d'exploiter les capacités de l'ordinateur pour modifier et transformer à volonté les images entrées. Ce sont des progiciels comme Pc Paint ou MacPaint.

FIGURE 12.3
Graphique fait avec
Lotus seulement

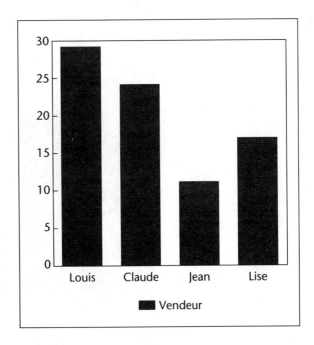

Quant aux progiciels de dessin de précision, ce sont les logiciels de conception assistée par ordinateur, comme AutoCad, ou ceux de dessin technique, comme MacDraw.

Ces logiciels sont extrêmement précis et permettent l'entrée de données techniques, pour l'élaboration d'un plan de maison, par exemple. Ils offrent des possibilités variées, comme créer plusieurs couches d'un même plan (une pouvant servir aux données sur l'installation électrique, une autre pour les équipements de plomberie, etc.). De tels usages restent relativement complexes et limités aux domaines techniques.

FIGURE 12.4
Graphique fait avec
Allways

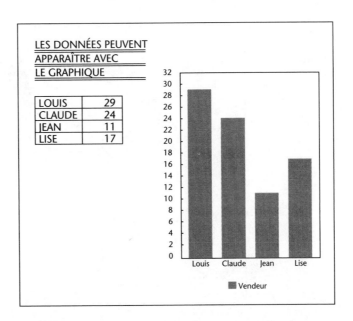

FIGURE 12.5
Graphique fait avec
Harvard Graphics

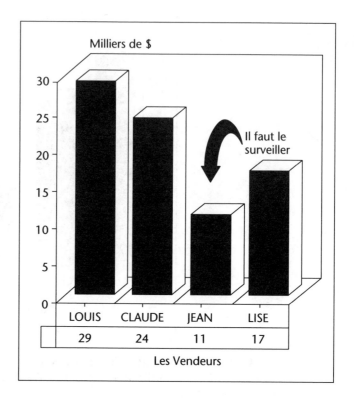

12.2.1.3   Images

Certains logiciels reproduisent des images imprimées pouvant servir de complément aux progiciels de dessin à main levée. Il s'agit de systèmes permettant de numériser une image (à l'aide d'un lecteur optique), de la mettre en mémoire et de la sauvegarder pour ensuite la récupérer et la manipuler à l'aide d'un logiciel

FIGURE 12.6
Dessin fait avec
MacPaint

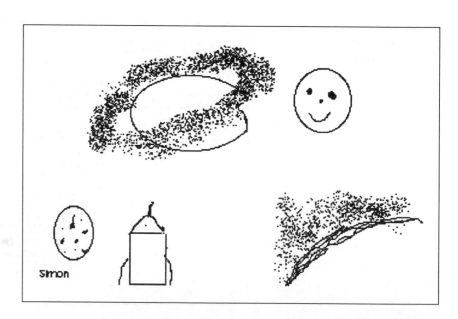

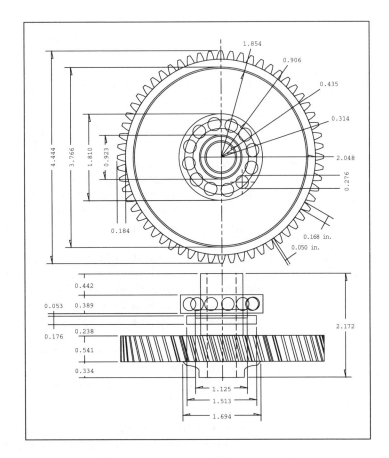

de dessin. Le numériseur transforme l'image en une série de points qui sont compatibles (et donc manipulables) avec le langage machine de l'ordinateur (1 ou 0). Un logiciel comme PC Paintbrush offre ces possibilités.

12.2.1.4   Animation

Les logiciels d'animation servent à la production d'images en mouvement, comme un film. L'image est emmagasinée en mémoire et les mouvements sont programmés. Une nouvelle image est créée pour chaque parcelle de mouvement et, lorsque ces images sont présentées une à la suite de l'autre, une illusion de mouvement se crée. C'est exactement le même principe que le cinéma où l'illusion de mouvement est produite par la succession très rapide à l'écran des images se trouvant sur la pellicule. La différence ici est que ces images sont conçues par ordinateur au lieu de l'être par la cinématographie.

12.3   RÈGLES GÉNÉRALES

Afin qu'un graphique atteigne les objectifs, c'est-à-dire la communication d'idées complexes avec clarté, efficacité et précision, il doit posséder certaines caractéristiques. Le graphique doit fournir au lecteur la quantité de données requises dans un minimum de temps, en utilisant le moins d'encre possible et dans le plus petit espace possible. Selon Tufte, toute représentation graphique d'un ensemble de données quantitatives doit être conçue selon les règles que voici :

- Mettre en évidence les données à transmettre. Le lecteur doit immédiatement comprendre l'information que présente le graphique.

- Amener le lecteur à réfléchir sur l'information présentée et non sur la méthodologie ou sur la technologie utilisée pour la production du graphique. Il ne faut pas produire de graphiques simplement pour épater le lecteur. Si le moyen utilisé pour transmettre l'information devient le centre d'intérêt plutôt que l'information elle-même, l'utilisation du graphique est dès lors mauvaise. Idéalement, le dessin ne devrait aucunement attirer l'attention d'autre façon que par l'information présentée.

- Éviter toute distorsion des données ou toute possibilité d'interprétation erronée. On se sert d'un graphique pour transmettre l'information le plus fidèlement possible. Il doit contribuer à sa transmission de la façon la plus honnête qui soit. Une ambiguïté introduite par le graphique ne ferait que diminuer (ou même enlever complètement) l'utilité potentielle du dessin.

- Présenter un grand nombre de données dans un format réduit et compact. Un même dessin peut contenir autant d'informations que plusieurs pages de chiffres ou de mots. Il doit donc être possible de décoder immédiatement une information donnée à l'aide d'un graphique.

- Rendre cohérent un grand ensemble de données. Les graphiques sont une excellente façon de globaliser un ensemble de données. Il est souvent difficile de percevoir des tendances et des différences simplement en examinant de larges ensembles de chiffres. L'être humain est limité sur le plan des capacités cognitives et il jongle difficilement avec les nombres, particulièrement si ceux-ci sont élevés et nombreux. Le graphique permet de ramener ces ensembles de données à une perspective qui est accessible au lecteur.

- Faciliter la comparaison de différents ensembles de données. Les graphiques doivent être conçus de façon à permettre la mise en relation des données. Pour comparer les données de deux années, par exemple, on doit utiliser le même type de graphique soit un histogramme ou deux courbes. Il serait difficile de faire une comparaison si on utilisait un graphique sectoriel (pointes de tarte) pour une année et un histogramme pour l'autre.

- Illustrer les données à différents niveaux de détail. On doit pouvoir se référer au dessin pour une vision globale de l'information tout comme pour l'analyse en détail de celle-ci. Le graphique ne doit pas escamoter une perspective.

- Avoir une justification suffisante. On ne doit pas produire des graphiques simplement parce qu'ils sont faciles à faire. S'il ne permet pas une meilleure assimilation ou utilisation de l'information, le graphique n'a pas sa place.

- Être étroitement relié avec les descriptions statistiques et verbales des données. Un graphique est là pour illustrer quelque chose et n'a pas de raison d'être seul.

Ces règles énoncent des principes généraux; les conseils qui suivent, proposés par Ives, permettront d'augmenter l'efficacité des graphiques et du texte qui les accompagne.

12.3.1   Affichage

- Les étiquettes et légendes doivent être différentes et faciles à distinguer, mais constantes d'un graphique à un autre.

- Lorsque l'espace le permet, il est préférable d'utiliser des mots complets plutôt que des abréviations.

- Les étiquettes et légendes devraient être directement affichées sur le graphique.

- Un seul type de caractères devrait être utilisé pour une même série de graphiques. Toutefois, lorsqu'on veut mettre certains éléments en évidence, on peut utiliser un caractère gras, plus gros ou plus petit, mais de la même police de caractères. Les caractères devraient être de type standard. Les types italiques, anciens ou trop décoratifs sont à éviter.

- Les caractères ne devraient jamais être plus larges que haut.

- Les valeurs des échelles doivent être choisies de façon que les extrapolations soient faciles à faire.

- L'échelle utilisée doit être constante. Il est très mauvais d'avoir deux échelles différentes sur le même axe.

- L'écart entre les lettres ou les chiffres d'une même série ne devrait pas excéder 1 espace, alors que l'écart entre les mots ou les groupes de chiffres ne devrait pas dépasser 3 espaces.

- Il est bon d'utiliser les lettres majuscules pour les étiquettes et les instructions brèves, car elles peuvent être lues plus facilement et à plus grande distance. Toutefois, les lignes de texte de longueur normale doivent suivre les règles d'écriture habituelle, c'est-à-dire, la première lettre en majuscule.

- Tous les messages devraient être écrits de gauche à droite. Éviter ceux qui se lisent de haut en bas. La longueur des lignes ne devrait pas excéder 60 caractères.

12.3.2   Couleurs

- Lorsque la tâche implique la désignation d'une cible, la couleur constitue la meilleure stratégie pour attirer l'attention. Elle est plus efficace que n'importe quelle autre codification.

- Les couleurs devraient être utilisées pour différencier deux ou plusieurs lignes sur un même graphique. Elles peuvent aussi servir à indiquer à l'utilisateur quelle information il doit inscrire.

- Il est préférable d'utiliser des couleurs similaires pour des situations similaires (par exemple, le rouge pour toutes les situations critiques).

- Les aires fréquemment utilisées devraient être de couleur différente de celle du reste des données.

- Les couleurs vives font bien ressortir les champs importants alors que le fond de l'image devrait être de couleur moins brillante. Les combinaisons de couleurs rouge/vert, bleu/jaune, vert/bleu et rouge/bleu sont à éviter.

- La couleur bleue devrait être utilisée uniquement comme fond.

- Les caractères alphanumériques devraient être codés en rouge, blanc ou jaune.

- Trop de couleurs nuit à la compréhension. On ne devrait pas utiliser plus de quatre couleurs à la fois. Un dessinateur très expérimenté peut en utiliser jusqu'à sept dans certains cas particuliers. Les combinaisons de couleurs (lettrage/fond), de la plus lisible à la moins lisible, sont :

  1) noir/jaune,

  2) vert/blanc,

  3) bleu/blanc,

  4) blanc/bleu,

  5) noir/blanc,

  6) jaune/blanc,

  7) blanc/rouge,

  8) blanc/orange,

  9) blanc/noir,

  10) rouge/jaune,

  11) vert/rouge,

  12) rouge/vert,

  13) bleu/rouge.

12.3.3 Symboles et icônes

- Il est possible d'élaborer d'excellents schémas de codification en utilisant jusqu'à 20 icônes. La signification assignée à une icône doit rester constante dans une même série. Les symboles spéciaux (comme les astérisques) sont utiles pour attirer l'attention sur les conditions d'exception.

FIGURE 12.8
Les icônes

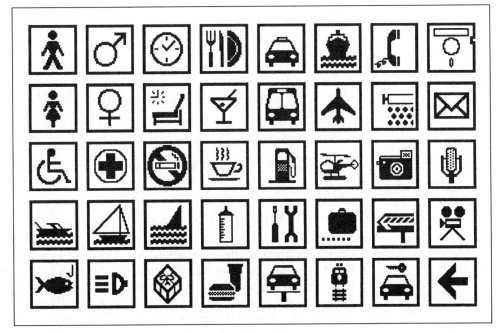

- Lorsqu'on utilise différentes tailles d'un même symbole pour représenter des valeurs différentes, chaque symbole doit être au moins une fois et demie plus grand que le précédent.

12.3.4　Autres conseils

- Si l'épaisseur des lignes a une valeur symbolique, il est préférable de ne pas utiliser plus de trois épaisseurs différentes.

- L'épaisseur des lignes représentant les axes devrait être inférieure à l'épaisseur des courbes elles-mêmes. Les projections et extensions devraient toujours être en pointillé.

12.4　PRINCIPAUX GRAPHIQUES

La présente section donne un aperçu de différents graphiques et tableaux parmi les plus utilisés et les fonctions de chacun.

12.4.1　Graphique circulaire

Le plus simple et le plus connu des graphiques est sans doute le graphique en pointes de tarte, appelé aussi graphique sectoriel ou circulaire. Ce type de graphique convient bien pour illustrer des proportions. Il ne devrait jamais y avoir plus de 5 ou 6 pointes, ou secteurs, pour un même dessin. Les effets à 3 dimensions sont à proscrire, car ils rendent difficile l'évaluation des surfaces. Pour plus de clarté, il est préférable d'inscrire les étiquettes sur le dessin plutôt que dans une légende.

Pour faire ressortir un des secteurs, on l'éloigne des autres. En anglais, on dit faire «exploser» la tarte. Ce type de graphique est utile pour répondre à des questions comme :

- Quelle faculté regroupe le plus grand nombre d'étudiants?

- Quelle est la proportion de la population étudiante dans chaque campus?

12.4.2   Graphique à barres

Les barres horizontales sont appropriées pour illustrer des comparaisons lorsque les éléments à comparer sont nombreux et que les différences sont minimes. Lorsqu'on compare plusieurs éléments, on devrait utiliser la même couleur pour l'ensemble des barres. Si on veut comparer une barre à l'ensemble des autres, il est alors possible de donner à cette barre une couleur ou un motif différent.

On peut ordonner les barres de la plus longue à la plus courte pour mettre en évidence la part de marché de l'entreprise X, par exemple. On peut aussi utiliser une couleur ou un motif différents pour atteindre le même objectif. Le graphique à barres est utile pour comparer la variation des cotes boursières de deux années des diverses bourses au monde.

12.4.3   Graphique en bâtonnets

Les colonnes, ou bâtonnets, sont appropriées pour comparer des tendances sur une période de temps donné. Il ne faut pas essayer de comparer trop d'objets en même temps, car un trop grand nombre d'éléments vient gêner la lecture et nuit à la compréhension. Les titres devraient toujours être inscrits à l'horizontale pour une lecture facile.

Ce type de graphique est utile pour répondre à des questions comme :

- Quelle a été la tendance de la Bourse de Montréal comparée au Dow Jones au cours des 12 derniers mois?

- Quelle a été la tendance des ventes des voitures importées par rapport à celle des ventes des voitures produites au Canada depuis 1980?

12.4.4   Graphique XY

Les lignes peuvent représenter un nombre illimité de points. C'est la méthode parfaite pour les variables continues comme la température, les prix, etc. Il est possible de tracer plus d'une courbe sur un graphique lorsqu'on veut comparer plusieurs éléments. Il est important que l'échelle utilisée soit toujours la même entre les éléments comparés.

Ce graphique est utile pour répondre à des questions comme :

- Quelle a été la consommation horaire d'électricité au cours de la journée du 21 décembre par rapport à la quantité d'électricité produite par Hydro-Québec?

- Quelle a été la hausse moyenne annuelle des salaires industriels par rapport au taux d'inflation au Canada de 1950 à 1989?

12.4.5   Histogramme

Les histogrammes sont utiles pour différencier les faits courants des faits exceptionnels. Ils permettent de voir immédiatement où se trouvent la moyenne et la tendance générale, tout comme les cas isolés.

Les histogrammes sont utiles pour répondre à des questions comme :

- Combien de foyers ont un revenu annuel de plus de 45 000 $?

- Quelle est la répartition géographique par région administrative des étudiants de l'université?

FIGURE 12.9
Histogramme

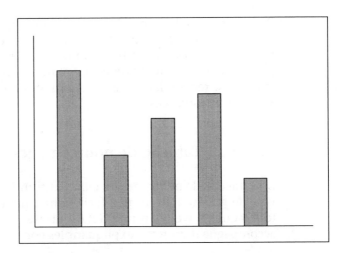

12.4.6   Tracé en boîte

Les tracés en boîte sont apparus récemment dans l'univers des graphiques. Ils permettent de comparer différentes distributions pour plusieurs groupes observés. La ligne dans la boîte représente le 50e centile et les petites lignes aux extrémités des boîtes correspondent aux 10e et 90e centiles. Les ronds sont les valeurs limites.

12.4.7   Nuage de points

Le nuage de points est une excellente façon d'indiquer des corrélations. On voit bien la relation directe existant entre la variable en abscisse et celle en ordonnée. Le traçage d'une ligne au centre du nuage de points vient renforcer l'image et facilite la compréhension.

Ce type de figure est utile pour illustrer la relation entre le niveau socio-économique et l'état de santé d'une population, par exemple.

Il est aussi possible, pour mettre une corrélation en évidence, de combiner deux types de graphiques. Cette combinaison permet de montrer la corrélation entre la température et la consommation d'électricité, ou l'âge et la fréquentation scolaire, par exemple.

12.4.8   Tableaux

12.4.8.1   Tableau numérique

Il ne faut pas oublier que le tableau numérique est toujours un excellent moyen de transmettre des informations quantitatives. Un tableau permet souvent de fournir une information plus complète. Si les tableaux sont très grands, il est approprié de tracer une ligne horizontale à toutes les cinq rangées afin que le lecteur puisse repérer facilement l'information. Le tableau numérique est utile pour analyser des données.

12.4.8.2   Tableau de pourcentages

Les tableaux de pourcentages cumulatifs indiquent la distribution statistique. Ce type de représentation, peu facile à interpréter, est recommandé pour un auditoire familier avec ce mode. S'il est utilisé lors d'une présentation, il devrait être accompagné d'un texte expliquant les conclusions générales à tirer.

12.5   LES OUTILS PHYSIQUES

Il existe de nombreux outils qui, sans servir uniquement à l'infographie, sont néanmoins couramment utilisés dans ce domaine. Nous en présentons ici quelques-uns. La terminologie porte souvent à confusion, mais il importe de se souvenir que tous ces appareils numérisent. On peut donc tous les appeler des numériseurs. Par exemple, un scanneur est tout appareil qui balaie une surface, qui sonde, qui explore ou qui scrute. On utilise des scanneurs dans plusieurs secteurs, notamment en médecine. Les scanneurs qui nous intéressent ici sont les lecteurs optiques.

12.5.1 Les périphériques de saisie ou d'entrée

On peut diviser les outils physiques d'entrée en deux catégories :

- les lecteurs ;
- les dispositifs de pointage.

12.5.1.1 Les lecteurs

Le lecteur optique numérise une image qui se trouve sur papier pour en faire une représentation en langage machine que peut traiter l'ordinateur. Il devient alors possible de récupérer, à l'aide d'un logiciel graphique, cette image numérisée, de la modifier à volonté, de l'agrandir, de la tourner, etc., de la sauvegarder et de l'imprimer autant de fois que désiré. Il existe plusieurs formes de lecteurs optiques. Certains (les moins dispendieux) peuvent avoir la forme et la grosseur d'une souris. Dans ce cas, c'est l'utilisateur qui passe le lecteur sur l'image à numériser. Les plus évolués sont semblables à un photocopieur. On place alors l'image sur la vitre du lecteur qui la numérise.

Ces outils sont très utiles pour intégrer des images aux textes de présentation sans qu'il soit nécessaire de les dessiner à nouveau, soit à la main ou par l'infographie. Ils assurent un travail soigné et rapide.

12.5.1.2 Les dispositifs de pointage

Souris

La souris est un des outils les plus connus et les plus répandus. Elle permet le dessin, de la même façon que le crayon optique. De plus, son ou ses boutons donnent accès à des options intéressantes. Que ce soit pour choisir des objets à dessiner ou pour choisir des motifs de remplissage, un simple «clic» de la souris suffit.

Un des avantages de la souris est qu'elle peut être utilisée avec plusieurs logiciels : traitements de texte, tableurs, jeux et dessins. Elle est peu dispendieuse, fiable et connue de milliers d'utilisateurs.

Tablette de saisie ou d'entrée

La tablette de saisie fonctionne suivant le même principe que la souris : le stylet, que l'on déplace sur une tablette de saisie, reproduit les mouvements à l'écran. La pointe du crayon transmet les déplacements à l'ordinateur qui trace les lignes correspondantes au fur et à mesure. On peut suivre le contour d'un dessin avec le stylet et ainsi le reproduire à l'écran.

Tablette graphique

La tablette graphique numérise elle aussi, mais utilise une autre technologie. C'est une surface de travail sous laquelle se trouvent plusieurs centaines de fils de cuivre formant une grille. Cette grille est reliée à l'ordinateur. Chaque fil de cuivre reçoit des impulsions électriques. Une plume ou stylo spécial, que l'on promène sur la surface pour y faire un dessin, détecte ces impulsions et permet de former le dessin à l'écran. Toutefois, la plume ne trace rien directement sur la tablette; l'utilisateur dessine sur une feuille de papier placée sur la tablette. La grille détecte la position exacte de la plume au fur et à mesure de son déplacement et transmet cette information à l'UCT.

12.6   LES OUTILS LOGIQUES

Les éditeurs graphiques sont des progiciels qui permettent de créer et de modifier les graphiques : schémas, croquis, plans, dessins. Leurs fonctions courantes sont de copier, de déplacer, de faire pivoter, d'effacer, de combler (peindre), d'agrandir ou de réduire des dessins et de dessiner des formes géométriques : encadrés, cercles, etc. Ils se regroupent sous deux principales catégories : par objets (*object-oriented*) et en mode point (*bitmap graphics*).

12.6.1   Image par objets

Les éditeurs par objets produisent l'illustration à partir de points, de lignes et autres unités de mesure. Les lignes et les objets à reproduire sont définis selon leurs propriétés géométriques. Ces éléments peuvent être manipulés mais sont toujours considérés comme différentes entités. Chaque composante d'un graphique est une entité qu'on peut manipuler; un graphique se compose d'objets et non d'une seule entité. Les éditeurs par objets utilisent principalement deux types d'éléments. Premièrement, les lignes, qu'elles soient courbes ou droites, minces ou larges, brisées ou continues; elles représentent les différentes formes que l'on veut dessiner. Deuxièmement, les chaînes de caractères; l'éditeur en mémorise la composition, la position, la grosseur et le type. Ces chaînes peuvent être déplacées et manipulées à volonté, mais l'éditeur retiendra toujours qu'il s'agit de lettres.

12.6.2   Image en mode point

Les éditeurs d'image en mode point manipulent quant à eux chaque pixel de l'écran. Ils peuvent combiner n'importe quelles formes, mais ne considèrent pas un objet comme un tout; ils manipulent chaque point (pixel) de l'objet séparément. Ils permettent donc de créer des effets différents, par exemple l'inversion d'une chaîne de caractères (comme si elle était regardée dans un miroir). Cela est possible parce que l'éditeur considère les lettres comme un ensemble de points manipulables, au même titre que n'importe quelle partie d'un dessin.

12.7   LE MARCHÉ DES LOGICIELS

Différents types de logiciels sont utilisés dans la production de graphiques. En voici quelques exemples.

12.7.1   AutoCad

AutoCad est de loin le logiciel de conception assistée par ordinateur le plus utilisé. Il est extrêmement adaptable et peut être pris en charge par les systèmes d'exploitation MS-DOS, Unix, Aegis et VMS. Il fonctionne à partir de lignes de commandes, d'icônes et de menus déroulants.

AutoCad est un logiciel extrêmement flexible. On s'en sert en design industriel, en architecture, en urbanisme et dans toutes les sphères du génie. Il donne accès à 20 polices de caractères, permet la sélection d'objets courants (table, téléphone, etc.) et de dessins préprogrammés. Il travaille en trois dimensions et permet la mise en perspective des dessins. Il peut produire un dessin en plusieurs couches. Par exemple, une première peut contenir la structure d'un bâtiment; la seconde, l'information pour le système électrique; la suivante, les données sur la plomberie, etc. AutoCad peut faire un zoom des images et accomplir des rotations.

AutoCad peut facilement être configuré pour des usages particuliers. Les menus, les écrans d'aide, les options et les dessins prédéfinis sont facilement adaptables aux besoins particuliers d'un client. Bell Canada en utilise une version adaptée au travail d'installation de câbles.

12.7.2   Harvard Graphics

Alors qu'AutoCad se spécialise dans le dessin technique, Harvard Graphics a été mis au point pour le dessin conceptuel (de présentation). Il offre de grandes possibilités pour l'édition. Harvard Graphics possède une banque de 300 images prédéfinies (Clip Art) et un dictionnaire de 77 000 mots. Sa bibliothèque de symboles est imposante; elle peut être utilisée dans un tableur.

Même si ce progiciel n'offre pas de fonctions spécialisées, comme la rotation d'objets, ses capacités de gestion d'imprimantes, de traceurs et de production de diapositives en font un outil puissant. De plus, son prix est très abordable.

12.7.3   MacPaint

MacPaint est probablement le logiciel de dessin le plus connu. Il assure la création d'images par le biais de la souris, soit pour tracer des lignes ou pour placer des formes et indiquer les modèles, les motifs et le format désirés. Son apprentissage est extrêmement facile. Les icônes qu'il propose correspondent bien aux activités de chaque option.

12.7.4   Dessin par collage électronique (Clip Art)

Les artistes ont depuis longtemps recours à des ouvrages contenant des dessins qu'ils utilisent couramment; ils découpent (*clip*) ces dessins et les insèrent à l'endroit désiré. À la suite de l'introduction de l'infographie, des bibliothèques de dessins ont été conçues, allant de formes standard, comme les formes géométriques, à des scènes courantes, comme des gens en réunion d'affaires. Ces dessins qui font partie intégrante de logiciels d'infographie, ou que l'on peut acheter séparément sur disquette, peuvent être regroupés dans les catégories suivantes :

- symboles du milieu d'affaires : bureau, gens, paysages, édifices, moyens de transport, devises;

- signes typographiques : encadré, fond, en-tête, fontes, vignettes quelconques (*dingbats*), crochets, point vignette (*bullet*);

- symboles techniques : alphabet grec, architecture, outils et machines, appareils de communication, équipement informatique, anatomie, éléments chimiques, télévision et autres;

- symboles d'intérêt personnel : animaux, nature, aliments, sports, loisirs, mobilier, appareils électroménagers, instruments de musique, notation musicale, personnages historiques;

- autres : cartes géographiques, flèches, heure, saisons, calendrier, vacances, vie militaire, politique et religieuse.

FIGURE 12.10
Un bureau

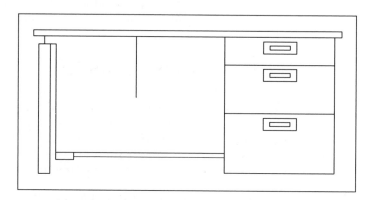

FIGURE 12.11
Une vignette

FIGURE 12.12
Pièces informatiques

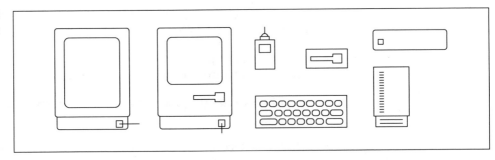

FIGURE 12.13
Carte géographique

Un gros avantage de ces bibliothèques de dessins électroniques par rapport à leurs prédécesseurs sur papier est qu'on peut facilement intégrer les dessins à un texte et les agrandir, les réduire et les faire pivoter ou même en extraire des parties.

12.8   CRITÈRES DE SÉLECTION D'UN ÉDITEUR GRAPHIQUE

Il importe d'examiner plusieurs facteurs lors de l'achat d'un logiciel en vue d'effectuer un travail graphique. En fait, un logiciel est bon ou pas dans la mesure où il répond aux besoins. Malheureusement, aucun logiciel ne pouvant répondre à tous les besoins, il faut donc établir des priorités et choisir en conséquence. Néanmoins, voici plusieurs aspects importants à considérer lors du choix d'un progiciel d'infographie :

- Fonctions de présentation : replacer des éléments dans le fichier, produire automatiquement le texte du conférencier, convertir la couleur automatiquement en noir et blanc, etc.

- Environnement : versions de MS-DOS, Windows de Microsoft, mémoire requise, fonctionnement avec mémoire élargie (EMS).
- Types de graphiques standard : histogramme, texte, graphiques sectoriels, linéaires, en bâtons, diagramme de Gantt, etc.
- Graphiques scientifiques : analyse de régression, options de numérotation, etc.
- Nombre de façons d'ajuster une courbe à un ensemble de points : ce critère intéressera particulièrement les gens en marketing qui ont, par exemple, à tracer des courbes pour prévoir les tendances et les conséquences d'un changement. Il importe d'examiner la capacité du logiciel à tirer d'un ensemble de données une courbe représentant le plus fidèlement possible les résultats empiriques.
- Caractéristiques des graphiques : en trois dimensions, mise à l'échelle automatique, nombre de symboles, de motifs de remplissage des surfaces, etc. On doit considérer les différentes sortes de lignes que l'on peut tracer et s'assurer que le choix est suffisant. Il est aussi important de savoir si elles sont utilisables simultanément.
- Caractéristiques de traitement de texte : dictionnaire d'orthographe, frappe continue, rotation de texte, justification, etc.
- Carte graphique : CGA, EGA, etc. Lors de l'achat d'un logiciel, il faut vérifier s'il est compatible avec l'équipement. Un point important est la carte graphique : ces cartes sont de différents types et ont des caractéristiques propres les rendant souvent incompatibles entre elles. Il est peu utile de se munir d'un excellent logiciel de dessin en couleurs si on n'a qu'un écran monochrome et une imprimante en noir et blanc !
- Périphériques de sortie : traceurs, imprimantes matricielles, à laser, à jets d'encre, enregistrement sur film et bande vidéo. Les logiciels de dessin spécialisé demandent souvent l'utilisation de matériel dédié (imprimantes couleur, à laser). L'utilisateur doit s'assurer que les imprimantes dont il dispose pourront reproduire le graphique voulu de façon satisfaisante.

FIGURE 12.14
Exemple de rotation de texte

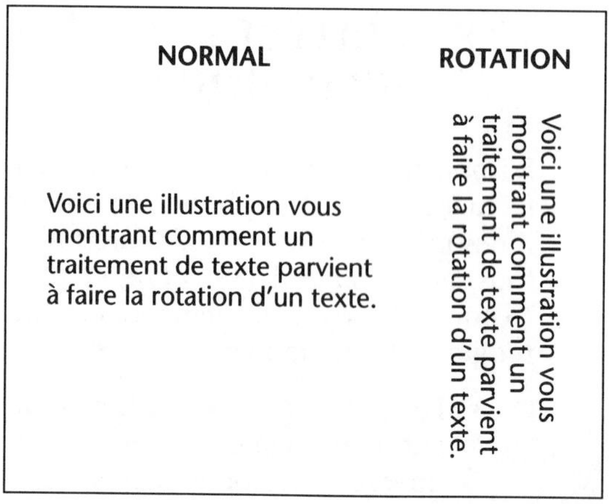
NORMAL
ROTATION
Voici une illustration vous montrant comment un traitement de texte parvient à faire la rotation d'un texte.
Voici une illustration vous montrant comment un traitement de texte parvient à faire la rotation d'un texte.

- Importation et exportation de données : il peut être nécessaire d'avoir recours au logiciel graphique pour représenter par un graphique les données entrées dans un autre logiciel. Les chiffres contenus dans une base de données, par exemple, peuvent servir à l'élaboration des graphiques. Le logiciel d'infographie doit assurer ce transfert. On doit aussi considérer les formats de fichier qu'il peut importer (.WKS ou. WK1, DBF, SYLK, ASCII).

- Importation et exportation de graphiques : il faut vérifier les formats acceptés (.CGM, PostScript, .EPS, .PIC, HPGL, .DXF, .TIF, WMF).

- Caractéristiques typographiques : nombre et type (HP, PostScript, Epson) de polices de caractères.

- Fonction d'aide : certains logiciels d'infographie possèdent une fonction d'aide complète, assistant l'utilisateur en tout temps. Elle devient d'autant plus importante lorsque ce dernier se sert du logiciel de façon occasionnelle, car il peut alors oublier les commandes.

12.9   LA RÉALISATION DE GRAPHIQUES

La réalisation de graphiques comporte plusieurs étapes; nous en décrivons ici les principales.

12.9.1   Création

La création est certes la première étape de la réalisation d'un graphique. Mais la production d'un dessin requiert un support : c'est l'écran. Comme nous l'avons vu au chapitre 4, il existe plusieurs types d'écrans. Le plus courant, l'écran avec tube à rayons cathodiques (CRT), ressemble à celui du téléviseur.

12.9.1.1   Représentation des solides et des demi-tons

De nombreuses opérations sont nécessaires pour représenter des solides. L'ordinateur doit délimiter les frontières d'un objet et identifier, à l'intérieur de ces limites, tous les pixels, dans le cas d'une image en mode point (*bit map*), ou les objets, dans le cas d'une image par objets (*object-oriented*). Ensuite, il adresse ces points ou ces objets pour les représenter par une couleur, un ton ou un motif correspondant au solide.

Ces représentations sont complexes. Les dessins sont rarement faits en deux tons seulement. Les tons peuvent être définis en couleurs différentes ou suivant diverses intensités d'une même couleur (pour les représentations monochromes). Chaque point d'un écran ne peut être que blanc ou noir (pour un écran noir et blanc). C'est exactement la même chose pour l'imprimante : si elle n'utilise que de l'encre noire, comment peut-elle produire le gris ?

Il faut utiliser des techniques qui remplacent une couleur continue par un quasi-équivalent, formé par une proportion donnée de points noirs et de points blancs. Si la moitié des points sont noirs et que les autres sont blancs, et si ces points sont suffisamment rapprochés pour que l'œil ne puisse les distinguer, l'image ainsi créée paraîtra grise. Il est possible de cette façon d'obtenir diverses intensités de gris en faisant varier la proportion des points blancs et noirs.

12.9.2 Édition

L'édition regroupe les différentes manipulations pouvant être effectuées sur les graphiques et les dessins. Il est possible de modifier les graphiques et les dessins originaux de multiples façons afin de créer des effets différents ou encore de nouveaux dessins.

12.9.2.1 Rotation d'images

La rotation d'images permet de prendre une section d'un dessin et de la positionner différemment. Elle peut être redessinée en angle par rapport à sa position originale (ou même complètement à l'envers). On peut vouloir écrire des en-têtes en diagonale plutôt qu'à la verticale pour en faciliter la lecture.

12.9.2.2 Mise à l'échelle

La mise à l'échelle permet d'agrandir ou de rapetisser une image. On peut ainsi grossir une image donnée ou un titre pour un texte. Ces mises à l'échelle sont aussi utiles pour les dessins de précision. Il est difficile de voir et de dessiner de fins détails sur un petit dessin. Avec la mise à l'échelle, on peut travailler sur un

**FIGURE 12.15
Modification
de l'image**

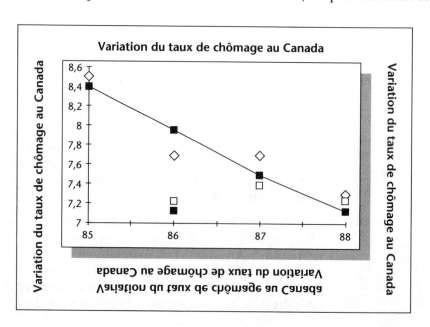

dessin agrandi où il est facile de voir les moindres détails, et ensuite le réduire à la taille voulue.

12.9.2.3 Coupure et collage d'images

La coupure permet de délimiter une section d'une image pour l'effacer ou la déplacer (collage). Cette fonction est semblable à celle que l'on utilise en traitement de texte : on définit un bloc que l'on déplace, copie ou efface. Pour illustrer ce concept, songeons aux cartes routières. Souvent, on agrandit les cartes des villes pour mieux montrer les rues et autres détails, et on insère cette version «agrandie» de la ville ailleurs sur la carte. On a donc délimité une partie de la carte (bloc), reproduit (copie ou collage) cette partie ailleurs sur la carte où on l'a agrandie (mise à une autre échelle).

12.9.3 Reproduction et impression couleur

La reproduction est la raison d'être des graphiques. Celle-ci peut se limiter à une création à l'écran, mais habituellement cette création est destinée à être imprimée ou à être transférée sur un autre support (un film, par exemple). Suivant l'équipement dont on dispose, les dessins peuvent être imprimés en couleurs.

FIGURE 12.16
Agrandissement
de l'image

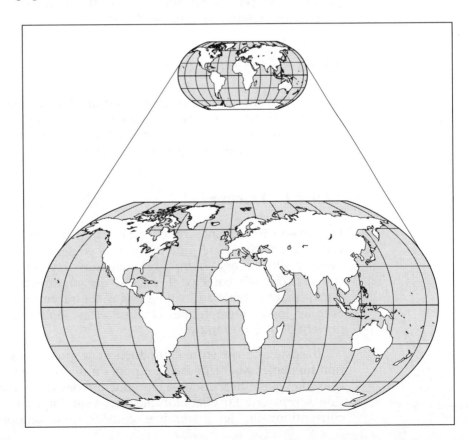

Toutefois, si l'utilisation de la couleur sur l'écran est relativement simple (au moyen des trois rayons cathodiques), la reproduction d'une image couleur sur papier est nettement plus complexe. Il existe différentes méthodes pour imprimer en couleurs :

12.9.3.1   Ruban à plusieurs couleurs

Il est possible d'imprimer en couleurs à l'aide d'une imprimante à matrice et d'un ruban à plusieurs couleurs. Ce mode d'impression consiste simplement à faire passer plusieurs fois la tête d'impression sur la même ligne, une couleur différente étant imprimée chaque fois grâce au ruban qui contient chacune des couleurs désirées côte à côte. Toutefois, une impression en 4 couleurs prend de 6 à 7 fois plus de temps qu'une impression standard en noir et blanc.

Un autre désavantage de cette méthode est le fait que les couleurs deviennent ternes dès que le ruban est un peu usé.

12.9.3.2   Jets d'encre

L'imprimante à jets d'encre permet d'envoyer sur le papier des gouttelettes d'encre de la couleur désirée. Elle est plus rapide que l'imprimante à matrice et peu bruyante. Les résultats sont bons. Toutefois, les imprimantes à jets d'encre de couleur sont relativement dispendieuses.

12.9.3.3   Transfert thermique

La technique du transfert thermique donne des résultats satisfaisants. Les imprimantes de ce type sont peu dispendieuses, mais les rubans de couleur sont chers et ne durent pas longtemps. Cette méthode convient surtout à la personne qui imprime en couleurs de façon très irrégulière.

12.9.3.4   Traceur

La meilleure imprimante couleur est en fait le traceur à plumes de couleur. Le traceur permet d'imprimer une infinité de couleurs et donne des résultats nettement meilleurs que n'importe quel autre système. Malheureusement, ces traceurs sont très coûteux et, à cause de leur structure, ne peuvent pas servir d'imprimante à texte ordinaire. De plus, les traceurs sont souvent incompatibles avec les logiciels graphiques courants. Des applications spécialement dédiées doivent donc être employées.

Il existe un fossé entre la production de graphiques à l'écran et la reproduction sur papier. Malheureusement pour l'utilisateur, la technologie des écrans est beaucoup plus efficace pour la reproduction des graphiques que celle de l'impression sur papier. En effet, lorsque l'on veut imprimer, avec une imprimante conventionnelle, les graphiques couleur impressionnants qu'affiche l'écran cathodique, on se retrouve face à une décevante version en noir et blanc. Même les imprimantes couleur sont loin de produire des dessins comparables à ceux affichés à l'écran. Il faut dire que certains écrans sont en mesure d'afficher jusqu'à 4096 couleurs! Il est impossible de trouver une imprimante offrant de telles capacités. Si on veut obtenir un beau dessin, la seule méthode qui soit réellement efficace est la reproduction sur film. Malheureusement, le matériel et les coûts que cette technique implique en limitent l'usage à quelques spécialistes seulement.

12.10 LA GESTION DE L'INFOGRAPHIE

Qui doit gérer l'infographie? Il existe trois catégories d'intervenants : le cadre utilisateur, l'analyste en information (informaticien) et l'artiste graphiste. Par gestion il faut entendre ici la conception et la réalisation des graphiques, excluant les graphiques analytiques, c'est-à-dire ceux qui sont produits exclusivement pour être interprétés par l'utilisateur. Dès que cet usage de l'infographie est dépassé se pose la question : «Qui est apte à produire des graphiques qui véhiculeront efficacement et honnêtement des messages graphiques à un auditoire?» L'auditoire peut être un cadre supérieur, le conseil d'administration, les actionnaires, les bailleurs de fonds ou même le grand public. La présentation peut viser l'approbation d'une demande budgétaire ou d'une campagne publicitaire, l'implantation d'une machine, le lancement d'un nouveau produit, etc.

12.10.1 Le cadre

C'est évidemment le cadre qui connaît le mieux le message qu'il veut transmettre et qui est responsable du succès de l'opération. On peut comparer le recours aux graphiques à un discours important. Dans les deux cas, le cadre pourra utiliser les conseils d'un spécialiste, interne ou externe à l'entreprise, mais c'est évidemment lui qui est responsable du contenu du message puisqu'il est responsable du succès de l'entreprise. Par contre, peut-il investir le temps nécessaire à la conception et à la réalisation des graphiques appropriés? On peut présumer que, plus il occupe une position élevée dans la hiérarchie, moins il en a le temps.

12.10.2 L'analyste en information

On peut dire que l'analyste en information est sûrement celui qui connaîtra le mieux l'équipement physique et logique de l'infographie. Par contre, que connaît-il de l'art et de la science de la communication graphique?

12.10.3 L'artiste

L'artiste «classique» ne connaît pas le fonctionnement de la partie informatique, physique et logique de l'infographie. S'il est un utilisateur averti de l'informatique, les solutions sont plus simples. Il est difficile de concevoir qu'un artiste graphiste, sauf s'il est à la veille de la retraite, refuse d'apprendre à utiliser un logiciel graphique. Mais il ne faut pas oublier que, si l'infographie élimine pinceaux, peinture, etc., elle n'élimine pas la nécessité d'appliquer les principes de la conception graphique.

12.10.4   Les préalables

La conception de présentations graphiques s'appuie sur certaines décisions :

- choix du support adéquat : acétate, diapositive, papier, etc.;

- choix du format approprié : carte, graphique sectoriel, histogramme, etc.;

- choix des couleurs, de la disposition, etc.;

- choix de normes de présentation visant à assurer l'uniformité des graphiques.

À défaut d'une expertise interne à l'entreprise, il est possible d'avoir recours à une agence externe qui établira les normes de présentation courantes et qui réalisera les graphiques exigeant une habileté exceptionnelle.

12.10.5   L'infographie dans la pratique

Qu'en est-il de l'infographie dans la pratique? Lehman, Wetering et Vogel, ont recueilli des données sur 200 entreprises américaines en 1984. Les répondants étaient les cadres des services informatiques. L'étude décrit les principales différences de pratique d'utilisation de l'infographie entre ceux utilisant un ordinateur central (*main-frame*) et ceux utilisant des micro-ordinateurs. L'article ne contient pas de données sur tous les aspects de la solution intégrale de Blake Ives, mais les résultats appuient sa position et confirment que la formation et le soutien que les analystes en information peuvent fournir sont nécessaires aux utilisateurs.

Il ressort de l'étude que les utilisateurs de micro-ordinateurs étaient plus satisfaits lorsque certains services spécialisés centralisés leur étaient offerts. Les usagers de services fournis par un ordinateur central étaient plus satisfaits lorsqu'une formation leur était donnée. Par ailleurs, les deux groupes, soit les utilisateurs de micro-ordinateurs et les usagers d'ordinateurs centraux, étaient plus satisfaits lorsque de l'aide à la conception était mise à leur disposition (*development assistance available*).

Les auteurs terminent avec les recommandations suivantes :

Dans les cas où on utilise exclusivement des micro-ordinateurs en infographie, il est important de fournir de l'aide à l'utilisateur. Dans les cas où on utilise seulement de gros ordinateurs, les aspects importants sont la sélection des progiciels, leur installation dans autant de postes de travail que possible, l'appui du service central d'informatique et l'intégration avec les autres systèmes[1].

---

1. J. Lehman, J. A. Van Wetering et D. Vogel. «Mainframe and microcomputer based business graphics : What satisfies users?».

Deux ans plus tard, Lehman, Murthy et Samba[2] ont étudié de nouveau les entreprises pour y relever les changements. Voici quelques résultats de cette étude.

12.10.5.1 L'équipement

En ce qui concerne l'équipement graphique, ce sont les ordinateurs personnels équipés de périphériques graphiques qui se sont répandus le plus; leurs ventes ont presque triplé. Parallèlement, la mise au point de progiciels conçus pour les ordinateurs personnels s'est considérablement accrue, tandis que la conception de progiciels pour les ordinateurs centraux est demeurée stable.

12.10.5.2 La centralisation

Auparavant, les systèmes d'infographie centralisés servaient exclusivement les services informatiques centraux, alors que désormais l'infographie semble être plus intégrée dans le réseau informationnel des entreprises; on trouve à présent peu d'entreprises où l'infographie existe seulement sur gros ordinateurs ou seulement sur ordinateurs personnels.

12.10.5.3 La demande

La principale source de demande pour les services d'infographie est constituée par les utilisateurs finaux. Viennent ensuite la haute direction, les services informatiques et les services graphiques. Quant à l'usage fait par service, ce sont, dans l'ordre, les services informatiques, le marketing, la recherche et le développement, la planification et les finances (à égalité) qui constituent les usagers les plus importants de l'infographie.

12.10.5.4 Les applications

À quoi sert l'infographie? Quelles en sont les principales applications? En fait, on lui reconnaît deux fins principales : elle sert à appuyer des rapports écrits et à prendre des décisions. À cette dernière fin cependant, l'infographie est proportionnellement moins utilisée maintenant qu'en 1984. Cette constatation appuie d'autres recherches selon lesquelles l'infographie n'est pas aussi utile à la prise de décision qu'on le croyait, mais qu'elle sert surtout à la persuasion et dans d'autres formes de communication. Par ailleurs, on y a recours moins souvent qu'en 1984 pour les communications informelles.

12.10.5.5 La responsabilité

Quant à la responsabilité organisationnelle de l'infographie, celle-ci continue d'être diffuse dans l'entreprise, mais la section des arts graphiques semble y jouer un plus grand rôle qu'en 1984.

---

2. J. Lehman, A. Murthy et V. Samba. « Business graphics trends, two years later ».

12.10.5.6   Les entraves

Quels sont les empêchements à une plus grande utilisation de l'infographie? On en relève deux principaux : d'abord, un manque de connaissance de l'infographie; ensuite, un manque d'intégration aux bases de données de l'entreprise.

12.10.5.7   Recommandations

Pour favoriser une plus grande utilisation de l'infographie, les auteurs proposent un soutien plus grand et un plus grand accès aux équipements et aux données.

12.11   CONCLUSION

12.11.1   L'avenir de l'infographie

Les récentes innovations technologiques ont entraîné une notable augmentation de la puissance des ordinateurs. Comme les applications graphiques requièrent des traitements importants, elles sont de grandes consommatrices de puissance. Or l'augmentation des performances accroît d'autant les capacités sur le plan du dessin. On assiste aussi à un perfectionnement des moyens offerts : lecteurs optiques plus précis, imprimantes plus performantes, techniques spécialisées pour la couleur, etc. On peut donc prévoir que la production de matériel graphique sera plus facile et moins coûteuse à l'avenir. Enfin, la popularité de l'infographie relevée au cours des dernières années devrait continuer de grandir, surtout si les vendeurs se préoccupent davantage de présenter des progiciels conviviaux.

12.11.2   Intégration avec d'autres logiciels

La plus grande production de graphiques ne passe pas nécessairement par une utilisation accrue de logiciels graphiques. Même si on remarque un net accroissement des possibilités offertes par ceux-ci, particulièrement dans les domaines techniques, il est fort probable que la croissance passe surtout par l'intégration de fonctions graphiques à d'autres logiciels. Cette tendance est évidente dans les logiciels de traitement de texte et les tableurs; déjà, les dernières versions contiennent certaines fonctions graphiques.

Plusieurs souhaitent, à des fins de présentation, pouvoir intégrer tous les outils : textes, éléments de base de données, extraits de tableur se retrouveraient sur une même page et feraient partie d'un même travail. De telles applications existent mais sont encore limitées, demandent beaucoup de travail et ne sont assurées que par des logiciels haut de gamme. Une démocratisation de cette intégration permettra une utilisation réellement efficace des graphiques. Une meilleure formation des utilisateurs en ce qui a trait aux graphiques, conséquemment à une plus forte utilisation, augmentera aussi leur sens critique. Nous pouvons donc prévoir un accroissement de la qualité tout comme de la quantité dans l'utilisation des graphiques.

12.11.3   Des logiciels conviviaux

Robert Johnson, dans son article intitulé «Pretty, but dumb?», analyse les progiciels sur le marché au début des années 90.

Selon lui, les concepteurs de progiciels d'infographie ont trop centré leur attention sur les utilisateurs experts et sur la compétition et, par conséquent, ont consacré énormément d'efforts à augmenter les capacités des logiciels. Cela s'est fait au détriment de la majorité des utilisateurs qui sont des utilisateurs occasionnels. Il importe donc, dit-il, d'élaborer des progiciels plus intelligents, conviviaux, faciles à utiliser sur le plan du graphisme. Johnson recommande d'intégrer au progiciel les valeurs par défaut qui répondent aux besoins courants de l'utilisateur occasionnel quant à la production de graphiques corrects, mais tout en permettant à l'expert de modifier ces valeurs par défaut. On pourrait établir un parallèle avec les logiciels de traitement de texte que peuvent utiliser des débutants en faisant appel aux fonctions de base du logiciel mais qui, également, permettent à l'utilisateur expert de faire du publipostage, de créer des macro-instructions, de construire des graphiques simples et d'en récupérer d'autres dans des fichiers supplémentaires.

L'insertion de valeurs par défaut ferait épargner beaucoup de temps à l'utilisateur novice qui, généralement, doit travailler dans des délais serrés. Un tel logiciel présenterait les caractéristiques suivantes :

- Il proposerait un type de graphique (en bâtons, sectoriel, etc.) selon la nature des données. Cela est possible, car la plupart des données sont tirées des tableurs.

- Il permettrait, grâce à un système expert incorporé, à l'utilisateur de décrire le type d'auditoire visé et le logiciel proposerait la fonte appropriée, ou encore les aspects à mettre en évidence et une séquence à suivre dans le but d'atteindre des objectifs précis. Par exemple, s'il s'agit de comptables, il proposerait la fonte la plus utilisée dans les rapports annuels. Au moment de l'installation du logiciel, l'utilisateur indiquerait les couleurs de l'entreprise. Ces couleurs serviraient à créer des combinaisons d'autres couleurs compatibles avec celles que l'utilisateur emploie dans ses dessins.

- Il établirait des liens avec les cases appropriées du tableur utilisé de façon à mettre à jour le graphique lors de changements dans les cases.

12.12   QUESTIONS

1. Quelle est l'utilité des graphiques ?

2. Quelle est la principale fonction des graphiques ?

3. Nommez cinq types de graphiques et donnez la fonction particulière de chacun.

4. Nommez deux outils servant à la réalisation de graphiques sur ordinateur.

5. Relevez différents services d'une organisation (quatre au moins) et les diverses utilisations de graphiques que chacun peut faire.

6. Donnez les principales caractéristiques d'un bon graphique.

7. Qu'est-ce qu'un éditeur graphique?

8. Quelles sont les principales catégories d'éditeurs graphiques et les différences majeures entre chacun? Nommez un logiciel de chaque catégorie.

9. Quels sont les principaux critères de choix lors de l'acquisition d'un éditeur graphique?

10. Décrivez les grandes étapes de la réalisation d'un graphique.

11. Quel est l'avenir de l'infographie?

12.13 BIBLIOGRAPHIE

CAMIRÉ, Serge. «Conception et dessin assistés par ordinateur. Vos dessins font-ils bonne impression?», *Micro-Gazette*, octobre 1989, p. 6-13.

DOLOGITE, D. G. et R. J. MOCKLER. *Using Computers*, 2e éd., Prentice-Hall of Canada, 1989.

GANDOSSI, Alain. «Le bon usage des graphiques», *ORDI Magazine*, février 1985, p. 71-74.

GRAUER, R. T. et p. K. SUGRUE. *Microcomputer Applications*, McGraw-Hill Éditeurs, 1987.

IVES, Blake. «Graphical user interfaces for business information systems», *MIS Quarterly*, numéro spécial, décembre 1982, p. 15-48.

JANTZ, R. «Business graphics roundup», *PC World*, juillet 1988, p. 168-175.

JOHNSON, Robert. «Pretty, but dumb?», *PC Magazine*, 17 octobre 1990, p. 98.

LEHMAN, John, Jay A. Van WETERING et Doug VOGEL. «Mainframe and micro-computer-based business graphics : What satisfies users?», *Information & Management*, vol. 10, 1986, p. 133-140.

LEHMAN, J., A. MURTHY et V. SAMBA. «Business graphics trends, two years later», *Information & Management*, vol. 16, 1989.

NEWEL, A. et H. A. SIMON. *Human Problem Solving*, Prentice-Hall of Canada, 1972.

NEWMAN, William M. *Designing Integrated Systems for the Office Environment*, McGraw-Hill Ryerson, 1987.

RASKIN, Robin. «PC-based clip art, instant images», *PC Magazine*, 17 octobre 1989, p. 149-227.

RASKIN, Robin. «MACLUST», *PC Magazine*, 17 octobre 1990, p. 104.

SANDERS, D. H. *Computer Concepts and Applications*, McGraw-Hill Ryerson, 1987.

SCOVILLE, Richard. «Ten graphs (and how to use them)», *PC World*, septembre 1988, p. 216-219.

TUFTE, Edward. *The Visual Display of Quantitative Information*, Graphics Press, 1983.

VERITY, John W. «Graphically speaking with Dr. Edward R. Tufte», *Datamation*, vol. 31, n° 7, 1985, p. 88-90.

La bureautique

13.0 OBJECTIFS

1. Définir le concept de bureautique.

2. Définir le concept d'informatique.

3. Définir l'encadrement du bureau moderne.

4. Décrire les technologies qui permettent d'automatiser le travail de bureau.

5. Connaître les moyens d'intégrer les technologies bureautiques.

6. Connaître l'importance de la bureautique comme soutien à la gestion.

13.1 INTRODUCTION

Le champ de la bureautique s'élargit au fur et à mesure que se diversifient les applications technologiques et que s'étendent les secteurs de leur mise en œuvre.

L'entrée de l'automation dans ce vaste champ d'activité qu'est devenu le secteur tertiaire s'est, jusqu'à présent, faite dans deux directions parallèles : d'une part, les formes les plus anciennes de l'automatisme ont pris en charge la production et la reproduction des textes et, d'autre part, depuis la fin des années 50, les progrès technologiques ont permis le développement de l'information de gestion. De là viennent des distinctions, au moins usuelles, dans les définitions appliquées aux différentes «tiques» tertiaires : à l'informatique de gestion, le traitement des données numériques; à la bureautique, le traitement des informations orales, écrites et graphiques. Prolongées par les effets de la technologie des réseaux de télécommunication, l'informatique et la bureautique deviennent «télématique».

13.2 BUREAUTIQUE OU INFORMATIQUE

La décennie 80 a été celle de la diffusion fulgurante de la micro-informatique. Plus qu'un phénomène institutionnel, la micro-informatique est devenue un phénomène de société. Quel est alors l'avenir de l'informatique centrale? Même si l'histoire de l'informatique est jeune, elle nous enseigne cependant que chaque nouvelle technologie a une durée de vie de cinq ans, bien qu'elle apparaisse souvent comme LA solution au moment de sa sortie. Le rythme de l'évolution de l'informatique rend la profession particulièrement stressante. En outre, l'expansion de la micro-informatique fait partager ce stress à de plus en plus d'utilisateurs.

La micro-informatique a parfois été perçue comme un phénomène révolutionnaire, comme si elle signalait la fin de l'informatique centrale, souvent vue comme inaccessible et despotique. Peut-on mettre de l'ordre dans tout cela, et devrait-on s'en préoccuper? Après tout, si le micro-ordinateur est devenu un article de consommation, ne doit-on pas, dans une institution, laisser simplement jouer les lois du marché? Notre avis est que cela est risqué. En effet, la micro-informatique représente désormais la plus grosse part de l'investissement autre qu'immobilier dans les entreprises non manufacturières. D'autre part, l'acquisition de l'appareil de base ne constitue souvent que la pointe de l'iceberg : il y a l'entretien, le logiciel, la formation. Enfin, la place de l'informatique est de plus en plus stratégique dans l'entreprise, et la micro-informatique représente maintenant la plus grosse partie de la puissance installée.

Selon nous, il y aura toujours dans l'entreprise des systèmes, probablement centralisés, dont la gestion sera confiée à des spécialistes. Cela parce que ces systèmes sont lourds et interreliés et qu'ils exigent des opérations de soutien complexes. Les systèmes locaux continueront de se multiplier et de prendre en charge des progiciels standard. Entre les deux, on devrait rencontrer de plus en plus d'applications départementales, résidant sur des serveurs locaux. Ces applications pourront être partagées par les utilisateurs d'une unité administrative, ou par quelques utilisateurs dans plusieurs unités. Ce qui a souvent empêché ces systèmes distribués de quitter l'ordinateur central, c'est leur lien avec d'autres bases de données et la présence d'un réseau de communication centralisant tous les accès vers ce dernier.

Tous les systèmes locaux et distribués devront donc bientôt pouvoir communiquer entre eux, indépendamment des systèmes centraux, pour poursuivre leur évolution. Cette possibilité donnera à son tour naissance à de nouvelles applications, le courrier électronique par exemple. Au chapitre de l'organisation humaine, on rencontre un peu les mêmes questions; puisque l'informatique est devenue si simple, pourquoi ne pas mettre au point localement toutes les applications dont on a besoin?

Il est exact que les outils de développement sont maintenant beaucoup plus accessibles. Les projets qui, autrefois, demandaient l'intervention d'un programmeur sont aujourd'hui aisément réalisables par l'utilisateur. Il est cependant beaucoup plus difficile de réaliser une application mettant en jeu des dizaines de variables et plus d'un utilisateur, sans s'y consacrer à plein temps et devenir soi-même informaticien.

Nous pensons qu'ici aussi le modèle de l'avenir n'est pas machinéen. Certaines applications seront élaborées localement, d'autres avec de l'aide externe, d'autres enfin par une équipe centrale spécialisée. Le défi sera plutôt de s'assurer que toutes ces applications puissent «cohabiter» et suivre l'évolution des besoins des utilisateurs.

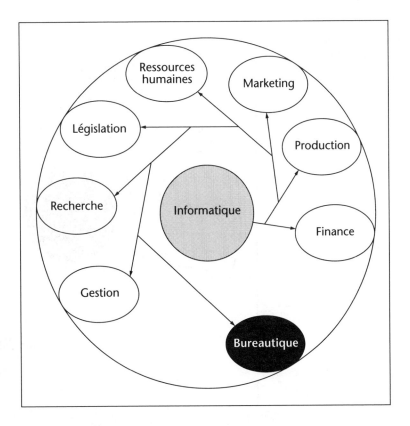

FIGURE 13.1
L'informatique et
son contexte

13.2.1 Qu'est-ce que l'informatique ?

L'informatique traditionnelle se définit comme un système regroupant toutes les informations et opérations, permettant ainsi de centraliser la gestion de l'information.

13.2.2 Qu'est-ce que la bureautique ?

La bureautique est toute activité qui concerne le travail de bureau accompli avec l'aide d'une instrumentation informatique, de façon à faciliter la diffusion de l'information. Il existe une autre définition de la bureautique, un peu plus complexe :

> La bureautique désigne l'assistance aux travaux de bureau procurée par des moyens et des procédures faisant appel aux techniques de l'électronique, de l'informatique, des télécommunications et de l'organisation administrative. Plus généralement, on peut dire que la bureautique intéresse le «système individuel d'information» de toute personne exerçant une activité de bureau, sans exiger d'elle d'autres connaissances que celles de son savoir-faire professionnel[1].

---

1. De Blasis, cité dans *Guide méthodologique d'implantation de la bureautique*, Gouvernement du Québec.

FIGURE 13.2
La bureautique et
son contexte

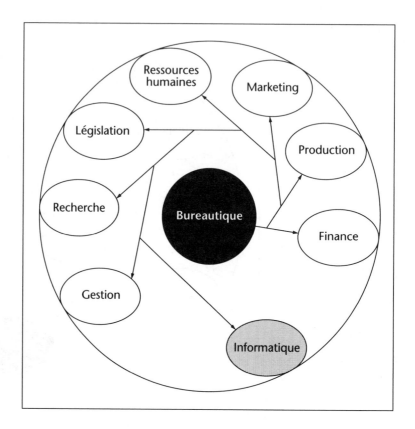

Le néologisme «bureautique» vient d'un effort pour traduire l'expression *office automation* en préservant la richessse et la complexité du concept auquel ni «automatisation du bureau» ni «bureau du futur» ne parvenaient à rendre justice.

Par leur vaste auditoire, les congrès de l'INRIA, de l'AFCET et du SICOB allaient privilégier ce terme, tout comme le prestigieux rapport de Nora et Minc qui l'endossaient dès 1978, avant que le journal officiel ne l'adopte définitivement en 1982.

L'intérêt pour la bureautique n'est pas né du hasard, mais de préoccupations économiques et sociales qui se sont manifestées dans un contexte où l'économie évolue vers des activités tertiaires, où l'on constate la faible productivité des bureaux, où la concurrence internationale se fait farouche, où l'on reconnaît l'aliénation de travailleurs par des tâches monotones et répétitives et où existe une technologie adaptée.

Pour définir la bureautique, on peut recourir soit à son objet, sa méthode et ses outils, son domaine d'application et ses objectifs, soit aux disciplines où elle intègre les acquis.

La bureautique se définit souvent par son domaine d'application. Pour Nora et Minc, ce serait : «la gestion de messages formels et de textes dans les organisations, sans analyse ni traitement de leur contenu». Cette vision a le mérite de préciser la nature logistique de la bureautique, destinée à soutenir les travaux de bureau, comme moyen d'améliorer l'information individuelle et collective dans le bureau et son environnement. Le désavantage de cette définition tient à son étroitesse qui restreint la bureautique à un «traitement automatique des informations non numériques, c'est-à-dire des textes» et limite ainsi son champ d'application. Ainsi définie, la bureautique ne permettrait donc pas de répondre aux besoins potentiels des utilisateurs.

On masque aussi la vocation plus large de la bureautique quand on la définit comme «l'ensemble des techniques et des procédés visant à faire exécuter, par des équipements, toutes ou en partie, les tâches de bureau». En effet, la bureautique s'inspire d'une conception structurée de l'information sans support papier auquel elle vise à substituer un ensemble de supports électroniques, qui justifierait l'expression *office of the futur*, soit un ensemble de :

moyens plus rapides et mieux contrôlables de communication (messagerie et téléconférence), de stockage (bases de classement et d'archivage) et d'élaboration de l'information, éditeur et chaîne de production de documents. De plus on retrouvera des outils personnalisés d'aide à la prise de décision et de gestion de l'information (agenda, calcul[2]).

Ces moyens permettent au personnel de secrétariat de produire, d'emmagasiner, de communiquer et de consulter l'information aux fins de la prise de décision courante.

Même si le papier est considéré comme l'ennemi de la productivité, la bureautique ne vise pas l'élimination complète de celui-ci : elle cherche plutôt à éviter les transcriptions inutiles, les accumulations, les goulots incontrôlables. Le papier n'est souvent qu'un symptôme de l'inefficacité d'un processus de traitement et de communication de l'information. Cette optique prime dans la mesure où le véritable objectif est d'assister et d'aider le spécialiste et la direction dans les tâches non structurées et dans les interactions avec les réseaux de communication.

En somme, la notion de bureautique s'entend, dans son sens étroit, comme la technique de l'édition de textes sur machine électronique et, dans son sens large, comme la science de la gestion de l'information. Par gestion, on entend notamment la planification, l'organisation, le contrôle des opérations relatives à l'information dans un contexte systémique.

Le principal avantage de l'automation est d'aider le personnel de gestion dans ses activités, puisque les plus grandes économies se réaliseront avec celui-ci. Ces activités consistent à communiquer, rassembler, retrouver, analyser, organiser, transformer, générer, modifier et emmagasiner l'information. La bureautique suppose l'apprentissage d'une conception neuve et efficace de la gestion, aux répercussions exceptionnelles. S'agit-il d'une évolution ou d'une révolution quand il est question d'un changement quantitatif et qualitatif des conditions de travail, d'une substitution ultrarapide?

Le rythme de cette «évolution» est modulé par certains facteurs de diffusion, notamment les pressions des vendeurs excités par l'existence d'un marché engendré par l'accroissement des coûts de gestion, la disponibilité de moyens de communication à bon marché fortement marqués par la concurrence et, enfin,

---

2. Naffah, *Le projet Kayak*.

la recherche de débouchés hors du traitement traditionnel des données dans l'industrie informatique.

Le coût des équipements et la structure industrielle freinent à court terme cette évolution alors que la vitesse d'absorption des technologies et le besoin de formation et d'adaptation du personnel constituent un problème chronique. Les forces sociales, notamment la résistance causée par la peur du chômage, de l'isolement humain et de l'aliénation, freinent aussi cette diffusion. À cette meilleure productivité, à cette coordination améliorée, certains ajoutent un plus grand intérêt au travail en raison de cette restructuration, alors que d'autres rappellent les défauts de la production industrielle, ce qui affecte par rétroaction la performance de la main-d'œuvre.

Les objectifs de la bureautique varient selon la perspective étroite de l'augmentation de la productivité de la dactylographie par rapport à celle, plus enviable, du partage des avantages du progrès technologique. Il s'agit donc de libérer le travailleur de bureau du fardeau des tâches répétitives et de permettre au potentiel humain de se réaliser, ce qui ne saurait se faire que si l'individu est assigné à des tâches nécessitant jugement, initiative et intercommunication. On cherche donc à créer les liens nécessaires pour mettre tous les travailleurs en contact direct avec l'information.

La bureautique s'intéresse donc autant aux aspects ergonomiques que psychologiques du travail. Comme la bureautique fait maintenant partie intégrante du travail de bureau, elle doit, dans son approche, privilégier l'individu. D'ailleurs, toute machine n'est-elle pas utile que dans la mesure où la personne sait s'en servir et accepte de le faire?

13.3 LA BUREAUTIQUE, UNE SCIENCE JEUNE

La plupart des gens associent la bureautique d'abord aux appareils de traitement de texte, puis aux micro-ordinateurs; ensuite, on l'associe aux télécommunications. La bureautique est tout cela, mais elle comprend également les éléments du système, c'est-à-dire la gestion de l'information et la réorganisation de l'entreprise en fonction de l'utilisation des nouveaux outils automatisés.

En réalité, plusieurs personnes ne savent pas très bien ce qu'est la bureautique ni à quoi elle sert, ignorance qui est tout à fait normale, car il s'agit d'une science très jeune. Cependant, cette science repose sur un besoin réel; son but premier est d'accroître la productivité des groupes de travail. Ainsi, alors que l'informatique traditionnelle augmente la productivité de l'entreprise et la micro-informatique, celle de l'individu, la bureautique améliore l'efficacité d'un groupe (bureau, division, service).

On ne sait cependant pas encore très bien quelles sont les fonctions de l'entreprise qu'il est bon de «bureautiser». Comme dans le cadre des autres technologies nouvelles, on en est aux balbutiements : des théories sont proposées et ensuite expérimentées dans l'implantation. Il faudra une longue expérimentation sur le terrain avant qu'il soit possible de vraiment systématiser la bureautique.

Au moment de l'avènement de l'informatique, les gestionnaires ont dû avoir recours aux services de spécialistes en la matière. L'informatique était alors une science jalousement gardée par les experts. Avec l'évolution de la technologie, la bureautique a redonné confiance aux gestionnaires. Ceux-ci ont maintenant le choix de la gestion de leur information, de leurs décisions de gestion, et peuvent fournir un meilleur rendement personnel.

13.4   VERS L'INTÉGRATION DE LA BUREAUTIQUE

13.4.1   Le poste de travail

L'intégration des applications de la bureautique en est encore à l'étape des perspectives d'avenir dont la réalisation exigera des investissements considérables et d'énormes progrès dans les logiciels d'exploitation. L'intégration se fera à plusieurs niveaux : le poste de travail, l'entreprise, la région et le pays.

L'intégration en est encore au stade expérimental et a été l'objet d'une expérience au Québec, chez Bell Canada. L'objectif du projet était de permettre le travail aussi bien sur des textes ou des données numériques que sur des graphiques ou d'après la voix, avec des possibilités importantes de traitement et de stockage locaux d'informations. Il s'agissait d'un poste de travail individuel, dont les différents éléments sont adaptés aux besoins de l'utilisateur selon la fonction qu'il exerce, et pouvant être connecté à l'intérieur comme à l'extérieur de l'entreprise.

13.4.2   Qu'est-ce qu'un bureau?

Le bureau est une unité fonctionnelle de traitement de l'information et une subdivision de l'organisation; il se définit comme un lieu de travail, de décisions et un réseau de communication caractérisé par :

- un lieu physique;
- un but commun;
- des acteurs aux fonctions distinctes;
- un processus spécifique encadré.

13.4.2.1   Un lieu physique

Le lieu physique permet de désigner le bureau dans les communications tant écrites que verbales ou électroniques; il s'agit d'un ou plusieurs locaux meublés de façon fonctionnelle comprenant des tables de travail, des classeurs, des comptoirs de communication ainsi que des appareils. Le personnel s'y rassemble selon un scénario répété et déterminé par un horaire fixe ou flexible.

13.4.2.2   Un but commun

Les objectifs communs d'un bureau déterminent son envergure et sa fonction. Un bureau type peut être un siège social ou un de ses services administratifs (la comptabilité) ou l'une de ses subdivisions (les comptes clients). L'objectif et le processus d'un bureau varient selon sa fonction (comme la comptabilité), son envergure, son volume de tâches (facturation, recouvrement), sa complexité (recherche et développement), la dispersion de l'organisation (par produit, par région), la nature de sa tâche (planification, contrôle, etc.), son type (*line/staff*) et sa position dans l'organigramme de l'organisation.

13.4.2.3   Des acteurs aux fonctions distinctes

Les travailleurs d'un bureau peuvent être nommés à une même tâche supervisée, constituer une équipe multifonctionnelle ou monofonctionnelle hiérarchisée (par exemple, chargé de projet, ingénieur, technicien), structurée ou non en projets (organisation matricielle). Parmi les travailleurs, on retrouve les gestionnaires du conseil d'administration, les superviseurs, les commis, les secrétaires particuliers ou regroupés, les spécialistes et les techniciens.

13.4.2.4   Un processus spécifique encadré

Le travail de bureau s'accommode mal de la rigueur d'une définition formelle, notamment à cause de la marge de manœuvre qui lui est nécessaire. Le personnel y utilise ses connaissances spécifiques acquises par la formation, par l'expérience ou par des échanges directs. Les bureaux sont des entités interdépendantes des autres bureaux (internes et externes) et des sources d'information. On y traite l'information selon des procédures constituées de tâches ordonnées qui regroupent diverses activités nécessitant des ressources.

13.4.3   Les objectifs du bureau

Les principaux objectifs du bureau sont les suivants :

- Administrer les affaires par un ensemble d'activités généralement structurées et répétitives, par exemple comptabiliser les comptes clients, les comptes fournisseurs, les paies et les stocks, organiser les réunions, gérer l'information. Normalement, ces activités sont décrites dans des cahiers de méthodes administratives.

- Aider à la prise de décision en résumant l'information pour la direction, activité généralement non répétitive. Avec l'informatisation de l'information, le problème du gestionnaire n'est plus de recueillir les données, mais plutôt de sélectionner parmi les informations qui lui arrivent celles qui lui sont utiles pour la prise de décision.

- Communiquer un grand nombre de renseignements, traiter l'information et améliorer considérablement la circulation de celle-ci à l'intérieur et à l'extérieur de l'entreprise.

Aussi, selon IBM, pour bien planifier, organiser, diriger et contrôler l'information dans toutes les fonctions de l'entreprise, il convient de créer un nouveau service au niveau de l'administration. Ce nouveau service, dit bureautique, pourra, pour le bénéfice de tous les utilisateurs, définir les besoins, établir les priorités, préparer des justifications financières, élaborer des stratégies, organiser des essais, etc.

La figure ci-dessous présente un organigramme centré sur la fonction information. On y retrouve le service bureautique et ses diverses fonctions administratives, dans une structure horizontale fonctionnelle.

13.4.4 La nature de l'information traitée

Le document, qui se définit comme un ensemble organisé d'informations conçu pour transmettre un message, constitue l'unité de base de l'information dans le

**FIGURE 13.3
La fonction
information
dans l'entreprise**

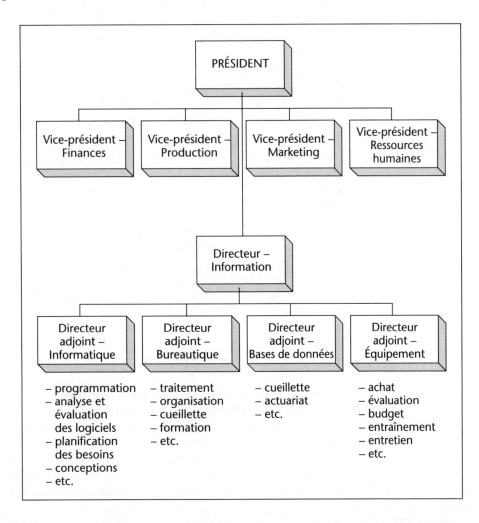

bureau. Il est généralement conservé sur papier. S'il est utilisable, le document devient une ressource active utile au processus de prise de décision. En effet, l'information est le produit clé des bureaux et le papier, le moyen privilégié pour la gérer.

On distingue trois types de documents :

- les documents «vivants» qui sont mis à jour régulièrement, consultés fréquemment et rangés à proximité de l'employé;

- les documents «semi-vivants» dont la mise à jour n'est faite qu'exceptionnellement. Ils constituent un volume important et sont consultés à l'occasion par les personnes appartenant aux différents services de l'organisation;

- les documents d'archives qui sont rarement consultés et qui sont conservés à des fins juridiques.

Le document désigne donc, par définition, tous les types de papiers que l'on retrouve dans un bureau : notes, messages, mémos, articles, lettres, listes téléphoniques, bordereaux, formulaires, tableaux, dépliants, etc., et est composé de 80 % de «texte support» et de 20 % d'information vraiment intéressante, ce qui signifie qu'une vitesse de frappe mesurée à 60 mots par minute ne produit en fait que 15 mots par minute. On reconnaît la prépondérance des données textuelles sur les données numériques dans un rapport, variant de 66 % à 80 % pour les premières. Le document type proviendrait à 80 % de l'extérieur du bureau, à raison d'une page par document dans 70 % des cas pour une moyenne de 3 pages. Les documents sont parfois différenciés par la dichotomie *hard versus soft*, l'information traitée par ordinateur exprimant bien la facette *hard* des données, alors qu'on associe à la philosophie et aux arts l'extrême du *soft*.

Les documents moins officiels sont caractérisés par une organisation très personnelle, changeante, mono-arborescente, supposant un effort visuel simultané et interactif pour son recouvrement. Le document emprunte différentes facettes : texte, dessin, formule, image, photo, tableau, parole. On le définit par des descripteurs de contenu, des processus de traitement et d'impression.

La gestion de l'information implique un ensemble de descripteurs pour classer un document et faciliter sa recherche; ce qui distingue un document d'un texte est la présence, pour le premier, d'un en-tête ajouté à la structure de son contenu, le texte. L'information qui circule dans un bureau varie selon les personnes concernées; il y a une nette différence entre l'information traitée par les gestionnaires et celle traitée par les secrétaires.

13.4.4.1   Cadres et spécialistes

Les gestionnaires de la direction reçoivent généralement de l'information d'origine interne et externe, principalement sous forme de contacts personnels, pour planifier, organiser, diriger et contrôler les opérations. Les informations sont recueillies, lors de réunions et de conférences, par leurs subordonnés et des personnes de leurs réseaux d'affaires externe (amis, fournisseurs, banquiers, etc.) et interne (autres gestionnaires). Sur le plan opérationnel, il s'agit de synthétiser l'information. Pourtant, les systèmes informatiques continuent de produire de l'information insatisfaisante, et ce parce qu'elle est trop souvent présentée dans un format aride.

Le temps que les gestionnaires consacrent à leurs activités se répartit comme suit :

TABLEAU 13.1
La gestion du temps
chez les cadres

TÂCHES	POURCENTAGE DE TEMPS ALLOUÉ
Conférences et rencontres	40 % à 75 %
Recherche d'information	10 % à 20 %
Gestion	5 % à 10 %
Communication d'information	5 %
Traitement d'information personnelle	15 % à 25 %

Quant aux spécialistes et techniciens, ils manipulent une information de nature plus analytique, afin d'aider la gestion. Ce sont eux qui la rassemblent et l'interprètent et qui rédigent correspondance et procédures. Le temps des spécialistes se répartit en communications verbales (37 %) et non verbales (30 %). Ces quelques chiffres démontrent l'importance des communications dans le travail de bureau et soulignent la nature informationnelle du processus.

13.4.4.2 Personnel de secrétariat

Le travail de secrétariat s'organise autour des moyens du traitement de l'information et s'exerce conséquemment moins verbalement, selon plusieurs auteurs. Il se subdivise comme suit :

TABLEAU 13.2
La gestion du temps
chez les secrétaires

TÂCHES	POURCENTAGE DE TEMPS ALLOUÉ
Rencontres	4 % à 6 %
Téléphone	8 % à 11 %
Au bureau	5 % à 13 %
Photocopies et messages	4 % à 24 %
Tri et classement	2 % à 10 %
Dictée	2 % à 10 %
Personnel et attente	7 % à 21 %
Divers	5 % à 7 %
Dactylographie	15 % à 37 %

Un examen de la fonction «tamisage» remplie par le personnel de secrétariat révèle l'ampleur du contrôle informationnel qu'il détient. En effet, les secrétaires exercent leur jugement à la fois sur le courrier, le téléphone, les visiteurs et l'agenda des gestionnaires, influençant l'ensemble de la tâche de ces derniers.

En général, les activités se structurent en dépenses que l'on peut répartir selon le cycle de vie de l'information : saisie, 21 %; stockage, 20 %; traitement, 25 %; diffusion, 34 %.

Le support principal de l'information demeure encore le papier : 90 % à 95 % des documents sont conservés sur papier. L'augmentation de la paperasse est évaluée à 4 000 documents par année par travailleur, s'ajoutant à un stock de 18 000 et même 50 000. En 1976, les 15 millions de secrétaires aux États-Unis ont effectué en moyenne chacun 5 000 photocopies. Des 100 milliards de pages produites par ordinateur annuellement aux États-Unis, 25 % sont directement microfilmées.

13.5   LE SOUTIEN BUREAUTIQUE

Le service bureautique devient donc un outil de production pour le gestionnaire, à travers divers instruments bureautiques. Attardons-nous maintenant sur cette relation de soutien administratif.

13.5.1   Aide à la planification

Dans une certaine mesure, la bureautique oblige les dirigeants à établir un calendrier de travail tout en déterminant des priorités dans le type de travail à exécuter et en précisant les ressources nécessaires. En effet, le calendrier de travail, qui, normalement, concernait la gestion de la production, devient opérationnel pour le travail bureautique. De cette façon, on examine les activités en cours et les activités à réaliser (par exemple, les appels téléphoniques et leur cheminement), tout en évaluant les échéanciers.

13.5.2   Aide à l'organisation

L'intégration de la bureautique amène une redéfinition du poste d'employé de bureau selon les conditions de travail, les activités et les exigences particulières des personnes en place. Elle particularise la notion des postes d'adjoint administratif et de spécialiste de la correspondance et met en évidence, et au premier plan, la substitution du technicien en bureautique au secrétaire.

Par exemple, dans plusieurs organisations, la téléphonie est une activité particulière qui peut être intégrée à la bureautique dans le but d'améliorer la communication téléphonique. Il faudra alors en tout premier lieu créer un comité chargé d'appliquer la planification. Ce comité verra à :

- planifier les rencontres requises pour la réalisation du projet;

- préciser les tâches de chacun et les objectifs du poste de travail;

- mettre en évidence les études antérieures de besoin;

- définir la procédure à suivre en ce qui concerne :

  - la sélection des appels téléphoniques,

  - la confidentialité,

  - le chronométrage (durée),

  - les périodes d'attente, etc.

13.5.3   Aide à la direction

En offrant aux gestionnaires une information toujours complète et actuelle, la bureautique indique un style de gestion à adopter en fonction des problèmes immédiats ou des situations urgentes. Elle oriente le genre de leadership que les dirigeants veulent adopter.

La bureautique met en lumière la nécessité d'une communication plus efficace et facilite cette communication entre les paliers administratifs, grâce à l'établissement d'un réseau.

13.5.4   Aide au contrôle

Toute démarche bureautique implique des instruments d'évaluation de l'efficacité en fonction des normes prévues. Il ne faut pas oublier que l'on contrôle l'atteinte des objectifs, non les gens. Il importe alors de définir des standards d'efficacité.

Les instruments de contrôle peuvent être des enquêtes écrites, des entrevues de gré à gré, enfin toute collecte de rétro-information (*feed-back*). De plus, les rapports d'étapes peuvent être utiles à ce genre de contrôle visant l'amélioration. La compilation statistique avec un traitement par logiciel facilitera l'analyse du résultat (réussite ou échec) de l'expérience. On considère alors :

- le respect de l'échéancier;

- les démarches des personnes concernées;

- la cueillette de données;

- le budget accordé;

- la fréquence des réunions;

- l'autocritique du déroulement de l'expérience.

FIGURE 13.4
Intégration
des technologies

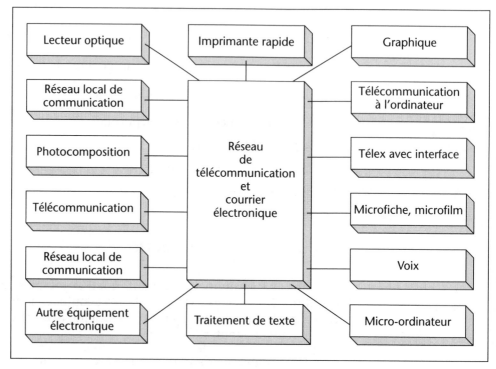

13.6   LA TECHNOLOGIE BUREAUTIQUE

On comprendra que l'ensemble des activités d'un bureau est orienté vers le traitement de l'information et que cette information compose une partie substantielle d'un environnement de gestion. Il est donc intéressant de regarder les outils bureautiques mis à notre disposition dans la perspective des grandes classes de travaux effectués dans un bureau : la création, le classement, le stockage et le repérage, la duplication, la restitution et la modification, la diffusion, la distribution et la communication et les activités spécifiques de gestion.

Il existe un vaste éventail d'outils bureautiques qui peuvent assister en tout ou en partie plusieurs classes de travaux de bureau; leurs possibilités de combinaison en appareils particuliers sont énormes. Le fonctionnement de l'ensemble des outils repose sur l'utilisation de technologies comme la numérisation, la télécommunication et l'informatique.

Le tableau 13.3 présente les différentes classes de travaux mises en parallèle avec les fonctions et outils bureautiques[3].

13.6.1   Création

La création de l'information est un sujet qui a été vu au chapitre 9. Nous ne nous attarderons donc pas davantage à cet aspect.

---

3. D'après le *Guide méthodologique d'implantation de la bureautique*, Les Publications du Québec, 1987.

TABLEAU 13.3
Classe de travaux

Classe	Travaux	Fonctions bureautiques	Outils bureautiques
Création	Saisie Écriture manuscrite Dictée Révision	Traitement de texte Lecteur optique Système de dictée Confection de graphique Insertion électronique	Vocodeur Appareil de TdT Dictaphone Lecteur optique Caméra numérique Tablette, crayon, souris Logiciels spécialisés
Classement Stockage Repérage	Archivage Extraction Indexation Rangement Classification Recherche	Archivage électronique et visuel Classement et repérage électronique Vidéotex	Vidéodisques, microformes Vidéotexte Disques et disquettes Banques de données Logiciels spécialisés Disque et disquettes
Duplication	Photocopie Impression Reproduction Graphisme Photocomposition	Photocomposition Reprographie Impression électronique	Table traçante Imprimante Photocopieur Photocomposeur Unité de restitution vocale
Communication Diffusion Distribution	Envoi et réception Distribution Communication directe face à face, réunion Communication indi-recte, échange	Courrier et messagerie électroniques Télétex Téléécriture Télécopie Téléconférence Téléphonie Télétraitement	Logiciels spécialisés Appareil de facsimilé Télécopieur, téléimprimeur Unité de restitution vocale Téléphone et modem Système de courrier et de messagerie Réseau de télécommuni-cation (PBX, réseau local, etc.)
Activités de gestion	Calculs Prévision/projection Gestion de projets Suivi de dossiers Gestion du temps Structuration d'idées Aide à la réflexion Prise de décision	Agenda électronique Gestion du temps Gestion de projets Système de gestion de fichiers et bases de données Tableur Applications statistiques Aide à la décision Traitement local Aide-mémoire	Téléphone Logiciels spécialisés Calculatrice Logiciels spécialisés

13.6.2 Classement, stockage, repérage

Le classement électronique permet de ranger sur des supports magnétiques ou optiques des documents préalablement codés, puis de les repérer, de les extraire et de les visualiser ou de les reproduire.

Dans le cas du stockage sur support magnétique, les intrants sont surtout des fichiers créés à l'aide de différentes techniques de saisie. Dans le cas du stockage sur support optique, les intrants sont surtout des documents physiques qui sont digitalisés au moyen d'un lecteur (scanneur). Cette dernière méthode permet de stocker électroniquement des documents qui, pour une raison ou une autre, ne peuvent être enregistrés sous forme de caractères codés.

Le stockage de documents fait appel à diverses technologies :

- stockage micrographique (microfiches, microfilms);
- stockage et consultation à distance à l'aide de moyens audiovisuels;
- stockage magnétique (bandes, cassettes, cartes, disques durs, disquettes);
- stockage électronique d'images (vidéodisques, disques optiques numériques).

L'avantage principal d'un système de classement électronique est de permettre la transmission électronique des documents. Quant aux autres systèmes de stockage et de repérage, ils permettent d'accéder rapidement à l'information, de réduire les problèmes liés à un mauvais classement, de réduire au minimum l'espace de bureau nécessaire aux classeurs traditionnels, de transférer des fichiers, de diminuer la dépendance envers la connaissance des techniques de classement.

13.6.3   Restitution, duplication, modification

La restitution consiste à récupérer un document stocké sur un support quelconque et à le présenter dans un format et sur un support utilisables et significatifs pour l'être humain : l'information peut être vue ou entendue. Elle peut prendre trois formes : l'impression, l'affichage et la restitution sonore.

13.6.3.1   L'impression

L'impression regroupe différentes techniques : l'impression par tracé, par pression, par impact, sans impact et la photo-impression.

L'impression par tracé comprend trois formes principales :

- l'écriture manuscrite, c'est-à-dire le tracé direct de la main sur du papier à l'aide d'outils d'écriture;
- l'écriture automatique, qui utilise un enregistrement du mouvement d'écriture exécuté par une personne, généralement pour la signature automatique d'un grand nombre de documents;
- le dessin automatique, au moyen d'une table traçante.

L'impression par pression se fait au moyen d'un dispositif encré qui dépose son encre en comprimant le papier (par exemple, sérigraphie, stencil, offset).

L'impression par impact utilise un dispositif (caractères en relief ou matrice d'aiguilles) qui transfère l'encre depuis un ruban encreur, en frappant celui-ci sur le papier (machine à écrire, imprimante à marguerite, imprimante matricielle).

La photo-impression utilise l'action de la lumière sur une pellicule photographique qui est développée pour donner un négatif. Elle regroupe trois techniques :

- la photographie, qui nécessite une opération de digitalisation pour pouvoir être stockée sur support électronique ;

- la photocomposition, qui utilise un dispositif générateur de caractères, lesquels sont projetés sur une pellicule photographique pour produire une page à imprimer ;

- la micrographie, qui utilise la photographie réduite d'un document. Les images obtenues sont regroupées sur des supports appelés microformes (microfiches, microfilms).

L'impression sans impact se caractérise par des procédés chimiques et électriques qui permettent d'obtenir une image sur papier ordinaire ou spécialement traité. Retenons la photocopie, l'impression électrothermique, l'impression à jets d'encre, l'impression à laser.

13.6.3.2 L'affichage

L'affichage est produit par des techniques de présentation de l'information sur des supports autres que ceux de l'impression. Il est composé de :

- l'affichage mécanique, qui est constitué d'outils classiques tels que le livre, les tableaux d'affichage, les classeurs rotatifs d'adresses et de numéros de téléphone, etc. ;

- la projection, c'est-à-dire le transfert sur un écran d'une image agrandie de sorte qu'elle peut être vue par plusieurs personnes. On trouve dans cette catégorie la rétroprojection et l'affichage de microformes ;

- l'affichage sur écran cathodique ou sur écran plat, dont le fonctionnement a été décrit précédemment.

13.6.3.3 La restitution sonore

La restitution sonore regroupe des techniques de présentation de l'information destinée à être entendue. Elle est constituée de :

- la voix directe, qui peut être entendue dans un face à face ou par téléphone ;

- la voix enregistrée, d'après des techniques de stockage de la voix humaine sur un support intermédiaire généralement magnétique, permettant la restitution sur demande et l'écoute à l'aide d'écouteurs ou d'un haut-parleur. On reconnaît plusieurs formes : la voix analogique, la voix digitale, le codage delta et les vocodeurs ;

- la synthèse vocale, qui utilise un assemblage des composantes élémentaires de la parole pour constituer des messages originaux. On distingue la synthèse par mots et la synthèse par diphones. Le premier cas est constitué de mots ou de groupes de mots pré-enregistrés et stockés dans un dictionnaire électronique. Les messages ne peuvent répondre qu'à des questions spécialisées. La synthèse par diphones est constituée d'éléments plus petits que des mots, enregistrés et stockés dans un dictionnaire électronique. Chaque mot est reconstitué à partir de plusieurs diphones.

13.6.4   Communication, diffusion, distribution

La notion d'échange de l'information couvre une large réalité. L'échange se caractérise par sa nature (voix, données, images, textes), sa priorité, son degré de confidentialité, la complexité du réseau de destinataires et les moyens de la transmission (mémo, lettre confidentielle, annotation, autorisation, copie conforme, annonce publique, etc.). Il s'avère indispensable de créer un néologisme pour nommer ce phénomème distinct des formes traditionnelles de communication antécédentes qui tendent à se confondre.

La communication plus formelle et mieux gérée par la combinaison des capacités des ordinateurs, le type de participation que permettent les réseaux, la libération des contraintes de temps et d'espace que favorisent les télécommunications, tout cela donne à ce système de communication des caractéristiques telles qu'on doit reconnaître l'émergence d'un nouveau moyen de communication.

Ce média que sont les réseaux présente, comparativement aux autres médias, un spectre élargi de fonctions qui lui confère des avantages nombreux en regard des problèmes qu'il pose, ainsi que nous tenterons de le montrer dans les lignes qui suivent. La puissance de cet outil permet d'affirmer qu'il révolutionne la gestion, plus que la panoplie bureautique, malgré sa timide introduction.

L'objectif du réseau est de permettre de communiquer rapidement et simplement afin d'augmenter la productivité à l'interne et la satisfaction des interlocuteurs externes, notamment les clients. Bref, il vise à améliorer, tant sur le plan du temps que sur celui des coûts, et à faciliter les communications interpersonnelles. Or la qualité des relations interpersonnelles tient à certaines caractéristiques que favorisent, comme nous le verrons, les conférences médiatisées. Parmi ces qualités, mentionnons :

- la conscience de soi;

- l'ouverture aux valeurs d'autrui;

- l'humilité culturelle;

- l'orientation pro-active vers un rapprochement;

- la flexibilité dans l'approche et les réponses;

- les habiletés à négocier;

- le tact interpersonnel et culturel;

- l'habileté et la stratégie de réconciliation;

- la patience.

On assiste en effet à la prolifération de réseaux de toutes sortes, dans et hors les organisations, qui cherchent à privilégier les interactions multiples, porteuses de la richesse collective aux dépens de la centralisation souvent stérile et coûteuse. La fonction réseau, qui vise à mettre en contact, faire circuler l'information et accumuler le savoir dans des bases communes, se définit par la recherche, le filtrage et l'évaluation de l'information. Elle repose sur la réciprocité des échanges et bouscule, ce faisant, la hiérarchie au profit d'un nouveau mode d'échanges.

13.7 LES TÉLÉCOMMUNICATIONS

Des communications efficaces sont essentielles aux activités comme aux services d'une organisation, qu'elles se fassent entre ses membres ou avec ses clients. Les télécommunications impliquent la création de messages (information), leur stockage, traitement, transmission et réception.

Certes, depuis la victoire des Athéniens sur les Perses à Marathon et la course de Pheidippides, les moyens de communication ont beaucoup évolué. Le messager coureur a été remplacé par le téléphone, les satellites, le télécopieur et une multitude d'autres outils technologiques. Les télécommunications ont pris une importance stratégique indéniable dans l'entreprise.

Les services offerts et utilisés reposant sur les télécommunications sont extrêmement nombreux et de plus en plus intégrés à notre vie de tous les jours. La prolifération des guichets automatiques bancaires, des téléphones cellulaires, le télémarketing, l'accroissement des services offerts par le téléphone et même par la câblodistribution (par exemple, Vidéoway) sont autant de manifestations de l'utilisation des télécommunications dans notre quotidien.

Les services offerts sont innombrables et les joueurs sur le marché des fournisseurs doivent se surpasser. Bell Canada et UNITEL se font concurrence sur plusieurs fronts. Ils ont tous deux leurs réseaux de fibres optiques dans le corridor Québec-Windsor. Des firmes comme Phillips Câbles (fibre optique), Marconi (équipement électronique de communication), Motorola (cellulaires et communications radio) Northern Télécom (systèmes digitaux) et au moins 80 autres compagnies canadiennes sont engagées dans le développement et la vente d'équipements reliés aux télécommunications, tant en matière de systèmes téléphoniques, de transmissions micro-ondes, de satellites qu'en matière de réseaux locaux ou de transmissions de données publiques. Pour les utilisateurs, tous ces services font naître une foule de nouvelles possibilités en même temps que des obligations. En effet, si chaque outil technologique représente un avantage concurrentiel pour la première firme qui l'utilise, il représente aussi une obligation pour les autres firmes. Par exemple, les guichets automatiques constituaient au départ un service nouveau et un avantage pour leurs propriétaires sur leurs concurrents. Par contre, ils sont devenus aussi une obligation pour les autres banques qui ne voulaient pas voir diminuer leur clientèle. Ces cas sont nombreux, le plus évident étant sûrement celui du téléphone. On imagine mal comment une entreprise pourrait s'en passer de nos jours!

Les firmes se doivent d'investir dans leurs réseaux de communication; il leur faut évaluer, en tenant compte de leurs ressources et de leur environnement concurrentiel, le rythme selon lequel elles veulent progresser. Les télécommunications accélèrent le rythme de changement tout en augmentant l'horizon et la taille des organisations. Toutefois, si elles augmentent les bénéfices possibles, elles accroissent proportionnellement les risques courus. Elles méritent donc une attention toute particulière.

13.7.1 Les différents usages des télécommunications

13.7.1.1 Transaction à distance

Les transactions à distance sont toutes les transactions qu'une personne peut maintenant effectuer sans avoir à se rendre physiquement sur le lieu de la transaction. Un bon exemple d'un service de transaction à distance est donné par l'association d'une banque et d'une chaîne d'alimentation. En effet, il est maintenant possible, à l'aide d'une carte bancaire ordinaire, de payer des achats au magasin ; grâce à un dispositif reliant le supermarché et la banque, le montant de l'achat est tout simplement déduit du solde bancaire, ce qui évite ainsi au client d'avoir à se rendre à cette dernière afin de retirer de l'argent. Aux États-Unis, il est déjà possible de vérifier un compte bancaire, d'effectuer des virements et même de faire des paiements de factures depuis un terminal installé à la maison.

13.7.1.2 Terminaux aux points de vente

Voilà quelques années seulement, les ventes étaient comptabilisées par des caisses enregistreuses qui ne faisaient qu'enregistrer la transaction (au début sur papier, puis sur support magnétique). De nos jours, on voit de plus en plus de terminaux aux points de vente, reliés à un ordinateur central. Ceux-ci permettent une multitude de traitements, effectués en temps réel. Ils permettent non seulement d'enregistrer la vente, mais aussi de mettre à jour les inventaires, les entrées comptables et même de vérifier le crédit d'un client. Ces systèmes assurent une gestion beaucoup plus suivie et serrée des ressources de l'entreprise et fournissent aux gestionnaires une information continuellement mise à jour, dans des délais minimes.

13.7.1.3 Échange électronique d'informations

De plus en plus d'informations sont stockées sous forme numérique, dans des ordinateurs. Pour les transmettre, la méthode traditionnelle demanderait de faire imprimer l'information et de l'envoyer par courrier. Le destinataire pourrait alors la garder sur papier ou l'entrer dans son propre ordinateur, impliquant une reconversion de l'information sur support informatique. Grâce aux moyens offerts présentement, il est beaucoup plus économique et rapide de transmettre l'information directement sous sa forme électronique, par des lignes dédiées, micro-ondes, FM ou même téléphoniques. Ce mode est de plus en plus utilisé. Les ventes par cartes de crédit, par exemple, sont enregistrées dès leur confirmation par téléphone. Le coupon signé ne sert plus que de confirmation en cas de contestation ou d'erreur. Les compagnies peuvent aussi passer leurs commandes à leurs fournisseurs automatiquement, ce qui élimine les délais de la poste. Tous ces échanges améliorent le rendement du système d'information et l'efficacité du système de gestion des entreprises.

13.7.1.4 Banques de données

L'idée la plus répandue concernant la base de données est sans nul doute celle du stockage de l'information d'une organisation ou d'un individu, d'un ensemble de fichiers dans un ordinateur, contenant les informations nécessaires aux activités de la firme (comptes clients, inventaires, renseignements sur les employés et autres données utiles). Ce sont des bases de données privées, auxquelles un nombre limité d'individus peuvent accéder à des fins précises. Il existe aussi des bases de données publiques qui peuvent être consultées par l'ensemble de la population moyennant généralement un tarif à l'utilisation ou un abonnement. Des firmes offrent un service de bases de données, comme Bell Canada avec Alex (nous y reviendrons plus loin). Un exemple commun est l'annuaire téléphonique, accessible à partir du terminal. Sont aussi disponibles les cotes boursières, les menus de restaurants et les horaires des vols aériens. Des bases de données sont aussi offertes par des firmes comme Standard & Poor's Compustat. Elles renseignent le requérant sur des statistiques financières de firmes canadiennes et américaines. Pour avoir accès à ces sources d'information, il suffit de posséder l'équipement requis, soit un terminal et un modem, et d'avoir une entente (abonnement ou mode de facturation) avec le fournisseur. La connexion se fait par simple ligne téléphonique.

13.7.1.5 Messagerie

La messagerie électronique est une des applications les plus utilisées depuis longtemps. C'est un service qui permet d'envoyer, de stocker et de récupérer des messages. Par exemple, dans une organisation où tous les usagers d'un système informatique sont reliés, chaque personne possède un numéro, ou adresse. Il est alors possible d'envoyer un message, par le réseau informatique, à un autre usager. Ce message sera emmagasiné et, lorsque l'usager ira consulter son fichier courrier, il pourra lire le message et décider de ce qu'il en fait (destruction, conservation, réponse). Comme la plupart des systèmes sont reliés entre eux, il est possible d'utiliser le courrier électronique entre les différents systèmes. Les universités, par exemple, ont accès à un réseau qui leur permet de communiquer entre elles, qu'elles soient à Montréal, à Toronto ou à Aix-en-Provence.

Le courrier électronique peut prendre plusieurs formes, la plus classique étant le message écrit. C'est un format semblable à une lettre conventionnelle qui est tapée à l'ordinateur, puis envoyée. Maintenant, il est aussi possible de transmettre des messages vocaux. La voix est convertie et stockée sous forme de signal digital, puis récupérée lorsque le destinataire veut entendre le message.

Le courrier électronique possède de nombreux avantages, comparativement à un répondeur téléphonique ou à un télécopieur. Il est possible de créer des classes d'adresses. Dès lors, lorsqu'on veut envoyer un message à plusieurs usagers, on peut l'envoyer à une classe déterminée. Avec un téléphone, il faudrait recomposer autant de fois qu'il y a de destinataires à joindre.

Un signal sonore ou lumineux avertit le destinataire qu'un message est arrivé; il est donc mis au courant aussitôt qu'il a du courrier. L'émetteur peut même savoir si le message envoyé a été récupéré et qui en a pris connaissance.

Un message reçu peut être renvoyé à une tierce personne, si le destinataire le juge nécessaire. Il n'a pas à resaisir le contenu; il n'a qu'à indiquer à qui il veut le faire parvenir. Il est possible d'utiliser le système de messagerie pour faire parvenir des fichiers, des programmes ou des données. Il est aussi possible pour le destinataire de récupérer, puis d'éditer les messages, s'il le désire.

La multiplication des réseaux reliant les organisations et même les individus permet une plus grande utilisation du courrier électronique. Ces réseaux sont un autre moyen de faciliter les communications.

13.7.1.6   Travail à distance

Grâce aux moyens de communication proposés par la technologie, de plus en plus de travail est accompli hors du cadre traditionnel. De nombreux employés effectuent une partie (souvent importante) de leur travail hors de leur bureau. Les ordinateurs personnels permettent aux gens de travailler à la maison aussi efficacement que dans leur bureau, et aux heures qui leur conviennent le mieux. Les réseaux de communication permettent à ces employés à distance d'utiliser un modem et leur téléphone ordinaire pour entrer en communication avec leur organisation. Les personnes travaillant beaucoup chez elles se munissent aussi d'un télécopieur qui facilite encore plus les échanges. Le lieu de travail ne se limite pas à la maison. Ainsi, certaines personnes ont fait de leur véhicule des bureaux roulants; le téléphone cellulaire leur permet d'entrer en contact avec n'importe qui tout en se déplaçant. La personne peut donc travailler même si elle est prise dans un embouteillage en pleine heure de pointe. De plus, il n'y a pas que le téléphone qui s'est fait mobile. Il existe maintenant des télécopieurs et des micro-ordinateurs portatifs (*laptops*). Leur grande flexibilité se prête bien au travail des gens devant effectuer des déplacements continuels ou devant être constamment disponibles.

Plusieurs ont décrié ces systèmes lors de leur apparition et les ont vus comme de nouveaux moyens de prolonger les heures de travail en faisant travailler les gens chez eux. Il reste que cette technologie acquiert sans cesse de nouveaux adeptes pour la flexibilité qu'elle procure et les autres avantages qu'elle introduit.

13.7.2   Le temps partagé d'ordinateur (*time-sharing*)

Le temps partagé d'ordinateur est le partage de l'utilisation d'un ordinateur entre plusieurs usagers. Ce peut être un ordinateur que plusieurs utilisateurs d'une même firme partagent, ou encore un ordinateur que plusieurs personnes de firmes différentes utilisent. Des entreprises se spécialisent dans ce service et mettent à la disposition de leurs clients des parcelles de leur équipement informatique.

13.7.2.1   Historique

Les premiers systèmes en temps partagé ont été installés à l'université de Darmouth et au Massachusetts Institute of Technology (MIT). Ils étaient utilisés par les ingénieurs et les scientifiques qui avaient besoin de l'ordinateur pour résoudre des problèmes scientifiques.

Les besoins de ces usagers de systèmes en temps partagé présentent des caractéristiques communes : peu d'intrants (de données), peu d'extrants, mais un volume d'opérations complexes énorme. Ces usagers utilisent les langages de programmation (fortran, pascal, etc.). L'ordinateur vérifie, compile et retient le programme. Il permet aussi d'élaborer une librairie d'applications à laquelle plusieurs usagers peuvent avoir accès. La solution de leurs problèmes requiert de fortes capacités de traitement et de mémoire pour des périodes relativement courtes.

L'usager administratif, quant à lui, n'a pas les mêmes besoins que le scientifique. Il doit traiter d'énormes quantités d'informations et maintenir des bases de données complexes. Ses traitements sont relativement simples et les sorties sont variées et structurées. Cet usager n'a pas besoin de langages de programmation, mais plutôt d'une librairie d'applications pratiques, conçue en fonction de ses exigences particulières. Les traitements qu'il demande à l'ordinateur sont généralement répétitifs et stables. L'entrée des données doit aussi se faire de façon variée. Elle peut être faite à partir d'un terminal ordinaire ou directement d'un système transactionnel. Une mémoire tampon est alors souvent utilisée pour retenir les informations afin de les transmettre, par lots, au système de traitement. Les systèmes en temps partagé ont dû s'adapter pour satisfaire ce type de clientèle.

13.7.2.2   Avantages et inconvénients

Les systèmes en temps partagé sont d'utilisation facile. La technologie est bien adaptée et simplifie de telles installations. Il n'y a généralement qu'à utiliser un terminal «non intelligent» et une ligne téléphonique pour avoir accès a un service externe. Ils donnent aussi accès à toute une panoplie de langages et sont généralement reliés à des réseaux et à des bases de données importantes.

Ces systèmes sont relativement économiques. Il est souvent moins dispendieux d'utiliser une partie d'un gros équipement que de se servir de l'ensemble d'un petit. Le recours à un service externe permet à la firme d'épargner les coûts d'installation d'un ordinateur. Ceux-ci sont importants : on doit aménager une salle, la climatiser, en assurer la sécurité, sans compter les frais de communication à supporter.

Les systèmes en temps partagé sont flexibles. Un des plus grands avantages des services externes est leur capacité à s'adapter aux fluctuations des besoins.

Pour doubler sa performance informatique, une entreprise possédant son propre service doit effectuer des investissements importants, s'assurer de la compatibilité des nouvelles acquisitions avec les anciennes, etc. Une autre faisant affaire avec un service externe n'a qu'à téléphoner à son fournisseur. Ce mode de fonctionnement permet aussi à une firme de ne pas avoir à supporter durant toute l'année les coûts d'un gros système si elle n'a besoin de fortes capacités que durant un mois dans l'année.

Quant à la sécurité et au contrôle sur les données, ils dépendent des fournisseurs et du professionnalisme de leur service. Heureusement, ceux-ci jouissent généralement de réputations enviables et il est fort à parier qu'un fournisseur douteux ne pourrait pas rester longtemps sur le marché.

13.7.3   Systèmes «clefs en main»

Bien souvent, les clients ne se contentent pas d'utiliser l'équipement d'un fournisseur, mais utilisent aussi ses logiciels. Ce dernier fournit alors un service complet. Le client donne au début ses spécifications, définit ses attentes et ses besoins, et il reçoit un système prêt à utiliser. Ce procédé permet une évaluation fixe des coûts par le biais de la soumission du fournisseur.

13.7.3.1   Exemple

La firme IST (Industrielle services techniques) est une compagnie montréalaise qui offre des services informatiques externes. À l'origine, ce groupe avait été créé comme service de traitement pour la compagnie d'assurances l'Industrielle. La firme s'est rapidement rendu compte que ses capacités de traitement étaient de beaucoup supérieures aux besoins de l'Industrielle et a alors commencé à vendre ses services à l'extérieur. Maintenant, IST est solidement implantée dans les domaines de l'assurance et de la gestion des hôpitaux, des municipalités et des industries en général. Son chiffre d'affaires oscille autour de 50 millions de dollars par année.

IST gère, 24 heures par jour, un grand centre de traitement qui dessert des milliers d'usagers dans des domaines très variés partout au Canada. Des experts sont disponibles pour aider les gestionnaires dans l'optimisation de leurs systèmes et réseaux, dans la formation informatique, dans les systèmes de sécurité ainsi que dans la planification de leurs capacités futures. Les excellents services d'IST conviennent donc parfaitement à ceux qui préfèrent ne pas posséder leur propre centre informatique

Avec une orientation qui propose aux clients la prise en charge totale de la dimension technique de l'informatique, IST mise sur le fait qu'elle peut offrir des services de traitement, de développement, d'expertise, ainsi qu'un matériel sûr et de qualité, en plus d'une capacité de traitement considérable. Elle peut ainsi proposer des services et des produits à des coûts moindres qu'un développement interne (entreprise).

13.7.4 La distribution du traitement

La distribution du traitement peut être vue comme une extension du temps partagé. Alors que, pour ce dernier, un ordinateur est partagé par plusieurs usagers, la distribution du traitement implique plusieurs ordinateurs partagés par plusieurs usagers, ce qui permet le partage de ressources physiques très spécialisées, de logiciels et de programmes. Les composantes relient plusieurs processeurs avec plusieurs usagers. Ces systèmes éclatés peuvent être organisés de façon hiérarchique où un ordinateur central est responsable de la gestion de plusieurs mini-ordinateurs, qui peuvent eux-mêmes être reliés à des micro-ordinateurs ou à de simples terminaux. Les requêtes sont acheminées et traitées au niveau approprié. Ce processus suppose qu'une demande peut utiliser les données stockées dans un ordinateur et des programmes logés dans un autre, même si ces deux ordinateurs sont situés aux deux extrémités du pays. Ces systèmes peuvent être intra comme inter-organisationnels.

13.7.4.1 Les types de traitement

Le facteur temps

Les données peuvent être traitées en temps réel. Elles sont alors traitées instantanément : les données sont immédiatement transformées en résultats. À l'opposé, un système en temps différé implique qu'un temps non négligeable s'écoule entre l'entrée de la donnée dans le système et son traitement en vue de la production des résultats.

Le traitement en temps réel ne demande aucun délai ni intermédiaire entre la transaction et l'entrée effective de la donnée dans le système. Les transactions ne sont pas enregistrées sur un support temporaire, mais sont traitées une à une, instantanément. Un système en temps réel implique que les données sont entrées directement chez l'usager et que les réponses sont retournées immédiatement chez l'usager. En temps réel, le fichier de transaction ne contient qu'une seule et unique transaction et elle est traitée immédiatement.

Ce mode est nécessaire là où la rapidité de réponse est un facteur essentiel, ou lorsqu'il est impossible de prévoir l'ordre d'arrivée des transactions. Ainsi, à la banque, il est impossible de savoir qui se présentera un certain jour et pour quel type de transaction; les comptes doivent donc être constamment à jour. Quant à la rapidité, elle est importante lorsque, par exemple, un courtier effectue une requête d'information pour connaître les cotes en bourse; il veut certes obtenir une réponse immédiate. S'il ne recevait une réponse que le lendemain (parce que sa demande aurait été traitée durant la nuit), l'information reçue n'aurait plus aucune valeur, les cours ayant sans doute changé suffisamment pour l'amener à prendre une décision autre que celle qu'il prendrait à l'instant.

Le facteur volume

Les données sont recueillies selon deux modes principaux, soit par lots ou une à la fois. Dans le premier, comme son nom l'indique, les données sont regroupées par lots, ou paquets, avant d'être entrées dans le système. La plupart du temps, ces lots sont constitués selon une base temporelle. Par exemple, une organisation enregistrera sur une bande magnétique toutes ses transactions de la journée et les traitera, les entrera dans son système, par lots, à la fin de la journée (ce sera nécessairement un traitement en différé). Ces opérations peuvent être faites plus ou moins fréquemment, suivant les entreprises. Il se peut aussi que les lots soient constitués selon des bases particulières. Par exemple, si une firme possède plusieurs catégories de clients, ce qui nécessite des entrées et des traitements différents, elle formera ses lots en fonction de chacun des types de compte et pourra traiter chaque lot de façon appropriée.

Le traitement par lots se divise lui aussi en deux modes : le traitement séquentiel et le traitement aléatoire. Dans le premier, les entrées du lot sont triées pour être dans le même ordre que le fichier maître, et ce avant que le traitement du lot ne débute. Cette opération assure un traitement rapide, puisque la correspondance entre l'ordre du lot et l'ordre des fichiers réduit au minimum le temps perdu à localiser les enregistrements dans le fichier maître. Le deuxième mode, le traitement aléatoire, ne réclame aucun tri préalable. Il est surtout utilisé lorsque la taille des lots est faible, cela diminuant le besoin de rapidité. Un exemple courant est le traitement du paiement des comptes dans des grandes compagnies comme Bell Canada ou Hydro-Québec. Lorsque les paiements sont reçus, ils sont regroupés et entrés dans des fichiers de transactions temporaires (avec le montant payé et le numéro de l'abonné à créditer). Puis le fichier initial de l'organisation est mis à jour à la fin de la journée, quand toutes les transactions du fichier temporaire sont entrées en lots. Les données déjà existantes dans le système sont appelées fichier maître. Lors d'une mise à jour ou d'une correction, un fichier de transactions, c'est-à-dire une liste de modifications à apporter au fichier maître, est créé. L'ordinateur lit d'abord le fichier de transactions et effectue ensuite les opérations nécessaires sur le fichier maître (que ce soit la modification d'un enregistrement déjà existant ou la création d'un nouveau). Lorsque le mode utilisé est séquentiel, le fichier de transactions doit être ordonné au préalable. Un point demeure constant : dans l'édition et la mise à jour, c'est toujours le fichier de transactions qui entame et dirige le processus.

Lieu de saisie et lieu de traitement

Il est important de se rappeler qu'en raison des facilités de communication actuelles, les lieux de saisie peuvent différer des lieux de traitement de l'information. Il arrive quelquefois que les données soient rassemblées puis entrées (saisies) de façon centralisée en un endroit donné, ce qui peut être justifié par l'utilisation d'équipements particuliers. Par exemple, une firme qui utilise un mode de saisie exigeant des lecteurs très sophistiqués pourra centraliser la saisie des données lorsque le coût de l'équipement est trop élevé pour en répandre l'usage. Il arrive toutefois très souvent que les données soient saisies directement sur les lieux de la transaction. Ainsi, lorsqu'une personne effectue un retrait à la banque, le retrait est enregistré sur les lieux, quelle que soit la succursale où elle se présente. Dans cet exemple, même si la transaction est enregistrée à une succursale donnée, l'information est transmise à un ordinateur central (sûrement installé ailleurs) et traitée à un autre endroit. Si la personne se présentait à une autre succursale, la transaction effectuée plus tôt serait déjà connue et le solde de son compte ajusté en conséquence.

Il est certain que, lorsque l'information est saisie immédiatement (sur les lieux de la transaction), elle est immédiatement disponible pour toute l'organisation (pour le service de facturation comme pour celui de l'inventaire ou de la livraison). C'est aussi la meilleure façon de prévenir les erreurs ou de les corriger rapidement. L'ordinateur permet de détecter les inconsistances (erreurs) le plus rapidement possible et de faire ensuite «rayonner» l'information validée quasi instantanément.

Lorsqu'il faut choisir le mode de traitement pour un système, plusieurs facteurs doivent être considérés. Premièrement, le temps de réponse nécessaire. Le traitement par lots implique un délai entre la transaction et l'insertion de celle-ci dans le système. Il est clair que, pour certaines applications, un délai serait inacceptable et qu'une utilisation en temps réel est essentielle. La prévisibilité des demandes est un autre facteur. Un système en temps réel est plus flexible pour traiter les requêtes spéciales ou inattendues, alors qu'un système par lots s'accommode mieux de demandes standardisées. Un troisième facteur est le volume de transactions. Un système traitant un très grand nombre de transactions en temps réel a de fortes chances d'être surchargé, ce mode de traitement réclamant plus de travail de la part de l'ordinateur. Dans ces cas, un traitement par lots est plus approprié. Pour chacune des applications, on doit donc choisir un mode de traitement qui convient aux besoins en information.

13.7.5   L'informatique répartie

On relève une tendance inverse au temps partagé, appelée «informatique répartie». C'est l'informatique individuelle, la séparation des équipements pour chaque lieu où un besoin en traitement existe. La micro-informatique est le meilleur exemple de ce mouvement. Chaque individu peut maintenant posséder son propre centre de traitement qui lui est totalement dévoué. Cette tendance a pris beaucoup d'ampleur, phénomène pouvant s'expliquer par diverses raisons :

- Le coût des petits ordinateurs et des micro-ordinateurs a rapidement baissé au cours des dernières années. À l'inverse, le coût des communications a augmenté, rendant les systèmes partagés plus onéreux.

- Les petits systèmes donnent à l'utilisateur plus de liberté. Il lui est possible de choisir l'ordinateur le mieux adapté à des besoins locaux.

- Le recours à plusieurs ordinateurs limite les effets des bris et des pannes.

De plus, les réseaux actuels de communication assurent la communication avec d'autres ordinateurs lorsque le besoin s'en fait sentir. La configuration de coût optimal justifie souvent la solution d'un réseau à la fois partiellement centralisé et partiellement réparti. Un ordinateur central fait affaire avec des mini-ordinateurs répartis ou avec des micro-ordinateurs.

13.7.6   Les transporteurs

Les transporteurs sont les «véhicules» que prennent les données pour aller d'une source à une destination spécifiée par un utilisateur. Certains sont à usages multiples et presque universellement accessibles, comme le téléphone. D'autres sont à accès beaucoup plus restreint, par exemple le télex qui dessert un nombre limité d'abonnés.

13.7.6.1   Service téléphonique

Personne à personne

Le téléphone est sûrement le moyen de communication le plus utilisé, mis à part les communications en face à face. Son utilisation est connue, facile, et son fonctionnement nous est désormais familier. Il est confidentiel (dans la mesure où un appareil occupe seul une ligne) et permet une transmission d'information rapide, interactive et en temps réel.

Auparavant, les entreprises devaient faire installer une ligne distincte par appareil utilisé, et chacun de ces appareils fonctionnait indépendamment des autres. Maintenant, le *Private Branch Exchange* (PBX) est utilisé. Les différents téléphones sont reliés à ce module d'échange et partagent les quelques lignes téléphoniques nécessaires vers l'extérieur. Les coûts en sont de beaucoup diminués (le nombre de lignes téléphoniques nécessaires est en moyenne réduit d'un facteur de 6).

Les nouveaux téléphones font plus que permettre de transmettre et de recevoir des appels. Ils sont munis de modules électroniques qui permettent la mise en attente, la composition abrégée, le transfert des appels, l'utilisation «mains libres»; certains sont même munis d'un aide-mémoire. Ce sont eux-mêmes de petits ordinateurs aux multiples possibilités.

Conférence téléphonique

Les compagnies de téléphone offrent maintenant à leurs abonnés un service de conférence téléphonique qui permet à plusieurs participants situés dans des lieux géographiquement différents de converser entre eux, tous en même temps. Grâce au téléphone, il est possible à plus d'individus de prendre part à des décisions importantes ou nécessitant des avis techniques multiples. Ces conférences à distance représentent une solution de remplacement viable des communications en face à face, permettent la tenue de «réunions» généralement plus courtes et mieux préparées. Elles réduisent aussi les dépenses de voyages ainsi que le temps passé hors du bureau.

Téléphone cellulaire

Les téléphones cellulaires sont les modèles portatifs de téléphones que l'on voit proliférer depuis quelques années. Le réseau est fait à la manière de cellules d'abeilles, chaque cellule étant pourvue d'un transmetteur de faible puissance. Un appareil dans une cellule utilise ce transmetteur jusqu'à ce qu'il arrive dans une autre cellule et qu'il utilise le transmetteur de celle-ci. Pour l'usager, ces relais de transmetteur à transmetteur sont imperceptibles et automatiques.

La popularité des téléphones cellulaires ne fait plus aucun doute et l'augmentation des ventes est certes imputable à une chute marquée des prix. En effet, on peut aujourd'hui se procurer un téléphone cellulaire pour quelques centaines de dollars.

Les téléphones cellulaires sont désormais réellement portatifs (les plus petits modèles étant de la dimension d'un combiné de téléphone ordinaire, sans base). Ils permettent de faire des appels et d'en recevoir, et ce peu importe où se trouvent les utilisateurs, qu'ils soient pris dans un embouteillage ou simplement sur un terrain de golf. Le téléphone cellulaire est un autre moyen de garder les membres de l'organisation constamment en contact avec celle-ci.

Télécopieur

Le télécopieur (ou *fax*) est un système qui digitalise une image (cette image pouvant très bien être un texte), l'envoie par le biais d'une ligne téléphonique ordinaire à un appareil similaire qui décode le signal reçu afin de reproduire l'original le plus fidèlement possible, généralement sur une imprimante à laser ou thermique. Ces systèmes fonctionnent suivant des standards définis, ce qui les rend compatibles entre eux et explique en partie l'engouement général qu'ils soulèvent. La plupart des télécopieurs utilisés présentement respectent les normes du groupe III définies par le CCITT (Comité consultatif international télégraphique et téléphonique). Ils peuvent transmettre une page en environ 20 secondes et leur résolution maximale est de 200 points par pouce. En 1988, le CCITT a défini les normes du groupe IV. Ces modèles permettent la transmission d'une page en 2 secondes et offrent une résolution allant jusqu'à 400 points par pouce. Leur coût se situe autour de 10 000 $ US.

FIGURE 13.5
Un téléphone
cellulaire

Reproduit avec l'autorisation
de Cantel et Novatel.

L'utilisation d'un télécopieur est extrêmement simple. On doit simplement insérer l'image à transmettre (comme dans un photocopieur), entrer le numéro du télécopieur auquel on veut transmettre l'image et appuyer sur le bouton d'envoi. La plupart des télécopieurs offrent des options comme la garde en mémoire des numéros souvent utilisés et la possibilité de différer les envois dans le temps (pour profiter des plages horaires les plus économiques).

Les coûts reliés à l'utilisation du télécopieur sont environ 1/20 du coût de la livraison rapide puisqu'on ne fait que payer le prix de l'appel interurbain. De plus, les délais de réception sont inexistants.

PC Fax

Le PC Fax est un micro-ordinateur auquel on a ajouté un lecteur optique (pour digitaliser l'image) et un programme résident (qui, rangé en mémoire centrale, reste en fonction même quand l'ordinateur est utilisé pour d'autres tâches), et qui est muni d'un modem interne assurant l'interface avec le téléphone. Il combine les standards et les techniques du télécopieur conventionnel et les capacités de traitement des données d'un PC. Le PC Fax peut afficher à l'écran les documents reçus ou les imprimer sur une imprimante ordinaire. Certains modules sont équipés d'un programme qui convertit les fichiers sous forme graphique (comme un dessin mémorisé par la position des points sur un espace), en texte ASCII (où alors des lettres sont retenues), ce qui permet d'éditer les documents reçus.

Micro à autre ordinateur

On peut aussi établir la communication entre les micro-ordinateurs et d'autres ordinateurs ou avec un système central : il suffit d'un modem pour avoir accès à plusieurs réseaux. Il est dès lors possible de laisser des messages à d'autres usagers, de transmettre des fichiers, des documents ou des programmes.

13.7.6.2   Service télégraphique, télex et TWX

Deux services télégraphiques similaires sont offerts aux organisations : le télex et le TWX (*TeletypeWriter eXchange service*). Ils sont en place depuis longtemps quoique le nombre d'usagers reste limité. Le télex est un réseau accessible partout dans le monde, alors que le TWX est limité à l'Amérique du Nord. Ce sont des terminaux (téléimprimeurs) sur lesquels on peut taper un texte pour l'envoyer à un autre abonné du réseau et qui permettent de recevoir un texte d'un autre abonné. Ils présentent, comme tout système, des avantages et des inconvénients.

Ils sont rapides (si on les compare à la poste) et précis. Les journalistes s'en servent pour transmettre leurs nouvelles de dernière minute. Ils sont aussi utilisés pour les réservations d'hôtel ou les communications d'informations financières. Les documents transmis par le télex et le TWX ont valeur légale. Ils sont reconnus comme des documents officiels et liants et sont donc utilisés pour les soumissions, cotations, commandes ou autres transmissions où un engagement formel est demandé.

Ces systèmes sont toutefois peu pratiques et dispendieux. Habituellement, on ne retrouve qu'un terminal par entreprise. Les coûts d'utilisation s'élèvent à environ 1 $ la minute. Le répertoire de caractères est limité. Le télex utilise un code de 5 bits. Il ne permet donc que les majuscules, les chiffres et quelques signes de ponctuation. Cela devient vraiment restrictif, particulièrement pour certaines langues fortement accentuées comme le français et l'espagnol.

Les communications se font entre terminaux. On sait que le terminal destinataire a reçu le message, mais rien ne garantit que la personne désirée a eu le message et en a pris connaissance. En outre, les messages envoyés sont assujettis aux délais occasionnés par le service de courrier interne de l'organisation avant d'atteindre le destinataire.

Le débit de ces systèmes est lent. Ils transmettent 66 mots à la minute. Si c'est suffisant pour recevoir le prix d'une action, c'est nettement trop lent pour la transmission de textes d'important volume. On leur préfère de plus en plus les autres formes de transmission électronique de courrier.

13.7.6.3   Service de câblodistribution

Le câble est un réseau de communication extrêmement important et étendu. À l'origine conçu simplement pour la transmission des signaux de télévision, le câble devrait bientôt servir à bien d'autres usages. La compagnie Vidéotron a créé le service Vidéoway. Ce service risque de transformer radicalement l'usage que nous faisons de la télévision.

À partir d'un convertisseur sans fil, l'usager de Vidéoway peut avoir accès aux canaux de télévision conventionnels, à la télévision payante et dispose automatiquement d'un convertisseur pour les émissions sous-titrées pour les malentendants. Ce système devient vraiment intéressant dans les accès qu'il fournit grâce a un terminal installé chez le client. Celui-ci peut profiter d'un vaste éventail de bases de données, privées et publiques, d'un service de transactions bancaires à domicile, d'un module de magasinage par catalogue électronique (par exemple : le club multipoints) et d'un service de courrier électronique. Ce système permet d'envoyer, sur demande, des films au client par le câble. L'abonné peut aussi recevoir des programmes sur son ordinateur personnel. Les services d'information offerts par Vidéoway couvrent des sujets aussi divers que la météo, les offres d'emploi, les horaires d'avion, les nouvelles gouvernementales, la finance, la circulation sur les autoroutes ou les choix de restaurants.

Ce système est un nouvel exemple de service intégré où des produits différents sont regroupés sous une même bannière afin de fournir un éventail de possibilités aux clients à partir d'un réseau déjà familier, le câble.

13.7.7   Les services commerciaux

13.7.7.1   CompuServe

CompuServe est le service d'information par réseau le plus important en Amérique du Nord. Il est accessible à près d'un quart de millions d'abonnés, et ce 24 heures par jour. Il donne accès à des services de courrier électronique, de télémagasinage, de réservation de billets d'avion et fournit un genre de babillard

FIGURE 13.6
Vidéoway

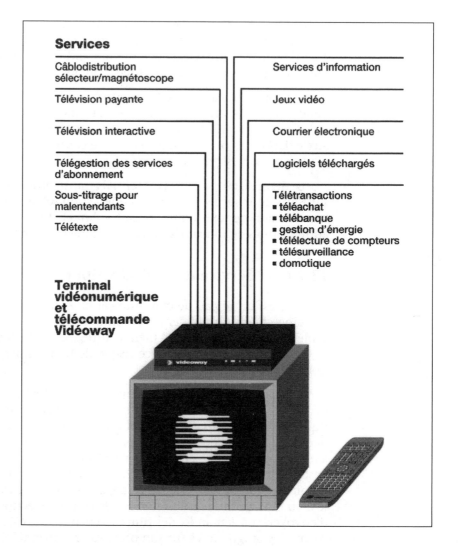

électronique à ses membres. Il donne aussi accès à des bases de données fournissant les informations les plus diverses.

13.7.7.2   Réseaux de Télécom Canada (Bell Canada)

Si, originellement, les lignes téléphoniques ont été utilisées pour la transmission
des données, les usagers se sont vite rendu compte qu'elles ne convenaient pas à
toutes les applications. Télécom Canada, une association nationale regroupant
la plupart des compagnies de téléphone, a été créée pour offrir des services de
transmission de données mieux adaptés. Voici une brève description de ceux-ci.

DATAPAC

Datapac est un réseau de transmission qui regroupe environ 30 000 abonnés au
Canada et qui leur permet de communiquer avec des ordinateurs dans plus de
90 pays. Ce système numérique fonctionne par paquets, c'est-à-dire un ensemble

de caractères d'information (maximum de 256) contenant à la fois les données mais aussi l'adresse du destinataire, les codes de vérification et les numéros indiquant l'ordre du paquet dans un ensemble donné. Fait intéressant, un usager occasionnel peut accéder à Datapac par une ligne téléphonique ordinaire, en signalant un numéro d'accès au service. Un abonné régulier bénéficiera, lui, d'une ligne dédiée, spécifiquement conçue pour la transmission des données. Seul l'abonné régulier peut recevoir des messages par Datapac. La tarification de Datapac est établie principalement en fonction de la quantité d'informations transmises. La vitesse de transmission de Datapac varie entre 300 et 2400 bits par seconde.

Il s'agit d'un réseau exploité à la grandeur du Canada par Bell Canada (membre du réseau national Télécom Canada). Au milieu de l'année 1978, ce système desservait déjà plus de 60 villes, et maintenant il dessert le monde entier. Ce réseau peut être utilisé pour effectuer des transactions bancaires, des transactions commerciales, pour faire des recherches dans des banques de données existant sur le marché et permet d'accéder à des réseaux étrangers.

La vitesse de transmission utilisée peut être de 300 à 1200 bauds. Datapac offre ses services à plusieurs types de terminaux tels que synchromes ou asynchromes.

Les tarifs de Datapac sont établis d'après le volume d'informations transmises, le mode d'accès au réseau, la distance, le nombre d'appels simultanés ainsi que le nombre d'appels permanents. Les tarifs varient habituellement de 150 $ à 220 $ par mois. Il est aussi possible d'effectuer des transmissions à frais virés et d'indiquer le service désiré.

Datapac offre deux modes d'accès : l'accès spécialisé et par entrée banalisée. L'accès spécialisé assure une connexion continue à Datapac et est, de ce fait, particulièrement avantageux pour les personnes qui transmettent un volume important de données - pendant plus de quatre heures - sur une base quotidienne. Toutefois, si on veut transmettre des données que sur une base intermittente, l'accès par entrée banalisée est un meilleur choix. Il offre la même accessibilité et fiabilité que celles de l'accès spécialisé, mais à un meilleur prix.

Voici deux exemples de services utilisant le réseau Datapac :

FIGURE 13.7
Datapac

Envoy 100 de Telecom Canada

Envoy 100 est un important service de messagerie électronique au Canada qui permet, à toute heure du jour et de la nuit, de créer ou modifier un document que l'on souhaite transmettre (il peut s'agir de bons de commande ou même de factures). Envoy 100 peut stocker tout message qui vous est destiné, d'où qu'il vienne et quelle soit l'heure de sa réception. On peut également transmettre et recevoir des messages de personnes qui ne sont pas abonnées à Envoy 100. Les messages sont transmis instantanément.

iNet 2000 de Telecom Canada

iNet 2000 est un service qui offre à ses usagers des accès à un très grand nombre de banques de données. Ce service utilise un seul protocole d'accès, fonctionne par menus et est facile à utiliser. iNet 2000 est aussi un service de gestion de l'information et de messagerie électronique. L'usager peut stocker de l'information, la combiner, la modifier et l'imprimer. Il est aussi possible de faire des conférences électroniques (de 2 à 12 personnes) à l'aide d'iNet.

DATAROUTE

Dataroute est un service de communication numérique conçu pour les usagers ayant un fort volume de données à transmettre et demandant un mode interactif (transmission simultanée dans les deux directions). Le point fort de Dataroute est sans nul doute le fait que ce soit un service dédié. Il permet une transmission à 56 000 bits par seconde. Les différents chemins empruntés, contrairement à Datapac, sont exclusifs à l'usager. C'est exactement comme si celui-ci possédait son réseau privé. Dataroute est utilisé par les grandes corporations, les chaînes de magasins à multiples établissements et les institutions gouvernementales. La facturation de ce service est fixe. L'usager paie un montant forfaitaire pour le service, quelle que soit l'utilisation qu'il en fait.

**FIGURE 13.8
Dataroute**

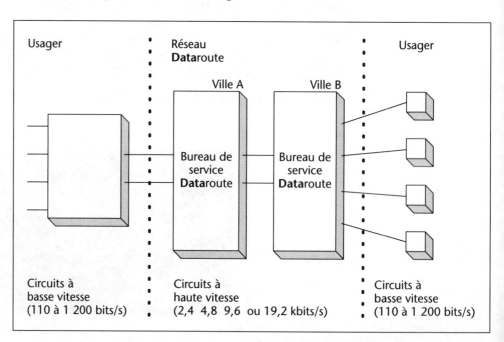

MÉGAROUTE

Mégaroute est un service de transmission numérique à très haute vitesse (jusqu'à 1 544 000 bits par seconde) qui permet de relier 2 services informatiques d'un même abonné. Il est utilisé pour la transmission de volumes de données extrêmement importants. Lorsque la bande de transmission est louée en partie seulement (une fraction de la largeur de bande permet 64 000 bits par seconde), le service se nomme *mégastream*. Il est possible pour une entreprise de louer le nombre de largeurs de bande (par multiples de 64 000) en fonction de ses besoins de transmission. La facturation de ce service est faite sur une base fixe.

FAXCOM

Faxcom est une ligne téléphonique pour télécopieur qui utilise le réseau national de Telecom Canada. Elle a été conçue pour optimiser l'utilisation du télécopieur en calculant les frais du service par tranche de 6 secondes. Ce service permet donc de faire des économies sur tous les appels interurbains qui sont effectués sans l'aide du téléphoniste. Il ne requiert aucun équipement supplémentaire et aucun dispositif spécialisé à installer.

13.7.7.3   Réseaux d'Unitel

Unitel est le seul télécommunicateur canadien d'envergure nationale doté de ses propres installations de réseau optique et horizon numérique. Unitel offre une gamme de service publics et privés, reliés à la transmission de la voix, de l'image et des données.

Le service **VRoute** d'Unitel est le premier et le seul réseau privé virtuel mis en service au Canada afin de fournir à sa clientèle les avantages d'un réseau privé à un coût intéressant. Le **MACH III**, un service numérique à large bande, est un service privé qui permet d'intégrer en un réseau de télécommunication souple les applications de voix, de données et d'images. Les installations de transmission d'Unitel sont complétées par sa filiale d'équipements terminaux en propriété exclusive, TTS.

Unitel a vu ses débuts en 1846 sous la raison sociale *Compagnie du Télégramme Électro-Magnétique de Toronto, Hamilton, Niagara et Ste-Catherine*, jusqu'à son appellation *Télécommunications CNCP*. En 1990, elle est devenue *UNITEL*. Unitel est la propriété conjointe de : *Canadien Pacifique Limitée/Rogers Communications Inc.* et *AT & T*.

13.7.7.4   Fonctions

Les fonctions d'un système intégré de messagerie, exploité par des postes polyvalents, peuvent être définies suivant divers aspects.

- Production : aide à la conception, à la composition, à l'édition et à la mise en forme du message au moyen d'un équipement de traitement de texte (ETT) ou utilisation d'un équipement connexe (par exemple, lecteur optique).

FIGURE 13.9
Unitel

- Sélection du ou des destinataires : cette fonction peut inclure différents outils, tels que :

  – un annuaire public, organisationnel et privé;

  – un SGBD pour repérer les groupes et individus cibles d'un réseau sophistiqué, un document à compléter ou auquel répondre, selon divers critères intrinsèques au document ou aux caractéristiques des destinataires;

  – des mesures de protection (mot de passe). On catégorise les messages en fonction des destinataires : personnel et confidentiel, privé, groupe spécifique et d'intérêt général, etc.

- Transmission sur des canaux électroniques à aiguillage intelligent reliés en réseaux internes et externes interconnectés, avec ou sans encryptage.

- Réception du courrier dans une BAL (boîte à lettres), plutôt que par un individu, avec contrôle par le destinataire sur le moment, le support de lecture et l'avenir du message (classement, destruction, duplication, accusé de réception, faire suivre, etc.).

- Emmagasinage des messages sur support informatique EFC (*Electronic File Cabinet*) et récupération grâce au SGBD.

- Répétition de l'envoi (*forward*) jusqu'à réception.

- Gestion du processus permettant :

  – d'ajouter automatiquement de la valeur au message par l'enchaînement logique des paramètres complets de l'envoi (date, heure, adresse de l'émetteur, etc.);

  – de gérer les listes de destinataires;

  – de céduler des transmissions;

  – d'accuser réception.

- Gestion du trafic par analyse des transmissions.

- Collecte de données. Les messageries électroniques faciliteraient la tâche de la collecte des données. Pour le «remplisseur», une documentation mise à jour, avec détails et validations, devrait en faciliter la compréhension. Pour l'utilisateur des données, les avantages découlent de la simultanéité de la réception et du traitement, de la possibilité de changer de formulaire sans frais (sous réserve des fichiers historiques), de la capacité de validation par références croisées.

Les options jugées les plus utiles par les usagers concernent :

- la capacité de communiquer à long terme en groupe, de préférence aux échanges bilatéraux;

- le contrôle actif, par l'usager du système, par opposition à la passivité induite par les menus;

- les fonctions permettant de personnaliser les commandes.

En somme, les usagers réclament un éventail d'options intégrées en un poste polyvalent, adaptées aux besoins de communication de chacun.

13.7.7.5 Avantages

a) Liés à l'économie

- Transmission économique;

- coût inférieur au coût d'un mémo dactylographié;

- coût inférieur que par téléphone;

- gain de productivité;

- vitesse et flexibilité;

- réduction des volumes de papier;

- réduction de l'espace de rangement;

- économie d'acheminement de formulaires;

- diminution du besoin d'un télécopieur;

- diminution du nombre d'appels ratés;

- transmission durant les heures les moins chères;

- gain d'efficacité variant entre 5 % et 15 %;

- économie de temps (7 heures par semaine);

- réduction du nombre de face à face.

b) Liés au changement de processus

- Production : avantages d'un équipement de traitement de texte;

- pas de recopie par ajout aux messages et dans le cas de destinataires multiples (liste d'envoi);

- facilité de produire un accusé de réception «significatif»;

- retransmission jusqu'à réception;

- mémorisation des messages;

- communication directe ou différée;

- flexibilité, souplesse, mise à jour informatique des listes d'envois;

- BAL multiples pour un même usager;

- préparation indépendante de la transmission;

- mise à jour facile des messages;

- transmission en parallèle au lieu de séquentielle permet une conception interactive commune par annotations;

- communications plus disciplinées et moins verbeuses;

- diminution des contraintes de lieu et de temps. Ainsi, le courrier électronique peut être une solution au problème de décalage horaire. Par exemple, pour une firme ayant des bureaux à Montréal et à Vancouver, il n'y a que deux heures dans la journée où tout le personnel des deux bureaux est présent. Le courrier électronique évite alors la tâche fastidieuse de téléphoner à plusieurs reprises sans joindre l'interlocuteur. Il reste toutefois que les coûts de transmission du courrier électroniques sont encore élevés pour un message simple, du moins plus que ceux du téléphone et du courrier conventionnel. Cependant, leur évaluation ne doit pas être faite sur une base strictement comparative, mais en fonction des performances supérieures du courrier électronique;

- amélioration de la classification. La classification du courrier reçu peut se faire en fonction de plusieurs variables, plutôt qu'en fonction de seulement une ou deux. Par exemple, le courrier non électronique sera souvent classé selon sa date dans une filière spécifique aux dossiers auxquels il se rapporte. La classification électronique peut se faire à l'aide d'autant de variables que nécessaire (date, sujet, ville de provenance, auteurs, etc.).

c) Accélération du processus et synchronisme

- Respect de la disponibilité du destinataire;

- effet indépendant de la disponibilité;

- lecture au moment désiré, par priorité;

- asynchronisme;

- recherche accélérée des messages;

- interaction dégagée de la contrainte du temps réel;

- diminution du stress, car un lien est maintenu;

- accélération de la prise de décision;

- transmission instantanée;

- capacité de transmission urgente;

- réception accélérée.

d) Qualité de l'interrelation

- Manifestation d'intérêt incomparable ;
- intensification des relations ;
- facilité de nouveaux contacts ;
- formation de nouveaux réseaux ;
- diminution des stéréotypes dans les rôles ;
- rétroaction renforcée ;
- idées évaluées en soi non en fonction de l'émetteur ;
- prise de conscience de l'utilité du processus et des facilités qu'il procure ;
- mieux adapté à des communications brèves. Les secrétaires trouvent la tâche du courrier moins routinière ;
- facilité du travail d'équipe ;
- climat de confiance amélioré.

e) Contrôle

- Sécurité, confidentialité accrues par l'introduction de mots de passe et par encryptage ;
- trace écrite des messages ;
- classement des messages facilité par SGBD ;
- suivi (*follow-up*) simplifié ;
- support fiable ;
- taux de perte réduit ;
- sélection du ou des destinataires efficace ;
- adressage, routage et chaînage aisés ;
- facilité de diffusion.

13.7.7.6   Désavantages

- Lié au mode écrit ;
- forme du message officielle, stérile ;
- abus (*overload*) ;
- trop long ou trop itératif ;
- pas de réponse instantanée ;
- manque de nuances ;
- manque d'authenticité (signature, etc.) ;
- perte des visas hiérarchiques ;

FIGURE 13.10
L'environnement
d'ENVOY 100

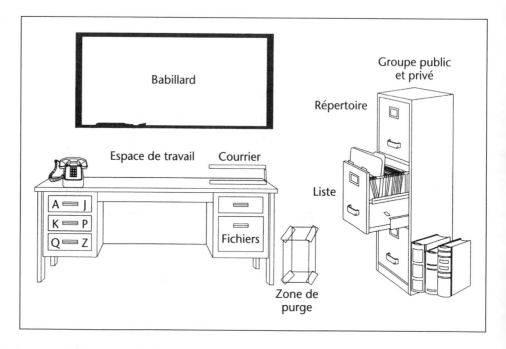

- indiscrétion;

- risque de mésinterprétation;

- absence de relations ou impersonnalité des relations qui déshumanise le travail;

- contrôle abusif de certains cadres;

- perte de la structure du travail nécessaire;

- logistique;

- non-disponibilité d'un terminal;

- inefficacité sans participation majoritaire;

- effet limité par la vitesse de frappe;

- fiabilité réduite (pannes, sécurité);

- incompatibilité des équipements;

- spécificité des protocoles de réseau;

- vulnérabilité aux pannes.

Les équipements de communication interterminaux des différentes firmes sont cependant de plus en plus compatibles. Certaines firmes qui proposent des équipements de traitement de texte programmables offrent des logiciels permettant d'utiliser différents protocoles, ce qui autorise la communication avec des équipements d'autres marques utilisant les protocoles industriels courants. Une solution aux coûts et à la compatibilité tient à l'utilisation de réseaux extérieurs de transmission commutée. Au fur et à mesure que l'utilisation de ces réseaux se généralisera, les coûts devraient diminuer (par exemple, iNet).

13.7.8   Les systèmes de téléconférence

Même si on reconnaît au face à face la capacité de produire les plus riches inter-actions, plusieurs raisons militent pour lui trouver des substituts; ainsi, il se tien-drait dans la seule région de Paris 100 000 réunions par jour ouvrable. On distingue parmi les conférences :

- la conférence privée : spéciale, par sélection;
- la conférence de groupe : accord formel d'un groupe prédéfini;
- la conférence publique : ouverte à tous les intéressés;
- la conférence à valeur marchande : session payante organisée.

13.7.8.1   Téléconférence à voix

Conférence téléphonique

Les compagnies de téléphone offrent à leur clientèle un service de conférences téléphoniques. L'équipement requis se résume à un poste téléphonique «mains libres», de type *companion*. De telles conférences n'exigent pas de déplacement et coûtent fort peu cher, exception faite des coûts d'interurbain, puisqu'il n'y a pas utilisation de ligne à fort débit.

Psychologiquement, on percevrait le téléphone comme un appareil pour dis-cuter à deux, ce qui en limiterait l'usage. L'avantage de la conférence télépho-nique tiendrait à sa simplicité d'apprentissage. Ce type de réunion s'adapterait très bien aux exigences de réunions «exploratoires», qui ne requièrent aucune transmission de documents, entre participants se connaissant déjà et n'étant pas plus nombreux qu'une dizaine.

Audioconférence réalisée en studio

Pour pallier ces limitations, les grandes entreprises utilisant fréquemment le service des conférences téléphoniques ont parfois des salles spécialement amé-nagées, dotées de systèmes de haut-parleurs et de microphones à commutateurs.

L'aménagement d'une salle permanente destinée à des groupes importants requiert une étude préalable et des transformations afin de réduire sinon d'an-nuler les effets de réverbération. La transmission peut se faire par des lignes spé-ciales pour un réseau fréquemment utilisé et géographiquement peu dispersé, par exemple pour un réseau interne. Le mode de transmission habituel est par ailleurs le réseau téléphonique.

On retrouve aussi des studios portatifs, car le faible encombrement de l'équi-pement permet de transformer une salle de réunion traditionnelle en salle d'audioconférence. Enfin, certains studios, mieux équipés et disposant d'une bande passante plus large, proposent l'usage du télécopieur, de la tablette gra-phique et de la tablette de télé-écriture et parfois des facilités de traitement et l'accès à des bases de données. Certains systèmes en développement visent à résoudre le problème que constitue la possibilité pour les participants de parler tous en même temps, soit par un dispositif qui élimine toute autre voix que celle de celui qui parle, ou encore qui donne à la voix des interrupteurs un volume moindre qu'à celle de l'intervenant qui a la parole.

Les avantages de l'audioconférence tiennent à son coût relativement bas, en raison du multiplexage, et au faible apprentissage nécessaire. Elle convient parfaitement aux réunions techniques brèves, mais peu aux négociations, à cause de sa froideur. Par contre, les téléconférences deviennent rapidement inefficaces si le nombre de postes est grand. Elles sont nettement plus efficaces de groupe à groupe (2 postes).

Les contraintes qui freinent leur usage concernent la nécessité de planifier et de réserver le local, les mini-déplacements qu'elles exigent comparativement aux téléréunions, l'absence de matériel de support ainsi que les précautions acoustiques parfois considérables qu'exigent des groupes importants réunis dans un endroit donné, puisque, quel que soit l'équipement utilisé, des problèmes acoustiques surgissent lorsque plus de 4 personnes se trouvent réunies dans une même salle pour une conférence téléphonique. De telles exigences de qualité empêchent l'utilisation des systèmes portatifs, plus souples.

Caractéristiques communes aux deux systèmes

Les deux types de conférences permettent la discussion simultanée à moindre coût que le face à face. Mais leurs désavantages en limitent l'utilisation :

- nécessité de planifier et de prendre rendez-vous;
- difficulté de suivre les débats, d'identifier les participants et de déterminer les préséances;
- absence de contact et de langage non verbal;
- tarif variable selon la distance;
- présence simultanée obligatoire.

Elles conviennent donc mieux à des réunions de tâches bien définies.

Visioconférence

La visioconférence, plus apparentée au face à face et donc théoriquement meilleure, complète l'audioconférence par l'ajout de l'image. L'intervenant est automatiquement détecté par la régie qui diffuse alors son image. La visioconférence vise à résoudre les problèmes liés au non-verbal des audioconférences. Son usage apparaît limité par les coûts d'investissement et d'exploitation (largeur de bande passante nécessaire) qu'elle comporte. Sur le plan psychologique, plusieurs participants se disent mal à l'aise devant une caméra, situation qui nécessite des habiletés que peu de gens ont, en règle générale, acquises.

13.7.8.2 Téléconférence assistée par ordinateur

On peut définir les téléconférences assistées par ordinateur comme une extension du système de messagerie textuelle permettant à un groupe d'échanger de façon structurée sur un sujet commun à l'aide d'un réseau sur ordinateur, sans contrainte de temps et d'espace; il s'agit d'un tout nouveau mode de télécommunication interpersonnelle redonnant au face à face un sens nouveau.

Avantages

a) Liés à l'économie

- Épargne de temps;

- efficacité;

- réduction des frais de voyages et de déplacements;

- souvent moins dispendieuse que le télex ou le téléphone pour un temps d'utilisation équivalent, une fois le coût d'achat du terminal amorti. Les coûts sont également abordables dans le cas de terminaux loués, compte tenu du prix de location modique et décroissant des terminaux. À titre d'exemple, la téléconférence par ordinateur est de l'ordre de 25 $ à 35 $ l'heure, comparativement à 135 $ l'heure pour le télex, dont le rendement équivaut, au mieux, au quart de la vitesse des plus petits terminaux (jusqu'à 9600 et 1200 bandes). À plusieurs, le télex est intenable et n'offre pas de flexibilité hors site.

b) Liés à l'asynchronisme et à la séparation physique

- Temps de réflexion approprié;

- présence continue non obligatoire, retardataires pas défavorisés;

- possibilité d'appartenance à 50 groupes simultanément;

- horaire flexible;

- expression simultanée plutôt que séquentielle;

- libération des contraintes de lieu (terminal portatif);

- continuité entre participants;

- possibilité de recourir à un expert;

- accès facile aux documents personnels;

- nombre quasi illimité de participants.

c) Liés à la gestion centralisée par ordinateur

- Vote automatique avec analyse statistique;

- concensus favorisé par le vote automatique en raison de la connaissance du degré de polarisation;

- services annexes : SGBD, calcul, équipement de traitement de texte;

- relation des destinataires à préciser;

- triple sécurité de l'accès au réseau, à l'ordinateur et à la conférence;

- gestion ordonnée des interventions grâce à un protocole amélioré;

- élimination des préjugés du modérateur en lui substituant un mécanisme automatique d'évaluation anonyme des contributions «agrégées» et comparées à une moyenne; possibilité de retracer toutes les interventions, de les comparer, de les identifier par lieu, par groupe ou selon toute autre variable désirée afin de faciliter les comparaisons, aux fins de rapport ou d'évaluation de la performance du groupe, des données comportementales, de la courbe d'apprentissage des débutants, pour planifier d'autres conférences.

d) Liés au mode écrit sur d'autres supports

- Importance cruciale de l'écrit pour certaines tâches;

- force de persuasion de l'écrit plus grande que celle du vidéo ou du face à face;

- concision de l'écrit comparativement au verbal;

- mieux adapté aux handicapés, malentendants et sédentaires;

- transcription commune des débats séquentiels;

- rédaction finale simplifiée;

- interventions repérables par SGBD;

- fiabilité de l'écrit;

- plus grande efficacité pour la communication de groupe que le téléphone, car le média ne permet pas l'intervention simultanée, du moins la réception simultanée, des messages de plusieurs participants;

- possibilité de traiter plus d'information;

- communication mieux dirigée.

e) Avantages psychologiques

- Amélioration des qualités de leadership;

- possibilité de contribution anonyme, de débats dépersonnalisés et d'expressions des opinions candides;

- participation égale de tous favorisée;

- changement des rôles d'une conférence à l'autre;

- attitude détendue favorisée par l'anonymat;

- concensus facilité;

- résultats originaux (type Delphi) obtenus;

- substance favorisée plus que la forme;

- subtilités émotionnelles et amicales permises;

- leadership mieux distribué;

- flexibilité individuelle au lieu de polarisation;

- interaction accrue.

Désavantages

a) Liés au mode écrit

- Absence de chaleur humaine ;

- limites aux textes écrits ou graphiques simples ;

- moins de messages échangés ;

- engagement moins profond des participants ;

- moins chaleureux que le mode face à face ;

- peu adapté aux négociations et discussions informelles ;

- moins nuancé ;

- sujets généraux difficiles à résoudre en séquentiel ;

- temps plus long de résolution de problèmes ;

- peu adapté au style verbal et informel du manager ;

- forte motivation de communication nécessaire ;

- présence ou absence individuelle peu marquante.

b) Liés au support informatique

- Formation nécessaire pour nouveaux utilisateurs ;

- grand volume d'informations : risque de provoquer une surcharge parce que la simultanéité des entrées peut engendrer la multiplicité des sujets et la confusion ;

- pas de réponse instantanée ;

- problème de confidentialité et de confiance ;

- interaction personnelle souvent faible, surtout en asynchrone ;

- problème d'accès et d'interface (protocole) ;

- temps perdu en technicités non reliées à l'échange ;

- possibilité de faire des erreurs en série ;

- vulnérabilité aux pannes.

c) Liés à la séparation physique

- Ne permet pas de maintenir ses distances ;

- absence de non-verbal ;

- perte de la notion de contexte ;

- éparpillement en raison de la prolifération des experts.

d) Liés au contrôle des interactions

- Contrôle accru de l'animateur ;

- rigidité des interactions;
- perte d'initiatives.

Domaines d'application

- Réunions de travail étalé et continu;
- coordination et gestion de projets : projets de type Apollo et Three Mile Island;
- découvertes de participants intéressés;
- distribution de l'ordre du jour et des comptes rendus;
- rédactions communes;
- sujet technique;
- échange d'informations, d'opinions.

13.7.8.3   Formes émergentes de téléconférence assistée

L'asynchronisation possible grâce à l'ordinateur a permis de constater que la forme des conférences tenait plus au degré de structure et aux contraintes de temps et d'espace qu'aux bénéfices recherchés.

Les nouveaux moyens de téléconférences couvrent toute une gamme de services, de la bureautique aux soutiens dans la prise de décision, grâce aux communications de «plusieurs à plusieurs» dont l'interrogation réseau et le ballottage conversationnel. Les systèmes interactifs d'aide à la décision (SIAD), conçus pour l'interaction, recourent aux graphiques, au traitement de données et à la modélisation en temps réel où le jugement de plusieurs contribue à façonner l'outil.

13.8   L'INTÉGRATION DES TECHNOLOGIES ET LE POSTE POLYVALENT

Nous avons présenté divers équipements utilisés en bureautique et examiné leurs capacités et leurs limites, leurs avantages et désavantages. La présente section visera plutôt à circonscrire l'importance de leur intégration, maintenant possible grâce aux réseaux de communication. Nous décrirons à cet effet les caractéristiques du poste de travail polyvalent ou bureauviseur selon la terminologie du projet Kayak.

13.8.1   Besoins et objectifs

Notre survol de la panoplie bureautique a rendu évidente la diversité :

- de l'information :

- vocale : appel, réunion, conférence;
- écrite : manuscrite, dactylographiée;
- imagée : photo, tableaux, schémas;

- des outils :
  - voix : téléphone, dictaphone, répondeur;
  - imprimé : machine à écrire, équipement de traitement de texte, copieur;
  - données : terminal;
  - images : caméra, vidéotex;

- des moyens de diffusion et de traitement :
  - réseau;
  - ordinateur;
  - logiciel, SGBD, etc.

La spécialisation des outils, justifiés historiquement, rend leur utilisation ardue; leur incompatibilité en limite l'accès et freine l'intégration des processus de gestion. L'importance de cette intégration, par ailleurs en cours, comme levier de la gestion semble évidente. Sa principale justification est d'ordre économique puisqu'elle permet de diminuer le nombre de traducteurs associés à chaque périphérique pour qu'il puisse se relier à d'autres.

Une compatibilité suffisante entre les sous-systèmes exige un certain degré de standardisation des données et des communications qui constituent l'infrastructure. La standardisation des données vise l'universalité, l'indépendance de l'équipement, l'amalgame des types de données. Cela supposerait de distinguer les données de base des instructions leur donnant du sens.

Le besoin d'intégration que les réseaux de communication gérés depuis un poste de travail polyvalent sont en mesure de satisfaire est lié aux conditions suivantes :

- interroger des bases de données externes qui sont trop considérables pour un équipement de traitement de texte autonome ou encore qu'on veut partager;
- effectuer des calculs complexes;
- échanger de l'information avec les systèmes d'information de gestion;
- éditer des documents élaborés par ordinateur;
- entrer des transactions exigeant des caractères spéciaux;
- faciliter la production de courrier électronique.

La photocomposition, variante avancée du traitement de texte, remplit les mêmes fonctions d'entrée et de traitement; un même équipement pourrait conjuguer les deux fonctions. Il en va de même pour la micrographie qui constituerait une sortie possible pour l'ordinateur ou l'équipement de traitement de texte. La lecture optique et la micrographie bénéficieraient d'une telle intégration s'il était possible de manipuler l'information lue par un ETT ou un ordinateur et de la transmettre par télécopie. En outre, on assiste à la convergence des moyens de stockage et d'archivage, les deux tendant à se confondre.

Les différents équipements doivent pouvoir fonctionner de façon modulaire et donc à distance, ce qui implique le partage de toutes les ressources; l'intégration doit viser aussi la nature de l'information (voix, données, textes et images) simplifiée depuis la digitalisation possible de chacune. Il apparaît particulièrement important d'incorporer la voix, assurant l'émergence de documents d'un type nouveau, ou d'annoter certains passages, en utilisant l'italique, le soulignement et les guillemets. Les téléconférences utilisant la voix et les autres moyens concurrenceront dangereusement le face à face. Emmagasinée digitalement, la voix sera conservée comme un nouveau mode de message traitable informatiquement et pouvant être intégrée à un texte.

La sortie doit être multiforme (papier, microfiche, voix, image). De plus, un écran multifenêtre (il existe des écrans de 800×1000 points) utiliserait plus naturellement plusieurs fonctions simultanées et afficherait l'équivalent d'une table de travail, soit environ 10 feuilles.

Dans son interaction avec le système, l'employé utilise un poste de travail dont les caractéristiques varient selon le volume de la tâche, son degré de structure, et selon les caractéristiques de l'utilisateur : banalisé pour les travaux non structurés, à usage occasionnel pour les gestionnaires (par exemple, EIS : *Executive Information System*), et spécialisé pour des travaux très structurés, à usage intensif de production pour les opérateurs. Mais cette catégorisation des postes de travail gêne par sa rigidité liée à une conception discontinue du processus de gestion, alors que la bureautique en vise l'intégration aux fins de l'automatisation.

La bureautique doit donc privilégier un large éventail de fonctions avec la souplesse du manuel nécessaire à un débutant, ce qui suppose des dispositifs puissants pour produire, enregistrer et communiquer l'information; le terminal ne peut convenir comme lien unique entre usagers et systèmes, répartis en différents sites, compte tenu de l'interdépendance des fonctions et des tâches. L'outil doit conjuguer la simplicité et la puissance des effets à la flexibilité de manipulation, sans diminuer la richesse des pratiques de communication traditionnelles; il doit donc être sophistiqué sans afficher sa puissance. On peut le définir comme le lien unique donnant accès à un large spectre de services misant sur l'intégration synergique des technologies et les capacités des réseaux pour éviter la prolifération des équipements spécialisés. Même les micro-ordinateurs personnels avec leur clavier limité ne sont pas assez conviviaux pour ce titre.

Le poste de travail multifonctionnel intègre donc la plupart des fonctions bureautiques. Composé d'un clavier avec souris, d'un décodeur de voix, d'une caméra, d'un écran, d'un processeur, d'une imprimante et des logiciels appropriés, il remplit les fonctions d'un ordinateur, d'un équipement de traitement de texte, d'un système graphique et d'un appareil de communication. Il peut être utilisé en liaison avec d'autres postes de la même firme, ou avec un gros ordinateur, et est largement compatible pour la communication avec des postes d'autres firmes moyennant l'utilisation de protocoles adéquats. Enfin, il est modulaire, c'est-à-dire que l'on peut non seulement le relier à d'autres postes de travail, mais également lui ajouter des modules de mémoire et de logiciel au fur et à mesure de l'évolution des besoins du bureau.

Les possibilités de stockage et de récupération d'informations, de traitement de données et de textes, de soutien administratif et de communication en font un système d'intégration d'information pour le bureau. Cette intégration est d'autant plus complète que ces postes sont souvent, et de plus en plus, reliés à d'autres équipements de bureau munis d'un microprocesseur, tels les appareils de micrographie et les appareils de télécopie.

Entièrement électroniques, ces postes de travail sont économiques et assez efficaces pour que les organisations aient intérêt à les fournir à tous leurs employés.

13.8.2   Rôles des postes de travail

Au niveau fonctionnel, le poste permettra :

- de produire l'information sous toutes ses formes (voix, images, données alphanumériques) avec l'aide de dictionnaires, d'éditeurs graphiques, de traducteurs incluant une grammaire personnalisée réglant les marques d'entrée, reconnaissant les abréviations, déterminant le niveau de message et d'écho, bref personnalisant l'interaction;

- de communiquer avec d'autres usagers; en plus des téléconférences et de la messagerie électronique, l'intégration d'un réseau s'avère d'autant plus nécessaire que le travail s'effectue souvent en groupe;

- d'accéder aux bases de données et aux sources d'information;

- de distribuer le traitement de façon logique et physique, c'est-à-dire de gérer les équipements (stockage, diffusion, entrée);

- de fournir des outils analytiques de calcul et de programmation;

- de consulter l'information personnelle, organisationnelle ou externe;

- d'agir à distance;

- de connaître l'état des diverses opérations en cours;

- de disposer d'une horloge centralisée et d'un calendrier;

- de disposer d'un service de messagerie;

- de remplir certaines fonctions de secrétariat telles que :

  - la gestion des informations personnelles;
  - la gestion (inventaire et coordination) des agendas (rendez-vous, réunions, voyages, derniers délais);
  - la gestion des appels (annuaires, traces, suivis);
  - la mise à jour du carnet personnel des individus et des groupes.

Pour les cadres, il faut ajouter des capacités de modélisation, de type Lotus, d'aide à la prise de décision, de supervision des opérations et de gestion de projets; pour qu'il soit adapté, le système devra s'expliquer de lui-même (fonctions à bouton, par exemple) ou fonctionner à l'aide d'un langage naturel utilisant la programmation heuristique.

13.8.3 Exigences qualitatives des postes de travail

Outre la polyvalence et la modularité précédemment mentionnées, le poste de travail doit posséder les qualités suivantes :

- standardisation des modules et cohérence (normalisation);

- compatibilité avec l'informatique et les télécommunications;

- ouverture, base évolutive d'ajout de fonctions;

- possibilité de fonctionnement en dégradé (autonomie);

- fiabilité et sécurité.

13.8.4 Exigences humaines

Le poste de travail touche de près l'individu avec lequel il entre en interaction. Il doit donc présenter les caractéristiques suivantes :

- conception ergonomique, attirante;

- adapté à tous les niveaux d'utilisateurs (directeur, professionnel, commis, expert ou débutant);

- technique de communication efficace;

- interactions simples, claires, prévisibles, efficaces, instantanées, à l'aide d'un langage facile, naturel, amical, cohérent, auto-explicatif, simple à retenir, flexible;

- adaptation aux caractéristiques personnelles de l'utilisateur travaillant dans un milieu dynamique et changeant (possibilité de suspension/reprise et de simultanéité).

En somme, le poste doit apporter une aide adaptée à l'utilisateur plutôt qu'une contrainte supplémentaire.

13.9   LES MODÈLES BUREAUTIQUES

Il existe trois modèles de bureaux dits «informatisés» :

1) le bureau informatisé avec outils informatiques;

2) le bureau automatisé dont les tâches sont coordonnées par l'ordinateur;

3) le bureau télématisé qui fonctionne sans papier et dont les services sont interreliés grâce à l'ordinateur (réseau).

13.9.1   Le bureau informatisé

Première étape après le bureau traditionnel, le bureau informatisé comprend le micro-ordinateur, l'appareil de traitement de texte et la machine à écrire électronique.

Pour l'entreprise de petite taille, l'informatisation est essentiellement reliée à la tâche spécifique de chaque employé : on n'y trouve pas de concept global de système. L'entreprise de grande dimension établira un système dont l'activité propre est de traiter l'information, tout comme un service de production ou de finance a son activité propre. L'intérêt de ce système est logistique pour les activités importantes de l'entreprise, c'est-à-dire qu'il devient une activité de soutien à l'administration de l'entreprise. En effet, la direction de l'information et de la communication sera en mesure, en traitant l'information, de gérer sa circulation et de l'acheminer au bon endroit.

Les postes reliés aux services de traitement de texte, aux services de bases de données, aux services de communication, mettent en évidence l'importance du rôle des réseaux pour une gestion efficace de l'information. Cela vaut pour l'entreprise qui génère et recueille suffisamment de données pour diviser son organisation en activités bureautiques spécialisées.

13.9.2   Le bureau automatisé

Le bureau automatisé est une forme d'organisation bureautique où les machines sont reliées à un ordinateur central et où le personnel est réduit au minimum.

FIGURE 13.11
Le bureau
informatisé

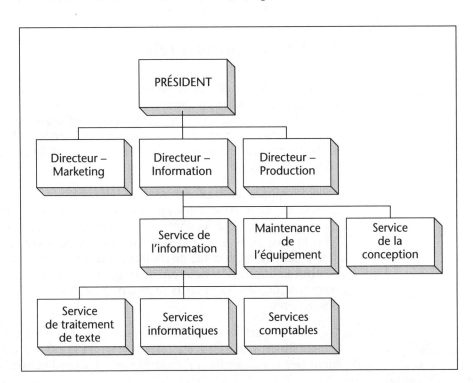

FIGURE 13.12
Le bureau du futur

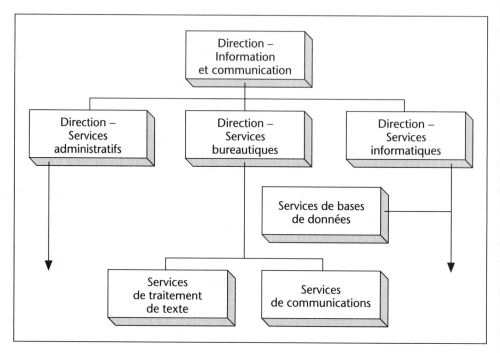

Cette organisation peut se réaliser grâce à l'introduction de lecteurs optiques, de multiplexeurs, de modems et de terminaux. De plus, les systèmes de bases de données ou de gestion des fichiers, les imprimantes ultrarapides et les appareils permettant le graphisme de qualité seront des accessoires importants pour faciliter les opérations et l'implantation d'un système de réseau.

13.9.3   Le bureau télématisé

Les télécommunications de bureau (ou télébureautique) représentent la seconde force de la bureautique et constituent donc un domaine extrêmement important des applications bureautiques. Véritables révolutions des procédés de communication au sein de l'entreprise, la télécommunication et la bureautique ont permis le développement des capacités d'entreposage et de traitement de tous les types d'informations.

Les équipements et systèmes de télécommunication sont très nombreux et diversifiés. Ils font souvent appel à des notions techniques complexes, tout au moins pour ceux qui ne sont pas familiers avec l'électronique et l'informatique. Néanmoins, grâce à ces nouvelles technologies, les usagers peuvent réduire considérablement leurs coûts de traitement de l'information. Par exemple, une unité de photocomposition peut être partagée par tous les bureaux d'une entreprise, la transmission des documents se faisant à l'aide de «codes de photocomposition» déjà insérés.

Pour sa part, le courrier électronique accélère les communications entre les cadres situés à des endroits différents; des systèmes informatisés d'enregistrement des commandes, de contrôle des stocks, d'administration, de gestion des

FIGURE 13.13
La télécom-
munication

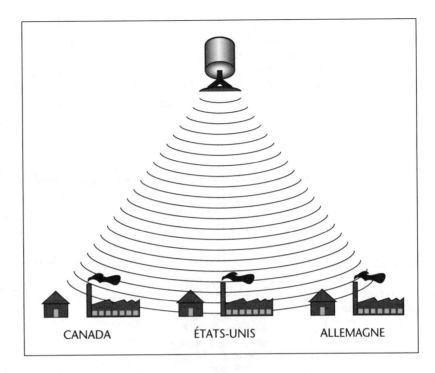

CANADA   ÉTATS-UNIS   ALLEMAGNE

opérations financières permettent aujourd'hui de relier des bureaux géographiquement éloignés.

13.10 LA BUREAUTIQUE, UNE ACTIVITÉ DE GESTION

Bon nombre d'activités de gestion peuvent se servir d'outils informatiques qui visent l'assistance individuelle dans la réalisation de travaux associés. Retenons entre autres activités la gestion des dossiers ou d'information, la production de statistiques, l'analyse de projections et la simulation, la gestion du temps, etc.

Dans la plupart des cas, ces activités peuvent reposer sur l'utilisation d'un micro-ordinateur et de logiciels appropriés, notamment les tableurs, les logiciels d'aide à la décision, les logiciels de gestion de fichiers et de bases de données et les agendas électroniques.

13.11 LA BUREAUTIQUE, LIEU DE CONVERGENCE TECHNOLOGIQUE

La bureautique émerge au carrefour des diverses technologies de l'information et des disciplines fondamentales comme le management ou les sciences du comportement et de la décision, et de l'ergonomie. On assiste en outre à «une osmose croissante entre les moyens de communication» d'abord entre eux, puis avec les autres technologies, par exemple le traitement de texte et le traitement de données. On assiste également à la prolifération des logiciels offrant des possibilités de calcul et de graphisme sur les machines de traitement de texte, tandis que les micro-ordinateurs disposent déjà d'un éditeur de texte efficace. L'union se révèle d'autant plus essentielle que produire de l'information ne se justifie pas en soi. L'intégration des diverses technologies de production, de stockage et de communication de l'information se réalise de façon à épouser les caractéristiques du support plutôt qu'en les considérant comme des contraintes.

13.12 LA PROBLÉMATIQUE BUREAUTIQUE

On estime que l'implantation de la bureautique dans une organisation entraîne une diminution de 15 % du temps consacré aux activités classiques de bureau.

**FIGURE 13.14
La bureautique,
lieu de convergence
technologique**

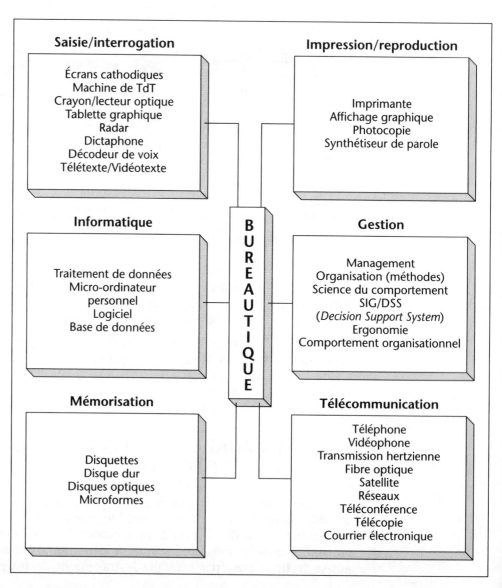

Au Canada, ce phénomène touchera quelque 150 000 personnes, que ce soit sur le plan du recyclage ou de la mise à pied, ou sur celui de la redéfinition du poste de travail.

L'intérêt que suscite la bureautique réside dans le fait que les dirigeants sont de plus en plus préoccupés par l'étude du temps et des mouvements en production, par l'ergonomie, par l'enrichissement des tâches en milieu de travail, etc. Les dirigeants d'entreprise doivent donc remettre en question certains principes de définition de tâches, autant pour le personnel cadre que pour les employés subalternes. Ainsi, on ne parlera plus de secrétaire, mais d'opérateur ou de technicien de bureau. Par surcroît, une partie de la tâche de l'administrateur sera, dans les faits, axée sur les opérations de traitement.

13.13   CONCLUSION

L'ordinateur est devenu un outil courant dans l'entreprise. Il sert surtout à traiter des données, des textes, des images et à compiler les transactions sous forme de comptabilité et à produire ainsi les états financiers. Les répercussions de l'informatique et de la micro-informatique ne se font pas sentir uniquement dans le monde des affaires; presque tous les aspects de la vie en société ont également été touchés. L'ordinateur est régulièrement utilisé dans de nombreuses activités. Dans bien des cas, il peut jouer un grand rôle dans la vie de chaque citoyen, sans que celui-ci ne s'en aperçoive.

La bureautique commence à supplanter l'informatique traditionnelle qui, à cause de son langage austère et spécialisé, s'est enfermée dans une tour d'ivoire qu'elle a elle-même érigée. L'utilisateur moyen peut maintenant faire seul ce que plusieurs spécialistes en informatique, avec de bien grosses machines, arrivaient à peine à produire voilà quelques années.

13.14   QUESTIONS

1. Quelles différences y a-t-il entre l'informatique et la bureautique?

2. Qu'est-ce qui justifie l'implantation de l'informatique dans l'entreprise?

3. Vous avez à automatiser les opérations de votre entreprise. Devez-vous vous servir de l'informatique traditionnelle ou de la micro-informatique?

4. Définissez la bureautique.

5. Quels sont les gens qui, dans un bureau, sont susceptibles de se servir de la micro-informatique et dans quel contexte?

6. Illustrez la différence entre un système informatique et un système bureautique.

7. Quelles sont les diverses méthodes de messagerie électronique? Pourquoi est-ce utile dans chaque cas?

8. Quelle sera la plus grande problématique dans l'implantation de la bureautique?

9. Quel sera le rôle de l'informatique dans les années à venir?

13.15   BIBLIOGRAPHIE

BARCELO, Yan. «Les portatifs, comment choisir», *Informatique et bureautique*, mars 1985.

BUCKLER, Grant. «Shopping for software», *Office Management & Automation*, octobre 1988.

COOLEY, WALZ et WALZ. «A research agenda for computers and small business», *American Small Business Journal*, hiver 1987, p. 31-42.

DE BLASIS, Jean-Paul. *La bureautique : outils et applications*, Les Éditions d'organisation, 1982.

FABIAN, Robert. «Have laptop, will travel but choose right model first», *The Financial Post*, 27 février 1989.

GEORGAS, Nora. «Planes, trains & automobiles : 12 portables on the road», *PC Magazine*, 29 mars 1988, p. 93-108.

GOUVERNEMENT DU CANADA. *Manuel d'informatique : guide d'évaluation des soumissions*, 1er octobre 1983.

GOUVERNEMENT DU QUÉBEC. *Guide méthodologique d'implantation de la bureautique*, Les Publications du Québec, 1987.

HARRISSON, Michael. «Buyers lapping up laptops», *The Financial Post*, 27 février 1989.

LASALLE, Michel. «La laiterie Casavant de St-Jérôme», *Informatique et bureautique*, juin 1988, p. 22-28.

NAFFAH. *Le projet Kayak*, rapport de l'INRIA, 1982, 30 p.

NORA, Simon et Alain Minc. *L'information de la société*, La Documentation française, 1978.

RAYMOND, Louis. «Decision-aid for small business computer selection», *Journal of Systems Management*, septembre 1983.

«Take it or leave it, portables with desktop power», PC Magazine, 11 octobre 1988.

14 Les systèmes d'information comptable

14.0 OBJECTIFS

1. Connaître les principales caractéristiques d'un système d'information comptable.

2. Décrire la procédure de traitement manuel d'une vente.

3. Décrire la procédure de traitement informatisé d'une vente.

4. Connaître les critères de base pour choisir un logiciel comptable.

5. Connaître quelques produits.

14.1 COMPTABILITÉ ET SYSTÈME D'INFORMATION COMPTABLE

Un système d'information comptable (SIC) est un sous-système du système d'information de l'entreprise qui permet de classer, d'inscrire, d'analyser et d'interpréter des données financières en vue de déterminer la situation financière de l'entreprise et ses résultats d'exploitation.

Traditionnellement, un système d'information comptable traitait des données financières et produisait des rapports. Très peu d'information était générée pour des activités de planification et de contrôle. L'implantation d'un système comptable informatisé ouvre la voie à un ensemble intégré de traitement qui fournit aux gestionnaires des informations de toutes sortes sur les activités économiques de l'entreprise.

La comptabilité s'occupe de l'enregistrement des transactions financières et de la production d'états financiers, de budgets et d'analyses de coûts. Les chiffres budgétaires et les coûts constituent des données d'entrée nécessaires pour la préparation de rapports de contrôle de gestion, contribuant ainsi au développement d'applications de contrôle de gestion de toutes les fonctions. On enregistre les ventes, la facturation, les divers reçus, les pièces justificatives du grand-livre et les transferts de titres, c'est-à-dire tous les transferts monétaires avec l'extérieur[1].

---

1. Davis, Olson, Ajenstat, Peaucelle, *Système d'information pour le management*, p. 314

Un système d'information comptable est composé de deux volets : la comptabilité financière et la comptabilité de gestion.

14.1.1   La comptabilité financière

La comptabilité financière s'applique à présenter le plus fidèlement possible la situation financière et les résultats d'exploitation d'une organisation à des utilisateurs externes à l'entreprise, par exemple à des investisseurs ou à des banques. Plus spécifiquement, la comptabilité financière est l'ensemble des activités qui visent à enregistrer, classer et présenter de façon significative, sur le plan financier, les transactions et les faits financiers de l'organisation. Bref, la comptabilité financière «est concernée par la mesure des états de pertes et profits pour des périodes données et par la préparation des rapports bilan de fin de période[2]».

La comptabilité financière est un système qui permet d'évaluer les activités de l'organisation. Lorsqu'une transaction est réalisée, elle peut se traduire, d'un côté, par une sortie d'argent et, de l'autre, par un gain au niveau des actifs, par exemple. Ou encore, lorsqu'une vente est effectuée, un gain en argent est réalisé, mais également une réduction de la valeur des inventaires.

14.1.1.1   Caractéristiques[3]

Le système comptable répond à des besoins généraux et non particuliers.

Il s'adresse surtout à des personnes extérieures à l'entreprise et sert principalement les investisseurs, les actionnaires et les créanciers.

Le système comptable enregistre et interprète les faits à caractère financier utiles à la préparation périodique des états financiers conventionnels, tels que le bilan, l'état des résultats, l'état des bénéfices non répartis et l'état de l'évolution de la situation financière.

Il permet en outre de préparer et de présenter des états financiers en conformité avec les principes comptables généralement reconnus. Soulignons que la production des états financiers est obligatoire et requise par différents organismes dotés de pouvoirs réglementaires. La comptabilité se rattachant aux états financiers est généralement soumise à un travail de vérification effectué par un expert-comptable indépendant.

14.1.2   La comptabilité de gestion

La comptabilité de gestion «est plus concernée par la détermination et la préparation d'analyse pour le contrôle de gestion et la prise de décision. Elle est souvent liée au processus budgétaire et à l'analyse de la performance grâce aux

---

2. *Ibid.*, p. 8.
3. Lauzon, Gélinas, Bernard, *Contrôle de gestion*, p. XVIII-XIX.

budgets[4]». Elle vise à fournir aux gestionnaires des données qui leur permettront de planifier, de prendre des décisions et de contrôler les résultats atteints.

14.1.2.1 Caractéristiques[5]

Les rapports comptables couvrent toutes les composantes de l'entreprise : secteurs, services, produits, responsables, divisions, etc.

La comptabilité de gestion est surtout destinée aux gens qui font partie de l'entreprise et s'adresse principalement aux administrateurs qui ont un accès privilégié à l'information financière.

Elle enregistre et interprète les informations financières utiles à la planification, au contrôle et à la coordination des activités économiques de l'entreprise et répond aux besoins particuliers définis par les gestionnaires.

Elle vise principalement à préparer et à présenter des rapports comptables qui ne sont pas gouvernés par les principes comptables généralement reconnus. Conséquemment, le volume et la forme des états de gestion pourront varier d'une entreprise à l'autre, selon les besoins. Notons enfin que les rapports de gestion ne sont pas soumis à une vérification indépendante effectuée par un expert-comptable.

14.1.3 Le cycle comptable

Les données recueillies au cours des transactions financières réalisées dans l'entreprise sont la matière première qui alimente un système d'information comptable.

Une **transaction** est une activité élémentaire de l'organisation qui peut être mesurée selon une dimension financière et qu'il est nécessaire d'enregistrer. Par exemple, la vente d'un produit, l'achat de matières premières, les recettes de caisse ou les déboursés pour payer un fournisseur sont traités pour produire des documents et des rapports permettant de suivre les progrès de l'organisation. Le processus de traitement des transactions est appelé **cycle comptable** et est constitué des étapes suivantes :

1) Intrant : saisie et enregistrement des données (transactions) à l'aide de documents originaux (factures, bons de commande, fiches de paie, etc.).

2) Traitement : classement et codage des données; entrée des données dans les journaux généraux et report dans les grands-livres auxiliaires et au grand-livre général.

3) Extrant : préparation de rapports et d'états financiers.

Qu'il soit manuel ou informatisé, le processus de traitement des données financières suit rigoureusement ce modèle.

---

4. Davis, Olson, Ajenstat, Peaucelle, *op. cit.*, p. 11.
5. Lauzon, Gélinas, Bernard, *op. cit.*, p. XIX-XX.

14.1.4   Les livres comptables

Les livres comptables sont des registres dans lesquels sont consignées les transactions de l'entreprise. Ils offrent la possibilité de suivre chronologiquement chacune des transactions et d'accumuler leurs effets pour pouvoir présenter la situation financière à une date donnée.

On répertorie plusieurs livres comptables :

- le grand-livre général;
- le journal général;
- le grand-livre auxiliaire des clients;
- le journal des ventes;
- le journal des recettes;
- le grand-livre auxiliaire des fournisseurs;
- le journal des achats;
- le journal des déboursés;
- le journal des inventaires;
- le journal de paie, etc.

Le nombre de journaux utilisés par une entreprise dépend de l'envergure de ses activités. Certaines se contenteront du journal général et du grand-livre général tandis que d'autres, qui ont à traiter quotidiennement de nombreuses factures et qui font des affaires avec plusieurs fournisseurs, opteront pour un système plus complexe de journaux.

Plusieurs registres comptables sont liés à des transactions de base. C'est le cas notamment des ventes de marchandises ou de matériel dont les données

FIGURE 14.1
Le cheminement
des transactions

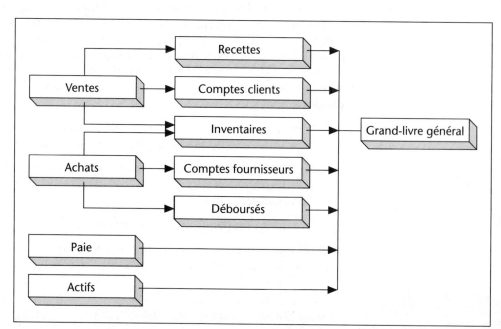

peuvent, selon la complexité du système, être consignées au journal des ventes, au grand-livre auxiliaire des clients et au journal des inventaires.

14.2 TRAITEMENT MANUEL DES TRANSACTIONS

Dans un système comptable traditionnel, toutes les transactions sont enregistrées et traitées une à une manuellement. Examinons les différentes étapes du traitement manuel d'une vente à crédit :

a) Facturation

- Vérifier la marge de crédit du client dans le grand-livre auxiliaire des clients.

- Chercher dans les documents appropriés l'adresse du client.

- Inscrire le code du produit, sa description, son prix unitaire. Consulter la liste des produits pour vérifier ou obtenir certaines informations.

- Calculer le total par article, les taxes, les rabais et les escomptes; faire le total de la facture.

b) Report de chaque facture sur le journal des ventes

- Consigner chronologiquement dans le journal des ventes le montant total de chaque facture.

Exemple :

Date	Comptes à débiter	N° de facture	Montant
01 janv.	Simard et Simard	0001	12,95 $
01 janv.	Entreprise Lubec	0002	5,00
06 janv.	Simard et Simard	0003	6,00
28 janv.	Entreprise Lubec	0004	15,60

c) Report sur le grand-livre des clients

- Reporter sur la fiche individuelle du client, qui se trouve dans le grand-livre auxiliaire des clients, le montant de la facture, montant que ce client doit.

Exemple :

Simard et Simard			
Date	Débit	Crédit	Solde
01 janv.	12,95	12,95	0,00
06 janv.	6,00	18,95	12,95

Entreprise Lubec			
Date	**Débit**	**Crédit**	**Solde**
01 janv.	5,00	5,00	0,00
28 janv.	15,60	20,60	5,00

d) Report sur le grand-livre général :

- Reporter mensuellement le total du journal des ventes à chacun des postes affectés par les transactions du mois.

Exemple :

Comptes clients			
Date	**Débit**	**Crédit**	**Solde**
31 janv.	39,55	39,55	0,00
Ventes			
Date	**Débit**	**Crédit**	**Solde**
31 janv.	39,55	39,55	0,00

e) Rapports de fin de période

- Reporter sur les différents journaux toutes les transactions effectuées au cours d'une période donnée.

- Produire des rapports.

Au cours d'une période d'un mois, par exemple, de nombreuses transactions de ventes peuvent être effectuées dans une organisation. De nombreuses données comptables doivent être saisies et reportées sur les différents journaux. Si le volume des transactions quotidiennes est très grand, la transcription des transactions sur les différents journaux comptables devient une tâche hautement accaparante qui mène trop souvent à des retards incroyables dans la production des états financiers et des rapports de fin de période.

Il devient alors impossible d'évaluer périodiquement les progrès de l'entreprise. Cette situation laisse toute la place à la gestion improvisée et affaiblit la position financière de l'organisation.

Il est donc très avantageux pour une entreprise qui doit traiter quotidiennement un grand nombre de factures d'acquérir un système de comptabilité informatisé. Les avantages d'un tel système compensent largement les coûts d'acquisition de celui-ci.

14.3 TRAITEMENT INFORMATISÉ DES TRANSACTIONS

Un système de comptabilité informatisé est constitué d'un ensemble de programmes qui permet de concevoir les différents livres comptables nécessaires au suivi des activités financières de l'entreprise, d'effectuer tous les reports nécessaires sur les journaux concernés par chacune des transactions et de produire des états financiers et des rapports.

La conception d'un système débute par l'initialisation d'un fichier de plan comptable permettant de dresser la liste de tous les comptes pouvant être employés par l'organisation. Ce plan correspond aux besoins spécifiques de gestion et de contrôle de chaque entreprise et peut être modifié de façon qu'il s'adapte aux nouvelles réalités de celle-ci. Ce plan constitue ce qu'on appelle couramment la «charte des comptes». Généralement, un logiciel de comptabilité propose son propre plan comptable qui peut être adapté selon les besoins de l'entreprise.

Un système de comptabilité informatisé est composé des différents journaux utilisés pour la compilation des transactions financières. Ces journaux sont regroupés sous les dénominations de base suivantes :

- Grand-livre;

- Comptes clients (ou Clients, ou Recevables);

- Comptes fournisseurs (ou Fournisseurs, ou Payables);

- Inventaires (ou Stock);

- Paie.

Selon sa complexité, le progiciel pourra offrir d'autres éléments d'un système comptable. Certains systèmes présenteront en un seul programme l'ensemble de ces journaux. Ces systèmes sont dits **systèmes de comptabilité intégré**s. D'autres systèmes exigeront l'achat de programmes individuels pour chaque module de la comptabilité; par exemple, un programme pour traiter la facturation, un programme pour traiter les inventaires, etc. La configuration d'un système dépend donc de la complexité du système lui-même et du nombre plus ou moins grand des fonctions offertes.

Les systèmes de comptabilité bas de gamme sont généralement intégrés et s'adressent à de petites entreprises où le lot de transactions quotidiennes est relativement faible.

GRAND-LIVRE   PAYABLES   RECEVABLES   PAIE   INVENTAIRES   PROJET   SYSTEME

Entreprise: .... d:\[chemin]

V3.25aR (C) Copyright 1986-1989 Bedford Software Limited
All rights reserved

14.3.1   Le système de comptabilité de Bedford

Examinons le système de comptabilité informatisé de Bedford[6]. Il s'agit d'un logiciel qui intègre les différents journaux comptables nécessaires au suivi des activités financières de l'entreprise et qui met à jour le grand-livre pour chaque transaction réalisée. Il faut remarquer que ce ne sont pas tous les programmes de comptabilité qui possèdent cette particularité. Plusieurs programmes de comptabilité requièrent, à la fin d'une période, l'exécution de procédures de report des données sur les différents journaux et la mise à jour du bilan.

À l'aide des touches de déplacement, l'utilisateur doit positionner le pointeur sur l'une des dénominations affichées, là où il veut enregistrer une transaction.

Le module «Grand-livre» permet l'enregistrement de toutes les transactions ou d'une partie seulement des transactions qui ne sont pas traitées aux modules «Payables», «Recevables», «Paie» ou «Inventaires». Certaines entreprises n'utiliseront que le grand-livre pour consigner l'ensemble de leurs transactions, si celui-ci est de faible volume. Par contre, si le volume des transactions est relativement élevé, l'usage – en tout ou en partie – des modules «Payables», «Recevables», «Paie» et «Inventaires» offrira des avantages de contrôle beaucoup plus efficace et adapté aux activités de l'entreprise.

FIGURE 14.3
Le module
«Grand-livre»

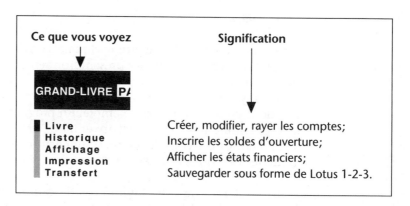

Ce que vous voyez — Signification

GRAND-LIVRE P/

Livre
Historique
Affichage
Impression
Transfert

Créer, modifier, rayer les comptes;
Inscrire les soldes d'ouverture;
Afficher les états financiers;
Sauvegarder sous forme de Lotus 1-2-3.

---

6. Bedford est un produit conçu par Accpac Bedford

Le module «Payables» permet d'effectuer la facturation des clients et la mise à jour des journaux reliés à la transaction.

Examinons la façon de traiter une vente avec un système de comptabilité informatisé.

Lorsqu'une vente, à crédit ou comptant, est réalisée, une facture est produite et remise au client. Pour produire une facture avec Bedford, il faut sélectionner le module «Recevables» à l'écran de base. Un menu est affiché; à l'option «Journal», il faut sélectionner l'option «Ventes», puis l'option «Inventaires» si la vente est reliée à des produits enregistrés dans le module «Inventaires». Un écran permettant d'entrer les données de la vente est ensuite affiché :

À partir de maintenant, il n'est plus nécessaire d'intervenir pour le report des données de la vente sur les différents journaux. Le système s'en charge. Il est facile de comprendre qu'un système de comptabilité informatisé est un outil très performant si on le compare à un préposé à la tenue des livres. Par le simple fait qu'une facture soit produite de façon informatisée, les journaux (ou livres comptables) touchés par la transaction sont automatiquement mis à jour. De plus, le système informatisé réduit au minimum les erreurs. En outre, les livres étant constamment à jour, plus aucun délai n'est exigé pour la production des états financiers périodiques.

Avec Bedford, même le bilan est actualisé à chaque transaction, comme le montre la figure 14.5.

14.3.1.1   Fonctionnement

Supposons que quatre transactions de vente aient été réalisées au cours du mois.

1) Les ventes sont inscrites, au fur et à mesure de leur saisie, au compte de chacun des clients, et un rapport comme celui-ci peut être généré :

2) Les inventaires sont mis à jour pour refléter la réduction des stocks à la suite de la vente.

3) Chaque compte du grand-livre général affecté par la transaction est mis à jour.

Pour chaque transaction, il est possible de consulter le bilan et les autres états financiers, ceux-ci étant constamment actualisés. De nombreux rapports de gestion et des états financiers peuvent être produits rapidement, notamment les états de comptes mensuels des clients, les rapports d'inventaires, les bilans, les états de résultats, les balances de vérification, etc.

FIGURE 14.4
Vente à crédit

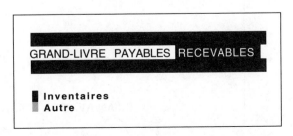

Le traitement des transactions s'effectue donc en trois temps : l'entrée des données, le traitement proprement dit et la production d'états ou de rapports. Le traitement des transactions peut générer deux types de documents :

- des documents informatisés tels que les états financiers de fin de période, des factures ou des états de comptes;

- des rapports d'événements tels que la liste des clients qui n'ont pas encore payé leurs factures, par exemple.

Chaque progiciel offre la possibilité de produire un nombre plus ou moins important de rapports et d'états financiers.

FIGURE 14.5
Le bilan selon
Bedford

Papeterie Parchemin
BILAN Janvier 1, 1990

ACTIF			PASSIF	
ACTIF A COURT TERME			**PASSIF A COURT TERME**	
Banque A -Payables	0.00		Comptes à payer	0.70
Banque B - Recevables	0.00		Vacances à payer	0.00
Banque C -Paie	0.00		A-C à payer	0.00
Total en banque		0.00	RRC à payer	0.00
Comptes à recevoir		0.00	Impôt fédéral à payer	0.00
Avance à recevoir		0.00	Receveur général à payer	0.00
Inventaire		0.70	RRQ à payer	0.00
TOTAL ACTIF A COURT TERME		0.70	Impôt du Québec à payer	0.00
			RAMQ à payer	0.00
TOTAL ACTIF		0.70	Min. des Finances du Québec	0.00
			Déduction A à payer	0.00
			Déduction B à payer	0.00
			Déduction C à payer	0.00
			CSST à payer	0.00
			TPS régulière à payer	0.00
			TPS construction à payer	0.00
			TVQ à payer	0.00
			TOTAL PASSIF A COURT TERME	0.70
			TOTAL PASSIF	0.70
			CAPITAL	
			CAPITAL	
			Bénéfices non répartis	0.00
			Bénéfices nets	0.00
			TOTAL CAPITAL	0.00
			TOTAL CAPITAL	0.00
			PASSIF ET CAPITAL	0.00

BILAN AVANT LA TRANSACTION AU 01-01-90

FIGURE 14.5
Le bilan selon
Bedford (suite)

Papeterie Parchemin
INVENTAIRES Janvier 1, 1990

			Prix	Stock	Min.	Coût	Valeur	Marge
3	Agrafeuse	1	2.50	4	2	1.50	6.00	40.0
5	Carnet 5"	2	1.80	6	2	0.75	4.50	58.3
2	Corbeille	1	15.60	3	2	9.80	29.40	37.1
4	Enveloppes	10	3.00	9	2	2.00	18.00	33.3
1	Papier fin	1	18.50	12	5	12.00	144.00	35.1
6	Sous-main	1	12.95	2	2	8.40	16.80	35.1
							218.70	

Papeterie Parchemin
INVENTAIRES Janvier 31, 1990

			Prix	Stock	Min.	Coût	Valeur	Marge
3	Agrafeuse	1	2.50	2	2	1.50	3.00	40.0
5	Carnet 5"	2	1.80	6	2	0.75	4.50	58.3
2	Corbeille	1	15.60	2	2	9.80	19.60	37.1
4	Enveloppes	10	3.00	7	2	2.00	14.00	33.3
1	Papier fin	1	18.50	12	5	12.00	144.00	35.1
6	Sous-main	1	12.95	1	2	8.40	8.40	35.1
							193.50	

Papeterie Parchemin
Détails des clients Janvier 31, 1990

					total	courant	31-60	61-90	91+
4	Simard et Simard	0001	01-01-90	Facture	12.95		12.95		
		0003	06-01-90	Facture	6.00	6.00			
					18.95	6.00	12.95		
5	Lubec	0002	01-01-90	Facture	5.00		5.00		
		0004	28-01-90	Facture	15.60	15.60			
					20.60	15.60	5.00		
					39.55	21.60	17.95		

FIGURE 14.6
Le report de
transactions
selon Bedford

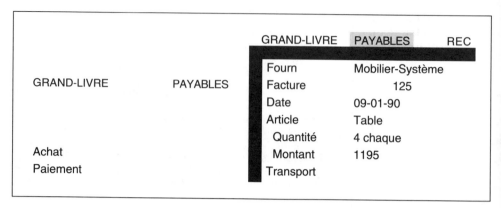

FIGURE 14.7
La gestion
des inventaires
selon Bedford

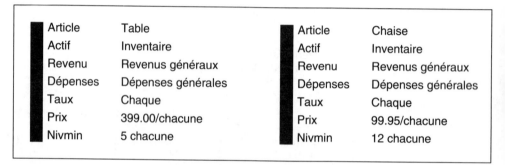

14.4 CHOISIR UN PROGICIEL DE COMPTABILITÉ

14.4.1 Critères de choix

La décision de remplacer le système de comptabilité manuel par un système informatisé est facile à prendre. Par contre, il en est tout autrement lorsqu'il s'agit de faire un choix judicieux parmi la quantité impressionnante de progiciels de comptabilité en vente sur le marché.

Il existe divers logiciels de comptabilité pour les utilisateurs de micro-ordinateurs, depuis les progiciels complets et peu complexes, destinés aux petites et moyennes entreprises dont les besoins en matière d'information comptable sont relativement simples, aux grands systèmes souples et puissants pouvant être exploités en réseau et répondant aux besoins de la grande entreprise.

Le choix d'un progiciel de comptabilité doit s'appuyer sur plusieurs critères, dont le secteur d'activité, les besoins d'information de la direction, ainsi que le volume actuel et prévu de documents traités, par exemple le nombre de factures par mois. L'on ne se trompe pas en disant que plus les besoins de l'utilisateur sont complexes, plus il lui en coûtera pour mettre sur pied un système informatisé de comptabilité. Un système bas de gamme pourra être installé en peu de temps, et la période d'apprentissage sera relativement courte. Par contre, dans le cas d'un système haut de gamme, les coûts d'installation et de formation pourront facilement dépasser le coût du logiciel. L'utilisateur qui veut s'assurer une information pertinente et exacte a d'ailleurs intérêt à ne pas lésiner sur ces coûts.

Même si l'investissement initial pour un petit système est raisonnable, il n'en demeure pas moins encore trop élevé si le système choisi répond mal aux besoins et s'il faut recommencer l'opération de mise en œuvre.

Enfin, tous les critères de choix d'un logiciel, exposés au chapitre 8, sont à considérer lors de l'achat d'un logiciel de comptabilité.

14.4.2 Quelques logiciels parmi les plus populaires

Dans une analyse comparative de sept logiciels de comptabilité bien connus, Maurice Marette[7] a brossé un tableau des principales caractéristiques des logiciels suivants :

- Accpac Easy;
- Accpac Plus;
- Accpac Bedford;
- Dac-Easy;
- Fortune 1000;
- Magipac.

Voici un résumé des principales caractéristiques de six d'entre eux.

14.4.2.1 Accpac Easy

Accpac Easy est un système de comptabilité générale bas de gamme comportant des grands-livres des clients et des fournisseurs. Il a une capacité de 9000 comptes, et ceux-ci doivent être répartis entre le grand-livre général, les comptes clients, les comptes fournisseurs, les employés et les bénéficiaires/tireurs. Aucune de ces catégories ne peut dépasser 2000 comptes. Il est offert en versions française et anglaise (non bilingue) et ne peut être exploité en réseau.

Le guide d'utilisation est facile à comprendre. Le programme comporte des données d'essai pouvant être utilisées pour l'apprentissage. Les fonctions aux menus sont numérotées; elles peuvent être regroupées et exécutées simultanément.

Le progiciel comporte 6 journaux pour l'enregistrement des transactions, comme les factures, les encaissements et les déboursés, ainsi que 3 grands-livres auxiliaires de capacité limitée. Les paiements sur comptes clients et fournisseurs et les soldes sont consignés dans les grands-livres des comptes clients et des comptes fournisseurs; il n'est toutefois pas possible d'obtenir un classement chronologique de ces comptes. Les comptes du grand-livre général doivent se situer entre 1000 et 9998. Par contre, le numéro de la facture peut être alphanumérique. Le grand-livre de la paie permet de consigner l'information sur le salaire des employés, mais il ne fait qu'inscrire les données en mémoire et n'effectue aucun calcul relatif à l'impôt. Il est possible d'introduire des données budgétaires se rapportant à chaque compte.

---

7. Maurice Marette, «Analyse comparative de sept logiciels bien connus».

Pour l'impression, on peut choisir parmi un certain nombre d'états financiers standard. Le système peut maintenir les comptes d'au plus 4 périodes à la fois. Il est également possible de gérer jusqu'à 9 comptes bancaires différents.

Accpac Easy convient à presque toutes les entreprises qui ont un faible volume de transactions et des besoins d'information relativement simples. (Diffuseur : Computer Associates; prix : environ 100 $ plus mises à jour.)

14.4.2.2   Accpac Plus

Accpac Plus est un puissant progiciel de comptabilité modulaire haut de gamme. D'une grande souplesse, il peut être exploité en réseau. Il est offert en version bilingue pour les modules suivants : grand-livre général, comptes clients, comptes fournisseurs, contrôle de stocks, enregistrement des commandes, paie selon la loi canadienne, gestion du système par découpage et Lanpak. Plus de 100 autres modules offerts en anglais seulement peuvent être utilisés avec les logiciels Accpac, dans des domaines comme la facturation de services, la gestion immobilière, le commerce de détail et la construction. Le contrat d'entretien (environ 195 $ par module par an) donne droit au service de soutien par téléphone et aux mises à jour gratuites.

Le progiciel Accpac Plus est modulaire, ce qui veut dire que chaque fonction est exécutée par un programme distinct et autonome établissant un lien avec d'autres programmes lorsqu'il existe un lien logique entre les fonctions. À titre d'exemple, les fonctions du grand-livre général, des comptes clients et de l'enregistrement des commandes sont exécutées au moyen de programmes autonomes; ainsi, le programme d'enregistrement des commandes transmet aux comptes clients l'information sur les achats portés aux comptes des clients. De même, le programme des comptes clients et celui de l'enregistrement des commandes acheminent tous deux le détail des opérations vers le grand-livre général afin que les comptes y soient mis à jour. C'est là un des avantages du système modulaire : l'utilisateur peut choisir et assortir les modules en fonction des besoins de l'entreprise.

La structure des menus est la même pour tous les modules, ce qui facilite l'apprentissage des fonctions de chaque module additionnel. L'utilisateur peut obtenir une assistance adaptée au contexte en appuyant sur la touche [F1]. De plus, la fonction de recherche permet d'afficher une table pour tout enregistrement comportant une série de codes d'accès (par exemple, numéro de compte, numéro d'article, etc.). Si l'utilisateur possède le module de gestion du système par découpage (environ 200 $), il peut même trouver un enregistrement en introduisant sa description. Le contrôle de validité empêche que des codes non valides ne soient introduits dans le système ou que les écritures d'un lot en déséquilibre ne soient passées. L'utilisateur peut choisir lui-même la couleur de l'écran. Chaque programme est accompagné de données d'essai et de travaux pratiques.

Le guide d'utilisation est très bien conçu et, bien qu'il soit assez volumineux, le lecteur s'y retrouve facilement. Séparé en plusieurs sections bien désignées, il présente des exemples et des explications pour presque tous les rapports.

Le programme est bilingue, ce qui permet son utilisation simultanée par des francophones et des anglophones. Par contre, et c'est là un gros inconvénient, l'on doit d'abord acheter la version anglaise du module et ensuite verser un supplément de quelque 300 $ par module pour en obtenir la version française.

Accpac Plus présente plusieurs caractéristiques intéressantes. L'utilisateur peut définir lui-même la présentation de ses états financiers et de tous ses formulaires, comme les factures, les chèques et les états. Pour les états standard, des options permettent de définir ce qu'on veut imprimer, et plusieurs générateurs d'états permettent de choisir une présentation non standard. Le nombre de comptes, de produits, de clients, etc. n'est limité que par l'espace mémoire du disque. Le contrôle interne et la vérification à rebours sont très efficaces : ils empêchent que les données ne s'égarent dans le système et rendent la fraude très difficile, car tous les états obligatoires doivent être imprimés avant que l'information pertinente puisse être supprimée. Il est même possible de définir des mots de passe pour régir l'accès aux menus. Accpac Plus peut être exploité en réseau à l'aide du module Lanpak (environ 300 $), conçu pour 4 utilisateurs.

Les programmes de contrôle des stocks et d'enregistrement des commandes d'Accpac Plus conviennent davantage aux commerces de vente en gros et de distribution qu'aux entreprises de fabrication (quoiqu'il existe un module pour le secteur de la fabrication : Misys). Accpac Plus convient aussi très bien aux entreprises de services, aux commerces de détail et aux professionnels. Il est conçu pour l'utilisateur exigeant qui a besoin d'un logiciel offrant une grande puissance, beaucoup de souplesse et des fonctions pouvant répondre à des besoins particuliers tels que celui de rapports d'analyse sur les inventaires ou sur les ventes. (Diffuseur : Computer Associates; prix : environ 900 $ par module.)

14.4.2.3   Comptable intégré Accpac Bedford

Le logiciel Comptable intégré Accpac Bedford est un système de comptabilité complet comportant les modules suivants : grand-livre général, comptes clients, comptes fournisseurs, stocks, paie et prix de revient. Il est offert en français et en anglais (mais non bilingue) et ne peut être exploité en réseau. Les utilisateurs inscrits reçoivent des avis de mises à jour et ont accès à un service de soutien technique par téléphone, à Montréal. On répond aux demandes en moins de 24 heures.

Ce logiciel est très facile à installer et à utiliser; même une personne ayant très peu de notions de comptabilité peut s'en servir. Il comporte des tables de consultation, mais pas de fonctions d'assistance. Il est accompagné de deux manuels : le premier explique les caractéristiques et le fonctionnement du programme, tandis que le second expose les principes de base de la comptabilité ainsi que des exemples d'opérations et la manière dont elles devraient être traitées. Le tout est accompagné de données d'essai fictives, afin de permettre à l'utilisateur d'effectuer des travaux pratiques. Le guide est facile à utiliser. Plusieurs illustrations des menus facilitent la compréhension des explications. La section didactique guide l'utilisateur à travers les étapes à suivre lors de l'entrée de données.

Chaque donnée introduite dans le système Bedford entraîne la mise à jour immédiate de tous les fichiers. Par exemple, la saisie d'une facture entraînera la mise à jour du fichier du client ainsi que des comptes du grand-livre général. Le contrôle interne et la vérification à rebours sont également excellents. Le programme de la paie effectue les 5 retenues salariales obligatoires (assurance-chômage, régime de rentes du Québec ou du Canada, impôts provincial et fédéral) et 3 facultatives. Il se charge aussi de calculer la part de l'employeur des déductions à la source.

Par contre, le système a des limites : capacité de 500 comptes du grand-livre général, 999 fournisseurs, 999 clients, 999 articles d'inventaire, et la valeur totale de l'actif ne peut dépasser 20 millions de dollars. On ne peut modifier la présentation du bilan, ni de l'état des résultats, ni des factures et des chèques. Des modèles de formulaires sont fournis avec le progiciel et la plupart des fournisseurs d'imprimés pour ordinateur au Québec vendent des formulaires pouvant être utilisés par le logiciel Bedford.

Ce logiciel est conçu pour les besoins des petites et moyennes entreprises qui ont un faible volume de documents et des besoins d'information relativement simples. Il convient parfaitement aux entreprises de services et de vente en gros. Le module du prix de revient est utile pour les entreprises qui désirent faire des analyses de rentabilité par commande ou par contrat. Même si le logiciel Bedford a peu de souplesse, c'est un excellent outil qui permet aux personnes qui ne sont pas comptables d'obtenir de l'information comptable; il offre une excellent rapport qualité/prix. Il est également offert en version Macintosh. (Diffuseur : Computer Associates; prix : environ 250 $.)

14.4.2.4   Dac-Easy

Dac-Easy est un progiciel complet, entièrement intégré, qui comporte des modules du grand-livre général, des comptes fournisseurs, des comptes clients, des stocks, de facturation, de bons de commande et de prévisions. Une mise à jour des données dans un module entraînera immédiatement la mise à jour de tous les autres modules. Dac-Easy permet à l'utilisateur de choisir lui-même les couleurs de l'écran. Il est offert en version anglaise seulement et ne peut être exploité en réseau.

Relativement facile à utiliser, le logiciel comporte une fonction d'assistance adaptée au contexte, mais pas de données d'essai ni de travaux pratiques; par conséquent, l'apprentissage doit se faire en partie par tâtonnement. Le guide de l'utilisateur est bien présenté et contient beaucoup d'explications, d'illustrations et d'exemples.

Dac-Easy comprend un plan comptable, qui peut être copié, puis modifié au besoin; l'utilisateur peut également créer lui-même son plan comptable, s'il le désire. Le contrôle interne est bon, et des états de vérification à rebours sont imprimés pour chaque fonction. Aucune limite n'est spécifiée quant au nombre de comptes au grand-livre ni quant au nombre de comptes clients, de comptes fournisseurs, d'employés et de bénéficiaires/tireurs.

Pour un logiciel bas de gamme, Dac-Easy possède des caractéristiques très intéressantes. Le module de prévision permet à l'utilisateur de faire des projections de ses charges et de ses revenus. Le programme comporte également une fonction des achats, chose rare pour un progiciel bas de gamme. Le concepteur indique que le logiciel permet d'imprimer plus de 700 états différents; l'utilisateur peut définir la présentation de ses imprimés au moyen d'options. Il peut également définir ses états financiers, mais les chèques, les factures et les bons de commande doivent être imprimés selon le modèle établi par le logiciel. L'application Dac-Easy Graph+Mate (environ 100 $) permet de présenter l'information sous forme de graphiques sectoriels et linéaires, de diagrammes à barres simples ou multiples.

En ce qui concerne le soutien technique, des travaux dirigés sur disque et sur vidéo sont offerts. Le centre de soutien technique est situé au Texas. Dac-Easy convient surtout aux entreprises de services et aux commerces de gros et de détail. Cependant, il ne peut être employé en tant que système de points de vente au détail. Comme ses possibilités de présentation d'états sont très intéressantes, les entreprises qui ont des exigences particulières en matière d'information le trouveront très utile. Pour un si bas prix, il offre un excellent rapport qualité/prix. Par contre, comme c'est un logiciel américain et qu'il n'en existe pour l'instant aucune version française, il est d'une utilité limitée sur le marché francophone canadien. (Diffuseur : DAC Software; prix : environ 100 $.)

14.4.2.5   Fortune 1000

Fortune 1000 est un progiciel de comptabilité élaboré au Québec; il est offert en français ou en anglais, mais non en version bilingue. Il comporte des modules du grand-livre général, des comptes clients et de facturation, de comptes fournisseurs, de stocks et de la paie. Depuis septembre 1989, il existe une version réseau.

Chaque module est accompagné de deux guides : le premier est un cahier d'exercices exposant les principales caractéristiques de chaque module; le second est un guide de référence dans lequel sont expliquées toutes les caractéristiques et fonctions des modules. Ces guides sont assez bien conçus et faciles à utiliser, mais le français y est de qualité moyenne, truffé de nombreux anglicismes.

Fortune 1000 est doté d'un mécanisme de protection par mot de passe. Chaque opération introduite dans le système entraîne la mise à jour de tous les modules touchés. Il est possible d'acheter (pour quelque 70 $) une application de traitement par lots. L'écran de saisie ressemble à une feuille d'écriture de journal. Les données budgétaires peuvent être introduites dans le système. Il existe également un module appelé «Fortune Calc», présenté sous forme de tableaux financiers, qui permet d'extraire directement des données comptables. Le contrôle interne et la vérification à rebours sont excellents. Les états peuvent être affichés à l'écran, transférés dans un fichier ou imprimés.

Des services de mise à jour du module de la paie sont offerts (99 $ par année); ils fournissent des mises à jour ayant trait à l'impôt. L'abonné a aussi accès à un service de soutien technique par téléphone, soutien qui est assuré au Québec. Le temps de réponse aux demandes de soutien technique est excellent.

Le concepteur offre gracieusement les améliorations sous forme de corrections de programmes.

Fortune 1000 est un bon système possédant de nombreuses fonctions. Il convient aux entreprises de services et aux commerces de gros et de détail. Il ne peut cependant être utilisé comme système de points de vente. Fortune est aussi offert en version Macintosh. (Diffuseur : Les logiciels Fortune 1000 ltée; prix : environ 500 $ par module.)

14.4.2.6   Magipac

Magipac est un système de comptabilité modulaire exploitable à la fois en français et en anglais. Il comporte les modules suivants : grand-livre général, comptes clients, comptes fournisseurs, stocks, enregistrement des commandes, facturations, paie, analyse des ventes et prix de revient. Les modules du grand-livre général, des comptes clients, des comptes fournisseurs, des stocks, de facturation et de paie sont vendus ensemble au prix de 1500 $. Le concepteur affirme que le système peut être exploité en réseau.

Aucune limite n'est spécifiée dans le guide quant au nombre de comptes au grand-livre, de comptes clients, de comptes fournisseurs, d'articles en inventaire ou d'employés. Le système est piloté par menus et doté d'une fonction d'assistance. Il n'y a pas de fonction de recherche. Des données d'essai sont fournies et le guide de l'utilisateur est très facile à lire et à consulter. Il n'y a pas d'écrans de recherche par numéro de compte, par code d'article stocké ou autres éléments d'information. Une caractéristique particulièrement intéressante pour les entreprises qui ont des employés francophones et anglophones : la possibilité de passer des écrans français aux écrans anglais et inversement en appuyant tout simplement sur deux touches.

Tous les journaux des opérations et les états de vérification à rebours doivent être imprimés avant que les données qu'ils contiennent puissent être transférées au grand-livre général. Le programme comporte une fonction de virement bancaire par laquelle le système effectue des virements bancaires aux comptes fournisseurs par communication téléphonique avec la banque.

Le guide de l'utilisateur est facile à comprendre et assez détaillé. Les mises à jour apportées au système dans les 90 jours suivant l'achat sont gratuites. Le contrat d'entretien annuel (75 $ par module) permet à l'utilisateur d'obtenir gratuitement des améliorations pendant la période visée. Le service de soutien est offert par téléphone à un taux horaire.

Magipac convient aux entreprises de services, de construction et de vente en gros. Il existe également plusieurs autres modules spécialisés pouvant être exploités conjointement avec Magipac, notamment des applications pour les secteurs de la construction, du vêtement, de la restauration, de la comptabilité et des marchés d'alimentation. Les possibilités bilingues de ce logiciel et l'existence d'applications pour divers types d'entreprises en constituent les principaux atouts.

14.5 CONCLUSION

L'informatisation du système de comptabilité peut certes être avantageuse pour une organisation. Toutefois, pour qu'elle soit profitable, l'achat d'un logiciel de comptabilité ne doit pas se faire à l'aveuglette. Les besoins en information et les opérations comptables à effectuer doivent être préalablement bien définis, puis comparés aux possibilités qu'offrent les nombreux produits sur le marché.

Nous avons, dans ce chapitre, donné un aperçu des caractéristiques de quelques logiciels de comptabilité parmi les plus populaires. Des revues spécialisées proposent aussi des descriptions de divers produits; par exemple, la revue *Informatique et bureautique* publie chaque année un répertoire des logiciels fabriqués au Québec. Il reste que le choix est vaste et peut répondre à des besoins variés. Il importe donc d'examiner les fonctions de chaque produit avant de choisir celui qui conviendra aux opérations comptables.

14.6 QUESTIONS

1. Quel est le but de l'information comptable?

2. Qu'est-ce que la comptabilité financière?

3. Quel est le rôle de la comptabilité de gestion?

4. Nommez chacune des étapes du cycle comptable et décrivez-les brièvement.

5. Quel module de Bedford permet d'effectuer la facturation des clients et la mise à jour des journaux?

6. Expliquez brièvement comment un logiciel comptable doit être choisi.

7. Nommez le logiciel qui correspond à chacune des caractéristiques suivantes :

    a) La saisie d'une facture entraîne la mise à jour du fichier du client ainsi que des comptes du grand-livre général.

    b) Il a une capacité de 8000 comptes répartis entre le grand-livre général, les comptes fournisseurs, les comptes clients, les employés et les bénéficiaires.

    c) Il a été élaboré au Québec.

    d) Chaque fonction est exécutée par un programme distinct et autonome établissant un lien avec d'autres programmes lorsqu'il existe un lien logique entre les fonctions.

    e) Tous les journaux des opérations de vérification à rebours doivent être imprimés avant que les données qu'ils contiennent puissent être transférées au grand-livre général.

8. Si vous aviez à choisir entre le logiciel Bedford et Fortune 1000, pour lequel opteriez-vous et pourquoi?

9. Selon vous, quel est le logiciel comptable qui offre le meilleur rapport qualité/prix?

14.7 BIBLIOGRAPHIE

DAVIS, Gordon B., Margrethe H. OLSON, Jacques AJENSTAT et Jean-Louis PEAU-CELLE. *Système d'information pour le management*, Éditions G. Vermette inc., 1986, 336 p.

GINGRAS, L., N. MAGNENAT-THALMANN et L. RAYMOND. *Systèmes d'information organisationnels*, Gaëtan Morin éditeur, 1986, 307 p.

LAUZON, Léo-Paul, Francine GÉLINAS et Michel BERNARD. *Contrôle de gestion*, 2e éd., Gaëtan Morin éditeur, 1985, 715 p.

MARETTE, Maurice. «Analyse comparative de sept logiciels bien connus», *Micro-Gazette*, vol. 4, n° 1, septembre 1989, p. 7-17.

ST-PIERRE, Armand. *La comptabilité avec Bedford*, Éditions G. Vermette inc., 1990.

«Logiciel 1990», *Informatique et bureautique*, numéro spécial, été 1990.

15 La sécurité du système informatique

15.0 OBJECTIFS

1. Connaître les différents contrôles informatiques.

2. Prendre conscience de la sécurité informatique concernant l'équipement, les logiciels, les données et la gestion du personnel.

15.1 INTRODUCTION

Un grand nombre d'entreprises, qu'elles soient petites, moyennes ou grosses, sont aujourd'hui informatisées, et le nombre de micro-ordinateurs qu'on y retrouve augmente continuellement. Le traitement et la production de l'information reposent plus que jamais sur les systèmes informatiques.

En matière de gestion, les ordinateurs jouent un rôle primordial. Ils peuvent aussi être utilisés pour les techniques de prises de décision, comme les méthodes PERT/CPM, la programmation linéaire et la simulation de problèmes. Les gestionnaires, qui doivent effectuer des tâches de planification, de gestion de personnel et de contrôle, ont donc de plus en plus recours aux systèmes informatiques pour réaliser les objectifs de l'organisation.

La capacité d'un système à fournir à temps une information juste aura un effet direct sur la gestion :

*   en permettant de détecter rapidement les problèmes et les solutions possibles;

*   en facilitant l'analyse des problèmes et le choix de solutions pertinentes;

*   en orientant la décision.

Bref, le rôle et l'efficacité des systèmes informatiques dans des tâches de gestion, de planification et de contrôle ne sont plus à discuter. Il reste toutefois que ces systèmes peuvent être à l'origine de problèmes aux répercussions sérieuses pour l'organisation. En effet, les chefs d'entreprise et les preneurs de décisions dépendent de plus en plus de l'information produite par les systèmes informatiques qu'ils utilisent. L'on comprend bien dès lors que des données perdues, erronées ou falsifiées peuvent envoyer à la faillite n'importe quelle entreprise. Une telle situation constitue une menace contre laquelle il importe de se protéger.

La «démocratisation» de l'informatique n'est pas étrangère à cette menace. Les ordinateurs sont désormais des objets courants, au même titre que la télévision ou la radio; ce ne sont plus des systèmes impénétrables enfermés dans des pièces tout aussi impénétrables. Au contraire, leur taille ayant diminué, les ordinateurs ont maintenant leur place sur à peu près tous les bureaux d'une entreprise. Ils sont ainsi plus facilement accessibles et moins bien protégés qu'auparavant. Les ordinateurs sont donc plus exposés à divers dangers liés tant à l'environnement qu'aux personnes. Parmi ces dangers, mentionnons :

- le vandalisme, la destruction et la défaillance;

- le vol (qui ne correspond pas nécessairement à une disparition physique);

- la fraude (détournement de fonds et manipulation d'information). La plus grande menace du monde micro-informatique;

- la copie (cet aspect est très important compte tenu de la nouvelle loi concernant la copie de logiciels).

Aux États-Unis, des statistiques indiquent que les crimes par ordinateur figurent parmi les plus profitables. Comparativement aux vols de banques et aux détournements de fonds, qui rapportent en moyenne respectivement 10 000 $ et 19 000 $, les crimes par ordinateur rapportent en moyenne 45 000 $. Selon le FBI, approximativement 7 % de ces crimes sont signalés à la police et seulement 1 % sont détectés. Finalement, l'Institut de recherche de l'université de Stanford estime que le coût des crimes par ordinateur est de plus de 3 milliards annuellement.

Or il ne semble pas que le crime informatique soit commis par des groupes bien organisés et spécialistes dans ce type de délit. Les rares études qui ont cherché à déterminer le profil type des fraudeurs tracent un portrait qui correspond davantage à celui d'un individu entre 18 et 35 ans, passionné de l'informatique, un *hacker* pour qui ce genre de délit représente un défi plutôt qu'un acte criminel.

On peut parler de ces étudiants pour qui forcer les mécanismes de sécurité d'un ordinateur devient un jeu dans lequel les plus habiles se distinguent. Le cinéma a efficacement exploité ce thème et montre que même la sécurité nationale est menacée. Le film *War Games*, entre autres, illustre bien les dangers liés à l'accès à certains systèmes. Or la fiction, si elle ne rejoint pas la réalité, n'en est parfois pas très loin.

Mais, défi ou véritable acte criminel, la fraude par ordinateur est un phénomène qui se répand. On peut se rappeler le cas de cet employé de banque qui faisait virer dans un compte personnel l'arrondissement au x millième de cent des transactions; le montant ainsi détourné était astronomique.

Outre les possibilités de fraudes, les systèmes informatiques engendrent d'autres types de problèmes. Prenons, par exemple, le cas fréquent où l'analyste-programmeur est la seule personne de l'entreprise qui connaisse tous les programmes, tous les mots de passe et qui ait accès à tous les niveaux dans les systèmes. Comment réagit un chef d'entreprise ou un dirigeant lorsque, sans avertir, cet analyste quitte la compagnie en emportant avec lui des données vitales pour l'organisation, cela bien sûr après avoir changé les mots de passe des utilisateurs? Cette situation représente une autre menace contre laquelle il vaut mieux se prémunir.

Un autre problème concerne la perte des données, aspect qui préoccupe constamment tout utilisateur. Une erreur de manipulation, une défectuosité du système, une disquette ou un disque dur endommagés peuvent entraîner des pertes parfois catastrophiques.

Or, dans la plupart des cas, des mesures de sécurité efficaces permettent d'éviter ces problèmes, ou du moins de réduire l'ampleur du «désastre». L'entreprise doit donc s'appliquer à protéger son information à la fois contre la perte, la concurrence, le piratage, le gaspillage et la fraude.

Comme la bureautique inspire chez l'administrateur et le personnel une philosophie de production, la notion de sécurité prend une grande importance par rapport aux facteurs suivants : l'individu, l'équipement et le contenu de l'information.

Dans cette perspective, nous proposons ici une approche pratique à la protection de la confidentialité de l'information et nous présentons une panoplie de mesures de contrôle assurant une gestion intégrée de la sécurité informatique.

15.2   NATURE DES CONTRÔLES

15.2.1   Types de contrôles et étendue

Contrôler, c'est vérifier avant, durant et après une période d'opérations si les résultats obtenus correspondent aux objectifs préalablement établis dans la démarche de planification. Le contrôle porte, d'une part, sur la quantité, la qualité et le temps, et, d'autre part, sur les coûts. Étant donné la particularité de la bureautique, le contrôle ne peut exclure la sécurité de l'information et la prévention des accidents.

Le contrôle permet donc de vérifier si les objectifs fixés ont été atteints. Il porte strictement sur les résultats et non sur l'individu. Il se réalise à l'aide de normes préalablement établies et permet de repérer les écarts à ces normes. Les mesures de contrôle sont d'abord appliquées par la personne qui produit les résultats, puis par son superviseur. Or le contrôle est souvent perçu de façon négative et menaçante. Afin de favoriser une réaction positive, le superviseur doit informer les personnes concernées sur :

- les raisons du contrôle;
- l'objet du contrôle;
- les étapes du contrôle;
- les acteurs (agents) du contrôle.

Le contrôle doit être un outil visant l'amélioration et non pas une chasse aux sorcières. Il permet de détecter les sources de vulnérabilité et de suggérer les correctifs appropriés. Cette démarche permet donc à la fois de mesurer les situations potentiellement dangereuses et d'y réagir.

Une série de mesures permettent de vérifier, de tester et de contre-vérifier les divers éléments d'un système de gestion informatisée.

Ces mesures de contrôle doivent prendre en charge les différents éléments qui se rapportent à l'utilisation d'un micro-ordinateur, et ce tant sur le plan de l'exactitude des données que sur celui de l'acquisition du matériel et de la formation du personnel. Les contrôles auront un effet sur la possibilité d'utiliser les données, les logiciels et le matériel, et, par conséquent, sur la rentabilité de la compagnie.

Les contrôles sont nécessaires mais, pour être efficaces, ils doivent être adaptés à l'organisation. Un manque de contrôle dégénère en anarchie, alors qu'un contrôle trop rigide peut devenir une dépense excessive. Il existe divers types de contrôles :

- contrôles des données d'entrée et de sortie (numériques et non numériques), qui sont les plus communs surtout en comptabilité ;
- contrôles de gestion, telles les procédures d'acquisition, d'utilisation et de préservation des données, des logiciels et du matériel.

Le contrôle ne doit pas être arbitraire. Les procédures adoptées doivent être justifiables sur le plan des coûts et elles doivent être suivies constamment. L'élaboration de procédures doit viser un juste équilibre entre le coût des mesures de protection et la valeur des actifs à protéger.

15.2.2 Élaboration des procédures du contrôle

Dans l'établissement des contrôles, il faut :

1) que la haute direction de l'entreprise soit consciente du fait qu'elle a la responsabilité ultime d'appliquer des mesures de sécurité propres à assurer la protection de ses actifs. Elle doit approuver les budgets de sécurité proportionnels à la valeur et à l'importance des actifs à protéger et des pertes financières éventuelles. Les dirigeants ne devraient pas hésiter à investir dans les mesures de protection qui s'avèrent nécessaires ;

2) déterminer les objectifs du contrôle et ce qu'il doit contrôler ;

3) circonscrire les informations considérées comme confidentielles ;

4) établir les coûts d'une fuite et juger s'il en coûte moins cher d'en prendre le risque que de la contrôler ;

5) éduquer le personnel et le convaincre que le contrôle est nécessaire au succès de l'organisation. Les dirigeants doivent mettre en place des politiques, des procédures et des mesures, et voir à leur application. De cette façon, l'exactitude, l'intégralité et la disponibilité des données (importance d'une information juste et à temps) seront assurées ;

Soulignons que, sans le soutien de la direction, aucune mesure de contrôle ne sera efficace. En outre, la mise en œuvre d'un plan de sécurité doit s'accompagner d'un programme de sensibilisation du personnel chargé d'appliquer les mesures prévues dans le plan. Les employés doivent être informés des objectifs du contrôle.

15.2.3   Évaluation du besoin de sécurité

15.2.3.1   Évaluation du risque

L'évaluation du risque concerne toutes les pertes ayant un effet sur les opérations du service ou de l'entreprise et qui ne seront en aucun cas récupérables. Dans cette catégorie entrent bien sûr la perte d'argent liée à la destruction de factures et d'autres éléments facilement chiffrables.

Mais il faut ajouter et tenter de chiffrer d'autres aspects, par exemple la perte de clients en raison d'un mauvais service résultant d'une non-utilisation trop longue du système informatique, ou encore la dégradation de l'image de marque que la reconstitution du système ne rétablira pas à sa valeur de départ. Cette rubrique est importante pour définir ce qui est à protéger avec les copies de sauvegarde.

15.2.3.2   Évaluation des coûts de reconstitution

Le matériel et le temps requis tout comme les procédures retenues qui sont nécessaires au bon déroulement de la sauvegarde engendrent certains coûts non négligeables. Il faudra évaluer si la perte sèche, ou la reconstitution des informations et des logiciels perdus, vaut l'investissement que représente la sauvegarde.

Cette catégorie inclut les coûts de la redactylographie du fichier des clients qui a été détruit et la reconstitution des comptes clients d'après la copie papier des factures, par exemple. Cette rubrique est importante pour calculer le montant qu'il est nécessaire de prévoir pour la réalisation de copies de sauvegarde.

15.2.3.3   La durée de vie de l'information

La durée de vie de l'information se définit de deux façons différentes. Elle peut être limitée dans le temps de façon absolue. Par exemple, en ce qui concerne l'historique des ventes de l'année en cours, une copie de sauvegarde serait réalisée à chaque modification engendrée par une nouvelle vente.

Une fois la fin de l'année arrivée et les états financiers produits, l'historique des ventes ne présentera plus d'intérêt et seul le cumulatif sera conservé. La dernière copie de sécurité faite lors de la dernière modification pourra être détruite. La durée de vie de l'information peut aussi ne pas être limitée dans le temps, c'est-à-dire que des changements majeurs ont lieu périodiquement. Par exemple, le dossier de la convention collective est toujours opérationnel, mais est profondément modifié à chaque négociation. Les négociations collectives ayant lieu une fois par an, la prochaine mise à jour de ce fichier aura lieu dans un an, et il faudra conserver une copie de sauvegarde jusqu'à cette date de mise à jour.

15.2.4   La planification du contrôle de l'utilisation

Il convient de souligner que la planification et la réglementation de toute action dans l'organisation sont les clés du succès de l'implantation d'un système de contrôle.

Il est vrai que l'usage quotidien affectera probablement la réglementation, mais il n'en demeure pas moins que toutes les directives devront être appliquées dès le premier jour (même s'il est nécessaire d'en négocier l'application avec le syndicat des employés concernés).

En vue d'une efficacité maximale, il importe d'établir des objectifs de rendement du personnel. Il est ainsi préférable d'analyser la spécificité de chaque activité et de réglementer l'utilisation du système informatique.

- Qui se chargera du programme de sécurité?

- Qui prendra les décisions?

- Où seront placés les micro-ordinateurs?

- Qui aura accès aux locaux?

- Qui se chargera de l'entretien?

- Qui s'occupera de la formation du personnel?

- Qui pourra profiter de cette formation?

Les réponses à ces questions doivent faire l'objet d'une politique claire et stricte. La direction doit informer clairement et sans équivoque son personnel que toute dérogation sera sévèrement réprimandée.

Grâce à une politique de gestion des micro-ordinateurs, des logiciels et des données, à des méthodes appropriées, à une planificaiton suffisante et à une volonté de coordonner (plutôt que de contrôler avec rigidité), la direction de l'entreprise pourra créer un cadre favorable à l'utilisation efficace des micro-ordinateurs.

Dans les prochaines sections, nous nous attarderons principalement sur les contrôles nécessaires lorsque l'information est générée par les systèmes informatiques. Rappelons que cette activité (ou ce service) est certainement la plus cruciale en ce qui concerne les décisions qui en émaneront ou en ce qui concerne la rentabilité de l'entreprise. Il est essentiel que des contrôles minimaux soient mis en place afin d'assurer un bon contrôle interne qui représente une garantie de la qualité de l'information produite par les systèmes informatiques.

15.3   LE CONTRÔLE DE L'ACQUISITION

Comme les micro-ordinateurs et les logiciels sont relativement peu dispendieux par rapport aux gros ordinateurs, le contrôle lors de leur achat et de leur installation est souvent négligé. Pourtant il est essentiel d'exercer une certaine surveillance non seulement en ce qui a trait au coût d'achat, mais surtout en ce qui a trait aux coûts engendrés par l'utilisation subséquente.

Les décisions prises au moment de l'acquisition d'un élément du système informatique (par exemple le matériel) restreignent automatiquement les choix possibles face à d'autres éléments (par exemple les logiciels d'exploitation compatibles avec le logiciel d'application). Le choix initial du matériel et des logiciels peut en outre avoir des conséquences sur le niveau de contrôle qu'il sera possible d'atteindre une fois le système installé. Toute décision prise à l'étape de l'acquisition ayant pour effet d'imposer des contraintes lors des choix subséquents, il est important pour l'entreprise de prendre ces décisions dans l'ordre qui convient si elle veut que soient satisfaites toutes les exigences propres au système.

En général, il est préférable de choisir d'abord les logiciels d'applications et de prendre ensuite les autres décisions. Ces choix concernant les logiciels d'applications se répercutent en outre sur la capacité de l'entreprise d'intégrer des dispositifs de contrôle ou de tirer profit des dispositifs existants.

Deux aspects du contrôle seront touchés par le choix des logiciels d'applications :

- sa nature : certains contrôles seront intégrés aux applications elles-mêmes et d'autres seront exercés au moyen du logiciel d'exploitation ou de procédés manuels;

- son intégration : ces logiciels devraient comporter des contrôles utiles qui feraient partie de la structure générale de contrôle de l'entreprise, sans quoi il faudra mettre en place des contrôles manuels compensatoires ou modifier les logiciels. L'intégration de contrôles adéquats aux logiciels d'applications oblige l'entreprise à définir ces contrôles avant de procéder effectivement à la mise au point du système.

Il faut bien comprendre que choisir le logiciel d'exploitation en premier lieu impose des restrictions quant aux logiciels d'applications que l'entreprise pourra acheter ou élaborer elle-même. Il est rare que l'on choisisse d'abord le logiciel d'exploitation, car le choix du matériel en est étroitement dépendant.

De la même manière, choisir d'abord le matériel limite sérieusement le choix du logiciel d'exploitation. Les décisions concernant l'acquisition du matériel doivent donc tenir compte des différentes fonctions attendues du logiciel d'exploitation. L'élément de contrôle vise ici à vérifier si le logiciel choisi comporte les procédures de secours et de reprise requises. On doit garder à l'esprit qu'avant toute prise de décision finale, il aura fallu d'abord dresser la liste des éléments de contrôle nécessaires à une saine gestion de l'organisation.

15.3.1   Analyse de la nécessité

Dès que l'utilisation du micro-ordinateur devient une activité importante dans une entreprise, il est nécessaire d'établir des politiques d'achat de ces appareils. Comme il est devenu un instrument de prestige, le micro-ordinateur fait l'objet de plusieurs demandes de la part du personnel. Mais les fonctions d'un système informatique étant d'augmenter la production et d'assister les gestionnaires dans les prises de décision, il faudrait en limiter l'usage aux employés aptes à l'exploiter au maximum et à mettre au point de nouvelles applications.

L'achat d'un micro-ordinateur doit toujours s'appuyer sur une bonne analyse de la situation de l'entreprise, qui permet de déterminer adéquatement les ressources et les besoins de l'organisation. Cette étape de planification stratégique est la plus importante de toute solution de problème de l'entreprise, puisqu'elle détermine la capacité de prévoir et de s'adapter aux différentes situations. La personne qui approuve l'achat doit donc être en mesure de faire concorder la décision stratégique et la décision d'achat avec la structure opérationnelle de l'organisation.

15.3.2   La standardisation

La standardisation a pour objectif l'uniformisation des travaux et des tâches. Essentiel à l'entreprise, le travail de bureau, au même titre que la production en série, doit être standardisé. En pratique, on considérera les standards ou normes définis d'après les statistiques obtenues des expériences antérieures, soit des standards de qualité, de quantité et de vitesse d'exécution. Pour standardiser le travail de bureau, il faut prendre en compte la répétition de ce travail ainsi que son exécution, selon un des cas suivants :

- s'il est écrit : le format, le contenu et la destination;

- s'il est oral : la durée, le contenu et la destination;

- s'il est oral et visuel : la durée, le contenu, le scénario et la destination.

Ainsi, la standardisation permet d'adopter une approche budgétaire plus précise quant au traitement de l'information, en ce qu'elle met en évidence l'amélioration du rendement lors de situations particulières marginales, comme les travaux effectués à la dernière minute, qui, normalement, représentent des coûts élevés pour l'entreprise.

15.3.3   La désuétude

Le secteur de l'informatisation est touché par l'innovation technologique, et ce de façon très rapide. Il est dès lors essentiel que l'entreprise non seulement anticipe ses besoins futurs, mais aussi qu'elle évalue si ses équipements pourront répondre à ces besoins. Cela permettra de minimiser les effets dus au vieillissement prématuré de l'équipement. Il ne faut pas oublier que l'entreprise doit amortir l'achat de l'équipement à moyen terme, puisqu'il constitue une dépense de capital du point de vue de la comptabilité.

15.3.4   Analyse des coûts

Les coûts qu'engendre l'utilisation d'un micro-ordinateur doivent faire l'objet d'une étude approfondie qui tient compte des bénéfices escomptés. Les coûts réels (tangibles) sont faciles à repérer. Par exemple, s'il faut 7 heures à M. X pour préparer manuellement un budget et 3 heures s'il le fait sur micro-ordinateur, le coût de la première situation est facilement quantifiable : 7 heure × $/h + avantages sociaux. Dans le deuxième cas : 3 heures × $/h + avantages sociaux + coût amorti de l'utilisation du micro-ordinateur pendant 3 heures. De surcroît, M. X dispose de 4 heures supplémentaires pour effectuer un autre travail productif.

Les coûts intangibles sont plus difficilement comptabilisables parce qu'ils sont très subjectifs. Combien valent, par exemple, des réponses rapides et sûres à des demandes d'information de la part de clients, des marges d'erreurs réduites de beaucoup, l'amélioration de la crédibilité de l'entreprise à qui l'utilisation de l'informatique confère une réputation d'industrie progressive?

15.4   SÉCURITÉ DES LOGICIELS

15.4.1   Contrôle dans l'utilisation des logiciels

Les logiciels ne sont pas infaillibles. La plupart des programmes comportent des erreurs qui ne sont habituellement pas très graves et dont l'on ne soupçonne même pas la présence. Il existe cependant une possibilité qu'une erreur de ce genre détruise ou altère les données. Cela est d'autant plus vrai que les logiciels sont de plus en plus complexes et que les utilisateurs peuvent maintenant se servir de plus d'un programme à la fois sur la même machine.

Quelques précautions élémentaires peuvent protéger l'utilisateur contre les dangers qui guettent les logiciels et les données. Tout d'abord, il faut toujours faire une copie de sécurité des données avant de les traiter à l'aide d'un logiciel avec lequel on n'est pas familier. Il en est de même lors de l'utilisation d'une nouvelle version d'un logiciel.

Il faut également prévoir les conséquences d'une perte ou d'une défectuosité du logiciel. Il faut évidemment conserver les copies maîtresses des logiciels. L'utilisateur doit prévoir des copies de sauvegarde. Il faut se méfier des logiciels qui s'autoprotègent contre toute copie, car l'utilisateur ne peut alors en faire pour lui-même.

15.4.2   Maintenance et documentation des logiciels

Il est important que les chefs d'entreprise s'assurent que des contrôles adéquats sont exercés sur la maintenance du logiciel d'exploitation afin que :

- les modifications concernant la maintenance n'invalident pas les contrôles recherchés;

- les opérations de maintenance soient autorisées.

Il est aussi essentiel que les modifications concernant la maintenance des logiciels fassent l'objet d'essais avant leur mise en application et qu'elles soient consignées par écrit.

15.5   LE CONTRÔLE SUR LES DONNÉES

15.5.1   Contrôle des données d'entrée

Le contrôle des données d'entrée constitue l'aspect le plus important de tout le contrôle interne. Il assure que :

- les opérations sont comptabilisées intégralement et avec exactitude;

- seules les données autorisées sont traitées;

- tous les montants enregistrés sont valides;

- le système fournit suffisamment de détails pour que la direction dispose des informations nécessaires à la prise de décision et à la gestion.

Encore une fois, il faut se rappeler que les décisions prises antérieurement ont un effet direct sur les contrôles que l'entreprise sera en mesure d'exercer. En effet, la sélection de tel logiciel d'exploitation plutôt que de tel autre fera que certains contrôles seront ou non intégrés au système.

15.5.2   Contrôle de mise à jour des données

Le contrôle de mise à jour des données vise à assurer que les bases de données de l'entreprise contiennent des données exactes. Ce contrôle repose sur les éléments suivants :

- procédures relatives aux documents de base (documents source);

- données semi-permanentes;

- sous-programmes de validation;

- totaux des lots;

- listes des transactions;

- contrôle d'accès aux terminaux.

Voyons donc chaque élément plus en détail.

15.5.2.1   Procédures relatives aux documents de base

Comme nous l'avons mentionné auparavant, le contrôle des données d'entrée vise les renseignements qui seront inscrits dans les registres de l'organisation. L'approbation, par le propriétaire dirigeant ou par une personne autorisée, des documents de base qui seront utilisés au moment du traitement est le contrôle le plus adéquat si l'on veut s'assurer de la qualité de l'information qui sera enregistrée dans les fichiers.

15.5.2.2   Données semi-permanentes

Le fait d'utiliser des données semi-permanentes réduit la probabilité d'erreur, puisque la quantité d'informations à enregistrer lors du traitement est ainsi réduite.

15.5.2.3   Sous-programmes de validation

Les sous-programmes de validation ont pour but de soumettre les opérations d'entrée à un contrôle permettant de prévenir l'acceptation pour le traitement de données inexactes ou incomplètes. Il s'agit de procédures de contrôle incorporées au logiciel d'application et, parfois, au logiciel d'exploitation. Grâce à elles, la logique du programme détectera toute erreur commise lors de l'entrée des données.

Voici quelques exemples de fonctions de sous-programmes de validation :

- contrôle de structure : assure que les champs comportent bien les données numériques ou alphabétiques selon la fonction qui leur avait été attribuée ;
- contrôle de zones : assure que toutes les zones pertinentes pour le genre d'opération en cause ont été remplies ;
- contrôle d'équilibre : assure que certaines opérations se soldent à 0, ou que le total obtenu correspond au total des montants enregistrés lors de l'entrée des données.

15.5.2.4   Totaux des lots

Les sous-programmes de validation ne peuvent découvrir toutes les erreurs et c'est ici que les totaux des lots viennent en aide.

En effet, les totaux des lots constituent un moyen de contrôle efficace de l'intégralité et de l'exactitude des données introduites par l'opérateur. Cependant, les totaux des lots ne permettent pas de détecter une erreur survenue dans la préparation des documents de base. C'est pour cette raison qu'il est important qu'une personne autre que celle qui a préparé les documents de base vérifie ces derniers avant qu'ils ne soient enregistrés.

15.5.2.5   Listes des transactions

Les listes de transactions permettent de vérifier l'exactitude des données de toutes les zones et non pas celle des données quantitatives utilisées pour les totaux de contrôle. Cependant, le temps requis pour la préparation de ces listes et la nécessité de s'en remettre à la diligence d'une personne qui effectue la comparaison représentent des inconvénients majeurs. Un tel contrôle est efficace lorsque le volume des opérations est petit.

15.5.2.6   Contrôle d'accès aux terminaux

La division des tâches permet d'assurer que seules les personnes autorisées peuvent enregistrer les transactions et que leurs responsabilités ne sont pas conflictuelles. Le contrôle sur l'accès aux terminaux limite l'usage des terminaux aux seuls opérateurs autorisés.

Le moyen le plus courant pour restreindre l'accès aux terminaux est le mot de passe. Pour un contrôle plus efficace, il est recommandé de convenir d'un mot de passe différent pour chacune des applications, comme les comptes clients et les comptes fournisseurs, plutôt que d'un seul mot de passe pour tout le système.

Il existe d'autres techniques pour limiter l'accès aux terminaux, par exemple l'utilisation de clés ou de jetons à insérer dans le terminal ou le verrouillage des locaux où sont installés les terminaux. Pour un contrôle très efficace, la direction mettra en œuvre toutes les techniques mentionnées.

15.5.3   Contrôle des données de sortie

Le contrôle sur les données de sortie ne permet pas de repérer tous les types d'erreurs, mais il est efficace pour détecter des modifications non autorisées de données. Ce contrôle est important, car des modifications qui peuvent être facilement effectuées sont susceptibles de passer inaperçues. Voici certaines procédures de contrôle simples que l'on devrait appliquer :

- contrôle d'équilibre;

- examen par le chef d'entreprise ou par un cadre supérieur des rapports produits;

- contrôle périodique des calculs intégrés.

Le contrôle d'équilibre permet d'assurer que des fichiers n'ont pas été modifiés sans autorisation. Une façon de procéder à ce contrôle, par exemple, serait d'établir manuellement la variation des comptes clients pour une période donnée et de comparer le résultat obtenu à celui que produit le système. Ce contrôle permet donc une vérification indépendante de l'intégralité et de l'intégrité des registres.

Il faut que les rapports soient préparés de façon assez détaillée pour que les gestionnaires puissent ultérieurement suivre chaque opération à travers les différentes étapes du traitement, depuis le document source jusqu'à chaque document de sortie.

Les contrôles par comparaison constituent le dernier élément de contrôle de détection qui permet à l'organisation de déterminer si les livres comportent des erreurs ou des omissions et si des biens ont été volés ou égarés; ces contrôles sont la pierre angulaire du système de contrôle interne. Parmi les procédures faisant partie de ces contrôles, on retrouve les inventaires physiques et les rapprochements bancaires. Ces contrôles doivent être exercés périodiquement, et tout écart retracé et jugé important devra être analysé.

Les personnes qui programment ou utilisent les ordinateurs peuvent, intentionnellement ou par inadvertance, en faire un mauvais usage. Quelle que soit la façon dont les registres sont tenus, l'organisation doit protéger ses biens et faire enquête sur les risques de pertes au moyen de contrôles par comparaison. On doit se souvenir que l'implantation d'un système informatique ne peut en aucun cas justifier l'élimination des procédures de contrôle, sous le prétexte que l'ordinateur ne fait pas d'erreur.

15.6   SAUVEGARDE DES LOGICIELS ET DES DONNÉES

15.6.1   Les copies de sauvegarde

Faire une copie de sauvegarde (ou de sécurité) consiste à dupliquer toute l'information contenue dans un système informatique. Cette copie doit être effectuée de façon procédurale, en un nombre limité d'exemplaires, à des moments précis et prédéterminés. Ce choix est fait suivant la fréquence des mises à jour et la durée de vie de l'information.

Avant de commencer à faire ces copies, il faut se poser trois questions :

- Quelle est l'information concernée?

- Qui est concerné?

- Pourquoi faire des copies de sauvegarde?

Les copies de sauvegarde, dans leur ensemble, affectent toutes les informations emmagasinées dans le ou les systèmes informatiques. Ces informations comprennent aussi bien les logiciels d'applications que les systèmes d'exploitation.

Il ne fait aucun doute que le service informatique, pour autant qu'il existe dans l'entreprise, est concerné par l'aspect technique des copies de sauvegarde. Cette responsabilité se limitera cependant très souvent au choix du matériel et du logiciel nécessaires, à leur implantation dans l'architecture en place et à leur maintien en bon état de fonctionner.

La responsabilité des copies de sauvegarde, de leur entreposage et de la gestion de cette information dupliquée incombe, dans la plupart des entreprises, aux cadres ou aux gestionnaires dont les services sont dotés de postes de travail informatiques. L'objectif de ces copies est de rendre disponible en permanence une copie conforme de toute l'information qui compose le système informatique concerné. La finalité de cet objectif est de garantir la possibilité de reconstituer tout le système ou une partie de celui-ci, à chaque défaillance du système en usage, l'information devenant dans ce cas non accessible et les programmes éventuellement non opérationnels.

15.6.2   La sauvegarde des logiciels

Avant d'établir les procédures de sauvegarde, il faut qualifier l'information. Cette information est de deux types différents : les logiciels et les données. Les logiciels, qui ont une valeur marchande connue ou dont le coût de récriture est plus difficile à évaluer, doivent être protégés contre toute détérioration. Une fois les logiciels installés sur le disque dur, les disquettes originales seront rangées en un lieu sûr, tel le coffre-fort de l'entreprise, le coffret de sûreté d'une banque ou tout lieu contrôlé où elles ne risquent pas d'être détruites en même temps que le disque dur.

Une copie de ces logiciels et de leur environnement d'installation sur le disque dur est également effectuée sur cassettes magnétiques et entreposée avec les disquettes originales. Les données seront soumises aux mêmes règles de sécurité que les logiciels avec, en plus, une règle de confidentialité de l'information à laquelle chacun devra se plier.

15.6.3   La sauvegarde des données, première forme de protection

La façon le plus simple de protéger ses données est de les sauvegarder. Ne posséder qu'une seule copie de certaines données, à l'exception peut-être de l'information la plus insignifiante et facile à remplacer, c'est chercher les ennuis. Il est certain que la sauvegarde des fichiers prend du temps, mais il en faut plus encore pour récupérer une quantité importante de données perdues, en supposant que l'on puisse les récupérer toutes.

Les données seront répertoriées en fonction du temps écoulé entre deux mises à jour. On trouve, par exemple, de l'information quotidienne : le courrier et la comptabilité; de l'information mensuelle : les états financiers; de l'information trimestrielle : les objectifs de vente, et de l'information annuelle : les négociations concernant les commissions des vendeurs. Les copies de sauvegarde seront donc quotidiennes, mensuelles, trimestrielles ou annuelles.

La sauvegarde des données est de plus en plus facile. Des systèmes de sauvegarde sur bande magnétique plus rapides ont réduit de 20 à 3 minutes le temps requis pour copier le contenu d'une unité de disque de 10 Mo. Les unités de disques de plus grande capacité sont de plus en plus populaires, mais il faut un peu plus de temps pour en copier le contenu. Cependant, 5 minutes pour reproduire 20 Mo de mémoire à disque, ce n'est pas bien long si l'on tient compte de la quantité importante de données que peuvent représenter ces 20 Mo.

Il faut se rappeler qu'il n'est pas nécessaire de sauvegarder tout le contenu d'un disque dur. En ne sauvegardant que les fichiers essentiels, on réalise une économie considérable de temps et de mémoire. Les utilisateurs doivent cependant faire de nouvelles copies du logiciel lorsqu'il y a une nouvelle révision du programme ou un changement de code pour une raison ou autre.

Il est nécessaire de désigner une personne responsable de la sauvegarde des données. Celle-ci doit être effectuée à intervalles réguliers qu'il faut préciser. Le rythme auquel doivent être sauvegardées les données dépend de la rapidité à laquelle les données changent et de l'importance de pouvoir compter sur des données à jour pour l'entreprise.

15.6.4   Comment gérer les copies de sauvegarde

15.6.4.1   Questions préalables

Pour gérer efficacement la réalisation des copies de sauvegarde, il est nécessaire de savoir :

- à quelle fréquence il faut effectuer les copies de sauvegarde ;
- combien de temps il faut les conserver ;
- où ces copies doivent être rangées.

15.6.4.2   La rotation des copies

Si la fréquence des mises à jour est quotidienne ou hebdomadaire, il faudra que la fréquence des sauvegardes soit quotidienne ou hebdomadaire. Pour ce faire, il est nécessaire d'utiliser 3 supports de mémorisation vierges (des cassettes par exemple) que nous appellerons A, B, C, et qui représenteront 3 générations de copies.

Le premier jour, ou la première semaine, selon le cas, la copie de sauvegarde est faite sur la cassette A, le second jour ou semaine, on utilise la cassette B et le troisième jour ou semaine, la cassette C. Arrivé au quatrième jour, on utilise de nouveau la cassette A, et ainsi de suite. À tout moment, on doit disposer d'une cassette pour faire la copie et de 2 cassettes contenant la dernière et l'avant-dernière version. Attention cependant, car il est possible que l'information contienne des fichiers ayant une fréquence d'utilisation moindre (par exemple, semestrielle) que le temps couvert par un cycle avec les 3 cassettes (par exemple 3 semaines).

Il faudra, pour ces fichiers particuliers, faire une rotation avec un autre jeu de 3 cassettes selon la fréquence des mises à jour. La raison de cette contrainte est que si un des fichiers semestriels était défectueux pour une raison ou pour une autre, il ne serait possible de le savoir que 6 mois plus tard. Or les copies de sauvegarde quotidiennes ou hebdomadaires auront été faites et refaites des dizaines de fois, et donc contiendront la version endommagée du fichier. Pour ces fichiers particuliers, les cassettes quotidiennes ou hebdomadaires ne seraient plus des copies de sauvegarde.

15.6.4.3   Le rangement des copies et la confidentialité

En ce qui concerne le rangement des copies, quelques règles de base sont à suivre. Les 3 copies d'un même jeu doivent être rangées en 3 endroits différents. Cela empêchera qu'elles soient détruites, par sinistre ou malveillance, en même temps.

La confidentialité et la valeur marchande des données se trouvant sur les copies de sauvegarde détermineront le lieu d'entreposage et le type de précautions qui devront être prises pour protéger les copies de sauvegarde entreposées.

L'accessibilité à ces lieux dépendra de la valeur marchande et de la confidentialité du contenu des copies. Ce pourra être le domicile, le coffret de sûreté à la banque ou encore le coffre-fort de l'entreprise réservé à cet effet. Les 3 copies du même jeu doivent être traitées de façon identique en ce qui concerne la sécurité du rangement.

15.6.4.4   La sécurité attachée aux copies

De la même façon que l'information et les programmes stockés dans l'ordinateur possèdent une valeur et doivent être protégés contre les mauvaises intentions et les indiscrétions, les informations emmagasinées sur les cassettes devront être soumises aux mêmes règles de confidentialité et de protection des biens.

Une étape de sécurité peut être ajoutée. Il s'agit des assurances maintenant offertes par de nombreuses compagnies. Ces contrats sont très flexibles et couvrent soit les programmes, soit les données, soit les deux. Cette étape n'exclut en rien la réalisation de copies de sécurité selon les règles de l'art.

15.6.5   Les supports de stockage

Il existe, comme nous l'avons vu au chapitre 5, différents types de supports de mémorisation. Les principaux supports servant à la sauvegarde sont les disques et les bandes magnétiques ainsi que les disques optiques numériques.

Ces divers supports sont soit incorporés dans l'ordinateur, soit externes et reliés à l'ordinateur, ou encore sur le réseau et non directement branchés à l'ordinateur. Ce qui orientera le choix d'un de ces supports, c'est son prix, sa capacité (en nombre de caractères), sa fidélité et la possibilité de le transporter.

Les disquettes demeurent le support le moins onéreux et elles sont facilement transportables. Mais elles sont limitées par leur capacité et leur fiabilité. Recopier le contenu d'un disque de 500 Mo sur des disquettes prendra des heures. Il peut alors être préférable d'avoir recours aux disques optiques dont les capacités sont énormes, qui sont très compacts et très fiables.

Certaines firmes vendent des cartes d'interfaces pour PC et des logiciels permettant de faire des copies de sauvegarde sur des bandes vidéo installées sur un magnétoscope ordinaire. Les données peuvent être enregistrées plusieurs fois en parallèle, ce qui assure une grande fiabilité. Le coût est intéressant si on possède déjà un magnétoscope.

Mais le moyen le plus populaire reste les cassettes magnétiques de type informatique. Un dispositif externe écrit et lit les données sur la cassette; celle-ci est relativement chère (de 50 $ à 75 $), mais elle est réutilisable à volonté. Facilement transportable, elle contient en général 60 Mo d'informations, ce qui est largement suffisant.

Depuis toujours, sur les grands systèmes et les mini-ordinateurs, on utilise le ruban magnétique informatique. Ce support éprouvé et fiable est surtout destiné aux informaticiens eux-mêmes et aux gestionnaires de systèmes.

15.7 LA CONTINUITÉ AU MAINTIEN DES MESURES DE CONTRÔLE

La protection de l'équipement oblige à prendre en considération les possibilités de vol. Dans les gros édifices à bureaux, où l'on trouve de nombreux locataires et de vastes aires publiques, il est relativement facile de voler de l'équipement ou des données. Même si ce qui est volé ne contient pas de données importantes, chose de moins en moins probable compte tenu de la popularité des disques durs, le coût de l'équipement à lui seul vaut la peine que des précautions soient prises. On suggère donc d'installer l'équipement dans une pièce fermée à clé, dans une pièce occupée ou encore dans une armoire verrouillée.

S'il faut certes se protéger contre le vol d'équipement, il ne faut pas par ailleurs négliger les possibilités de piratage, de fraude, voire d'espionnage informatique. Il importe donc de munir l'équipement de systèmes de sécurité adéquats. Bien adaptés au progrès technologique, ces systèmes sont de plus en plus variés et perfectionnés.

15.7.1 La protection des locaux contre les accès non autorisés

Un premier type de protection consiste à placer des sentinelles qui sont des appareils repérant les intrus. Tel est le rôle des détecteurs de parasites qui analysent en permanence certains paramètres (tension de la ligne, affaiblissement du signal, etc.) et qui sont capables de déceler la présence d'intrus. D'autres appareils du même genre parviennent à localiser les micro-émetteurs pirates. Il existe aussi des protections qui établissent des barrages à l'intérieur de l'ordinateur. En voici quelques exemples :

La carte magnétique   Il s'agit d'une petite carte qui se glisse à l'intérieur du terminal et qui ne donne accès qu'à ce à quoi l'utilisateur a droit. Cependant, elle peut être perdue et recopiée facilement grâce à de petits duplicateurs en vente sur le marché.

La carte à mémoire   Cette carte, aussi appelée carte à microprocesseur, est constituée d'une puce. Elle est pour ainsi dire impossible à lire, donc aussi impossible à reproduire. Elle garde en mémoire toutes les opérations effectuées sur la machine. Elle vérifie elle-même la validité des codes et des mots de passe d'ailleurs très employés dans les banques.

La signature   Il existe aujourd'hui des appareils capables d'analyser la signature d'un individu, la pression de la main sur le papier, etc. L'ordinateur ne se mettra à fonctionner que si les grandeurs mesurées correspondent à celles qui se trouvent dans sa mémoire. Ce système de vérification dynamique de la signature fait moins de 1 % d'erreur.

Les empreintes digitales   La personne voulant se servir de l'ordinateur doit placer son pouce sur le terminal et l'appareil compare la disposition des sillons avec les empreintes digitales qu'elle a en mémoire. Malgré sa fiabilité (moins de 0,5 % d'erreur), ce procédé n'est pas très populaire à cause de la connotation «policière» attachée aux empreintes.

La reconnaissance de la voix   Vu son très faible taux d'erreur, cette méthode d'identification tend à se développer de plus en plus. Il s'agit d'une technique très complexe et fort onéreuse. De plus, elle accapare une portion importante de la mémoire.

L'image de la rétine   Probablement le procédé le plus inusité et qui s'appuie sur le fait que nous avons tous une image du fond de l'œil différente. Cette image peut être captée par des appareils couplés aux terminaux, puis comparée à une image témoin prise auparavant et conservée dans la mémoire de l'ordinateur.

Le rappel automatique   Quoique très simple, cette technique n'en demeure pas moins très efficace. Dès qu'un utilisateur a donné son mot de passe, l'ordinateur coupe la communication, va chercher dans sa mémoire le numéro de téléphone correspondant à ce mot de passe. Si le demandeur se trouve au bout du fil, il peut alors commencer à se servir de l'ordinateur.

Le chiffrage des messages   De nos jours, les informations peuvent être chiffrées grâce à des appareils électroniques ou à des programmes spéciaux en vente sur le marché et que tout acheteur peut personnaliser. Il est à peu près impossible pour un pirate de décoder ce chiffrage, car il n'existe pas moins de 72 millions de milliards de combinaisons.

On peut aussi avoir recours à des registres (*sign-on-logs*) qui enregistrent tous les usages du micro-ordinateur. Leur fonction principale est de maintenir à jour la liste des utilisateurs de l'appareil, ce que chacun a effectué et la durée du travail. Ces registres doivent contenir les informations suivantes :

- nom de l'utilisateur;

- heure du début et de la fin de l'utilisation;

- nom des logiciels et des fichiers utilisés.

Ces registres n'assurent pas un contrôle parfait, mais l'expérience démontre que l'information ainsi recueillie permet de suivre de près toute activité non légitime.

On le constate, il existe divers systèmes de sécurité. Néanmoins, malgré tous ces moyens, la fraude informatique reste une véritable menace.

La sécurité des lieux d'entreposage des logiciels doit faire l'objet des mêmes politiques de sécurité appliquées au matériel. Ainsi, un local fermé à clef ne protège pas seulement contre le vol, mais empêche aussi l'entrée de personnes non autorisées. On peut également réduire le risque de mauvaise utilisation ou d'utilisation frauduleuse en installant une serrure de sécurité au clavier de chaque micro-ordinateur.

En outre, l'utilisateur d'un micro-ordinateur ne devrait jamais quitter l'appareil alors qu'il fonctionne : n'importe qui pourrait alors s'y installer et faire les modifications de son choix au programme.

Il a été démontré que la plupart des fraudes surviennent après les heures normales de travail. Pour les éviter, quelques mesures sont à considérer : ne jamais laisser un individu travailler seul sans l'autorisation préalable d'un superviseur; ce dernier devrait toujours effectuer des visites surprises durant cette période.

15.7.2 Comment se protéger contre le vol

Afin d'empêcher le vol ou, à tout le moins, d'en limiter les conséquences, les mesures suivantes devraient être adoptées :

- installer des serrures adéquates (consulter au besoin un serrurier expérimenté. En tout temps, la porte du local où est installé le système devrait être fermée à clé. Du personnel désigné à cet effet devra en être responsable en tout temps;

- établir des procédures d'embauche à l'égard du personnel affecté aux postes clés de l'entreprise. Ne pas hésiter à demander à ce personnel de s'engager par écrit à respecter les directives;

- convenir de codes, mots de passe, règles d'accès informatisées qui permettront de contrôler les accès et de vérifier l'identité des utilisateurs;

- restreindre strictement l'accès au local aux seules personnes autorisées (soit par le port d'un insigne, par autorisation écrite, etc.);

- entreposer les copies de sécurité de l'information importante à l'extérieur de l'entreprise (protection en cas de feu, de vandalisme ou de désastre naturel);

- assurer la sécurité des télécommunications par l'encodage systématique des données;

- fixer solidement les appareils à leur table;

- installer un système d'alarme aux portes et aux fenêtres, voire au plancher où c'est nécessaire. On peut aussi en installer sur les appareils eux-mêmes;

- assurer une surveillance générale de l'édifice par l'emploi de gardes de jour et de nuit qui seront chargés de vérifier aussi bien l'entrée de toute personne que la sortie des colis;

- avec un système de marquage, marquer chaque appareil; en plus, prendre note de tous les numéros de série;

- contracter une assurance;

- voir à ce qu'un micro-ordinateur en service hors site soit toujours sous surveillance.

15.7.3   Les mots de passe

Voici quelques conseils sur l'emploi des mots de passe :

- SOYEZ INVENTIF! Choisissez un mot de passe qui ne soit pas facile à deviner. N'utilisez pas vos initiales, votre prénom, le prénom de votre conjoint, votre adresse, votre numéro de téléphone ni votre numéro de plaque d'immatriculation. Bref, ne choisissez aucun mot ni code qui vous soit relié directement.

- CHOISISSEZ une combinaison alphanumérique, ou bien choisissez une expression quelconque et construisez votre mot de passe en en tirant des lettres.

- Gardez votre mot de passe strictement CONFIDENTIEL.

- NE PARTAGEZ JAMAIS votre mot de passe avec personne.

- CHANGEZ votre mot de passe au moins tous les 60 jours, ou lorsque le système vous le demande.

- N'UTILISEZ PAS toujours le même mot de passe, ni en alternance les mêmes deux mots de passe.

- N'INSCRIVEZ PAS votre mot de passe ni sur un bloc-notes ni sur un collant apposé sur votre appareil ou votre bureau.

- N'OUBLIEZ PAS que suivre ces quelques conseils ne suffit pas à assurer la sécurité et la confidentialité des données si vous quittez votre terminal ou votre ordinateur sans avoir coupé toute communication avec les programmes. Tout d'abord, COUPEZ LA COMMUNICATION, puis, si vous utilisez des disquettes, rangez-les dans un endroit sûr auquel vous pouvez interdire l'accès.

15.7.4   Sécurité liée à l'environnement physique

La sécurité concerne aussi l'environnement physique des micro-ordinateurs où certaines conditions doivent être maintenues pour assurer le bon fonctionnement des appareils.

Une première précaution s'applique à la pureté de l'air ambiant et à la propreté des lieux. L'humidité, la poussière, les miettes d'aliments, la fumée de cigarette, etc. ont des effets néfastes sur l'équipement. Il faut donc s'assurer d'une bonne filtration d'air et d'une climatisation adéquate. Il est aussi recommandé de recouvrir les appareils d'une housse lorsqu'ils ne sont pas utilisés.

L'alimentation électrique constitue un autre aspect important de l'environnement des micro-ordinateurs, et bien des problèmes seront évités si le système dispose d'un circuit d'alimentation indépendant. De plus, comme nous l'avons déjà mentionné, il est conseillé de se procurer des régulateurs de tension, car les variations de courant peuvent endommager les appareils ou les programmes. En outre, il est bon de posséder un système d'alimentation auxiliaire en cas de panne de courant générale.

Enfin, comme nul n'est à l'abri des sinistres tels que le feu ou les inondations, certaines précautions doivent être prises. Ainsi, il faut voir à l'installation et au bon fonctionnement d'alarmes et placer, bien à la vue, des extincteurs aux endroits importants. Il est aussi préférable d'aménager le local renfermant l'équipement aux étages supérieurs, ce qui éliminera le risque d'inondation.

Tout le personnel doit être informé des politiques concernant la sécurité de l'environnement. Chacun doit de plus connaître les risques liés à l'usage des appareils à des fins personnelles et savoir que, si des pièces d'équipement doivent être remplacées ou déplacées, il faut procéder avec d'infinies précautions.

15.7.5   La confidentialité

Favoriser et faciliter la communication comporte nécessairement un plus grand risque quant au respect des informations. L'entreprise doit prévoir un contrôle plus précis dans l'acheminement, la conservation, la distribution, l'exploitation, l'archivage des informations.

Ainsi, la mise en mémoire des textes doit inclure des moyens de contrôle permettant de les identifier et de les classifier, et ce surtout pour les entreprises dont le réseau local est relié à d'autres réseaux. Très souvent un employé sera responsable du contrôle de l'information. Mais comment une entreprise peut-elle protéger l'entrée au système d'information? Certaines ont mis en place des systèmes de détection qui permettent de repérer tous ceux qui utilisent les ordinateurs à des fins personnelles sans avoir reçu l'autorisation du superviseur. C'est ainsi que la carte magnétique donnant accès à l'ordinateur est devenue un excellent moyen d'assurer une plus grande sécurité.

Il existe plusieurs façons de contrôler l'accès aux programmes d'applications d'un ordinateur; le recours aux mots de passe est sans doute la plus connue. Si le programme ne peut être exécuté sans le mot de passe approprié et si les fichiers de données relatifs au programme ne peuvent être ni affichés ni imprimés, les données sont ainsi protégées, du moins en partie. Cependant, ces mots de passe ne protègent aucunement les fichiers contre un utilisateur maladroit ou malveillant. Dans un réseau local, les mots de passe revêtent encore plus d'importance puisque le réseau peut permettre à chaque utilisateur d'avoir accès aux données des autres utilisateurs.

En général, la meilleure protection consiste à définir des mots de passe pour l'exécution des applications individuelles et non simplement pour l'accès au système. Ainsi, l'accès de chaque utilisateur est établi en fonction de ses besoins particuliers.

15.8   LA PROTECTION CONTRE LA FRAUDE ET LE PIRATAGE

Dans le monde des affaires, l'informatique ouvre la porte à des crimes de diverses natures. Certaines personnes, par exemple, après avoir découvert une faiblesse dans le système avec lequel elles travaillent, réalisent de vraies fortunes. Même si les fraudes de ce genre sont commises aux dépens des entrepreneurs, ceux-ci n'en parlent pas et préfèrent souvent régler l'affaire dans l'intimité de leurs bureaux. Seuls les très gros vols sont dévoilés au public.

L'ordinateur comporte de fait un bon nombre de faiblesses qui sont autant d'invitations à la fraude ou à l'espionnage électroniques. En voici quelques-unes.

D'abord, sa mémoire peut être modifiée instantanément sans garder trace du changement. La deuxième faiblesse de l'ordinateur est son manque de jugement. S'il reçoit l'ordre de faire un chèque de 1 million à un balayeur, d'effacer tous les comptes clients, etc., il procédera aux opérations demandées et sans sonner l'alarme. Troisièmement, l'ordinateur est très facile d'accès. Les chefs d'entreprise oublient souvent que les informations peuvent être consultées facilement depuis n'importe quel terminal de l'entreprise et même depuis un autre bureau, une autre province, un autre pays, un autre continent, par modem, par satellite, etc. Il faut aussi tenir compte que l'ordinateur devient accessible à grand nombre de personnes, d'où le danger des réseaux de bureautique.

Dans un proche avenir, le nombre des ordinateurs en service dans le monde sera multiplié par 10, voire même par 100. Le nombre de personnes capables de les manipuler aura augmenté dans des proportions encore plus grandes. Il est donc inévitable que le nombre de délits liés à l'informatique aille en croissant. C'est pourquoi il devient urgent de mettre en vigueur des lois adaptées à ce nouveau genre de crimes. Pour l'instant, il n'existe pas de législation spécifique en matière d'informatique, sauf celle qui concerne directement la vie privée des individus et le droit d'auteur.

15.8.1   Portrait du pirate

En règle générale, le plaisir du pirate est de rivaliser avec la machine, de contourner ses protections, de trouver ses failles et de sceller sa victoire en laissant une trace de son passage. Il a le goût du défi et est totalement inconscient des conséquences qu'une fausse manœuvre de sa part pourrait avoir sur l'existence d'une entreprise ou sur celle de ses concitoyens. Par exemple, en modifiant ou en effaçant un programme, il risque de réduire à néant des mois de travail.

Généralement, le pirate ne représente pas une menace redoutable pour la sécurité de grands systèmes informatiques. Plusieurs de ces pirates ont été démasqués. Nous pouvons leur accorder le mérite d'avoir attiré l'attention sur un problème beaucoup plus grave et terrifiant pour les informaticiens. Il est question ici des dangers réels auxquels sont exposés les secrets enfermés dans les mémoires artificielles, secrets désirés par les véritables spécialistes de l'espionnage informatique, des virtuoses du vol de données, des saboteurs.

15.8.1.1   Méthodes de piratage

Pour s'infiltrer dans les mémoires des ordinateurs afin d'y puiser des informations et de modifier les programmes, il suffit de trois choses : d'abord, il faut posséder soi-même un petit ordinateur personnel relié à un terminal; ensuite, il est nécessaire de disposer d'un modem, c'est-à-dire un appareil qui permet aux ordinateurs de recevoir ou de transmettre des données par l'intermédiaire d'une ligne téléphonique; enfin, il faut être doté d'une persévérance à toute épreuve.

Ainsi, pour avoir accès à l'ordinateur contenant les renseignements voulus, le pirate n'a qu'à découvrir son mot de passe et son numéro de téléphone. Il usera de tous les moyens, tous plus subtils les uns que les autres, pour trouver ces précieuses informations. Par contre le fraudeur...

15.8.2   Portrait du fraudeur

Il peut s'agir d'une personne fière de son habileté, inconsciente du fait qu'elle commet un crime, ou, au contraire, d'une personne qui a déjà calculé le risque d'être prise «la main dans le sac», qui est au courant des lacunes de la législation et qui est parfaitement consciente qu'elle commet un crime.

Le fraudeur occupe ordinairement un poste de confiance dans l'entreprise, connaît son employeur et sait que ce dernier se fie à lui. Il est convaincu que, s'il se fait prendre, son employeur ne le poursuivra pas en justice. Tout au plus risque-t-il le congédiement.

15.8.3   Les mesures de contrôle

15.8.3.1   Le recrutement

La compétence et l'expérience dans l'accomplissement efficace d'une tâche définie ne doit pas être le seul critère d'embauche. Une vérification approfondie des antécédents du candidat doit être effectuée auprès de ses employeurs précédents.

Un examen de sa vie personnelle peut aider à juger de la stabilité psychologique du candidat. Une étude caractérielle de comportement et d'attitude devrait faire partie intégrante des procédures d'embauche.

Il n'est pas rare qu'une personne dépendante de l'alcool ou de la drogue trouve une justification à divers délits. Il existe des sociétés spécialisées qui offrent les services de personnes ressources pouvant conseiller adéquatement.

15.8.3.2   Communication des politiques

Avant de l'engager, il est de première importance d'informer le nouvel employé de toutes les politiques de la compagnie concernant la sécurité. Il doit connaître :

- la définition exacte de son mandat et de ses limites;

- les restrictions d'accessibilité à tout autre secteur d'activité par l'usage de codes, cartes, etc;

- les objectifs visés par la compagnie et le rôle qu'il aura à jouer.

15.8.3.3   La division des tâches

Il va de soi que le traitement informatisé des données entraîne souvent le regroupement d'activités auparavant réparties entre certains services. La division des tâches devient alors souvent plus complexe, mais elle s'impose tout de même. Lorsque, par exemple, un opérateur est responsable de l'enregistrement des données comptables, il faut, dans le cadre des contrôles organisationnels, s'assurer qu'il ne peut ni déclencher et autoriser les opérations ni avoir accès (directement ou pas) aux biens correspondants.

Il peut aussi arriver qu'une tâche qui incombait auparavant au service de comptabilité soit désormais effectuée par l'entremise d'autres terminaux situés dans un autre service. L'enregistrement de ces données devra être vérifié au moyen d'autres contrôles, par exemple le contrôle par lots qui consiste à additionner toutes les données devant être enregistrées et à comparer le total au résultat obtenu par le système à la fin du traitement.

Dans une petite entreprise, il peut être difficile de diviser les tâches, en raison du peu de ressources humaines. Il est alors nécessaire d'accorder une plus grande importance aux contrôles de détection et autres contrôles des enregistrements qu'aux contrôles organisationnels préventifs.

La division des tâches constitue un contrôle classique de toute opération comptable ou financière. Trop d'individus travaillant aux mêmes opérations se nuiront plutôt que de se surveiller. Des contrôles doivent être élaborés afin de délimiter clairement les responsabilités liées à chaque fonction.

Chaque groupe d'opération ne doit avoir accès qu'à un groupe ayant des responsabilités différentes. L'organigramme des responsabilités individuelles doit être établi et respecté en tout temps.

15.8.3.4   La rotation des tâches

La rotation des tâches est aussi une forme de contrôle classique. Elle présente l'avantage de réduire l'ennui d'un travail monotone et répétitif, d'assurer une relève en cas de non-disponibilité de personnel et d'empêcher la fraude. De plus, la possibilité d'association et de complicité entre employés est moindre.

15.8.3.5   Création de groupes de contrôle

Des employés compétents et fiables choisis à divers niveaux devraient se voir confier la tâche d'organiser et de planifier un certain contrôle des activités de tous les groupes de travail. Le personnel doit être informé de l'existence et des responsabilités de ce groupe qui pourra, en tout temps, effectuer des visites surprises afin de s'assurer de l'exactitude des opérations en cours. La direction devrait elle aussi s'engager directement dans ces activités, notamment :

- la vérification de l'utilisation des micro-ordinateurs;
- l'explication des responsabilités par rapport aux différentes activités de la compagnie;
- l'étude de la modification des programmes.

15.8.3.6   Fiabilité des firmes externes et des employés temporaires

Il faut s'assurer de la bonne réputation des employés qui sont appelés occasionnellement à accomplir des tâches dans l'entreprise.

Des règles de gestion strictes doivent en effet être appliquées afin qu'aucune indiscrétion ne soit commise.

15.8.3.7   Politiques d'emploi et de cessation d'emploi

Les politiques d'emploi et de cessation d'emploi doivent être claires et précises. Le personnel le mieux qualifié assurera l'efficacité requise.

Lorsque, pour une raison ou une autre, un membre du personnel quitte son emploi, il est important de lui retirer ses clés, cartes ou toute autre chose lui donnant accès à la salle des micro-ordinateurs, à la programmathèque (banque de logiciels), etc. Les mots de passe doivent alors être changés.

15.8.4   La dépendance envers les employés

Souvent, il ne se trouve dans une entreprise qu'une seule personne connaissant l'utilisation des micro-ordinateurs. De ce fait, l'entreprise devient dépendante de cette personne. Il est très important que le contrôle de l'information cruciale d'une entreprise soit sous la responsabilité d'un cadre (président ou vice-président) afin d'éviter cette situation de dépendance.

La situation idéale est de désigner une équipe responsable du maintien des données de l'entreprise et d'exiger un rapport quotidien de ce maintien. Cette procédure permettra un contrôle sur le contrôle du maintien de l'information de l'entreprise. Elle peut aussi s'appliquer au maintien de l'équipement physique.

Il est conseillé de mettre au point une forme de vérification de matériel et de liste de copies de sauvegarde et d'exiger un rapport d'accès à l'information privilégiée de chaque employé. Cela permettra à n'importe qui (sans connaissances informatiques) de mieux contrôler la manipulation des données et du matériel informatique dans l'entreprise.

Il demeure cependant primordial que la direction s'applique à comprendre et à faire comprendre la nécessité d'une politique de sécurité qui va servir les objectifs de la compagnie et, conséquemment, ceux de tout le personnel.

15.9   QUESTIONS

1. La facilité d'accès à l'ordinateur offre beaucoup d'avantages ; par contre, elle peut aussi causer des problèmes très menaçants pour une entreprise. Expliquez.

2. Tracez le profil type du fraudeur se servant de l'ordinateur pour commettre ses crimes.

3. Quels sont les contrôles qui doivent être employés pour protéger les données des entreprises ?

4. Comment doivent se faire les contrôles ?

5. Pourquoi est-il important de limiter l'usage de l'ordinateur à certains employés seulement ?

6. Dites pourquoi l'uniformisation des tâches est essentielle pour une entreprise ?

7. Pourquoi faut-il anticiper presque un an à l'avance les besoins quant à la capacité de l'équipement que l'on achète ?

8. Dans la plupart des petites entreprises, la direction fera appel à des spécialistes en informatique. Quels problèmes devront-ils affronter ?

9. Quelle est la division de tâche idéale dans un service comptable informatisé ?

10. Vrai ou faux : Un utilisateur peut se servir d'un programme avec lequel il n'est pas familier pour traiter des données avant d'avoir fait une copie de sécurité de celles-ci.

11. Certaines précautions élémentaires peuvent protéger les logiciels. Encerclez la ou les bonnes réponses :

    a)   Il ne faut jamais utiliser un logiciel avec lequel on n'est pas familier.

b) On peut utiliser une nouvelle version d'un logiciel sans la connaître.

c) On peut transmettre des données confidentielles à notre fournisseur de matériel informatique.

d) Il faut prévoir ce qui arriverait si le logiciel était perdu ou endommagé.

e) On doit toujours conserver les copies maîtresses des logiciels.

f) Il n'est pas nécessaire de faire des copies de sauvegarde.

12. Quel est l'élément le plus important de tout le contrôle interne ? Dites pourquoi.

13. Quel est le moyen le plus utilisé pour restreindre l'accès aux terminaux ?

14. Complétez :

    La façon la plus simple de protéger ses données est de les _____.

15. De quelle façon doit être faite une copie de sauvegarde ?

16. Énumérez les principaux supports de mémorisation.

17. Quelles sont les mesures préventives à prendre contre le vol du matériel informatique ?

18. Vrai ou faux :

    a) Il faut garder notre mot de passe confidentiel.

    b) On doit toujours utiliser le même mot de passe.

    c) Il ne faut pas choisir un mot de passe facile.

    d) Il est nécessaire d'écrire le mot de passe sur un collant apposé sur notre ordinateur.

19. Quel est le rôle des sentinelles ?

20. Nommez les protections capables d'établir des barrages à l'intérieur de l'ordinateur.

21. Décrivez la situation idéale qui devrait exister dans chaque entreprise en matière de contrôle et de maintien des données.

15.10 BIBLIOGRAPHIE

BADENHORST et ELOFF. « Computer security methodology : risk analysis and project definition », *Computers & Security*, vol. 9, n° 4, juin 1990, p. 339-347.

BADENHORST et ELOFF. « Framework of a methodology for the life cycle of computer security in an organization », *Computers & Security*, vol. 8, n° 5, août 1989, p. 433-443.

BAKER, Richard H. *Computer Security Handbook*, 2e éd., McGraw-Hill, 1991, 416 p.

BLOOMBECKER, J. J. «Short-circuiting computer crime», *Datamation*, vol. 35, n° 12, 1er octobre 1989, p. 71-72.

BOOCKHOLDT, J. L. «Security and integrity controls for microcomputers : A summary analysis», *Information & Management*, vol. 13, 1987, p. 33-41.

BOSHOFF et SOLMS. «Application of a path context approach to computer security fundamentals», *Computers & Security*, vol. 12, n° 2, avril 1990, p. 83-90.

COHEN, Fred. «A cost analysis of typical computer viruses and defenses», *Computers & Security*, vol. 10, n° 3, mai 1991, p. 239-250.

DIEHL *et al.* «For safer data», *Byte*, vol. 16, n° 8, août 1991, p. 218-235.

ELOFF, Jan H. p. «Computer security policy : Important issues», *Computers & Security*, vol. 7, n° 6, décembre 1988, p. 559-562.

EVANS, p. «Computer fraud - The situation, detection and training», *Computers & Security*, vol. 10, n° 4, juin 1991, p. 325-327.

FARHOOMAND et MURPHY. «Managing computer security», *Datamation*, vol. 34, n° 26, 1er janvier 1989, p 66-67.

FORDYCE, Samantha. «Computer security : A current assessment», *Computers & Security*, vol. 1, n° 1, 1982, p. 9-16.

GRATTON, Pierre. *La protection des ressources informatiques*, Éditions G. Vermette, 1985, 237 p.

HARTSON, H. Rex. «Teaching protection in computing : A research oriented graduate course», *Computers & Security*, vol. 2, 1983, p. 248-255.

KAHANE *et al.* «Computer backup pools, disaster recovery, and default risk», *Communications of the ACM*, vol. 31, n° 1, janvier 1988, p. 78-83.

MENKUS, Belden. «Hackers : Know the adversary», *Computers & Security*, vol. 10, n° 5, août 1991, p. 405-410.

MENKUS, Belden. «Control is fundamental to successful information security», *Computers & Security*, vol. 10, n° 4, juin 1991, p. 293-298.

MENKUS, Belden. «How to begin dealing with computer security», *Computers & Security*, vol. 10, n° 3, mai 1991, p. 199-203.

NEUGENT, William. «Teaching computer security : A course outline», *Computers & Security*, vol. 1, n° 2, 1982, p. 152-163.

PEACH, S. «Disaster recovery : An unnecessary cost burden or an essential feature of DP installations?», *Computers & Security*, vol. 10, n° 6, octobre 1991, p. 565-568.

POST et KIEVIT. «Accessibility vs security : A look at the demand for computer security», *Computers & Security*, vol. 10, n° 4, juin 1991, p. 331-344.

PRESTON, Charles. «Creating a corporate virus plan», *Computers & Security*, vol. 10, n° 8, décembre 1991, p. 701-710.

ROBERTSON, Bernard. «Electronic mail - Is it safe to use?» *Computers & Security*, vol. 10, n° 1, février 1991, p. 293-298.

SHERIZEN, Sanford. «Criminological concepts and research findings relevant for improving computer crime control», *Computers & Security*, vol. 9, 1990, p. 215-222.

STRAUB et NANCE. «Discovering and disciplining computer abuse in organizations : A field study», *MIS Quarterly*, mars 1990, p. 44-60.

THIMBLELY, Harold. «Can virusses ever be useful?», *Computers & Security*, vol. 10, n° 2, avril 1991, p. 111-114.

UTTER, Allan C. «The four essentials of computer and information security», *Internal Auditor*, décembre 1989, p. 44-51.

WOOD, Charles. «Information systems security : Management success factors», *Computers & Security*, vol. 9, n° 3, mai 1990, p. 314-320.

WOOD, Charles. «Using information security to achieve competitive advantage», *Computers & Security*, vol. 10, n° 5, août 1991, p. 399-404.

«Virus Alert!», *Direct Access*, 28 février 1992, p. 1.

Index

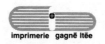

imprimerie gagné ltēe

IMPRIMÉ AU CANADA